가족치료의
최신 임상연구방법

ADVANCED METHODS
IN FAMILY THERAPY RESEARCH:
A FOCUS ON VALIDITY AND CHANGE

Richard B. Miller · Lee N. Johnson 편저
최연실 · 조은숙 · 기쁘다 · 김성은 · 김정은
민주홍 · 박우철 · 이규호 · 천연미 공역

학지사

Advanced Methods in Family Therapy Research: A Focus on Validity and Change
by Richard B. Miller and Lee N. Johnson

한국어판 저자 서문

우리의 책이 한국어로 번역되었다는 마음 설레고 영광스러운 소식을 들었습니다. 아시아를 좋아하는 우리는 그동안 한국을 포함해 그 지역의 여러 나라를 방문하기도 했답니다. 이와 더불어 말씀드리자면, 우리는 교수 경력의 많은 기간 동안 연구방법과 통계에 관심을 기울여 왔고, 학부와 대학원 수준에서 가르칠 기회를 가져왔습니다. 더 나아가, 우리는 가르치는 경력 동안 멘토들과 여러 다른 학자로부터 배움을 얻는 행운을 누릴 수 있었습니다. 이 책은 우리 분야에서 선발된 여러 학자의 기여를 통해서 우리의 지식이 합쳐진 것입니다. 부디 이 책이 여러분에게 도움이 되기를 바라는 바입니다.

애초에 우리가 이 책을 쓰기로 결정한 것은 세 가지 주된 이유 때문이었습니다.

첫째, 연구방법과 통계는 비록 복잡하기는 하지만 이해하고 적용하기 쉬운 방식으로 설명될 수 있습니다. 따라서 우리는 각 장의 저자들에게 다른 연구자와 학생이 그들의 연구에서 배우고 자료를 사용할 수 있도록 자료를 설명해 달라는 지침을 전달했습니다. 이러한 지침에 따라 편집 과정에서도 개념들이 잘 이해될 수 있도록 확실하게 설명하고자 했습니다. 영어판에 대한 피드백을 받아 보니 이러한 지침이 잘 성취된 것 같습니다. 또한 우리는 통계기법을 적용할 수 있도록 하기 위해 이 책에 명령문도 포함시켰습니다.

둘째, 우리는 커플가족치료에 관련된 방법과 통계에만 초점을 맞추는 책을 쓰고자 했습니다. 손에 넣을 수 있는 유용한 연구방법과 통계에 관한 책들이 많이 있기는 해도, 정작 커플과 가족을 연구하는 독특한 측면에 초점을 맞춘 연구는 그리 흔치 않습니다. 따라서 이 책의 모든 장과 예시는 관계 안에 있는 여러 사람으로부터 수집한 데이터를 어떻게 분석할지에 대한 정보들을 가지고 치료 장면에 있는 여러 사람을 연구하는 데 초점을 맞추고 있습니다.

셋째, 이것은 가장 중요한 것인데, 우리는 치료자가 내담자에게 더 나은 처치를 제공하게 함으로써 관계가 향상될 수 있다고 굳게 믿고 있기 때문에 개입을 연구해야 된다고 생각합니다. 커플가족치료는 정신건강과 관계문제에 대해 싸우고 있는 많은 사람을 도울 커다란 잠재력을 가지고 있습니다. 따라서 만일 우리가 질 높은 연구에 기초할 수 있다면 앞으로도 정신건강과 관계를 향상시키는 데 있어 훨씬 더 잘 도울 수 있을 것입니다.

편저자를 대표하여

Lee N. Johnson

역자 서문

오늘날 학문의 발전에서 강조되는 것은 이론과 실천의 확립이라고 할 수 있지만, 이러한 양자의 관계에 대한 토대를 이루는 것은 연구라고 할 수 있다. 연구의 중요성은 근래 '근거기반 실천'을 내세우는 부부가족치료 분야에서도 새롭게 등장하고 있다. 종래에 하나의 임상 분야로서 이론적 모델들을 갖추고 이를 기반으로 한 실천적 개입이 우선시되던 부부가족치료 분야에서도 과학적인 접근을 중시하게 되면서 연구에 대한 관심이 점차 고조되고 있는 추세이다.

이러한 배경에서 국내의 부부가족치료 분야에 대하여 성찰해 볼 때 이론에 대한 숙련이나 개입기술의 연마에 들이는 공에 비해서, 연구 역량의 향상에 대한 비중은 상대적으로 약했다고 보인다. 이는 국내에서 부부가족치료가 정신건강 영역 혹은 심리치료 분야의 하나로서 자리를 잡기까지 더 절실했던 것은 아마도 임상 현장에서 적용되는 이론적 모델의 습득이나 임상기술의 확보였다는 현실에 기인한 바가 클 것이다.

하지만 최근 들어 심리치료 분야에서는 '근거기반 실천(evidence-based practice: EBP)' 혹은 '실천기반 근거(practice-based evidence: PBE)'가 새로운 흐름으로 등장하고 있으며, 그러한 상황에서 중심적 역할을 하게 되는 것은 바로 연구이다. 이제 우리는 연구를 통해 이론이 현실에서 어떻게 작동하는지를 검증할 수 있고, 또 반대로 실제에 근거해서 이론이 정립되는 상황에 놓여 있는 것이다.

그동안 국내의 상담 및 심리치료 분야에서도 연구에 대한 관심이 없었던 것은 아니며, 특히 근래에 이르러 개인상담을 중심으로 해서 연구방법론에 대한 저술도 다수 이루어져 왔다. 그러나 아쉽게도 이러한 현상이 국내의 부부가족치료 분야에서는 활성화되지 못한 것이 사실이다. 대부분의 부부가족치료 분야 관련 저술은 대학 교재를 중심으로 이루어져 왔고, 특히 이론적 모델이나 실천적 개입을 위한 내용을 담은 책들이 주목을 받아 왔다고 할 수 있으며, 부부가족치료 분야에서 연구방법론에 대한 책은 거의 손에 꼽을 정도로 소수에 불과했다. 이는 다분히 연구가 상대적으로 덜 강조되어 왔던 국내 부부가족치료 분야의 현실을 반영하는 것으로 보인다.

이 책은 바로 이러한 국내 부부가족치료 분야의 열악한 연구 현실을 타개해 나가기 위한 작업 중의 하나이다. 기존에 부부가족치료 분야의 연구를 위한 기초를 다루는 번역서가 소개된 바 있지만 고급연구방법을 부부가족치료 분야에 적용하고, 또 임상 현장에서의 목소리를 담는 효율적인 방안들을 모색하는 본격적인 부부가족치료 임상연구방법론은 이 책에서 거의 처음으로 시도되는 것이라고 볼 수 있다.

번역서의 형식을 띠고 있는 이 책의 원저는 무려 55명의 연구자가 참여하여 집필한 26개의 장으로 구성되어 있다. 외관상으로도 방대한 양의 이 책은 질적, 양적, 혼합 연구방법을 총망라하고 있고, 고급의 통계와 자료 분석 방법을 임상 상황에 적용하는 시도를 보여 주고 있기 때문에 현재까지 출판된 부부가족치료 연구방법론 저술 중 가장 진전된 성과물이라고 할 수 있다.

이 책의 내용을 전반적으로 살펴보면, 기존의 부부가족치료 연구방법론과 차별화되는 특성을 발견할 수 있다. 이 책은 서론에서 밝히고 있듯이, 가족 안에서의 비독립적인 관계들을 다룬다는 기본적인 관점을 전제로 한다. 특히 체계론적 관점을 기본 토대로 삼는 부부가족치료에서는 무엇보다도 가족 내 구성원들의 자료가 독립적이지 않음을 전제로 해서 분석되어야 하는데, 그동안 기존의 연구 작업에서는 이러한 측면이 간과되어 온 것도 사실이다. 이에 덧붙여, 이 책에서는 가족치료적 개입 등으로 변화해 가는 가족의 양상이나 결과 등을 다루어 가는 데 초점을 맞추고자 하는 의도를 지니고 있다. 임상개입 분야인 부부가족치료에서 가장 중요하게 생각하는 것이 바로 '변화'이며, 따라서 그 변화를 어떻게 추적할 것인가는 상당한 관심의 영역이다. 이 책에서는 바로 이러한 변화를 포착하는 다양한 분석 방법을 고민하고 해법을 찾아내려고 노력하고 있다. 또한 이 책은 타당도를 중심으로 자료를 분석해 가는 기본적인 방향성을 설정하고 이를 실현해 내는 구체적인 전략이나 기법을 모색해 보려는 문제의식에서 출발하였다. 사회과학이든 자연과학이든 간에 자료 분석에서 타당도의 확보는 과학적 분석을 담보해 내는 가장 기본적이고 핵심적인 요건이라고 할 수 있으므로 이는 부부가족치료 연구의 수행에서도 우선적으로 강조되어야 마땅할 것이다.

이와 같이 이 책은 비독립성, 변화, 타당도의 개념을 내용 전반에서 관통하고 있는 기본 주제로 삼고 있으며, 26개에 이르는 장들을 통해 부부가족치료라는 임상적 상황에 최적화시킬 수 있는 연구 아이디어의 도출, 질적, 양적 연구방법들을 충실히 탐색하고 제시하고 있다. 각 장별로 국내의 부부가족치료 연구에서는 다루지 않은 새로운 방법들도 많이 있으며, 임상연구방법에 특화된 내용들도 다루고 있다. 책의 내용을 간략하게 살펴보면 다음과 같다.

제1부는 기초적 이슈에 관한 것으로, 좋은 연구 아이디어의 개발, 이론과 연구의 통합, 커플이나 가족 자료의 측정, 관계치료에 대한 임상연구의 윤리 지침 등을 구체적으로 다룬다. 제2부는 자료 수집에 관한 내용인데, 커플이나 가족의 모집, 설문지 조사, 새롭게 등장하는 연구 기술, 생리학적 연구, 뇌파검사 등이 구체적으로 소개된다. 제3부는 방법론을 다루는데, 문화변용 연구, 무선임상실험, 단일사례 연구, 일상다이어리 접근, 관찰연구, 질적 연구, 혼합방법 연구, 지역사회기반 참여 연구, 보건 서비스 연구 등이 포함된다. 제4부는 분석에 관한 것으로, 응용 통계 분석, 결측치, 매개와 조절, 이인관계와 체계적 자료 분석, 관찰 자료 분석, 소규모 표본 분석, 비용 연구 등이 전개된다.

이 책은 기본적인 쟁점들도 다루고 있기는 하나 지금까지 부부가족치료 분야에서 출판된 연구방법론 저술들에서는 볼 수 없었던 고급통계 분석 방법을 구체적으로 제시하고 있다는 점에서 독보적인 위치를 차지하고 있다. 일반적으로 상담이나 심리치료 분야에서 사용하고 있는 기존 연구방법론에서 한발 더 나아가 최신의 그리고 첨단의 연구방법들을 소개하고 부부가족치료 임상연구에 이를 어떻게 적용할 수 있는지를 논의하는 이 책의 내용은 분명히 국내 부부가족치료 연구 분야에 새로운 활력을 불어넣을 수 있을 것이라고 기대하는 바가 크다.

원저의 규모가 상당히 커서 이 책의 번역 작업에는 다수의 연구자가 참여하였다. 주로 대학 강단에서 부부가족치료를 가르치는 동시에 임상 작업을 수행하는 9명의 역자들이 국내 부부가족치료 연구의 활성화에 기여하고자 하는 사명감과 희망으로 번역을 진행하였다. 번역진으로 참여한 연구자들이 이 작업에 보여 준 열정과 의욕을 서로 확인해 가면서 짧지 않은 번역 작업 과정에서 느꼈던 어려움과 고단함을 이겨 낼 수 있었다. 이러한 열정과 의욕의 성과물인 이 책이 국내 부부가족치료 연구 발전의 작은 씨앗이 되기를 소망하는 바이다.

2023년
역자 일동

차례

제1부 기초적 이슈

04 커플 및 가족 자료의 측정 문제 / 69

05 관계에 초점을 둔 치료의 임상연구 윤리 지침 / 87

제2부 자료 수집

제3부 **방법론**

제4부 분석

01 서론:
부부가족치료 연구에서의 타당도, 관계 그리고 변화의 중요성

Lee N. Johnson & Richard B. Miller

내(L.J.)가 부부가족치료(marriage and family therapy: MFT) 분야의 신입생으로 대학원에 입학했을 때가 생각난다. 첫 학기에 필수과목 중 하나가 통계학이었다. 공학을 전공하고 수학을 좋아했던 나는 통계가 재미있을 거라고 생각했다. 강사는 훌륭했고, 나는 많은 것을 배울 수 있었다. 그런데 그 경험 중 한 가지 단점은 그 강의가 농학과에서 진행되었다는 것이었다. 수업은 주로 분산분석(ANOVA)에 초점이 맞춰졌는데, 강사는 칠판에 2×2나 그 이상의 표를 그리면서, "여러분이 밭에 있는 각 사각형에 조건을 무선으로 할당한 다음 그 사분면들에 씨앗을 심으면 어떤 일이 일어나는지 '알게' 되고 ANOVA를 계산할 수 있습니다."라고 말했다. 몇 주 동안 수업이 진행되면서, 표 그리기와 농업과 관련된 예시를 듣고 나니, ANOVA가 무엇이고 어떻게 계산하는지 알게 된 느낌이 들었다. 하지만 정작 나는 사람한테는 그것을 어떻게 적용하는지는 잘 알 수 없었다. 그래도 조금 괜찮은 대학원생이었던 나는 손을 들고, "이걸 사람한테는 어떻게 적용하나요?"라고 물었다. 그러자 강사는 "그건 못해요."라고 대답했다. 나는 놀라서 말문이 막힐 지경이었다. 내가 배우고 있는 것을 사람들에게 적용할 수 없다면, 도대체 나는 왜 이 수업을 듣고 있는 걸까? 나는 왜 훌륭한 강사이기는 하지만 사람한테는 그걸 어떻게 적용하는지 모르는 사람에게 수업을 들어야 하는 걸까? 그 후 대학원 과정이 진행되는 동안 다른 통계학과 연구방법론을 수강하게 되고 나서야 비로소 나는 그 간격을 메꾸고 통계학을 사람들에게 어떻게 적용하는지 배울 수 있었다. 또한 나는 개별적인 사람에 대해 배운 것을 부부나 가족을 포함하는 더 복잡한 구성에 적용하려고 하면 연구가 훨씬 더 복잡해진다는 것도 알게 되었다.

한편, 박사학위 논문 연구계획서 발표 모임 동안 있었던 또 다른 나(L.J.)의 경험이 생각난다. 나는 부부와 가족 연구는 복잡한 특성이 있다는 것에 대해서, 그리고 그들이 공유한 환경이 어떻게 그들의 반응을 비독립적으로 만드는지에 대해서 이해해 나가고 있었다. 하지만 나는 MFT 연구자들이 해결해야 할 또 다른 문제인 시간에 따른 변화를 어떻게 측정하고 분석할 것인가를 간과하고 있었다. 그 문제에 있어서 (Rick이 위원으로 있던) 나의 박사학위 논문 심사위원회는 매우 도움이 되었는데, 내 기억으로는 그때 변화를 분석하는 다양한 방법과 치료를 시작할 때의 점수가 치료가 진행되는 이후 시점에서의 점수와 어떻게 관련될 수 있는지(비독립적이라는 단어가 다시 나오게 되었다.)에 대해 기나긴 토론이 있었다.

전문적 경력 초기에 나(L.J.)는 통계분석에서 여러 가족 구성원의 자료를 적절하게 다루는 것에 대한 이러한 질문들에 답변을 찾아내기 어려웠다. 더욱이 파도 타듯이 출렁거리는 부부와 가족의 반응은 비독립적이기 때문에 임상 자료를 활용해서 어떻게 변화를 분석할지 잘 이해하지 못했다. MFT 연구를 수행할 때 이러한 이슈들을 무시하면 부정확한 결과와 결함이 있는 결론이 나오기 때문에 그 이슈들을 적절하게 다루는 것이 중요하다.

이와 같이 복잡하고도 비독립적인 임상 자료로 작업하는 데 있어서의 방법론적이고 통계적인 어려움을 다루는 방법들이 있기는 했지만, MFT 연구자들은 그것들에 쉽게 접근할 수가 없었다. 우리 두 사람(L.J.와 R.M.)은 지난 몇 년 동안 이러한 이슈들에 대해 대화를 나누어 왔고, 마침내 MFT 임상연구에 쉽게 적용할 수 있는 방식으로 이러한 이슈들을 건드리는 연구방법론 책을 만드는 것이 좋겠다고 결정하게 되었다.

보다 일반적인 수준에서, 우리는 또한 보다 발전된 주제를 다루는 MFT 연구방법들에 대한 책이 필요할 것이라고 논의했다. Sprenkle과 Piercy(2005)가 편집한 『가족치료에서의 연구방법론(Research Methods in Family Therapy)』은 MFT 연구방법의 개념과 원리를 다루고 있기는 하지만, 우리는 대학원 수준의 연구방법론 책이 가르치는 것과 MFT, 심리학, 심리치료 분야에서의 최고 학술지들의 방법론적 기준 사이에는 차이가 있다고 믿는다. 결측치 처리, 소규모 자료 세트의 통계분석, 그리고 양질의 연구를 수행하기 위한 적절한 임상 표본 모집 등과 같이 MFT 연구자들이 직면하게 되는 많은 도전이 있다. 또한 생리학적 연구, 혼합방법 연구와 관찰연구와 같은 연구방법론들도 있는데, 이것들은 현재는 MFT 연구자가 일반적으로 사용하지 않지만 MFT에서의 변화 과정에 대한 이해를 높일 수 있는 유망한 방법론들이다. 여기에 덧붙이자면, 문화변용 연구와 지역사회기반 참여 연구는 MFT 모델을 다른 문화와 환경으로 타당성 있게 내보낼 수 있는 방법을 제공한다.

따라서 이 책의 목적은 비독립적인 자료를 처리하는 통계적으로 타당한 방식과, MFT 연구자들이 영향력이 큰 최첨단 임상연구를 수행할 수 있도록 하는 보다 발전된 연구방법을 제시하는 것이다. 이것은 구조방정식, 다층모형, 또는 다른 고급 통계 접근에 대한 책이 아니다. 이러한 통계를 배우는 데 있어서는 다른 풍부한 자원들이 있다(Keiley와 동료들이 쓴 탁월한 장들을 포함해서 말이다; Keiley, Dankoski, Dolbin-MacNab, & Liu, 2005; Keiley, Martin, Liu, & Dolbin-MacNab, 2005). 오히려 이 책은 가족학, 가족사회학, 가족심리학, 간호학, 임상심리학과 같은 다양한 학문에서 나온 방법론적, 통계학적 전략들을 취합하여 임상적인 MFT 연구 질문에 적용하는 데 초점을 맞추고 있다. 우리는 이러한 노력이 보다 더 타당성 있고 영향력이 큰 MFT 연구로 이어질 것이라고 믿는다.

비독립성

MFT 연구에서 비독립성(nonindependence)의 이슈가 매우 광범위하게 나타나고, 이 책의 많은 장에서 논의되고 있기 때문에 이 장에서 비독립성 개념에 대해 간략하게 소개하는 것이 도움이 될 것이다. Kashy와 Kenny(2000)는 다음과 같이 말했다. "진정한 사회심리학(혹은 MFT 분야)을 갖기 전에, 이론, 연구방법 그리고 자료 분석은 연구 중인 현상의 진정한 대인관계적 특성을 고려해야 한다"(p. 451). 이러한 설명은 MFT에 적용될 수 있다. 즉, 진정으로 MFT 처치의 이점을 보여 줄 수 있기 전에, 연구과정의 모든 측면에서 우리가 연구하고 있는 것의 대인관계적 성격 혹은 비독립성을 설명할 필요가 있다. 이를 위해서 MFT 연구자들은 비독립성을 모형화하거나 설명해야 한다(또한 무시해서는 안 된다)(Kenny & Cook, 1999). 비독립성이 문제가 되는 이유는 ANOVA나 회귀모형의 관측치들이 독립적이라는 가정을 갖고 있기 때문이다(Kashy & Kenny, 2000; Kenny, Mannetti, Pierro, Livi, & Kashy, 2002). 따라서 커플과 가족을 대상으로 임상연구를 수행할 때 연구자는 자료의 비독립성을 고려해야 한다.

모집단 안에서 무작위로 선정된 두 사람과 비교해 볼 때 관계에 있는 개인들(예: 이 책에서는 커플이나 가족)은 서로 더 유사하다. 즉, 그들은 비독립적이다(Atkins, 2005; Kashy & Kenny, 2000; Kenny & Cook, 1999; Kenny et al., 2002). 그런데 연구자들은 두 가지 방식을 사용하는 바람에 관계에 있는 사람들이 비독립적이라는 사실을 설명하지 못하게 된다.

첫째, 연구자들은 커플과 가족 구성원을 별도로 분석하여 비독립성을 제거시킨다. 이 방법은 ANOVA 및 회귀분석의 통계적 가정은 충족시키고 관계에 있는 개인에 대한 유용한 정보를 제공하지만, 커플, 가족, 그리고 그들의 관계에 대해서는 정보를 주지 않는다. 그것은 본질적으로 커플과 가족 연구자들이 연구에서 관심을 갖고 있는 자료의 일부를 제거하는 것이다.

둘째, 연구자들은 커플 또는 가족 구성원을 동일한 분석에 포함시켜 비독립성을 무시한다. 모든 구성원을 함께 묶어 버리면 "비독립성이 오차분산의 추정치를 왜곡하므로 표준오차, p값, 신뢰구간과 대부분의 효과크기 측정치가 타당하지 않게 된다."는 점에서 더 큰 문제가 발생한다(Kenny et al., 2002, p. 128). 분명한 것은 관계적 자료와 관련된 비독립성을 제거하거나 무시하는 것이 관계를 이해하는 데 최선의 방법이 아니라는 점이다. 반면, 종속적 자료와 함께 사용하기 위해 개발된 통계 전략을 사용하면 그 분석이 관계적 자료의 풍부함을 보존하기 때문에 타당성 있는 결론을 내릴 수 있다.

변화

우리 두 사람은 수십 명의 저자가 있는 책에 일관성과 통일성을 제공하는 방법에 대해 논의하면서, 각 장을 쓰는 저자들에게 두 가지 주요한 연구 원칙을 중심으로 그들의 아이디어를 구성하도록 결정했다. 첫 번째 구성 원칙은 변화(change)다. 커플관계나 가족관계에서의 개인들이 서로 더 유사해지는 것과 비슷하게, 개인, 커플 또는 가족을 시간에 따라 측정할 때도 동일한 현상이 발생한다. 개인, 커플 또는 가족에 대한 각각의 관찰은 동일한 사람들과 관계에 대한 후속 관찰에 대해 무언가를 알려 준다. 따라서 MFT 연구자는 시간 경과에 따른 비독립성을 다룰 필요가 있다.

시간 경과에 따른 관찰의 비독립성 문제는 1963년에 작성되고 2012년에 다시 인용된 다음의 진술에 영향을 미쳤을 수 있다. "실험방법의 어려움으로 연구가 지연되는 것은 흔한 일이지만, 행동과학에서 통계적 방법의 결함으로 인해 유망한 질문들이 연구되지 않는 경우는 많지 않다. 그런데 심리적 (그리고 MFT의) 변화를 다루는 질문들은 아마도 가장 중요한 예외가 될 것이다"(Bereiter, 1963, p. 58, Hamaker, 2012에서 인용; 괄호가 추가됨). 관계 내 비독립성을 무시하는 것과 유사하게, 관찰 간에 비독립성을 무시하는 것도 그에 따른 결과를 만들어 낸다(예: 표준오차, *p*값, 신뢰구간과 대부분의 효과크기 측정치를 타당하지 않게 만드는 오차분산의 왜곡된 추정치; Kenny et al., 2002, p. 128). 따라서 변화를 정확하게 평가하기 위해 시간에 따른 비독립성을 무시하지 않고 모형을 만드는 것도 중요하다.

타당도

　두 번째 구성 원칙은 타당도(외적, 구인, 내적, 결론)이다. 연구방법을 가르치면서 경험해 보니 타당도와 타당도 유형 간의 관계를 이해하는 학생들은 연구 질문에 더 잘 답할 수 있도록 연구방법을 조정할 수 있다는 것이 분명했다. 그들이 타당도를 이해하고 나면, 지나치게 복잡한 연구를 설계하려고 하지도 않는다. 한 연구에서 너무 많은 것을 시도하지 않아도 임상에서 만나는 부부와 가족에 대한 연구는 이미 충분히 복잡하다. 또한 그들은 연구설계에 대해 '요리책(cookbook)'처럼 하나하나 정해진 방식으로 접근해 가는 대신 연구방법을 조정하고 확장시켜 가면서 연구 질문에 답하는 능력을 갖추고 있다.

　연구방법론과 통계학에서의 모든 발전에도 불구하고 완벽한 연구란 존재하지 않는다(이것은 박사학위나 석사학위의 청구논문 심사위원들에게 좋은 인상을 심어 주기 위해 노력하는 대학원생들의 부담을 조금이나마 덜어 줄 수 있는 사실이다). 그렇다면 우리가 연구자로서 수행하는 연구 혹은 소비자로서 읽는 연구가 완벽하지 않은데, 주어진 연구나 프로그램의 가치를 어떻게 알 수 있을까? 그러한 연구의 가치를 이해하는 열쇠는 바로 타당도다. Reis(2012)가 정의한 대로, "가장 넓은 의미에서 타당도는 프로토콜,[1] 설계와 방법을 연구 질문에 일치시키는 것에 달려 있기 때문에, 다양한 연구 프로그램에서는 있을 만한 대안적 설명을 배제시키고, 중요한 경계 조건을 결정하며, 이론이 현실 세계와 관련되도록 해 준다"(p. 9). 연구에 타당도의 기준을 적용함에 따라, 우리는 커플과 가족이 치료를 받게 됨으로써 어떻게 변화하는지를 알게 되거나, 대문자 'T'로 표현되는 '진실(Truth)', 즉 실제로 일어나는 일이 무엇인지를 찾는 것이 우리의 목표가 된다. 그런데 연구가 완벽하지 않았을 때는 소문자 't'로 표현되는 '진실(truth)'을 알게 된다. 어떤 하나의 연구, 또는 연구 프로

---

1) 역자 주: 사람과 사람이 통신할 때 서로 이해할 수 있는 언어, 또는 공용된 언어를 사용하는 것처럼 컴퓨터와 컴퓨터도 서로 이해할 수 있는 언어, 즉 공통된 언어를 사용해야 하는데, 이 언어를 바로 프로토콜(protocol)이라고 한다. 컴퓨터끼리 정보를 주고받을 때에 쓰는 여러 가지 통신규칙과 방법에 대한 약속들을 말한다.

그램의 가치를 아는 열쇠는 바로 이러한 대문자 진실(Truth)과 소문자 진실(truth)의 차이를 이해하는 것이다. 간단하게 방정식으로 작성해서 수학적으로 표현하면 '$T-t=$연구의 가치'라고 할 수 있다. 하지만 불행하게도 방정식의 각 부분에 들어가는 대부분의 요인에 값을 배정하는 것은 불가능하다. 우리가 할 수 있는 최선은 타당도의 유형과 그것들이 어떻게 관련되어 있는지를 이해하는 것이다(〈표 1-1〉). 이를 통해 우리가 소비자로서 읽은 연구의 가치에 대해 정보에 입각한 결정을 내릴 수 있으며, 연구자로서 방법론적 결정의 비용과 이점을 이해할 수 있다. 연구 프로젝트의 계획 단계에서 다루어져야 할 많은 타당도 관련 질문 몇 가지는 다음과 같다. ① 모집단으로부터 무작위로 표본을 수집하면(외적 타당도 향상), 그것은 다른 유형의 타당도에 영향을 미치는가? ② 변수를 어떻게 측정하고, 변수를 측정하기 위해 어떤 설문지를 사용하는가와 관련된 선택이 다른 유형의 타당도에 어떠한 영향을 미치는가? ③ 한 유형의 타당도를 개선하기 위해 내리는 결정은 다른 유형의 타당도에 부정적인 영향을 미칠 가능성이 있을까? 이 질문들에 대한 답을 얻으려면 네 가지 유형의 타당도에 대한 실제적인 지식이 필요한데, 이 책의 많은 독자는 이미 타당도에 대해 이해하고 있겠지만 간략히 검토해 보는 것도 도움이 될 듯하다.

외적 타당도

"외적 타당도는 연구의 결론이 다른 장소와 다른 시간 안에 있는 다른 사람들에게 적용되는 정도이다"(Trochim, 2005, p. 27). 연구의 목표 중 하나는 우리의 결과를 다른 사람, 다른 장소와 다른 시간에 적용할 수 있도록 하는 것이다. 따라서 비슷한 집단의 사람, 비슷한 환경, 또는 비슷한 시기에 대해 연구결과를 일반화함으로써, 우리는 실제로 그들을 연구참여자로 사용하지 않고도 한 집단의 사람에 대해 알 수 있다. 외적 타당도 영역에 속하는 동시에 외적 타당도에도 영향을 미치는 연구자의 결정은 내적 타당도와 결론 타당도에도 시사점을 갖는다. 이러한 타당도 유형들 간 관계는 연구참여자들의 구성에 따라 달라진다. 연구자들이 대표성이 있는 표본을 갖기 위해 노력하다 보니 연구참여자들의 변동성이 커지면서 내적 타당도와 결론 타당도에 부정적인 영향을 미칠 수 있다.

구인 타당도

"구인 타당도는 연구의 조작화가 그 조작화의 기반이 되는 이론적 구성개념(construct)

에 대해 정당하게 추론되는 정도를 말한다"(Trochim, 2005, p. 49). 연구에서 우리는 종종 구인 타당도를 측정과 관련해서 생각한다. 측정 신뢰도/타당도는 구인 타당도의 일부이며, 이는 관심변수의 측정이 간단하지 않은 사회과학에서 중요하다. 그러나 구인 타당도는 연구자가 변수나 개입을 조작화할 때마다 검토되어야 한다. 예를 들어, 문제를 '재정의하기(reframing)'라는 아이디어는 많은 MFT 모델이 개입으로서 사용한다. 연구자가 재정의를 얼마나 잘 정의하고, 설명하고, 언제 어떻게 재정의를 사용하는지에 대한 정보를 제공하는 것은 모두 구인 타당도의 일부이다. 덧붙여서, 연구 중에 재정의가 얼마나 정확하고 일관되게 수행되는지는 구인 타당도 이슈이다. 조작화의 질과 그것이 수행되는 일관성이 바로 구인 타당도 문제에 열쇠가 된다.

구인 타당도 이슈는 다른 유형의 타당도에도 영향을 미친다. 예를 들어, 측정 신뢰도, 타당도 또는 처치 수행이 좋지 않으면 결과에 대한 대안적 설명(내적 타당도)을 도입할 수 있으며, 측정 신뢰도와 개입 실행이 좋지 않으면 1종 오류 또는 2종 오류(결론 타당도)가 발생할 가능성이 있다. 구인 타당도는 심지어 외적 타당도에도 영향을 미칠 수 있다. Trochim(2005)은 연구참여자의 조작화라는 구인 타당도에 대한 아이디어와 더불어 이론적 구성개념과 일치하는 연구참여자를 모집하는 것이 얼마나 중요한지에 대해 논의했다(예: 대학생을 대상으로 성인 애착을 연구하는 것이 좋은 출발점이 될 수 있지만, 그것이 연구참여자에 대한 최상의 조작화는 아니다).

내적 타당도

"내적 타당도는 원인-결과 또는 인과관계에 관한 추론에 대해 대략적인 진실을 보여 준다"(Trochim, 2005, p. 135). 내적 타당도는 주로 연구결과에 대한 대안적 설명이 배제되는 정도에 초점을 맞춘다. 이것은 연구설계를 통해, 그리고 집단 또는 조건에 대한 무선할당을 통해 수행된다(인과관계를 검토하기 위해서는 20장을 참조하라). 연구를 통해 인과관계를 보여 주는 기준은 엄격하고 수행하기 어렵거나 비윤리적인 경우가 많다. 상관관계 연구는 커플과 가족을 연구하는 데 중요한 기여를 한다. 그러나 조건에 대한 참여자의 할당을 통제하지 않거나 독립변수를 통제하지 않을 때, 대안적 설명이 많기 때문에 우리는 내적 타당도를 낮추는 연구를 수행하게 되는 것이다. 상관관계 연구에서 우리는 지침을 제공하는 이론에 따라 대안적 설명이 될 수 있는 변수들을 측정하고, 이러한 변수들이 대안적 설명이 아니라는 것을 통계적으로 보여 줌으로써 내적 타당도를 개선하려 한다. 부가적으로,

우리는 공변량분석을 사용하여 결과에 대한 공변량의 영향을 결정함으로써 상관관계 연구에서의 내적 타당도를 개선하고자 한다. 이러한 전략들은 내적 타당도를 다소 개선하는 데 도움이 되지만, 결과에 영향을 줄 수 있는 측정되지 않거나 통제되지 않은 변수들이 여전히 많이 있다. 따라서 상관관계 연구는 가치 있고 필요하기는 하지만 내적 타당도가 제한적이라고 할 수 있다.

결론 타당도

"결론 타당도는 자료의 관계에 대해 내린 결론이 합리적인 정도이다"(Trochim, 2005, p. 206). 관계의 결론이 합리적인 정도는 다음과 같은 질문을 통해 가장 잘 요약될 수 있다. "결과가 정확한가? 1종 오류나 2종 오류를 범했는가?" 결과가 옳다면, 실제의 '진실(Truth)'은 우리의 결과에서 관계를 찾아야 한다는 것이며, 우리 연구의 '진실(truth)'이 그 관계를 찾았다고 말하는 것이다. 하지만 그 반대는 실제의 '진실(Truth)'이 우리의 연구 변수들 간에 관계를 찾지 말아야 한다는 것이고, 우리 연구의 '진실(truth)'이 그 관계를 찾지 못했다는 것인데, 이것은 연구자로서 바라는 바는 아니지만 그래도 옳은 것이다. 이 두 경우 모두 결론 타당도를 극대화하기 위해 연구를 잘 설계해 낸 것이다. 결론 타당도에 대한 위협이 있을 때, 1종 오류(실제로 관련이 없는데 연구에서 관계를 찾는 것) 또는 2종 오류(실제로 관련이 있는데도 연구에서 관계를 놓치는 것)를 범할 가능성이 더 높다.

결론 타당도는 연구 논문의 한계 부분에서 많이 논의되지 않는다. 한계는 통상 외적 타당도에 초점이 맞춰진다(예: "표본크기가 작아서 외적 타당도가 낮고, 참여자들이 대학병원에서 모집되어 결과를 일반화할 수 없다."). 연구자가 결과의 결론 타당도에 대한 정보를 제공한다면, 결과를 훨씬 더 잘 이해할 수 있고 미래 연구가 개선될 것이다. 검증력 분석을 수행하는 것은 결론 타당도를 논의하는 데 필요한 연구계획 과정의 일부이다(검증력 분석에 대한 논의에 대해서는 25장을 보라). 결론 타당도를 논의하려면 연구자가 실행한 분석의 수에 대해 밝히고 적절한 본페로니 교정(Bonferroni correction)[2]을 사용해야 한다(Napierala, 2012).

---

2) 역자 주: 검증하는 가설의 숫자가 늘어나면 귀무가설이 기각될 확률이 증가하는(즉, 귀무가설이 옳은데도 기각하는) 제1종 오류의 가능성을 보정하기 위해 통계적 유의확률을 0.05에서 훨씬 낮추는 방법이다. 대략적으로 1/n로 낮춘다고 할 수 있는데, 그러면 가설검증을 많이 해서 통계적 유의성을 지닌 값이 지나치게 많이 나올 가능성을 쉽게 줄일 수 있다.

표 1-1 타당도 유형 간 설명과 관계*

	외적	구인	내적	결론
외적	• 다른 사람, 장소 및 시간에 대한 일반화가능성 **위협요인들** • 사람 • 장소 • 시간	• 표본이 조작하는 이론과 맞아야 함(예: 분화 또는 성인 예후을 검증하기 위해 하부생을 대상으로 삼는 것은 적절한 매칭이 아님).	• 이 두 종류의 타당도는 일반적으로 모두 대립 관련됨. • 내적 타당도를 높이기 위해 보다 엄격한 통제를 할수록 외적 타당도는 감소됨. • 참여자의 변동성을 높일수록 가능한 내적 설명이 많아짐.	• 표본의 변수를 늘리면 2종 오류를 범할 가능성이 높아짐.
구인		• 변수를 일관되고 정확하게 측정하고 있는가? • 당신의 프로그램이나 개입은 다른 사람들이 일관되고 정확하게 수행할 수 있는 방식으로 조작화되고 있는가? **위협요인들** • 낮은 측정 신뢰도나 타당도 • 프로그램이 한 버전만 사용 • 이론적 구성개념(construct)을 한 가지 방법으로만 측정 • 참여자들이 어떤 실험인지 알게 됨. • 적절한 처치가 이루어지지 않음. • 가설을 짐작할 수 있음. • 평가에 대한 우려 • 연구자의 기대	• 측정 신뢰도와 타당도가 좋지 못하면 결과에 대한 대안적 설명이 생겨남. • 개입 또는 독립변수의 조작화를 잘못하게 되면 결과에 대한 대안적 설명이 생겨남. • 개입 또는 독립변수에 대한 모니터링이 제대로 이루어지지 않으면 대안적 설명이 도입될 수 있음.	• 측정의 신뢰도가 낮거나 개입 또는 독립변수의 일관성이 부족하면 2종 오류가 발생할 가능성이 높아질 수 있음.

(계속)

외적	구인	내적	내용	결론
		내적	• 결과에 대한 대안적 설명을 배제했는가? **위협요인들** • 역사: 효과를 일으키는 외부 사건 • 성숙: 효과를 일으키는 정상적인 발달 • 검증: 사전 검사를 통해 참여자들이 연구 변수를 알게 됨. • 종료: 사람들이 연구에서 떨어져 나감. • 평균으로의 회귀: 부정확하게 참여자들을 모집단처럼 보이게 함. • 처치의 모방: 통제집단 또는 비교집단이 다르지만 효과적인 치료를 받음. • 경쟁: 통제집단 또는 비교집단이 실험집단과 경쟁함. • 사기 저하: 통제집단 또는 비교집단이 포기함. • 처치의 균등화: 처치를 동등하게 만들기 위해 통제집단 또는 비교집단에 치료를 제공함.	• 내적 타당도와 결론 타당도는 관련이 없음. • 연구는 두 유형 모두에서 낮거나 강할 수 있음. • 연구는 어느 유형에서나 강할 수 있고 다른 유형에서는 그렇지 않을 수 있음.

(계속)

요적	구인	내적	결론
결론			• 변수들 간에 관계가 있는가(예: 1종 오류 또는 2종 오류가 있는가)? **위협요인들** • 통계적으로 유의미한 결과를 '낚으려고 하기' • 자료 염탐 오류 • 측정에 대한 신뢰도가 낮음. • 개입 실행에 대한 신뢰도가 낮음. • 통계적 가정의 위반 • 불충분한 검증력 • 참여자들 안에서의 큰 변동성 • 설정에서의 변동성을 유발하는 기타 요인들

*대각선을 따라 정의 및 위협요인이 있는 상관관계 표로 해석함. 이 표의 정보는 저자인 Brewer(2000), Creswell(2014), 그리고 Trochim(2005)이 강의한 강좌에서 가져왔음.

요약

이 책이 커플과 가족에 대한 임상연구 분야에서의 타당도와 비독립성에 대한 전문적인 논의에 보탬이 됐으면 하는 바람이다. 각 장은 임상적인 커플과 가족을 연구하는 데 있어서의 측정, 윤리, 그리고 이론의 사용과 같은 이슈들에 대한 귀중한 정보를 제공한다. 뒤에 이어지는 장들은 생리학, 이인 자료 분석(dyadic data analysis), 결측치, 그리고 소표본에 대한 분석 전략에 이르기까지 여러 방법에 대한 정보를 제공한다.

우리는 각 장의 저자들과 함께 작업하는 가운데 많은 것을 배웠다. 그들은 탁월한 연구자들이며, MFT 임상연구에 대해 광범위한 방법론적 이슈들을 제기하는 놀라운 일을 해냈다. 우리는 각 장의 저자들이 다양한 배경과 교육환경에서 왔다는 것에 주목해야 한다. 이 책 전반에서 각 장의 저자들은 커플, 결혼, MFT(부부가족치료), CFT(커플가족치료)를 우리 분야에서 수행되고 있고 전문적인 맥락에서 논의된 연구들과 관련된 용어로서 사용했다. 그러나 이 책은 전문적인 논의가 아닌 연구방법에 초점이 맞춰져 있다. 따라서 우리는 이러한 용어를 편집하거나 통일하려고 시도하지 않고, 저자들이 쓴 대로 그대로 남겨 두었다.

참고문헌

Atkins, D. C. (2005). Using multilevel models to analyze couple and family treatment data: Basic and advanced issues. *Journal of Family Psychology, 19*(1), 98–110.

Brewer, M. B. (2000). Research design and issues of validity. In H. T. Reis & C. M. Judd (Eds.), *Handbook of research methods in social and personality psychology* (pp. 3–16). New York: Cambridge University Press.

Creswell, J. W. (2014). *Research design: Qualitative, quantitative, and mixed methods approaches.* Los Angeles: Sage.

Hamaker, E. L. (2012). Why researchers should think "within-person": A paradigmatic rationale. In M. R. Mehl & T. S. Conner (Eds.), *Handbook of research methods for studying daily life* (pp. 43–61). New York: Guilford.

Kashy, D. A., & Kenny, D. A. (2000). The analysis of data from dyads and groups. In H. T. Reis & C. M. Judd (Eds.), *Handbook of research methods in social and personality psychology* (pp. 451–477). New York: Cambridge University Press.

Keiley, M. K., Dankoski, M., Dolbin-MacNab, M., & Liu, T. (2005). Covariance structure analysis: From path analysis to structural equation modeling. In D. H. Sprenkle & F. P. Piercy (Eds.), *Research methods in family therapy* (2nd ed., pp. 432-460). New York: Guilford Press.

Keiley, M. K., Martin, N. C., Liu, T., & Dolbin-MacNab, M. (2005). Multilevel growth modeling in the context of family research. In D. H. Sprenkle & F. P. Piercy (Eds.), *Research methods in family therapy* (2nd ed., pp. 405-431). New York: Guilford Press.

Kenny, D. A., & Cook, W. (1999). Partner effects in relationship research: Conceptual issues, analytic difficulties, and illustrations. *Personal Relationships, 6*(4), 433-448.

Kenny, D. A., Mannetti, L., Pierro, A., Livi, S., & Kashy, D. A. (2002). The statistical analysis of data from small groups. *Journal of Personality and Social Psychology, 83*(1), 126-137.

Napierala, M. A. (2012). What is the Bonferroni correction? *AAOS Now, 6*(4), 40-40.

Reis, H. T. (2012). Why researchers should think "real-world": A conceptual rationale. In M. R. Mehl & T. S. Conner (Eds.), *Handbook of research methods for studying daily life* (pp. 3-21). New York: Guilford.

Sprenkle, D. H., & Piercy, F. P. (Eds). (2005). *Research methods in family therapy* (2nd ed.). New York: Guilford Press.

Trochim, W. M. K. (2005). *Research methods: The concise knowledge base*. Cincinnati: Atomic Dog Publishing.

제1부

기초적 이슈

02 좋은 연구 아이디어 개발하기

Richard B. Miller & Lexie Pfeifer

나(R.M.)는 좋은 연구 아이디어의 중요성에 대해 처음 배웠던 때를 뚜렷이 기억하고 있다. 석사학위 논문 심사 막바지쯤, 관례에 따라 심사위원들은 최종 결정을 위해 나에게 잠시 나가 있으라고 했다. 몇 분 후에 그들은 나를 들어오라고 한 다음 내 논문이 통과되었음을 알려 주었다. 순간 나는 기뻤지만 그 기쁨은 심사위원 중 한 사람의 말 때문에 사그라들었다. 그는 "귀하의 논문은 연구설계가 탄탄해서 통과시키기로 결정되었습니다. 설문지가 잘 만들어졌고, 표집도 좋았으며, 자료 수집 과정도 훌륭했고, 통계분석도 좋았습니다. 석사학위 논문치고는 글쓰기도 매우 좋았습니다. 하지만 이 석사학위 논문은 사실 아무도 관심 가지지 않을 연구문제를 묻고 있기 때문에 완벽한 시간 낭비일 뿐입니다. '그래서 뭐?(So what?)'라는 질문에 답을 못하고 있어요. 이 논문의 방법론이 아무리 훌륭하다 해도 연구 아이디어가 좋지 못하면 그런 논문은 기본적으로 무가치합니다."

아팠다. 정말 아픈 가르침이었다. 논문 심사위원이었던 그분은 좀 더 나은 방법, 덜 거친 방법으로 그런 내용을 전달할 수도 있었을 텐데 말이다. 그러나 그가 단호한 어조로 전달한 요점은 정확했다. 고품질의 연구를 수행하기 위한 첫 번째 요건은 좋은 연구 아이디어를 가지는 것, 즉 좋은 연구문제를 만들어 내는 것이다. 아무리 좋은 연구방법론도 연구 아이디어가 나쁜 것을 구제할 길은 없다는 것은 진리다. "좋은 연구문제를 선택하고 도출하는 것이 연구에서 가장 중요한 부분이라고 할 수 없다면, 최소한 연구의 중요한 부분 중 하나라고는 할 수 있다"(Lipowski, 2008, p. 1667).

중요한 연구 아이디어를 가지는 것은 연구 프로젝트를 위한 외부 지원금을 확보하는 데 있어 중요한 고려사항이다. 예를 들어, 국립보건원(National Institutes of Health: NIH)에 제출되는 연구 지원금 제안서는 다음과 같은 5가지 기준으로 평가된다. 그것은 연구 아이디어의 중요성, 연구자의 자격, 연구설계의 혁신, 연구에 사용된 연구방법 그리고 과학 환경의 수준(일반적으로 주 연구자의 소속 대학)이다(National Institutes of Health, 2013). 각 제안서는 연구문제와 제안된 연구목적의 중요성에 따라 평가된다. 중요도 기준에 의거하여 낮은 점수를 받게 되면 제안서는 탈락된 제안서 함으로 떨어지게 된다. 검토자들은 연구 아이디어의 중요성을 평가할 때 그 프로젝트가 사회의 중요한 문제를 다루는지, 혹은 그 분야의 발전을 위한 중요한 장애물에 대해 다루는지를 검토하게 된다. 특히 그들은 스스로에게 묻는다. "만약 프로젝트의 목표가 달성된다면 과학적 지식, 사람들의 삶, 그리고/또는 임상적 실천이 어떻게 개선될 것인가? 목표가 달성된다면 그것이 이 분야를 이끄는 개념, 방법, 기술, 치료, 서비스 또는 예방적 개입을 어떻게 변화시킬 것인가?"(NIH, 2013)

좋은 연구 아이디어는 어떤 것인가

흥미롭고, 중요하고, 의미가 있어야 한다

무엇이 연구 아이디어를 좋게 만들며, 우리는 어떻게 좋은 아이디어와 나쁜 아이디어를 구별할 수 있을까? Kwiatkowski와 Silverman(1998)은 다음과 같이 말했다. "어떤 좋은 연구문제라도 '그래서 뭐?'라는 시험을 통과할 수 있어야 한다. 즉, 그 질문에 대한 답은 **중요하고, 흥미롭고, 의미 있어야 한다**는 것이다"(p. 1114). '그래서 뭐?' 시험을 통과하기 위해서는 부부가족치료자들이 관심을 갖고 흥미를 느끼며 그 분야 및 내담자의 삶에 영향을 미칠 사안을 연구문제로 다뤄야 한다. 예를 들어, 의료비용 상쇄(medical offset)에 대한 Law와 Crane(2000)의 연구는 다음과 같은 중요한 질문을 던졌다. "부부가족치료(MFT)를 받는 부부나 가족은 의사를 덜 찾아가고 이로 인해 의료비가 절감되는가?" 관계 문제(예: V-code) 치료에 대해 보험 혜택을 받으려고 애쓰고 있는 MFT 분야를 고려할 때, MFT가 의료 이용률을 낮추었다는 그들의 연구결과는 중요하고, 흥미롭고, 의미 있었다.

연구 아이디어의 가치를 고려할 때 한 가지 중요한 질문은 "얼마나 많은 부부가족치료자가 이 연구문제가 중요하고, 흥미롭고, 의미 있다고 생각할 것인가?"이다. 예를 들어, "스웨덴에서 MFT를 수행하는 미국인 치료자들의 인식은 무엇인가?"라는 질문을 하는 연구에는 소수의 부부가족치료자들만이 관심을 가질 것이다. 반면, "첫 번째 회기에서의 치료자의 어떤 행동이 긍정적인 치료 성과를 예측하게 하는가?"라는 연구문제에는 대부분의 부부가족치료자가, 첫 회기 치료자 행동이 더 나은 치료 성과로 이어질 수 있는지 아는 데 관심이 있기 때문에, 흥미를 가질 것이다. 게다가 그러한 질문은 치료자들이 연구결과를 그들의 임상 작업에 적용함에 따라 내담자의 복지를 향상시킬 수 있는 잠재력을 가지고 있기 때문에 중요하다. 즉, 연구의 영향력은 많은 사람의 관심사이면서 임상 실제에서 중요한 함의를 가지고 있을 경우에 더 커지게 된다.

독창적이어야 한다

좋은 연구 아이디어를 내기 위한 중요한 기준은 이전에 묻지 않았던 독창적(original)인 질문을 하는 것이다(Kwiatkowski & Silverman, 1998). 연구는 이전에 없던 새로운 정보를 생산할 수 있는 잠재력을 지녀야 한다. 때때로, 특히 원래 연구가 작고 제한된 크기의 표본으로 이루어졌거나 실험을 다른 환경에서 수행하는 경우에는, 연구결과의 견고성(robustness)을 높이기 위해 기존 연구를 반복 연구하는 사례를 만들 수 있다. 그러나 일반적으로 연구 아이디어는 이전에 다루지 않았던 질문을 다루는 것이 필요하다. 예를 들어, "행동주의 커플치료는 커플관계에서의 고통을 치료하는 데 효과적인 모델인가?"라는 질문은 이와 관련하여 적어도 30개의 무선임상실험이 이미 그 효과성을 입증(Shadish & Baldwin, 2005)하였기 때문에 별로 좋은 아이디어가 아니다. 따라서 연구자들은 연구 아이디어가 참신하고 새로운 정보를 제공할 것이라는 근거를 선행연구 고찰을 통해 제공해야 한다.

연구자들이 종종 저지르는 실수는 선행연구가 없다는 것이 자동적으로 어떤 연구문제를 좋은 연구 아이디어로 만들어 준다고 보는 것이다. 예를 들어, 연구자들은 룩셈부르크에서 구조적 가족치료의 효과에 대한 연구를 할 수 있다. 어떤 무선임상실험도 룩셈부르크에서 그 연구문제를 다루지 않은 것은 사실이지만, 그렇다고 해서 그것이 중요하고 의미 있는 연구 아이디어라고 주장하기는 어려울 것이다. Alvesson과 Sandberg(2011)가 찾아낸 '연구 공백 찾기(gap-spotting)'라는 용어는 연구자들이 선행연구를 통해 어떤 연구 공백이 존재하는지를 파악한다는 의미였지 공백 자체가 중요하고 의미 있는 것이라는 의미는 아니다. 동료 심사 방식의 경영학 분야 주요 학술지의 선임 편집자는 26년간의 학술지 편집 경험을 바탕으로 이런 말을 했다. "만일 선행연구들의 중요한 연구 공백을 메꾼다는 확실한 논증을 할 수 없다면 그 연구 영역에 있어서 당신 연구의 기여도를 보여 주는 것이 매우 어려울 것이다. 얼마나 많은 저자가 이러한 근본적인 요점을 놓치고 있는지 안다면 놀랄 것이다"(Johanson, 2007, p. 292). 그러나 문헌을 통해 연구의 공백을 발견하는 것만으로는 충분하지 않다. 연구자들은 그 연구 공백으로부터 생성되어 나온 아이디어가 중요하고, 흥미롭고, 의미 있다는 것을 증명해야 한다.

이론 혹은 중요한 문제와 연결되어야 한다

Sjöberg(2003)는 "좋은 아이디어는 새롭고 독창적일 뿐 아니라 그 분야의 이론적 발전 및/또는 실제적 문제와 흥미로운 방식으로 관련되어 있다."(p. 12)고 언급함으로써 좋은 아이디어에 대한 우리의 이해를 더한다. 이 정의를 통해 Sjöberg는 좋은 연구 아이디어가 MFT 이론을 검증한다고 말한다. 실제로 좋은 연구 아이디어는 기존의 이론 원리 또는 널리 알려진 가정의 타당성을 시험하거나 이것들에 도전한다(Alvesson & Sandberg, 2011). 이런 점에서 명백하게 이론에 연결성을 가진 연구문제가 단순히 어떤 특정 사안을 다루는 연구문제에 비해 영향력이 훨씬 크다. 예를 들어, 연구자들은 정서중심치료(emotionally focused therapy: EFT)가 중국에서 효과적인지 여부를 연구하고 싶을 수 있다. 중국은 13억의 인구를 가진 나라이며, 그래서 EFT가 중국 문화에 적응적이며 적용이 가능한지에 대한 관심은 당연히 광범위할 것이므로 이것은 흥미롭고 의미 있는 연구문제가 될 수 있다. 그러나 그 연구문제가 정서에 대한 비교문화이론(Alonso-Arbiol, van de Vihver, Fernandez, Paez, & Campos, 2011를 보라.)과 명백하게 연결된다면, 혹은 외부자(etic)와 내부자(emic)에 대한 비교문화적 이론 개념과 연결된다면 이 연구 아이디어는 훨씬 더 흥미롭고, 중요하고, 의미 있을 수 있다. 외부자 개념은 모든 문화가 공통된 특성을 공유한다는 가정을 하므로 EFT가 중국을 포함한 다른 문화들에서도 효과적일 것이라는 입장을 가진다. 한편, 내부자 개념은 각 문화가 독특한 특성을 가지고 있으므로 독립적으로 연구되어야만 하고, 특정 치료 모델은 중국을 포함한 다른 문화에서는 맞지 않을 수도 있다는 점을 인정한다(Berry, 1989). 그래서 중국에서의 EFT 효과성 연구가 비교문화이론에 기초할 경우 EFT의 중국에서의 효과성이라는 구체적인 문제를 다룰 뿐 아니라 MFT의 다문화성에 대한 중요한 정보를 만들어 내게 되어 EFT의 다른 문화권에서의 적용가능성에 대한 중요한 함의를 도출하게 되는 것이다. 이렇게 연구 아이디어는 이론적 요소를 추가함으로써 '좋은' 연구문제에서 '우수한' 연구문제로 발전하게 된다.

마찬가지로 MFT 분야에서 광범위하게 받아들여지고 있는 가정들에 도전하는 연구 또한 영향력이 크다(Alvesson & Sandberg, 2011). 예를 들어, MFT 분야는 그 훈련의 초기부터 라이브 슈퍼비전의 광범위한 사용에 대해 자부심을 가져오고 있다. 즉, 그것을 슈퍼비전의 '최고의 기준'으로 여기는 것 같다. 그러나 라이브 슈퍼비전이 지각된 치료적 진보에 미치는 효과에 대한 최근의 한 연구에서는 다른 결과가 나왔다. 라이브 슈퍼비전을 받은 훈련생 치료자는 스스로 자신의 치료에서 더 큰 진보가 있었다고 보고하는 반면, 라이브 슈퍼비전을 받은 훈련생 치료자의 내담자들은 라이브 슈퍼비전을 받지 않은 사례의 내담자들과 동일한 수준의 진보를 보고하였다는 것이다(Bartle-Haring, Silverthorn, Meyer, & Toviessi, 2009). 저자들은 이 결과에 대한 한 가지 설명으로, 라이브 슈퍼비전을 받은 사례의 내담자들은 자신들의 치료자가 덜 유능해서 밀착 슈퍼비전을 받게 되는 것으로 인식할 수 있다고 보았다. 이 연구의 결과는 많은 품이 드는 라이브 슈퍼비전의 양식이 MFT의 최고의 기준이라는 가정에 도전하는 새로운 정보를 제공하고 있다. 결과적으로 라이브 슈퍼비전에 대한 이러한 연구를 낳은 연구 아이디어는 흥미롭고, 중요하며, 의미 있는 것이었다.

Sjöberg(2003)는 연구 아이디어가 중요한 실제적 문제를 다루어 준다면 좋은 것이라고 하였다. 예를 들어, 이 장이 집필되는 시점에 부부가족치료자는 메디케어[1] 정신건강 서비스의 승인된 공급자가 아니었으며, 메디케어의 혜택에서 제외되어 있었다. 그 결과, 일반적으로 부부가족치료자는 미국의 노년층에게 임상 서비스를 제공할 수 없었다. 노년 인구의 가파른 증가와 더불어, 특히 '베이비 부머 세대'가 65세에 이르기 시작하면서 미래에는 노년층을 대상으로 하는 MFT 서비스의 필요가 극적으로 증가할 것으로 보인다. 노년층에 MFT 서비스를 제공함에 있어서의 이런 장애물은 MFT 영역 전반에서 중요한 문제이며, 임상을 하고 있는 많은 MFT 치료자에게는 특히 중요한 문제이다. 결과적으로 노년층을 대상으로 한 MFT 서비스의 임상 및 비용 효과성을 입증하는 연구가 좋은 연구 아이디어라고 할 수 있다.

---

1) 역자 주: 메디케어(Medicare)는 미국의 연방노인건강보험으로 주로 65세 이상 노인 등에 대한 보험혜택을 제공하고 있다.

실현 가능성이 있어야 한다

좋은 연구문제에 대한 추가적인 중요한 기준은 그 질문을 해결할 연구를 실제로 수행할 수 있어야(feasible) 한다는 것이다(Kwiatkowski & Silverman, 1998). 실현 가능성, 즉 '할 수 있는지'에 대한 문제는 매우 중요하다. 실현 가능성이 부족하면 잘되더라도 막다른 골목으로 향하는 것일 뿐이다. NIH 지원금 제안서에 대한 평가 기준(NIH, 2013)에 연구자의 자질과 연구 환경의 질을 포함하는 주요 이유는 그것이 실현 가능성의 중요한 지표가 되기 때문이다. 연구자의 경험과 기술, 그리고 연구가 진행될 기관 또는 대학의 기관 차원의 (추가적인) 예산 지원 수준 등은 제안서 심사위원들에게 연구 아이디어와 제안된 설계가 실현 가능한지 여부를 파악할 수 있는 기준을 준다. 결과적으로, 좋은 연구 아이디어는 실행 가능해야 하며 그렇지 않으면 좋은 아이디어라고 볼 수 없다. 우리는 연구자들이 연구 프로젝트의 가능성 여부를 판단할 때 타당도 위협(validity threat)을 지침으로 사용할 것을 권고한다.

연구자에게 흥미로워야 한다

연구 아이디어는 연구자가 관심을 갖는 아이디어여야 한다(Kwiatkowski & Silverman, 1998). 연구는 연구자의 막대한 투자와 까다로운 노력이 필요하다. 만약 연구자들이 그들이 탐구하고 있는 아이디어에 열정을 가지고 있다면 그 과정은 몰입되며 흥분되는 것일 수 있다. 그러나 만약 연구자가 연구주제에 대한 진정한 관심이 없다면 연구과정은 지겹고 지루하며 끝이 안 보일 것이다. 결과적으로, 연구 아이디어를 결정할 때 연구자들은 자기 성찰적이고 정직할 필요가 있다. 이것이 정말로 그들을 흥분시키는 아이디어인지 자문해 볼 필요가 있다. 연구자의 열정과 흥분이 부족하다면 어떤 멋진 연구 아이디어도 실상은 좋은 아이디어가 아니다.

연구자는 어떻게 좋은 연구 아이디어를 개발하는가

좋은 연구 아이디어가 어떤 것인지 이해하고 나면, 연구자들은 그런 좋은 아이디어를 어떻게 개발할 것인지를 묻게 된다. 그런 좋은 아이디어가 번쩍이는 섬광처럼 떠오르는 것인지, 아니면 단계적인 개발을 통해 도출되는 것인지 말이다. 좋은 연구 아이디어를 개발하는 것은 어려운 일로 보일 수 있다. (MFT 연구자에게는) 놀라운 일이지만, 우리는 좋은 연구 아이디어에 대한 참고자료를 비즈니스 세계로부터 찾아볼 수 있다. 사실 이런 생각이 놀랍지 않은 것은, 비즈니스에서의 성공이 혁신성과 새로운 상품의 소개를 통해 잠재적 소비자에게 다가가는 능력에 있기 때문이다. 그 결과, 비즈니스 분야의 학자들은 좋고 혁신적인 아이디어가 산출될 수 있게 하는 방법에 초점을 둔 많은 연구를 수행해 오고 있다.

한 연구 팀은 100명에 가까운 혁신 발명가나 기업 임원들에게 설문지와 면접조사를 통해 그들의 가장 창의적인 사업 아이디어가 어떤 상황이나 환경에서 나오게 되었는지에 대한 대규모 연구를 수행했다. 인터뷰에 응한 혁신가들에는 Amazon.com, eBay, Dell, Skype, JetBlue 및 BlackBerry 제품의 설립자와 발명가 등이 포함되었다. 그들은 이 연구결과를 『이노베이터 DNA: 성공하는 혁신가들의 5가지 스킬(The Innovator's DNA: Mastering the Five Skills of Disruptive Innovators)』(Dyer, Gregersen, & Christensen, 2011)에서 보고하였다.

이 연구의 주요 결과를 요약하면 위대한 혁신가들은 덜 혁신적인 비즈니스 리더들과는 다른 방식으로 **행동**하였다는 것이다. 그들은 "혁신적인 아이디어를 만들어 내는 능력은 단순히 마음의 기능일 뿐 아니라 행동의 기능"이라며 "우리가 행동을 바꾼다면 창조적인 능력이 개선될 수 있다."(Dyer et al., 2011, p. 3)고 지적하고 있다. 특히 그들은 위대한 혁신가들의 발견 과정을 촉진하는 다섯 가지 행동을 찾아냈다. 혁신가들은 연결과 연결성을 만들어 내는 전문가였다. 그들은 질문을 했고, 그들을 둘러싼 세계를 예리하게 관찰했으며, 다양한 사람들과 폭넓은 네트워킹을 했다. 그리고 그들은 새로운 아이디어를 가지고 실험을 했다.

연결짓기

연결짓기(associating)는 연구 아이디어를 만드는 한 가지 방법이다. 그것은 일견 관련이 없는 질문이나 문제, 아이디어들을 연결하는 작업 같은 것이다. Dyer 등(2011)은 문제를 확대/축소하고 더 큰 그림의 요소와 초점 문제 사이의 연결을 짓기 시작함으로써 '세부 문제'의 수렁에서 우리 자신을 끌어낼 것을 제안한다. 그들은 "높은 수준의 것부터 아주 작은 것 사이를 왔다 갔다 하다 보면 종종 새로운 연결을 지을 수 있게 된다."고 언급한다(p. 54). 뒤로 물러나서 보면 초점 문제와 관련된 맥락을 볼 수 있게 된다.

연결적 사고를 하는 사람들의 태도는 IDEO 디자인 회사가 'T자'라고 부르는 것과 비슷하다. 그들은 "한 가지 지식 영역에 대한 깊은 전문 지식을 보유하고 있지만, 다양한 지식 영역에 걸쳐 광범위하게 지식을 습득한다"(Dyer et al., 2011, p. 56). 임상심리학, 아동발달, 그리고 신경생리학은 결혼과 가족 현상 이해에 어떤 부분을 기여해 오고 있는가? 생리학과 화학 분야는 관계 현상에 대해 무엇을 가르쳐 주는가? 『이노베이터 DNA』는 다른 연구와 분야의 아이디어를 특정 연구 영역으로 '수입하는 것'을 좋아한다. 그들은 아이디어를 '수출하는 것'에 대해서도 논하고 있다.

또한 Dyer 등(2011)은 창의적인 연결적 사고는 '의도적으로 문제를 해결하려고' 할 때보다 편안한 상태에서 평범한 일상적 행위들을 할 때 가장 자연스럽게 일어난다고 말한다(p. 58). 연결적 사고로 도약하기 위해 『이노베이터 DNA』에서 제안하는 것은, 우리가 일반적으로는 연결을 생각할 수 없는 아이디어 간에 연결을 만듦으로써 새로운 연관성을 억지로라도 만들어 보기, 문제에 대한 새로운 관점을 가지기 위해 전혀 다른 사람의 입장을 취해 보기, 연구할 현상에 대하여 은유를 만들어 보기, 혹은 다양한 원천으로부터 흥미로운 아이디어들을 모으고 축적하기 등이다.

나(R.M.)는 매우 뜻밖의 상황에서 연결성을 만들어 낸 경험이 있다. 몇 년 전 나는 학과장으로서 학장의 요청에 따라 비즈니스 분야 몇 연구자들의 발표에 참석하라는 요청을 받았다. 그때 나는 할 일이 많았기 때문에 그 발표에 참석하고 싶지 않았다. 내키지 않는 마음으로 (그리고 매우 안 좋은 태도로) 나는 그 발표에 가서 회의실 뒤쪽에 앉아 읽어야 하는 논문 몇 개를 읽으려고 했다. 그 교수들은 자신들의 발표를 시작했고 비즈니스에서의 혁신에 대한 연구에 대하여 이야기하였다. 그들은 자신들이 최근에 『이노베이터 DNA』를 출판했다고 말했는데, 그 책에 소개된 주요 연구결과에 위대한 비즈니스 혁신가들이 덜 혁신적인 연구 리더와 구별되게 만드는 다섯 가지 행동이 있다고 하였다. 당시 나는 MFT 연구자들이 더 나은 연구 아이디어를 개발해야 할 필요에 대해 많은 생각을 해 오던 차였다. 그러면서 관련 문헌을 읽고 좋은 연구 아이디어의 기본적인 특성이 무엇인지를 탐구했었다. 하지만 나는 대학원생들뿐만 아니라 연구 경력이 많은 연구자에게도 좋은 연구 아이디어를 개발하는 방법을 가르치는 데 어려움을 겪고 있었다.

내가 마지못해 그 비즈니스 분야 연구자들의 발표를 듣게 되었을 때 나는 전혀 예기치 못한 연결성을 만들어 내게 되었다. 나는 비즈니스 혁신가들의 이 다섯 가지 행동이 좋은 연구 아이디어를 만들어 내기 위해 애쓰는 MFT 연구자들에게도 적용될 수 있다는 것을 깨달았다. 이런 연결성을 만들어 낸 후 나는 이 비즈니스 학자들의 발표를 새로운 관심을 가지고 경청하였다. 그들의 연구가 좋은 연구 아이디어를 개발하고자 하는 MFT 연구자들에게 길잡이를 제공한다는 점이 분명해 보였으므로 나는 그들의 생각을 이 장에 그들의 방식으로 삽입하였다.

Eliana Gil 박사는 MFT 실천에서 연결성을 만들어 낸 좋은 예를 보여 준다. 그녀는 가족치료 훈련을 받았지만 아동과 그 가족을 그들의 발달 수준에 맞게 치료하는 방법을 개발하는 데 어려움을 겪었다. 이윽고 그녀는 놀이치료 분야와 연결성을 만들 수 있었고, 거기서 그녀는 비언어적인 놀이를 통해 아동을 치료 과정에 통합시키는 직관과 기술을 찾게 되었다. 그녀는 자신의 통합적 모델인 가족놀이치료를 발전시키기 시작했는데, 그 모델을 통해 치료에서 놀이적 표현을 사용함으로써 아동의 참여와 목소리를 보다 많이 이끌어 낼 수 있었다(Christensen & Thorngren, 2000).

질문하기

『이노베이터 DNA』의 저자들은 연구를 통해, 혁신적인 경영자들은 일반적인 경영자들보다 훨씬 많은 질문을 한다는 것을 발견했다. 혁신적 사상가는 "자신의 (연구 영역의) 지도에 대한 확신과 의심 사이를 편안하게 왔다 갔다" 한다(Dyer et al., 2011, p. 71). 건강한 의심은 냉소나 현존하는 이론과 연구의 거부를 의미하는 것이 아니라 그 이론들의 신조와 가정에 의문을 제기하고 이의를 제기하는 용기를 의미한다. 『이노베이터 DNA』는 어떤 질문으로 시작해야 하는지를 설명하고 있다.

- "＿＿＿＿는 무엇인가(What is ＿＿＿＿)?", "무엇이＿＿＿＿을 유발하는가(What causes ＿＿＿＿)?" 이 질문들은 여러분이 현상을 그 뿌리부터 정의하는 기본으로 돌아가게 한다. 수십 년간의 연구를 통해 특정한 현상은 수없이 여러 번 정의되었을 것이다. 그러나 당신은 그것을 당신 자신의 언어로 어떻게 정의할 것인가? 기존의 정의와 설명의 일부 중에는 당신이 수용할 것도 거부할 것도 있을 것이다. 정의들 간의 비일관성과 거부해야겠다고 생각되는 부분에 주목하라. 이런 영역이 좋은 연구를 만들어 낼 수 있는 비옥한 토양이다.
- "왜 그런가(Why)?" 또는 "왜 아닌가(Why not)?"의 가정에 도전하는 것을 두려워하지 말라(Alvesson & Sandberg, 2011). 과학적 방법의 핵심은 증명하는 것보다 도전하는 데 있다. 그러나 우리는 연구를 통해 권위적 자료와 오랫동안 유지된 전통적 이론들에

도전함으로써 심화된 이해를 구하려고 하기보다는, 종종 증명하고 방어하려는 입장을 취한다. 우리는 스스로에게 MFT 분야의 깊이를 더하고자 하는 우리의 열정을 담은, 믿기 힘들다는 식의 '왜'라는 질문, 그리고 심지어는 반항적인 '왜'라는 질문을 허락해야 할 필요가 있다. 『이노베이터 DNA』와 Lipowski(2008)는 연구자들이 한 주제의 중심에 도달하기 위해서는 최소한 다섯 번의 '왜'라는 질문을 하라고 조언하면서 '다섯 가지-왜' 방법을 제안한다.

- "만약에(What if)?" 우리는 연구문제에 제약조건을 부여하거나 제거하는 방식으로 독특한 연구결과를 만들어 낼 수 있는 '만약에'라는 질문을 충분히 검토할 수 있다. 우리는 우리의 연구와 방법론에 대하여 다음과 같은 질문들을 해야만 한다. 즉, "어떤 가정이 만들어지고 있는가? 어떤 제약조건이나 촉진조건들이 부과되었나? 어떤 제약조건이나 촉진조건들이 간과되었나?" 이러한 '만약에'라는 질문은 적절한 연구 아이디어를 만들 수 있는 무한정의 기회를 제공해 준다.

나아가 이런 터무니없는 질문을 하는 것도 괜찮다. 예를 들어, "긍정적인 것이 실제로는 부정적인 것이라면?" 혹은 "효과적인 어떤 것이 실제로는 문제적인 것이라면?" 우리가 "어떤 것이 진실이나 사실이라는 공유된 인식을 가정의 수준으로 변형시킬 수"(Alvesson & Sandberg, 2011) 있다면 이런 질문들은 조금은 덜 터무니없어질 것이다. 이에 더하여 연구자들은 그러한 질문을 던지기 위하여 권위적 출처에 도전할 수 있는 용기를 키워 갈 필요가 있다.

이런 것의 한 예로는 Freud에 의해 소개되어 역사적으로 널리 받아들여진 억압 개념이 있다. Tavris와 Aronson(2007)은 '개인은 무의식적으로 트라우마 기억을 억압한다'는 이론적 논거에 기초하여 이루어지는 '회복된 기억치료'라는 '유행'에 대하여 언급하고 있다. 내담자들은 치료실에서 의식 수준에서는 자각한 적인 없었던 성적 학대에 대한 기억을 드러내게 된다. 억압된 트라우마 기억을 발견하는 이러한 관행은 몇몇 괴짜 치료자들에게만 국한된 것이 아니라 기사, 책, 학회에서 널리 전파되었다. 치료자들은 재판에서 '학대자'를 고발하는 증언을 했다. 그 이후 억압은 성적 트라우마에 대한 일반적인 반응이라는 가정이 과학적으로 꾸준히 연구되어 왔다. 그러나 기억 억압에 대한 이론적 논거와는 반대로, 연구결과 트라우마 피해자들은 그것을 강박적으로 기억하거나 트라우마와 관련된 세부사항들을 (무의식적으로가 아니고) 능동적으로 피하려는 반응을 보여 주었으며 트라우마를 망각하지도 않았다(Tavris & Aronson, 2007).

MFT 분야에는 (정치적이지도 않고 노골적으로 해롭지도 않은) 그런 많은 이론적 논거들이 존재한다. Lipowski(2008)는 이런 것들을 '애용되는 이론 혹은 실천 전통'이라고 부른다. 이런 이론적 논거들은 종종 그것을 뒷받침하는 확실한 과학적 근거 없이 받아들여져서 치료적 실제에서 활용된다. 우리는 이와 같이 널리 수용되는 전제를 진실이라고 보는 대신 조건이나 가정으로 볼 수 있는 용기를 가져야 한다.

관찰

성공적인 혁신가들이 하고 있는 세 번째 행동은 세심한 관찰이다. 그들은 세상과 그들을 둘러싼 사람들에게 주목하고 호기심을 가진다. 혁신가들은 '해야 할 일과 그것을 더 잘 수행할 방법', 제2의 해결책, 그리고 놀라움에 주의를 기울인다. 제2의 해결책이란 체계가 해결책을 찾아갈 때 둘러가는 방법으로서 이 말 자체가 해결책이 아직 완결되지 않았음을 말하는 것이며, 따라서 더 연구해 볼 여지가 충분함을 암시한다. 해결되는 과정이 놀랍거나 예기치 않은 방식이거나 이해 불가인 경우 이것은 그 해법이 왜 이런 방식으로 작동을 하는지, 아니면 더 나은 다른 해답이 있는지를 알아보는 기회가 된다. 혁신가들은 관심을 두고 있는 맥락뿐만 아니라 그 외의 많은 다른 환경들을 관찰한다(Dyer et al., 2011). 마찬가지로 MFT 연구자들은 가족체계와 치료회기를 관찰하며 자신들이 관찰한 것에 대하여 질문을 한다. 먼저, 관찰을 통해 우리는 기능적, 사회적, 정서적 측면의 목표 성취가 어떠한지 볼 것이다. 그다음, 우리는 제2의 해결책과 놀라움(Dyer et al., 2011; Lipowski, 2008), 연구 공백(Alvesson & Sandberg, 2011), 혹은 절반의 진리들(Sjöberg, 2003)을 살펴볼 것이다. 혁신가의 행동은 고립되어 존재하지 않는다. 오히려 혁신적인 기업가(또는 MFT 연구자)는 관찰하고, 질문하고, 관찰한 것들 간의 연결성을 만들 것이다. 예를 들어, 개인 정신병리 치료에서 체계적 패러다임의 발달사를 보면 관찰하고 질문하고 연결성을 만들어 나가는 행동에 능동적으로 참여한 혁신적인 치료자들이 나타난다. 이 선구자들 몇 분은 각각 독립적으로, 심한 정신질환으로 고통을 당하고 있는 환자들이 정신과 병원이나 기타 정신건강시설에서 상당히 호전되는 것을 관찰하였다. 치료 과정 중 환자들이 며칠간 집으로 가서 가족들을 만나고 돌아오면 떠날 때보다 나빠진 증상을 가지고 돌아왔다. 이런 현상에 대한 반복된 관찰로 인해 이 선구자들은 정신질환의 원인론과 치료방식에 대한 지배적인 이론에 대해 의문을 제기하게 되었다. 이 의문에 대한 해답을 찾기 위해 일반체계이론과의 연결이 만들어지게 되었다(Nichols, 2011). 이렇게 하여 개인 정신병리를 체계적 관점에서 치료한다는 생각이 탄생하게 된 것이다. 그것은 위대한 생각이었고, 혁신적 치료자들이 관찰하고, 질문하고, 연결을 만들어 냄으로써 만들어진 산출물이었다.

연구자로서 우리는 우리 분야의 기초를 닦은 이런 혁신적인 분들의 발자취를 따라갈 수 있다. 우리가 이미 가지고 있던 이론에 따라 개입에 뛰어드는 대신 놀라움과 제2의 해결책과 연구 공백과 비일관성에 주목할 때 우리는 "왜 그렇게 하나요? 왜 그런 일이 일어났나요?"라고 질문할 수 있다. 이 질문에 대해 내담자들, 수련생들 그리고 동료들이 주는 대답은, 이론을 더 발전시키거나 혹은 다른 이론을 만들어 낼 수 있게 하는, 연구를 가치롭고 독창적이게 만드는 어떤 것에 이르게 할 수 있다.

관찰의 마지막 지침은 새로운 환경을 추구하라는 것이다. 연구자로서 우리는 연구에서 혁신을 이끌 수 있는 새로운 환경과 경험을 추구할 수 있다. 새로운 환경의 예로서는 MFT 분야 이외의 학술대회, 가정 방문형 가족치료와 전통적인 외래 가족치료를 비교 관찰하는 것, 치료 클리닉과 기관들의 철학과 운영에 대해 관찰하는 것, (다문화적 가족치료라는 성장하는 분야의 경우) 다른 나라와 문화를 방문하는 것 등이 있다.

사실 MFT 치료자는 혁신적 연구문제를 개발함에 있어서 최상의 지위를 차지하고 있다. 왜냐하면 치료자로서 우리의 작업은 우리가 커플이나 가족과 작업하는 동안에도 자신의 치료 과정을 지속적으로 관찰하도록 요구하고 있기 때문이다. 그로 인해 치료 중에 관찰되는 예기치 못한 혹은 지속적인 부정적 상호작용은 우리가 사용하고 있는 치료 모델과 그것을 특정 대상군에게 적용하는 것에 대해 질문을 하게 한다. 이 질문들뿐만 아니라 다른 이론이나 가정과 연결을 만드는 과정들이 훌륭한 연구 아이디어를 도출하게 하는 것이다.

네트워킹

『이노베이터 DNA』의 저자들은 성공적인 혁신가들은 네트워킹 전문가들인데, 이들은 전문가들 간의 관계를 확장시키려는 목적보다는 아이디어를 만들어 가기 위해 네트워킹을 하는 경향이 있음을 발견하였다(Dyer et al., 2011). 그들은 다른 사람들의 아이디어와 관점에 관심을 가지고 자신의 연구 아이디어를 개발하기 위해 연결을 만든다. 그들은 자신의 고유 영역 안과 밖에서 아이디어를 구한다. 예를 들어, Drury(1991)는 『영국 가정의학저널(British Journal of General Practice)』의 사설에서 일반 의사들과 약사들 사이의 제한된 의사소통에 대해 논평하였다. 그들은 사람들에게 의료적 돌봄을 제공하는 공동의 역할을 하고 있음에도 불구하고 직군 간에 소통이 거의 없다는 것이다.

이런 현상이 모든 전문직에서 발생한다. 특히 MFT로서 우리는 임상심리학자, 사회복지사, 정신과 의사, 신경학자, 의사, 학교 상담사 등과 함께 일한다. 우리는 얼마나 자주 '다른' 분야에서 단순히 우리의 직업을 대표하는 것 이상의 노력을 하는가? 혁신적인 연구 아이디어 개발을 위해서 우리는 연구 아이디어와 관점을 다른 분야의 전문가들과 공유하기 위한 의도적인 노력과 더불어 그들의 생각과 아이디어에 관심을 가질 필요가 있다.

이것이 좋은 연구 아이디어가 레스토랑의 냅킨에 많이 그려지는 이유가 되겠다. 한 무리의 학자들이 모여 점심이나 저녁을 먹을 때, 그들은 각기 다른 대학과 기관에서 왔고, 그들은 각각 특정한 전문 지식과 경험을 가지고 온다. 대화하는 동안 이러한 아이디어의 네트워킹과 함께 자연스러운 시너지 효과가 나타난다. 그 과정은 활력을 주고, 종종 믿을 수 없을 정도로 좋은 연구 아이디어들을 결과물로 만들어 낸다.

MFT 연구자들의 성공적인 네트워킹의 또 다른 좋은 예는 조지아 대학교의 MFT 클리닉에서 볼 수 있다. 여기서 부부가족치료자는 영양사, 환경/주택 전문가, 금융 상담사와 협력하여 클리닉에 오는 가족들을 돌본다(Johnson, Gale, Ford, & Goetz, 2012). 그들은 이러한 다른 분야들이 MFT 실무에서 만나는 내담자들의 안녕과 기능에 가치 있는 것을 제공한다는 것을 알게 되었다. 이런 맥락에서 그들은 좋은 연구 아이디어가 만들어질 가능성이 매우 높은 혁신적인 다학제 임상 모델을 개발했다.

Dyer 등(2011)은 우리 자신의 네트워킹 행동을 개선하기 위해 자신과 다른 견해나 배경을 가진 사람들을 찾아 네트워킹 반경의 다양성을 넓힐 것을 제안한다. 그들은 우리에게 그들의 관점과 분야에서 최첨단인 것이 무엇인지 물어보라고 권한다. 그리고 그들은 1년에 두 번 학술대회에 참석할 계획을 세우라고 권한다. 이 학술대회에서 우리는 다른 사람들의 아이디어와 작업을 접할 기회를 가진다. 하지만 네트워킹만으로는 혁신적인 연구 아이디어를 창출하지 못할 것이다. 네트워킹을 하는 동안 우리는 관찰하고, 질문하고, 연결성을 만들고, 새로운 아이디어로 실험할 수 있도록 마음을 열 필요가 있다.

실험하기

Dyer 등(2011)이 지목한 성공적인 혁신가의 다섯 번째 행동은 실험해 보려는 의지이다. 성공적인 혁신가들은 획기적인 아이디어를 생각해 내기 전까지 여러 번 실험과 실패를 반복했다. Dyer 등(2011)은 혁신가들이 실험에 참여하는 세 가지 방법을 제시하고 있다. 첫째, 그들은 기꺼이 새로운 경험을 시도한다. 둘째, 그들은 과정과 아이디어를 해체한다. 셋째, 그들은 비공식적인 파일럿 연구와 프로토타입으로 아이디어를 검증한다.

실험 정신은 MFT 분야의 창시자들 중 다수의 중요한 특성이었다. Jay Haley와 Carl Whitaker의 치료회기는 실험 행위였다. 그들은 결과에 대해 확신하지는 못하였지만 전개되는 과정으로부터 기꺼이 배우려고 하면서 가족의 역동을 실험적으로 움직여 보고는 했다(Keith & Whitaker, 1981). 그들은 경험, 실험, 조정, 그리고 더 많은 실험으로 이어지는 주기적인 과정으로부터 MFT 분야에 영향을 준 혁신적인 기술과 이론을 만들어 냈다. 이런 실험 정신은 겸손하고 기꺼이 실수를 저지를 줄 아는 연구자들이어야 가질 수 있다. Sjöberg(2003)는 연구자들이 '자신감이 너무 없거나 너무 많은' 문제에 얽매여서는 안 된다고 말한다. 어느 극단에서든 우리는 새로운 것을 시도하는 것을 주저하게 되고 실수를 하게 된다.

실험에 참여하는 두 번째 방법은 뭔가를 다시 조립하는 도전을 위해 분해하기를 즐기는 어린아이처럼 되는 것이다. Alvesson과 Sandberg(2011)는 이것을 '이론 풀어 보기(unpacking of theory)'라고 부른다. 마치 자동차 정비공이 엔진을 체계적으로 분해하고 부품들이 시스템에서 어떻게 서로 맞물리고 회전하는지를 검사하듯이, 연구자들은 이론을 분해하고 개별적인 가정과 그것의 이론적 연결성(cohesiveness)을 검토할 수 있다.

실험에 참여하는 세 번째 방법은 파일럿 연구와 프로토타입을 통해서이다. 대규모 표본과 통제된 조건을 가진 대규모 보조금이 지원되는 연구는 계획 및 실행이 어렵다. 게다가 이러한 연구들은 소규모의 파일럿 연구들을 기반으로 구축된다. 연구자들은 더 작은 표본과 덜 제한적인 조건으로 새로운 아이디어와 혁신적인 가설을 시도할 수 있다. 사례 연구와 단일사례 연구(13장을 보라.)는 소규모 실험의 예이며, 이런 작은 실험은 보다 공식적인 실험으로 이어질 가능성을 가진다. 예를 들어, NIH 지원금 제안서 양식에는 제안된 연구에 이르게 만든 예비 연구에 대해 기술하는 부분이 있다(Gordon, 1989). Lipowski(2008)는 진행 중인 실험의 피드백에 따라 변화하고 적응하며 스스로 만들어지는 양식인 작동 모델(working model)의 관점에서 이러한 종류의 실험을 생각할 것을 권고한다.

문헌 읽기

『이노베이터 DNA』의 저자들에 의해 명시적으로 언급되지는 않았지만 우리는 혁신적인 MFT 연구자들의 여섯 번째 중요한 행동을 하나 더 제안하려고 한다. 그것은 MFT와 그 외 분야의 문헌을 광범위하게 읽으라는 것이다. 참신하고 앞서 나가는 연구 아이디어를 개발하기 위해서는 '최첨단'이 무엇인지 알기 위해 MFT 연구의 최신 동향에 정통해야 한다. MFT 임상 및 연구에 대한 문헌에 익숙해지는 것을 대체할 수 있는 다른 방법은 없다. 새로운 연구가 끊임없이 나오고 있으며, 우리의 연구를 업데이트하기 위한 새로운 정보의 흐름은 끝이 없다. 최고의 MFT 연구자들은 MFT 연구 문헌뿐만 아니라 관련 분야의 문헌에 대해서도 열심히 읽는다. 반면, 덜 혁신적이고 덜 영향력 있는 연구자들은 지름길을 택하려고 노력하면서 MFT 임상 및 연구 문헌에 숙달하기 위한 대가를 지불하지 않는다.

결론

영향력이 큰 연구를 수행하기 위한 가장 중요한 단계는 설득력 있는 연구문제를 생성하는 훌륭한 연구 아이디어를 갖는 것이다. 아무리 최고의 연구설계라 해도 연구 아이디어가 약하고 영향력이 없고 흥미롭지 않다면 좋은 연구가 될 수 없다. 최고의 연구 아이디어는 독창적이며, 많은 부부가족치료자에게 흥미롭고 중요하며 의미 있는 중요한 문제를 다룬다. 또한 연구 아이디어는 이론적으로 의미가 있거나 중요한 현안을 다루는 것일 때 가장 좋으며, 연구자의 열정을 담아내는 것이어야 한다.

혁신을 연구한 비즈니스 학자들로부터 연구자로서 좋은 연구 아이디어를 얻는 데 도움을 받을 수 있는 5가지 기술에 대한 지식을 얻을 수 있었다. 혁신적인 연구자들은 지속적으로 연결성을 만드는 과정에 참여할 것이며 질문, 관찰, 네트워킹 및 실험에 참여할 것이다. 또한 그들은 자신의 세부관심 분야뿐만 아니라 부부가족치료의 일반 분야에 대해 열심히 읽고 최신 정보를 습득하는 학자들이 될 것이다. 부부가족치료자는 임상 작업에서 매일 이러한 행동을 실천하기 때문에 부부가족치료 연구자들은 다른 연구자들보다 혁신적이고 중요한 아이디어를 개발하기가 쉬울 것이다. 따라서 부부가족치료 연구자들의 과제는 이러한 행동과 기술을 그들의 임상 작업으로부터 좋은 연구 아이디어를 개발하는 일로 가지고 오는 것이다. 뛰어난 임상가와 연구자들은 호기심, 겸손, 자신감, 수용, 용기, 그리고 세상과 주변 사람들에 대한 관심이라는 자질을 키우는 사람이다. 창의적인 가족치료자가 될 수 있는 자질은 혁신적인 가족치료 연구자의 자질과도 통한다.

참고문헌

Alonso-Arbiol, I., van de Vihver, F. J. R., Fernandez, I., Paez, D., & Campos, M. (2011). Implicit theories about interrelations of anger components in 25 countries. *Emotion, 11*, 1-11.

Alvesson, M., & Sandberg, J. (2011). Generating research questions through problematization. *Academy of Management Review, 36*, 247-271.

Bartle-Haring, S. B., Silverthorn, B. C., Meyer, K., & Toviessi, P. (2009). Does live supervision make a difference? A multilevel analysis. *Journal of Marital and Family Therapy, 35*, 406-414.

Berry, J. W. (1989). Imposed etics-emics-derived etics: The operationalization of a compelling idea. *International Journal of Psychology, 24*, 721-735.

Christensen, T. M., & Thorngren, J. M. (2000). Integrating play in family therapy: An interview with Eliana Gil, Ph.D. *Family Journal: Counseling and Therapy for Couples and Families, 8*, 91-100.

Drury, M. (1991). Doctors and pharmacists-working together. *British Journal of General Practice, 41*, 91.

Dyer, J., Gregersen, H., & Christensen, C. M. (2011). *The innovator's DNA: Mastering the five skills of disruptive innovators.* Cambridge, MA: Harvard Business School Press.

Gordon, S. L. (1989). Ingredients of a successful grant application to the National Institutes of Health. *Journal of Orthopaedic Research, 7*, 138-141.

Johanson, L. M. (2007). Sitting in your readers' chair: Attending to your academic sensemakers. *Journal of Management Inquiry, 16*, 290-294.

Johnson, L. N., Gale, J., Ford, M., & Goetz, J. (September, 2012). *Building cross-disciplinary bridges for client success.* Institute presented at the annual meeting of the American Association for Marriage and Family Therapy, Charlotte, North Carolina.

Keith, D. V., & Whitaker, C. A. (1981). Play therapy: A paradigm for work with families. *Journal of Marital and Family Therapy, 7*, 243-254.

Kwiatkowski, T., & Silverman, R. (1998). Research fundamentals: II. Choosing and defining a research question. *Academic Emergency Medicine, 5*, 1114-1117.

Law, D. D., & Crane, D. R. (2000). The influence of marital and family therapy on health care utilization in a health-maintenance organization. *Journal of Marital and Family Therapy, 26*, 281-291.

Lipowski, E. E. (2008). Developing great research questions. *American Journal of Health-System Pharmacy, 65*, 1667.

National Institutes of Health. (2013). Peer review process. Retrieved from http://grants.nih.gov/grants/peer_review_process.htm#scoring

Nichols, M. P. (2011). *The essentials of family therapy* (10th ed.). New York: Pearson.

Shadish, W. R., & Baldwin, S. A. (2005). Effects of behavioral marital therapy: A meta-analysis of randomized controlled trials. *Journal of Consulting and Clinical Psychology, 73*, 6-14.

Sjöberg, L. (2003). Good and not-so-good ideas in psychological research. A tutorial in idea assessment and generation. *VEST: Journal for Science and Technology Studies, 16*, 33-68.

Tavris, C., & Aronson, E. (2007). *Mistakes were made, but not by me*. New York: Harcourt.

03 이론과 연구를 통합하기

Maureen Davey, Senem Zeytinoglu, & Laura Lynch

도입

이론과 연구와 타당도의 통합은 질 높은 연구의 특징이다. 이 장에서 우리는 커플가족치료(couples and family therapy: CFT) 연구의 설계, 수행, 평가 및 결과 확산에 있어 이론과 연구가 어떻게 시너지를 내며 함께 작용하는지 살펴보고자 한다. 이 장은 이 책에서 논의되는 구체적인 주제들을 이해하기 위한 토대이다. 먼저, 우리는 우리의 인식론에 관해 설명할 것인데, 이는 앎의 방식이 연구와 이론의 통합에 관한 우리의 신념과 연구와 이론의 통합을 다루는 이 장의 논의에 영향을 미치기 때문이다(Simon, 2006).

과학은 반증 가능하고, 과학적 가설은 분명한 예상 없이는 설정될 수 없다. 이러한 예상은 선행연구, 이론적 원리, 연구자의 편견이 합쳐진 것으로 이 중 어떤 것도 암시적이지 않다. 실증주의자는 연구자와 연구대상이 서로 별개라고 믿지만, 후기 실증주의자인 우리는 이론과 연구자의 배경, 지식 및 가치는 관찰되는 모든 것에 영향을 미친다고 믿는다(Kuhn, 1962; Phillips & Burbules, 2000). 후기 실증주의자로서 우리는 실증주의자처럼 실재가 인간의 이해와 해석과 무관하게 존재한다고 믿지만, 그들과 달리 우리는 단지 실재에 가까이 다가갈 수만 있다고 믿는다. 우리는 지식이 연구자의 가정과 사회적 위치, 이론 및 탐구 과정에 기초하기 때문에 연구자는 객관적 진리를 결코 온전히 알 수 없다고 믿는다(Worrall, 2003).

　　이론은 CFT 분야의 서로 다른 연구결과를 연결해 주고, 이론적으로 의미 있는 방식으로 분야가 발전하도록 하므로 매우 중요하다(Barton & Haslett, 2007; Lavee & Dollahite, 1991). 이론은 연구결과 설명, 시사점 도출, 그리고 향후 연구를 위한 검증 가능한 가설 생성의 세 가지 역할을 해야만 한다(Babbie, 2011). 만약 연구의 각 단계가 이론에 기초하지 않으면 서로 전혀 관계가 없거나 관계가 별로 없는 이질적인 연구결과를 얻게 될 것이다. 결과적으로, 실용적이고 이론적으로 의미 있는 방식으로 분야가 발전하는 것이 어렵게 된다. 종종 CFT 연구는 연구설계를 이끈 이론에 관한 언급 없이 출판되기도 하고(예: Hawley & Geske, 2000; Torraco, 1997), 연구결과가 향후 연구와 이론적, 임상적 시사점에 있어 어떤 의미가 있는지 고려되지 않고 출판된다. 연구의 전 과정은 이론에 기초해야만 하고, 연구자는 최신 통계 도구나 개인적인 기분에 기초해서 연구 결정을 내리지 말아야 한다. 즉, 문헌고찰, 연구문제, 연구설계(내적 타당도), 구인에 기초한 도구의 선택(구인 타당도), 표본추출의 틀의 선택(외적 타당도), 방법론과 분석 계획에 대한 결정(결론 타당도), 연구결과 보고와 확산은 모두 이론에 기초해야 한다. 이론은 연구 각 단계의 중요한 결정의 맥락과 구조가 되고, 이 장에서 이에 대해 논의할 것이다.

　　이론과 연구의 통합은 연구의 시작 단계인 연구설계 과정에서부터 시작되어야만 한다. 이는 연구자가 연구문제를 정하는 과정에서 선행연구의 공백을 보여 줄 수 있는 이론을 선택해야 함을 의미한다. 또한 모든 연구자(질적, 혼합, 양적)는 연구의 각 단계에 영향을 미치기 때문에 자신을 사회인구학적으로 위치시키고(예: 젠더, 인종, 연령, 계급, 신념, 가치), 자신의 편견을 인식하는 것이 중요하다(Babbie, 2011). 연구자가 내리는 여러 연구 결정은 개인적 선호에 따르지 말고 선택된 이론 내에서 적합해야만 하므로 연구자가 이론을 연구의 전 과정에서 일관성 있게 사용하는 것은 자신의 편견을 점검할 수 있게 한다. 만약 CFT 연구자들로서 우리는 이론이 관계적, 체계적 초점을 잘 담아낸다면 그것이 매우 적절하다고 믿는다(Barton & Haslett, 2007; Davey, Davey, Tubbs, Savla, & Anderson, 2012; Stanton & Welsh, 2012). 또한 CFT 연구에서 개인, 부부, 가족을 둘러싼 거시체계를 더 잘 이해하기 위해서 맥락적 변수들(인종, 민족, 계층, 성적 지향, 지역사회)을 고려하고 평가하는 것도 중요하다(Huang & Coker, 2010; Madison, 1992; Rogoff, 2003; Turner, Wieling, & Allen, 2004).

체계이론과 연구를 통합하기

CFT 연구자들은 개인에 초점을 둔 분야와 다르게 변화에 대해 사고한다. 그런데도 우리는 왜 다른 분야에서 다루는 변화에 관해 연구하고 평가하는 경향이 있는가? 우리 분야의 역사적 기반을 고려해 볼 때, 부부가족치료 연구자들은 개인과 부부 및 가족을 연구하고 의미 있는 변화를 만들어 낼 수 있는 새로운 통찰과 전략을 제공할 준비가 되어 있다. 체계 자체의 변화를 의미하는 이차 수준 변화와 그것이 내포하는 풍부함은 어떻게 체계가 변화하는지를 이해할 수 있게 한다(예: Bateson, 1972; von Bertalanffy, 1968). 하지만 CFT의 여러 기초 원리는 임상 실천과 연구를 끌고 나갈 수 있을 정도로 명확하게 조작화되지 않았다. 개인과 부부 및 가족을 연구하는 대부분의 CFT 연구자는 체계이론과 원칙을 따르지만, 이 분야에는 여전히 체계적인 변화를 아주 잘 설명할 수 있는 이론이 없다(Gottman, Murray, Swanson, Tyson, & Swanson, 2002; Heatherington, Friedlander, & Greenberg, 2005; Stanton & Welsh, 2012).

CFT 연구자들에게 연구 단위와 변화의 목표는 종종 매우 크고 복잡한데, 일반체계이론에 의하면, 이는 다층적이고, 개인, 부부, 가족 혹은 연구의 단위에 영향을 미칠 수 있는 맥락적 환경(예: 가족, 이웃, 학교, 지역사회, 문화), 개인 내 요인(성격, 지능, 젠더, 인종, 사회경제적 지위), 개인 간 변수(관계의 친밀함, 애착, 의사소통)로 구성되기 때문이다. 일반체계이론의 또 다른 원칙은 체계(부부 혹은 가족)는 항상성의 상태에 있거나, 지속적인 변화의 상태에 있고, 치료자 혹은 연구자(관찰자)는 종종 체계의 부분으로 함께 변화할 수 있다는 것이다. 즉, 체계는 치료자가 의미 있는 체계적인 임상적 변화를 만들려고 노력하는 동시에 연구하고 이해하고자 하는 동적 목표와 같다(Davey et al., 2012; Watzlawick, Weakland, & Fisch, 1974).

전진적 사고를 했던 학자들(예: Bateson, Jackson)이 일반체계이론의 원리들에 관해 기술하였으나, Watzlawick과 동료들(1974)이 『변화: 문제 정식화와 문제 해결의 원칙(Change: Principles of Problem Formation and Problem Resolution)』에서 이 원리들에 대해 가장 명확하게 설명하였다. 40년이 지났지만, 이 저서는 가장 광범위하게 인용되고 있고, 특히 일반체계이론을 활용한 변화의 원리를 명확히 하는 데 유용하다. 이들에 따르면 변화는 일차 수준과 이차 수준의 두 수준에서 일어난다.

일차 수준의 변화

일차 수준의 변화는 현재 나타나는 문제를 완화하기 위해 개인의 증상을 감소시키는 것에 초점을 둔다. 즉, 체계 자체의 규칙이나 구조의 변화보다는 이미 존재하는 체계 내에서의 표면적인 변화로 구성된다. 일차 수준의 변화 원리를 활용한 변화 측정의 측면에서 수치는 높아지거나 낮아지지만(예: 우울 혹은 불안 점수가 높아지거나 낮아지는 것), 체계 자체의 구조는 변화되지 않는다. 일차 수준의 변화는 대부분 치료의 심리적 접근에서 목표가 되는데, 인지행동 임상 접근을 통해 개인의 증상이나 행동을 변화시키는 것이 일례이다. Watzlawick과 동료들(1974)은 이러한 유형의 변화는 체계 자체의 구조를 변화시키는 데거의 영향을 미치지 않고, 지속적인 변화도 일으키지 않을 것이라고 하였다.

이차 수준의 변화

이와는 대조적으로 이차 수준의 변화는 일반체계이론과 체계이론의 특별한 점을 보여준다. 이차 수준의 변화는 체계 내에서 질적인 변화가 있을 때 일어나는 것으로, 체계의 구조를 구성하는 일련의 규칙이 변화하는 것이다. Jackson(1965)에 따르면 규칙은 개인 간에 나타나는 많은 행동 패턴(예: 비언어적, 언어적 의사소통)에서 추론될 수 있는 관계의 공식으로 정의된다. 이차 수준의 변화는 체계 자체의 변형으로, 체계의 규칙들이 새롭게 구성되는 것이다. 이러한 유형의 변화는 체계 내에서의 과정, 구조 및 작동 규칙에서의 변형을 의미한다. 변화를 연구할 수 있는 다양한 방식들이 있고, 체계이론은 증상 중심에서 체계 중심으로 우리의 관심을 돌린다. 개인에 초점을 두는 대신 우리는 상호작용과 환경의 맥락 내에서 개인에게 초점을 두어야만 한다. 이 모든 것은 우리가 전통적인 일차 수준의 변화(예: 개별 지표나 특정의 변화)에서 이차 수준의 변화(예: 체계 자체의 변화나 상호작용 규칙의 변화)에 초점을 두게 한다.

CFT 학자와 연구자로서 우리는 개인과 부부와 가족 연구에서 의미 있는 관계적 변화를 연구하기 위한 새로운 통찰과 전략을 특별히 제공할 준비가 되어 있다. 우리는 체계에 작동하는 다양한 과정을 이해하기 위해서 체계적 혹은 관계적 변화, 즉 **체계 자체의 변형**에 관해 연구해야 한다(Bateson, 1972; von Bertalanffy, 1968; Watzlawick, Weakland, & Fisch, 1974;

Wiener, 1948). 우리는 체계적 변화를 볼 때(혹은 단순히 체계의 변화를 가정할 때) 체계적 변화를 알지만, 신뢰할 수 있고 반복 가능한 방식의 연구를 통해 사람들에게 이에 관해 설명할 수 있어야만 한다(Davey et al., 2012). 우리는 계속해서 개인에 초점을 두기보다 관계적 구인을 목표로 하고, 체계적 변화를 측정하는 연구를 설계하고 연구 질문을 함으로써 선행연구의 공백을 채울 수 있다. 그러므로 연구문제, 표본추출, 연구설계, 측정도구, 분석은 체계적 혹은 관계적 이론에 기초해야만 한다.

연구에서 인식론과 이론의 역할과 중요성

인식론

인식론은 실재를 이해하기 위한 접근 혹은 실재에 대한 서로 다른 이해를 포함하는 앎에 대한 과학이다(Barton & Haslett, 2007; Kuhn, 1962). 세계관이나 패러다임은 신념, 가치, 방법에 관한 틀로서 이 틀 내에서 연구가 수행된다(Worrall, 2003). CFT에서 Bateson은 '인식론' 단어를 소개한 학자로 여겨지는데, 그는 인식론을 실재의 특성에 관한 개인적 이론이라고 정의하였다. 그는 자연과학의 관습적인 '선형적' 인식론을 넘어 패턴과 의사소통에 기초한 '사이버네틱스(cybernetics)'의 채택을 주장했던 초기의 학자이다(Bateson, 1972). 1970년대 후반과 1980년대 초에 몇몇 학자들은 발전하는 학문영역으로서 CFT 분야에서 인식론적 이슈를 강조하였다(예: Keeney, 1979, 1982).

예를 들어, 실증주의자들은 연구자와 연구참여자들은 서로 독립적으로 존재하고, 현상은 충분히 객관적으로 관찰될 수 있다고 믿는다(Phillips & Burbules, 2000). 전술하였듯이 우리와 같은 후기 실증주의자들은 실재는 존재하나, 이론, 배경, 지식, 개인적인 가치관을 포함한 모든 것이 관찰에 영향을 미치기 때문에 실재를 불완전하게만 알 수 있다고 믿는다. 우리는 이러한 서로 다른 철학적 기초들이 CFT를 수행할 때 동등하게 가치 있게 여겨져야 한다고 믿는다(예: Sprenkle & Piercy, 2005). 우리가 개인과 부부 및 가족의 복잡성을 관찰하고 이해하기 위해서 다양한 접근들이 필요하므로 여러 인식론적 접근(실증주의, 포스트모더니즘, 후기구조주의)과 연구방법(양적, 질적, 혼합방법)을 고취해야 한다.

이론

이론은 현상을 설명하고, 예측하며 이해하게 하고, 존재하는 지식을 확장하고 도전하기 위한 더 큰 틀이다(Babbie, 2011; Hulley, Cummings, Browner, Grady, & Newman, 2006; Lavee & Dollahite, 1991). 이론은 서로 연결되고 일관된 일련의 아이디어와 모델로 구성된 관찰에 대해 일반화하게 한다. 이론은 관찰된 패턴을 이해하게 하고, 결국 연구를 만들어 가고 연구 방향을 설정한다. 경험적 연구를 수행할 때, 이론은 연구자가 초점을 두어야 하는 것과 두지 않아야 하는 것을 선택할 수 있게 한다. 또한 이론은 연구를 수행하는 각 단계에서 가장 적합한 것을 결정하기 위한 틀이 된다. 이론은 연구자들이 연구의 중요한 변수를 명확히 이해하게 하고, 연구방법과 분석을 위한 토대가 된다. 예를 들어, 이론은 현상을 가장 잘 설명하기 위해서 연구에 필요한 핵심적인 독립(예측), 종속(결과), 조절 및 매개 변수가 어떤 것인지를 알게 해 준다. 우리는 이론을 검증하거나 확인하기 위해 수행되는 연역적 연구 혹은 연구자료의 분석을 통해서 이론을 개발하는 귀납적 연구(예: 질적 연구)에서 모두 이론을 사용할 수 있다(Lambert, 2004).

좋은 이론은 일반적인 맥락에서 사건을 예측하게 하고, 두 개 이상의 변수들이 서로 어떻게 상관되고 어떤 방향으로 상관이 있는지(예: 상관 없음, 정적 상관, 부적 상관)에 대한 구체적인 가설을 세울 수 있게 한다. 가설은 특정한 상황에 대해 구체적인 예측을 하게 한다는 점에서 이론과 다르다(Cook & Campbell, 1979; Cook, Campbell, & Peracchio, 1990). 만약 이론이 맞는다면, 가설은 '실제 세계'에서 관찰되어야만 하는 것에 관한 진술이다. 이론은 학자들 사이에서 일반적으로 수용되고 광범위하게 검증되어 온 것이지만 가설은 여전히 검증되어야만 하는 경험에서 나온 추측이나 예상이다(Babbie, 2011). 마지막으로 모델은 특정 CFT 임상 상황에 대한 이론의 적용을 기술한 것으로 이후에 경험적으로 타당한 치료 모델로 발전되기 위해 더 많은 검증이 요구된다(Lavee & Dollahite, 1991).

이론의 선택

우리는 최근에 종료한 연구를 활용하여 이론적 틀을 선택하기 위한 전략들을 설명할 것이다. 임상과 연구 문헌에서 눈에 띄는 공백을 찾기 위해 먼저 당신이 선택한 주제에 대해 철저한 문헌고찰을 하는 것이 핵심이다. 이론은 서로 다른 수준에서 작동하고, 서로 다른 가정들을 포함한다. 연구 분야에서 두드러지게 사용되는 이론적 지향을 고려할 때 연구자는 연구되지 않은 내용을 알 수 있고, 이 공백을 가장 잘 다룰 수 있는 이론을 선택할 수 있게 된다. 연구자가 선택한 이론은 연구문제, 가설, 연구방법의 선택에 영향을 미칠 것이고, 어떤 핵심 변수나 구인이 관심 현상에 영향을 미치는지를 규명하는 데 도움을 줄 것이다(Torraco, 1997). CFT 연구자로서 우리는 우리 분야의 핵심적인 원리에 충실하기 위해서 항상 최소한 한 개의 체계 혹은 관계 이론을 사용해야만 한다. 또한 맥락이 반영된 이론을 사용하는 것을 고려하는 것이 중요한데, 이러한 이론은 다양한 개인과 부부 및 가족에게 나타나는 문화의 역할과 영향을 고려했기 때문이다(Tucker & Herman, 2002).

연구자들은 연구 프로젝트의 시작 초기부터 맥락이 반영된 이론을 사용해야만 하는데, 이러한 이론은 특정 문화적 배경의 참여자들을 연구함으로써 발달하였다(Tucker & Herman, 2002). 하지만 맥락이 반영된 이론은 불행하게도 다음과 같은 이슈로 인해 발달이 저해되었다. ① 인지되지 않은 연구자의 편향, ② 연구참여자의 민족적 혹은 인종적 구성에 초점을 두지 않거나 이에 대한 미보고, ③ 연구결과를 표본이 대표하지 않은 전집에도 일반화하려 한 것(Tucker & Herman, 2002)이다.

예를 들어, 우리는 부모의 암에 대처하는 아프리카계 미국인 가족에 관한 연구에서 단 하나의 이론을 적용하지 않고, 우리가 다루고자 하는 임상연구의 공백에 가장 적합한 이론들이 어떤 것인지를 보기 위해 이론들을 통합하고 합성하고 비교하였다. 우리는 부모의 암에 대처하는 아프리카계 미국인 가족을 위해 문화적으로 적절한 가족 개입을 개발하고 평가하기 위해 2년 동안 시범 연구를 수행하였고, 최근에 종료하였다(Davey, Kissil, Lynch, Harmon, & Hodgson, 2013). 광범위한 임상과 연구 문헌을 철저히 고찰한 후 우리는 대부분의 선행연구가 개인 스트레스 이론에 기초하여 암과 싸우는 백인 중산층 부모들을 대상(대부분 환자와 환자의 배우자를 포함하였고, 자녀들을 포함하지 않고 가족에 초점을 두지 않았음)으로 수행되었음을 알게 되었다. 우리는 암 환자를 돌보는 병원 대부분이 심리·사회적 지지 서비스를 문화적으로 다양한 배경의 환자들을 위해 조정하지 않았음을 알게 되었다. 선행연구 고찰과 연구 분야에서의 확인된 공백에 기초해서 우리는 가족체계(Becvar & Becvar, 2003)와 사회문화이론(Rogoff, 2003)을 활용하여 최근에 종료한 시범연구를 개발하고 설계하기로 하였다.

가족체계의 관점(Becvar & Becvar, 2003)에서 가족 구성원은 상호 연결되고, 전체로 접근된다. 환자의 암 경험은 암 진단을 받은 개인에게뿐만 아니라 가족 전체에 영향을 미치므로 우리는 문화적으로 적합한 가족 중심의 임상적 개입을 개발하였다. 사회문화이론

(Rogoff, 2003)은 문화가 가족이 세계를 바라보는 방식과 가족이 부모의 암과 같은 스트레스 요인에 기능하고 대처하고 적응하는 방식을 형성한다는 것을 강조한다. 사회문화이론은 문화가 개인과 가족에게 매우 가까이에서 즉각적으로 영향을 미친다는 것을 강조한다. 부모의 암에 대처하는 가족을 위한 심리·사회적 개입을 개발할 때 아프리카계 미국인들의 문화는 가족의 회복탄력성을 가장 증진하는 요소로 고려되어야만 한다(Davey et al., 2013).

방법론에서 이론의 역할과 중요성

연구자는 연구의 전반적인 질과 연구결과의 일반화에 영향을 미칠 수 있는 방법론적 결정을 내려야 하는데, 이 모든 것은 연구자가 선택한 이론으로부터 시작된다. 서로 다른 연구방법(예: 양적, 질적, 혼합방법)과 시간 범위[예: 전향적(prospective), 후향적(retrospective), 횡단적(cross-sectional), 종단적(longitudinal)]는 이론에 기초한 여러 유형의 연구문제를 답하는 데 사용될 수 있다(Babbie, 2011; Hulley et al., 2006; Johnson, Onwuegbuzie, & Turner, 2007; Pedhazur & Schmelkin, 1991; Silverman, 1993). 연구설계는 연구자의 인식론, 이론, 연구문제, 연구의 주요 목적에 기초하여 선택된다.

예를 들어, 2년의 시범연구에 앞서 우리는 2년 동안 최근에 암 진단을 받은 아프리카계 미국인 부모와 학령기 자녀를 대상으로 6회의 초점집단면접(FGI)을 수행하였는데(1단계), 이때의 목적은 문화적으로 적합한 개입을 개발하기에 앞서 그들의 욕구를 이해하는 것이었다. 우리는 이 질적 연구를 바탕으로 체계이론과 사회문화이론을 사용하여 문화적으로 적합한 가족 개입의 효과성을 검증하기 위해서 사전-사후 개입 전향 설계(2단계)를 하였다(Davey et al., 2013).

표본추출에서 이론의 역할과 중요성

표본추출은 이론과 연구문제에 의해 결정된다. 체계이론을 사용하는 CFT 연구자는 이상적으로 체계의 한 명 이상의 구성원(예: 부모와 아동, 부부 모두) 혹은 관계에 대한 개인의 경험을 포함해야만 한다. 이론과 연구문제는 표본추출에 영향을 미치고 연구자가 참여자의 선정/배제 기준을 구체화하는 데 도움을 주는데, 이는 연구자가 이론에 기반한 연구문제를 다루는 데 가장 도움이 될 참여자를 선택하려 하기 때문이다. 예를 들어, 우리 연구에서 가족체계이론은 이인 표본추출(부모와 학령기 자녀를 분석단위로 사용)을 하게 하였다. 또한 치료자도 체계의 부분이기 때문에 우리는 부가적으로 부모와 학령기 자녀들이 개입 프로그램을 수행했던 임상가들의 효과성을 평가하게 하였다.

우리는 사회문화이론에 기초해서 문화적으로 적합한 개입 프로그램을 개발하기 위해서 아프리카계 미국인 가족만을 포함하였고, 암에 관한 선행연구 고찰에 기초해서 현재 암이 진행되고 있는 가족만을 포함하기로 하였다. 이는 우리 연구의 초점이 암으로 사망한 부모에 대한 상실을 더 잘 대처하기 위한 개입을 개발하는 것이 아니라 회복 가능성이 있는 부모들에 맞춰졌기 때문이다. 결과적으로, 우리가 선택한 이론과 연구문제는 연구 참여자의 선정/배제 기준을 자연스럽게 설정하였다. ① 아프리카계 미국인 가족(부모-자녀 쌍), ② 지난 6개월 이내에 1단계, 2단계 혹은 3단계 암 진단을 받은 부모나 돌봄 제공자, ③ 암 진단에 대해 들은 집에서 사는 10세에서 18세 사이의 자녀와 부모 쌍이다. 배제 조건은, ① 4단계 혹은 0단계 암 진단을 받은 환자, ② 심각한 정신건강 문제 혹은 지적장애가 있는 암 환자, ③ 심각한 정신건강 문제 혹은 지적장애가 있는 학령기 자녀가 있는 부모-자녀 쌍이다(Davey et al., 2013).

또한 표본추출 방식을 결정하는 데 있어 연령, 젠더, 인종, 민족, 계급 및 연구 참여에 있어 제도적, 구조적 제약 등의 맥락적 요소를 고려하는 것이 중요하다. 예를 들어, 우리는 사회문화이론을 통해서 아프리카계 미국인들은 종종 자조집단과 같은 심리사회 지원 서비스를 활용하지 않는다는 것을 알게 되었는데, 이는 이들의 서비스 제공자에 대한 불신, 문화적 차이가 반영되지 않은 자조집단, 이들의 서비스 사용에 있어 제도적, 구조적 제약 때문이다. 우리는 아프리카계 미국인들의 역사적 맥락을 이해하고, 지역사회 지도자들과 신뢰를 쌓고 파트너가 되고, 연구자로서 자기점검을 하는 것이 중요하다는 것을 알게 되었다(Huang & Coker, 2010). 그 결과, 우리는 사회문화이론을 적용하여 대형 흑인 교회의 목사들과 그들의 암 사역 및 종양학 의사들과 협력하여 참여자 모집의 제약을 극복할 수 있었다.

내적, 외적, 구인, 결론 타당도에서 이론의 역할과 중요성

이론은 내적 타당도, 외적 타당도, 구인 타당도, 결론 타당도의 네 가지 서로 다른 타당도에 관한 결정을 내릴 수 있게 하고, 이러한 결정은 연구의 질에 영향을 미친다(Babbie, 2011; Cook, Campbell, & Peracchio, 1990; 1장을 보라). 변수는 사람이나 사물의 이론적으로 의미 있는 특징들을 묘사하기 위해 사용된 속성들에 근거해 조작화되고 정의된다(Babbie, 2011). 예를 들어, '싱글', '사귀고 있는', '이혼한', '결혼한'은 변수 '결혼상태'의 조작적 정의를 내리기 위해서 사용되는 속성들이다. 조작적 정의는 연구자가 이론적으로 의미 있는 구인에 기반한 변수들을 관찰하고 개입하고 측정할 수 있게 한다. 일반체계이론의 관계에의 초점은 CFT 연구에서 우리가 평가하려는 변수와 구인을 정할 수 있게 한다. 개인 내 요인과 맥락적 요인에 덧붙여 일반체계이론은 두드러진 환경적 요인들과 개인 간 요인(예: 관계의 질)을 목표로 삼는다.

나아가 CFT 연구자는 구인이 문화적으로 적합한지를 확인하기 위해 좀 더 다양한 표본에서 구인과 변수들을 평가해야만 한다. 연구자는 이론에 근거하여 구인을 정의하고 측정하고 연구하는 것은 지속적이고 순환적 과정이고, 이 과정은 결과적으로 이론을 수정하게 한다는 것을 기억해야 한다(Smith, 2005). 예를 들어, 암 환자 부모에 대처하는 아프리카계 미국인 가족에 관한 우리 연구에서 가족체계이론과 사회문화이론은 우리가 목표로 한 핵심 구인인 가족 의사소통과 부모-자녀 심리·사회적 스트레스를 선택하게 하였다. 그러

표 3-1 구인과 도구 선택에서 이론의 역할과 중요성

타당도 유형	구인과 도구 선택에서 이론의 역할과 중요성
구인/수렴 타당도	이론을 검증하기 위해서 측정해야 하는 핵심 구인은 무엇인가? 어떤 구인이 상관관계가 있어야 하고, 어떤 상관관계를 보여야 하는가? (수렴 타당도)
구인/판별 타당도	어떤 구인이 서로 상관관계가 없어야 하는가? (판별 타당도)
준거 타당도	각 구인은 무엇을 예측해야 하는가? (그리고/혹은 어떤 조건에서 예측해야 하는가?) (준거 관련 타당도는 공인 타당도와 예측 타당도를 포함한다.) 이 모든 것은 만약 이론이 맞거나/맞지 않는다면 무엇이 일어나고 일어나지 말아야만 하는지와 어떻게 그것을 아는지를 아는 데 핵심이다.
내용 타당도	무엇이 각 구인의 부분이고 부분이 아닌가? 그리고 어느 정도로 도구는 구인의 모든 측면을 포괄하고/포함하는가?

고 나서 우리가 개발한 문화적으로 적합한 가족 개입 프로그램에 참여한 아프리카계 미국인 부모와 자녀가 부모의 암을 다루면서 어떻게 서로 의사소통하는지를 파악하기 위해 문화적으로 조정된 가족 의사소통 측정도구를 선택하였다(Davey et al., 2013).

구인 타당도는 도구가 측정하려는 이론적인 구인을 제대로 측정하고 있는가에 대한 타당도이다(Cook & Campbell, 1979; Cook et al., 1990; 〈표 3-1〉을 보라).

〈표 3-1〉에서 기술한 것처럼 선택된 도구의 구인 타당도는 수렴 타당도와 판별 타당도를 확인함으로써 평가된다(Smith, 2005). 수렴 타당도를 획득하기 위해서 도구는 동일한 구인을 측정하는 다른 방법과 강한 상관을 보여야 한다. 판별 타당도를 획득하기 위해서 도구는 다른 구인을 측정하는 도구와 낮은 상관을 보여야 한다(Campbell & Fiske, 1959; Smith, 2005). 구인 타당도와 관련된 두 개의 다른 유형의 타당도로 내용 타당도와 준거 관련 타당도가 있다. 내용 타당도는 도구가 구인의 모든 관련 영역을 포함하는지를 평가하는 것으로(Babbie, 2011), 구인의 관련 영역은 이론에 기반한다. 준거 관련 타당도는 도구가 준거를 예측하는지를 평가하는 것으로, 예를 들어 각 구인은 무엇을 예측하고 어떤 조건에서 예측되어야 하는가? (Babbie, 2011)

도구 선택에서 이론의 역할과 중요성

이론은 연구 도구의 유형을 선택하는 데 중요하다. 체계는 위계적으로 연결된 매우 복잡한 관계망이기 때문에 CFT 연구자들은 이러한 복잡한 체계적 현상을 포착할 수 있는 도구를 선택해야만 한다(Bateson, 1972; Stanton & Welsh, 2012; von Bertalanffy, 1968). Stanton과 Welsh에 의하면 "여러 서구의 모델들은 개인을 측정의 초점에 둔다. …… 이 모델들에서 개인은 삶의 맥락으로부터 제거되어 연구되는 경향이 있다. …… 체계적 사고는 체계 내에 존재하는 사람들 간의 능동적 연결성을 인식한다"(p. 18). 연구자는 체계적 현상을—예를 들어, 개인적 수준, 부부 수준, 가족 수준에서—평가하도록 하는 도구를 선택해야만 하고, 체계적 혹은 관계적 이론을 사용하는 CFT 연구자들은 한 수준 이상에서 자료를 수집할 수 있게 하는 도구를 선택해야만 한다. 하지만 대부분의 CFT 연구에서 개인적 관점을 포착하기 위해 개발된 도구가 선택되었고, 체계 내의 여러 관점을 포함한 자료를 수집한 CFT 연구자들은 거의 없었다(Sanderson et al., 2009). 우리가 관계적 이론을 사용한다면 부부와 가족체계 및 거시체계 내에서 다양한 관점들을 포착하는 도구를 선택해야만 한다.

표 3-2 구인, 도구 및 보고자

구인	도구	보고자			
일반적, 프로그램 묘사		돌봄자	학령기 아동	코더	조력자
인구학적	인구학적, 가족 조사	×			
프로그램 참여	기록				×
치료 충실성	충실성 점검표 및 동영상 녹화			×	
소비자 만족도	소비자 만족도 도구	×	×		
가족/양육 개입					
부모-학령기 자녀 관계	단축형 상호작용 영아 기질 척도(IBQ)	×	×		
전반적 의사소통	전반적 의사소통(부모와 자녀)	×	×		
가족 의례	가족 의례 척도(FRI)	×	×		
학령기 아동 성과					
우울증	소아 우울 척도(CDI)		×		
불안	개정된 아동 발현 불안 척도 (RCMAS)		×		
성인 성과					
우울	역학연구 우울 척도(CES-D)	×			

CFT 연구자들은 선택된 도구의 신뢰도와 타당도를 고려하는 것이 중요하다. 우리는 신뢰도와 타당도가 높은 도구를 사용해야만 한다. 또한 우리 연구표본에 대해 도구의 신뢰도와 타당도를 보고하는 것도 중요하다. 예를 들어, 우리는 다음과 같은 구인과 도구를 선택하였다. ① 일반적 및 프로그램 묘사, ② 가족/양육 개입, ③ 학령기 아동 성과, ④ 성인 성과이다(Davey et al., 2013; 〈표 3-2〉). 우리는 도구의 신뢰도와 타당도를 높이기 위해서 두 개의 이론(체계이론과 사회문화이론)과 건강 격차와 부모의 암에 관한 선행연구에 기초하여 이러한 자기보고식 도구들을 선택하였다. 마지막으로 우리는 도구의 신뢰도를 평가하였고, 이를 보고하였다(Davey et al., 2013).

분석 계획에서 이론의 역할과 중요성

체계적 변화를 개념화하는 다양한 방식이 있다는 것은 연구자가 변화를 측정하는 다양한 방식들에 대해 생각하게 한다. 하지만 Heatherington과 동료들(2005)은 CFT에서 체계적 변화에 대해 잘 설명하고 있는 이론이 없다고 하였고, "치료적 체계의 변화로 나아갈 수 있고 나아가게 하는 과정에 관한 설명이 없이 연구자는 어떤 변수를 연구하고, 어떤 도구들을 적용하며, 어떤 구체적인 변화를 예상할지를 결정하는 데 허우적거릴 수 있다."라고 하였다(p. 19). 또한 분석 전략을 사용하는 데도 마찬가지일 것 같다.

상관관계/요인분석/회귀분석

상관관계, 요인분석, 회귀분석은 CFT 연구자들이 빈번히 사용해 온 통계분석 도구들이다(21장을 보라). 우리 연구에서 가족체계이론과 사회문화이론은 문화적으로 조정된 가족 개입 프로그램이 부모와 학령기 자녀의 의사소통 질에 미치는 영향을 검증하는 것을 주목적으로 하게 하였다. 연구의 주요 가설은 '문화적으로 조정된 가족 개입 프로그램을 수강한 부모와 학령기 자녀들은 심리교육 집단과 비교했을 때 의사소통에서 향상을 보고할 것이다.'이었다. 또한 우리는 개입 프로그램이 부모의 우울 증상(역학연구 우울 척도)과 아동의 우울 증상(소아 우울 척도), 자녀의 불안 증상(개정된 아동 발현 불안 척도) 및 관계에 대한 관점(영아 기질 척도)과 만족도에 미치는 영향을 검증하였다. 마지막으로 우리는 연구의 모든 결과 변수에 대한 효과크기를 측정하였다. 모든 검증은 양측검증이었다. 치료목적 방침에 따라 우리는 치료에 노출된 수준에 상관없이 참여자를 포함하였다. 기준선에서 개입 집단과 통제집단을 비교하기 위해서 chi-square, Fisher's exact 검정 및 t검정을 실시하였다. 치료 효과에 대해, 가족 개입집단의 자녀와 부모가 상대적으로 통제집단에 비해 평균적으로 향상이 있을 것이라는 가설을 검증하기 위해 Mann-Whitney 검정을 실시하였다. 부모와 학령기 자녀에 대한 효과크기를 측정하고 비교하기 위해서 cohen d값이 계산되었다(Davey et al., 2013).

이인 분석

이인(dyadic) 분석은 가족체계의 두 명의 구성원으로부터 수집한 자료를 분석하기 위해 가치 있는 통계적 전략이다. 이인 분석은 CFT 연구자가 개인 간 역동을 평가할 수 있게 한다. 체계이론과 일치하는 개인과 관계 현상을 포착하는 자료가 체계의 여러 구성원으로부터 수집된다(예: 우리 연구에서 가족 의사소통의 질에 대해 부모와 학령기 자녀에게 질문함. 24장을 보라).

위계선형모형

위계선형모형은 연구자가 여러 시점에서 체계의 여러 구성원으로부터 자료를 수집하여 내재적으로 위계적인 구조를 고려해 개인 내와 개인 간의 복잡한 체계적 현상을 평가할 수 있게 하는 정교한 자료 분석 도구이다. 우리는 시간에 따른 집단 내와 집단 간 변화를 비교할 수 있고 시간에 따라 변화하는 핵심적 변수들을 평가할 수 있다. 내재적으로 위계적인 맥락을 평가하도록 설계된 위계선형모형과 같은 고급통계 도구가 있어서 이제 체계이론은 검증될 수 있다.

위계선형모형을 사용해서 체계 연구를 수행할 때 우리가 고려할 수 있는 위계적 맥락은 거시 수준 맥락, 가족 맥락, 개인 맥락, 시간의 최소한 네 수준이다(Davey & Takagi, 2012). 거시 수준 맥락은 가족이 살아가고 있는 지역사회와 이웃을 포함한다. 가족의 민족적, 문화적 배경과 체계의 지역사회에 대한 사회정치적 영향은 가족에 영향을 미치는 거시 수준으로 간주된다. 가족 맥락은 가족 구조와 가족 규범으로 구성되는데, 이는 가족 상호작용의 형성에서 중요한 역할을 한다. 개인 맥락은 핵심적으로 고려되어야 하는데, 인구학적, 세대 위치와 같은 개인의 사회적 위치는 가족에 대한 관점에 영향을 미치기 때문이다. 위계선형모형은 연구자가 서로 다른 시점에서의 변화와 서로 다른 가족 구성원들 간의 다양한 수준에서의 변화를 평가할 수 있게 하고, 이러한 변화가 체계적으로 변화하는지를 검토할 수 있게 한다(Keiley, Martin, Liu, & Dolbin-MacNab, 2005).

구조방정식모형

구조방정식모형은 관찰된 변수들과 이론적 모형에서 도출된 구인 간의 관계를 평가하도록 설계된 고급통계 도구이다. 이론적 구인은 직접적으로 측정될 수 없는 잠재변수로 일컬어지고, 관찰변수는 잠재변수를 나타내는 지표이다. 구조방정식모형의 가장 큰 장점은 다양한 도구를 사용해 잠재 구인 간의 관계를 연구하는 데 사용될 수 있다는 것이다. 구조방정식모형은 이론에 대한 다변량분석에 있어 확인적 접근(가설검증)을 사용하고 다양한 변수 간의 인과관계를 평가한다(MacCallum & Austin, 2000). 이론을 활용하여 변수 간 상관의 체계적 패턴을 먼저 설정하고, 다음에 구조방정식모형을 사용해 검증한다. 구조방정식모형의 목적은 이론모형이 얼마나 자료에 잘 부합되는지를 결정하는 것으로 모형-자료 적합도를 통해 평가된다. 구조방정식모형은 시간에 따른 복잡한 개인과 부부와 가족 현상을 평가하기 위해 고안되었기 때문에 CFT 연구자들이 체계이론으로부터 도출된 모형을 검증할 수 있게 해 준다(Chan, Lee, Lee, Kubota, & Allen, 2007; Cook, 1994; MacCallum & Austin, 2000).

결론

끝으로 우리가 연구결과를 확산할(예: 출판, 발표) 때 이론, 연구, 임상적 실천을 좀 더 명백하게 연결하는 것이 매우 중요하다. 이론에 기초한 축적된 CFT 연구는 여러 이론이 통합될 수 있게 하고, 나아가 이론이 수정되고 확장될 수 있게 한다. 이론은 향후 새로운 연구를 위한 맥락과 이론적 틀로서 더 나은 CFT 실천과 건강 정책을 가능하게 한다. CFT 임상가는 어떻게 이론이 개인과 부부 및 가족에게 효과적이고 문화를 반영한 돌봄을 제공하게 하는지에 초점을 두지만, CFT 연구자는 이론이 경험적으로 평가될 때 얼마나 가깝게 실재를 포착하는지를 일컫는 이론의 생태학적 타당성에 초점을 둔다(Babbie, 2011; Barton & Haslett, 2007). 우리 분야에서 전문가로서 우리는 복잡한 체계적, 관계적 현상을 다루는 CFT 임상연구를 실용적으로 해 나가기 위해서 체계이론, 연구 및 임상적 개입이 명확하게 연결되는 연구를 더 많이 해야 할 것이다.

참고문헌

Babbie, E. (2011). *The basics of social research* (5th ed.). Belmont, CA: Wadsworth.

Barton, J., & Haslett, T. (2007). Analysis, synthesis, systems thinking and the scientific method: Rediscovering the importance of open systems. *Systems Research and Behavioral Science, 24*, 143-155. doi:10.1002/sres.816

Bateson, G. (1972). *Steps to an ecology of mind.* New York: Ballantine.

Becvar, D. S., & Becvar, R. J. (2003). *Family therapy: A systemic integration* (5th ed.). Boston: Allyn & Bacon.

Campbell, D. T., & Fiske, D. W. (1959). Convergent and discriminant validation by the multitrait-multimethod matrix. *Psychological Bulletin, 56*, 81-105. doi:10.1037/h0046016

Chan, F., Lee, G. K., Lee, E., Kubota, C., & Allen, C. A. (2007). Structural equation modeling in rehabilitation counseling research. *Rehabilitation Counseling Bulletin, 51*, 44-57. doi:10.1177/00343552070510010701

Cook, W. (1994). A structural equation model of dyadic relationships within the family system. *Journal of Consulting and Clinical Psychology, 62*, 500-509. doi:10.1037/0022-006X.62.3.500

Cook, T. D., & Campbell, D. T. (1979). *Quasi-experimentation: Design and analysis issues for field settings.* Boston: Houghton Mifflin.

Cook, T. D., Campbell, D. T., & Peracchio, L. (1990). Quasi experimentation. In M. D. Dunnette & L. M. Hough (Eds.), *Handbook of industrial and organizational psychology* (2nd ed., pp. 491-576). Palo Alto, CA: Consulting Psychologists Press.

Davey, A., & Takagi, E. (2012). Adulthood and aging in families. In G. W. Peterson & K. R. Bush (Eds.), *Handbook of marriage and the family* (pp. 377-399). New York: Springer.

Davey, M. P., Davey, A., Tubbs, C., Savla, J., & Anderson, S. (2012). Second order change and evidence-based practice. *Journal of family therapy, 34*, 72-90.

Davey, M. P., Kissil, K., Lynch, L., Harmon, L.-R., & Hodgson, N. (2013). A culturally adapted family intervention for African American families coping with parental cancer: Outcomes of a pilot study. *Psycho-Oncology, 22*, 1572-1580. doi:10.1002/pon.3172

Gottman, J. M., Murray, J. D., Swanson, C. C., Tyson, R., & Swanson, K. R. (2002). *The mathematics of marriage: Dynamic nonlinear models.* London: MIT Press.

Hawley, D. R., & Geske, S. (2000). The Use of Theory in Family Therapy Research: A Content Analysis of Family Therapy Journals. *Journal of Marital and Family Therapy, 26*, 17-22.

Heatherington, L., Friedlander, M. L., & Greenberg, L. (2005). Change process research in couple and family therapy: Methodological challenges and opportunities. *Journal of Family Psychology, 19*, 18-27. doi:10.1037/0893-3200.19.1.18

Huang, H., & Coker, A. D. (2010). Examining issues affecting African American participation in research studies. *Journal of Black Studies, 40*, 619-636. doi:10.1177/0021934708317749

Hulley, S. B., Cummings, S. R., Browner, W. S., Grady, D., & Newman, T. B. (2006). *Designing clinical research: An epidemiologic approach* (3rd ed.). Philadelphia: Lippincott Williams & Wilkins.

Jackson, D. D. (1965). The study of the family. *Family Process, 4*, 1-20. doi:10.1111/j.1545-5300.1965.00001.x

Johnson, R. B., Onwuegbuzie, A. J., & Turner, L. A. (2007). Toward a definition of mixed methods research. *Journal of Mixed Methods Research, 1*, 112-133. doi:10.1177/1558689806298224

Keeney, B. P. (1979). Ecosystemic epistemology: An alternative paradigm for diagnosis. *Family Process, 18*, 117-129. doi:10.1111/j.1545-5300.1979.00117.x

Keeney, B. P. (1982). What is an epistemology of family therapy? *Family Process, 21*, 153-168.

Keiley, M., Martin, N. C., Liu, T., & Dolbin-MacNab, M. (2005). Multilevel growth modeling in the context of family research. In D. Sprenkle & F. Piercy (Eds.), *Research methods in family therapy* (pp. 405-432). New York: Guilford Press.

Kuhn, T. (1962). *The structure of scientific revolutions*. Chicago: University of Chicago Press.

Lambert, M. J. (2004). *Bergin and Garfield's handbook of psychotherapy and behavior change* (5th ed.). New York: John Wiley & Sons.

Lavee, Y., & Dollahite, D. C. (1991). The linkage between theory and research in family science. *Journal of Marriage and the Family, 53*, 361-373.

MacCallum, R. C., & Austin, J. T. (2000). Applications of structural equation modeling in psychological research. *Annual Review of Psychology, 51*, 201-226.

Madison, A. M. (1992). Primary inclusion of culturally diverse minority program participants in the evaluation process. *New Directions for Program Evaluation, 1992*, 35-43.

Pedhazur, E. J., & Schmelkin, L. P. (1991). *Measurement, design, and analysis: An integrated approach*. Hillsdale, NJ: Lawrence Erlbaum Associates.

Phillips, D., & Burbules, N. C. (2000). *Postpositivism and educational research*. Lanham, MD: Rowman & Littlefield.

Rogoff, B. (2003). *The cultural nature of human development*. New York: Oxford University Press.

Sanderson, J., Kosutic, I., Garcia, M., Melendez, T., Donoghue, J., Perumbilly, S., Franzen, C., & Anderson, S. (2009). The measurement of outcome variables in couple and family therapy research. *American Journal of Family Therapy, 37*, 239-257.

Silverman, D. (1993). *Interpreting qualitative data: Methods for analyzing talk, text, and interaction.* Thousand Oaks, CA: Sage.

Simon, G. (2006). The heart of the matter: A proposal for placing the self of the therapist at the center of family therapy research and training. *Family Process, 45,* 331-344.

Smith, G. T. (2005). On construct validity: Issues of method and measurement. *Psychological Assessment, 17,* 396-408. doi:10.1037/1040-3590.17.4.396

Sprenkle, D., & Piercy, F. (2005). Pluralism, diversity and sophistication in family therapy research. In D. Sprenkle & F. Piercy (Eds.), *Research methods in family therapy.* New York: Guilford Press.

Stanton, M., & Welsh, R. (2012). Systemic thinking in couple and family psychology research and practice. *Couple and Family Psychology: Research and Practice, 1,* 14-30. doi:10.1037/a0027461

Torraco, R. J. (1997). Theory-building research methods. In R. A. Swanson & E. F. Holton III, (Eds.), *Human resource development handbook: Linking research and practice* (pp. 114-137). San Francisco, CA: Berrett-Koehler.

Tucker, C. M., & Herman, K. C. (2002). Using culturally sensitive theories and research to meet the academic needs of low-income African American children. *American Psychologist, 57,* 762-773. doi:10.1037/0003-066X.57.10.762

Turner, W. L., Wieling, E., & Allen, W. D. (2004). Developing culturally effective family-based research programs: Implications for family therapists. *Journal of Marital and Family Therapy, 30,* 257-270. doi:10.1111/j.1752-0606.2004.tb01239.x

von Bertalanffy, L. (1968). *General systems theory: Foundation, development, applications.* New York: George Braziller.

Watzlawick, P., Weakland, J. H., & Fisch, R. (1974). *Change: Principles of problem formation and problem resolution.* New York: W. W. Norton & Co.

Wiener, N. (1948). Cybernetics. *Scientific American, 179,* 14-18.

Worrall, J. (2003). Normal science and dogmatism, paradigms and progress: Kuhn 'versus' Popper and Lakatos. In T. Nichols (Ed.), *Thomas Kuhn* (pp. 65-100). Cambridge, UK: Cambridge University Press.

04 커플 및 가족 자료의 측정 문제

Dean M. Busby & Franklin O. Poulsen

도입

가족치료자로 훈련받는 초기에, 나(D.B.)는 커플치료를 배우고 싶어 하는 임상심리학 학생과 공동치료 작업을 한 적이 있다. 우리가 맡았던 내담자커플의 관계는 꽤 불안정했고, 회기 중에 커플의 갈등이 불거져 싸우는 일이 흔하게 발생했다. 커플 간의 이런 상호작용을 생산적인 방향으로 이끌어 나가는 것이 물론 어려운 일이기는 하나, 공동치료자는 이러한 갈등을 상당히 불편해했고 다툼이 격렬해질 때마다 '정서적으로 멍한 상태'에 빠지고는 했다. 회기가 힘들고 커플의 갈등이 심해질 때마다 그 공동치료자는 슈퍼비전이나 상담 사후 논의 때 내담자커플 한 사람씩 따로 치료를 진행하자고 제안했다. 슈퍼바이저와 나는 그의 이러한 제안이 내담자커플에게 최선인지에 대한 고민이라기보다는 상담회기 중 나타나는 격렬한 감정에 대한 그의 불안감에서 비롯된 것임을 금방 알게 되었다. 안타깝게도, 우리가 함께한 공동치료 경험의 끝은 그 임상심리학 대학원생이 커플치료를 어떻게 더 잘할 수 있을지를 배운 것이 아니라, 그의 마음속에 커플가족치료는 남은 커리어 동안 하고 싶지 않은 작업이라는 것을 분명히 했다는 것으로 마무리되었다.

이와 비슷하게, 나는 20년 넘게 임상전공뿐만 아니라 비임상 분야 학생들에게 기초 및 고급 연구방법을 가르치면서, 대학원생들이 연구문제에 가장 적합한 측정 및 연구방법은 무엇인가보다는 가장 하기 쉬운 방법은 무엇인가를 기준으로 측정 및 연구방법을 결정하는 것을 흔히 볼 수 있었다. 앞에 언급한 공동치료자가 내담자를 따로 만나고 싶어 했던 것처럼, 가족체계 내의 한 사람만을 대상으로 몇몇 변수를 다루는 연구는 복잡한 통계 및 방법론적 문제를 다루는 데 있어 훨씬 더 간단하기 때문에, 많은 학생이 결국 개인 수준의 연구를 하게 되는 경우가 많다. 대조적으로, 여러 가족 구성원의 다양한 변수를 연구에 사용하는 것과 관찰 코딩 및 '흔히 사용되지 않는 방법'을 통한 측정을 연구에 사용하는 것은 매우 부담스러운 일로 느껴진다. 많은 연구자가 앞서 언급한 공동치료자처럼 좋은 커플가족 임상연구를 위해 필요한 측정과 통계 기법을 배운 후에, 보다 쉬운 개인 연구를 오히려 더 선호하게 될까 우리는 종종 두렵다.

커플 및 가족 자료를 어떻게 측정할지 결정하는 것은 소문자 'v'의 타당도(validity) 그리고 대문자 'V'의 타당도(Validity)와 명확하게 관련이 있다.

소문자 'v'의 타당도는 '개인의 우울을 측정하기 위해 사용된 문항들이 우울이라는 개념을 정확하게 측정하는가?'와 같이 구성개념을 얼마나 정확하게 포착하는지와 관련이 있다. 이러한 유형의 타당도는 종종 구인 타당도(construct validity)라고 불린다.

대문자 'V'의 타당도는 연구 전반의 타당도(외적, 구인, 내적, 결론 타당도)를 의미하며, 커플 및 가족 연구문제를 다루는 데 얼마나 타당성이 있는지와 관련이 있다. 예를 들어, 관계에 대한 연구를 수행하는 연구자가 부모체계의 우울이 자녀에게 어떤 영향을 미치는지 알고 싶어 한다고 가정하자. 한 부모의 우울에 대한 자기보고 척도가 소문자 'v' 타당도 기준으로 타당한지 확인하는 것은 물론 중요하지만, 만일 부모의 자기보고 우울 수준과 그 부모가 보고하는 자녀의 발달 수준과의 상관 정도만 알아본다면, 그 연구를 통해 대문자 'V' 타당도(전반적인 타당도)에 대해서 알기는 어려울 것이다. 물론 부모 개인의 우울이 부모가 보고한 자녀의 발달 수준에 영향을 준다는 유의미한 연구결과가 나오겠지만, 이러한 결과는 연구문제에 대한 전반적인 타당도(대문자 'V' 타당도)를 반영한 것이 아닐 수 있다. 대신 우울한 개인의 태도가 더 암울하다는 것을 보여 주는 또 다른 연구일 수도 있고, 동일 방법분산[1]의 문제를 보여 주는 또 다른 예시일 수도 있다(Gottman, 1998). 그 자녀의 실제

---

1) 역자 주: 동일방법분산(common method variance 혹은 shared method variance)이란 동일방법편의로 인해 발생하는 공분산으로, 동일한 방법으로 측정됨으로 인하여 발생하는 오류. 흔히 독립변수와 종속변수를 동일한 측정도구 혹은 동일한 응답원에 의해 측정하였을 경우에 발생한다. 측정의 타당도에 영향을 미쳐 연구모형 내 변수 간 관계의 정도를 증가시키거나 감소시켜 연구결과를 왜곡할 수 있다.

발달 상태는 더 심각할 수도, 그렇지 않을 수도 있다.

부모체계의 우울이 자녀의 발달에 어떠한 영향을 미치는지에 대한 원래의 복잡한 연구 문제에 제대로 답하기 위해서, 연구자는 부모가 자기 자신과 배우자의 우울을 시간이 지남에 따라 어떻게 평가하는지를 알아볼 수 있다. 우울 수준이 높은 부모가 그렇지 않은 부모에 비해 배우자 혹은 자녀와 어떻게 독특하게 상호작용을 하는지 평가하는 것도 중요할 수 있다. 또한 자녀의 발달을 측정할 때 체계론적 접근으로 측정하는 것이 중요한데, 이는 부모 각각에게 자녀의 상태에 대해서 물어볼 수 있고, 교사 또는 자녀들에게 직접 같은 질문을 하고 평가하도록 함으로써 측정할 수도 있다.

이러한 측정에 대한 보다 정교한 접근은 연구자가 우울의 영향을 여러 각도에서 이해할 수 있게 해 줄 것이다. 연구자는 한 부모의 우울이 배우자에게 어떠한 영향을 미치는지와 그 커플의 상호작용이 자녀에게 어떠한 영향을 미치는지를 평가할 수 있으며, 부모의 우울의 변화가 자녀의 발달과 어떤 관련이 있는지를 평가할 수 있게 될 것이다. 자녀의 발달을 다각도로 평가하게 되면, 특정 부모의 우울은 그 부모 자신이 보고한 자녀 발달 수준에만 영향을 미칠 뿐, 자녀 발달에 대한 교사의 평가나 다른 부모의 평가 또는 자녀 자신의 직접적 평가에는 영향을 미치지 않을 것이다. 시간이 지남에 따라 한 부모의 우울의 영향이 다른 부모로부터의 영향보다 커져서 자녀의 결과를 더 많이 악화시키기 시작할 수 있다. 이때 연구자는 부모의 우울이 부모-자녀 상호작용 패턴에 변화를 주어 자녀의 발달에 영향을 미치는 것인지, 아니면 부모의 우울과 자녀의 발달 간의 직접적인 관계가 자녀의 발달에 더 큰 영향을 미치는 것인지 확인할 수 있다. 마지막으로, 이러한 정교한 측정 접근법에서 비롯될 수 있는 측정 지향적 연구가 더 많이 있는데, 부모의 우울이나 자녀의 발달 변수를 측정할 때 측정동일성(measurement invariance)이 확인되었는지, 측정동일성의 수준이 결과에 영향을 미치는지 알아볼 수 있다. 가족체계에서 우울의 영향을 연구하기 위한 이러한 복잡하고 정교한 접근은 분명 훨씬 더 많은 노력과 고급방법 및 통계기술을 요하지만, 이로 인해 학습할 수 있는 잠재적인 지식의 풍부함은 단순히 어머니의 자기보고 우울 수준과 어머니의 보고로만 자녀의 발달을 측정하는 방식보다 상당히 크다. 게다가 이렇게 정교한 연구로 얻게 된 추가 정보는 대안적 설명을 배제하는 데 사용할 수 있어 내적 타당도를 향상시킬 수 있고, 1종 오류(type I error)와 2종 오류(type II error)의 가능성을 감소시켜 결론 타당도를 향상시킬 수 있다. 전반적으로 타당한 커플가족 임상연구를 수행하는 것은 개인에 대한 연구를 수행하는 것보다 훨씬 더 어렵고 복잡하지만, 그것이 실제 현실을 반영하기에 훨씬 더 보람 있고, 많은 정보를 주며, 유익하다. 실제 세계에서는 자녀와 부모가 서로 역동적으로 상호작용을 하고, 우울이 개인 및 개인 간의 감정, 인지, 행동에 영향을 미치기 때문이다.

이 주제에 대해서 책 한 권을 쉽게 쓸 수 있을 만큼 많은 내용이 있지만, 이 장에서는 커플가족 임상연구를 수행하는 학자들이 직면하는 가장 흔하고 중요한 측정 문제에 초점을 맞출 것이다. 이를 위해 커플가족 임상연구의 일반적인 측정 문제, 관심, 측정, 분석의 단위, 자료의 비독립성, 측정동일성, 일차원성 측정 및 타당도 문제를 다룰 것이다.

커플가족 임상연구의 일반적인 측정 문제

좋은 측정은 좋은 연구의 기초이며, 일반적으로 타당한 이론에 기초한다. 비교적 신뢰할 수 있는 측정도구를 개발하는 것은 간단한 과정일 수 있으나, 여러 종류의 타당도를 두루 갖춘 측정도구를 개발하는 것은 훨씬 더 어렵다. 기본적인 신뢰도와 타당도 문제를 넘어, 커플가족 연구에서의 측정은 일치성, 정확성, 편향성, 그리고 강화와 같은 개념과 관련되어 있고, 학자들에게 흥미롭고 새로운 기회를 더한다. 예를 들어, [그림 4-1]의 그래프를 생각해 보자. 각 배우자로부터 자신과 상대방에 대한 측정값을 수집하고, 치료자나 코더와 같은 관찰자가 각 배우자에 대해 평가한다면 적어도 6가지 다른 측정치가 있을 것이다. 우호성(agreeableness)은 성격의 5요인(Big Five personality) 중 매우 중요한 구성요소로 관계 역동에 영향을 미치는 요소라고 일관되게 보고되어 왔지만(Donnellan, Larsen-Rife, & Conger, 2005; McCrae & Costa, 2008), 이는 대부분 자기보고에 의한 측정이다. [그림 4-1]로 예를 들자면, 측정 대상이 남성인지 여성인지에 따라 자기보고는 왼쪽에서 첫 번째 또는 세 번째 막대에 해당한다. 이 경우 연구자는 우호성 점수가 중간과 높음 사이에 있어 상대적으로 높다는 것을 알 수 있으므로, 이들이 우호성이 낮은 사람들보다 관계에 더 능숙할 것이라는 가정을 할 것이다. 만약 연구자가 이러한 자기보고 점수를 바탕으로 커플관계를 평가한다면, 두 사람 모두 자신의 우호성을 높게 평가하고 두 사람 사이의 일치성이 높기 때문에 연구자는 두 사람이 관계적인 면에서 잘 기능하고 있다고 추가적인 결론을 내릴지도 모른다. 커플관계 측정에서 성격과 관련된 거의 모든 결론은 이렇게 자기보고로부터 도출된다(Cooper & Sheldon, 2002).

안타깝게도, 이는 관계를 연구하는 사람들이 이용할 수 있는 측정 방법 중 가장 예측성과 유익성이 낮은 수준의 방법이다(Busby, Holman, & Niehuis, 2009). 연구자들이 조금만 더

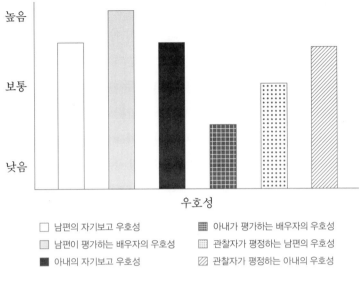

[그림 4-1] 우호성 측정의 다양한 관점

노력하면 자기보고 방식이 제공할 수 있는 것보다 훨씬 더 많은 중요한 관계적 측면을 파악할 수 있다. 커플의 각 파트너에게 자신뿐만 아니라 서로를 평가하도록 요청하는 것이 얼마나 더 유익한지 고려해 보자. 커플이 서로를 평가했을 때 자신의 평가와 파트너의 평가에 차이가 있다면 그 커플에 대해 보다 완성된 그림을 그릴 수 있는데, 이는 관계의 질과 안정성을 주도하는 태도의 문제를 밝혀낼 수 있고, 또한 관계를 지각하는 데 있어서의 차이 혹은 문제를 밝혀낼 수 있기 때문이다(Busby & Gardner, 2008). 이러한 정보가 없었다면 연구결과들이 편향되어 결론의 타당성이 떨어졌을 것이다. [그림 4-1]의 자료를 보면, 이 커플의 중요한 역동이 명백히 보인다. 남편은 자신과 배우자를 긍정적으로 보고 심지어 배우자를 자신보다 더 우호적이라고 본다. 이러한 배우자의 강화(enhancement)는 건강한 관계의 중요한 특성이다(Busby et al., 2009). 그러나 더 심각한 문제는 아내의 패턴이다. 아내는 배우자가 자신보다 상당히 덜 우호적이라고 보는데, 이렇게 남편을 깎아내리는 듯한 아내의 관점은 이런 방식의 상호 평가에서 나타날 수 있는 문제 패턴이다. 사실 관찰자의 평점은 이러한 관점을 반영하고 있으며, 남편이 자기 자신에게 비교적 높은(중간값보다 높은) 우호성 점수를 주었지만, 사실 아내에게 준 점수에 비하면 남편은 자신의 우호성을 아내보다 현저히 떨어지는 패턴으로 평가했다. 이 커플은 문제가 있는 것일까? 그럴 가능성이 꽤 있으며, 자기보고만으로 이루어지는 일반적인 유형의 관계 측정으로는 이를 밝혀내지 못했을 것이다.

관찰자 평점에 주목하는 것도 매우 중요하고 흥미로운 주제이다. 만약 이 관찰자가 치료자라면, 흥미로운 질문들이 생긴다. 치료자의 평정이 아내의 패턴을 반영했다는 사실은 남편이 아내보다 훨씬 덜 우호적이라는 현실을 뜻하는가? 치료자가 아내의 관점에 더 연결되고 공감한다는 점은 불공평한 치료동맹을 나타내는가? 남편이 자신의 관점을 치료자가 함께하지 않는다고 느낀다면 이 커플은 치료를 그만둘 위험에 처해 있는 것일까? 더 많은 정보가 필요하지만, 이러한 정보는 치료자와 내담자의 관계에서 발전하기 시작하는 특정 동맹이 있다면 이를 완화하기 위한 개입으로 이어질 수 있다.

이렇게 다양한 방식의 측정은 일치성(각 배우자에 대한 자기보고 측정치가 얼마나 근접한가), 정확성 또는 편향성(배우자 또는 자신의 평가가 관찰자의 평가와 얼마나 유사한가), 강화(자기 평가 및 배우자 평가의 개인 내 비교), 이상화(배우자의 평가와 배우자의 자신에 대한 평가의 개인 간 비교)를 평가하고 커플치료의 성과를 예측할 수 있다는 점에서 연구자와 치료자에게 많은 새로운 기회를 제공한다(Busby et al., 2009; Morry, Reich, & Kito, 2010; Priem, Solomon, & Steuber, 2009). 사실 커플치료 개입과 기본적인 커플 연구에서 관계 역동을 발견하도록 돕는 커플체계 측정 방법의 다른 유형들에 대해서는 거의 알려져 있지 않다. 커플체계 측정은 간단한 자기보고로 측정할 수 있는 개인 내 연구와는 차별화되는데, 연구자와 임상가가 사람 관계 사이에서 나타나는 무언가를 포착할 수 있도록 돕기 때문이다. 그러나 여전히 이러한 여섯 번의 측정을 바탕으로 계산되는 행렬과 점수를 제대로 분석하는 것이 쉬운 작업은 아니다. 특히 연구설계가 다수의 독립변수와 종속변수를 포함하고 있다면 더욱 그러할 것이다.

관심, 측정, 분석의 단위

관심의 단위

다양한 측정도구와 다양한 관점을 정리하는 데에는 관심, 측정, 분석의 단위에 대해 질문하는 것이 도움이 된다. 부부가족치료(marriage and family therapy: MFT) 연구자가 연구를 시작할 때마다 가장 중요하게 다뤄야 할 질문은 '관심의 단위가 무엇인가?', '측정 및 분석의 단위가 관심의 단위와 일치하는가?'이다(Draper & Marcos, 1990; Ganong, 2003; Olson, 1977). Snyder, Cavell, Heffer와 Mangrum(1995)은 연구에서 측정할 수 있는 5가지 수준,

즉 다음과 같은 5가지 관심의 단위를 포함하는 모델을 제시했다. ① 개인, ② 이인관계, ③ 핵가족, ④ 확대가족체계, ⑤ 지역사회 또는 더 큰 체계이다. 여기에 우리는 다음과 같은 두 가지 치료적 수준을 추가하고자 한다. ⑥ 치료자/내담자 체계, ⑦ 임상 환경 체계이다. 표면적으로는, 연구자가 이 7가지 단위 중 어떤 것이 관심 사안인지 먼저 판단하고 치료를 진행하는 것이 간단한 문제로 보일 수 있다. 그러나 연구자가 둘 이상의 단위에 동시에 관심을 가지는 경우가 많고, 관심 있는 독립변수와 종속변수는 서로 다른 수준에서 온 경우가 많다. 관심의 단위가 이론적으로 타당하고 명확한 연구문제를 바탕으로 결정되지 않으면, 관심의 단위가 혼동될 수 있고 연구의 타당성은 떨어질 수 있다(Ganong, 2003; Wampler & Halverson, 1993). 예를 들어, 연구자가 관계의 질과 같은 커플체계 종속변수에 관심이 있다면, 관심의 단위가 커플인 것은 분명하다. 이것은 종속변수의 관점에서 그럴 수 있으나, 만약 연구자가 연구하고 있는 이론이 애착이론이라면 어떨까? 이는 커플관계의 질에 영향을 미칠 수 있는 독립변수에 각 배우자의 원가족뿐만 아니라 커플의 애착 행동 및 애착 과정이 포함될 수 있음을 시사한다. 이렇듯 적용하는 이론에 따라 원가족, 개인, 커플 등 측정하고자 하는 관심의 단위는 달라진다. 연구자는 주요 관심의 단위와 기초 연구문제가 무엇인지 신중하게 고려해야 하고, 이는 측정하고 분석하고자 하는 단위의 경계를 명확히 설정하는 데 도움이 된다.

우리는 보통 가족치료자들이 체계이론을 사용하기 때문에 적어도 이인관계 또는 그 이상의 단위에 주로 관심을 가질 것이라고 가정하지만, 개인 단위에 관심을 가질 수 있는 상황도 많이 있다. 만일 연구자가 특정 개입의 중도 탈락률과 관련된 요인을 알아보는 연구를 하고 있다면 더욱 그럴 것이다. 비록 개입이 커플 또는 가족치료 접근일지라도, 참고할 만한 연구가 매우 드물다면 사람들이 중도 탈락하는 이유를 파악하기 위한 탐색적 질적 연구가 필요하다. 탐색적 질적 연구에서는 개인의 태도나 의견이 측정에 필요한 전부일 수 있다. 또한 병원 직원이 실시하는 간단한 전화 설문조사를 통해서도 비용, 병원 위치의 불편함, 치료자와의 관계, 또는 커플관계의 문제 등과 같은 중도 탈락에 기여하는 요소들을 밝혀낼 수 있다. 하지만 만약 이 전화 설문조사 연구에서 중도 탈락의 이유가 커플역동이나 치료동맹과 관련이 있다고 밝혀진다면, 커플관계의 각 구성원을 주의 깊게 평가해야 하며, 치료자는 이러한 문제들에 대해 더 자세한 사항을 파악해야 한다. 앞에서 언급한 질적 연구의 경우, 관심, 측정, 분석의 단위는 개인이다. 반면, 커플역동과 치료동맹이 본질적으로 관련된 두 번째 연구에서 관심 단위는 커플 또는 치료체계일 수 있으며, 연구자는 한 명이 아닌 두세 명의 개인에게 질문을 해야 한다.

관심의 단위에 커플이나 가족 하위체계가 포함되어 있는 경우, 연구자는 더 복잡한 측정 단위 질문에 답해야 한다. 연구자는 이인관계 사이에서 일어나는 일들을 측정하기 원하는가? 아니면 태도나 생각과 같은 개인 구성원 내에 존재하는 무언가를 이해하고 싶은가? 많은 경우에 연구자들은 두 가지 모두를 원할 것이다. 관심사가 개인의 태도나 생각에 관한 것일지라도, 연구자들은 한 배우자의 태도가 다른 배우자의 행동이나 태도에 어떻게 영향을 미치는지 이해하고자 하며, 한 배우자의 태도나 인지를 다른 배우자와 연결시키고 싶을 수 있다. 이러한 질문에 대한 답변은 측정 및 분석 결정에 영향을 준다. 관심의 단위, 측정의 단위, 분석의 단위가 일치할 때 연구는 더 좋은 연구가 된다(Draper & Marcos, 1990).

임상연구자는 개입의 최종 목표를 고려하여 관심의 단위를 종종 결정할 수 있다. 학교 무단결석을 감소시키는 데 효과적인 프로그램을 개발하는 것이 최종 목표라면, 가족 구성원과 학교 인력 등 체계에 대한 측정이 필수적일 것이다. 수련 중인 치료자의 어떤 개인적 요인이 더 나은 결과로 이어지는지를 알아내는 것이 최종 목표라면, 그 치료자만 측정하고 분석하면 될 것이다. 보통 임상연구자와 함께 작업할 때, 우리는 그들의 연구가 응용연구인지 아니면 기초연구인지를 묻는다. 응용연구를 할 경우, 다음으로 할 질문은 그들의 개입이 앞의 7가지 수준(개인, 이인관계, 핵가족, 확대가족체계, 지역사회 또는 더 큰 체계, 치료자/내담자 체계, 임상 환경 체계) 중 어떤 수준에 영향을 미치기를 바라는가라는 질문이다. 이것이 확실해지면 누구를 어떻게 측정할지 대답하기가 쉬워진다.

측정의 단위

측정의 단위는 어떤 관심의 단위를 선택하느냐에 따라 복잡해지며, 종속변수의 관심 단위와 독립변수의 관심 단위에서 차이가 날 때 더욱 복잡해진다. 측정 방법의 이론 및 가정에 의해 더욱 복잡해지기도 한다. 측정할 수 있는 영역도 매우 다양하다. Kashy와 Snyder(1995, p. 338)는 관심의 단위가 '인지적, 정서적, 의사소통 및 대인관계, 구조적 및 발달적, 그리고 통제, 제재 및 관련 행동 영역'의 다섯 가지 영역에서 평가될 수 있다고 주장했다. 우리는 Kashy와 Snyder가 간과한 추가 영역으로 생리학적/생물학적 영역을 제안한다. 이는 앞서 관심의 단위에서 언급한 7가지의 관심의 단위 수준이 6가지 영역에서 평가될 수 있으므로, 가족 임상 연구자들은 42가지의 측정 조합을 가질 수 있게 된다. 이러한 다양한 측정 방법을 여러 수준에서 사용하고, 가족체계의 내부나 외부를 활용하고(Olson, 1977), 설문조사부터 생리학적 도구에 이르기까지 다양한 평가 전략이 활용 가능하다는 것을 고려할 때, 적절한 관심 단위, 측정 영역, 평가 전략을 선택하여 활용하고자 하는 연구자들이 선택할 수 있는 조합은 말 그대로 수백 가지가 된다.

임상연구 문헌의 최근 예시는 이러한 관심의 단위와 영역이 연구를 분류하고 평가하는 데 어떻게 사용될 수 있는지 보여 준다. Rohrbaugh, Shoham, Skoyen, Jensen과 Mehl(2012)은 공동체적 문제해결 관점을 가진 커플이 대명사 '우리(we)', '우리의(our)', '우리를(us)'과 같은 공동체적 언어를 많이 사용할수록 금연 프로그램에서 성공할 수 있는지에 관한 연구를 했다. 이 흥미로운 연구에서 관심의 단위는 개인 수준으로 흡연자가 담배를 얼마나 잘 끊을 수 있는지를 측정하였고, 통제, 제재 및 관련 행동 영역에서 측정되었다. 연구자들은 개인이 담배를 끊는지 여부를 결과로 놓고 개인의 수준에서만 측정을 했지만, 독립변수의 주 관심 단위는 커플의 공동체적 언어였다. 연구자들이 독립변수의 관심 단위, 커플체계, 측정 접근법 사이의 이 불일치에 대해 좀 더 분명히 하거나 사려 깊게 고민했다면, 이 연구를 통해 더 흥미로운 발견을 했을지도 모른다. 이 연구에서 커플의 공동체적 언어는 커플체계의 변수로 의사소통 및 대인관계 영역으로 분류되었으며, 사전 및 사후치료 논의 때 각 배우자 개인이 사용한 단어 중 '우리'와 유사한 대명사의 수를 단순히 세는 것으로 측정되었고, 텍스트 분석 프로그램이 사용되었다. 또한 연구자는 각 배우자의 '우리'/'나'를 사용하는 비율(ratio)을 만들고 사전검사 때와 사후검사 때 변화된 점수의 차이를 살펴보았다. 이러한 개인 수준의 측정은 금연을 꽤 잘 예측했다. 개인 수준의 측정에 대한 이러한 창의적인 접근은 연구자들이 커플이나 가족의 공동체적 언어를 평가하고자 하는 후속 연구에서 더욱 진전될 수 있다. 후속 연구에서는 배우자나 가족 구성원 간 점수의 차이를 분석하는 연구를 수행할 수 있다. 아마도 한 가족 구성원이 공동체적 언어를 많이 사용했지만 다른 가족 구성원은 그렇지 않았다면, 그것은 낮은 수준의 헌신을 의미할 수 있다.

분석의 단위

연구자들이 관심의 단위와 측정의 단위가 일관되고, 이론과도 일치하도록 연구를 계획하는 데 신중을 기했다면, 다음 단계는 자료를 분석하는 방법을 알아내는 것이다. 이 책의 다른 장에서 분석 기법에 대해 더 광범위하게 다루겠지만 측정과 관련된 몇 가지 분석 문제를 여기서 논의할 필요가 있다. 일반적으로 분석 방법의 선택은 연구설계 시 설정하는 이론 및 측정 문제와 연결되어 있다. 여기서 주목해야 할 점은 분석의 단위가 관심의 단위 및 측정의 단위와 일관되어야 한다는 것이고, 이 부분이 지켜지지 않으면 커플 또는 가족 자료를 수집하기 위해 쏟은 모든 노력이 수포로 돌아갈 수 있다는 점이다. 경험상, 분석에서의 문제 대부분은 연구자가 자료에 잘 맞지 않는데도 그저 친숙한 분석 방법을 사용하거나, 측정 및 분석 단위에 대해 깊게 생각하지 않아 측정의 단위와 분석의 단위 사이에서 불일치가 있을 때 발생한다. 이러한 문제는 연구자들이 2차 자료를 사용할 때, 특히 심각하다.

치료 학술지에 실린 연구의 대부분은 개인 분석 기법을 사용하여 개인의 태도와 행동을 측정한 연구이다. 연구에서 유일하게 드러나는 커플가족체계 관련 정보는 관계를 맺고 있는지 여부나 자녀가 있는지 여부와 관련된 내용이다. 커플 또는 가족 단위에 대한 결론을 내리기 위해서는 자료가 커플가족 단위에서 수집되어야 할 뿐만 아니라, 개인, 커플, 또는 다른 단위의 관계가 분석에 포함되어 있는 구조모형이나 위계모형을 통해 분석되어야 한다.

자료의 비독립성

관심, 측정, 분석의 단위가 앞에서 언급한 7가지 수준 중 하나일 때 반드시 다루어야 할 문제는 자료의 비독립성이다. 비독립성은 종단연구에서도 문제가 되는데, 관계만족도라는 변수를 측정할 때 2차 시점이나 3차 시점에 측정하는 관계만족도가 1차 시점 때 측정했던 관계만족도에 의존적일 수 있기 때문이다. 사회과학 분야에서 대부분의 연구설계는 한 개인으로부터 수집된 자료가 다른 개인으로부터 수집된 자료와 필연적 관계가 없다는 것을 가정한다. 따라서 우리는 자료가 독립적인 관측치로 구성된다는 결론을 내린다. 이는 매우 중요한 가정인데, 대부분의 통계 추정값[예: 최소자승법(ordinary least squares)]은 자료의 독립성을 엄격하게 가정하기 때문이다(Kenny, Kashy, & Cook, 2006). 그러나 이 독립성의 가정은 커플 또는 가족으로부터 자료를 수집할 때나 동일한 사람으로부터 장기간 여러 번 자료를 수집하는 경우 유지되지 않는다. 왜냐하면 이러한 관계 내에 있는 개인들은 상호 영향력을 가지고 있기 때문이다(Grawitch & Munz, 2004). 즉, 커플 또는 가족 간의 상호작용(예: 부부 또는 가족 갈등)을 측정하려고 할 때 혹은 관계에 대한 개인의 인식과 태도(예: 결혼만족도)를 측정하고자 할 때, 이러한 측정에 대한 응답은 본질적으로 체계 내 다른 개인의 영향에 따라 달라진다. 간단히 말해서, 개인이 결혼만족도에 대한 정보를 제공할 때 거기에 자신의 배우자가 영향력이 없다고 가정할 수 없다. 이런 면에서 반응은 비독립적인 것이다. 분석적 정의를 보자면, Kashy와 Snyder(1995)는 "관측의 비독립성은 두 점수 사이에 자연적인 연관성이 있고, 하나의 값을 아는 것이 다른 값에 영향을 주는 방식으로 두 점수가 관련될 때 발생한다."(p. 339)고 주장했다.

커플 및 가족 단위의 자료는 비독립적이기 때문에 관계를 연구하는 연구자들은 자료 분석 방법을 고려할 때 자료의 비독립성을 인지하는 것이 필수적이다. 이 문제는 이인관계 분석(dyadic analysis)에 대한 장에서 더 자세히 논의하겠지만, 지금은 커플 및 가족 자료의 비독립성이 분석 방법의 선택에 영향을 줄 수밖에 없다는 것을 고려해야 한다. 특히 연애 상대, 가족, 그리고 가깝거나 친밀한 관계체계에서 비독립성을 무시하는 것은 통계 결과의 타당도를 위협할 수 있다. 예를 들어, 같은 척도로 측정한 남편과 아내의 점수를 모두 분석에 사용할 때 관측의 비독립성을 고려하지 않는다면, 결과의 계숫값과 유의 수준에서 편향된 결과를 초래할 수 있으며, 이로 인해 내적 타당도와 결론 타당도의 문제가 제기될 수 있다. 비록 여러 기법들이 비독립성을 다루기 위해 사용되었지만, Kenny와 동료들(2006)이 제안한 비독립성을 모형화함으로써 자료를 분석하는 전략이 가족치료 연구에서 예외가 아닌 표준이 되어야 한다.

측정동일성

표본 내 비독립성 문제 이외에도 관심, 측정, 분석의 단위가 가족 또는 커플인 연구를 수행하는 연구자들은 종종 가족 구성원들 사이에서 그리고 시간 경과에 따라 측정이 변하지 않는지 확인하는 것을 등한시한다. (즉, 측정동일성을 확인[2]하는 것을 게을리한다.) 연구자들은 가족 상호작용에 대한 부모의 보고가 외부 관찰자의 보고와 일치하지 않는 경우가 많기 때문에(Maccoby & Martin, 1983) 부모의 보고는 타당한 측정이 아닐 수 있다고 지적한다. 그뿐만 아니라, 연구자들은 가족 구성원들이 종종 동일한 구성개념의 평정에서 서로 동의하지 않는다는 것을 발견하였고(Noller & Callan, 1988), 이 때문에 가족 응답의 신뢰도에 대해 의문을 가지기도 한다. 많은 연구자는 가족 구성원들의 점수를 합산하여 최종 점

---

2) 역자 주: 측정동일성(measurement invariance) 확인은 다수의 응답들이 측정도구(예: 설문지)에 대해서 동등한 인식을 바탕으로 측정되었는지 검증하는 과정이다. 커플가족 연구와 같이 응답자가 다수이거나 종단연구와 같이 시간의 경과에 따라 응답이 여러 번 있는 경우 필요하다.

수로 사용하는 것으로 이러한 문제를 해결하려고 시도해 왔다(Schwarz, Barton-Henry, & Pruzinsky, 1985). 이는 최근까지 가족 또는 커플 변수를 계산하는 일반적인 방법이었다. 이 접근법에는 두 가지 세부적인 문제가 있다.

첫째, 이 접근법은 연구참여자의 전체 분산이 공통의 관점을 나타낸다고 가정하며, 그렇게 가정함으로써 일부 분산이 실제로 개별 평가자의 고유한 관점을 나타낼 가능성을 무시한다. 이렇게 합산된 점수를 사용하게 되면, 고유 분산뿐만 아니라 공통 분산도 정확하게 측정할 수 없다. 둘째, 이 합산 점수는 두 구성개념의 상관관계가 그 구성개념에 대한 두 평정자의 공유된 관점을 반영한다고 가정한다. 그러나 Kenny와 Berman(1980)은 상호의존적인 관계에 있는 사람들이 서로를 평정하도록 한 자료를 수집하는 것은 상관 편향을 가져온다고 지적했다. 즉, 한 사람이 여러 문항이나 특정 구성개념에 대해 일관되게 과대평가하거나 과소평가한다면, 구성개념 간의 상관관계가 실제로 상관이 존재하지 않을 수 있음에도 불구하고 나타날 수 있다는 것이다. 이러한 편향은 합산 점수를 사용할 때 처리되거나 제거될 수 없다.

앞에 제시된 두 가지 문제를 해결하기 위해 Cook과 Goldstein(1993)은 잠재변수를 사용한 접근법을 제안하였다. 잠재변수 접근법을 사용하면 독립적인 평정자의 고유 분산을 평정자들 간 나타나는 공통 분산으로부터 분리할 수 있고, 상호의존적인 관계에 있는 평정자들이 응답할 때 나타날 수 있는 편향을 처리할 수 있다. 잠재변수를 생성하면 각 문항의 잔차 오차(residual error)를 명확하게 추정할 수 있고, 따라서 고유한 것을 공통적인 것(요인점수)으로부터 분리할 수 있다. 또한 연구자가 같은 평정자의 다른 구성개념에 대한 잔차 간 상관을 설정할 수 있어 상관 편향을 처리하거나 제거할 수 있다([그림 4-2]를 보라). 이 과정만으로 가족 구성원 전체에 걸쳐 측정동일성의 확보가 보장되지는 않지만, 이 방법은 존재할 수 있는 상관관계 편향을 명시적으로 처리한다.

가족 연구자에게 중요한 것은 가족 구성원 사이에서 측정동일성이 존재하는지 그리고 시간 경과에 따른 측정동일성이 존재하는지 확인하는 것이다. 최근 연구는 서로 다른 가족 구성원에게 주어진 동일한 질문이 시간의 경과 후에도 동일한지에 의문을 제기할 뿐아니라, 한 시점에서도 개념적으로 동일한지에 대해 의문을 제기하고 있다(Dyer, Day, & Harper, 2014). 더 정확하게는, 부모의 관여(parental involvement)와 같은 개념이 어머니, 아버지, 자녀들에게 각기 다른 의미를 가지고 있으며, 이러한 의미는 시간이 지나면서 변한다는 것을 고려해야 한다는 것이다(Dyer et al., 2014). 가족 구성원 간의 합산 점수를 생성하거나 성장곡선 분석을 사용하는 것과 같이 흔히 사용하는 통계 기법에서는 동일한 척도

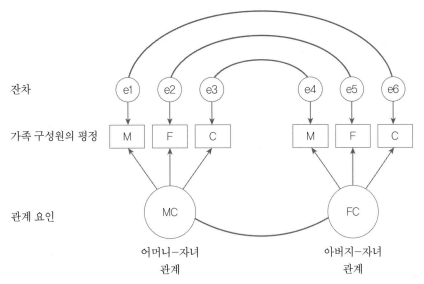

잔차

가족 구성원의 평정

관계 요인

어머니-자녀
관계

아버지-자녀
관계

M = 어머니, F = 아버지, C = 자녀

[그림 4-2] 동일한 구성개념에 대한 세 가족 구성원의 응답을 나타내는 잠재변수 측정

는 시간이 흘러도 동등하게 인식된다고 간주하기 때문에 적절하지 않다. 이러한 이슈들은 연구자들이 모든 종단연구 설계에서 측정동일성을 주의 깊게 고려할 것을 요구하며, 성장 곡선 분석의 대안 역시 고려해야 한다.

측정동일성과 관련된 또 다른 중요한 문제는 동일한 질문이 문화 전반에 걸쳐 동일한가 여부이다. 국가 간 차이 혹은 한 국가 안의 다른 문화 차이를 고려하여 측정동일성이 존재하는지 검증하는 연구는 거의 이루어지지 않았다. 관계의 질이나 자존감과 같은 개념들은 문화권마다 매우 다른 의미를 가지며, 따라서 다르게 측정될 필요가 있을 것이다. 측정동일성의 문제와 임상, 관계, 종단연구에 대한 함의는 복잡하며, 각 연구자는 이러한 문제를 다루는 좋은 출판물을 참조하여 연구를 계획하고 자료 분석을 진행하기 전에 이 문제를 신중하게 다루어야 한다(Dyer et al., 2014; Vandenberg & Lance, 2000; Widaman, Ferrer, & Conger, 2010).

일차원성 측정 및 타당도

가족 연구자들이 고민하고 있는 또 다른 문제 중 하나는 결혼의 질을 측정하기 위해 흔히 쓰이는 척도들의 타당도이다(Glenn, 1990). Fincham과 Linfield(1997)는 결혼의 질이라는 개념이 매우 포괄적임에도 불구하고, 측정도구에서는 그것을 하나의 개념으로 간주하고 매우 불만족부터 매우 만족까지의 보기로 응답하게 하기 때문에 척도의 타당도가 위협받는다고 주장했다. 이러한 우려는 관계 및 가족체계의 개념을 측정하는 다른 척도들을 사용할 때도 적용되는데, 이런 개념들은 포괄적임에도 불구하고 측정도구는 일차원으로 간주되었다. Fincham과 Linfield는 일차원 척도의 양극단을 사용하기보다는, 긍정과 부정이 실제로 결혼의 질에 대한 두 가지 다른 차원을 나타낼 수 있다고 제안했다. 그들의 연구는 결혼의 질의 긍정적인 면과 부정적인 면이 실제로 두 개의 구별되는 개념이라는 것을 보여 주었고, 커플 의사소통(예: 적대적 대 협력적; Sanford, 2010)뿐만 아니라 약혼한 커플들 사이의 관계만족도(Mattson, Paldino, & Johnson, 2007)를 다룬 후속 연구에서도 이러한 개념화는 확인되었다.

이러한 개념이 어떻게 작동하는지에 대한 예로, 응답자에게 긍정적인 결혼의 질에 대한 평가에서는 '나쁜 점은 고려하지 말고, 관계에 대해 좋은 감정을 평가'하게 하고, 부정적인 결혼의 질을 평가할 때는 '좋은 점은 고려하지 말고, 관계에 대해 나쁜 감정을 평가'하게 요청할 수 있다(Fincham & Linfield, 1997). 참여자는 각 항목을 0(전혀 아니다)에서 10(매우 그렇다)까지의 척도로 평가한다. 연구자들은 이 두 가지 개념(긍정 차원, 부정 차원)의 사용이 결혼의 질을 일차원으로 측정하는 것보다 결혼과 관계의 질에 대한 정보를 더 많이 제공할 수 있다는 것을 보여 주었다(Mattson et al., 2007; Sanford, 2010).

가족치료 연구자들은 측정하고자 하는 구성개념이 하나의 연속선상에서 일차원적으로 측정될 수 있는 개념이 아닐 가능성을 고려해야 한다. 이렇게 측정의 차원에 대한 깊이 있는 개념화는 측정 타당도를 강화하고 커플 및 가족 상호작용에 대한 보다 정확한 이해로 이어질 가능성을 높인다.

결론

요약하자면, 우리는 이 장에서 측정 영역에 대해 해결책을 제시하기보다 훨씬 더 많은 질문을 던졌다. 모든 연구의 기초로서 측정은 그저 이용 가능하고 타당하며 신뢰할 만한 척도를 선택하고 '더 중요하다고' 하는 이슈로 넘어가 버리는 것으로 '완성되지' 않는다. 측정은 연구자가 무엇을, 어떻게, 누구를 연구할 것인지, 그리고 연구문제에 가장 적절하게 답하기 위해 자료를 어떻게 분석할 것인지의 결정을 돕는 연구 조직화의 영역이어야 한다. 많은 경우 임상 지향적 연구자들이 연구를 시작할 때 연구문제에 완전히 답하기 위해서는 측정과 관련된 연구가 먼저 이루어져야 한다는 것을 깨닫게 될 것이다. 중요한 커플가족 개념과 커플가족치료 성과를 측정하기 위해 고급 측정 방법을 개발하는 것은 연구자들이 할 수 있는 가장 중요한 기여 중 하나이다. Pinsof와 동료들(2009, p. 144)은 최근에 다음과 같이 말했다.

> 과정 연구는 치료자에게 내담자의 변화에 대한 피드백을 제공하는 것이 효용성(efficacy)과 효율성(efficiency)을 향상시킨다는 것을 시사하는 연구결과를 보여 주었을 뿐만 아니라, 방법론적으로 타당한 도구를 만들어 왔다. 그러나 이러한 연구는 외래 환자나 입원 환자 개인에 국한되어 있다. …… 커플가족치료에서 변화를 연구하기 위한 척도 혹은 개인치료를 다체계적 관점에서 연구하기 위해 개발된 척도는 없다. 개인치료에서 나온 유망한 연구결과가 가족 및 커플치료로 일반화될지는 두고 볼 일이다.

우리는 이러한 평가에 동의한다. 커플가족체계에 대해 사용할 수 있는 측정도구, 특히 치료 과정과 변화에 관한 측정도구는 매우 드물며, 이러한 측정도구의 개발은 응용 및 기초 가족 연구자 모두의 최우선 과제가 되어야 한다.

참고문헌

Busby, D. M., & Gardner, B. C. (2008). How do I analyze thee? Let me count the ways: Considering empathy in couple relationships using self and partner ratings. *Family Process, 47*, 229-242.

Busby, D. M., Holman, T. B., & Niehuis, S. (2009). The association between partner-and self-enhancement and relationship quality outcomes. *Journal of Marriage and Family, 71*, 449-464.

Cook, W. L., & Goldstein, M. J. (1993). Multiple perspectives on family relationships: A latent variables model. *Child Development, 64*, 1177-1388.

Cooper, M. L., & Sheldon, M. S. (2002). Seventy years of research on personality and close relationships: Substantive and methodological trends over time. *Journal of Personality, 70*, 783-812.

Donnellan, M. B., Larsen-Rife, D., & Conger, R. D. (2005). Personality, family history, and competence in early adult romantic relationships. *Journal of Personality and Social Psychology, 88*, 562-576.

Draper, T. W., & Marcos, A. C. (Eds.). (1990). *Family variables: Conceptualization, measurement, and use.* Newbury Park, CA: Sage.

Dyer, W. J., Day, R. D., & Harper, J. M. (2014). Father involvement: Identifying and predicting family members' shared and unique perceptions. *Journal of Family Psychology, 28*(4), 516-528.

Fincham, F. D., & Linfield, K. J. (1997). A new look at marital quality: Can spouses feel positive and negative about their marriage? *Journal of Family Psychology, 11*, 489-502.

Ganong, L. H. (2003). Selecting family measurements. *Journal of Family Nursing, 9*, 184-206.

Glenn, N. D. (1990). Quantitative research on marital quality in the 1980's: A critical review. *Journal of Marriage and Family, 52*, 818-831.

Gottman, J. M. (1998). Psychology and the study of marital processes. *Annual Review of Psychology, 49*, 169-197.

Grawitch, M. J., & Munz, D. C. (2004). Are your data nonindependent? A practical guide to evaluating nonindependence and within-group agreement. *Understanding Statistics, 3*, 231-257.

Kashy, D. A., & Snyder, D. K. (1995). Measurement and data analytic issues in couples research. *Psychological Assessment, 7*, 338-348.

Kenny, D. A., & Berman, J. S. (1980). Statistical approaches to the correction of correlational bias. *Psychological Bulletin, 88*, 288-295. doi:10.1037/0033-2909.88.2.288

Kenny, D. A., Kashy, D. A., & Cook, W. L. (2006). *Dyadic data analysis*. New York: Guilford Press.

Maccoby, E. E., & Martin, J. A. (1983). Socialization in the context of the family: Parent-child interaction. *Handbook of Child Psychology, 4,* 1-101.

Mattson, R. E., Paldino, D., & Johnson, M. D. (2007). The increased construct validity and clinical utility of assessing relationship quality using separate positive and negative dimensions. *Psychological Assessment, 19,* 146-151.

McCrae, R. R., & Costa, P. T. (2008). The five factor theory of personality. In. O. P. John, R. W. Robins, & L. W. Pervin (Eds.), *Handbook of personality, theory, and research* (pp. 159-181). New York: Guilford Press.

Morry, M. M., Reich, T., & Kito, M. (2010). How do I see you relative to myself? Relationship quality as a predictor of self-and partner-enhancement within cross-sex friendships, dating relationships, and marriages. *Journal of Social Psychology, 150,* 369-392.

Noller, P., & Callan, V. J. (1988). Understanding parent-adolescent interactions: Perceptions of family members and outsiders. *Developmental Psychology, 24,* 707-714.

Olson, D. H. (1977). Insiders' and outsiders' views of relationships: Research strategies. In G. K. Levinger & H. L. Rausch (Eds.), *Close relationships: Perspectives on the meaning of intimacy* (pp. 115-135). Amherst: University of Massachusetts Press.

Pinsof, W. M., Zinbarg, R. E., Lebow, J. L., Knobloch-Fedders, L. M., Durbin, E., Chambers, A., Latta, T., Karam, E., Goldsmith, J., & Friedman, G. (2009). Laying the foundation for progress research in family, couple, and individual therapy: The development and psychometric features of the initial systemic therapy inventory of change. *Psychotherapy Research, 19,* 143-156.

Priem, J. S., Solomon, D. H., & Steuber, K. R. (2009). Accuracy and bias in perceptions of emotionally supportive communication in marriage. *Personal Relationships, 16,* 531-552.

Rohrbaugh, M. J., Shoham, V., Skoyen, J. A., Jensen, M., & Mehl, M. R. (2012). We-talk, communal coping, and cessation success in a couple-focused intervention for health-compromised smokers. *Family Process, 51,* 107-121.

Sanford, K. (2010). Assessing conflict communication in couples: Comparing the validity of self-report, partner-report, and observer ratings. *Journal of Family Psychology, 24*(2), 165.

Schwarz, J. C., Barton-Henry, M. L., & Pruzinsky, T. (1985). Assessing child-rearing behaviors: A comparison of ratings made by mother, father, child, and sibling on the CRPBI. *Child Development, 56,* 462-479.

Snyder, D. K., Cavell, T. A., Heffer, R. W., & Mangrum, L. F. (1995). Marital and family assessment: A multifaceted, multilevel approach. In R. H. Mikesell, D. D. Lusterman, & S. H. McDaniel (Eds.), *Integrating family therapy: Handbook of family psychology and systems theory* (pp. 163-182). Washington, DC: American Psychological Association.

Vandenberg, R. J., & Lance, C. E. (2000). A review and synthesis of the measurement invariance literature: Suggestions, practices, and recommendations for organizational research. *Organizational Research Methods, 3*, 4-17.

Wampler, K. S., & Halverson, C. F. (1993). Quantitative measurement in family research: In P.G. Boss, W. J. Doherty, R. LaRossa, W. R. Schumm, & S. K. Steinmetz (Eds.), *Sourcebook of family theories and methods: A contextual approach* (pp. 181-194). New York: Plenum Press.

Widaman, K. F., Ferrer, E., & Conger, R. D. (2010). Factorial invariance within longitudinal structural equation models: Measuring the same construct across time. *Child Development Perspectives, 4,* 10-18.

05 관계에 초점을 둔 치료의
임상연구 윤리 지침

Steven M. Harris & Katharine Wickel

정신건강 윤리강령은 공중(public), 전문직, 임상가를 보호하기 위해 마련되었다. 이 중 대부분은 치료자가 해야 하는 행동(비밀보장, 고지된 동의, 내담자의 자율성 존중 등)과 하지 말아야 할 행동(내담자와의 성적 접촉, 다중 역할 관계 등)을 제시한다. 이 윤리강령은 치료자가 연구에 참여할 때 지켜야 할 것(예: 고지된 동의 제공, 신원 보호, 연구결과의 책임 있는 배포 등)에 대해 권고사항을 제공하기도 한다. 연구 프로토콜의 적용을 받는 임상적 개입이나 치료 방식은 윤리적이어야 하며, 치료자들도 직업윤리 기준을 준수해야 한다. 치료적 임상에서는 치료자가 윤리를 지키려고 최선을 다하더라도 딜레마를 경험할 수 있다. 마찬가지로 임상연구에서도 치료 기술이 과학적이어도 윤리적 딜레마가 발생할 수 있다. 하지만 이러한 딜레마는 예측이 가능하고 성공적으로 대처할 수 있다. 관계에 초점을 둔 임상연구에서 발생할 수 있는 모든 윤리적 딜레마를 이 장에서 다루는 것은 불가능하지만, 임상연구자(scientist-practitioner)들이 윤리적으로 이 바다를 항해하는 데 도움이 될 가이드를 제시한다.

사람들이 이야기하듯 임상연구를 수행한다는 것은 어려운 시도이다(McWey, James, & Smock, 2005; Sprenkle & Piercy, 2005; Thyer, 1991). 따라서 단일사례 설계를 수행하든 무선 임상실험을 수행하든 프로젝트의 여러 단계에서 변화무쌍한 많은 것을 정리하고 해결해야 한다. 분명히 임상연구는 참여자에게서 설문지를 받거나 어떤 현상을 관찰하는 것 이상의 과정이다. 내담자나 관찰단위가 커플, 가족, 혹은 다른 관계일 때 임상과 연구가 교차점에서 만나도록 하는 것은 특히 어려우며, 이러한 교차점은 우리의 윤리강령과 우리가 과학자이자 임상가로서 가진 기술을 증명하는 독특한 시험장이 된다.

우리는 『벨몬트 보고서(The Belmont Report)』(1979)의 세 가지 주요 영역인 '인간 존중', '선의', '정의'에 따라 이번 장을 구성하기로 했다. 『벨몬트 보고서』는 1979년 당시 보건교육복지부(현 보건사회복지부)의 '의학 및 행동연구 피실험자 보호를 위한 국가위원회(National Commission for the Protection of Human Subjects of Biomedical and Behavioral Research)'에서 처음 작성했다. 이 보고서는 악명 높은 터스키기 매독 실험(이 장 후반에서 더 다룰 것이다.)에서 공정하지 못한 치료를 수행했던 것이 드러나게 되면서 작성한 것인데, 이후로도 인간을 대상으로 하는 실험 연구자들에게 신뢰받는 지침서로 계속 사용되고 있다. 하지만 몇 가지 한계는 있는데, 한 예로 이 문서가 개인 참여자에 대한 것이고 선형적 인과 모델의 연구(그리고 그 문제에 대한 임상)에서 작성되었다는 것이다. 우리는 이 보고서와 미국부부가족치료학회의 윤리강령(2012년 AAMFT)을 지침으로 하여 윤리 연구 실천의 원칙을 논의할 것인데, 이 두 문서 모두 임상에서 연구자와 참여자의 관계 맺기에 초점을 둔 연구와 관련이 있기 때문이다. 또한 우리는 취약계층에 대한 주제에 집중할 것인데, 많은 부부가족치료자(marriage and family therapists: MFTs)가 이들 개인 및 관련 기관과 일할 가능성이 크기 때문이다. 이 책에서는 수업에서 토론을 진행할 수 있도록 가상의 임상연구 시나리오를 제공한다.

인간 존중: 자율성과 자기결정

임상 관점에서 봤을 때, 내담자 존중은 MFT 교육생이 배우는 첫 번째 윤리 원칙이다. 부부가족치료자는 '가족과 개인의 복지'(AAMFT, 2012)를 향상시키도록 배우는데, 내담자를 존중하는 것이 한 방법이라는 것을 금방 알게 된다. 이러한 존중은 MFT 전문가가 내담자의 자율성과 내담자가 자기 스스로 삶을 선택할 수 있는 능력(자기결정)을 수용할 때 확보된다. 내담자를 존중하는 것과 동시에 우리가 져야 할 윤리적 의무는 내담자가 자신의 결정이 어떤 결과를 가져오는지 이해하도록 돕는 것이다. 이것은 꽤 간단하게 보인다. 내담자에게 삶의 딜레마를 해결할 여유를 주고 그 결정이 가져올 결과를 보게 하면 되는 것이다. 하지만 우리는 관계를 우선시하는 직업이기도 하지 않은가? 가족이나 체계에서 한 사람의 자율성과 자기결정권을 존중하다 보면 그 가족체계 안의 다른 사람의 자율성과 자기결정권을 침해할 수도 있는 것이다. 이러한 역동이 임상 실제에서 존재한다면 임상연구에도 존재할 것이다.

내(S.H.)가 훈련받던 초기에 체계이론 교수 중 한 명이 '개인(individuals)은 없다'라는 취지로 말했던 기억이 난다. 이 발언은 그 이후 3시간 동안 진행된 대화의 시초였고, 우리는 '개인'의 존재에 대해, 의학 모델이 체계적 이슈들을 적절히 다룰 수 없다는 점에 대해, 그리고 다양한 수준의 관계의 역할과 관련된 이론적 가정에 대해 대화했다. 우리는 결국 개인은 관계의 맥락 안에서만 존재할 수 있다는 것에 동의하게 되었다. 관계가 개인을 규정한다는 가능성을 고려할 때, 사람들이 어떤 선택을 하고 그 선택이 관계에 어떻게 영향을 미치는가(예: 사람들 사이에 무슨 일이 일어나는가)를 연구하는 우리 임상연구 영역에서, 개인을 존중한다는 것이 얼마나 어려운지, 또 가족 구성원 간에 상충하는 자유의지의 균형을 맞추는 데 얼마나 많은 노력이 필요할지 충분히 예상할 수 있다. 치료적 개입이 관계에 미치는 영향을 조사하는 프로젝트를 준비하는 임상연구자들은 이러한 긴장을 인지해야 한다. 프로젝트의 개념화 단계에서 가족체계의 모든 구성원이 연구로 인해 어떤 영향을 받을지, 자율성 존중의 균형을 어떻게 맞출지 사정해야 한다.

임상연구 시나리오: 자율성 존중과 '구조(structure)를 위한 전투'

당신은 성인 우울증 환자를 위한 가족 기반 치료 프로토콜을 테스트하고 있는 연구 팀에서 일하고 있다. 우울증 환자와 함께 사는 모든 가족 구성원은 매뉴얼화된 가족치료에 7회기 동안 참석해야 한다. 매크로 코드(일반 패턴 찾기) 동영상 녹화 팀의 일원인 당신은 세 번째 회기를 전후로 10대 초반 가족 구성원의 행동 패턴을 보기 시작한다. 당신은 그 아이가 부모와 치료자 모두에게 등을 돌린 채 상담도 받지 않는 것을 보고 있지만, 이것은 그나마 가장 양호한 상황이다. 이 연령대는 치료에 대해 노골적으로 불평하고, 왜 여기에 있어야 하나며 부모를 들볶고, "아빠 이야기만 하는데 제가 왜 여기 있어야 하죠?"라고 따지기도 한다. 당신은 데이터를 다 검토해 봐도 치료자가 아이들의 이러한 걱정과 불평을 하나도 해결해 주지 못했음을 알게 되었다.

- 이 시나리오에서 주요한 윤리적 딜레마는 무엇인가?
- 어떻게 이 딜레마를 피할 수 있을까? (두 개 이상의 해결책을 제시하라.)

- 매뉴얼화된 임상치료가 본질적으로 경직적임을 고려할 때, 당신은 초등학생 연령대의 자율성 존중에 대해 치료 팀에 뭐라고 말할 수 있겠는가?
- 부모의 의지(임상시험에 가족을 등록하기로 한 결정)와 자녀의 의지(또는 연구 프로젝트 참여에 대한 불만족)를 어떻게 존중하고 균형을 이룰 것인가? '상대적 힘(체계 구성원들이 가진 힘의 크기에 따라 서로가 주고받는 영향의 차이)'이라는 개념이 균형을 이루는 행동에 대한 생각에 어떤 영향을 미치는가?
- 관계적 체계를 대상으로 일할 때 존중의 균형을 맞추기 어려울 것 같은 다른 상황에 대해 토론하라.

임상연구 참여자의 자율성과 자기결정을 존중하는 한 가지 방법은 적절한 정보에 입각한 동의 과정을 거치는 것이다. 십중팔구 이것은 기관생명윤리위원회가 요구하는 사항일 것이다. 그러나 정보에 입각한 동의 과정을 갖는 것은 모든 참여자가 그들 스스로 동의할 능력이 있다고 가정하는 것인데, 일반적으로 미성년자의 경우는 그렇지 않다. 또한 사전 동의는 문서를 검토하고 서명하거나 동의 문서를 읽는 정도일 수도 있고, 각 참여자가 위험을 완전히 인지하는 데 도움이 되는 면담을 할 수도 있다(Brandon, Shivakumar, Lee, Inrig, & Sadler, 2009). 임상연구에서는 사전 동의의 범위가 넓으며, 연구자들이 참여자에게 정보를 적게 제공하기보다는 지나칠 정도로 많은 정보를 제공하는 편이 나음을 기억할 필요가 있다(Wittenborn, Dolbin-MacNab, & Keiley, 2012). 동의를 제공할 수 있는 능력이 부족한 사람(즉, 가족 내의 자녀)을 위해 특정 동의 프로토콜을 개발해야 한다. 물론, 부모들이 아이들 대신 동의하는 최종 권리를 가질 것이다. 하지만 아이들의 자율성이 발달하고 있고 치료현장에서는 아이들도 자신의 이야기를 하려고 하므로(Stith, Rosen, McCollum, Coleman, & Herman, 1996), 연구자들은 발달 수준에 맞게 아이들을 참여시켜야 하며, 연구가 아이들 자신과 다른 사람들에게 어떤 유익이 있는지 설명해 주어야 한다. 또한 이렇게 하는 것이 치료에 아이들의 참여율을 높이는 효과를 가져올 수도 있다(Adelman, Kaser-Boyd, & Taylor, 1984).

참여자의 자율성을 존중하기 위해서는 참여자가 자신의 삶에서 일어나는 일을 직접 형성할 수 있다는 자기결정권을 이해해야 한다. 이는 특정 연구 프로토콜이 무선할당 등 실험설계의 한계로 인해 참여자가 세부 조율 권한을 갖지 못한 채 참여할 때는 달성하기 어렵다. 어떤 상황에서는 연구의 핵심 요소를 누설하면 데이터가 훼손되므로 연구의 목적을 참여자들에게 숨기는 것이 필요하기도 하다. 또한 부부가족치료(MFT)에서 기초 임상 이론들은 표준화된 치료 과정에서 어느 정도는 속임수(예를 들어, 구조·전략적 치료자들이 증상을 처방하고 역설적 명령을 하는 것 등)를 옹호하는 것으로 보이며, 이 경우에는 일부 참여자는 이러한 치료 기법의 효과를 판단하기 위해 설계된 치료의 목적에 대한 완전한 정보를 얻지 못하게 되고, 연구 참여에 대한 자기결정권이 제한받게 된다.

임상연구 시나리오: 보상 충돌

　　치료에 참여하는 가족에 대한 연구의 일환으로, 한 연구자는 참여자들에게 슈퍼마켓 기프트 카드 형태로 인센티브를 제공한다. 프로젝트 프로토콜에 따라 가족은 연구자와 만날 때마다 기프트 카드를 받게 되어 있다. 연구문제와 관심집단의 성격으로 인해 가족은 치료와 연구에 모두 참여하고 있다. 그런데 한 가정이 그 슈퍼마켓의 영업방식을 못마땅하게 여겨 그곳 물건을 사지 않기로 해서 그 상품권을 불편하게 여긴다. 두 번의 연구 참여 후, 가족은 치료자에게 이 딜레마를 언급하며 기프트 카드를 치료자에게 반납한다. 치료자는 가족이 기프트 카드를 어차피 사용하지 않을 것이라 판단하고 돌려받기로 한다. 우연히도 치료자의 슈퍼바이저였던 연구자가 그 상담의 녹화영상에서 그 대화를 목격하게 된다.

- 시나리오의 주요 딜레마는 무엇인가?
- 어떻게 이 딜레마를 피할 수 있을까? (두 개 이상의 해결책을 제시하라.)
- 이 연구 프로젝트의 '보상' 측면은 참여자들의 자율성과 자기결정권과 어떻게 충돌하는가?
- 교육자, 연구자 및 임상 감독자로서 동시에 여러 역할을 하면서 관계를 맺는 것에 대해 논의해 보자.
- 연구적 관점에서 당신은 이 가족으로부터 수집된 데이터에 대해 어떤 의견이 있는가?
- 연구자가 이 가족에게 다른 상점의 기프트 카드로 비슷한 금액의 보상을 제공해야 할까? 그렇게 하는 데에는 어떤 문제가 예상되는가?
- 인센티브는 어떻게 프로젝트에 도움이 되거나 걸림돌이 되는가?
- 연구자가 큰 기관에 속해 있다면 상품권이나 다른 금전적 보상을 제공하는 과정은 어때야 하는가?

선의

의료 전문가들의 히포크라테스 선서는 무엇보다도 치료자가 환자에게 '해를 끼치지 않을 것'을 강조한다. 흔히 '악행배제(nonmalfeasance)'라고 불리는 이 치료 표준은 정신건강 전문가의 기준과 같다(Kitchener, 2000). 즉, 우리가 내담자를 위해 하는 일들은 무엇보다도 내담자의 상태가 더 악화하지 않도록 의도한다는 의미이다. 좀 형편없이 들릴 수 있다. 기껏 내담자들이 우리에게 기대할 수 있는 최선이란 게 우리가 상태를 더 악화시키지 않겠다는 건가? 그래서 윤리학계에서는 다른 치료 기준을 논의하였고, 그 결과가 『벨몬트 보고서』에도 반영되었다. '선의(beneficence)'라는 이 기준은 기본적으로 의사의 개입과 치료가 최소한 내담자에게 도움이 되도록 모든 힘을 다할 것을 제시한다. 이 두 가지 치료 기준에는 현저한 차이가 있는데, 후자(선의)는 전자(악행배제)보다 치료자에게 훨씬 더 깊은 사려와 짙은 고의성을 요구한다. 실제로 내담자를 위해 선을 행하는 것은 단순히 해를 끼치지 않는 것보다 더 높은 수준의 치료가 필요하다.

특히 임상연구와 관련하여, 내담자에게 해를 끼치지 않는 것과 내담자에게 이익을 주는 것 사이의 균형은 학문적 연구의 최전선에 있다. 실무자들이 해를 끼치지 않기 위해서는 해를 끼치지 않고 효과적이라고 증명된 이론, 기술, 치료를 갖추어야 한다(Emanuel, Wendler, & Grady, 2000). 이 정보는 연구를 통해서만 알 수 있다(Sprenkle & Piercy, 2005). 가설검증과 실험설계의 구현을 통해 내담자에게 무엇이 해로운지 또는 유익한지 알 수 있다. 따라서 모든 임상연구는 참여자들의 안전을 보장하면서 어느 정도의 위험까지 참여자를 노출시킬 것인가의 균형을 신중히 맞춰야 한다. 임상연구자는 잠재적 유익이 위험보다 더 크다는 것을 증명해야 하며, 잠재적 유익보다 위험이 더 클 때는 연구를 포기해야 한다.

연구 혜택의 기준은 참여자들이 프로젝트에 참여함으로써 이익을 얻을 수 있도록 보장한다는 것이다. 연구로 받는 이익은 연구에 참여하는 것이 개인이나 가족에게 직접적인 것(실험적인 커플 처치에 참여하는 것은 커플의 결혼을 개선할 것이다.) 또는 간접적인 것(연구에 참여하는 것은 지역사회에 전반적으로 도움이 되고, 결국은 개인도 혜택을 받게 될 것이다.)으로 정의할 수 있다. 연구 참여의 이익이 참여로 인한 위험보다 더 크면 되지만, 기관의 윤리위원회(IRB)에 위험과 보상 비율을 설명하기란 쉽지 않은 일이다. 대부분의 IRB 신청서는 연구에 관련된 위험에 대해 자세한 설명을 요구한다. 실제로 연구자가 프로젝트에 내재된 위험을 식별하지 못하면, 그 계획서는 위험이 식별될 때까지 반려될 가능성이 크다.

위험을 논의하는 대부분의 IRB 문서는 인간 대상과 관련된 어떠한 연구도 위험이 없는 것은 없다는 것을 보여 준다. 따라서 연구자들은 위험을 식별하기 위해 최선을 다해야 하고, 그러한 위험이 참여자들에게 미치는 영향을 최소화하는 방법을 고민해야 한다.

커플과 가족을 대상으로 하는 임상연구에서 도움을 가장 필요로 하는 사람들(고통을 겪는 커플과 가족의 임상 집단)이 마침 이 연구에서 제공하는 서비스를 가장 절실하게 필요로 하는 경우가 종종 있다. 그들에게는 관계를 강화 또는 개선하거나 감정적인 고통을 완화해 주는 서비스가 필요하다. 하지만 가족치료가 예술과 과학의 혼합이고, 우리가 저마다의 의지를 가진 사람들과 함께 일하고 있으므로 어떤 특정한 개입법이 확실한 결과를 보장할 것이라고 확신할 수는 없다. 우리가 의도하는 개입이 원하는 결과를 가져오지 못할 위험은 항상 존재한다. 위험과 보상의 균형을 맞추는 것과 관계 중심의 치료에서 각 개인의 의지를 고려하는 것은 임상연구자가 연구의 설계 및 실행에서 선의의 기준을 충족하는 데 도움이 될 수 있다.

임상연구 시나리오: 치료 경과 및 무선통제실험 시행

한 연구 팀이 폭력을 경험한 부부를 대상으로 치료 프로토콜 임상시험을 진행한다. 연구의 참여자는 심각한 폭력으로 법원 명령을 받은 부부들이다. 이 연구에서는 3년 동안 처치집단과 통제집단 모두를 관찰한다. 예비 분석(치료 후 3개월) 결과는 치료집단에 있는 부부들은 폭력적인 행동이 줄어들고 관계가 극적으로 변한다는 것을 보여 준다. 이후 분석도 이 부부들의 변화가 시간이 지나도 유지된다는 것을 보여 준다(종료 후 6개월 추적 관찰). 그 결과는 매우 긍정적이다. 한 연구원은 실험이 완전히 진행되지 않았지만 통제집단의 부부들에게도 동일한 치료를 해야 할 윤리적 의무가 있다고 주장한다.

- 이 시나리오의 주요 윤리적 딜레마는 무엇인가?
- 어떻게 이 딜레마를 피할 수 있을까? (두 개 이상의 해결책을 제시하라.)
- 임상시험 연구(이 연구가 이론적 근거가 있고, 잘 창안되었으며, 경험적 기반을 갖추고 있다고 가정하자.)에서는 치료집단의 사람들이 당연히 좋은 결과를 보일 것이다. 반면, 통제집단에 속한 사람들은 거의 아무런 변화도 겪지 못할 것이다. 결과가 단순히 통계적 유의성을 넘어 '확연히 좋은' 것으로 나타난다면 연구자는 통제집단의 참여자들에게 결과를 알리고 치료를 제공해야 할 의무가 있는가?

- 이러한 일련의 행동을 촉발하는 '확연히 좋은' 결과란 무엇인가?
- 두 가지 치료 기준인 악행배제와 선의 중 무엇이 임상연구의 기준이어야 하는지 토론 하라.

정의

정의는 연구 프로젝트의 참여자가 모두 공정하고 공평한 방식으로 대우받도록 하는 원 칙이다. 추가적으로 참여자들 사이에 이익과 부담의 분배가 동등해야 한다(Zimmerman, 1997). 예를 들어, 한 참여자가 무의식적으로 다른 참여자들과는 다른 위험에 노출되는 것 만이 아니다. 『벨몬트 보고서』는 공평한 분배에 대해 개인의 투자, 개인의 욕구, 개인의 노 력, 사회 공헌 및 연구의 가치로 설명한다(Belmont Report, 1979). 이는 각 개인이 연구에 참 여하기 위해 상대적으로 같은 양의 시간, 자원, 노력을 투자해야 하고, 그 결과 다른 참여 자와 유사한 혜택과 보상을 받아야 한다는 것을 의미한다. 또한 각 참여자로부터 수집된 데이터는 연구의 발견에 동등하게 기여해야 한다. 이러한 개념의 의미를 더 이해하려면 연구에서 정의의 원리를 뒷받침하는 의도와 논리에 대한 배경을 아는 것이 도움이 된다.

1972년, 미국 공중보건국은 매독에 걸린 399명의 흑인 남성 연구를 40년 동안 진행했 고, 이는 터스키기 매독 실험(Tuskegee Syphilis Experiment)으로 알려졌다. 연구과정에서 참여자들은 매독에 걸린 사실을 듣지 못했고, 연구결과에 영향을 주지 않기 위해 이미 효 과가 검증된 치료제를 받지 않았다. AP통신이 이 연구를 폭로한 후(Heller, 1972) 미국 보건 과학부 차관보는 자문단을 소집해 조사한 후 참여자들을 대신해 연구 종료와 법적 조치를 요구했다.

터스키기 매독 실험은 비윤리적인 관행으로 가장 잘 알려진 연구 중 하나이지만, 이외 에도 비슷한 시기에 심각한 윤리적 문제를 지닌 많은 연구가 진행되었다(Cain, Harkness, Smith, & Markowski, 2003). 이러한 유형의 비윤리적인 연구들로 인해 『벨몬트 보고서』와 인 간 대상의 안전과 보호를 위한 기준이 빠르게 작성되었다. 이러한 표준이 고안되고 시행 되면서 수많은 사람을 보호하게 되었다. 그러나 『벨몬트 보고서』의 정의 원칙은 개인치료 와 연구를 위해 개발된 지침이기 때문에 체계를 살피는 성격의 연구를 수행하는 데에는 부 족할 수 있다. 관계 중심 임상연구를 설계할 때, 연구자들은 이 표준뿐만 아니라 각 분석 체계 내에서 정의를 보장하는 추가적인 표준을 준수해야 한다.

커플과 가족 연구에는 최소 2명의 가족이 참여하며, 이때 적용되는 정의의 요건도 같다. 그러나 참여자가 추가되면 커플 또는 가족 내 각 참여자에 대한 위험과 유익을 평가하는 데에는 훨씬 더 큰 과제가 뒤따른다. 분명히 하자면, 정의의 원칙은 전체에서의 위험과 이익의 균형 그 자체가 아니라 모든 참여자에 걸친 두 가지 모두의 균형이다. 정의는 모든 연구의 필수적인 측면이며, 커플, 가족, 지역사회 연구로 갈수록 더 복잡해진다. 정의의 원칙이 연구과제의 초점에 따라, 가족 구성원마다 언제 다르게 영향을 받을 수 있는지 판단하기 어려워 복수 가족 구성원이 참여하면 복잡성이 발생한다. 예를 들어, 마약 중독에 관한 연구라면, 그 위험과 이익이 중독자와 가족들 사이에 서로 비슷하다고 확신하기 매우 어렵다. 이는 가족 구성원마다 다른 방식으로 위험에 처할 수 있고 개입으로 인한 이익도 다를 수 있기 때문이다. 연구자들은 연구에 참여하는 각 개인 참여자에게 무엇이 공평한지 결정하는 데 어려움을 겪으며, 참여 가족 하위 체계에 대해서도 마찬가지의 어려움을 겪는다. AAMFT(2012) 윤리강령에서는 "연구자는 존엄성을 존중하고 연구참여자의 복지를 보호하며, 연구 수행에 적용되는 법률, 규정 및 전문적 기준을 알아야 한다."며 위험과 보상에 대한 우려를 반복해서 언급하고 있다. 연구자들은 치료·연구의 설계 초기에 각 참여자에게 적합한 것이 무엇인지 결정하고 가족 구성원마다 위험과 보상을 다르게 경험할 수 있다는 것을 반드시 인지해야 한다.

임상연구 시나리오: 내담자의 치료 경험

내담자의 치료 경험에 대해 더 알아보고 싶은 한 연구자가 치료회기가 끝난 후 내담자를 만났다. 대화 도중, 내담자들은 치료가 진행되는 방향이 마음에 들지 않는다고 말한다. 이유를 물으니 치료자가 치료를 잘한다는 생각이 전혀 들지 않는다고 답한다. 프로그램의 교수이기도 한 이 연구자는 마침 치료자의 임상 슈퍼바이저이다. 이 연구자는 치료 과정을 바꿀 수 있는 정보를 가지고 있으며, 이 정보는 내담자의 치료뿐만 아니라 치료자의 발달에도 도움이 될 수 있다. 치료자의 임상적 접근 변화를 권고하는 것은 슈퍼바이저로서 실무 범위에 속하지만, 그 연구자는 치료가 아닌 연구를 위해서만 이 정보를 사용할 수 있다. 내담자들이 비밀 유지를 조건으로 연구에 참여하기로 동의했다는 것을 알기 때문에 슈퍼바이저인 이 연구자는 딜레마에 빠졌다. 만약 슈퍼바이저가 치료자와 어떠한 정보도 공유하지 않는다면, 내담자들이 치료에서 좋지 않은 경험을 할 수 있고 치료를 포기하게 될 수도 있다. 하지만 그녀가 그 정보를 누설한다면, 연구참여자들의 비밀을 침해하는 것이 된다.

- 시나리오의 주요 딜레마는 무엇인가?
- 어떻게 이 딜레마를 피할 수 있을까? (두 개 이상의 해결책을 제시하라.)
- 임상연구를 위해 부부를 모집하는 것이 얼마나 어려운지 고려할 때, 연구자는 참여자를 (가능한 한) 계속 유지하는 것에 중점을 두어야 하는가?
- 연구 프로젝트에 대해 언급하지 않고 슈퍼바이저와 이 부부를 효과적으로 치료하는 방법에 대해 슬쩍 '대화'하는 것은 어떨지 찬반을 토론하라.
- 그 학생이 슈퍼바이저에게 다가가며 "저는 그 부부와 일하는 것이 너무 좋아요. 그들이 아주 잘하고 있거든요!"라고 말하는 것을 상상해 보라. 당신은 이 슈퍼바이저/연구자에게 어떻게 대응하라고 조언할 것인가?
- 하나의 윤리규정을 따르는 것이 다른 규정을 침해하는 것처럼 보일 때, 어떤 규정이 우선하는지 어떻게 결정하는가?
- 상황에 대한 정보: 다음 변수가 도입될 경우 당신의 답변은 어떻게 변경되는가?
  - 연구자는 연구 지원금을 받기 위해 표본크기를 늘려야 한다는 압력을 받고 있다.
  - 참여자들이 불평한 문제는 슈퍼바이저가 여러 차례 치료자에게 지적했던 문제이다.

임상실험

점점 더 많은 MFT 연구가 치료의 타당성을 평가하는 데 초점을 맞추고 있다(Lyness, Walsh, & Sprenkle, 2005). 이러한 연구에는 임상실험도 포함된다. 임상실험이 새로운 현상은 아니지만, 정의와 임상실험에 대한 우려를 다루는 대부분의 문헌은 MFT 분야 밖의 것들이다(Tremaine et al., 2005). 치료 기반 연구(treatment-based research)에서 무선임상실험은 방법론적 측면에서는 설계의 정점으로 받아들여져 왔고 '최고의 기준'으로 불린다. 그러나 연구 프로토콜에 따라 참여자들이 그룹으로 나뉘어서 각기 다른 유형의 치료(혹은 비치료)를 받아야 할 때 정의와 관련된 문제가 표면화된다. 여기서 우리의 의도는 무선임상실험 자체의 윤리적 본질에 의문을 제기하는 것이 아니라 그러한 연구를 수행하면서 반드시 해결해야 할 문제를 지적하는 것이다.

임상실험은 연구참여자들에게 서로 다른 치료를 제공하고, 그렇게 하는 것에 대한 이론적 그리고/혹은 경험적 증거를 인용한다. 어떤 치료를 제공하는 증거도 있어야 하지만, 치료하지 않을 수 있는 근거도 있어야 한다. 다시 말해, 치료의 효과가 있다는 충분한 증거가 있어야 하지만, 치료하지 않는 것의 효과가 치료하는 것과 비슷하거나 심지어 더 나을 가능성이 있다는 증거는 없어야 한다. 물론, 어떤 치료가 가장 성공적인지를 보는 것이 우리의 목표이다. 그러나 연구자들은 정의의 원칙과 관련해 발생하는 문제를 다룰 준비도 되어야 한다. 많은 프로토콜은 통제집단을 치료 대기자 목록에 추가하는 반면, 어떤 프로토콜들은 통제집단을 치료하지 않은 채 두기도 한다. 모든 연구에 적용할 수 있는 한 가지 해결책이란 없다. 대신 연구자는 관심 대상을 고려하고 정의의 문제에 민감해야 한다. 예를 들어, 특정 임상실험 연구는 대기자 목록을 만들면 된다고 주장할 수 있다. 그러나 연구에 참여하는 집단이 소외된 역사를 겪었다면, 대기자 명단에 있는 자신의 상황을 부당하고 비윤리적이라고 인식할 수 있으며, 실제로 그 인식이 옳을 수 있다. 이런 상황에서는 연구자의 민감성과 창의력이 발휘될 필요가 있을 것이다.

　소외의 역사를 겪은 집단을 대상으로 연구하는 자들은 다른 연구자들의 과거 잘못을 인지하고 연구 프로토콜을 의도적으로 민감하게 설계할 필요가 있다. 대학교 근처의 한 도시 지역이 있다. 이 지역사회는 평균 이상의 폭력, 학대, 중독, 빈곤, 실업 및 취약한 건강 상태를 겪어 왔다. 대학과 근접해 있기도 하고, 실제로 다양한 어려움을 겪고 있어 그곳의 주민은 자연스럽게 대학교 내 연구자들의 초점이 된다. 그런데 오랜 세월 연구자들이 지역사회로 가서 데이터 수집만 하고 지역사회에는 아무것도 돌려주지 않은 채 떠났다고 생각해 보라. 연구결과가 지역사회와 공유되는 경우도 드물었고, 연구 참여 주민들의 어려움을 돕기 위한 계획들도 소개되지 않았다. 이 시나리오는 정의 원칙의 정신을 심각하게 침해하는 것이라 할 수 있다. 시간이 흐르면 이 지역사회는 대학 전반에 대한 불신을 키울 것이고, 연구 기회는 차단될 것이다. 이 경우, 연구자들은 손실을 겪고 지역공동체도 연구결과로 인해 이익을 얻을 기회를 잃게 된다.

　이런 경험이 많은 지역사회에서 연구 종료 후 치료를 해 줄 대기자 목록을 만드는 프로토콜을 구성하는 것은 무신경하고 부당할 수 있다. 대기자 목록에 든 주민들은 연구자들이 나중에 자신들을 실제로 치료해 줄 것이라고 신뢰하지 않을 수 있다. 또한 지역사회는 모든 사람에게 연구의 혜택을 주기를 기대하기 때문에 그들 중 일부가 치료를 받지 않는 통제집단으로 분류되는 프로토콜을 잘 이해하지 못할 수 있다. 지역 주민들은 이것을 그들과 함께하지 않고 그들을 대상으로 진행한 연구로 받아들일 수도 있다. 이와 같은 소외된 인구에 관심을 두고 치료 기반 연구를 시작하는 연구자들은 정의의 원칙에 확고한 기반을 두어야 하며, 연구 개시 전에 주요 이해당사자들과의 신뢰 관계를 발전시키는 데 상당한 시간을 투자해야 할 것이다. 방법론적인 엄격함과 지역사회를 정의롭게 대하는 것의 균형을 맞추는 것은 연구자의 의무라 할 수 있다.

추가적으로(그리고 앞에서 논의한 바와 같이), 연구자들은 자신의 치료가 너무 성공적이어서 치료를 보류하는 것이 비윤리적인 것으로 보일 경우를 대비해야 할 필요가 있다. 무선임상실험을 하려는 의도는 관심 문제에 대한 성공적인 치료법을 개발하는 것이다. 치료가너무 성공적이어서 참여자들을 치료를 받지 않는 비치료집단이나 대기자 그룹에 배정하는 것이 비윤리적일 경우 문제가 발생할 수 있다. 이런 문제가 연구 중에 발생한다면 연구프로토콜을 재평가해야 할 수도 있다. 특히 이 연구에 시간과 노력을 많이 투자한 경우 이지점을 판단하기가 어려울 수 있으므로, 치료 프로토콜의 실행 중에 이 상황이 벌어지는경우는 외부 자문이 필요할 수 있다.

임상연구 시나리오: 무선임상실험

연구 제안서의 개발 단계에 있는 한 연구 팀이 무선임상실험 절차를 계획하기 위해 만난다. 이프로젝트는 양육과 관련한 어떤 개입법의 실증적 증거를 찾는 것이 목적이다. 비록 그 개입을 전에유럽계 미국인들에게 시험한 바 있지만, 이 연구 팀은 지역의 이민자들에게 초점을 맞추고자 한다.이 집단에 대한 양육 프로그램의 이해를 증진시키는 것은 지역사회 내의 옹호와 정책에 정보를 제공하는 데 유용할 수 있다. 이 프로젝트는 지역사회기반 참여 연구 모델을 따르며, 지역 주민들이연구 팀의 일원으로 기여한다. 그러나 개입을 계획하는 과정에서 그 팀은 의견 불일치를 보게 된다.팀의 일부는 기존의 무선통제실험 방법론에 따라 참여자를 실험집단 및 통제집단에 할당하려고 한다. 하지만 다른 멤버들은 이 방향에 대해 우려하고 있다. 그들은 사람들을 통제집단에 넣는 것이공동체와의 관계를 해치고 불신의 분위기를 강화시킬 것이라고 확신한다. 이 팀의 멤버들은 지역사회를 존중하면서도 방법론적이고 통계적인 엄격성을 확보하기 위해서는 일종의 타협이 필요함을 인식하고 있다. 즉, 개입을 받는 사람과 받지 않은 사람을 비교할 필요가 있는 것이다.

• 시나리오의 주요 딜레마는 무엇인가?
• 어떻게 이 딜레마를 피할 수 있을까? (두 개 이상의 해결책을 제시하라.)
• 만약 연구원들이 연구 팀 내의 지역 주민들의 말을 듣지 않는다면 어떤 윤리적 영향이 있을까?
• 엄격한 연구와 지역사회로의 환원의 윤리적 균형을 어떻게 맞출 수 있을까?
• 억압과 소외의 역사를 경험한 대상들이 아니었다면 이 딜레마는 어떻게 달라졌을까?

이 세 번째 원칙은 모든 프로젝트 설계 시 윤리적 고려사항 중 복잡한 부분임이 분명하다. 관계에 초점을 둔 임상연구에 대한 고려사항이 추가되면 더욱 복잡해질 수 있다. 정의에 대한 문제는 참여하는 모든 가족체계뿐만 아니라 각 체계 내에서 다루어져야 한다. 또한 최근 MFT 분야는 치료 및 교육과 관련된 사회정의 개념에 점점 더 초점을 맞추고 있다(Baumann, Rodriguez, & Parra-Cardona, 2011; McDowell, Fang, Brownlee, Young, & Khanna, 2002; McDowell, Goessling, & Melendez, 2012). 우리는 이 정의의 특정한 차원을 다음에서 다룰 것이다.

취약계층

정의의 중요한 측면 중 하나는 취약계층에 대한 배려이다. 관계 중심 임상연구자들이 고려해야 할 취약계층에는 세 가지 유형이 있다. 전통적으로 '취약계층'이란 명칭은 연구에 동의할 수 있는 능력이 부족하거나(수용자, 인지장애자, 학생, 말기 환자 등) 민감한 삶의 단계에 있는 집단(어린이, 임산부, 노인 등)에 적용되었다(Goldman, 2001). 그러나 역사적 차별이나 억압으로 외면되거나 소외된 역사를 경험한 다른 집단들도 취약계층이라고 볼 수 있는 상황과 맥락이 존재하기 때문에 이러한 견해는 부적절할 수 있다. 많은 사회과학 분야에서는 이를 고려하는 것을 사회정의라고 부른다. 취약계층이 연구에 참여할 때 연구자들은 참여자를 대상(on)으로 보는 연구보다는 참여자와 **함께**(with) 연구하는 방법을 인식하는 것이 중요하다. 지역사회기반 참여 연구에서 지역 주민을 참여시켜서 이들을 착취하기보다는 의미 있는 연구를 함께 만드는 새로운 방법을 도입한 것이 좋은 예이다(Wallerstein & Duran, 2010).

임상연구자들에게는 취약계층의 정의를 결정할 때 세 번째 고려사항이 있다. 치료 서비스를 찾는 사람들은 이미 정서적으로나 정신적으로 취약하다. 가족 중 한 명이 다른 이들보다 감정적으로나 정신적으로 더 취약하다면 그것도 정의의 추가적 관심사일 수 있다. 이는 한 사람이 정신건강 장애진단을 받았거나 개인적인 트라우마(학대, 폭력 등)를 경험했을 때 발생할 수 있다. 또한 이 취약성은 관심을 두는 문제에 따라 연구마다 다를 수 있지만, 임상연구자들은 필수적으로 세 가지 유형의 취약계층과 각 참여자와 각 관계를 정당하게 다루는 방법을 인식해야 한다.

임상연구 시나리오: 취약계층과 함께 일하기

이민자를 대상으로 하는 치료 검증을 한 연구 팀이 시작한 이래 잘 진행되는 중이다. 연구가 시작된 지 몇 달이 지났고, 각 가족에 대한 많은 예비 데이터를 수집했다. 그러나 참여한 가족들은 프로젝트 종료와 데이터 수집 완료를 위해서 더 많은 단계를 거쳐야 한다. 연구가 진행되고 있는 지역에서는 불법 이민자에 대한 정부의 단속이 강화되고 있다. 몇몇 연구참여자들은 거주지 이동을 강요받았으며, 가족이 체포되고 추방되는 가족이 있는 사람들도 상당수이다. 연구진은 이러한 상황에서 참여자들의 복지와 연구 프로젝트에 대해 우려하고 있다. 그들은 지금껏 이 연구에 많은 자원과 연구 지원금이 투자되었다는 것을 알고 있고, 이로 인해 프로젝트가 중단될 수 있음을 걱정하고 있다. 이민자 참여자들을 돕고 싶지만 그래 봤자 연구결과에 영향도 별로 없고 프로젝트를 계속 진행하는 데에도 큰 도움이 안 될 것이다.

- 시나리오의 주요 딜레마는 무엇인가?
- 어떻게 이 딜레마를 피할 수 있을까? (두 개 이상의 해결책을 제시하라.)
- 그 연구 팀은 참여자에 대해 어떤 책임이 있는가?
- 연구 팀은 연구설계를 잘 따르는 것과 사회정의 문제를 민감하게 반응하는 것의 균형을 어떻게 맞추어야 하는가?

『벨몬트 보고서』(1979)는 다음과 같이 언급함으로써 사회정의에 대한 몇 가지 우려를 다루고 있다.

연구참여자를 선택할 때 일부 계층(예: 복지 수급자, 특정 인종 및 소수민족, 기관에 구속된 사람)이 연구문제와 직접적 관련이 있어서가 아니라 단순히 섭외가 쉽거나, 지위가 낮거나, 다루기 쉬워서 선택되는 것이 아닌지 확인하기 위해 연구대상의 선택을 면밀하게 검토할 필요가 있다(p. 3).

그렇지만 AAMFT 윤리강령(2012)의 원칙에는 연구를 진행하는 관계 중심의 MFT 분야 내 전문가들에게 이러한 원칙이 어떻게 적용될 수 있는지를 명확히 하기 위해 추가지침이 있다. 이 문서의 목적은 전체적으로 윤리적 우려를 다루는 것이지만, 중요한 직업 가치를 반영하여 사회정의의 개념을 많은 원칙 안에 편입시키는 것이기도 하다는 것은 분명하다.

윤리강령에서 다루는 첫 번째 원칙 중 하나는 다음의 사회정의 개념이다. "부부가족치료자는 내담자의 인종, 나이, 민족, 사회경제적 지위, 장애, 성별, 건강 상태, 종교, 국적, 성적 지향성, 성 정체성이나 애정관계의 상태와 무관하게 전문적인 도움을 차별 없이 제공한다." 이 진술은 이 전문직에 필수적이기는 하지만, 이것이 임상연구 환경에서 무엇을 의미하는지를 결정하는 것은 치료자들 자신이다.

그러나 현재는 과거와 비교해서 연구참여자의 복지를 보호한다는 것이 무슨 의미인지 판단하기가 더 어려울 수 있다. 복지의 의미는 약간씩 차이가 있고 연구자는 연구과정의 전체가 정의롭게 할 책임이 있다. Cain과 동료들(2003)은 '참여자를 공평하게 선정'하는 것의 중요성을 토론하면서 이를 강조했다(p. 49). 하지만 이것은 커플이나 가족을 연구할 때 추가적인 어려움이 된다. 임상적 성과를 보려는 연구자들은 가족 내 개인의 행동과 결과만 봐서는 안 된다. 예를 들어, 한 명의 우울증 환자가 있는 가족을 치료하는 것이라면, 그 개인의 우울증 수준을 보는 것만으로는 적절하지 않다. 연구에 가족을 반드시 포함해야 하는 경우, 가족 전체의 상태를 검토하는 것이 필요할 수도 있다. 이렇게 하면 그 치료가 진단을 받은 사람뿐만 아니라 모든 참여자에게 공평하게 유익한지 알 수 있을 것이다. 이 방식의 프로토콜은 관심 주제에 따라서 다르게 보일 수는 있겠지만, 반드시 모든 참여자의 요구를 고려해야 한다.

임상연구 시나리오: 관계 내 취약성 및 권력에 주목하기

한 연구자 집단이 부부의 전반적인 관계를 개선하기 위한 성관계 치료법을 개발한다. 치료 효과를 테스트하는 프로토콜에 따라 특정 클리닉의 치료자들은 치료에 대한 교육을 받으며, 이 클리닉을 연구에 참여하고 무료 치료를 받는 곳으로 광고하고 있다. 연구 차원에서 그 회기들은 녹음될 것이고, 그 정보는 학생들이 포함된 연구 팀에서 전사하고 코딩할 것이다. 이 클리닉은 연구에 참여하는 내담자와 참여하지 않는 내담자 모두 이용하는 곳이다. 한 부부가 치료와 연구 참여를 희망한다며 클리닉에 연락한다. 그러나 첫 회기에서 치료자는 부부 모두가 참여에 동의하지만 한 배우자에게서 연구에 대한 저항이 일어나는 것을 확인하게 되었다. 아내는 사생활에 대한 우려를 표현하며 치료만 받기를 희망한다. 또한 그녀는 부부의 성관계에 초점을 맞춘 치료는 자신들의 관계 문제에 대한 적절한 치료가 아니라고 걱정한다. 하지만 남편은 무료 서비스에 대해 들뜬 목소리를 내며 관계 향상에 '충분히 좋을 것'이므로 성관계 치료에 동의를 표명한다.

- 시나리오의 주요 딜레마는 무엇인가?
- 어떻게 이 딜레마를 피할 수 있을까? (두 개 이상의 해결책을 제시하라.)
- 연구 참여 수준에 대한 부부의 의견 차이를 좁히는 방법이 있는가?
- 연구에서 어떻게 한 개인의 권력이 다른 사람의 관심을 무색하게 할 수 있는가?
- 연구들은 어떻게 하면 사람들의 취약점을 건드리지 않으면서 참여를 장려할 수 있을까?

AAMFT 윤리강령에서 정의를 암시하는 추가적인 원칙은 연구참여자의 보호, 사전 동의, 참여자의 연구 철회 또는 참여 거부권에 대한 것이다. 이 시나리오에서 묘사된 바와 같이, 일부 가족 구성원이 특정 연구에 참여하려는 더 강한 동기가 있을 때 다른 가족 구성원에게 다양한 이유로 연구에 참여하도록 영향을 줄 수 있어서 우려되는 사항이다. 정의의 원칙은 모든 참여자가 비밀 유지, 동의, 참여나 탈퇴의 결정 등의 측면에서 동등하게 대우받도록 규정하고 있다. 이러한 지침은 도움이 되지만, 관계 중심 임상연구에 특화된 정의와 우려에 대한 명시적인 논의가 부족한 실정이다.

임상연구 시나리오: 취약계층으로서의 아동

한 연구자가 낮은 정도의 아동학대를 경험한 가족들을 대상으로 하는 치료의 효과성 연구의 허가를 여러 차례 도전한 끝에 윤리위원회로부터 받는다. 이 연구의 목적은 이러한 특정 가족들에게 자연스러운 비실험적 치료 환경에서 효과적인 것이 무엇인지 발견하는 것이다. 프로토콜에 따르면, 각 회기는 실시간으로 관찰되고, 두 명의 연구 보조자가 과정 변수를 코딩한다. IRB는 치료 과정을 비디오로 녹화해 달라는 요청을 법적 책임을 사유로 거부했다. 치료회기를 마친 참여자들은 방에 남아 있으라는 요청을 받았고 연구자가 곧 올 것이라는 말을 들었다. 치료자가 방을 떠난 후, 연구자는 가족과 함께 프로젝트의 '연구' 부분을 시작한다. 연구자와의 면담 동안 자녀 한 명이 아버지에게 맞는 것이 싫고 이 치료가 '학대를 멈춰 주길' 바란다고 폭로한다. 회기가 끝난 뒤 연구 팀은 아이의 폭로를 보고할 의무에 대해 논쟁을 벌인다. 한 연구자는 이 공개가 치료가 아니라 '연구' 단계에서 나왔기 때문에 아동보호국에 보고할 필요는 없다고 주장한다. 또 다른 연구자도 가족이 이미 아동보호국을 거친 이력이 있는 데다 사업 시작 전부터 이 같은 내용을 알고 있었기 때문에 신고가 필요하지 않다는 의견을 낸다. 하지만 다른 연구자는 이에 전적으로 반대하며 이 정보를 보고할 의무가 있다고 주장한다.

- 시나리오의 주요 딜레마는 무엇인가?
- 어떻게 이 딜레마를 피할 수 있을까? (두 개 이상의 해결책을 제시하라.)
- 만약 연구자들이 치료에서 신고의 의무를 지닌다면, 연구자로서도 신고의 의무를 지니는가?
- 아동학대 보고로 인해 가족이 해체될 가능성이 있다면, 우리가 치료자로서 '해를 끼치지 않아야 한다'는 원칙을 따르는 것과 상충하는 것이 아닌가?
- 어떤 면에서 참여자들이 취약한 집단이라고 볼 수 있는가? (가능한 한 많이 논의하라.)

결론

임상연구를 성공적으로 수행하는 것은 어렵고 힘든 일이다. 하지만 임상연구는 정신건강의 개입과 예방 전략이 효과적이라는 것을 보여 줄 수 있는 한 가지 방법이며, 지금까지 개인을 대상으로 하는 정신건강 분야의 많은 연구자가 성공적으로 수행했다. 임상연구라는 어려운 과정에다 관계적인 차원까지 더해져서 상황이 훨씬 더 복잡해진다. 개인 임상연구보다 더 많은 변화 요인이 있고, 더 많은 사람의 의지가 반영되며, 연구자는 더 많은 사람에 대한 존중과 존경도 표현해야 한다. 하지만 잘 계획하고 윤리적으로 구현한 관계 중심 치료 연구는 이 분야를 더 발전시킬 것이고, 다양한 정신적, 정서적 문제에 대해 관계 중심의 개입이 정당함을 확립하는 데 도움이 될 것이다.

참고문헌

Adelman, H. S., Kaser-Boyd, N., & Taylor, L. (1984). Children's participation in consent for psychotherapy and their subsequent response to treatment. *Journal of Clinical Child Psychology, 13*, 170-178. doi:10.1080/15374418409533186

American Association for Marriage and Family Therapy. (2012). Code of Ethics. Washington, DC: American Association for Marriage and Family Therapy.

Baumann, A., Rodriguez, M. D., & Parra-Cardona, J. R. (2011). Community-based applied research with Latino immigrant families: Informing practice and research according to ethical and social justice principles. *Family Process, 50*, 132-148.

Belmont Report (1979). The Belmont Report: Ethical principles and guidelines for the protection of human subjects of research. Retrieved from hhs.gov/ohrp/humansubjects/guidance/belmont.html

Brandon, A. R., Shivakumar, G., Lee, S. C., Inrig, S. J., & Sadler, J. Z. (2009). Ethical issues in perinatal mental health research. *Current Opinion in Psychiatry, 22,* 601–606. doi:10.1097/YCO.0b013e3283318e6f

Cain, H. I., Harkness, J. L., Smith, A. L., & Markowski, E. M. (2003). Protecting persons in family therapy research: An overview of ethical and regulatory standards. *Journal of Marital and Family Therapy, 29,* 47–57. doi:10.1111/j.1752-0606.2003.tb00382.x

Emanuel, E. J., Wendler, D., & Grady, C. (2000). What makes clinical research ethical? *Journal of the American Medical Association, 31,* 2701–2711. doi:10.1001/jama.283.20.2701

Goldman, E. (2001). Vulnerable subjects. Retrieved from http://poynter.indiana.edu/sas/ress/vs.pdf

Heller, J. (1972, July 26). Syphilis victims in U.S. study went untreated for 40 years. *New York Times,* Al.

Kitchener, K. S. (2000). *Foundations of ethical practice, research, and teaching in psychology.* Mahwah, NJ: Lawrence Erlbaum.

Lyness, K. P., Walsh, S. R., & Sprenkle, D. H. (2005). Clinical trials in marriage and family therapy research. In D. H. Sprenkle & F. P. Piercy (Eds.), *Research methods in family therapy* (pp. 297–317). New York: Guilford Press.

McDowell, T., Fang, S.-R., Brownlee, K., Young, C. G., & Khanna, A. (2002). Transforming an MFT program: A model for enhancing diversity. *Journal of Marital and Family Therapy, 28,* 179–191.

McDowell, T., Goessling, K., & Melendez, T. (2012). Transformative learning through international immersion: Building multicultural competence in family therapy and counseling. *Journal of Marital and Family Therapy, 38,* 365–379. doi:10.1111/j.1752-0606.2010.00209.x

McWey, L. M., James, E. J., & Smock, S. A. (2005). A graduate student guide to conducting research in marriage and family therapy. In D. H. Sprenkle & F. P. Piercy (Eds.), *Research methods in family therapy* (pp. 19–40). New York: Guilford Press.

Sprenkle, D. H., & Piercy, F. P. (2005). Pluralism, diversity, and sophistication in family therapy research. In D. H. Sprenkle & F. P. Piercy (Eds.), *Research methods in family therapy* (pp. 3–18). New York: Guilford Press.

Stith, S. M., Rosen, K. H., McCollum, E. E., Coleman, J. U., & Herman, S. A. (1996). The voices of children: Preadolescent children's experiences in family therapy. *Journal of Marital and Family Therapy, 22,* 69–86. doi:10.1111/j.1752- 0606.1996.tb00188.x

Thyer, B. A. (1991). Guidelines for evaluating outcome studies on social work practice. *Research on Social Work, 1*, 76-91. doi:10.1177/104973159100100105

Tremaine, W. J., Carlson, M. R., Isaacs, K. L., Motil, K. J., Robuck, P. R., & Wurzelmann, J. I. (2005). Ethical issues, safety, and data integrity in clinical trials. *Inflammatory Bowel Diseases, 11*(S1) S17-S21. doi:10.1097/01.MIB.0000184850.46440.ea

Wallerstein, N., & Duran, B. (2010). Community-based participatory research contributions to intervention research: The intersection of science and practice to improve health equity. *American Journal of Public Health, 100* (S1) S40-S46. doi:10.2105/AJPH.2009.184036

Wittenborn, A. K., Dolbin-MacNab, M. L., & Keiley, M. K. (2012). Dyadic research in marriage and family therapy: Methodological considerations. *Journal of Marital and Family Therapy.* doi:10.1111/j.1752-0606.2012.00306.x

Zimmerman, J. F. (1997, Summer). The Belmont Report: An ethical framework for protecting research subjects. *The Monitor.*

제2부
자료 수집

06 임상연구에서의 커플 및 가족 모집과 유지

Michael M. Olson & Richard B. Miller

성공적인 모집과 유지의 중요성

적절한 표본을 모집하고 유지하는 것은 질 높은 부부가족치료(marriage and family therapy: MFT) 연구의 가장 큰 도전 과제 중 하나이다. Gul과 Ali(2010)는 모집과 유지 과정을 '임상연구의 성공을 위한 끊임없는 도전'이라고 했다(p. 228). 실제로 최상급 연구설계와 설득력 있는 연구문제를 갖춘 연구라도 연구자가 적합한 표본을 모집하지 못하고 연구기간 동안 참여자를 유지할 수 없다면 그 연구는 실패할 것이다. 안타깝게도 목표한 표본모집의 어려움은 많은 임상연구를 괴롭히는 문제이다. 미국에서 연방 지원금을 받아 수행되는 임상실험연구의 약 60%가 목표 표본 크기를 충족하지 못하거나 계획했던 시일 안에 적절한 표본을 모집하는 데 어려움을 겪는다(Puffer & Torgerson, 2003). 영국에서는 의료임상실험연구의 31%만이 모집 목표를 성공적으로 충족할 수 있었다(Bower et al., 2009). 대면조사, 우편조사, MFT 관련 인터넷 설문조사의 낮은 응답률도 정신건강 연구자들에게 어려움을 준다(Galea & Tracy, 2007).

모집에서의 어려움

건강 및 정신건강 관련 연구에 참여하려는 사람들은 계속 감소하고 있다(Probstfield & Frye, 2011). 부모는 전일제 근무를 하고(Bianchi & Milkie, 2010) 자녀들은 다양한 과외활동에 참여하면서, 개인과 가족이 점점 바빠졌고 자유시간이 거의 없어졌기 때문이다(Anderson & Doherty, 2005). 그 결과, 가족은 연구에 참여할 시간이 거의 없다고 생각한다.

오늘날 문화에서 텔레마케팅의 광범위한 사용은 커플과 가족의 연구에 대한 참여 의향을 더욱 떨어뜨렸다. 텔레마케터들이 일종의 연구로 위장하여 무언가를 판매하려고 하고, 가족은 이런 방식을 피곤해한다(Dillman, Smyth, & Christian, 2009). 게다가, 우편이든 이메일이든 스팸 또는 정크 메일의 확산은 개인으로 하여금 거의 본능적으로 읽지도 않고 우편물을 버리고 스팸 이메일을 삭제하도록 만들었다. 이메일 사용자들도 개인정보를 훔치거나 컴퓨터를 바이러스에 감염시키려는 부도덕한 해커들 때문에 사기 이메일을 경계한다. 그 결과, 이메일 사용자는 알 수 없는 사람이 보낸 메일을 열기 꺼려 한다.

MFT 연구자들은 모집 및 유지 단위가 개인 환자/내담자에서 이인관계 또는 가족으로 이동하기 때문에 어려움이 기하급수적으로 증가한다. 커플 연구의 경우 두 파트너 모두, 가족 연구의 경우 관련된 가족 구성원 모두의 자발적 연구 참여 동의를 얻기가 어렵다(Bonvicini, 1998). 이 복합적인 문제는 한 명의 연구참여자가 탈락하면 분석 단위의 자료 손실로 이어질 수 있기 때문에 방법론적 복잡성도 증가시킨다. 따라서 연구참여자를 모집하고 유지하는 전략은 이러한 복잡성을 고려해야 한다. 또한 MFT 연구자는 종종 고통이나 위기를 겪고 있는 사람들을 연구에 모집하고 유지해야 하기 때문에 참여자의 정서적, 관계적 불안정성으로 인한 탈락 가능성에 대한 어려움에 직면하기도 한다. 그 결과, 많은 커플가족치료 임상 문헌에서 연구참여자가 고통의 정도가 심각하지 않은 중산층이라는 것은 우연이 아니다. MFT 연구자들은 고통의 정도가 심각하고 동반질환[1]을 가지고 있으며 다양한 배경을 가진 참여자들을 모집하는 데 노력을 기울여야 하며, 이런 노력은 연구의 내적, 외적 타당도를 높인다.

---

1) 역자 주: 동반질환(comorbid conditions) 혹은 동반이환은 두 가지 이상의 (장애) 상태가 있는 것을 의미한다(예를 들어, 우울증과 물질남용장애가 동시에 있는 경우).

타당도와 관련된 어려움

적절한 표본을 성공적으로 모집하지 못하는 것은 연구의 타당도에 있어 심각한 문제를 야기한다. 부적절한 표본크기로 인해 연구의 통계적 검증력(statistical power)이 확보되지 않으면 결론 타당도가 저하된다. 통계적 검증력은 효과크기, 알파 및 표본 크기가 주어졌을 때 귀무가설을 기각할 확률을 나타낸다(Cohen, 1992). 따라서 통계적 검증력은 부분적으로 표본크기에 따라 달라질 수 있으며, 실제 효과가 존재함에도 불구하고 유의하지 않다고 결과를 잘못 도출하는 2종 오류(type II error)의 가능성은 통계적 검증력이 너무 낮아 통계적 유의성을 정확하게 확보할 수 없을 때 훨씬 높아진다(Del Boca & Darkes, 2007; Watson & Torgerson, 2006). 부적절한 모집도 연구의 외적 타당도를 약화시킬 수 있다. 어떤 경우에는 연구에 참여하지 않는 것이 무작위가 아닌 경우가 있으며, 오히려 특정 집단이 연구에 참여할 가능성이 더 적을 수 있다. 예를 들어, 우울증을 앓고 있는 개인이나 심각한 고통을 받고 있는 커플은 임상연구에 참여하는 경향이 적어, 덜 우울한 개인과 고통의 정도가 보통 정도인 커플이 표본을 대표하게 되면 연구를 편향시킬 수 있다. 이는 선택 편향(selection bias)을 초래하고, 연구결과의 일반화가 제한될 수 있다(Andersen, 2007; Watson & Torgerson, 2006; Woodall, Howard, & Morgan, 2011).

타당도에 대한 우려는 표본의 유지 문제에서도 나타난다. 적은 수의 표집을 초래하는 모집 과정에서의 문제와 마찬가지로, 연구 초기에 참여자가 중도 탈락하면 표본크기를 감소시키며, 이는 낮은 통계적 검증력과 2종 오류로 이어질 수 있다. 또한 참여자 감소는 탈락 편향(attrition bias) 또는 이탈 편향으로 이어질 수 있는데, 이는 임상연구에서 중도 탈락한 참여자와 연구에 끝까지 남아 있는 참여자 간 차이로 인한 편향을 의미한다(Miller & Wright, 1995). 예를 들어, 임상실험연구에서 실험집단과 통제집단의 구성이 비무작위적 탈락(nonrandom attrition)으로 인해 변질된다면, 사후검사에서 두 집단 사이의 통계적 비교는 오염된 결과를 낳을 수 있다(Gul & Ali, 2010). 또한 상관연구에서 차별적인 중도 탈락은 변수 사이의 연관성 검증을 부정확하게 만들 수 있다(Miller & Wright, 1995). 즉, 체계적이고 비무작위적인 탈락은 연구의 전반적인 결과에 영향을 미칠 수 있다. 예를 들어, 약물 남용에 대한 임상연구에서 후속 연구 시 연락이 닿은 참여자의 70%는 연락이 닿지 않은 참여자들보다 유의미하게 낮은 약물사용 수준을 보인다고 나타났고, 이는 연구결과를 변화시켰다(Del Boca & Darkes, 2007). 그러므로 연구에 대한 정확한 결론을 내리는 데 참여자의 유지는 매우 중요하다. 앞에 언급한 이러한 문제는 결론 타당도를 낮추는 결과를 낳는다. 또한 표본의 과도한 탈락은 연구 초기 생성되었던 표본의 특성을 변질시켜 연구의 외적 타당도에 영향을 미치고, 이는 연구의 일반화 가능성을 감소시킨다.

적절한 표본을 모집하고 유지하는 데 상당한 어려움이 있음에도 불구하고 상황이 절망적인 것은 아니다. 방법론 연구자들은 표본의 성공적인 모집과 유지에 필요한 원칙과 실천사항을 주의 깊게 연구해 왔으며, 임상연구에서 참여자를 모집하고 유지하기 위한 근거 기반 전략과 권고안을 제공해 왔다. 연구자들의 제안들 중 가장 중요한 것은 임상 표본의 모집과 유지를 위해 적절한 계획을 세우는 것이 사후 방법론적 고려사항이 아닌 연구설계의 중심이어야 한다는 것이다(Gul & Ali, 2010). 과학적으로 검증된 모집과 유지 전략을 사용하고 그 과정에 충분한 시간, 에너지, 자원을 투입하는 MFT 연구자들이 성공적인 연구 경험을 하게 될 것이다.

적절한 모집단 수 파악하기

커플이나 가족을 포함하는 연구 프로토콜을 구성할 때 핵심적인 요소는 자료를 수집하고자 하는 곳에 적정 수의 임상적 모집단 혹은 인구가 있는지를 파악해야 한다는 것이다. 예를 들어, 고통을 받고 있는 50쌍의 커플을 무작위로 추출하는 연구를 설계했는데, 연간 약 100쌍의 커플이 오는 대학상담소에서 참여자를 모집하고자 한다면, 그 연구는 자료 모집에 실패할 것이다. 일부 커플들은 연구 참여 기준을 충족하지 못할 것이고, 다른 커플들은 연구에 참여하는 데 동의하지 않을 것이기 때문이다. Gul과 Alli(2010)는 이를 '깔때기 효과'라고 불렀다. 따라서 모집단 조사에서 연구에 참여 가능한 인원이 연구설계 시 설정한 인원보다 훨씬 많아야 한다.

연구자들은 종종 모집단 수와 연구 참여에 대한 동의율을 과대평가하고, 적절한 표본을 구하는 데 필요한 시간과 자원을 과소평가한다(Hunninghake, Darby, & Probstfield, 1987; Swanson & Ward, 1995). 모집단 수를 과대평가하면 연구자들은 적절한 표본을 모집할 수 없게 된다. 내담자 기록이 전산화된 상담소라면, 진단, 결혼 여부, 또는 내담자 문제를 바탕으로 한 간단한 검색으로 현실적인 모집단 수와 관련된 수치를 얻을 수 있고, 따라서 연구 기준과 모수를 충족하는 내담자의 수를 확인할 수 있다. 이용 가능한 전산화된 자료가 없는 경우, 연구자들은 직접 모집단 수를 파악해야 한다. 통계적 검증력 분석(power analysis)을 통해(Cohen, 1992) 연구자들은 연구에 적합한 표본크기를 확인할 수 있으며, 이는 모집단 수 파악에 필요한 크기를 추정하는 데 도움이 될 것이다. 오늘날처럼 외부 지원금으로 연구가 수행되는 환경에서는 적절한 모집단 수 파악을 바탕으로 참여자들에게 접근하는 것이 연방 및 주의 펀딩지원기관이 요구하는 필수 사항이다.

협업

모집단의 수를 확장하기 위한 중요한 전략은 관심이 있는 연구대상에게 접근이 가능하도록 돕는 임상연구소 혹은 상담소와의 협력 관계를 확립하는 것이다. 협업은 양쪽 주체 모두의 이익을 위한 '자발적 협력'이다. 특히 대학 기반 MFT 상담소와 소규모 기관과 같이 지원금을 받지 않는 경우, 연구자들은 협력자들의 이타심에 의존하여 연구를 수행할 수밖에 없다. 보상을 제공하는 것이 참여자의 모집과 유지를 증가시키는 것으로 입증되었듯(Guyll, Spoth, & Redmond, 2003), 협력자들을 위한 인센티브 또는 '대가'가 있어야 한다. 대부분의 개인과 체계는 실질적인 보상 또는 보상이라고 인식되는 무언가에 반응한다(행동을 바꾼다). 선의와 진정성에도 불구하고 많은 잠재적 협력자는 종종 필요한 지원을 제공하지 못하는데, 이는 무시나 양면성 때문이 아니라 오히려 그렇게 할 실질적인 인센티브가 부족하기 때문이다. 의사결정 균형 매트릭스(〈표 6-1〉을 보라.)를 사용하면 잠재적 협력자들의 참여의 장단점을 탐색하는 데 도움이 될 수 있다.

협업의 인센티브와 장애물에 대한 생각은 개인 협력자마다 매우 다를 수 있다. 연구자로서 우리는 함께 일하는 것과 관련된 특정한 종류의 보상과 비용을 예상하지만, 이것은 잠재적인 협력자들에게 매우 다를 수 있다. 의사결정 균형 매트릭스는 최소한 잠재적 협력자가 참여에 관심이 있거나 혹은 없을 수 있는 주요 이유를 명확히 하는 데 도움이 될 것이다. 연구자는 잠재적인 인센티브에 대한 제안을 할 수 있으며, 함께 일하는 데 있어 잠재적인 장벽과 걸림돌을 인식할 수 있다.

표 6-1　의사결정 균형 매트릭스

	인센티브/혜택	우려/장애물
변화(연구 참여)		
변화없음(연구 미참여)		

동기강화면담(motivational interviewing: MI)[2]을 사용하는 임상연구자 Miller와 Rollnick의 작업은 임상연구 목적을 위해 다른 협업자들을 참여시키고 협력하는 방식을 잘 보여 준다. 기초적인 수준에서 필수적인 세 가지 주요 개념이 있다. 첫째, **라포르 관계 구축**이다. 둘째, 협업 관계가 상대방에게 얼마나 **중요한지** 확인하는 것이다. 셋째, 연구자들이 필요한 지원을 제공할 것이라는 **신뢰**를 쌓는 것이다. 협력자들에게 중요도가 높더라도 신뢰도가 낮으면 생산적인 참여가 제한될 가능성이 높다. 첫 번째 과제는 협업을 중요하게 여기는 사람들을 발굴하는 것이다(예: 연구 논문에 참여함으로써 이익을 얻을 수 있는 동료, 치료자나 내담자에 대한 임상 자료에 접근함으로써 이익을 얻을 수 있는 상담소). MFT 연구자들은 무엇이 협력자들에게 중요성을 증가시킬 수 있는지를 명심해야 한다. 또한 연구자들은 이 중요성을 높이기 위해 잠재적 협력자들을 참여시킬 수 있다. 두 번째 단계는 협력자들의 참여 정도(행동 변화)를 결정하는 일인데, 협력자들이 가장 자신 있게 관여할 수준이 어느 정도인지 결정해야 한다.

단계적 접근법은 상담에서 동기강화면담 접근법과 유사한데, 임상가가 내담자에게 선택권을 주는 협력적 방식으로 자율성과 선택을 강조한다. 동기강화면담 기반 접근법을 사용하는 목적은 협력자 자신의 참여(또는 미참여) 이유를 인식하고, 중요성과 신뢰 수준을 파악하며, 연구자와 협력자가 성공적인 파트너십을 높이기 위해 함께 취할 수 있는 구체적이고 현실적인 단계를 수립하는 것이다. 합의된 참여 수준이 연구를 진행하기에 충분하지 않을 수 있다. 이러한 경우, 연구자는 실질적인 장벽 또는 장애물을 확인하고, 협업자가 필요한 수준의 참여를 할 수 있도록 도와야 한다. 예를 들어, 추가 지원, 교육, 또는 관리감독을 제공하거나, 그러한 보조 지원을 제공하기 위해 다른 협력자들을 더 모집할 수 있다.

협업은 두 사람 사이의 관계라고만 보기 어렵다. 협업에는 보통 행정 담당자, 임상 슈퍼바이저, 치료자를 포함하여 내담자와 상호작용을 하는 많은 사람으로부터의 다양한 수준의 참여가 포함된다. 연구를 성공적으로 수행하기 위해서는 모든 협업 수준에서의 '받아들임'이 필요하다. 따라서 각 협력자 그룹에서 의사결정 균형 매트릭스를 고려해야 한다. 예를 들어, 연구 참여 조건에 맞는 내담자를 식별하기 위해 치료자의 협력이 필요하다. 치료자는 연구참여자를 포함하여 연구에 협력하는 다른 누구와도 마찬가지로 자신만의 중요성/신뢰성을 바탕으로 (참여할지를) 결정한다. 또한 경험상 각 연구 현장에 최소한 한 명의 믿을 만한 협력자 '챔피언'을 두는 것은 매우 중요하다. 연구 프로젝트에 열의가 있는 '챔피

---

2) 역자 주: 내담자 자신의 변화 동기와 변화에 대한 결단을 견고히 하도록 돕는 협동적인 대화 스타일의 상담기법이다.

언'이라고 불리는 이 사람은 현장의 다른 사람들이 프로젝트를 기꺼이 '받아들이고' 연구에 협력하도록 돕는다.

무선통제실험 참여자 모집에 관한 최근 연구에 따르면, 상담소에 전화상담을 요청한 34,722건의 전화 중 9%의 사람들만이 연구에 참여할 의향이 있는지에 관한 질문을 받았으며(연구 참여 의향을 물어보는 것이 필수사항이었음에도 불구하고), 2.6%만이 연구에 참여하는 데 동의하였다(Burgess, Christensen, Griffths, & Farrer, 2010). 왜 잠재적 내담자들에게 연구에 참여하도록 초대하지 않았는지 치료자들에게 물어봤을 때, 그들이 말해 준 이유는 다양했다. 내담자들에게 연구 프로젝트에 참여하도록 초대하는 게 부적절하다는 생각, 그런 질문을 하는 것의 불편함, 연구 참여 초대가 치료 관계에 영향을 미칠 수 있다는 걱정, 단순히 묻는 것을 잊음 등이 그 이유였다. MFT 연구자들은 관련된 협력자들(치료자, 행정 담당자, 학술 기관 대표자, 참여자들)이 이와 같은 생각을 갖고 있다는 것을 깨닫고, 이러한 우려와 장애물이 해결되도록 적절한 조치를 취해야 한다. 현장 연구책임자의 존재, 정기적인 격려와 피드백, 모집하는 사람을 대상으로 하는 맞춤형 구체적 교육은 협업과 연구 참여를 향상시킬 수 있다. 또한 연구 참여를 독려하는 치료자에 대한 금전적 인센티브가 내담자를 연구에 참여하도록 독려하는 치료자의 비율을 높인다는 연구가 있다(Unger, Wylie, Fallah, Heinrich, & O'Brien, 2010).

연구참여자의 긍정적 반응 극대화하기

임상연구에서의 모집

연구 및 실무 경험을 통하여 임상실험, 임상 과정 연구, 정신건강 서비스 연구, 임상문제를 심층적으로 탐색하는 질적 연구에서 연구참여자를 모집할 때 성공 가능성을 높이기 위한 절차들이 제안되었다. 잠재적 연구참여자를 유치하기 위해서 임상연구를 홍보하는 방법을 다양화하는 게 매우 중요하다는 것에 대해서는 임상연구자들 사이에서 공감대가 형성되어 있다(Striley, Callahan, & Cottler, 2008). 예를 들어, HIV에 감염된 사람들에 대한 개입 연구에서는 다양한 방법을 활용하여 연구를 홍보했는데, 지역사회 단체를 대상으로 연구에 대해 소개하는 것, 지역 식료품점, 서점, 미용실의 공공 게시판에 전단지를 붙이는 것, 교회 게시판과 지역사회 신문에 짧게 광고를 하는 것, 지역사회 행사에서 정보 및 모집

활동을 주최하는 것, 그리고 의료 및 지역사회에서 상담서비스 제공자들과 만나는 것 등이 포함된다(Baigis, Francis, & Hoffman, 2003).

　연구자들은 적합한 표본을 모집하는 데 필요한 노력과 자원을 과소평가하지 않는 것이 중요하다. 대신에 성공적인 참여자 모집을 위하여 충분한 시간, 인력, 자원을 할당해야 한다. 또한 Gul과 Ali(2010)는 임상연구에서 적극적인 모집 방법이 소극적인 방법보다 더 성공적이라고 보고했다. 예를 들어, 임상연구 프로젝트에 참여를 독려하는 편지를 보낸 후에 그 연구 팀의 일원이 전화 연락을 해 보는 것이, 편지 한 장만 보내는 것보다 훨씬 성공적이라는 사실을 알아냈다. 전단지나 신문 광고와 같은 소극적인 방식은 연구에 흥미를 불러일으킬 수는 있으나, 전화나 대면 방문과 같은 적극적인 모집 전략이 모집률을 훨씬 높일 수 있다. 실제로 잠재적 참여자들과의 전화 연락을 포함하는 모집 전략이 전화 연락을 포함하지 않는 전략에 비해 성공으로 이어질 확률이 3배라는 연구결과가 있다(Watson & Torgerson, 2006).

　금전적 보상이 임상연구 참여자 모집의 성공을 증가시킨다는 상당한 근거가 있으며(Berger, Begun, & Otto-Salaj, 2009; Watson & Torgerson, 2006), 소정의 사례금을 제공하는 것은 임상연구에서 일반적인 관행이 되었다. 한 연구는 잠재적 참여자에게 개입 연구에 참여하는 보상으로 100달러를 제공하는 것의 효과를 조사했고, 금전적 인센티브가 사람들의 연구 참여 결정에 상당한 영향을 미친다는 것을 발견했다. 또한 Striley, Callahan과 Cottler(2008)의 연구는 금전적 인센티브가 교육 수준이 낮은 사람들과 처음에 참여할 의향이 없다고 보고한 사람들 등 연구에 참여할 가능성이 낮은 개인들의 참여율을 높이고, 이로써 선택 편향을 줄인다고 밝혀냈다(Guyll et al., 2003). 또 다른 연구에서는 연구자들이 임상연구 프로젝트에 참여하기로 동의한 사람들을 대상으로 인터뷰를 하였는데, 참여자 대부분이 참여 결정의 중요한 이유로 금전적 인센티브를 언급했다고 보고했다(Woodall et al., 2011).

　안타깝게도 적당한 보상의 수준에 대한 명확한 지침은 없다. 연구자들은 연구에 참여하도록 동기를 부여할 만큼 충분한 인센티브를 제공해야 하지만, 인센티브가 연구 참여에 과도하게 영향을 미쳐 참여 동의의 자발성을 감소시킬 정도로 너무 커서는 안 된다(Largent, Grady, Miller, & Wertheimer, 2012). 극단적인 가정을 예로 들자면, 어떤 사람이 딱 4번의 치료회기에 참석해야 하는 임상실험에 참여하는 보상으로 10,000달러를 제안받는다면, 이는 거의 '거절할 수 없는 거래'로 그들은 참여에 동의할 수밖에 없다고 느낄 것이다. 따라서 이런 선택은 자발적이라고 보기 어렵다. 잠재적 연구참여자에게 인센티브를 제공하는 것에 대한 윤리적 고려를 검토한 연구자들은 인센티브의 액수는 연구 프로젝트에 참여하는 데 필요한 노력, 불편, 시간 수준에 근거해야 한다고 제안했다. 따라서 인센티브 수준에 관한 결정은 각각의 연구에서 세운 적절한 기준에 따라 이루어져야 한다(Berger et al., 2009).

금전적 인센티브 이외에도 사람들이 임상연구에 참여하는 데 이타적인 요인이 동기가 되기도 한다. 일부 사람들의 연구 프로젝트 참여 결정은 프로젝트의 관련성 또는 중요성에 대한 인식뿐만 아니라 연구결과가 자신과 지역사회에 미칠 잠재적 이익에 기초한다(Gul & Ali, 2010). 예를 들어, 장애가 있는 자녀를 둔 가족은 보통 실행 가능한 치료법을 발견하고자 하는 동기뿐만 아니라, 자녀의 질병이나 장애를 더 잘 이해하고자 하는 강한 열망 때문에 연구에 참여하려는 의욕이 강하다. 또한 그들은 비슷한 상황에 있는 다른 가족에 대해 강한 공감을 가지고 있고, 그들이 스트레스를 덜 받도록 돕고 싶어 한다. 이렇게 연구에 참여하려는 이타적이고 본질적인 동기를 이끌어 내기 위해, 잠재적 참여자들이 혜택으로 인식하는 것이 문화, 언어, 공동체 가치에 기초한다는 것을 연구자들은 인식할 필요가 있고, 동시에 연구의 목적과 잠재적 이익을 명확히 전달하는 것이 중요하다(Bonvicini, 1998). 연구를 '홍보'하기 위해서는 필요성이나 문제가 있다는 것을 입증하는 것이 도움이 된다(예: '연구결과, 결혼한 두 쌍 중 한 쌍은 이혼하는 것으로 밝혀졌다.'). 연구에서 다루는 문제를 제시함으로써 해결책의 필요성을 더욱 설득력 있게 만들 수 있다. 또한 잠재적 이익은 잠재적 참여자에게 구체적이면서도 관련성이 있어야 한다. 예를 들어, '연구결과가 커플관계를 회복하고 이혼을 예방할 수 있는 방법을 밝혀 줄 것'이라고 말하는 것이 '연구결과가 사회에 이익을 줄 수 있는 잠재력이 있다'는 것보다 훨씬 더 동기부여가 된다.

참여자 유지

임상연구에 참여하는 사람들을 모집한 후, 연구 팀은 참여자들을 유지하기 위해 구체적이고 지속적인 노력을 기울여야 한다. 이를 위해 연구 팀이 광범위한 추적 시스템을 개발하는 것이 매우 중요하다. 한 유명한 임상연구의 결론에서 연구자들은 "연락처 목록이 임상연구의 유지와 성공에 필수적인 열쇠였다."고 결론 내렸다(Striley et al., 2008, p. 21). 연락처에는 참여자에게 연락할 수 있는 방법을 항상 알고 있는 사람 최소 5명의 이름과 전화번호가 포함되어 있었다. 연구자 중 최소 1명은 참여자를 연락 및 추적하는 구체적인 책임을 가지고 있었고, 연구 팀은 상담소를 방문하거나 관련 연구자와 접촉할 때마다 연락처를 검토하고 업데이트했다.

참여자들이 자신을 연구의 한 구성원으로 인식할 수 있도록 연구 프로젝트를 '브랜드화' 하는 것도 중요하다. 연구는 쉬운 이름을 가져야 하며, 티셔츠, 펜, 머그컵, 자석과 같은 소재를 이용하여 브랜드화된 인센티브를 주는 것이 참여자가 소속감을 느끼는 데 도움이 된다(Del Boca & Darkes, 2007). 예를 들어, 그들이 자신을 '결혼과 우울증 연구'의 중요한 참여자라고 스스로 인식하기 시작하면 그들은 연구에 계속 참여할 가능성이 훨씬 더 높아질 것이다. 또한 생일 및 명절 카드를 보내는 것은 연구자들이 참여자들과의 접촉을 유지하는 것은 물론, 참여자들에게 관심이 있다는 것을 전달하는 데 도움이 된다(Del Boca & Darkes, 2007).

임상연구 과정 전반에 걸쳐 제공되는 금전적 인센티브는 조기 중도 탈락을 예방하는 데 효과적이지만(Berger et al., 2009; Pollastri, Pokrywa, Walsh, Kranzler, & Gelernter, 2005; Striley et al., 2008), 연구 팀과 참여자 사이의 긍정적인 상호작용이 참여자 유지를 위해 훨씬 더 중요할 수 있다. 예를 들어, 한 임상연구는 연구 참여를 완료한 사람들을 대상으로 연구와 그들의 지속적인 참여 경험에 관한 설문조사를 하였다. 참여자들은 물질적 보상, 현금 인센티브에 감사하지만, 연구에 계속 참여하게 된 가장 큰 동기는 "친절함, 반응성, 격려와 같은 연구자들의 긍정적인 태도"였다고 보고했다(Andersen, 2007, p. 50). Andersen은 이와 유사한 결과를 발견한 여러 연구를 바탕으로 연구 팀의 구성원들이 참여자들에게 공감, 배려, 이해를 보여 주는 관계적 관여가 참여자들을 유지하는 데 중요한 요소라고 주장한다.

우편 설문조사

임상연구는 종종 설문조사를 포함한다. 임상연구에 대한 대부분의 후속 평가는 우편(또는 다음에서 논의될 인터넷)을 통해 실시된다. 또한 많은 정신건강 서비스와 역학 연구는 우편 설문조사로 진행되며, 정신건강 문제 및 현재 상담 패턴에 대한 치료자의 태도에 관한 조사도 설문조사를 활용하여 수행된다.

안타깝게도 설문조사는 응답률이 낮은 경우가 많다. 임상연구에 사용되는 다른 방법과 마찬가지로, 조사에 대한 낮은 응답률은 통계적 검증력을 줄이고 선택 편향을 생성함으로써 타당도에 대한 우려를 높인다(Nakash, Hutton, Jorstad-Stein, Gates, & Lamb, 2006). 그러나 좋은 소식은 설문조사 방법론 학자들이 설문조사에서 무응답에 대해 광범위하게 연구해 왔고, 응답률을 최대화하기 위한 방법을 개발해 왔다는 것이다. 예를 들어, 워싱턴 주립대학교의 사회학 교수인 Don Dillman은 설문조사에서 응답률을 높일 수 있는 방법을 평생 연구해 왔다. 흥미롭게도 이 연구의 많은 부분이 실험설계를 사용하는데, 여기서 연구자들은 어떤 처치가 더 높은 응답률로 이어지는지를 확인하기 위해 표본의 구성원들을 금전적 인센티브를 받는 실험집단과 통제집단에 무작위로 할당한다.

이 연구에서 한 가지 분명한 발견은 긴 설문지를 지속적으로 사용하는 연구는 낮은 응답률을 보인다는 것이다(Nakash et al., 2006). 그러나 설문지의 길이는 페이지 수보다는 설문지에 포함된 문항의 수로 판단해야 한다(Dillman et al., 2009). 더 많은 페이지를 할애하더라도 '여백'이 많고 대답하기 쉬운 양식으로 만들어진 설문지는 응답률을 높일 수 있다. 문항들이 빽빽하고 밀도 높게 채워진 페이지들은 잠재적인 응답자들을 압도하고 맥빠지게 한다.

많은 연구가 설문조사에서의 인센티브 제공이 응답률에 미치는 효과를 탐색하였고, 긍정적인 효과를 지속적으로 발견했다. 다른 형태의 임상연구와 마찬가지로, 설문조사 연구에서도 인센티브 제공의 장점은 인센티브가 없다면 연구에 참여하지 않을 응답자를 참여하게 할 수 있다는 것이다(Dillman et al., 2009). 많은 연구에 따르면 인센티브를 제공하는 가장 성공적인 방법은 보통, 설문지가 들어 있는 소포에 인센티브를 함께 넣어 잠재적 응답자에게 선지급하는 방법이다. 따라서 잠재적 응답자들은 연구에 참여하라는 초청과 함께 약간의 현금이 든 봉투를 받는다. 물론 단순히 돈만 받고 설문지를 완료하지 않는 사람도 있겠지만, 많은 사람은 돈을 받았기 때문에 설문지를 완료함으로써 '대가를 지불한다'. 현금 대용 카드(cash card)를 제공하는 것이 현금을 주는 것만큼 효과적이지 않다는 근거도 있는데, 한 연구에서는 현금 인센티브보다 두 배 더 많은 금액의 현금 대용 카드를 주었으나, 여전히 응답률이 낮았다고 보고했다(Dillman et al., 2009). 일부 대학들은 교수 연구자들에게 5달러 짜리 250장을 주는 것에 대해 다소 '언짢음'을 표현하지만, 근거와 함께 명확하게 제시된 연구의 정당성은 대개 대학 관료들이 이러한 요청을 수락하도록 설득한다.

현금 인센티브의 금액은 적을 수 있다. Dillman과 동료들(2009)은 2달러에서 5달러 사이가 응답률을 실질적으로 높이는 데 적절하고, 더 높은 수준의 인센티브는 응답률을 높이지 않는다는 것을 발견했다. 그러나 이 일반적인 규칙에는 두 가지 예외가 있다. 첫째, 매우 길거나 민감한 문항들이 있는 설문은 더 높은 수준의 금전적 인센티브가 필요할 수 있다. 이런 부담스러운 설문지는 한 사람이 호의를 받고(예: 현금) 돌려주는(예: 설문완료) 상호주의 원칙을 넘어서기 때문이다. 응답하기 몹시 고된 설문지의 경우, 이 상호주의 원칙은 시간과 노력에 대한 배상으로 바뀌어 더 높은 수준의 금전적 보상을 바라게 된다. 둘째, 연구에 따르면 의사와 같은 전문가의 참여가 필요한 설문조사는 더 높은 수준의 금전적 인센티브를 필요로 한다. 예를 들어, Dillman과 동료들(2009)은 의사가 포함된 설문조사는 보통 25달러에서 100달러의 금전적 인센티브를 제공해야 합리적인 응답률을 얻을 수 있다고 보고했다. 이 예외는 일에 바쁜 커플가족치료자와 커플가족치료 교수 같은 전문가들에게도 확장될 것이다.

최근 몇 년 동안 복권은 인기 있는 연구 인센티브 형태가 되었다. 설문조사에 참여하는 사람들에게 아이패드와 같은 귀중품을 얻을 수 있는 기회를 제공하는 형식이다. 값비싼 물건을 받을 수 있는 기회가 잠재적 참여자들이 설문지에 응답하도록 동기를 부여한다는 취지이며, 아이패드의 당첨 가능성이 단순히 우편으로 5달러를 받는 것보다 훨씬 더 동기를 부여한다는 생각이다. 다만, 복권은 응답률이 아주 조금 상승시키는 데 그친다는 연구결과가 있다. 한 연구는 금전적 인센티브를 받지 못한 집단, 연구 참여 초청과 함께 2달러의 현금을 받은 집단, 그리고 300달러의 복권에 당첨될 수 있는 기회를 약속 받은 집단 사이의 응답률을 비교했다. 연구결과, 인센티브가 없는 집단의 53%, 2달러의 현금을 받은 집단의 72%, 300달러 복권에 당첨된 기회를 받은 집단의 58%가 연구에 응답했다. 또 다른 실험연구에서는 복권과 현금이 선불된 인센티브를 비교한 결과, 선지급 현금 인센티브만 응답률을 증가시킨 것으로 나타났다(Warriner, Goyder, Gjertsen, Hohner, & McSpurren, 1996). 따라서 현금 교환권 선지급이 응답률을 높이기 위한 가장 효과적인 방법이라는 것을 연구결과가 명확히 보여 주고 있다.

금전적 인센티브 이외에도 후속 리마인더(follow-up reminders)가 응답률을 높인다는 분명한 근거가 있다. 한 연구에 따르면, 잠재적 참여자들에게 설문지를 반환하도록 상기시키는 것(그들은 '추적'이라고 불렀음)이 응답률을 47.5%에서 72.0%로 증가시켰다(Gates et al., 2009). Dillman과 동료들(2009)은 잠재적 참여자들과 최소한 세 번의 후속 접촉을 할 것을 권고했다. 또한 그들은 세 가지 유형의 접촉이 서로 달라야 한다고 주장한다. 이메일 리마인더를 세 번 보내는 것은 효과가 크게 줄어든다. 우편, 이메일, 그리고 전화 리마인더를 함께 사용하는 것이 훨씬 효과적이다. 우편 리마인더의 경우, 엽서는 저렴하고 편리한 연락 형태이다.

인터넷 설문조사

인터넷 설문조사의 사용이 증가하고 있고, 이 방법은 특히 인터넷 검색과 Survey Monkey 및 Qualtrics와 같은 온라인 설문조사업체에서 사용하는 소프트웨어 프로그래밍에 익숙한 젊은 연구자들 사이에서 점점 더 인기가 많아지고 있다(Galea & Tracy, 2007). 인터넷 설문조사의 분명한 장점은 이 방법이 우편 설문조사에 필요한 종이 용품과 우편 요금에 지불하는 요금보다 상당히 저렴하다는 것이다. 설문지에 대한 모든 응답 자료를 SPSS와 같은 통계 소프트웨어 프로그램으로 전송받을 수 있는 것도 또 다른 장점이다. 이렇게 하면 응답자료를 통계 소프트웨어에 수동으로 입력하는 시간, 비용 및 데이터 입력 오류가 감소된다.

　이러한 장점에도 불구하고, 이 방법은 몇 가지 독특한 도전에 직면해 있다. 예를 들어, 인터넷 설문조사에 참여하도록 하는 대부분의 초청은 이메일을 통해 발송되며, 알 수 없는 출처에서 발송되기 때문에 흔히 스팸 또는 정크 메일로 표시되고 잠재적인 응답자에게 도달하지 못하기도 한다. 연구참여자 모집을 위한 권고사항에서도 언급했듯이, 열의를 가지고 인터넷 설문조사를 배포할 수 있는 믿을 수 있는 책임자('챔피언') 또는 '현장에 있는' 지역 연락통을 확보하는 것이 중요하다. 인터넷 설문조사의 또 다른 난제는 현금 인센티브 제공이 더 어렵다는 것이다. 가장 일반적인 해결책은 인터넷 설문조사를 하는 연구자들이 5달러 온라인 기프트 카드를 제공하는 것이다. 그러나 연구자들은 온라인 인센티브가 잠재적 응답자들이 우편으로 받는 현금 인센티브보다 덜 효과적이라는 것을 발견했다. 인터넷 설문조사 응답률에 대한 한 연구는 5달러 현금이 포함된 우편을 통해 초대장을 받은 집단, 이메일 초대장의 일부로 5달러 온라인 상품권을 받은 집단, 인터넷 설문조사를 마친 후 5달러 온라인 상품권을 받은 집단의 응답률을 비교했다. 조사 결과, 우편으로 현금을 받은 집단은 57%, 온라인 상품권을 선지급받은 집단은 40%, 설문조사를 마친 후 온라인 상품권을 받은 집단은 32%의 완료율을 보여 주었다. 또한 한 연구에서는 설문지를 완료한 사람들에게 복권이나 경품 추첨을 제공하는 것이 인터넷 설문조사 응답률을 크게 증가시키지 않는다고 보고한다(Dillman et al., 2009).

　Dillman은 이 연구를 바탕으로 인터넷 설문조사를 이용하는 연구자들이 설문 참여자에게 설문조사에 어떻게 접속하고 완료하는지에 대한 명확한 지침을 담은 편지를 보낼 것을 권고한다. 응답률을 최대화하기 위해 설문조사에 현금 인센티브가 포함되어야 한다.

소수자와 성별 고려사항

유감스럽게도 MFT 임상연구는 주류 민족을 대상으로 수행되었으며, 그 결과 소수집단에 잘못 일반화되어 왔다. 많은 연구자가 여전히 다양한 민족성, 문화, 그리고 잘 드러나지 않는 목소리를 담기 위한 적절한 전략 없이 연구를 설계하고 지속하기 때문에 문헌의 대표성 부족 현상이 지속되고 있다. 이에 대응하여 연방기관들 중 미국의 국립보건원(National Institutes of Health: NIH)은 거의 20년 동안 조사관들에게 대표성이 부족하거나 혜택을 받지 못하는 연구참여자들을 위해 편의를 제공할 것을 요구해 왔다(National Institutes of Health, 2001). 게다가, 미국 공중보건서비스의 공중보건국장(the Surgeon General)은 연구 보고서(U.S. Department of Health and Human Services, 2001)에서 소수민족이 임상실험 연구에 잘 드러나지 않았으며, 소수민족을 포함한 연구에서조차도 소수민족의 치료 효과가 별도로 연구되지 못했다는 우려를 제기했다(Burlew et al., 2011).

소수민족의 모집과 유지에 대한 연구의 대부분은 성공적으로 소수민족 연구 참여자를 모집하기 위한 전략보다는, 이들을 연구에 모집하는 것에 대한 장벽(Mason, 2005; Yancey, Ortega, & Kumanyika, 2006)에 초점을 맞추고 있다. 최근 논문에서 Burlew와 동료들(2011)은 임상연구에 소수민족 참여를 늘리기 위한 몇 가지 권고사항을 제시했다. 권고사항의 두 가지 영역은 지역사회 참여와 문화적 적응이다. 지역사회 참여 개념은 지역사회 활동, 연구 팀을 지역사회에 참여시키기, 지역사회 대표에게 역할 부여하기와 같은 내용을 포함하며, 18장에 자세히 설명된 바와 같이 지역사회기반 참여 연구 접근법과 일치한다. (문화변용 연구에 관한 방법론 문제는 11장에 설명되어 있다.) 예를 들어, Rodriguez, Rodriguez와 Davis(2006)는 스페인어를 사용하는 라틴계 가족을 모집하는 가장 효과적인 전략은 '입소문'(이전 참여자의 독려로 새로운 참여자가 참여)이라는 것을 발견했다. 이 저자들은 다른 사람들에게도 참여를 촉진하고 장려할 수 있는 참여자를 모집하는 데 노력을 기울일 것을 권고한다. 가장 성공적인 모집활동은 라틴계 공동체의 오랜 구성원을 연구 보조로 채용한 것이었다. 이 '내부자' 원칙은 중요하며, 지역사회기반 참여 연구의 원칙과 일치한다. 이러한 접근 방식은 다른 전략보다 더 많은 시간이 걸리고 신뢰 구축이 필요하지만, 임상연구에 대한 소수자 참여를 상당히 증가시키는 가장 효과적인 방법으로 나타났다(Burlew et al., 2011).

결론

MFT 연구자들이 직면한 중요한 과제는 임상연구를 위한 적절한 표본의 모집과 유지이다. 모집 및 유지에 실패하면 연구의 타당도에 상당한 위협이 된다. 그러나 임상 표본의 모집과 유지를 강화하기 위한 경험적 기반 전략을 제공하는 대규모 연구 문헌이 주목을 받고 있다. MFT 연구자들이 이러한 전략을 배우고 따를 때, 그들은 질 높고 영향력 있는 임상연구를 수행하는 데 필요한 표본을 성공적으로 획득하고 유지할 수 있을 것이다.

참고문헌

Andersen, E. (2007). Participant retention in randomized, controlled trials: The value of relational engagement. *International Journal for Human Caring, 11,* 46-51.

Anderson, J. R., & Doherty, W. J. (2005). Democratic community initiatives: The case of overscheduled children. *Family Relations, 54,* 654-665.

Baigis, J., Francis, M. E., & Hoffman, M. (2003). Cost-effectiveness analysis of recruitment strategies in a community-based intervention study of HIV-infected persons. *AIDS Care, 15,* 717-728.

Berger, L. K., Begun, A. L., & Otto-Salaj, L. L. (2009). Participant recruitment in intervention research: Scientific integrity and cost-effective strategies. *International Journal of Social Research Methodology, 12,* 79-92.

Bianchi, S. M., & Milkie, M. A. (2010). Work and family research in the first decade of the 21st century. *Journal of Marriage and Family, 72,* 705-725.

Bonvicini, K. A. (1998). The art of recruitment: The foundation of family and linkage studies of psychiatric illness. *Family Process, 37,* 153-165.

Bower, P., Wallace, P., Ward, E., Graffy, J., Miller, J., Delaney, B., & Kinmonth, A. L. (2009). Improving recruitment to health research in primary care. *Family Practice, 26,* 391-397.

Burgess, N., Christensen, H., Griffiths, K. M., & Farrer, L. (2010). Recruitment challenges associated with a randomized controlled trial within a general telephone counseling service. *Journal of Telemedicine and Telecare, 16,* 409-413.

Burlew, K., Larios, S., Suarez-Morales, L., Holmes, B., Venner, K., & Chavez, R. (2011). Increasing ethnic minority participation in substance abuse clinical trials: Lessons learned in the National Institute on Drug Abuse's Clinical Trials Network. *Cultural Diversity and Ethnic Minority Psychology, 17,* 345-356.

Cohen, J. (1992). A power primer. *Psychological Bulletin, 112,* 155-159.

Del Boca, F. K., & Darkes, J. (2007). Enhancing the validity and utility of randomized clinical trials in addictions treatment research: II. Participant samples and assessment. *Addiction, 102,* 1194-1203.

Dillman, D. A., Smyth, J. D., & Christian, L. M. (2009). *Internet, mail, mixed-mode surveys: The tailored design method* (3rd ed.). Hoboken, NJ: John Wiley & Sons.

Galea, S., & Tracy, M. (2007). Participation rates in epidemiologic studies. *Annals of Epidemiology, 17,* 643-653.

Gates, S., Williams, M. A., Withers, E., Williamson, E., Mt-Isa, S., & Lamb, S. E. (2009). Does a monetary incentive improve the response to a postal questionnaire in a randomised controlled trial? The MINT incentive study. *Trials, 10,* 44-50.

Gul, R. B., & Ali, P. A. (2010). Clinical trials: The challenge of recruitment and retention of participants. *Journal of Clinical Nursing, 19,* 227-233.

Guyll, M., Spoth, R., & Redmond, C. (2003). The effects of incentives and research requirements on participation rates for a community-based preventive intervention research study. *Journal of Primary Prevention, 24,* 25-41.

Hunninghake, D. B., Darby, C. A., & Probstfield, J. L. (1987). Recruitment experience in clinical trials: Literature summary and annotated bibliography. *Controlled Clinical Trials, 8,* 6S-30S.

Largent, E. A., Grady, C., Miller, F. G., & Wertheimer, A. (2012). Money, coercion, and undue inducement: Attitudes about payments to research participants. *IRB: Ethics & Human Research, 34,* 1-8.

Mason, S. (2005). Offering African Americans opportunities to participate in clinical trials research: How social workers can help. *Health & Social Work, 30,* 296-304.

Miller, R. B., & Wright, D. (1995). Correction for attrition bias in longitudinal analyses. *Journal of Marriage and Family, 57,* 921-929.

Nakash, R. A., Hutton, J. L., Jorstad-Stein, E. C., Gates, S., & Lamb, S. E. (2006). Maximising response to postal questionnaires: A systematic review of randomised trials in health research. *BMC Medical Research Methodology, 6,* 1-9.

National Institutes of Health. (2001). NIH policy and guidelines on the inclusion of women and minorities as subjects in clinical research. Retrieved from http://grants.nih.gov/grants/funding/women_min/guidelines_amended_10_2001.htm

Pollastri, A. R., Pokrywa, M. L., Walsh, S. J., Kranzler, H. R., & Gelernter, J. (2005). Incentive program decreases no-shows in nontreatment substance abuse research. *Experimental and Clinical Psychopharmacology, 13,* 376-380.

Probstfield, J. L., & Frye, R. L. (2011). Strategies for recruitment and retention of participants in clinical trials. *Journal of the American Medical Association, 306,* 1798-1799.

Puffer, S., & Torgerson, D. (2003). Recruitment difficulties in randomised controlled trials. *Controlled Clinical Trials, 24,* S214-S215.

Rodriguez, M. D., Rodriguez, J., & Davis, M. (2006). Recruitment of first-generation Latinos in a rural community: The essential nature of personal contact. *Family Process, 45,* 87-100.

Striley, C. L. W., Callahan, C., & Cottler, L. B. (2008). Enrolling, retaining, and benefiting out-of-treatment drug users in intervention research. *Journal of Empirical Research on Human Research Ethics, 3,* 19-25.

Swanson, G. M., & Ward, A. J. (1995). Recruiting minorities into clinical trials: Toward a participant friendly system. *Journal of the National Cancer Institute, 87,* 1747-1759.

Unger, S., Wylie, L., Fallah, S., Heinrich, L., & O'Brien, K. (2010). Motivated by money? The impact of financial incentrive for the research team on study recruitment. *IRB: Ethics & Human Research, 32,* 16-19.

U.S. Department of Health and Human Services. (2001). *Mental health: Culture, race and ethnicity. A supplement to mental health: A report of the Surgeon General.* Rockville, MD: Author. Retrieved from http://www.surgeongeneral.gov/library/mentalhealth/cre/execsummary-1.html

Warriner, K., Goyder, J., Gjertsen, H., Hohner, P., & McSpurren, K. (1996). Charities, no; lotteries, no; cash, yes: Main effects and interactions in a Canadian incentives experiment. *Public Opinion Quarterly, 60,* 542-562.

Watson, J. M., & Torgerson, D. J. (2006). Increasing recruitment to randomised trials: A review of randomised controlled trials. *BMC Medical Research Methodology, 6,* 34-43.

Woodall, A., Howard, L., & Morgan, C. (2011). Barriers to participation in mental health research: Findings from the Genetics and Psychosis (GAP) study. *International Review of Psychiatry, 23,* 31-40.

Yancey, A., Ortega, A., & Kumanyika, S. (2006). Effective recruitment and retention of minority research participants. *Annual Review in Public Health, 27,* 1-28.

07 커플가족 임상연구에서의 설문지 사용

Deanna Linville, Jeff L. Todahl, & Maya Elin O'Neil

커플가족치료(couples and family therapy: CFT) 연구에서 설문지의 사용은 보편적이고 대중적이며 효율적이지만, 자료 수집 절차의 일부로 설문지를 사용할지 결정하기 위해 연구자들이 고려해야 할 사항이 많다. 대부분의 측정도구 개발 연구는 개별적인 결과(예: 건강상태)와 치료의 효과성을 측정하는 데 초점을 맞추어 온 반면, 과정 변수, 변화 추적, 관계적 상호작용 측정은 덜 고려하였다(Heatherington, Friedlander, & Greenberg, 2005). 관계적 스트레스와 개인의 정신건강 문제 간 상호관계에 대한 강력한 뒷받침이 있기 때문에, 우리는 중요한 개인적 수준의 정보를 희생시키지 않으면서도 대인관계 과정과 관계적 변화를 측정하는 설문지를 포함시키는 것이 중요하다고 믿는다(Cano & O'Leary, 2000; Whisman & Uebelacker, 2006). 예를 들어, 외도가 배우자의 우울증에 미치는 영향을 연구한다면, 외도가 관계 역동에 미치는 영향과 그 반대의 영향을 측정하는 동시에 우울증을 개인 차원에서 측정하는 것이 필수적일 것이다. 또한 우리는 CFT 연구에서 사용되는 설문지의 기초를 관계이론으로부터 마련하는 것이 필수적이라고 믿는다(3장을 보라). 관계적 결과와 과정을 측정하기 위해 사용되는 설문지 문항의 기초가 개인 중심의 심리학 이론인 경우가 많은데, 이는 복잡한 커플 및 가족 역동에 대한 부정확하고 불완전한 사정으로 이어질 수 있다. 또한 상호작용이나 관계의 결과를 평가하도록 고안되지 않은 측정도구를 사용하면 타당하지 않은 연구결과가 나올 수 있다. 예를 들어, 개인 수준의 스트레스를 평가하기 위해 고안된 측정도구를 관계에서 오는 스트레스의 상호작용적 특성을 측정하기 위해 사용하면 부정확하게 측정될 수 있다. 비슷하게, 한 배우자의 평가 자료를 다른 배우자로 일반화하는 것은 잘못된 평가를 야기할 수 있다. 따라서 이 장은 커플 및 가족 맥락에서 변화를 추적하는 설문지의 사용과 외적, 구인, 내적, 그리고 결론 타당도라는 네 가지 주요 타당도를 고려하는 데에 초점을 둘 것이다.

타당도 고려사항

설문지를 통한 자료 수집에는 타당도 문제와 관련된 많은 장점과 단점이 있으며, 연구문제에 답하기 위한 최선의 방법이 설문 자료의 수집과 분석이라는 성급한 결론을 내리기 전에 장점과 단점을 모두 비판적으로 평가하는 것이 중요하다. 일반적으로 언급되는 설문 자료 수집의 장점에는 효율성, 접근성, 공개의 용이성, 비교가능성, 중립성이 있다 (Gillham, 2000). 게다가 연구자들은 적은 비용으로 많은 익명의 자료를 빠르게 얻을 수 있다. 참여자들은 즉각적으로 답해야 한다는 압박을 덜 느낄 수 있고, 면담자의 편견이 개입될 여지도 적다. 어떤 설문지는 시간에 따른 변화를 측정하기 위하여 반복적으로 사용될 수 있다.

단점에는 단일방법 편향(한 명의 보고자, 한 가지 방법의 사용), 사회적 바람직성을 높이기 위해 답변을 왜곡하는 응답자, 설문지에 반응적으로 응하는 참여자 등과 관련된 우려가 포함된다(Fricker & Rand, 2002; Gillham, 2000). 이러한 문제들은 커플 및 가족으로부터 설문 자료를 수집하려 할 때 더 심각해질 수 있다. 예를 들어, 집에서 성관계 만족도에 대한 설문지를 함께 작성하는 커플을 생각해 보자. 한 배우자가 설문지에 응답하는 동안, 다른 배우자는 어깨 너머로 배우자의 응답을 볼 수 있다. 배우자의 기분이 상할 것을 우려할 수도 있고, 다른 배우자가 그들의 성적 관계를 자신만큼 긍정적으로 평가하기를 원할 수도 있다. 이러한 상호작용은 자료를 편향시킬 것이 명백하다. 또한 다른 연구방법과 마찬가지로, 연구결과의 일반화 가능성 또는 외적 타당도를 제한하는 낮은 응답률이 나타날 수 있다. 설문지의 문항과 보기에 대한 잘못된 이해는 낮은 신뢰도를 야기하는 주요한 문제가 될 수 있다. 그러므로 문항에서 사용하는 단어에 주의를 기울이고 설문지 문항을 사전 실시(piloting)하는 것은 적절한 신뢰도를 얻기 위한 중요한 단계이다(Nunnally, 1978). 마지막으로, 시간 경과에 따른 변화를 측정하기 위해 설문을 단순히 반복 시행하는 것은 수월해 보이나, 일부 설문지 응답은 반복 시행에 영향을 받을 수 있음을 고려해야 한다. 예를 들어, 응답자는 이전에 보았던 질문에 대해서 문항 내용을 이미 알고 있기 때문에 반복측정 시에는 다르게 응답할 수 있고, 이로 인해 실제로 일어나지 않은 변화가 나타날 수 있다. 요약하자면, 가치 있는 자료의 수집을 가능하게 하는 설문지를 개발하거나 선택하는 것은 꽤 어려운 일이다. 그럼에도 불구하고 설문지는 일부 연구문제에 대한 효과적인 자료 수집 방법이 될 수 있다. 그러나 설문지는 종종 더 객관적이거나 자기보고에 덜 의존하는 다른 자료 수집 방법과 함께 사용될 때 가장 효과적이다(예: 생리학적 측정, 관찰 평정).

설문지를 선택하는 것과 관련하여 연구자는 측정도구의 타당도와 신뢰도에 상당한 주의를 기울여야 한다. 측정도구의 타당도는 대부분 구인 타당도, 기준 타당도, 내용 타당도를 포함한다. 자료 수집을 위해 설문지를 고안, 선택, 사용할 때, 연구결과는 수집된 자료의 질보다 결코 더 좋을 수 없다는 것을 기억해야 한다(Bickman & Rog, 1998). 특히 설문지를 통해 수집한 자료와 관련하여 구인 타당도를 위협하는 요인으로는 단일방법 편향, 응답자 편향, 구성개념에 대한 부적절한 사전 설명, 그리고 설문조사 연구와 치료 간 잠재적인 상호작용이 있다. 단일방법 편향은 자주 언급되는 우려인데, 연구자가 관심 있는 구성개념의 일부만 포착하거나 불필요한 측면을 포착하는 측정도구를 사용하는 경우이다(Kane, 2006). 설문지 문항에서 사용하는 단어선택(wording)도 응답 편향 또는 응답자 편향의 가능성을 증가시킬 수 있다. 연구자들이 연구문제를 도출할 때 명확성이 부족할 수 있고, 문항의 단어선택이 응답자들에게 명확한 방식으로 표현되지 않을 수 있으며, 문화적 차이가 문항에 대한 오해의 원인이 될 수 있다. 이는 모두 운영 편향(operational bias)을 유발하고 구인 및 외적 타당도를 위협한다. 마지막으로, 몇몇 연구자들은 개입 연구에서의 설문 연구와 '치료' 간에 발생할 수 있는 상호작용에 대해 언급했고, 이는 구인 및 내적 타당도를 위협할 수 있다(Kane, 2006). 예를 들어, 치료에 관련된 임상연구 시 참여자가 받은 치료 자체와 설문조사를 통한 참여자에 대한 평가가 동시에 발생할 때이다. 참여자에 대한 평가가 동시에 진행되지 않았다면, 치료는 같은 효과를 보였을까? 많은 연구설계에서 치료의 효과와 평가의 효과를 구분하는 것은 어렵다.

또한 외적 타당도, 특히 문화적 타당도(Quintana, Troyano, & Taylor, 2001)는 설문지를 선택하고 설문조사를 실행할 때 주요 고려사항이 되어야 하고, 문화적으로 민감하고 소외된 사람들을 위해서 번역될 수 있는 측정도구인지 확인해야 한다. 일부 측정도구들은 인구통계학적 또는 문화적 고려사항(예: 연령, 관계 기간, 문화적 배경의 다른 측면)에서 특정 연구대상에게 다르게 기능할 수 있다. 항상 가능한 것은 아니지만, 외부적, 문화적으로 타당한 평가를 보장하기 위해 연구 또는 임상 환경의 참여자와 비슷한 사람들을 대상으로 척도를 타당화하는 것이 이상적이다.

질 높은 측정도구의 특징

높은 구인 타당도를 가진 측정도구를 식별하고 선택하는 것은 가장 중요한 연구설계 과업 중 하나다. 측정도구를 선택할 때 측정도구의 신뢰도 및 타당도 영역과 이론, 연구문제, 척도에 의해 측정된 구성개념 간의 일치와 같은 전통적인 측정 특성을 고려한다(3장을 보라). 그러나 관계적인 면을 측정하는 질 좋은 척도를 선택하기 위해서는 몇 가지 추가적인 사항을 더 고려해야 한다. 앞에서 언급된 전통적인 설문측정 특성에 더해, 관계적인 측정도구를 선택할 때에는, ① 도구가 대인관계적인(독립적이지 않은) 과정을 측정하도록 고안되었는지, ② 측정 프로토콜에 누가 포함되는지(예: 커플을 대상으로 하는 경우, 설문지가 커플 모두로부터 정보를 수집하도록 고안되었는지), ③ 선택된 척도가 관계 연구 지식의 확장에 기여하는지, ④ 척도가 관계적, 문화적, 주요 인구통계학적 특성에 대한 구인 타당도를 보이는지를 살펴보아야 한다(Cook & Snyder, 2005; Massey & Tourangeau, 2012; Sue, 2003; Tran, 2009).

가장 좋은 관계적 측정도구에 대한 공통의 합의는 없다. 커플만족도나 커플스트레스와 같은 관계적 특성을 측정하는 자기보고식 척도들이 존재한다(Lebow, Chambers, Christensen, & Johnson, 2012; Sanderson et al., 2009; Snyder, Heyman, & Haynes, 2005; Stanton & Welsh, 2012). 한 리뷰 논문(Sanderson et al., 2009)에 따르면, 274개의 CFT 성과 연구의 설문지 중 87.2%가 자기보고 방식을 사용했다. 이 설문지들의 대부분은 타당화 작업을 거쳤으며(종종 관심 집단을 대상으로 한 타당화는 아니지만), 구성개념의 다차원적인 평가를 위한 몇 가지 하위척도를 지니고 있었다. 그러나 가족치료 연구에서 사용되는 대부분의 설문지는 여전히 분석단위로 개인에만 초점을 두고 있다. Sanderson과 동료들이 리뷰한 274개의 CFT 성과 연구 중 오직 27%만이 분석단위로 커플이나 가족에 초점을 두었다고 명시적으로 밝혔다. 이런 점에서 관계적 변수를 더 완성도 있게 측정하는 연구자들은 그들의 개별 연구로 문헌에 기여하는 동시에 연구방법에 체계론적 사고를 명시적으로 포함시키려는 더 큰 노력에 기여하고 있는 것이다(Stanton & Welsh, 2012).

커플 기능을 측정하는 많은 타당화된 척도들은 간단하고(Lebow et al., 2012), 가족 기능의 뚜렷한 특징들(부모–자녀 관계의 질과 양육행동 포함)을 측정하기 위해 고안되었다. 일부 자기보고식 가족 기능 설문지는 자녀의 심각한 질병에 대한 부모의 보고와 같은 특정 상황에 맞는 문제를 측정한다(Pritchett, Kemp, Wilson, Minnis, & Bryce, 2011). 실제로 특정 측정도구 사용의 폭발적인 증가가 나타났다. Sanderson과 동료들(2009)은 CFT 성과 연구에 대한 리뷰에서 총 480개의 각기 다른 척도를 찾아냈는데, 이 480개의 척도 중 오직 8개의 측정도구만이 10개 이상의 연구에서 사용되었다. 또한 Christensen, Baucom, Vu와 Stanton(2005)은 관계만족도가 커플치료 연구에서 가장 흔한 측정 범주이며, 커플 상호작용의 관찰 측정이 그 뒤를 잇는다고 밝혔다.

어떤 관계적 측정도구가 가장 좋은지에 대한 합의는 딱히 없으나, CFT 연구에서 다양한 관점이 훨씬 더 자주 도출되어야 한다는 것에 많은 연구자는 동의한다(Cook & Snyder, 2005; Eisikovits & Koren, 2010; Keiley, Keller, & El-Sheikh, 2009; Pritchett et al., 2011). 다수의 응답자 자료는 커플 및 가족 과정, 가족치료이론, 그리고 CFT 연구결과의 지식 기반을 진전시키는 데 특히 중요하다. 현재까지 많은 가족치료 연구가 한 명의 가족 구성원으로부터만 정보를 얻는 데 그쳤거나, 대인관계 과정에 대한 최적의 분석을 허용하지 않는 자료 수집 전략을 사용한다. 결론적으로, 최소한의 신뢰도 및 타당도 기준을 충족하고, 연구참여자 대상으로 척도가 수정되고, 무엇보다 같은 변수에 자기–타인(self-other) 자료를 모두 도출하도록 설계된 측정도구를 선택할 것을 권한다.

이인 연구 설계(dyadic research design)는 대인관계적 과정을 측정하기 위해 자기보고식 설문지와 다수의 응답자를 사용하는 전략의 한 예시이다. 이인 연구 설계는 관계 중심 질문을 다루는 것을 목표로 하며, 여러 구성원으로부터 관계와 개인 특성에 대한 정보를 수집하는 것을 포함한다(Wittenborn, Dolbin-MacNab, & Keiley, 2013). 이인 연구는 연구자가 유대감, 관계적 과정, 상호의존성을 조사하도록 하므로 체계의 변화에 관심이 있는 연구자들에게 매우 적합하다. 더 나아가, 이인 전략은 연구자가 분석에 앞서 여러 명의 정보를 단순히 합산해 버리거나 이인체계의 구성원을 따로 분리할 때 발생하는 정보의 손실을 줄일 수 있게 한다. 이인 연구를 지지하는 사람들은 같거나 비슷한 설문지를 사용할 것을 촉구하며, 적어도 연구의 핵심 구성개념이 다수의 참여자(예: 이인체계에서 두 구성원 모두, 가족의 각 구성원)의 관점으로부터 측정될 것을 제안한다. 그리고 다수의 참여자로부터 주요 구성개념을 측정하는 설문지를 사용할 수 없거나 적절하지 않은 경우에는, 개인 지향적인 척도라도 "최소한 관계된 참여자들(배우자, 부모–자녀 등) 간에 적용된"(p. 7) 적이 있는 척도를 찾아볼 수 있다.

이러한 각각의 전략(여러 관점의 활용, 다수의 참여자 자료 수집, 한 변수에 자기-타인 자료 모두 수집하기, 이인 연구 설계)은 정확성, 즉 관계적인 구성개념의 타당도를 높일 수 있는 가능성을 보여 준다. 추가적인 정보를 위해서는 CFT 연구를 위한 이인 방법론의 훌륭한 개요서인 Wittenborn 등(2013)을 참조하라.

설문지 선택의 고려사항

가장 적합한 관계적 측정도구에 대한 합의의 부재에도 불구하고, 질 높은 측정도구의 특징에 대한 넓은 공감대는 형성되어 있다. 당연히, 여기에는 참여자 집단을 대상으로 한 연구에서 나타난 최소한의 신뢰도와 타당도 기준이 포함된다. 우수함에 대한 절대적인 기준은 없으며 적절한 신뢰도는 특정 연구 영역에 따라 달라진다는 점을 CFT 연구자들이 주의해야 하지만, 특히 신뢰도 검사는 결론 타당도와 관련하여 설문지를 사용할 때 여전히 중요한 고려사항이다. 연구자는 특정 연구 영역의 신뢰도 기준을 잘 알아야 할 뿐 아니라, 일반적으로 언급되는 설문지의 신뢰도 판정 기준을 확인해야 한다. Alderfer 등(2008)은 29개의 가족 측정도구의 장점을 평가하고 '잘 확립된' 척도는 다음의 심리측정 기준을 충족하거나 넘어서야 한다고 주장했다.

> 우리는 '좋은' 심리측정학적 특성을 다음과 같이 정의한다. 그것은 .70이 넘는 내적 일관도(Nunnally, 1978), 구성개념의 안정성과 일관된 검사-재검사 신뢰도, .70이 넘는 평정자 간 신뢰도, .61이 넘는 평정자 간 일치도(Landis & Koch, 1977), 그리고 적어도 두 가지 형태 이상의 동시/예측 또는 수렴 타당도의 증거이다(p. 1048).

그러나 이러한 권고에도 불구하고, Sanderson 등(2009)은 그들의 274개의 CFT 성과 연구에 대한 리뷰에서 "805개 중 624개(77.5%)의 연구는 연구 대상 표본에 대한 신뢰도의 네 가지 유형 중 어떤 것도 보고하지 않았다."(p. 250)고 밝혔다. 또한 연구자들은 표본과 측정의 특성에 따라 신뢰도 기준을 정하는 부적절한 방법에 과도하게 의존하는 것을 경고하며, 신뢰도 계수의 적절한 커트라인 선택에 대한 자세한 검토를 제안한다(이러한 결정과 권고사항에 대한 더 자세한 논의는 Yang & Green, 2011을 보라). 설문지 선정에 대한 추가적인 고려사항에는 내용, 기준, 구인 타당도가 알려져 있는지의 여부와 연구문제에 대한 구성개넘의 이론적 적합성이 포함된다. 도구의 반응성, 가장 점수가 낮은 집단(바닥 효과)과 가장 점수가 높은 집단(천장 효과) 간 부적절한 변별, 그리고 점수의 해석 가능성도 설문지 선정에 있어서 중요한 고려사항이다(Terwee et al., 2007).

마지막으로, CFT 연구에서 변화 궤적을 추적하기 위해서는 여러 번의 관찰이 필요하고, 측정도구들은 변화 과정에 민감해야 하며, 치료 참여의 결과로 변화할 변수/과정을 측정할 필요가 있다. 예를 들면, Cook과 Snyder(2005)가 언급했듯이 "치료의 첫 3회기까지의 관찰에서 (각 배우자의) 부정성의 지속적인 증가 패턴이 나타날 수 있는 반면, 치료의 후반부 관찰에서는 부정성의 감소가 드러날 수 있다"(p. 139). 성장곡선을 평가하고 시간의 경과에 따른 변화율에 대해 개인의 안정성과 대인관계의 영향 효과를 검증하고자 하는 CFT 연구방법은 복수의 관찰을 필요로 한다(즉, 참여자는 같은 측정도구를 여러 상황에 상정하여 반복 완료해야 한다). 이런 경우, Funk와 Rogge(2007)의 커플만족도 검사(Couples Satisfaction Index)처럼 간결하고 정확한 설문지 사용이 특히 중요한데, 이러한 설문지는 탈락율을 낮추고 결측 자료 비율을 줄일 수 있기 때문이다(Williams, Edwards, Patterson, & Chamow, 2011). 또한 변화를 사정할 때 무엇이 변화를 구성하는지에 대한 정의가 필요하다. 예를 들어, 관계만족도 설문지를 반복적으로 사용하면 치료 종결 후와 비교하여 치료 시작부터 통계적으로 유의미한 향상을 발견할 수 있다.

문화적으로 적절한 측정도구의 선택

많은 방법론학자, 심리측정학자, 의료보험 제공자, 그리고 소비자는 연구자들에게 다양성을 설명하는 측정도구 개발이 필요하다고 촉구해 왔으며, 이는 외적 및 구인 타당도를 향상시킨다. Tran(2009)이 잘 표현했듯이 "문화적으로 동질적인 연구도구가 없다면, 두 문화 또는 여러 문화 집단들 간의 행동 문제, 사회적 가치, 또는 심리 상태에 대한 의미 있는 비교를 이끌어 낼 수 없다"(p. 3).

이에 대응하여, 연구자들은 잘 만들어진 측정도구를 다양한 언어로 번역했고, 기존 설문지를 면밀히 조사하기 위해 다양한 모집단을 초청했고, 연구대상 집단의 구성원들과 협력하여 설문지를 개발했으며, 연구 참여 장벽을 낮추는 표본추출 및 자료 수집 전략을 개발해 왔다(Mitchell, Patterson, & Boyd-Franklin, 2011; Quintana et al., 2006; Sindik, 2012). 이러한 노력은 대체로 문화적 타당도(cultural validity)에 근거한다(Sue, 2003).

'문화적 타당도'라는 개념을 일찍부터 지지했던 Leong과 Brown(1995)은 이를 다음과 같이 묘사했다. "문화적 타당도는 여러 문화 전반에 걸친 이론과 모델의 구인, 동시, 예측 타당도와 관련이 있다. 즉, 문화적으로 다른 개인들과 관련된 것이다"(p. 144). 타당도 또는 설문지가 구성개념의 내용을 포착하는 정도(Williams et al., 2011)는 문화적 편향에 의해 위협받는다. Sindik(2012)은 세 가지 유형의 검사 편향(구성개념 편향, 방법 편향, 문항 편향)이 문화적 타당도에 어떤 위협이 되는지 지적한다. 구성개념 편향은 척도가 설문지에서 측정된 구성개념의 의미를 반영함에 있어 문화적 차이를 정확하게 설명하지 못하는 정도이다. 예를 들어, 부모와 자녀가 같이 자는 것(co-sleeping)의 적절성은 문화 집단 간뿐만 아니라 문화 집단 내에서도 매우 다양한 방식으로 인식된다(예: 분화에 대한 인식, 성인−자녀 경계에 대한 인식). 특정 집단과 문화에서 타당화되지 않은 설문지는 연구결과 및 영향에 대한 결론 타당도 문제를 야기할 뿐만 아니라, 구성개념을 잘못 나타낼 수 있고 자료의 구인 타당도 오류도 야기할 수 있다. 오랫동안 측정도구의 구인 타당도를 제대로 확립하지 못했기 때문에, 문화적 편향은 많은 측정도구에 잠재적으로 내재되어 있고 기존 연구결과를 크게 편향시킬 수 있다. CFT 성과 연구 설문지 리뷰에서 Sanderson과 동료들(2009)은 94%의 도구(N=480)가 유럽계 미국인 이외의 소수민족 집단에 대한 구인 타당도를 확립하지 못했다고 보았다. 그 리뷰에서 Sanderson 등은 다양성의 다른 차원(예: 성별, 성적 지향성)에서의 구인 타당도를 조사하지는 않았다.

커플가족치료 연구자들은 문화적으로 타당한 설문지를 선택하고 다양한 모집단에 대해 규범화된 도구를 개발함으로써 문헌에 나타난 문화적 편향을 유효하게 줄일 수 있다. 마찬가지로 중요하게, 연구자들은 기존 측정도구의 문화적 편향을 체계적으로 수정할 수 있다. 우선 기존 설문지의 기초가 되는 이론적 가정의 맥락을 해체하고 다양한 맥락에 맞게 재구성하는 작업이 필요한데, 이러한 과정은 설문지에 내재된 문화적 가정을 사정하고 도구를 문화적으로 민감하게 재구성하기 위한 전략이다. Geisinger(1994)는 설문지를 번역하고 새로운 문화 집단에 맞춤화하기 위한 절차를 소개했다. 측정도구의 개발에 적용된 참여 연구방법론은 타당한 구성개념과 이러한 구성개념에 민감한 문항을 포함하는 도구를 만들기 위한 또 다른 전략이다(Cortez et al., 2011). 독자들은 Sindik(2012)의 여러 문화에 걸친 연구에서 문화 편향의 영향을 줄이기 위한 훌륭한 지침 목록과 Okazaki와 Sue(1995)의 방법론적 문제의 요약을 참조할 수 있다.

다중표본 확인적 요인분석(confirmatory factor analysis: CFA)을 사용하여 동일성(혹은 비동일성) 검증을 실시함으로써 측정도구의 동질성을 여러 문화에 걸쳐 확인할 수 있다. 동일성 검증의 일반적인 개념은 두 표본(이 경우에는, 두 문화 또는 두 정체성)에서 측정도구의 특성을 검사하여 척도가 두 집단 간에 유사한 방식으로 기능하는지 확인하는 것이다. 동일성 검증 절차는 복잡하며, 동일성 검증을 어떻게 하는지에 대해서는 각자가 사용하는 구조방정식(structural equation modeling: SEM) 소프트웨어 패키지 절차에 대한 설명을 참조할 것을 권장한다(예: Byrne, 2009). 일반적으로 동일성 검증에서는 일련의 모형비교 과정을 설정하고, 초기모형과 비교집단 간 수치가 동일하도록 제약을 건 제약모형을 비교한다. 하위집단 비교에 앞서 확인하는 일종의 총괄검정(omnibus test)[1]과 비슷하게, 동일성 검증은 분산-공분산 구조를 비교함으로써 모형 간 유사성을 전체적으로 검증한다. 만약 전체적인 검증에서 통계적으로 유의한 모형 차이가 나타난다면, 모형 간 세부적인 차이가 있는지 확인하기 위해 일련의 점진적으로 제한된 가설들을 하나씩 검증한다. 이러한 비교를 위해서 카이제곱(χ^2) 값을 확인해야 한다. 구조방정식에서 카이제곱 통계는 연구모형이 비교모형과 얼마나 다른지를 수치화하는 데 사용된다. 전통적인 구조방정식 방법에서는 제안된 연구모형을 포화(saturated)모형(구성개념 간의 모든 관계가 설정된 모형)과 비교한다. 카이제곱 값은 제안된 연구모형이 포화모형과 수학적으로 얼마나 다른지를 나타내며, 카이제곱 값이 클수록 모형 적합도가 낮음을 의미한다. 동일성 검증에서는 두 집단에서 모형의 구성요소(예: 요인계수, 분산, 공분산으로 나타나는 문항 또는 잠재변수들 사이의 관계)에 차이가 있는지 비교한다. 모형에서 나타난 통계적으로 유의미한 카이제곱 값의 차이는 집단 간 측정에서의 유의미한 차이를 의미한다. 만약 카이제곱 값이 전체적으로 제약된 모형에서 훨씬 크다면, 앞서 설정한 일련의 모형비교에서 다음 순서의 내재(nested)모형이 제약되고 비교된다. 이 과정은 제약모형 가설들을 검증하기 위해 점진적으로 반복되고, 집단 간 유의미한 차이가 나타나는 모형의 세부적 구성요소가 드러날 때까지 반복된다. 비교되는 모형 간 통계적으로 유의미한 차이가 없다면, 비교되는 두 집단 또는 문화 간 동일한 방식으로 측정이 가능하다고 해석할 수 있다.

　문화적으로 민감한 설문지를 구현하는 것에 있어서 특히 복잡한 문제 중 하나는 측정도구를 다른 언어로 번역하는 것이다. 이 문제는 복잡하며 이 장의 범위를 벗어난 세부 사항도 다뤄야 한다. 따라서 설문지를 다른 언어로 번역하기 위한 전략의 확장된 논의를 위해 Okazaki와 Sue(1995)의 연구와 Herrera, DelCampo와 Ames(1993)의 연구를 추천한다. 그러나 이 장의 목적을 위해 우리는 Herrera 등의 단계를 다음과 같이 요약한다. 첫째, 척

---

1) 역자 주: 총괄검정이란 여러 집단 평균들의 전체 분산에 대한 하나의 가설검증을 의미한다.

도의 번역은 번역 경험이 있는 사람에 의해 이루어져야 할 뿐 아니라 대상 집단에 대한 경험이 있는 두 명 이상의 번역가에 의해 이루어져야 하며, 이러한 번역은 별도로 완성한 뒤 합쳐야 한다. 또한 정확성을 위해 문법에 능숙한 사람이 편집해야 한다. 둘째, 번역본의 명확성과 동일성이 평가된 후, 다양한 배경을 가진 이중언어자에 의해 역번역될(back-translated) 필요가 있다. 이 역번역을 녹음하고 숙련된 번역가에게 들려주어 추가적으로 수정한다. 셋째, 번역본을 현장에서 사용해 보고 신뢰도를 평가한다. 마지막으로, 신뢰도 지수를 해석해야 하는데, 연구에서 신뢰도를 낮춘 외부 변수들이 있는지 살펴보고 이에 따른 해석을 해야 한다. 그러한 외부 변수가 있다면 번역의 문제와는 구분하여 해석해야 한다(Herrera, DelCampo, & Ames, 1993). 궁극적으로 번역에 있어 이러한 절차를 거친 모범 사례가 사용되도록 하는 것은 문화적 타당도를 높이며, 이 과정은 설문지를 선택하고 외적 타당도를 평가할 때 중요하게 고려해야 한다.

설문조사 실행을 위한 고려사항

설문조사의 실행을 위한 주요 고려사항은 실행 가능성, 접근성, 빈도, 전달, 윤리 그리고 최대화된 타당도이다. 설문지를 통한 자료 수집의 장점 중 하나가 효율성이기 때문에, 연구자가 설문조사 시에 실행 가능성을 고려하는 것이 중요하다. 응답자가 설문지에 얼마나 접근하기 쉬운지에 대한 문제뿐만 아니라, 설문지에 응답할 시간과 장소와 같은 문제가 의사결정 과정에 반영되어야 한다. 즉, 설문지의 언어는 응답자가 쉽게 읽을 수 있고 이해할 수 있어야 한다. 또한 커플 및 가족의 맥락을 고려하는 것이 필수적이다. 연구자는 "커플이나 가족이 설문지에 응답할 때 장애물이 무엇인가?"라는 질문을 스스로 해야 한다. 간단히 말해서, 연구자는 가족체계 내의 더 많은 사람이 설문지를 완료하는 것을 요청하는데, 만약 가족 구성원들이 동시에 설문지에 응답하는 것을 기대한다면, 어려움이 증가할 가능성이 크다. 한 예로, 이 장의 제1저자와 제2저자는 갓 신생아를 낳은 초산 부모를 대상으로 3회기 개입의 효과성을 검증하는 무선통제실험을 진행했다. 자료 수집의 주요 방법은 설문지였다. 가족의 자녀돌봄 문제, 모유 수유 여부, 신생아로부터 부모가 얼마나 오래 떨어져 있을 수 있는지, 커플이 함께 설문지를 작성해야 하는지 등은 설문지에 응답하는 데 중요한 고려사항이었다. 이러한 점들이 고려되지 않을 경우, 참여자 커플 모두에게 설문에 응답하는 데 상당한 어려움이 있었다. 이러한 참여자 요인을 고려하지 않으면, 커플 및 가족 연구자들은 많은 잠재적 참여자를 의도치 않게 놓칠 수 있으며, 이는 결과의 왜곡과 구성개념에 대한 타당하지 않은 평가로 이어질 수 있다.

또 다른 중요한 고려사항은 연구자가 설문조사를 진행하는 빈도이다. 이 질문에 연구자들이 대답하기 위해서는 좋은 연구문제를 개발하고 이러한 연구문제에 답할 수 있는 최적의 방법을 이해해야 하며, 종단 자료가 필요한지 횡단 자료가 필요한지 알아야 한다. 연구자들은 종종 여러 시점보다 한 시점(횡단)에서 자료를 더 쉽게 수집한다.

설문조사를 진행하는 전략도 커플가족 설문 자료 수집에 있어 주요한 고려사항이며, 이는 궁극적으로 연구의 타당도에 영향을 미친다. 시행 전에 고려해야 할 필수 사항은 '연구자가 커플 또는 가족이 동시에 설문지를 작성하기를 원하는가?', '가족체계의 구성원들이 설문지와 그들의 답변에 대해 함께 이야기해도 괜찮은가?', '가족 구성원이나 커플이 그들의 응답을 서로에게 보여 주는가?', '가족이나 커플이 원래 또는 설문지 작성 후에 갈등을 보인다면 연구자가 어떻게 개입할 것인가?'와 같은 질문이다. 또한 설문지의 전달 방법도 고려해야 하는데, 설문지가 온라인, 대면, 우편, 집단으로 설문 시행 중 어떻게 전달되는지 고민해야 한다. 이러한 전달 방법에는 각각 장단점이 있다. 예를 들어, 설문지를 작성할 때 연구자가 커플이나 가족과 함께 있다면, 참여자들이 답변을 서로 비교하지 않게 하는 것이 더 쉬울 것이다. 그러나 이 방법은 우편으로 배달하는 것보다 더 많은 자원(시간과 비용)을 필요로 하며, 참여자들이 동시에 참여하기 위해 그들의 시간을 조정해야 하는 번거로움이 있다. 인터넷을 통해 설문지가 전달되는 경우, 참여자들이 설문지를 독립적으로 작성했는지, 동일한 사람이 같은 설문지를 여러 번 작성하지는 않았는지 확인하는 것은 더 어려워질 수 있다. 또한 연구자들이 표본 추출 방법을 통제하기 더 어려울 수 있으며, 표본을 추출하고자 하는 온라인 커뮤니티는 거의 알려져 있지 않은 커뮤니티일 수도 있다(Andrews, Nonnecke, & Preece, 2003; Dillman, 2000). 동시에 온라인을 통해 설문조사를 하는 것은 분명히 효율적이고 저렴하다.

연구 자료 수집 방법과 관련된 윤리를 생각할 때, 연구자는 자료 수집의 목적이나 목표를 반드시 고려해야 한다. 정신건강 분야의 모든 연구와 마찬가지로, 주요 목적은 참여자의 안녕을 보호하고 과학적으로 유효한 자료를 생성하는 것이다(Margolin, Chien, Duman, Fauchier, & Gordis, 2005). 설문지에 응답하는 것만으로도 참여자들은 개인적인 이익을 얻을 수 있다. 실제로 임상가들은 목표를 향한 진전, 변화를 위한 과정 지표, 치료 방식에서 효과가 있는 것과 효과가 없는 것 등에 대한 피드백을 주고받기 위해 치료 과정 전반에 걸쳐 종종 설문지를 사용한다. 과학자-임상가는 윤리적 의사결정의 일환으로 참여자들이 설문지를 작성하는 것을 어떻게 경험하는지 고려할 필요가 있다. 문항이 심리적 스트레스를 야기할 가능성이 얼마나 있는가? 질문이 어떤 식으로든 고통을 야기한다면 참여자들에게 어떤 자원이 제공될 것인가? 너무 많은 문항 때문에 참여자가 탈진이나 피로를 겪을 수 있는가? 설문지 문항에 소외된 참여자들이 차별을 경험할 수 있는 미묘한 차별(microaggressions: 의도적이든 의도적이지 않든 유색인종에 대한 적대적, 경멸적, 부정적인 인종 비하와 모욕감을 표현하는 짧고 흔한 일상의 언어적, 행동적, 환경적 모욕; Sue et al., 2007)이 명백히 존재하는가? 연구자는 참여자들이 질문에 대해 답을 하면서 스스로에 대해 반추하며 얻을 혜택이 있을 것이라고 얼마나 확신하는가? 설문조사 그 자체의 경험에 대한 고려에 더해, 연구자는 커플 및 가족을 어떻게 모집할 것인지, 연구 참여에 보상을 어떻게 줄 것인지, 가족의 여러 구성원이 연구에 참여할 때 발생할 수 있는 고유한 도전과 갈등에 대한 계획은 어떻게 세울지 등을 결정할 때 윤리적 고려를 반드시 해야 한다. 커플가족 연구자는 이 모든 것이 연구의 내적 및 외적 타당도에 미치는 영향뿐만 아니라, 한 단위로서의 가족, 참여하는 가족 구성원, 심지어 참여하지 않는 가족 구성원에 대한 이익−위험을 평가할 준비가 되어 있어야 한다(Margolin et al., 2005, p. 157).

관계적 도구 개발을 위한 고려사항과 전략

커플 및 가족 관계를 사정하기 위해 개발된 많은 도구가 존재하지만, 기존 도구가 적절히 접근하지 못하는 많은 연구 및 임상 질문이 있다. 또한 기존 설문지가 연구 맥락에 따라 잘 타당화되었더라도, 임상적 맥락에서는 측정도구를 또 다른 환경과 집단에 적합하게 만들기 위해 수정이 필요할 수 있다. 따라서 이러한 연구와 임상의 차이를 메우기 위해서 새로운 설문지를 만드는 방법을 이해하는 것이 중요하다. 이러한 도구 개발 및 타당화를 위한 유용한 전략들이 있으며, 여기에는 탐색적, 확인적, 예측적 분석이 포함된다(예: Brown, 2006).

측정도구를 연구하기 전에 임상연구자는 새로운 또는 수정된 도구의 개발로 채워져야 하는 문헌의 공백이 정말로 존재하는지 확인해야 한다. 측정도구 개발 및 타당화의 과정은 길고 복잡하며, 강력한 필요성이 없는 한 착수해서는 안 된다(de Leeuw, Hox, & Dillman, 2008). 같은 구성개념을 측정하는 여러 다른 척도들은 연구 간 결과를 비교하려고 할 때 문제를 야기할 수 있다. 예를 들어, 5개의 개입 연구가 '관계만족도'를 평가하기 위해 각각 다른 측정도구를 사용한다면, 각 연구에서 나타난 결과의 차이를 바탕으로 개입들의 효과성을 비교하는 것이 매우 어렵게 되는데, 이는 그 차이가 연구 간 유사한 변화가 있었는지 여부보다 관계만족도를 측정하는 방법과 관련이 있을 수 있기 때문이다(Brown, 2006). CFT 연구에 적용할 수 있는 척도 개발 과정에 대한 보다 자세한 논의는 DeVellis(2012)의 최근 개정된 책과 Worthington과 Whitaker(2006)의 학술지에 포함되어 있다.

통계 방법을 선택하기 전에 임상연구자는 측정도구 개발 과정에 참여해야 하는데, 이는 문헌에 기반한 문항 구성의 반복, 전문가 의견에 기반한 협의 및 수정, 그리고 예비 검사에 기반한 추가 수정 등을 포함한다. 측정도구로 평가될 모집단(인구학적 특성, 주제에 대한 친숙도 등)을 고려하는 것은 물론, 길이와 이해의 용이성 등과 같은 실질적인 한계도 고려하는 것이 매우 중요하다. 문항의 문구는 명확하고 간명해야 한다. 문항을 만들 때, 여러 개념(예: 활동의 즐거움과 활동을 같이하는 사람을 평정)을 묻는 것보다 하나의 개념(예: 활동의 즐거움을 평정)만을 명백하게 묻는 것이 중요한데, 이는 응답자가 개별적인 구성요소 또는 복수의 의미에 응답할 수 있기 때문이다(de Leeuw et al., 2008). 측정도구 개발을 위한 또 다른 실질적인 고려사항은 참여자의 참여 가능성과 그에 따른 표본크기이다. 비록 통계학자들 사이에서 측정도구의 문항 수와 표본크기 비율에 대한 동의된 규정은 없지만, 긴 척도로 타당도검사와 요인분석을 하는 것은 적은 문항의 척도보다 더 많은 표본을 필요로 한다. 긴 검사도구의 타당도와 요인구조를 검사하는 것은 적은 문항의 측정도구보다 더 큰 표본을 요구한다. 탐색적 요인분석을 수행할 때 권장되는 표본크기는 일반적으로 최소 100명이며, 구조방정식의 경우 설문 길이에 관계없이 200명이다(예: 확인적 요인분석의 측정도구 길이에 대한 표본크기 요건에 대한 논의는 Kline, 2010을 보라). 다중 구성요소 또는 잠재요인을 평가하기 위해서 많은 문항이 필요하지만, 참여자 피로를 고려해야 하며, 획득한 자료를 적절히 분석하기 위해 표본크기를 증가시키는 것도 고려해야 하기 때문에 중복되거나 불필요한 문항은 제거되어야 한다.

탐색적 분석은 기존의 연구나 타당화 작업을 거치지 않은 새로운 측정도구 개발에 초점을 둔다. 이 경우, 임상연구자는 임상 및 연구 필요성뿐만 아니라 연구 공백에 대해서도 반드시 확인해야 한다. 비록 탐색적 분석이 측정도구 개발 과정에서 필수적인 첫 단계이지만, 탐색적 분석 결과를 지나치게 신뢰하는 것은 문제가 될 수 있다. 왜냐하면 하나의 표본에 기초한 결과는 보통 그 특정 표본의 특수성일 수 있으며, 다른 표본에 일반화될 수 있는지 알 수 없기 때문이다(de Leeuw et al., 2008).

사정 도구 개발을 위한 탐색적 연구는 다양한 유형의 통계적 방법을 포함한다(예:

Crocker & Algina, 2006; DeVellis, 2012). 종종 설문지 개발 및 타당화는 탐색적 요인분석 (exploratory factor analysis: EFA)과 같은 분석을 통한 측정도구의 요인 구조를 파악하는 것이 포함된다. 일단 요인 또는 하위척도가 확립되면, 탐색적 연구는 하위척도와 전체 척도의 신뢰도 검증을 해야 한다. 탐색적 요인분석이 측정도구 개발의 중요한 부분이지만, 척도개발 영역(설문문항 연구 영역)에 매우 특정한 통계 기법이다. 탐색적 요인분석 방법에 대한 자세한 설명은 이 장의 범위를 벗어나므로 독자들은 Stevens(2012)와 같이 소프트웨어 예제가 있는 통계적 자료를 참고하라.

측정도구 타당화의 중요한 부분은 개발 중인 측정도구와 이미 확립된 기존의 구성개념 간의 관계를 설정하는 것이다. 이를 위해 많은 유형의 분석(예: 상관관계, 회귀분석, 분산분석과 같은 평균 점수 비교)을 사용할 수 있는데, 개발 중인 측정도구와 다른 구성개념 간의 관계(수렴 타당도) 또는 그러한 관계의 결여(판별 타당도)를 확립할 수 있다. 이 두 가지 유형의 타당도를 모두 확립하는 것이 중요하다. 예를 들어, 관계만족도 척도를 만들 때, 이 측정도구가 관계의 지속 기간과 같은 요인과 관련이 있는지를 알고 싶을 수 있을 뿐만 아니라 정신건강 진단과 같은 지엽적인 구성개념과는 관련이 적음을 보여 주고 싶을 것이며, 인구통계학적 변수와 같은 기타 요인과는 유의미한 관련이 없음도 보여 주고 싶을 것이다. 이 두 타당도는 측정하고자 하는 구성개념을 설문지가 평가(반영)하고 있다는 것을 입증하기 위해 필수적이다.

확인적 분석은 일반적으로 측정도구 타당화 절차의 두 번째 단계이다. 확인적 연구의 목적은 탐색적 연구를 통해 얻은 결과를 반복하여 연구결과가 다른 표본에서도 나타나는지 확인하는 것이다. 확인적 분석은 초기의 탐색적 결과가 단순히 특정 표본 내의 변수 또는 문항 간 우연적인 연관성 때문에 나타난 것이 아니라는 확신을 제공한다. 확인적 연구는 탐색적 연구의 기존 방식과 같은 방법으로 종종 진행된다. 또한 확인적 요인분석과 같이 확인적 연구문제에 답하는 데 특히 도움이 되는 몇 가지 통계적 기법이 있다(Brown, 2006). 이러한 확인적 통계 방법은 임상연구자들이 연역적으로(a priori) 결정한 이론적 모델을 검증해야 한다고 요구한다. 일반적으로 이론적 모델은 보통 이전의 탐색적 결과에 기초한다.

비슷한 모집단으로 수행될 경우, 확인적 연구는 이전에 수행된 탐색적 분석과 유사한 결과를 산출할 것으로 예상된다. 그러나 확인적 분석은 다른 집단에서 척도가 사용될 때의 기능을 측정하기 위해 다른 모집단을 대상으로 수행될 수도 있다. 이러한 유형의 확인적 연구는 규준화 과정의 일부로, 향후 임상가와 연구자가 규준화된 점수와 연구결과에서 나온 점수를 비교할 수 있도록 개인이 속한 특정 집단에 대한 점수의 기준을 설정한다. 예를 들어, 당신이 커플에게 사정도구를 사용하고자 하는 커플치료자라면, 그들의 점수가 어떤 의미인지 알고 싶을 것이다. 이를 위해, 당신은 그들의 점수를 측정도구의 규준점수와 비교할 것이다. 다른 모집단으로부터 얻은 결과들을 비교하는 다른 방법으로 확인적 요인분석과 동질성 검증이라고 불리는 구조방정식 기술들을 사용할 수 있다. 이러한 방법들은 하위집단의 점수 패턴들을 비교하는데, 이로써 연구자는 잠재적으로 집단 차이를 설명할 수 있다. 이러한 비교적 복잡한 통계 방법들은 이 장의 범위를 벗어나지만, 관심 있는 독자들은 Brown(2006)과 Kline(2010)의 구조방정식 문헌과 Byrne, Shavelson과 Muthen(1989) 및 Byrne(1994)의 논문들을 참조할 수 있다.

예측적 분석은 일반적으로 측정도구의 초기 타당도가 확립된 후에 수행된다. 예측적 분석은 다양한 유형의 통계적 기법이 포함될 수 있겠으나, 그 목적은 언제나 측정도구의 점수와 다른 구성개념 간 예측적 관계를 입증하는 것이다(예측 타당도). 이러한 분석에는 예측적 관계가 수립될 수 있도록 서로 다른 시점에서의 구성개념의 측정과 연관성이 포함된다. 예를 들어, 특정 집단에 대해 측정도구의 기초 타당화 작업이 확립되면, 연구자는 해당 측정도구(또는 측정도구의 하위척도)의 점수가 다른 관심 구성개념과 어떻게 관련이 있는지 검증하기로 할 것이다. 시간의 흐름에 따라 점수가 어떻게 변화하는지, 또는 개입이나 치료에 참여하는 것과 관련하여서는 점수가 어떻게 변화하는지를 확인할 수 있다. 일반적인 연구설계와 통계 방법을 통하여 다양한 예측 분석을 수행할 수 있다(예: Tabachnick & Fidell, 2013).

마지막으로 측정도구 분석에는 변화의 사정이 포함된다. 대상 집단에서 구성개념이 타당한 평가가 될 수 있도록 설문지가 확립되면, 시간의 경과에 따른 변화가 있는지를 검증하기 위해 사용될 수 있으며, 이는 치료의 효과성과 효용성을 검증할 필요가 있는 많은 CFT 연구자가 확인해야 하는 과정이다. 시간의 경과에 따른 변화를 조사하기 위해 사용할 수 있는 많은 통계 방법이 있으며, 이는 개입에 대한 단순한 사전, 사후 평균 점수 비교에서부터 치료자 효과, 관계적 자료, 그리고 변화 패턴과 같은 요인을 동시에 설명할 수 있는 더 복잡한 다층모형(multilevel modeling) 기법까지 다양하다. 이인 자료 분석(dyadic data analysis)과 신뢰할 만한 변화 지수를 포함한 특정 통계 기법에 대한 자세한 논의는 Jacobson과 Truax(1991), Kenny, Kashy와 Cook(2006)의 연구를 참조하라.

결론

연구를 설계할 때 연구에서 사용할 설문지의 장단점을 따져 보는 것은 필수적이며, 연구자는 특히 다양한 유형의 타당도를 명심하고, 이를 의사결정 과정 시 최우선으로 생각하는 것이 중요하다. CFT 연구자들이 타당한 측정도구를 선택, 실행, 개발할 때 임상적인 변화와 관계적인 구성개념을 보다 의미 있는 방식으로 측정할 수 있고, 이 분야의 확장에까지 기여할 수 있다. 마지막으로, CFT 연구자들은 문화적으로 타당한 측정도구를 선택하고 다양한 문화 집단에서 타당화된 척도를 개발함으로써 문헌의 문화적 편향을 유의미하게 감소시킬 수 있다.

참고문헌

Alderfer, M., Fiese, B., Gold, J., Cutuli, J., Holmbeck, G., Goldbeck, L., ⋯⋯ Patterson, J. (2008). Evidence-based assessment in pediatric psychology: Family measures. *Journal of Pediatric Psychology, 33*(9), 1046-1061. doi:10.1093/jpepsy/jsm083

Andrews, D., Nonnecke, B., & Preece, J. (2003). Electronic survey methodology: A case study in reaching hard-to-involve Internet users. *International Journal of Human-Computer Interaction, 16*(2), 185-210. doi:10.1207/S15327590IJHC1602_04

Bickman, L., & Rog, D. (1998). *Handbook of applied social research methods.* Thousand Oaks, CA: Sage.

Brown, T. A. (2006). *Confirmatory factor analysis for applied research.* New York: Guilford Press.

Busby, D., & Gardner, B. (2008). How do I analyze thee? Let me count the ways: Considering empathy in couple relationships using self and partner ratings. *Family Process, 47*(2), 229-242. doi:10.1111/j.1545-5300.2008.00250.x

Byrne, B. (1994). Testing for factorial validity, replication, and invariance of a measurement instrument: A paradigmatic application based on the Maslach Burnout Inventory. *Multivariate Behavioral Research, 29*(3), 289-311. doi:10.1207/s15327906mbr2903_5

Byrne, B. M. (2009). *Structural equation modeling with AMOS: Basic concepts, applications, and programming* (2nd ed.). New York: Routledge/Taylor & Francis.

Byrne, B., Shavelson, R., & Muthen, B. (1989). Testing for the equivalence of factor covariance and mean structures: The issue of partial measurement invariance. *Psychological Bulletin,*

105(3), 456-468.

Cano, A., & O'Leary, K. (2000). Infidelity and separations precipitate major depressive episodes and symptoms of non-specific depression and anxiety. *Journal of Consulting and Clinical Psychology, 68*(5), 774-781. Retrieved from http://psycnet.apa.org/journals/ccp/68/5/774/

Christensen, A., Baucom, D. H., Vu, C. T., & Stanton, S. (2005). Methodologically sound, cost-effective research on the outcome of couple therapy. *Journal of Family Psychology, 19*, 6-17. doi:10.1037/0893-3200.19.1.6

Cook, W. L., & Snyder, D. K. (2005). Analyzing nonindependent outcomes in couple therapy using the actor-partner interdependence model. *Journal of Family Psychology, 19*(1), 133-141. doi:10.1037/0893-3200.19.1.133

Cortez, P., Dumas, T., Joyce, J., Olson, D., Peters, S., Todahl, J., ⋯⋯ Rose, W. (2011). Survivor voices: Co-learning, re-connection, and healing through community action research and engagement. *Progress in Community Health Partnerships: Research, Education and Action, 5*(2), 133-142. doi:10.1353/cpr.2011.0020

Crocker, L. M., & Algina, J. (2006). *Introduction to classical and modern test theory*. Manson, OH: Wadsworth.

de Leeuw, E., Hox, J., & Dillman, D. (Eds.). (2008). *The international handbook of survey methodology*. New York/London: Erlbaum/Taylor & Francis.

DeVellis, R. (2012). *Scale development: Theory and applications* (3rd ed.). Thousand Oaks, CA: Sage.

Dillman, D. A. (2000). *Mail and Internet surveys: The tailored design method*. New York: John Wiley & Sons.

Eisikovits, Z., & Koren, C. (2010). Approaches to and outcomes of dyadic interview analysis. *Qualitative Health Research, 20*, 1642-1655. doi:10.1177/1049732310376520

Fricker, R., & Rand, M. (2002). Advantages and disadvantages of Internet research surveys: Evidence from the literature. *Field Methods, 14*(4), 347-367. doi:10.1177/152582202237725

Funk, J., & Rogge, R. (2007). Testing the ruler with item response theory: Increasing precision of measurement for relationship satisfaction with the Couples Satisfaction Index. *Journal of Family Psychology, 21*(4), 572-583. doi:10.1037/0893-3200.21.4.572

Geisinger, K. (1994). Psychometric issues in testing students with disabilities. *Applied Measurement in Education, 7*(2), 121-140. doi:10.1207/s15324818ame0702_2

Gillham, B. (2000). *Developing a questionnaire*. New York: Continuum.

Heatherington, L., Friedlander, M., & Greenberg, L. (2005). Change process research in couple and family therapy: Methodological challenges and opportunities. *Journal of Family Psychology, 19*(1), 18-27. doi:10.1037/0893-3200.19.1.18

Herrera, R. S., DelCampo, R. L., & Ames, M. H. (1993). A serial approach for translating family science instrumentation. *Family Relations, 42*(3), 357-360. doi:10.2307/585567

Howe, G., Dagne, G., & Brown, C. (2005). Multilevel methods for modeling observed sequences of family interaction. *Journal of Family Psychology, 19*(1), 72-85. doi:10.1037/0893-3200.19.1.72

Jacobson, N., & Truax, P. (1991). Clinical significance: A statistical approach to defining meaningful change in psychotherapy research. *Journal of Consulting and Counseling Psychology, 59*(1), 12-19. doi:10.1037/0022-006x.59.1.12.

Kane, R. (2006). *Understanding healthcare outcomes research* (2nd ed.). Sudbury, MA: Jones and Bartlett Publishers.

Keiley, M., Keller, P., & El-Sheikh, M. (2009). Effects of physical and verbal aggression, depression, and anxiety on drinking behavior of married partners: A prospective and retrospective longitudinal examination. *Aggressive Behavior, 35*(4), 296-312. doi:10.1002/ab.20310

Kenny, D., Kashy, D., & Cook, W. (2006). *Dyadic data analysis.* New York: Guilford Press.

Kline, R. B. (2010). *Principles and practice of structural equation modeling* (3rd ed.). New York: Guilford Press.

Landis, J. R., & Koch, G. G. (1977). "The measurement of observer agreement for categorical data". *Biometrics, 33*(1), 159-174. doi:10.2307/2529310

Lebow, J., Chambers, A., Christensen, A., & Johnson, S. (2012). Research on the treatment of couple distress. *Journal of Marital and Family Therapy, 38*(1), 145-168. doi:10.1111/j.1752-0606.2011.00249.x

Leong, F. T. L., & Brown, M. (1995). Theoretical issues in cross-cultural career development: Cultural validity and cultural specificity. In W. B. Walsh & S. H. Osipow (Eds.), *Handbook of vocational psychology* (2nd ed., pp. 143-180). Hillsdale, NJ: Erlbaum.

Margolin, G., Chien, D., Duman, S., Fauchier, A., & Gordis, E. (2005). Ethical issues in couple and family research. *Journal of Family Psychology, 19*(1), 157-167. doi:10.1037/0893-3200.19.1.157

Massey, D. S., & Tourangeau, R. (2012). Introduction: New challenges to social measurement. *Annals of the American Academy of Political and Social Science, 645*, 6-22. doi:10.1177/0002716212463314

Mitchell, M., Patterson, C., & Boyd-Franklin, N. (2011). Commentary: Increasing cultural diversity in pediatric psychology family assessment research. *Journal of Pediatric Psychology, 36*(5), 634-641. doi:10.1093/jpepsy/jsr019

Nunnally, J. C. (1978). *Psychometric theory* (2nd ed.). New York: McGraw Hill.

Okazaki, S., & Sue, S. (1995). Methodological issues in assessment research with ethnic minorities. *Psychological Assessment, 7*(3), 367-375. doi:10.1037/1040-3590.7.3.367

Pritchett, R., Kemp, J., Wilson, P., Minnis, H., & Bryce, G. (2011). Quick, simple measures of family relationships for use in clinical practice and research: A systematic review. *Family Practice, 28*(2), 172-187. doi:10.1093/fampra/cmq080

Quintana, S. M., Aboud, F. E., Chao, R. K., Contreras-Grau, J., Cross, W. E., Hudley, C., ⋯⋯ Vietze, D. L. (2006). Race, ethnicity, and culture in child development: Contemporary research and future directions. *Child Development, 77*(5), 1129-1141. doi:10.1111/j.1467-8624.2006.00951.x

Quintana, S. M., Troyano, N., & Taylor, G. (2001). Cultural validity and inherent challenges in quantitative methods for multicultural research. In J. G. Ponterotto, J. M. Casas, L. A. Suzuki, & C. M. Alexander (Eds.), *Handbook of multicultural counseling* (pp. 604-630). Thousand Oaks, CA: Sage.

Sanderson, J., Kosutic, I., Garcia, M., Melendez, T., Donoghue, J., Perumbily, S., ⋯⋯ Anderson, S. (2009). The measurement of outcome variables in couple and family therapy research. *American Journal of Family Therapy, 37*(3), 239-257. doi:10.1080/01926180802405935

Sindik, J. (2012). Data analysis strategies for reducing the influence of the bias in cross-cultural research. *Collegium Antropologicum, 36*(1), 31-37.

Snyder, D., Heyman, R., & Haynes, S. (2005). Evidence-based approaches to assessing couple distress. *Psychological Assessment, 17*(3), 288-307. doi:10.1037/1040- 3590.17.3.288

Stanton, M., & Welsh, R. (2012). Systemic thinking in couple and family psychology research and practice. *Couple and Family Psychology: Research and Practice, 1*(1), 14-30. doi:10.1037/a0027461

Stevens, J. P. (2012). *Applied multivariate statistics for the social sciences* (5th ed.). New York: Taylor & Francis.

Sue, D. W., Capodilupo, C. M., Torino, G. C., Bucceri, J. M., Holder, A., Nadal, K., Esquilin, M. (2007). Racial microaggressions in everyday life: Implications for clinical practice. *American Psychologist, 62*(4), 271-286. doi:10.1037/0003- 066X.62.4.271

Sue, S. (2003). Science, ethnicity, and bias: Where have we gone wrong? In A. E. Kazdin (Ed.), *Methodological issues and strategies in clinical research* (pp. 173-188). Washington, DC: American Psychological Association.

Tabachnick, B. G., & Fidell, L. S. (2013). *Using multivariate statistics* (6th ed.). Boston: Allyn and Bacon.

Terwee, C. B., Bot, S. D., de Boer, M. R., van der Windt, D., Knol, D. L., Dekker, J., ······ de Vet, C. W. (2007). Author reply: Criteria for good measurement properties. *Journal of Clinical Epidemiology, 60*(12), 1315-1316. doi:10.1016/j. jclinepi. 2007.06.002

Tran, T. V. (2009). *Developing cross-cultural measurement*. New York: Oxford University Press.

Whisman, M., & Uebelacker, L. (2006). Impairment and distress associated with the relationship discord in a national sample of married or cohabiting adults. *Journal of Family Psychology, 20*, 369-377. doi:10.1037/0893-3200.20.3.369

Willett, J. B. (1989). Some results on reliability for the longitudinal measurement of change: Implications for the design of studies of individual growth. *Educational and Psychological Measurement, 49*, 587-602. doi:10.1177/ 001316448904900309

Williams, L., Edwards, T., Patterson, J., & Chamow, L. (2011). *Essential assessment skills for couple and family therapists*. New York: Guilford Press.

Wittenborn, A. K., Dolbin-MacNab, M. L., & Keiley, M. K. (2013). Dyadic research in marriage and family therapy: Methodological considerations. *Journal of Marital and Family Therapy*. doi:10.1111/j.1752-0606.2012.00306.x

Worthington, R., & Whitaker, T. (2006). Scale development research: A content analysis and recommendations for best practices. *Counseling Psychologist, 34*, 806-838. doi: 10.1177/0011000006288127

Yang, Y., & Green, S. (2011). Coefficient alpha: A reliability coefficient for the 21st century. *Journal of Psychological Assessment, 29*, 377-392. doi:10.1177/0734282911406668

08 부부가족치료 연구에서의 신생 기술

Craig W. Smith, Kelly A. Maxwell, & Lee N. Johnson

도입

부부가족치료(marriage and family therapy: MFT)는 연구자들이 새로운 방식으로 패러다임을 전환시키는 개념들을 탐색하면서 이질적인 선상에 있는 개입과 질문으로부터 출현했다(Broderick & Schrader, 1991). 그 개척 정신은 대인관계 역학에 대한 혁신적인 탐색을 촉진시켰고 인간의 상호작용을 이해하는 새로운 방식을 우리에게 보여 주었다. 그러나 적어도 연구에 접근하는 방식에 있어서는 이 분야가 그 개척 정신을 다소 상실한 것으로 보인다. MFT 연구에서 기술(테크놀로지)이 어떻게 사용되었는지 살펴보는 이 장의 집필을 준비하라는 요청을 받았을 때 우리는 보고할 것이 많을 것으로 예상했다. 이 작업은 어디에나 있는 치료실 또는 실험실에서 비디오와 오디오 녹음을 하는 수준을 넘어서는 테크놀로지 활용에 대해 기술하는 것이었다. 생리학적 그리고 자기보고 데이터를 수집하는 방법이 7장, 9장과 10장에 전문적으로 기술되어 있으나, 이 장의 초점은 임상 및 상호작용 연구에서의 '신생 기술(emergent technologies)' 사용에 있고, 이는 MFT 연구에서는 거의 사용되지 않았었다.

신생 기술은 "개인, 집단, 그리고 사회 전체가 일상 활동을 수행하는 방식에 중요한 기회를 가져오고, 우리가 사회 세계를 이해하는 데 있어 새로운 차원을 추가하는" 기술을 말한다(Hesse-Biber, 2011, p. 4). 이러한 기술에는 평소 우리의 삶 그리고 우리가 타인과 사회적, 인지적, 정서적으로 상호작용을 하는 방식에 영향을 주고 변화시키는 광범위한 하드웨어 및 소프트웨어 개발이 포함된다. 이러한 신생 기술에는 소셜 네트워킹, 웹로그, 위키, 사진 공유 사이트, 콘텐츠 관리 시스템, 그리고 이러한 데이터들을 분석하기 위한 응용 프로그램들이 포함된다. 그러나 이 장의 목적에 부합하도록, 우리의 논의는 직접적인 임상 개입 연구에의 적용 가능성이 높은 신생 기술, 상호작용 과정과 관련된 경험적 실시간 데이터를 제공하는 기술에 국한시키고자 한다.

신생 연구 기술 장치

전자 활성화 녹음

역사적으로 유효한 데이터를 얻으려는 노력의 일환으로, 연구자들은 치료회기 동안 자기보고식 측정과 침습적인 데이터 수집 사이에서 선택해야 하는 딜레마를 겪어 왔고, 각각의 방법은 데이터 무결성(data integrity)을 손상시킬 수 있으므로 둘 간의 균형을 유지하고자 하였다. 자기보고를 통해 수집된 데이터는 참여자의 부정확하고 불완전한 회상에 영향을 받는 반면, 연구자가 현장에서 데이터를 수집하는 과정은 수집되는 데이터에 방해가 될 수 있다(Wilhelm & Grossman, 2010). 특히 Reddy와 동료들(2013)은 연민 훈련(compassion training)에 대한 반응으로 위기 청소년들이 보인 심리사회적 기능 변화를 이해하고자 하는 연구를 실시하였는데, 자기보고식 측정도구를 사용한 것을 그들 연구의 한계로 이야기하였다. Reddy와 동료들은 이후에 전자 활성화 녹음(electronically activated recording: EAR) 기술이 이러한 데이터 수집 문제를 개선하기 위한 이상적인 해결책일 수 있다고 하였다. EAR 장치는 갈등과 스트레스에 대한 배려 있고 공감적인 반응의 빈도를 직접 측정할 수 있으므로 데이터의 타당성을 높인다. 순간적으로 참여자의 생생한 경험을 포착하는 데이터 수집을 위한 새로운 방법과 도구들은 자기보고식 그리고 현장 연구원 데이터 수집 방법에 대한 효과적인 대안을 제공하고, 따라서 부정확하거나 불완전하거나 혹은 타당하지 않은 데이터 문제를 제거한다.

EAR 및 센스캠은 최근 개발된 도구들로 이러한 상황—인지(context-aware) 데이터 수집에 사용될 수 있다(Berry et al., 2007; Mehl & Pennebaker, 2003). EAR은 1990년대 말 오스틴에 있는 텍사스 대학교의 Mehl과 Pennebaker에 의해 개발되었는데, 이는 사람들의 일상생활을 더 완전히 이해하고자 하는 관심에서 비롯된 것이었다. 그 3세대 모델에서 EAR은 iPhone과 iPod에 설치될 수 있는 소프트웨어 응용 프로그램(앱)으로, 녹음 세그먼트 및 샘플링 기간을 조사자가 정의할 수 있다(http://dingo.sbs.arizona.edu/~mehl/EAR.htm). 2세대 모델은 연구참여자가 쉽게 착용할 수 있고 특정 기간 동안 12분마다 주기적으로 30초씩 오디오를 녹음하도록 설정된 경량 휴대용 오디오 녹음 장치로 구성되어 있다(Mehl, Pennebaker, Crow, Dabbs, & Price, 2001; Wilhelm & Grossman, 2010). 최초 모델은 오디오를 포착하기 위해 마이크로카세트 테이프에 의존했다.

  EAR 장치는 개인들의 자연스러운 사회적, 언어적, 심리적 삶에 대한 통찰을 제공하는 데 특히 유용하다. Mehl과 Holleran(2007)은 EAR 녹음이 심리 또는 행동 측정 중 어떤 것을 위해서든 관계 전문가에 의해 코딩될 수 있다고 주장한다. 연구자들은 조사 중인 특정 구성개념(construct)의 존재를 확인하도록 훈련받을 수 있다. 예를 들어, EAR은 일상 대화에서의 자기-참조와 우울 증상 사이의 관계를 조사하는 연구에서 참여자의 일상 대화에 있어 자기-참조의 존재를 포착하는 데 사용되었다(Mehl, 2006). 나아가, 욕설(swearing)이 정서적 지지(received emotional support)를 매개하는지 살펴보기 위해, EAR은 심각한 질병을 앓고 있는 여성들 중 자발적으로 욕을 하는 빈도를 추적하는 데 사용되었다(Robbins, Mehl, Holleran, & Kasle, 2011). 현장 데이터를 기록하는 EAR 장치의 기능은 특히 이 연구에서 가치가 있는데, 다른 사람이 있을 때 또는 혼자 있을 때 욕하는 것이 그 환자가 느끼는 정서적 지지와 우울 증상에 독특한 영향을 미치는지 확인할 수 있도록 참여자의 관계적 상황[1]을 알 수 있게 해 주기 때문이다. 욕하는 것의 본질을 감안할 때, 자기보고식 측정도구는 부정확할 수 있는데, 왜냐하면 사람들은 연구 팀에게 본인의 긍정적인 이미지(사회적 바람직성)를 유지하고자 의도치 않게 욕설을 과소 보고할 수 있기 때문이다. 따라서 EAR 장치는 이 연구의 역학을 고려할 때 특히 가치가 있음이 입증되었다. 마찬가지로, EAR의 기능을 통해 연구자들은 부모의 부정적 감정이 미취학 아동 자녀에게 어떠한 영향을 미쳤는지에 대하여 매우 실용적이고 구체적인 수준에서 조사할 수 있었다(Slatcher & Robles, 2012). Slatcher와 Robles는 EAR 장치를 사용하여 미취학 아동이 사용하는 부정적인 단어 빈도에 대한 현장 데이터를 포착하였다. 부정확한 경우가 흔한 자기보고에 의존하는 대신, 이렇게 구체적

---

1) 역자 주: 누구와 있었는지, 혼자 있었는지 등

인 수준의 데이터를 수집함으로써 미취학 자녀에게 부모의 부정적인 감정이 미치는 영향을 더 완전히 이해할 수 있었다. 현장 데이터를 포착하는 EAR 장치 기능은 연구자들에게 특정 변수를 더 높은 정확도로 측정할 수 있는 힘을 제공한다.

게다가 EAR의 오디오 샘플은 참여자의 대화 내용뿐만 아니라 특정 활동과 환경에 대한 정보를 확인하는 데 사용될 수 있다. 소리(sound) 파일은 흔히 업무, 쇼핑, 독서, 타이핑, 식사, TV 시청, 기타 오락 활동 등과 같은, 참여자가 관련된 행동이나 작업을 보여 준다(Mehl & Pennebaker, 2003). 그리고 녹음된 소리는 참여자의 위치, 즉 식당이나 다른 공공건물, 집, 또는 실외 등을 결정하는 데 사용될 수 있다. 예를 들어, Mehl, Robbins와 Deters(2012)는 정신신체적(psychosomatic) 건강 증상에 영향을 미치는 심리사회적 영향을 해석하기 위해, 사회적 환경(social setting)에서 보낸 시간이 어느 정도인지 결정하는 것을 포함하는 사회적 과정(social processes)을 자연스럽게 관찰하기 위해 EAR을 사용하였다고 보고하였다. Slatcher와 Robles(2012)는 가정에서 미취학 아동의 갈등을 추적하기 위해 EAR을 사용하였는데, 가정에서의 갈등과 주간 코르티솔 수치 사이에 관계가 있는지 식별하기 위한 것이었다. 이 연구는 아동기 갈등과 이후의 삶에서 나타나는 신체건강 문제를 매개하는 생물학적 경로를 이해하기 위한 목적에서 이루어졌다. EAR을 통해 일상적인 갈등 교환이 드러나게 되었고, 이를 통해 연구 팀은 어떤 교환이 갈등을 구성하는지를 결정할 수 있도록 하는 값진 통찰을 얻었다. 갈등에 대해 자기보고를 하도록 했다면 미취학 아동 참여자들의 부모가 그 상황이 갈등인지 아닌지 정의하는 위치에 있었을 것이고, 이는 연구참여자들로부터 일관되지 않은 보고를 얻게 되는 결과를 초래했을 것이다.

EAR은 연구자의 간섭이 없는 상태에서 사실적인 데이터를 수집하도록 하는 방법이지만, 그 실행가능성은 인지된 비간섭성(unobtrusiveness)과 참여자의 준수(compliance)에 달려 있다(Mehl & Holleran, 2007). Mehl과 Holleran(2007)의 두 가지 개별 연구에서 얻은 데이터를 종합하면, EAR 장치를 착용한 처음 2시간 동안 참여자 대화에서 EAR을 가장 자주 언급했고, 이러한 자기인지는 이후로 급격히 떨어졌다. 이와 대조적으로, 준수율은 참여자가 EAR 장치를 착용하는 처음에 매우 높았고, 연구가 진행됨에 따라 점차적으로 하락했다. 그러나 Reddy와 동료들(2013)은 특히 청소년 인구가 보이는 새로운 기술에 대한 익숙함, 즐거움, 그리고 신생 기술의 사용과 같은 특성을 고려할 때, 이 장치를 사용하는 것에 수용적일 것이라고 제안하였다. 그러나 이러한 우려들 대부분은 3세대 EAR을 사용할 경우 무의미하다. 참여자의 스마트폰에 탑재된 앱(응용 프로그램)을 통해 데이터 수집 방법은 대부분 참여자의 일상 행동 그리고 매일 상호작용을 하는 기기에 통합되기 때문이다.

센스캠

센스캠(SenseCam)은 장치와 함께 상황-인지 감각 수용체의 입력을 기반으로 하여 특정 시간에 사진을 찍도록 프로그래밍할 수 있는 웨어러블 디지털 카메라이다. 센스캠(현재 Vicon Revue라는 이름으로 판매됨)은 2003년 Microsoft Research Cambridge에서 인간의 '블랙박스 기록장치(black box recorder)'를 만들기 위한 목적으로 개발한 상황-인지 녹음 장치이다(Hodges, Berry, & Wood, 2011). 기본적으로 센스캠은 목에 걸 수 있는 작고 가벼운 디지털 카메라로, 환경 변화에 반응하여 30초마다 자동적으로 사진을 찍도록 프로그래밍되어 있다. 이렇게 30초마다 찍는 사진 이외에도 주변광의 변화, 사람의 존재 등과 같은 환경 신호를 감지하는 센서들은 카메라가 사진을 촬영하게 한다. 카메라에는 어안 렌즈가 장착되어 있어 사진들은 기기를 착용한 사람의 거의 모든 시야를 반영할 수 있다(Byrne et al., 2007). 또한 연속해서 최대 4분 동안 사진을 촬영하는 것을 방지하기 위해, 착용자가 사용할 수 있는 사생활보호 차단 스위치가 카메라에 설계되어 있고, 착용자가 원할 때 사진을 찍을 수 있도록 하는 전통적인 셔터 버튼도 달려 있다(Hodges et al., 2011). 시간이 많이 소요되는 비디오 문서를 보는 것과 비교할 때, 하루 동안 수집된 센스캠 이미지들은 몇 분 내에 볼 수 있다. 센스캠의 대량 데이터를 비교적 빠른 속도로 검토할 수 있다는 것은 많은 연구자에게 이점이 있다(Berry et al., 2009; Byrne et al., 2007).

현재까지 센스캠은 관광, 환자 돌봄, 교육, 비즈니스 접근성 및 상담을 포함한 많은 분야에서 그 가치를 입증해 왔다(Byrne et al., 2007). 센스캠이 기억장애가 있는 개인을 돕는 치료 서비스에서 구현되어 왔다는 것은 부부가족치료에서 대단히 중요하다 할 수 있다. 센스캠이 시작된 해인 2003년 후반에 신경심리학자인 Narinder Kapur는 센스캠이 심각한 기억장애를 완화시키기 위해 사용될 수 있다는 가능성을 인식하였다. Kapur는 Addenbrooke 병원, 그리고 Microsoft Research와 협업하여 만약 기억장애가 있는 환자가 하루 종일 캡처한 이미지 모음을 검토하면 기억 회상이 유의미하게 증가될 것이라고 가정하였다. 이 가설은 확인되었고, 추가적으로 이 연구에서는 센스캠이 이미지에서 발견된 생각, 감정 및 행동을 회상하는 환자의 능력에도 기여함을 보여 주었다(Hodges et al., 2011). 게다가 센스캠 이미지는 매우 강력하여 사진과 연관된 기억들이 환자들의 장기 기억으로 통합되어 나중에 회상할 수 있다(Berry et al., 2009; Brindley, Bateman, & Gracey, 2011).

센스캠에서 얻은 이미지 형태인 디지털 대체기록(digital surrogate)을 통해 한 개인이 기억에 도움을 받는 것을 시작으로 하여, 수많은 가능성이 MFT 연구 분야에서 아직 미개척 상태로 남아 있다. 센스캠은 연구참여자/착용자의 기억 회상에 도움이 될 뿐만 아니라 센스캠으로부터의 이미지는 연구자가 민족지학적 연구를 수행하는 데 유용한 도구를 제공할 수 있다(Byrne et al., 2007; Hodges et al., 2011). 민족지학(ethnography)에서는 흔히 연구자가 생생한 경험을 포착하기 위한 노력의 일환으로 다량의 메모를 하면서 일정 기간 동안 연구대상을 그림자처럼 쫓아다녀야 한다. 민족지학자가 연구대상과 함께 지속적으로 있어야 한다는 필요성은 종종 연구과정 동안 상당한 부담으로 경험된다. 센스캠을 사용하면 이러한 고충을 줄이고 연구자가 없을 때에도 데이터가 계속 수집될 수 있다. 게다가, 이렇게 눈에 거슬리지 않는 기기는 전통적인 민족지학적 방법으로는 불가능한 지역에서 데이터를 수집하는 데 유용하다(Byrne et al., 2007).

센스캠을 디지털 대체기록 기억 장치(digital surrogate memory device) 및 민족지학적 데이터 수집 도구로 사용하는 것에는, 특히 데이터 획득 기간과 위치를 개선한다는 점에서 명백한 그 나름의 가치가 있음에도 불구하고, 상황-인지 기술에는 그 한계가 있다. 센스캠의 설계 및 사용과 관련된 한계점에 대해서 이를 연구도구로 사용할 때에 중요하게 고려해야 한다. Byrne과 동료들(2007)은 이미지 품질이 종종 흐릿해서 착용자의 주변환경을 완전히 알기 어렵다고 보고하였다. 그러나 그 이후로 장치의 해상도가 3메가픽셀로 증가되었고, 이는 이미지를 향상시켰다. 또 디지털 이미지는 착용자의 의복으로 인해 불명료할 수 있다. 착용자가 카메라를 켜는 것을 잊어버리는 것은 데이터 수집에서 문제를 초래한다. 따라서 센스캠은 다른 전통적인 데이터 수집 과정에서 보조 장치로서 수반될 때 가장 잘 활용될 수 있다는 주장이 있다(Byrne et al., 2007).

마이익스피리언스

마이익스피리언스(MyExperience)는 컴퓨팅 장치에서 현장의 객관적인 데이터와 주관적인 데이터를 모두 포착하는 시스템이다. 장치 사용, 사용자 상황(맥락), 그리고 기타 환경적 요인들은 상황에 맞는 능동적인 사용자 주관적 피드백 및 보고와 함께 기록된다(active, context-prompted user subjective feedback and report). 스마트폰 형태의 셀룰러 통신 기술발전으로 단일 장치에서 음성과 문자 통신이 용이해졌고 미디어 캡처 및 저장(디지털 사진과 영상)을 제공할 뿐만 아니라 완전한 인터넷 접속이 가능해졌다. 마이익스피리언스는 스마트폰에서 실행되도록 설계된 오픈 소스 소프트웨어이며, 객관적이고 주관적인 현장 데이터 수집을 위해 사용 데이터를 '활동' 생성 조건(action trigger)[2]으로 변환시키는 기능을 갖고 있다(Fischer, 2009; Froehlich, Chen, Consolvo, Harrison, & Landay, 2007). 마이익스피리언스는 장치의 지리적 위치, 통신활동, 그리고 시간을 포함한 다양한 센서들에 반응하여, 양적 및 질적인 사용자 데이터 모두를 수집하기 위한 설문지를 생성(trigger)하도록 프로그래밍할 수 있다(Stumpp, Anastasopoulou, & Hey, 2010).

스마트폰 보급률이 급격히 증가하는 상황에서 이미 통신기기를 사용 중인 연구대상자를 모집하는 것은 큰 문제가 되지 않을 것이다. 또한 마이익스피리언스는 휴대전화 기능과 배터리 전력 사용량에 있어 최소한의 영향만 미치는 것으로 나타났다(Froehlich et al., 2007).

소시오센서

마이익스피리언스와 유사하게, 소시오센서(SocioXensor)는 스마트폰 및 PDA와 같은 장치를 사용하여 사용자 경험에 대한 주관적인 데이터(예: 욕구, 좌절, 정서 등)를 포함하여 인간행동 및 사회적 상황에 대한 현장 데이터를 포착하는 또 다른 상황-인지 측정 도구이다. 기본적으로 기존 장치 기능들은 달력(캘린더 앱)에 기록된 약속, GPS 시스템을 통한 위치, 그리고 응용 프로그램(앱) 사용을 통해 사용자 상황에 대한 정보를 수집하는 센서들에 의해 악용될 수 있다(Mulder & Kort, 2008; Mulder, ter Hofte, & Kort, 2005). 소시오센서는 이러한 데이터 포인트들을 합성하는데, 이는 주어진 순간/상황/처지에서 사용자의 경험에 대해 더 많이 확인하기 위한 특정 양적 또는 질적 조사를 생성(trigger)하기 위한 것이다(ter Hofte, Otte, Peddemors, & Mulder, 2006). 사용자 데이터를 현장에서 포착하는 것은 전통적인 조사방법에서 필요로 했던 회고적 회상을 최소화하거나 없앰으로써 데이터 무결성을 보호한다. 또한 소시오센서를 사용하면 민족지학으로는 제공할 수 없는 장소, 시간, 그리고 지속기간에 데이터를 수집할 수 있다(ter Hofte et al., 2006).

소시오센서는 본디 상황을 반영한(context-sensitive) 기술 응용 프로그램 개발을 증대하고자 설계되었지만(Mulder & Kort, 2008), 그 장치 기능은 귀중한 사회과학 연구도구로 사용되도록 조정될 수 있다.

---

2) 역자 주: 마이익스피리언스에서는 센서를 토대로 'CreateNewProcess', 'DatabaseSync', 'Notification', 'Player', 'Screenshot', 'SendSms', 'Survey' 등의 활동을 생성할 수 있다.

가속도계

가속도계(Accelerometers)는 주로 운동과학 및 운동학 분야에서 사람들이 얼마나 많은 운동을 하거나 움직이는지를 추적하는 데 사용된다. 시중에는 다양한 소프트웨어 패키지가 있는 많은 모델들이 있는데, 제품을 구입하기 전에 그 제품을 사용해 본 적이 있는 사람과 상의하는 것이 좋다. 일반적으로 가속도계는 손목이나 발목에 착용하거나 벨트에 고정할 수 있는 시계 크기의 장치이다. 최근에는 스마트폰 가속도계가 개발되었다(Mitchell, Monaghan, & O'Connor, 2013). 가속도계는 신체 활동을 평가할 수 있을 뿐 아니라, 수면 패턴도 평가할 수 있다(Natale et al., 2012; Tomoyuki, Hiroko, Shimizu, & Katsumata, 2012). 추가 기능(add-on)을 사용하여 연구자들은 심박수도 추적할 수 있다.

위셰어

위셰어(WiShare) 도구는 사회적 연결성(social connectedness)과 사회적 현존감(social presence) 경험을 평가하기 위해 특별히 설계된 상황-인지 응용 프로그램(앱)으로, 마이익스피리언스나 소시오센서 샘플링 방법과 마찬가지로 비슷한 기술에 의존한다. 사회적 연결성은 "타인의 존재 또는 심리적 관여에 의해 유발되지만 이들과는 독립적인 정서적 경험"(Rettie, 2003)과 "계속 연락하며 지내는 느낌(feeling of staying in touch)"(IJsselsteijn, van Baren, & van Lanen, 2003)으로 정의된다. 반면, 사회적 현존감은 "매개된 환경에서 타인과 함께 있는 감각"으로 정의된다(Biocca, Harms, & Burgoon, 2003, p. 456). 궁극적으로, 위셰어의 목표는 대인관계에 있어 사람들이 공유하기를 원하는 것과 실제로 공유하는 것 사이의 차이를 포착하는 것이다(Visser & Mulder, 2011).

위셰어가 사용자의 통신장치(예: 스마트폰, 개인용 컴퓨터 PC)에서 활성화되면, 화면의 사각형 상자에 두 개의 아바타가 나타나는데 이는 사용자와 사용자가 공유하는 사람을 나타낸다. 사용자는 공유 경험을 반영하기 위해 두 아바타를 움직이고 위치를 정할 수 있는데, 이때 가까운 거리에 있으면 더 강력한 공유 경험을 나타낸다. 사용자가 상대방과 공유한 경험이 없는 경우 '공유하지 않음' 라디오 버튼을 선택하여 이를 표시할 수 있다. 공유된 경험 또는 공유를 원한다고 신청한 후에, 위셰어 앱은 사용자에게 짧은 설문지를 생성한다. 이 설문에는 사용자 자신의 생각과 느낌, 그리고 상대방의 생각과 느낌에 대한 사용자의 기대치를 묻는 문항이 있다(Visser & Mulder, 2011).

디지털 펜

디지털 펜(Digital Pens)은 전통적인 펜과 종이 방식의 현장 필기방식과 디지털 기술의 장점을 결합한 편리함과 사용상의 편의를 제공한다. 특히 많은 연구자는 노트북과 다른 휴대용 PC들과 비교하여 펜과 종이의 신뢰성과 가벼운 무게를 높이 평가한다. 노트북이나 휴대용 PC는 연구자의 도구세트에 무게를 더하고, 오작동할 수 있고, 또는 배터리 전력이 고갈될 수도 있기 때문이다. 그러나 펜과 종이로 기록된 데이터는 협업이나 보급 목적으로 보관, 보존, 관리나 공유하기가 쉽지 않다. Hewlett-Packard, Logitech, Maxwell, 그리고 Nokia에서 제조한 디지털 펜들은 일반적인 볼펜과 같은 기능을 하는 동시에 시간 및 날짜 인장(stamp)이 첨부된 디지털 파일로 필기를 캡처하므로, 전통적 그리고 디지털 민족지학 방법 사이의 이러한 빈틈을 연결해 준다. 점 패턴으로 인쇄된 특수 디지털 펜 용지가 이 장치와 함께 사용되어야 한다. 펜에 내장된 소형 카메라가 점이 찍힌 용지 위의 펜 획을 읽고 펜 획의 위치와 압력을 XML 파일로 기록하는데, 이 파일은 블루투스를 통해 외부에 있는 연구자 컴퓨터로 무선 전송될 수 있다(Becvar & Hollan, 2005).

훌륭한 신생 기술로서 디지털 펜의 가치와 수용(acceptance)은 이것들이 여러 디지털 민족지학 시스템의 기본 구성요소로 채택되고 있다는 사실에서 명백히 드러난다. 예를 들어, 버터플라이넷과 에스노-고글은 모두 디지털 펜 사용을 데이터 캡처 방법에 통합하였다(Tennent, Crabtree, & Greenhalgh, 2008; Yeh et al., 2006). 디지털 민족지학의 옹호자들은 데이터의 백업 사본을 생성하는 디지털 펜의 이점을 디지털 펜이 가진 가장 중요한 기능 중 하나라고 이야기한다(Yeh et al., 2006). 펜과 종이 메모를 분실할 경우 디지털 파일을 사용할 수 있고, 또는 디지털 파일이 손상된 경우라면 펜과 종이 버전을 참조할 수 있다. 또한 디지털 펜으로 작성된 메모에는 쉽게 주석을 달 수 있고 이 메모를 동기화된 오디오나 비디오 파일과 연결시킬 수 있다(Yeh et al., 2006).

에스노-고글

에스노-고글(Ethno-Goggles)은 다중 모드의 질적 현장 데이터 수집 시스템(multimodal qualitative field data-collection system)이다. 이 시스템의 장점은 대량의 데이터를 실시간으로 수집하고 태그를 지정할 수 있다는 점인데, 이는 특히 관찰대상에게 진정한 연구목적을 알리지 않고 은밀하게 이루어지는 민족지학에 유용하다(Murthy, 2011, p. 167).

여러 디지털 캡처 장치들을 통합하는 에스노-고글은 민족지학 고유의 데이터 수집 방법들이 갖는 몇 가지 문제를 완화시킨다는 점에서 유용하다. 특히 에스노-고글 질적 현장 데이터 수집 시스템은 눈에 거슬리지 않는 안경에 내장된 카메라, 헤드폰 버드(buds)에 통합된 마이크, 디지털 펜, 노트북 컴퓨터, 그리고 PDA 구성요소로 이루어진다. 연구자가 착용한 안경에 카메라가 위치하기 때문에 연구자는 녹화해야 할 장면에서 영상 카메라 초점을 맞추느라 주의가 산만해지지 않을 수 있다. 해당 이벤트(사건)는 연구자가 영상 캡처를 위해 주의를 분산할 필요 없이 자동으로 기록된다. 또한 연구자의 안경에 카메라가 위치하므로 전통적인 휴대용 카메라에 비해 영상이 연구자의 시야와 더 근접하게 모방될 수 있다. 유사하게, 이어버드 내에 장치된 마이크를 사용하면, 연구자의 귀 근처에 위치하지 않은 카메라 마이크로 포착된 오디오와 비교할 때, 연구자가 실제로 듣는 것을 오디오 녹음이 더 정확히 반영할 수 있다(Murthy, 2011; Tennent et al., 2008).

　　실제(관찰자의 눈)와 같은 비디오 및 오디오 데이터의 품질을 높이는 것 이외에도, 연구자의 안경과 이어버드 내에 숨겨진 카메라와 마이크는 각각 응답자/관찰대상의 눈에 덜 띈다. 개별 데이터 수집 장치는 연구자와 연구되는 참여자 사이의 상호작용이 보다 자연스럽게 되도록 하고 데이터 기록 장치에 의해 영향을 덜 받도록 기여한다. 따라서 호손 효과(Hawthorne effect)를 감소시킨다. 또한 에스노-고글의 데이터 수집 수단이 꽤 잘 가려져 있기 때문에 디지털 데이터 캡처 장치로 은밀하게 실시되는 민족지학을 수행할 수 있다. 그러나 은밀한 민족지학(covert ethnography)에 대해서는 인간의 사생활을 둘러싼 윤리적 논쟁이 있다. 따라서 은밀한 민족지학 또는 기타 비공개 연구를 수행하려는 연구자는 궁극적으로 자신의 연구가 갖는 가치와 건전한 윤리에 대해 지역의 기관심의위원회를 설득할 수 있어야 한다. 공공연한 연구에서도 고지된 동의서를 통해 데이터 수집도구들이 숨겨져 있어서(veiled) 참여자 자신이 기록되고 있다는 사실을 잊게 할 수 있다는 점을 상기시켜야 한다(Murthy, 2011, pp. 167-168; Tennent et al., 2008).

　　에스노-고글의 또 다른 장점은 데이터 동기화 및 실시간 태깅(tagging; 꼬리표달기) 기능이다. 데이터 분석 과정에서 연구자들은 종종 현대의 음향, 시각, 그리고 필사 데이터를 재정렬하느라 고충을 겪는다. 에스노-고글은 음향, 시각, 그리고 필사 현장 메모 데이터의 디지털 통합으로 이러한 고충을 없애 준다. 데이터 스레드(data threads)에 실시간 태그가 붙은 시간 표기가 자동적으로 할당되기 때문이다. 또한 GPS 구성요소를 통해 데이터 위치 파악이 즉시 수행된다(ET book, pp. 167-168; Tennent et al., 2008). 에스노-고글은 데이터 수집의 질과 양 모두를 강화하는 디지털 민족지학 발달에 있어 결정적인 위업을 보여 준다.

버터플라이넷

사회과학자의 연구과정에 있어 여러 가지 도전 중 하나는, 방대한 양의 이(異)기종 디지털 데이터를 조직하고 이용해야 한다는 것이다. 버터플라이넷(ButterflyNet)은 원래 생물학자들의 이러한 어려움을 경감시켜 주기 위해 스탠포드 대학교에서 개발되었다(http://hci.stanford.edu/research/butterflynet/butterflynet/). 이 오픈 소스 소프트웨어는 음향, 영상, 디지털 펜, GPS, 그리고 다른 디지털 데이터를 하나의 소프트웨어 응용 프로그램(앱)에 통합하도록 설계되어, 하나의 도메인에서 일련의 데이터에 접근할 수 있으므로 결국 포괄적인 디지털 현장 공책(notebook)을 만들어 준다(Murthy, 2011; Yeh et al., 2006). 버터플라이넷을 사용하면 연구자는 다양한 데이터 검색 설계(레이아웃; layout) 중에 선택할 수 있다. 또 이 소프트웨어는 저장된 데이터를 쉽게 찾아낼 수 있도록 지원하는 검색 기능을 갖추고 있다(Yeh et al., 2006). 버터플라이넷은 음향, 영상, 그리고 디지털로 캡처된 필사 노트를 포함하여, 동기화된 데이터 분석이 필요한 MFT 연구를 위해 가장 유용하다 할 수 있다.

결론

신생 기술들은 MFT 연구자들에게 대인관계 과정에 대한 연구의 복잡하고 다차원적인 측면을 조사하는 데 특화된 일련의 데이터 수집 방법을 제공한다. 치료 과정을 연구할 때 사용되던 전통적인 도구들과 결합할 때, 이러한 기술들은 데이터 수집을 참여자의 생생한 경험으로 확장시켜 줄 수 있다. 예를 들어, 상담실에서의 개입이 행동, 그리고 다른 상황에서의 상호작용을 변화시키는가? 이러한 기술들은 그런 질문에 대한 답을 줄 수 있다. 참여자가 마이익스피리언스 또는 소시오센서와 같은 기술을 통해 즉각적인 프롬프트[3]에 반응하고 답하면, 사후 설문지나 일지 작성으로는 하기 어려운, 즉각적이고 상황에 맞는 데이터를 제공할 수 있다. EAR과 센스캠은 눈에 띌 경우 접근하기 어려운 데이터를 눈에 띄지 않게 수집할 수 있다.

MFT 분야의 연구는 현존하는 데이터 수집 도구들이 대인관계 역학의 풍부함을 다룰 수 없기에 늘 고충을 겪어 왔다. 오늘날 우리 삶의 일상에서 일부가 되고 있는 기술들은, 이

---

3) 역자 주: 운영체제에서 사용자에게 보내는 메시지이다.

전에는 결코 경험할 수 없던 방식으로, 대인관계 행동을 이해하는 데 풍부한 기회를 제공한다. 부부가족치료는 틀을 벗어나 생각하고 세상을 통상적이지 않은 시각으로 바라보는 사람들로부터 시작되었다. MFT 연구는 그 설비를 표준적인 데이터 수집 방법을 넘어서는 것들로 확장함으로써 이전과 동일한 과업을 달성할 수 있을 것이다.

참고문헌

Becvar, L. A., & Hollan, J. D. (2005). *Envisioning a paper augmented digital notebook: Exploiting digital pen technology for fieldwork*. Distributed Cognition and Human-Computer Interaction Laboratory, Department of Cognitive Science. La Jolla, CA: UCSD.

Berry, E., Hampshire, A., Rowe, J., Hodges, S., Kapur, N., Watson, P., ······ Owen, A. M. (2009). The neural basis of effective memory therapy in a patient with limbic encephalitis. *Journal of Neurology, Neurosurgery & Psychiatry, 80*(11), 1202-1205. doi:10.1136/jnnp.2008.164251

Berry, E., Kapur, N., Williams, L., Hodges, S., Watson, P., Smyth, G., ······ Wood, K. (2007). The use of a wearable camera, SenseCam, as a pictorial diary to improve autobiographical memory in a patient with limbic encephalitis: A preliminary report. *Neuropsychological Rehabilitation, 17*(4-5), 582-601. doi:10.1080/09602010601029780

Biocca, F., Harms, C., & Burgoon, J. K. (2003). Toward a more robust theory and measure of social presence: Review and suggested criteria. *Presence: Teleoperators & Virtual Environments, 12*(5), 456-480.

Brindley, R., Bateman, A., & Gracey, F. (2011). Exploration of use of SenseCam to support autobiographical memory retrieval within a cognitive-behavioural therapeutic intervention following acquired brain injury. *Memory, 19*(7), 745-757. doi:10.1080/09658211.2010.493893

Broderick, C. B., & Schrader, S. S. (1991). The history of professional marriage and family therapy. In A. S. Gurman & D. P. Kniskern (Eds.), *Handbook of family therapy, vol. 2*. Philadelphia: Brunner/Mazel.

Byrne, D., Doherty, A., Jones, G., Smeaton, A., Kumpulainen, S., & Järvelin, K. (2007). *The SenseCam as a tool for task observation*. British Computer Society. http://doras.dcu.ie/639/

Fischer, J. E. (2009). Experience-sampling tools: a critical review. *Mobile Living Labs, 9*.

Froehlich, J., Chen, M. Y., Consolvo, S., Harrison, B., & Landay, J. A. (2007, June). MyExperience: A system for in situ tracing and capturing of user feedback on mobile phones. In *Proceedings of the 5th international conference on Mobile systems, applications and services* (pp. 57-70). ACM.

Hesse-Biber, S. (2011). Emergent technologies in social research: Pushing against the boundaries of research practice. In S. Hesse-Biber (Ed.), *Handbook of emergent technologies in social research* (pp. 3-24). New York: Oxford University Press.

Hodges, S., Berry, E., & Wood, K. (2011). SenseCam: A wearable camera that stimulates and rehabilitates autobiographical memory. *Memory, 19*(7), 685-696.

IJsselsteijn, W., van Baren, J., & van Lanen, F. (2003). Staying in touch: Social presence and connectedness through synchronous and asynchronous communication media. *Human-Computer Interaction: Theory and Practice (Part II), 2,* 924-928.

Mehl, M. R. (2006). The lay assessment of subclinical depression in daily life. *Psychological Assessment, 18*(3), 340.

Mehl, M. R., & Holleran, S. E. (2007). An empirical analysis of the obtrusiveness of and participants' compliance with the electronically activated recorder (EAR). *European Journal of Psychological Assessment, 23*(4), 248-257.

Mehl, M. R., & Pennebaker, J. W. (2003). The social dynamics of a cultural upheaval: Social interactions surrounding September 11, 2001. *Psychological Science, 14*(6), 579-585. doi:10.1046/j.0956-7976.2003.psci_1468.x

Mehl, M. R., Pennebaker, J. W., Crow, D. M., Dabbs, J., & Price, J. H. (2001). The electronically activated recorder (EAR): A device for sampling naturalistic daily activities and conversations. *Behavior Research Methods, 33*(4), 517-523.

Mehl, M. R., Robbins, M. L., & Deters, F. G. (2012). Naturalistic observation of health-relevant social processes: The electronically activated recorder methodology in psychosomatics. *Psychosomatic Medicine, 74*(4), 410-417. doi:10.1097/PSY. 0b013e3182545470

Mitchell, E., Monaghan, D., & O'Connor, N. E. (2013). Classification of sporting activities using smartphone accelerometers. *Source, 13,* 5317-5337. doi:10.3390/s130405317

Mulder, I., & Kort, J. (2008). Mixed emotions, mixed methods: The role of emergent technologies to study user experience in context. In S. Hesse-Biber & P. Leavy (Eds.), *Handbook of emergent methods in social research* (pp. 601-612). New York: Guilford Publications.

Mulder, I., Ter Hofte, G. H., & Kort, J. (2005, August). SocioXensor: Measuring user behaviour and user eXperience in conteXt with mobile devices. In *Proceedings of Measuring Behavior* (pp. 355-358). Wageningen, the Netherlands.

Murthy, D. (2011). Emergent digital ethnographic methods for social research. In S. Hesse-Biber (Ed.), *Handbook of emergent technologies in social research* (pp. 158-179). New York: Oxford University Press.

Natale, V., Derjak, M., Erbacci, A., Tonetti, L., Fabri, M., & Martoni, M. (2012). Monitoring sleep with smartphone accelerometer. *Sleep and Biological Rhythms, 10,* 287-292. doi:10.1111/

j.1479-8425.2012.00575.x

Reddy, S. D., Negi, L. T., Dodson-Lavelle, B., Ozawa-de Silva, B., Pace, T. W. W., Cole, S. P., Craighead, L. W. (2013). Cognitive-based compassion training: A promising prevention strategy for at-risk adolescents. *Journal of Child and Family Studies, 22*(2), 219-230. doi:10.1007/s10826-012-9571-7

Rettie, R. (2003, October). *Connectedness, awareness, and social presence.* Paper presented at the 6th Annual Workshop on Presence. Aalborg, Denmark.

Robbins, M. L., Mehl, M. R., Holleran, S. E., & Kasle, S. (2011). Naturalistically observed sighing and depression in rheumatoid arthritis patients: A preliminary study. *Health Psychology, 30*(1), 129-133. doi:10.1037/a0021558

Slatcher, R. B., & Robles, T. F. (2012). Preschoolers' everyday conflict at home and diurnal cortisol patterns. *Health Psychology, 31*(6), 834-838. doi:10.1037/a0026774

Stumpp, J., Anastasopoulou, P., & Hey, S. (2010, August). Platform for ambulatory assessment of psycho-physiological signals and online data capture. In *Proceedings of the 7th International Conference on Methods and Techniques in Behavioral Research* (p. 30). ACM.

Tennent, P., Crabtree, A., & Greenhalgh, C. (2008). *Ethno-goggles: Supporting field capture of qualitative material.* Paper presented at the 4th International e-Social Science Conference.

Ter Hofte, G. H., Otte, R. A. A., Peddemors, A., & Mulder, I. (2006). What's your lab doing in my pocket? Supporting mobile field studies with socioxensor. In *Conference Supplement of CSCW 2006* (pp. 109-110). Banff, AB, Canada.

Tomoyuki, K., Hiroko, S., Shimizu, T., & Katsumata, M. (2012). Agreement in regard to total sleep time during a nap obtained via a sleep polygraph and accelerometer: A comparison of different sensitivity thresholds of the accelerometer. *International Journal of Behavioral Medicine, 19*, 398-401. doi:10.1007/s12529-011-9180-7

Visser, A., & Mulder, I. (2011). Emergent technologies for assessing social feelings and experiences. In S. N. Hesse-Biber (Ed.), *Handbook of emergent technologies in social research* (p. 369). New York: Oxford University Press.

Wilhelm, F. H., & Grossman, P. (2010). Emotions beyond the laboratory: Theoretical fundaments, study design, and analytic strategies for advanced ambulatory assessment. *Biological Psychology, 84*(3), 552-569. doi:10.1016/j.biopsycho.2010.01.017

Yeh, R., Liao, C., Klemmer, S., Guimbretière, F., Lee, B., Kakaradov, B. et al. (2006). ButterflyNet: A mobile capture and access system for field biology research. In Proceedings of the SIGCHI Conference on Human Factors in Computing Systems, Chicago, IL (pp. 571-580). New York: ACM Press.

09 커플가족치료에서의 생리학적 연구

Kim D. Gregson & Scott A. Ketring

축어 사전

자율신경계(Autonomic nervous system: ANS)

혈압(Blood pressure: BP)

심전도(Electrocardiogram: ECG)

심박수(Heart rate: HR)

부교감신경계(Parasympathetic nervous system: PNS)

호흡성 동성부정맥(Respiratory sinus arrhythmia: RSA)

피부 전도 수준(Skin conductance level: SCL)

교감신경계(Sympathetic nervous system: SNS)

도입

역사적으로 치료적 변화를 측정하는 일은 연구자들을 혼란스럽게 해 왔다. 자기보고와 관찰식 측정은 주관적인 관점을 제공하지만, 이러한 방법으로 객관적인 평가를 얻어 내는 것은 거의 불가능하다. 그럼에도 불구하고 인간발달 연구자들은 정서 조절의 개인 내 변화와 개인 간 차이를 살펴보기 위하여 보다 객관적인 평가로 생리학적 측정을 점점 더 많이 사용하고 있다. 실제로 현대의 발달적 관점은 환경적 스트레스 요인에 대한 생리학적 반응에서의 개인차가 개인의 심리 및 행동적 결과물을 형성한다고 주장한다(Porges, 2001). 이러한 접근 방식은 행동 및 인지적 변화와 관련되어 있기 때문에 가족 단위 내에서 사회적 참여(social engagement)와 정서 조절의 변화를 확인해 보기 위한 커플가족치료 연구에 적용될 수 있다.

부부가족치료 분야에 있어 정신생리학적 연구의 유용성은 다소 미지의 세계로 남아 있었다. 그 이유는, 특히 우리가 알고 있는 연구자 중 어느 누구도 치료적 맥락에서 커플 또는 가족 집단을 대상으로 이러한 종류의 연구를 진행한 적이 없기 때문이다. 그럼에도 불구하고 지난 몇 십년 간 몇몇의 저명한 연구들은 커플의 자연스러운 상호작용 속에서의 생리학적 과정을 평가하여 이 분야의 문헌을 쌓아가기 시작했다(Holland & Roisman, 2010; Jacobson et al., 2000; Newton & Sanford, 2003; Roisman, 2007). 새롭게 발전하고 있는 이 분야의 연구에서 가족 구성원 2인을 묶은 짝(dyads) 표본은 현저히 부재하다(예: 모-자, 형제자매, 부-자). 실제로 수많은 연구에서(주로 아동발달 분야에서) 가족을 짝으로 다루었는데, 이때도 한 명의 생리학적 평가만 이루어졌다(이러한 획기적인 연구들을 위해 Connell, Hughes-Scalise, Klostermann, & Azem, 2011; Hane & Barrios, 2011; Lorber & O'Leary, 2005를 보라). 그러나 우리가 아는 바로는 그 어떤 연구도 두 가족 구성원 모두의 생리학적 과정을 살펴보지 않았다. 인간행동을 분석하는 이러한 접근 방식이 의심할 것 없이 새롭고 복잡하지만, 이는 또한 치료적 이익을 결정하기 위한 과정에서 치료 성과의 매개요인(mediators), 중재요인(moderators), 그리고 객관적인 생리학적 결과에 대한 연구를 위한 귀한 선택지를 제공한다.

회기 중 내담자의 생리학적 반응을 측정하는 것은 치료적 개입을 통해 가능하게 된 각성 과정(arousal processes)에 대해 잠정적으로 밝힐 수 있다. 정서 또는 경험에 집중된 치료 모델(구조적, 전략적, 경험적, 정서중심치료 등)은 회기 내 정서적 각성이 내담자에 대한 치료의 효과를 돕는다고 제안한다. 다른 모델들(이야기, 해결중심, 인지행동, 심리교육 등)은 직접적으로 정서적 각성에 집중하기보다는 인지나 행동적 변화에 집중한다. 매우 다양한 이론적 관점들을 고려했을 때, 정신생리학적 연구는 치료 모델들이 얼마나 효과적으로 적응적 각성(즉, 치료적 효과를 돕는 각성)을 조절하는지 밝히는 데 도움이 될 수 있다. 예를 들어, 사회-주의집중적 참여[social-attentional engagement; 미주신경의 퇴화(withdrawal)에 반영되어 있을 수 있음] 대(versus) 교감신경계(SNS; 피부 전기 반응에 나타난)로 인해 촉발된, 보다 덜 적응적인 투쟁-도피(fight-or-flight) 반응을 살펴볼 수 있다.

치료 개입에 대한 다양한 각성 반응을 평가하는 것(예: 미주신경의 퇴화, 미주신경의 증대, 교감신경 활성화)은 환경적 맥락과 연관된 개인차도 강조하게 된다. 행동적 개입에 대하여 높은 수준으로 지속적인 부교감신경의 각성 반응을 보이는 이들은 보통 수준으로 지속적인 부교감신경의 각성 반응을 보이는 이들과는 상당히 다른 영향을 받았을 가능성이 있다. 비슷한 맥락에서 치료에 참여하는 이들의 사회, 가족, 성별의 차이는 이들의 다양한 반응에 기여할 수 있다. 따라서 자율신경계(ANS)의 지표들은 치료 기술 또는 치료 과정의 매개요인 또는 중재요인으로 이러한 가능성들을 시험해 볼 수 있다.

마지막으로, 생리학적 측정은 자기보고와 관찰을 통한 측정보다 더 신뢰할 수 있고 객관적인 방법으로 치료 결과를 살펴볼 수 있는 기회를 제공한다. 예를 들어, 특정 치료 상호작용과 관련된 미주신경 퇴화 또는 교감신경 반응의 잠정적, 종단적 변화에 대하여 이해하는 것은 효과적인 개입과 접근 방식에 대한 우리의 관점에 큰 영향을 미칠 수 있다. 또한 가족치료의 생리학적 연구는 갈등 이후 각성 회복율의 변화와 관련된 치료 상호작용에 대하여 다룰 수 있다. 정신생리학에 의해 촉진된 연구의 선택지는 흥미로우며 셀 수 없이 많다. 이러한 연구는 다양한 행동 대처 전략들(behavioral coping strategies)과 관련된 자율신경계 반응 단계들(stages of ANS reactivity)을 요약한 정신생리학 이론에 기반을 두고 있다.

자율신경계와 인간행동

자율신경계는 중추신경계(central nervous system)와 내장기(visceral organs; 예를 들어, 심장, 폐, 소화기관, 간, 방광) 사이의 소통을 돕는 생존(survival)/참여(engagement) 연결망이다. 다중미주신경이론(Porges, 2007)에 따르면, 자율신경계는 정상 또는 스트레스 상황에 따라 다른 조절 및 행동적 기능을 하는 세 가지 하위체계나 반응 단계를 포함한다([그림 9-1] 참조). 위계적 순서로, 배쪽 미주신경 복합체(ventral vagal complex: VVC)는 사회적 참여를 촉진시키며, 교감신경계(SNS)는 투쟁-도피에 필요한 자원을 동원시키고, 등쪽 미주신경 복합체(dorsal vagal complex: DVC)는 주로 몸의 신진대사(metabolic) 자원을 고정시켜 에너지를 보존하는 기능을 한다.

배쪽 미주신경 복합체는 자율신경계의 부교감신경계 가지(branch)의 구성요소로 미주

1단계: 사회적 의사소통(Social Communication)

<u>자율신경계의 가지</u>: 부교감신경계(배쪽 미주신경 복합체)

<u>연관된 행동</u>: 얼굴 표정, 발성, 듣기

<u>기능</u>: 자기진정을 증진하고 사회적 참여 시 주의집중을 유지하는 것

<u>생리학적 측정</u>: 호흡성 동성부정맥

2단계: 동원하기(Mobilization)

<u>자율신경계의 가지</u>: 교감신경계

<u>연관된 행동</u>: 적극적인 접근 또는 회피(즉, 투쟁/도피)

<u>기능</u>: 현재의 스트레스 요인을 다루기 위해 필요한 자원을 동원하거나 획득하는 것

<u>생리학적 측정</u>: 피부 전도 수준

3단계: 움직이지 않기(Immobilization)

<u>자율신경계의 가지</u>: 부교감신경계(등쪽 미주신경 복합체)

<u>연관된 행동</u>: 두려움/불안의 생산을 통한 소극적 회피, 생리학적 정지 또는 죽은 척하기

<u>기능</u>: 움직이지 않고 신진대사 자원을 보존하는 것

[그림 9-1] 자율신경계의 세 가지 위계적, 생리학적 스트레스 반응 하위체계의 개요

신경을 포함하는데, 이는 심박수의 '제동장치'와 같이 작동한다([그림 9-2] 참조). 심장의 속도를 줄이는 것은 사회적 참여와 가벼운 각성 시, 개인으로 하여금 차분함을 유지하게 한다. 또한 배쪽 미주신경 복합체는 사회적 참여에 도움이 되는 얼굴 표정, 말하기, 듣기 행동 등을 제어한다(Porges, 2001). 차분한 커플의 상호작용 중에 배쪽 미주신경 복합체는 사회적 참여를 증가시키고 과잉경계를 감소시키는 역할을 한다(Porges, 2006). 스트레스가 보다 높은 상호작용 중에는 미주 제동장치가 서서히 퇴화되는데, 이는 심박수를 높이고, 주의집중과 적극적인 대처를 촉진시키기 위한 것이다.

부교감신경계 기능과 미주활동의 가장 일반적인 지표들은 호흡성 동성부정맥(respiratory sinus arrhythmia: RSA; 호흡 주기와 동반된 심박수의 변동성 측정)이다. 부교감신경계 활동의 측정 방식 두 가지는 미주신경 긴장도(vagal tone; 호흡성 동성부정맥 기준선)와 자극(challenge)에 대한 미주신경 반응성(vagal reactivity; 호흡성 동성부정맥-반응; RSA-R)이다(Bornstein & Suess, 2000; 〈표 9-1〉 참조). 미주신경 긴장도는 기준선 기능(부교감신경계가 휴식할 때 항상성을 유지할 수 있는 능력)을 말하며, 위협적이지 않은 환경에서 집중을 유지하고 사회적으로 참여할 수 있는 체계의 능력을 나타낸다(Porges, 2007). 미주신경 반응성은

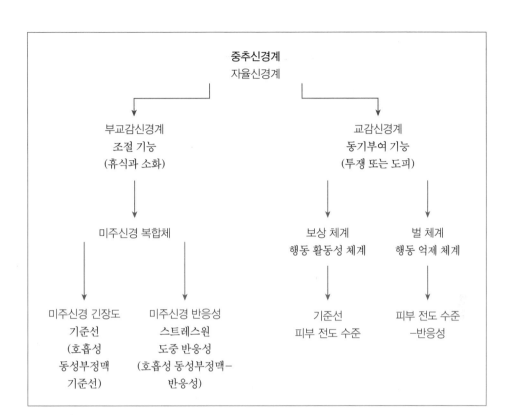

[그림 9-2] 자율신경계 내 두 갈래 가지의 개념적 도표 및 이들의 생리학적 정서 조절에 대한 영향

환경적 스트레스 또는 자극으로 인한 호흡성 동성부정맥의 변화를 가리킨다. 이는 미주신경 퇴화(감소된 호흡성 동성부정맥) 또는 미주신경 증강(증가된 호흡성 동성부정맥)으로 특징지어질 수 있다.

더 높은 수준의 위험이나 스트레스 앞에서, 스트레스 반응의 두 번째 단계(교감신경계)가 활성화된다([그림 9-1] 참조). 교감신경계는 심박수를 높이고, 땀샘을 활성화시키며, 숨길을 열어 몸의 투쟁/도피 반응을 동원하는 활발한 감독 체계이다(Brodal, 2004). 가장 보편적인 교감신경계 활동의 지표는 땀샘(즉, 피부전기) 활동([그림 9-2] 참조)의 척도인 피부 전도 수준(skin conductance level: SCL)이다. 이는 교감신경의 행동 억제 체계의 지표로 잘 타당화되어 있어, 종종 위협적이거나 스트레스가 높은 상황에서 불안의 생리학적 척도로 이해되고 있다(Beauchaine, 2001; Fowles, Kochanska, & Murray, 2000). 피부 전도 수준 또는 자극에 대한 피부 전도 수준-반응의 초기값을 측정할 수 있다. 피부 전도 수준의 하위 초기값(위협에 대한 무감각을 나타내는)은 아동의 외현화 문제와 관련이 있으며(van Goozen, Matthys, Cohen-Kettenis, Buitelaar, & van Engeland, 2000), 청소년의 행동장애 진단과 관련

표 9-1 미주신경 긴장도와 미주신경 반응성의 개요 및 개인의 스트레스 반응에 미치는 영향

	미주신경 긴장도(호흡성 동성부정맥 기준선)	
	낮은 미주신경 긴장도	높은 미주신경 긴장도
심박수 변동	낮음	높음
스트레스에 반응하는 능력	제한된 심박수 '제동장치' 철회 능력(즉, 반응성을 적절히 조절하기가 더 어려움)	향상된 심박수 '제동장치' 철회 능력(즉, 반응성을 적절히 조절하기가 더 쉬움)
의사소통	자기표현이 어려움, 제한된 감정의 범위, 참여 기술 낮음	자기표현이 더 쉬움, 넓은 범위의 감정들, 참여 기술 높음
연관된 산물들	아동의 외현화/내재화 문제와 정서 조절 곤란(Beauchaine, 2001)	정상적 발달(예: 향상된 사회적 기능, 의사소통, 정서조절; Thayer & Lane, 2009)
	미주신경 반응성(RSA-반응성; RSA-R)	
	미주신경 퇴화(낮은 RSA-R)	미주신경 증강(높은 RSA-R)
심장에 미치는 영향	심박수 '제동장치'의 풀림(심박수와 신진대사 산출 증가)	심박수 '제동장치'의 활용(심박수와 신진대사 산출 감소)
스트레스 반응	스트레스원에 대한 적극적인 대처 촉진	차분함 촉진과 스트레스원에 대한 조율의 부족
연관된 산물	부부갈등에 노출된 아동의 보호요인(Katz & Gottman, 1997)	자극을 접했을 때 덜 기능적일 수 있으며, 부정적 산물과 연관이 있음(Porges, 2007)

이 있다(Raine, Venables, & Williams, 1990). 추가적으로, 스트레스가 높은 상황에 대한 피부 전도 수준-반응은 성인 연구에서 그것이 인지적 재평가(Sheppes, Catran, & Meiran, 2009)이든, 사고 억제(Wegner & Gold, 1995), 또는 정서 억제(Sheppes et al., 2009)가 되었든, 억제적 자기통제의 노력을 나타내는 것(자발적이든 비자발적이든)으로 개념화되어 있다. 아동의 결과지표에 대한 조절요인으로서, 높은 피부 전도 수준-반응은 혹독한 양육에 노출된 아동의 외현화 반응을 감소시키는 것으로 나타났다(Erath, El-Sheikh, & Cummings, 2009).

교감신경계 스트레스 반응이 부족하다면, 세 번째이자 마지막 수준(등쪽 미주신경 복합체)이 활성화되어 개인을 움직이지 못하게 한다([그림 9-1] 참조). 심박수가 감소하고 소화기관이 일시적으로 멈춘다. 이러한 생리학적 얼음/정지 체계는 보다 활동적인 반응이 효과적이지 않을 것으로 판단될 때 극단적으로 위협적인 상황에서 자원을 보존한다. 등쪽 미주신경 복합체가 생명을 위협하는 극단적인 공포 반응을 요구하는 가장 원시적인 반응 하위체계(response subsystem)이기 때문에 연구자들은 이 활동을 거의 평가하지 않는다.

이에 따라 이 장의 목적을 위해 등쪽 미주신경 복합체의 지표들은 밝히지 않았다.

배쪽 미주신경 복합체, 교감신경계 및 등쪽 미주신경 복합체의 체계들은 일반적으로 자극적인 스트레스를 접했을 때 함께 협력하여 순차적이거나 동시적인 반응을 제공한다(Matveev, Prokopova, & Nachev, 2006). 미주신경(예: 호흡성 동성부정맥)과 교감신경계(예: 피부 전도 수준) 기능을 모두 평가하는 것은 결합된 반응을 나타낼 수 있다(Cacioppo, Uchino, & Berntson, 1994). 예를 들어, 두 가지 생리학적 체계 모두 부부갈등 맥락에서 아동 행동의 예측요인과 조절요인이 될 수 있다(El-Sheikh, Harger, Whitson, 2001; El-Sheikh, Keller, & Erath, 2007). 부교감신경계와 교감신경계는 동시에 작동하며, 사회적 참여를 가능하게 하기 위해 얽혀 있기 때문에 자율신경계 가지들의 동시적 영향력 측정이 필요하다.

커플 및 가족 맥락에서의 생리학적 연구 고찰

커플 및 가족이 치료를 찾게 하는 역기능적 관계의 고리는 종종 정서 조절 불능에 뿌리를 두고 있다(Porges, 2001, 2007). 앞서 고찰한 바와 같이, 생리학적 수준에서 자율신경계는 가족 구성원의 상호작용에 근본적인 영향을 미치는 긍정적인 참여, 이탈, 방어와 관련된 정서 및 행동을 조절할 수 있다. 개인이 정서적으로 매우 각성되었을 때 인지적 기능이 방해를 받게 되고, 이는 불안에 휩싸이게 하거나 종종 충동적으로 습관적이고 부적응적인 행동으로 돌아가게 한다(Porges, 2001, 2007). 커플가족치료는 여러 가족 구성원의 생리적 반응을 살펴볼 수 있는 이상적인 맥락을 제공한다. 커플가족치료의 본질은 생리적, 인지적, 행동적 수준에서 부적응적 반응을 밝혀내고, 높은 각성 또는 지속적으로 낮은 각성(치료 모델에 따라)이 나타날 시에 이러한 반응 패턴을 새로운 관계적 상호작용을 구축하여 변화시키는 것이다.

지금까지 출판된 어느 생리학적 연구도 치료적 맥락에서 수행된 것은 없지만, 짝(dyadic) 상호작용 중 생리학적 기능을 살펴본 획기적인 커플 연구는 가족의 맥락에서 생리학 연구의 중요성에 대한 탄탄한 토대를 마련했다(선행연구 고찰은 다음 절 참조). 실제로 지난 수십 년 간의 정신생리학적 연구는 신체 및 심리적 건강의 중요한 맥락으로서 가족/연인 관계 내에서 신체 및 심리적 안녕감 사이의 연관성을 확고히 했다. 이러한 획기적인 연구를 안내자로 삼아, 정신생리학 분야는 커플가족치료 맥락에서 다루어져야 할 새로운 연구문제들을 살펴볼 준비가 확실히 되었다고 볼 수 있다.

정신생리학을 추가적인 변화의 측정도구로 사용하여 커플가족치료 연구의 구조를 설정하기 위하여 커플 상호작용을 살펴보는 기존의 정신생리학적 연구의 역사적 개관이 필요하다. 과거의 연구는 주로 일반적인 자율신경계 기능(예: 심혈관 반응, 일반적 각성)의 생리학적 표지(markers)에 초점을 두었고, 더 최근에는 자율신경계의 교감신경계와 부교감신경계 가지의 특정한 지표들에 초점을 두고 있다. 다른 생리학적 측정치들(호르몬 반응, 신체활동 등)도 평가되었지만, 이러한 분야의 문헌은 이 장의 범위를 벗어나기 때문에 포함되지 않을 것이다. 과거 연구에 대한 고찰을 한 후, 커플치료 환경에서 자료 수집의 구체적인 이슈를 강조하기 위해 우리가 현재 진행하고 있는 생리학적 연구에 대해 소개할 것이다.

일반적인 자율신경계 기능

일반적인 자율신경계 기능의 여러 측정치(심혈관 반응 및 반응성에 초점을 맞춘)는 커플을 대상으로 한 생리학적 연구에서 사용된 바 있다. 이러한 지표들은 짝(dyadic) 상호작용에서 일반적인 각성의 역할을 이해하는 데 도움이 되지만, 이들은 두 갈래의 자율신경계 가지에 더 직접적으로 연결되어 있을 가능성이 있는 구체적인 정서/행동 과정의 해석을 제한한다. 그럼에도 불구하고 부교감신경계 및 교감신경계 기능의 지표들과 비교할 때 일반적인 자율신경계 측정은 종종 덜 침습적인 자료 수집 절차를 보장하고 비용이 적게 들며 종종 해석이 더 용이하다.

혈압(BP)은 일반적으로 청진기, 혈압 커프(BP cuff) 및 혈압계로 수동으로 측정된다. 보다 복잡한 절차를 포함하는 심전도는 일반적으로 가슴, 갈비뼈, 쇄골, 손가락 그리고/또는 귓불에 전극을 배치하여 수행된다. 일반적 교감신경계 기능에서 가장 자주 사용되는 측정인 심박수(HR; 분당 심박수)는 심전도 자료, 혈압 커프 또는 단순한 맥박수로 얻을 수 있다. 심장과 관련된 다른 여러 지표들은 심전도에서 산출될 수 있으며 생리학적 분석에 사용될 수 있지만(예: 심장박동 간 간격, 맥박 전도 시간, 손가락 맥박 진폭), 다음에 제시될 문헌고찰의 명확성을 위하여 우리는 이 모든 측정치를 일반 심장박출량(cardiac output)의 지표로 해석할 것이다.

생리학적 조절에 대한 심장 측정을 활용한 대부분의 연구는 커플의 갈등 상호작용에 초점을 두었으며, 전반적으로 갈등에 휩싸인 커플(Newton & Sanford, 2003)이나 불안정한 애착 유형을 가진 파트너들 사이(Roisman, 2007)에서 더 높은 심장 반응이 나타나며, 지지적인 커플 사이에서는 낮은 심장 반응이 나타난다(Heffner, Kiecolt-Glaser, Loving, Glaser, &

Malarkey, 2004). 두 편의 특정한 연구는 폭력적인 커플에 초점을 맞추어 아내들 가운데 높아진 심장 반응(Jacobson et al., 2000)과 생리학적 반응을 통해 남성 구타자들의 유형별 차이를 발견했다(Gottman et al., 1995). 이 연구들은 커플의 갈등이 확실히 생리학적 각성을 일으키며, 이는 관계적 어려움을 겪고 있는 커플들 사이에서 특별히 높아질 수 있다는 것을 확인했다. 다양한 주목할 만한 연구주제 중에서도, 갈등해결을 돕는 각성 과정과 갈등 과정으로 인한 정서 조절 능력의 종단적 변화를 밝히는 지속적인 연구가 필요하다.

파트너와의 갈등 중 남성 또는 여성 중 누가 더 높은 심장 각성을 나타내는지에 대한 연구결과는 혼재되어 있다. 그러나 아내의 높아진 각성은 결혼에 대한 부정적 인지와 연관이 있으며(Menchaca & Dehle, 2005), 남편의 높아진 각성은 부정적 정서와 연관이 있다는 예비 증거(preliminary evidence)가 있다(Levenson, Carstensen, & Gottman, 1994). 추가적으로, 일종의 강요된 압박 속에서 대화하는 남편들(즉, 아내를 설득하려고 하거나 연구자의 평가를 인식하는)도 심장 반응이 높아지는 것으로 보인다(Brown & Smith, 1992; Smith, Gallo, Goble, Ngu, & Stark, 1998). 향후 연구주제는 심장 각성과 관련된 파트너의 행동/인지에서의 성차와 이러한 양상이 치료 결과 및 심장 각성과 경험된 정서 사이의 관계에 미치는 영향을 포함할 수 있다.

생리학적 연구에서 종단적 자료는 특히 드물다. 그럼에도 불구하고 Levenson과 Gottman(1985)은 갈등 논의 중에 나타난 더 높은 수준의 심박수가 3년 후 결혼만족도 감소를 예측한다는 것을 발견했다. 더불어, Gottman과 동료들(1995)은 1유형 구타자(type 1 batterer; 갈등 중 낮은 생리학적 반응을 보임)가 있는 가정폭력 관계에서 2년 후 0%의 별거-이혼율이 발견되었지만, 이에 비해 2유형 구타자(type 2 batterer; 갈등 중 높은 생리학적 반응을 보임)가 있는 혼인관계의 경우에는 27.5%의 별거-이혼율을 발견하였다.

심장 반응만 살펴보는 것에 더하여, 몇몇의 연구자들은 다양한 측면의 자율신경계 기능의 역동적인 상호작용을 나타내는 일반적인 '생리학적 각성'을 밝히며, 심장과 전기 피부 지표들을 함께 측정했다. 전반적으로 관계적 상호작용에서 감소된 자동 각성은 일체감(Seider, Hirschberger, Nelson, & Levenson, 2009)과 긍정적 정서(Yuan, McCarthy, Holley, & Levenson, 2010)와 연관이 있었다. 한 독창적인 연구에서 갈등 대화 중 남편-아내의 생리학적 연결성[즉, 배우자의 동시적(concurrent) 심장/전기 피부 반응에서의 유사성]을 살펴보았는데, 더 높은 생리학적 연결성(높은 각성이나 낮은 각성이나)은 낮은 결혼만족도와 강하게 연관되어 있었다(Levenson & Gottman, 1983).

배우자들의 상호작용에서 지속적으로 높은 심장 각성(cardiac arousal)과 높은 심장 반응성(cardiac reactivity) 모두 부적응적 상호작용 행동 및 관계의 고통과 관련이 있었다. 실제로, 관계적 상호작용에서 높아진 심장 각성의 장기적 영향은 결혼만족도에 상당히 파괴적이다(Levenson & Gottman, 1985). 이러한 결과는 치료자들에게 커플 갈등의 기능과 치료적 개입의 유용성에 대한 중요한 정보를 제공한다.

부교감신경계의 기능: 호흡성 동성부정맥

다른 인간발달 분야(특히, 아동발달)는 최근 호흡성 동성부정맥(RSA) 측정을 시작했지만, 단 하나의 연구에서만 커플 상호작용 중 호흡성 동성부정맥을 측정했다(Roisman, 2007). 관계 유형(기혼 vs. 약혼)은 호흡성 동성부정맥 기준선(커플 갈등 대화 중 측정된)을 유의미하게 예측했는데, 약혼자들은 기혼자들보다 문제에 대한 대화 중 더 높은 호흡성 동성부정맥 반응을 나타냈다. 이와 같이 가족 내 짝(dyads)을 구성하는 두 배우자 사이에서 호흡성 동성부정맥을 살펴보는 연구가 매우 드물기 때문에 커플가족치료자들은 이러한 연구를 시작할 필요가 있다. 검토한 바와 같이, (부교감신경 활성화의 측정치로서의) 호흡성 동성부정맥은 건강한 관계와 효과적인 치료의 필수요소인 사회적 참여와 주의집중에 연관된 각성 과정에 대한 중요한 정보를 제공할 수 있다.

교감신경계의 기능: 피부 전도 수준

피부 전도 수준(SCL; 전기 피부 활동의 추정치)은 일반적으로 두 전극을 손바닥 또는 잘 사용하지 않는 손의 두 손가락에 배치하여 평가된다. 대부분의 피부 전도 수준 연구 또한 커플들의 상호작용에 집중했다. 상호작용 중 높아진 피부 전도 수준 반응성(즉, 위험요소에 대한 불안한 민감성)은 감소된 애착 안정성과 연관이 있었고(Holland & Roisman, 2010; Roisman, 2007), 차후 관계만족도의 종단적 감소(Levenson & Gottman, 1985)와 연관이 있었다. 더불어, 예비적인 결과에 따르면 갈등 중 반응이 없는 상황(Levenson & Gottman, 1983)이든 갈등 중 높은 정서를 나타내는 상황(Levenson et al., 1994)이든 갈등 시, 특히 남성이 피부 전도 수준 반응에 민감함을 나타냈다.

커플 연구는 관계 내에서 긍정적이고 부정적인 상호작용과 관련된 몇 가지 생리학적 지표들을 성공적으로 밝혀 왔다. 이제 다음 단계는 치료적 맥락 내에서 즉각적인 연관성과 종단적인 연관성 모두를 고려한 개인, 커플 및 가족의 생리학적 반응을 평가하는 것이다.

다양한 생리학적 반응과 연관된 관계 역동 및 기능에서의 맥락적 차이를 이해하는 것은 필수적이다. 이러한 연구는 치료적 개입이 어떻게 내담자의 생리학에 영향을 미치는지를 이해하는 새로운 길을 열어 줄 것이다.

현재 우리의 연구: 치료 중 커플의 생리학적 반응

오번 대학교의 부부가족치료 훈련 프로그램(Marriage and Family Therapy training program)의 Scott Ketring 박사, Margaret Keiley 박사, Thomas Smith 박사는 Kim Gregson과 함께 협력하여 여러 치료회기에 걸쳐 기혼 부부의 생리학적 과정을 살펴보는 연구를 설계하였다. 전체를 아우르는 가설은 개인의 정서 조절 능력에서의 (커플치료 중 형성된 새로운 관계적 상호작용의 결과로 나타나는) 생리학적 변화가 행동, 정서 및 인지적 변화와 연관이 있으리라는 것이다. 커플치료가 실제로 이러한 방식으로 기능하는지 파악하기 위하여 우리는 각 1시간씩 3~4회기에 걸쳐 치료회기 동안 결혼한 이성애자 배우자들로부터 세 가지 생리학적 측정치(호흡성 동성부정맥, 피부 전도 수준, 심박수)를 수집한다. 호흡성 동성부정맥과 심박수는 두 개의 전극을 통해 측정되며(오른쪽 쇄골과 왼쪽 갈비뼈 아랫부분에 위치함), 피부 전도 수준은 손바닥에 위치한 두 개의 전극을 통해 측정된다. 또한 우리는 잠정적으로 치료자의 각성, 개입 및 효과성과 치료자와 내담자 각성의 연결성에 관련된 연구문제들을 다루기 위해 각각의 회기 동안 치료자로부터 동일한 측정치를 수집한다. 치료회기는 녹화되고 중요한 치료적 사건들(다음에서 설명됨)은 훈련받은 관찰자에 의해 코딩된다. 더불어, 두 배우자 모두 첫 번째와 네 번째 회기에서 개인과 커플 기능에 대하여 보고하게 된다.

우리는 중요한 치료적 사건 중 두 파트너 모두로부터 측정된 생리학적 기능과 스트레스 수준의 사전 기준선 수준을 모두 사용하여, 여러 치료회기에 걸친 생리학적 정서 조절의 변화와 함께 이러한 변화가 어떻게 개인 및 커플의 기능과 연관되어 있는지 분석하기 위해 종단적 모형을 사용할 예정이다. 앞서 언급했듯이 커플치료의 맥락에서 정서 조절 향상을 이해하는 것은 임상적 개입을 설계하고 이러한 개입이 개인 및 커플 기능에 영향을 미치는 기제를 강조하는 데 매우 중요하다.

이 장의 나머지 부분에서 과거 연구자들이 사용했던 접근 방법들과 함께 우리가 오번 대학교에서 진행하는 생리학적 임상 커플 연구에서 접하게 된 독특한 이슈들에 주목하여, 생리학적 자료의 수집 및 분석과 연관된 구체적인 타당도 관련 이슈들을 강조할 것이다.

생리학적 연구에서의 타당도 이슈: 자료 수집과 분석

표본 구성

다른 커플/가족 연구와 비슷하게 정신생리학 연구는 주로 작은 표본을 사용해 왔는데, 이러한 연구들은 커플 이자체계(dyad)에 초점을 맞추었고, 그중에서도 동거 커플보다는 기혼 커플들에 초점을 맞추었으며, 인종/민족 소수자들을 과소표집했고, 동성애, 양성애, 트랜스젠더(lesbian-gay-bisexual-transgender: LGBT) 커플이나 임상적 집단을 포함하지 않았다. 인용된 연구 중 소수의 연구만이 100쌍이 넘는 표본을 포함했다(Heffner et al., 2004; Holland & Roisman, 2010; Levenson et al., 1994; Seider et al., 2009; Yuan et al., 2010). 또한 두 편의 연구는 비임상적 집단에서만 표집을 하기보다 결혼생활에 어려움을 겪고 있는 폭력적/비폭력적 커플들을 살펴보았다(Gottman et al., 1995; Jacobson et al., 2000). 마지막으로 몇몇 연구자들은 신혼 또는 젊은 기혼자 커플과 나이가 많은 기혼자 커플을 비교하여 그들의 기혼자 커플 연구를 향상시켰다(Heffner et al., 2004; Roisman, 2007; Seider et al., 2009; Yuan et al., 2010).

커플가족치료의 생리학적 연구를 위한 참여자 모집은 특히 어려운데, 이는 조건이 맞는 참여자의 제한적인 풀(pool; 즉, 임상적으로 어려움을 겪고 있으면서 치료에 참여할 의향이 있는 가족들)과 외적 타당도를 해칠 수 있는 절차의 침습성(invasiveness) 때문이다. 이러한 과제를 해결하고 외적 타당도를 강화시키기 위해 우리는 우리의 연구를 지역사회에 홍보했으며(라디오 프로그램, 홍보지, 교회사역 등을 통해), 참여의 보상으로 첫 4회기의 상담비용을 면제해 주겠다고 제안했다. 다행히 새로운 내담자들의 수용도가 높았고, 참여를 꺼린 사람이 거의 없었다. 임상적 표본은 절차에 더 문제가 될 수 있지만, 그럼에도 불구하고 연구자는 표본크기, 가족을 집단으로 구분하는 것(familial grouping), 인종/민족적 다양성, 동거 그리고/또는 LGBT 커플들과 임상적 호소문제 유형의 다양성 등의 이슈를 다루어 생리학적 연구의 일반화 가능성을 높이는 것이 필수적이다.

짝 상호작용

또 하나의 중요한 고려사항은 치료회기 안에서 표집할 짝 상호작용(dyadic interactions)

의 유형이다. 기존 커플 연구들은 일반적으로 커플관계에서 기존에 발견된 불일치 영역에 초점을 맞춘 갈등 대화에 대한 논의를 포함하였다. 대화의 길이는 5~30분이었고, 대부분의 연구자는 평균적으로 10~15분을 평가했다. 몇몇의 연구자들은 참여한 커플들에게 지속적으로 서로 의견이 불일치하는 영역에 대한 문제해결 대화에 참여하도록 요청했으며(Gottman et al., 1995; Heffner et al., 2004; Holland & Roisman, 2010; Jacobson et al., 2000; Roisman, 2007), Newton과 Sanford(2003)는 파트너들이 돌아가면서 그들의 배우자에게 변화를 요청했던 이슈에 대해 대화하도록 했다.

갈등 대화는 커플관계에 대한 상당히 현실적인 [그리고 외적으로 타당한(externally valid)] 커플관계의 묘사를 제공할 수 있지만, 더욱 완전한 이해를 위해 다른 유형의 상호작용도 포함하는 것이 도움이 될 수 있다. 예를 들어, 어떤 연구자들은 상호작용 순서를 오늘의 사건에 대한 대화로 시작하여 기분 좋은 주제에 대한 대화로 마무리했다(Holland & Roisman, 2010; Levenson et al., 1994; Levenson & Gottman, 1983; Menchaca & Dehle, 2005; Roisman, 2007; Seider et al., 2009; Yuan et al., 2010).

치료 환경은 실제로 커플 기능을 평가하기 위한 이상적인 맥락을 제공한다. 그래서 실험실 환경에서 사용하는 억지스러운 '갈등 대화'를 사용하지 않아 외적 타당도를 향상시킨다. 현재 우리의 연구는 우리가 알기로 치료회기 중 커플의 상호작용을 살펴본 첫 번째 생리학적 연구이다. 이에 따라 우리는 이러한 상호작용 맥락에서 생리학적 자료를 수집하는 것과 관련된 다양한 문제에 직면했다. 그 문제들은 생리학적 장비가 회기 중 몸짓과 움직임을 방해한다는 점, 수집된 자료가 방대하여(예: 세 명을 50분 동안 지속적으로 측정한 세 가지의 생리학적 측정치) 자료의 정리와 분석이 어렵다는 점, 장비 연결/제거 그리고 기준값 읽기 등으로 인하여 회기의 길이가 최소한 30분이 길어진다는 점을 포함한다. 고무적으로, 내담자와 치료자는 회기 중 생리학적 장비를 부착하는 것이 회기의 흐름에 큰 변화를 주지 않았음을 지속적으로 보고하고 있으며, 연구에 참여한다고 해서 치료 중단 비율이 높아지는 것도 아니었다.

생리학적 연구의 외적 타당도는 치료회기 중에 진행하여 향상될 수 있을 것이다. 그럼에도 불구하고 치료의 자연스러운 과정(또는 다른 비구조화된 짝 상호작용)은 표준화된 과제(예: 갈등 대화, 가족 상호작용 과제, 오늘의 사건에 대한 대화)에서 나타나지 않는 독특한 문제들을 제기하여, 구인 타당도를 위협한다. 부과된 코딩 체계에도 불구하고, 치료 상호작용(예: 인지 개입, 행동 개입, 치료자 불안) 중 '중요한 사건'은 기타 다양한 요인들 중에서도 길이, 촉발자극(prompt), 내용 및 순서에 의해 달라질 수 있다. 분명히 전체 상호작용을 표준적인 구간들로 구획하는 과정 없이 개인 간 차이의 분석을 진행하는 것은 불가능하다. 일부 표준화된 요소들(예: 치료 방식, 개입, 회기의 목표)을 보장하기 위해 주의를 기울일 필요가 있다. 코딩 시스템을 개발하는 것은 전체 연구절차를 형성하고 사건 측정에 대한 타당도와 신뢰도를 높인다.

상호작용 코딩 시스템

관찰 코딩 목적을 위해 비디오 소프트웨어가 생리학적 정보를 기록하는 소프트웨어와 필수적으로 연결되어 있어야 한다. 치료회기의 코딩(생리학적 반응과 연결될)은 상당히 새롭기 때문에 우리는 최근 회기 중 중요한 치료적 사건을 표시하는 코딩 시스템을 만들었다. 이 연구가 초기 단계에 있기 때문에 우리는 내담자의 정서/행동을 실시간으로 코딩하지 않기로 했는데, 그 이유는 이 작업에 너무 많은 시간이 들 것이기 때문이다. 우리의 코딩 시스템은 관련 하위 유형이 있는 세 가지 치료적 행동에 초점을 두고 있다. 첫째, 인지적 개입[예: 재구조화, 포인트 처리(point processing), 방해하기/중단하기, 목표 설정, 예외 찾기], 둘째, 행동 개입(예: 실연, 애정 표현, 조각하기, 다가가기, 적극적인 경청), 셋째, 치료자의 불안(예: 비활동성, '조증' 행동)이다. 더불어, 우리는 추가적 코드들을 사용하여 개입의 강도(높음 vs. 낮음)와 개입의 초점(남편, 아내, 또는 커플)을 모두 코딩한다. 커플/가족치료 회기 중 생리학적 반응에 대한 연구에 사용될 코딩 시스템을 생성, 검증 및 복제하는 많은 연구가 필요하다.

실험실과 참여자 설정

생리학적 자료 수집을 위한 실험실 환경을 설정할 때 (우리의 연구 경험 및 기타 생리학적 연구자들의 조언에 의하면) 측정 타당도를 높이기 위해 몇 가지 일반적인 사항들을 고려해야 한다. 실내 온도와 습도는 자료 수집의 각 회기 전과 후에 기록하는 것이 중요한데(또한 온도와 습도는 모든 참여자에게 비교적 일관성 있게 유지하도록 한다.), 그 이유는 피부 전도 수준 판독의 정확도에 특별히 영향을 줄 수 있기 때문이다. 추가적으로 전극 저장소(electrode storage; 밀폐된 봉지, 서늘한 온도 등)에 대한 지침을 명확히 따라야 하는데, 이는 저장이 잘 못되면 정확한 판독을 흐릴 수 있기 때문이다.

전극 판독(electrode reading)을 통해 수집되는 생리학적 측정치를 위해 참여자를 연결하는 과정에서 몇 가지 예방 조치를 취해야 한다. 참여자의 몸에 전극을 붙이기 전에 전극이 닿는 각 부위를 깨끗하게 하는 것이 중요하다[예: 손바닥 이외에 다른 부위는 알코올 면봉으로 닦기, 손은 비누와 브릴로 패드(Brillo Pads)[1]로 문질러 닦기]. 장신구도 전자기 신호에 방해될 수 있으므로 제거해야 한다. 또한 움직임은 생리학적 자료에 인위적인 자료를 추가하게 되기 때문에 참여자들에게 움직임을 최소화하도록 안내해야 한다. 그러나 움직임을 제한하는 것은 외적 타당도를 손상시킬 수 있음을 염두에 두는 것도 중요하다. 다행히도 우리가 진행하고 있는 연구참여자들은 이동을 제한하는 것에 대해 불평한 적이 없으며, 자료 정제(data cleaning)에 있어서도 움직임의 인위적 자료로 인해 큰 문제가 발생한 적은 없었다.

기준선 기간 평가

참여자의 생리학적 반응의 변화를 계산하기 위하여(코딩이 된 상호작용 사건에 기초하여), 연구자들은 상호작용 이전에 기준선 기간(baseline periods)을 측정해야 한다. 일반적으로 기준선 기간은 참여 과제 전에 진행되며, 2~10분 정도가 소요되는데 3분이 소요되는 것이 가장 흔하다. 이를 가장 잘 개념화하는 것은 '(기준선 기간이 아닌) 과제 전(pre-task) 기간'인데, 그 이유는 참여자들이 실험실 환경이나 고지된 동의 과정(갈등 대화가 되었든 치료 회기가 되었든 곧 참여하게 될 일정에 대해 알게 되는 것을 포함)으로 인해 불안을 경험할 수 있기 때문이다. 앞서 인용된 연구자들은 일관되게 말을 하지 않는 상태의 과제 전 기간을 평가한다. 더불어 인간발달연구 분야와 연관된 분야의 정신생리학자들은 말을 하는 중의 상태로 과제 전 기간 동안 생리학적 측정을 하는데, 이는 말을 생산해 내는 운동 효과(motor effect)가 심혈관 반응성 및 호흡 속도와 연관되어 있기 때문이다(Denver, Reed, & Porges, 2007). 선행연구에 따르면, 우리가 인용한 연구자들 중 그 누구도 말을 하는 중의 상태로 과제 전 기간을 측정하지 않았다. 이 중 많은 이는 이러한 부분이 한계점이라고 언급하기는 했지만 말이다.

몇몇 기준선 평가와 관련된 타당성 이슈들은 검토해 볼 가치가 있다. 상호작용 과제는 둘(또는 더 많은) 참여자들을 포함하기 때문에, 여기서 한 가지 딜레마는 기준선 기간이 참여자가 혼자 있을 때 평가되어야 하는지, 함께 있을 때 평가되어야 하는지에 대한 것이다.

---

1) 역자 주: 비누가 들어 있는 쇠수세미 브랜드이다.

공동 기준선 기간(joint baseline period)이 보다 타당한 과제 전 기능(pre-task functioning)의 평가가 될 수도 있겠지만(과제는 두 참여자를 모두 포함하기 때문에), 이는 또 은밀한 대화나 조용히 다른 사람 옆에 앉아 있는 것만으로 높아진 불편감에 의해 영향을 받을 수 있다. 따라서 두 옵션 모두 타당도에 대한 우려를 발생시킨다. 인용된 문헌에서 기준선 판독은 보통 두 파트너가 모두 함께 있을 때 진행되었다(Heffner et al., 2004; Holland & Roisman, 2010; Menchaca & Dehle, 2005; Roisman, 2007). 일부 연구자들은 침묵-불편감이나 대화를 최소화하기 위한 노력을 통해 이와 같은 구인 타당도 이슈를 다루었다. Gottman과 동료들 (1995)은 참여자들에게 눈을 감고 긴장을 풀도록 했으며, Smith와 동료들(1998)은 제거 가능한 파티션을 사이에 두고 맞은편에 앉도록 하였고, Newton과 Sanford(2003)는 파트너들의 의자를 서로 등지도록 돌렸다.

연관된 타당도에 대한 우려는 참여자들이 침묵하며 앉도록 해야 할지, 어렵지는 않지만 집중할 수 있는 활동을 수행하도록 해야 할지(아무 생각 없이 부유하도록 허용하는 것보다는 최소한으로 요구되는 과제에 일관된 참여를 유지하도록)에 대한 것이다. 이 연구의 대부분은 참여자들에게 아무 활동에 참여하지 않은 채로 조용히 앉아 있도록 했으며, 마음속의 생각/감정을 비우라는 요청을 하기도 했다(예: Holland & Roisman, 2010; Roisman, 2007). 그럼에도 불구하고 Smith와 동료들(1998)은 연구참여자들에게 짝 지어진 사진을 연속적으로 보도록 하고 둘 중 어느 것을 선호하는지 선택하도록 했다.

이 연구를 위하여 우리는 방 안에 있는 세 명의 모든 참여자(즉, 남/여 내담자와 치료자)를 대상으로 3분 동안 말하지 않는 상태에서 기준선 측정을 한다. 불편감과 잠정적 대화를 최소화하기 위하여 우리는 자연의 장면이 나오는 차분해지는 비디오를 보여 준다. 더불어 우리는 세 명의 참여자를 대상으로 3분 동안 말을 하는 중의 상태에서 기준선을 측정하는데, 이는 초등학교 수준의 대본(치료 주제와 연관이 없는) 읽기를 돌아가면서 하는 도중에 측정된다.

잠재적 교란변수

생리학적 기능은 수많은 기타 인구학적이며 건강과 관련된 요인들에 의해 영향을 받을 수 있다. 자율신경계는 연령에 의해 영향을 받는다. 특히 고령자들은 교감 및 부교감 신경 분포의 감소를 나타내며, 갈등에 의해 상대적으로 덜 각성될 수 있다(Levenson et al., 1994). 건강 상태 및 행동(예: 체질량 지수, 신체 운동, 니코틴/카페인/알코올 사용, 약물 복용, 월

경 주기 단계)도 심박수에 영향을 줄 수 있다(De Geus, Boomsma, & Snieder, 2003).

성별과 인종/민족도 생리학적 반응에 영향을 미친다. 남성과 여성이 높은 생리학적 각성에 대한 내성 수준이 다르다는 근거는 미약하나마 존재하는데(Gottman & Levenson, 1988), 이는 남성이 자신의 정서적 상태와 관련하여 내적 단서에 더욱 주의를 기울이고, 여성은 외적, 상황적 단서를 더 자주 고려한다는 Pennebaker와 Roberts(1992)의 성차 모형을 지지한다. 또한 몇몇 연구자들은 인종/민족과 생리학적 활동의 연관성을 발견했는데, 아프리카계 미국인들이 낮은 전기 피부 반응을 보인다는 결과가 있었다(El-Sheikh & Erath, 2011).

상호작용 중 생리학적 반응 계산하기

기준선 기간부터 코딩된 상호작용까지 생리학적 반응에서의 변화를 계산하기 위한 기본적인 두 가지 방법이 있다. 더 자주 사용되며 간단한 방법은 '변화 점수'를 계산하는 것인데, 이는 평균 기준선 점수로부터 상호작용 평균 점수를 빼는 것이다. 이 방법은 Rogosa(1995)에 의해 개념적 및 통계적으로 변호되었다. 더욱 복잡한 방법이 특히 유용한데, 그 이유는 이 방법이 기준선 측정에서 개인 간 차이를 고려하기 때문이다. 이를 위해 '반응 점수'(즉, 잔차 변화 점수)는 평균 기준선 점수에 회귀된 변화 점수의 비표준화 잔차(즉, 평균 상호작용 값 빼기 평균 기준선 값)로 산출된다. 이러한 잔차 변화 점수는 기준선 수준이 잠정적 반응성의 범위(예: 천장 또는 바닥 효과)에 갖는 영향을 고려하기 때문에 특히 유용하다. 변화 점수와 잔차 변화 점수를 산출하는 주요한 방법과 더불어, 다른 이들은 단순히 목표하는 경험(예: 갈등 논의) 중의 생리학적 수준을 사용하고, 또 다른 이들은 상호작용의 과정 중 '종단적으로' 변화를 측정한다. 이러한 변화 점수와 잔차 변화 점수는 분석모형에서 예측변수 또는 성과변수(outcome variables)로 사용된다.

결론

커플 및 가족 관계의 맥락에서 우리의 생리학적 지식이 증가함에 따라 생리학적 반응에 영향을 주도록 설계된 개입의 사례도 증가할 것이다. 자율신경계 반응이 심리사회적 개입에 영향을 받는다는 고무적인 예비 근거가 있다(예: Raine et al., 2001). 지난 40년간 개입의 이론적 모델은 증상 관점에 기초해 있었다. 획기적인 생리학적 연구는 우리를 변화와 적응의 기제에 대한 수많은 신비를 풀어낼 수 있는 심리생리학에 기반한 적응의 시대로 안내한다.

감사의 인사: 우리는 이 장의 조언자와 편집자로 기여해 준 오번 대학교의 Stephen Erath 박사의 기여에 감사를 표한다.

참고문헌

Beauchaine, T. (2001). Vagal tone, development, and Gray's motivational theory: Toward an integrated model of autonomic nervous system functioning in psychopathology. *Development and Psychopathology, 13*, 183-214.

Bornstein, M., & Suess, P. (2000). Child and mother cardiac vagal tone: Continuity, stability, and concordance across the first 5 years. *Developmental Psychology, 36*, 54-65.

Brodal, A. (2004). The vestibular nuclei in the macaque monkey. *Journal of Comparative Neurology, 227*, 252-266.

Brown, P. C., & Smith, T. W. (1992). Social influence, marriage, and the heart: Cardiovascular consequences of interpersonal control in husbands and wives. *Health Psychology, 11*, 88-96.

Caciopppo, J., Uchino, B., & Berntson, G. (1994). Individual differences in the autonomic origins of heart rate reactivity: The psychometrics of respiratory sinus arrhythmia and preejection period. *Psychophysiology, 31*, 412-419.

Connell, A. M., Hughes-Scalise, A., Klostermann, S., & Azem, T. (2011). Maternal depression and the heart of parenting: Respiratory sinus arrhythmia and affective dynamics during parent-adolescent interactions. *Journal of Family Psychology, 25*, 653-662.

De Geus, E. J. C., Boomsma, D. I., & Snieder, H. (2003). Genetic correlation of exercise with heart rate and respiratory sinus arrhythmia. *Official Journal of the American College of Sports Medicine, 35*, 1287-1295.

Denver, J. W., Reed, S. F., & Porges, S. W. (2007). Methodological issues in the quantification of respiratory sinus arrhythmia. *Biological Psychology, 74*, 286-294.

El-Sheikh, M., & Erath, S. A. (2011). Family conflict, autonomic nervous system functioning, and child adaptation: State of the science and future directions. *Development and Psychopathology, 23*, 703-721.

El-Sheikh, M., Harger, J., & Whitson, S. (2001). Exposure to parental conflict and children's adjustment and physical health: The moderating role of vagal tone. *Child Development, 72,* 1617-1636.

El-Sheikh, M., Keller, P., & Erath, S. (2007). Marital conflict and risk for child maladjustment over time: Skin conductance level reactivity as a vulnerability factor. *Journal of Abnormal Child Psychology, 35,* 715-727.

Erath, S. A., El-Sheikh, M., & Cummings, E. M. (2009). Harsh parenting and child externalizing behavior: Skin conductance level reactivity as a moderator. *Child Development, 80,* 578-592.

Fowles, D. C., Kochanska, G., & Murray, K. (2000). Electrodermal activity and temperament in preschool children. *Psychophysiology, 37,* 777-787.

Gottman, J. M., Jacobson, N. S., Rushe, R. H., Shortt, J., Babcock, J., La Taillade, J. J., & Waltz, J. (1995). The relationship between heart rate reactivity, emotionally aggressive behavior, and general violence in batterers. *Journal of Family Psychology, 9,* 227-248.

Gottman, J. M., & Levenson, R. W. (1988). The social psychophysiology of marriage. In P. Noller & M. A. Fitzpatrick (Eds.), *Perspectives on marital interaction* (pp. 182-200). Clevedon, England: Multilingual Matters.

Hane, A., & Barrios, E. S. (2011). Mother and child interpretations of threat in ambiguous situations: Relations with child anxiety and autonomic responding. *Journal of Family Psychology, 25,* 644-652.

Heffner, K. L., Kiecolt-Glaser, J. K., Loving, T. J., Glaser, R., & Malarkey, W. B. (2004). Spousal support satisfaction as a modifier of physiological responses to marital conflict in younger and older couples. *Journal of Behavioral Medicine, 27,* 233-254.

Holland, A. S., & Roisman, G. I. (2010). Adult attachment security and young adults' dating relationships over time: Self-reported, observational, and physiological evidence. *Developmental Psychology, 46,* 552-557.

Jacobson, N. S., Gottman, J. M., Waltz, J., Rushe, R., Babcock, J., & Holtzworth-Munroe, A. (2000). Affect, verbal content, and psychophysiology in the arguments of couples with a violent husband. *Prevention & Treatment, 3,* 19a.

Katz, L., & Gottman, J. (1997). Buffering children from marital conflict and dissolution. *Journal of Clinical Child Psychology, 26,* 157-171.

Levenson, R. W., Carstensen, L. L., & Gottman, J. M. (1994). Influence of age and gender on affect, physiology, and their interrelations: A study of long-term marriages. *Journal of Personality and Social Psychology, 67,* 56-68.

Levenson, R. W., & Gottman, J. M. (1983). Marital interaction: Physiological linkage and affective exchange. *Journal of Personality and Social Psychology, 45*, 587-597.

Levenson, R. W., & Gottman, J. M. (1985). Physiological and affective predictors of change in relationship satisfaction. *Journal of Personality and Social Psychology, 49*, 85-94.

Lorber, M. F., & O'Leary, S. G. (2005). Mediated paths to overreactive discipline: Mothers' experienced emotion, appraisals, and physiological responses. *Journal of Consulting and Clinical Psychology, 73*, 972-981.

Matveev, M., Prokopova, R., & Nachev, C. (2006). *Normal and abnormal circadian characteristics in autonomic cardiac control.* New York: Nova Science Publishers.

Menchaca, D., & Dehle, C. (2005). Marital quality and physiological arousal: How do I love thee? Let my heartbeat count the ways. *American Journal of Family Therapy, 33*, 117-130.

Newton, T. L., & Sanford, J. M. (2003). Conflict structure moderates associations between cardiovascular reactivity and negative marital interaction. *Health Psychology, 22*, 270-278.

Pennebaker, J. W., & Roberts, T. A. (1992). Toward a his and hers theory of emotion: Gender differences in visceral perception. *Journal of Social and Clinical Psychology, 11*, 199-212.

Porges, S. W. (2001). The polyvagal theory: Phylogenetic substrates of a social nervous system. *International Journal of Psychophysiology, 42*, 123-146.

Porges, S. W. (2006). Asserting the role of biobehavioral sciences in translational research: The behavioral neurobiology revolution. *Developmental Psychopathology, 18*, 923-933.

Porges, S. W. (2007). The polyvagal perspective. *Biological Psychology, 74*, 116-143.

Raine, A., Venables, P. H., Dalais, C., Mellingen, K., Reynolds, C., & Mednick, S. A. (2001). Early educational and health enrichment at age 3-5 years is associated with increased autonomic and central nervous system arousal and orienting at age 11 years: Evidence from the Mauritius Child Health Project. *Psychophysiology, 38*, 254-266.

Raine, A., Venables, P., & Williams, M. (1990). Autonomic orienting responses in 15-year-old male subjects and criminal behavior at age 24. *American Journal of Psychiatry, 147*, 933-937.

Rogosa, D. (1995). Myths and methods: "Myths about longitudinal research" plus supplemental questions. In J. M. Gottman (Ed.), *The analysis of change* (pp. 3-65). Mahwah, NJ: Erlbaum.

Roisman, G. I. (2007). The psychophysiology of adult attachment relationships: Autonomic reactivity in marital and premarital interactions. *Developmental Psychology, 43*, 39-53.

Seider, B. H., Hirschberger, G., Nelson, K. L., & Levenson, R. W. (2009). We can work it out: Age differences in relational pronouns, physiology, and behavior in marital conflict. *Psychology and Aging, 24*, 604-613.

Sheppes, G., Catran, E., & Meiran, N. (2009). Reappraisal (but not distraction) is going to make you sweat: Physiological evidence for self-control effort. *International Journal of*

Psychophysiology, 71, 91-96.

Smith, T. W., Gallo, L. C., Goble, L., Ngu, L. Q., & Stark, K. A. (1998). Agency, communion, and cardiovascular reactivity during marital interaction. *Health Psychology, 17*, 537-545.

Thayer, J., & Lane, R. (2009). Claude Bernard and the heart-brain connection: Further elaboration of a model of neurovisceral integration. *Neuroscience and Biobehavioral Reviews, 33*, 81-88.

van Goozen, S., Matthys, W., Cohen-Kettenis, P., Buitelaar, J., & van Engeland, H. (2000). Hypothalamic-pituitary-adrenal axis and automatic nervous system activity in disruptive children and matched controls. *Journal of the American Academy of Child and Adolescent Psychiatry, 29*, 1438-1445.

Wegner, D. M., & Gold, D. B. (1995). Fanning old flames: Emotional and cognitive effects of suppressing thoughts of a past relationship. *Journal of Personality & Social Psychology, 68*, 782-792.

Yuan, J. W., McCarthy, M., Holley, S. R., & Levenson, R. W. (2010). Physiological down-regulation and positive emotion in marital interaction. *Emotion, 10*(4), 467-474. doi:10.1037/a0018699

10 부부가족치료 연구에서의 뇌파검사

Trent S. Parker, Kristyn M. Blackburn, & Ronald J. Werner-Wilson

도입

인간행동과 연관된 뇌 구조와 활동을 측정하는 다양한 비침습적(noninvasive) 방법들이 존재한다(Harmon-Jones & Winkielman, 2007). 이러한 방법들을 통해 수집된 자료들은 부부가족치료(marriage and family therapy: MFT)와 관련된 광범위한 행동과 심리 주제들에 대하여 독특한 통찰을 제공한다. 우리는 MFT 연구자들이 관심을 가질 만한 두뇌 구조 및 활동과 연관된 자료를 수집하는 주된 방법들에 대해 간략히 검토해 보고자 한다.

뇌 구조, 뇌 조직, 그리고 뇌 발달이 커플과 가족 간의 관계에 미치는 영향에 대한 관심은 지속적으로 증가해 왔다. 이러한 영향은 심리치료에서도 마찬가지로 적용된다. 이러한 접근들은 사회신경과학(social neuroscience) 분야, 즉 신경계(중추 및 말초), 내분비계, 면역체계가 어떻게 사회문화적 과정에 관여하는지를 살펴보는 통합적인 분야로부터 비롯되었다(Harmon-Jones & Winkielman, 2007, p. 4). Cozolino(2006)는 뇌는 사회적 기관이며 두뇌발달과 사회발달 간에는 양방향적 관계가 있다고 제안하였다. Mona Fishbane(2007)는 다음과 같이 이 관계를 강조하였다. "많은 체계적 실천(practices)과 이론들은 대인관계 신경생물학 분야에 의해 강화되었다. …… 체계, 맥락, 그리고 사회적으로 구성된 의미에 대한 우리의 기본적인 신념들은 뇌과학에 의해 검증되었다"(p. 410). 뇌파검사(electroencephalography: EEG)는 커플 및 가족 상호작용에 대한 기초 연구를 통해, 그리고 치료회기 및 성과연구를 수행하는 과정에서 뇌 활동을 직접 측정함으로써 뇌 활동의 영향에 대한 우리의 이해를 증진시킬 수 있다는 가능성을 갖고 있다.

지난 몇 년 동안 MFT 연구자들은 EEG 방법론을 연구에 통합시키기 시작했다. 예를 들어, Blackburn, Parker, Werner-Wilson과 Wood(2012)가 수행한 연구는 EEG 방법론을 사용하여 치료회기 동안 치료자의 관여(engagement) 수준에 대한 내담자의 자기개방(self-disclosure) 효과를 살펴보았다. 치료자의 관여는 EEG를 통해 치료자의 뇌 활동을 측정하여 평가되었다. 연구자들은 내담자가 자기개방을 더 할수록, 치료자는 치료회기에 더 깊이 관여함을 발견하였다. 또한 치료자가 치료회기에 관여하는 것은 회기의 원활한 진행(smoothness), 치료적 관계에 대해 내담자가 내린 평가와 정적 상관을 보였다. 이와 같은 연구는 MFT 연구자들에게 커플과 가족 구성원들 간에 발생하는 치료 과정과 대인관계 과정에 대한 독특한 통찰을 제공할 수 있다.

이 장에서는 비용 효율적이고 전기적 뇌 활동을 측정하기 위해 최소한의 침습만을 하는 방법으로서 EEG를 적용하는 것에 대해 다룬다. 기능적 자기공명영상(fMRI) 및 양전자 방출 단층 촬영(PET)은 영상 기법으로 자주 사용되는 또 다른 방법들이나, 이들은 이 장에서 다루고자 하는 범위를 넘어선 것들이다. 그러나 이 분야에 대한 연구 배경(연구 맥락)을 제공하기 위해 fMRI와 PET 기법에 대해서도 간략히 검토할 것이다.

EEG를 도입한 맥락 살펴보기

기능적 자기공명영상(functional magnetic resonance imaging: fMRI)은 국소 혈류의 증가 또는 감소로 나타나는 뇌 활동을 평가한다(Wager, Hernandez, Jonides, & Lindquist, 2007). 이 영상 기법은 감정/정서 연구뿐만 아니라 인지 및 행동 과제에 대한 반응으로 발생하는 뇌 활성화에 대한 정보를 제공하는 데 사용되어 왔다(Ryan & Alexander, 2008; Wager et al., 2007). fMRI는 EEG와 같은 기법과 비교할 때 더 높은 공간적, 시간적 해상도를 갖고 있다. 영상들은 임상적으로 사용 가능한 모든 스캐너로부터 빠르게 얻을 수 있다. 이 방법은 피험자가 반드시 누워 있어야 하고, 금속 임플란트가 있는 개인에게는 적합하지 않다. fMRI를 이용한 최근 연구들은 명상, 성격, 감정, 그리고 중독을 포함한 주제들에 대해 연구하였다(Canli et al., 2001; Engelmann et al., 2012; Lutz, Dunne, & Davidson, 2007; Ochsner, Bunge, Gross, & Gabrieli, 2002).

양전자 방출 단층 촬영(positron emission tomography: PET)은 포도당 대사, 산소 소모량, 뇌혈류를 측정한다(Wager et al., 2007). 뇌내의 생리학적 영상과 대사 반응은 양전자 방출 방사성추적자(positron-emitting radiotracers)를 통해 구성된다(Ryan & Alexander, 2008; Wager et al., 2007). 방사성추적자는 산소 및 포도당과 같이 뇌에서 발견되는 분자에 결합하는 화합물이다. 방사성추적자는 혈류에 주입되어 뇌내에서 추적자의 일정한 농도를 생성한다. 스캔은 신진대사 활동이 일어나는 뇌영역을 보여 주는 3차원 영상을 생성한다.

EEG와 같은 다른 기법들이 발전함에 따라 인지활성화 연구에서 PET의 사용은 줄어들었다. PET는 많은 공간을 필요로 하고 운영 경비가 높다. 또한 PET는 방사성추적자들을 피험자의 혈류에 도입하는 방식에 의존한다. PET는 다른 기법들에 비해 뇌내에서 많은 분자들의 활동을 모니터링하는 데 더 유연하다는 장점이 있다. PET 기법을 사용한 연구주제들로는 조현병, 약물 남용, 기분장애, 그리고 자폐증이 있다(Andreasen, Calage, & O'Leary, 2008; Conway et al., 2012; Pagani et al., 2012; Weerts et al., 2011).

fMRI와 PET 기법은 모두 사회신경과학 분야에 가치 있는 기여를 하였다. 그러나 앞서 논의된 것과 같이, 이 방법들은 침습적이고 비용이 비싸다. 이후에 검토할 내용은 EEG의 사용에 초점을 둘 것인데, 이는 MFT 연구자들에게 보다 접근성 높은 영상 기법이다.

전기적 뇌 활동 측정: EEG

EEG는 뇌 기능을 측정하고 전기적 뇌 활동에 대한 추론을 가능하게 하는, 비교적 저렴하고 비침습적인 방법이다. EEG 연구들이 수집한 자료들은 인지 과정, 정서 기능, 그리고 발달에 대한 연구들에 기여해 왔다(Davidson, Jackson, & Larson, 2000). EEG를 사용한 연구들은 연구자에게 밀리초(1000분의 1초) 시간 해상도로 데이터를 수집할 수 있게 해 준다는 점(예: 얼마나 빨리 뇌 활동 발생 후 수집이 가능한가; Harmon-Jones & Beer, 2009; Pizzagalli, 2007), 특히 사회과학 연구에서 유용한 점으로 다양한 행동 과제와 연관된 국소 뇌 활동(regional brain activity)에 대하여 거의 즉각적인 피드백을 제공한다는 점에서 유리하다. 예를 들어, 시간 해상도는 개입 시작 후 밀리초 이내에 뇌 활동을 측정할 수 있게 한다.

EEG는 전극을 체계적으로 배치하여 참여자의 두피로부터 직접 전기적 뇌 활동을 기록한다. 전극은 활동 전위(action potentials)와 시냅스 후 전위(postsynaptic potentials)로 인한 뇌 내부의 전압 변화로 나타나는 뇌 활동을 감지하도록 설계되어 있다(Davidson et al., 2000; Harmon-Jones & Beer, 2009; Pizzagalli, 2007). 활동 전위와 관련된 순간(timing)과 뉴런의 배열은 이들이 생성하는 전압 변화가 EEG에 의해 감지되는 것을 방지한다. 그러나 시냅스 후 전위를 합산하는 능력은 EEG가 전기적 뇌 활동을 기록할 수 있게 한다(Pizzagalli, 2007).

개별 뉴런에서 생성되는 전기적 활동은 작다(Davidson et al., 2000; Harmon-Jones & Beer, 2009; Pizzagalli, 2007). 따라서 두피에 기록된 뇌 활동은 동시에 작동하는 수천 개의 뉴런을 반영한다. 뉴런들의 일관된 방향(orientation)은 두피에서 기록 가능한 전기적 활동을 합산할 수 있게 한다(Pizzagalli, 2007). 이웃한 뉴런들 사이에 존재하는 것으로 밝혀진 동기화를 국부적 동기화(local-scale synchronization)라고 하며, 멀리 떨어져 있는 뇌 영역의 큰 신경(뉴런) 집합체 간의 동기화는 대규모 동기화(large-scale synchronization)라 한다.

가공하지 않은 EEG 신호는 시간 또는 주파수 영역에서 분석된 복잡한 파형으로 나타난다(Harmon-Jones & Beer, 2009). 즉, 파형은 x축은 시간을, y축은 EEG 활동의 진동을 나타내는 그래프로 표현된다. 이러한 진동은 시상과 뇌의 피질 네트워크 간의 상호작용을 통해 생성된다(Pizzagalli, 2007). 이러한 진동은 뇌파라고도 불리는데, 뇌 활동의 수준을 결정

표 10-1 자주 연구되었던 뇌파

파장	주파수	설명
델타(Delta)	<4Hz	주로 수면과 관련됨. 깨어 있는 성인에게서 높은 진폭이 나타나면 뇌 기능 장애를 시사함
세타(Theta)	4~8Hz	세타가 증가하면 졸림. 비대칭이 과도하게 존재하면 우울증 또는 기타 정서장애를 시사함
알파(Alpha)	8~13Hz	눈을 감으면 더 강해지는 경향. 휴식과 명상과 관련됨. 전두에서 높은 알파를 보이면 ADHD나 우울증을 시사함
베타(Beta)	13~21Hz	인지 활동이 필요한 작업 중 나타남. 과도한 베타는 수면장애나 학습장애에도 나타날 수 있음
고(高) 베타 (High Beta)	20~32Hz	최고의 성과(peak performance), 인지 처리, 걱정, 불안, 과잉 생각, 반추, 그리고 강박장애
감마(Gamma)	38~42Hz	정서와 부정정서 처리
뮤(Mu)	8~13Hz	감각운동피질 위에 위치

하는 데 사용된다. 연구에서 가장 자주 사용되는 뇌파들에 대해 〈표 10-1〉에 제시되어 있다. 더 자세한 내용은 Rowan과 Tolunsky의 연구(2003), Demos(2005)의 연구를 살펴보면 될 것이다.

EEG 신호는 두 전극, 즉 활성 전극과 기준 전극 사이의 전위차를 나타낸다(Pizzagalli, 2007). EEG 기록에서 얻은 데이터의 품질은 부분적으로 전극의 위치, 그리고 전극과 참여자의 두피 사이의 접촉 상태에 따라 다르다. Jasper(1958)에 의해 도입된 10-20 전극 배치 시스템은 널리 사용되는 것으로, 신뢰할 수 있는 측정을 위해 두피의 균일하고 균질한 적용범위를 보장하고 연구들 간의 비교도 가능하게 한다(Davidson et al., 2000; Pizzagalli, 2007).

EEG는 일반적으로 두피에 놓인 주석(Sn) 또는 은/염화은(Ag/AgCl)으로 만들어진 전극으로부터 측정된다. 전기활동을 정확히 기록하기 위해서는 모든 전극이 동일한 금속으로 구성되어야 한다(Davidson et al., 2000). 국제 10-20 전극 배치 시스템([그림 10-1] 참조)은 뇌의 다른 위치들을 나타내는 일련의 숫자와 문자를 포함한다(Jasper, 1958). 전극의 첫 글자는 전극이 놓이는 뇌 영역의 이름을 나타낸다: Fp(전두엽 이마극; frontal pole), F(전두엽; frontal region), C(중심구; central region), P(두정엽; parietal region), T(측두엽; temporal region), O(후두엽; occipital region). 글자 바로 뒤에는 숫자가 붙는다. 홀수는 왼쪽 반구를, 짝수는 오른쪽 반구를 뜻한다. 머리 중앙에서 멀어질수록 숫자도 커진다. 문자 'z'는 머리 앞에서 뒤로 이어지는 정중선을 나타낸다.

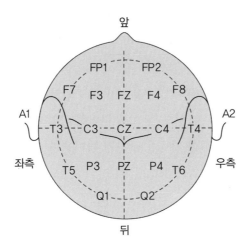

[그림 10-1] 국제 10-20 전극 배치 시스템

장비/소프트웨어

정신생리학적 데이터 수집, 데이터 처리 및 정리(압축)를 위한 소프트웨어 프로그램, 그리고 EEG 데이터 수집을 위한 훈련과 관련된 장비들에 대해 설명하는 여러 훌륭한 자료들이 있다(Curtin, Lozano, & Allen, 2007; Harmon-Jones & Peterson, 2009; Mendes, 2009 참고). 이 자료들은 커플이나 가족 데이터 수집보다는, 주로 한 번에 한 사람에게서 데이터를 수집하는 것에 대해 설명한다. 우리는 커플과 가족으로부터 데이터를 수집하는 것을 포함, 데이터 수집을 위한 기본적인 고려사항, 실험실 설계, 데이터 수집 장비, 그리고 데이터 처리와 정리(압축)를 위한 소프트웨어와 같은 것들을 제시하고자 한다.

데이터 수집을 위한 기본적인 고려사항

정신생리학적 데이터 수집과 관련하여 최소한 4개의 기본적인 고려사항이 있다(Curtin et al., 2007). 첫째, 당신의 연구실에 투자하거나 이미 연구실을 만들어 둔 사람과 협업해야 한다. 협업하는 것이 비용효율적일 수 있지만, 특히 상호작용 중에 정신생리학적 데이터를 수집하고자 할 때에는, 이미 설립된 실험실에서 당신의 연구 프로토콜을 적용하는 데 어려움이 있을 수 있다. 왜냐하면 대부분의 연구실은 한 번에 한 사람의 데이터만 수집하도록 설계되어 있기 때문이다. 둘째, 이러한 데이터 수집에 대한 당신의 기술 숙련도와 경험은 어떠한가? 실험실 설계, 장비 확보, 인력 수련, 그리고 결과 해석을 위해서는 인체해부학, 뇌 구조 및 뇌 기능에 대한 해박한 수준의 지식이 필요하다. 또 기술을 사용하는 데 편하게 느껴야 할 것이다. 셋째, 당신의 연구실을 유연하게 다양한 목적으로 사용할 것인지 아니면 특정 연구영역에만 전념하고자 하는가? 전용 장비를 구입하는 것은 더 비용 효율적일 수 있지만, 향후 연구에 제한이 될 수도 있다. 초기에 구입이 완료되면, 더 정교한 장비를 얻거나 현재의 장비를 업데이트하기 위한 자금을 구하기 어려울 수 있다. 넷째, 여러 생리학적 채널을 통해 데이터를 수집할 것인가(예: EEG, 심박수, 피부 전도도)? EEG 장비를 위해서는 최소 25,000달러의 투자가 필요하다. 또한 컴퓨터는 각 EEG 단위 전담으로 사용되어야 한다. 따라서 상호작용 중에 여러 가족 구성원으로부터 데이터를 동시에 수집하기 위해서는 EEG 장비를 위해 최소 50,000달러에서 75,000달러의 예산이 필요하다. 우리는 당신 자신의 실험실 개발에 투자하기 전에, 이미 만들어져 있는 실험실에서 협업하며 경험을 쌓기를 권한다.

실험실 설계

이 내용은 Curtin, Lozano와 Allen(2007)의 권고사항을 토대로 작성되었다. 기본이 되는 정신생리학적 실험실은 전기적 데이터 확보에 영향을 미치는 간섭, 연구참여자들의 주의를 산만하게 하는 주변 소음이 없어야 한다. 최소한, 실험실에는 생리학적 신호를 수집하기 위한 증폭기, 신호를 디지털화하고 기록하기 위한 컴퓨터, 그리고 데이터 수집 과정을 모니터링하는 관찰실이 있어야 한다. 개인으로부터 데이터를 수집하도록 설계된 생리학적 실험실들은 대부분 자극을 주고 특정한 관심 사건에 대한 참여자의 반응을 측정하기 위한 기법들을 포함한다. 예를 들면, 불안을 일으키는 시각 자극과 같은 것들이 바로 그것이다. Curtin과 동료들(2007)은 이런 유형의 연구에서 고려해야 할 쟁점들에 대해 상세히 설명하였다. 커플과 가족 연구에 있어, 그 자극은 가족 구성원들 간의 상호작용이 될 것이다. 이와 같이 가족 상호작용 실험실은 이러한 상호작용을 기록하기 위한 몇 가지 기제를 갖고 있어야 하고, 이는 주로 각 참여자를 녹화할 수 있는 비디오 녹화 시스템이 될 것이다. 관찰실은 데이터 수집 실험실과 가까이(이상적으로는 인접해 있어야 함) 있어야 한다. 그래야만 데이터 수집과 관련된 문제(예: 전극이 느슨해짐)가 빠르게 해결될 수 있기 때문이다. 관찰실에는 참여자를 볼 수 있는 영상 화면과 EEG 활동 기록에서의 문제를 모니터링할 수 있는 데이터 수집 컴퓨터가 있어야 한다.

데이터 수집 장비

앞서 우리는 당신에게 어떤 장비가 필요한지 결정하기 위해 당신의 연구 범위를 명확히 하는 것이 중요하다고 하였다. 심박수, 피부 전도도, 또는 호흡을 측정하는 데 사용되는 일부 자율신경계(autonomic nervous system: ANS) 장비는 제한된 몇 개 부위에서 EEG를 측정할 수 있다. 연구자들이 전반적인 기능을 평가하기 위해 Cz와 같은 단일 부위에 집중하는 것은 드물지 않다. 우리는 연구자들에게 부위나 파동 일관성과 관련된 데이터를 수집하기 위해서라면 10-20 전극 배치 시스템에서 최소한 2개 부위를 측정할 수 있는 장비를 확보할 것을 권한다. 보다 정교한 EEG 데이터 수집을 위해서는 앞서 설명한 국제 10-20 전극 배치 시스템([그림 10-1] 참조)에 기반하여 최소 19개 부위를 측정하는 증폭기가 포함되어야 한다. 밀집 배열 시스템(dense array system)이라고 알려진 다른 증폭기는 32, 64, 128 및 256 부위까지 측정할 수 있다. 부위의 수가 증가하면 더 나은 공간 해상도를 제공하지만 비용이 많이 든다(32채널 시스템의 경우 장치당 최소 75,000달러). 비용이 비싸므로 밀집 배열 시스템을 확보해야 한다고 추천하지는 않는다. 전기적 뇌 활동에 대한 가족 상호작용의 영향을 그리기 위해 10–20 전극 배치 시스템에서 데이터를 수집하는 것만으로도 이 시점에서 충분하다. EEG에서 제공하는 시간 해상도를 더 잘 활용하려면, 수직 간격 시간 코드(vertical interval time code: VITC)를 권장한다. 이러한 유형의 시스템은 연구에서 치료, 커플이나 가족 상호작용, 그리고 EEG와 같은 생리학적 측정에 대한 비디오 기록들 간의 일치 여부를 식별할 수 있도록 도와준다.

참여자 준비

많은 EEG 시스템에는 사용할 수 있는 교정 루틴(calibration routines)이 있다. 연구자들은 참여자가 도착하기 전에 이러한 루틴을 실행하여 하드웨어와 소프트웨어가 제대로 작동하는지 확인해야 한다. 그렇게 하지 않을 경우 데이터를 사용할 수 없게 될 수 있다.

EEG 데이터 수집을 위해 참여자들을 준비시킬 때, 참여자들이 전 과정에 걸쳐 편안히 느낄 수 있게 하는 것이 중요하다. 사용되는 장비는 흔히 낯선 것이고 참여자들에게는 위협적으로 보일 수도 있다. 그러므로 각 참여자에게 연구 중에 사용될 자료를 보여 주고 연구과정의 각 단계를 설명해 주는 것이 좋다. 연구자들은 데이터 수집 전에 참여자들의 정서를 변화시키지 않도록 전문적인 방식으로 행동하는 것이 좋다.

대부분의 EEG 시스템은 전기 임피던스가 5천 옴(ohm) 미만이어야 한다(Harmon-Jones & Beer, 2009). 임피던스는 전압이 인가될 때 회로가 전류의 흐름에 대해 제시하는 방해(opposition) 척도를 뜻한다. 임피던스 감소는 몇 가지 방법으로 달성될 수 있다. 참여자에게 먼저 약 5분 동안 머리를 빗도록 요청한다. 이는 참여자의 머리카락이 운반할 수 있는 모든 전하를 줄인다. 다음으로 할 일은 전자가 위치할 두피 영역에서 각질을 제거하는 것이다. 이를 위해 알코올 패드를 사용할 수 있다.

참여자에게 전극 모자를 씌우려면 몇 가지 단계를 따라야 한다. 먼저 할 일은 비근점(nasion; 코 위쪽 움푹 들어간 부분에 있는 눈썹 바로 아래 지점)으로부터의 외후두 융기(inion; 머리 뒤쪽 후두엽의 튀어나온 부분)까지의 거리를 미터법 테이프를 사용하여 측정하는 것이다. 이 총거리(센티미터로 측정)의 10퍼센트를 계산하고 비근점으로부터 치수를 잰다. 이 위치는 왁스 연필로 참여자의 머리에 표시한다. 모자 크기는 참여자의 머리 둘레를 측정하여 결정된다. 모자는 주로 소형, 중형, 대형 크기로 나온다. 잘 맞으면서도 가장 편안한 착용감을 주는 모자 사이즈를 선택하는 것이 중요하다. 그런 다음 모자를 왁스 표시와 일렬로 맞추고 참여자의 머리 위로 펼친다. 그런 다음 모자가 두피의 올바른 위치에 있는지 확인하기 위해 재측정한다. 정중선 전극은 두피 정중선에 자리 잡고 있어야 한다. 이러한 배치(fit)를 확실히 하기 위해, 각 귀 앞쪽의 귓바퀴 앞 만입부(preauricular indentation)로부터의 거리를 측정하고 중간점을 계산한다. Cz 전극은 계산한 중간점에 위치해야 한다.

MFT가 관심을 갖는 EEG 연구

EEG와 관련된 사회신경과학 분야는 MFT 영역이 관심을 가질 만한, 표준화되고 잘 정립된 뇌파 및 활성화 영역 조합들을 제공한다. 이러한 절차 중 많은 것이 아직 MFT 연구에 도입되지 않았지만, 이 절에서는 이러한 일련의 절차들과 MFT 연구에서 이러한 것들이 어떻게 사용될 수 있을 것인가에 초점을 둘 것이다.

세타-베타 비율

세타와 베타파(〈표 10-1〉 참조)는 주의력결핍 과잉행동 장애(attention deficit/hyperactivity disorder: ADHD)를 진단하는 데 사용된다. 세타는 느린 파장이므로, 빠른 파동인 베타와 비교하여 세타의 존재는 현재 측정 중인 뇌의 영역이 상대적으로 느리게 기능하고 있음을 나타낸다. 이러한 뇌 기능의 저하는 ADHD와 관련이 있다. 한 연구에서는 ADHD가 있는 사람과 없는 사람을 구별해 내는 EEG의 능력을 경험적으로 확인하였다(Monastra, Lubar, & Linden, 2001을 보라).

Lubar(1995)는 단일 부위인 Cz가 ADHD의 존재를 결정하는 데 사용될 수 있음을 보여 주었다. Monastra와 동료들(2001)은 몇 개의 연령집단에 대하여 ADHD 존재를 시사하는 세타-베타 비율의 절단점(cutoff score)을 확립했을 뿐만 아니라 ADHD를 진단하는 절차를 개발하였다. Linden(2011)은 ADHD를 측정하는 데 있어 추가도구, 즉 충동성과 집중력을 측정하도록 설계된 컴퓨터 프로그램과 같은 것들을 사용할 것을 권장한다. 그렇게 함으로써 측정도구의 구인 타당도에 대한 신뢰를 높인다. ADHD에 대한 연구를 수행하는 데 있어, 연구의 타당성을 높이기 위해 추가적인 진단도구를 사용하는 것이 바람직하다.

MFT에서 ADHD를 가진 아동을 대상으로 하는 성과 연구도 있다. 약물이 선택된 치료

방법이라 여겨지지만, 문헌들은 MFT가 ADHD 증상에 영향을 미칠 수 있음을 제시한다 (Northey, Wells, Silverman, & Bailey, 2003). MFT 연구에서 EEG를 사용할 수 있는 방법 중 하나는 MFT가 세타-베타 비율을 어떻게 변화시키는지 조사하는 것이다. 이는 행동 변화 뿐만 아니라 뇌 기능의 변화도 보여 줄 수 있다. ADHD를 측정하기 위해 EEG를 사용하고 자 한다면, 행동에 영향을 미치는 뇌파의 변화를 만드는 데 6개월이 필요할 수 있음을 유념해야 한다(Linden, Habib, & Radojevic, 1996). 따라서 충분한 시간을 허용해야 할 것이다.

전두엽 피질 알파파 비대칭

뇌의 전두엽은 일반적으로 정서 상태뿐만 아니라 주의력에도 관여하는 것으로 알려져 있다. 왼쪽과 오른쪽 전두엽의 상이한 활동 수준이 정서와 관련되어 있다는 경험적 발견 들은 사회신경과학 문헌들을 통해 발전되었다(Coan & Allen, 2004). 활동량의 차이는 전두 엽 양쪽 각각에 존재하는 알파파의 양으로 측정된다(〈표 10-1〉 참조). 이 차이를 전두엽 알파파 비대칭(frontal alpha asymmetry)이라고 부른다. 전두엽 알파파 비대칭을 조사하면서, 두 개 모델이 개발되었다. 첫 번째 모델은 정서적 감정가(emotional valence)에 초점을 두 는데, 오른쪽에 비해 왼쪽 전두엽 활동이 더 많은 것은 긍정 정서(예: 행복)의 경험과 표현 을 나타내고, 그 반대의 경우는 부정 정서(예: 슬픔)를 나타낸다고 한다. 예를 들어, 오른쪽 전두엽 활동의 증가는 우울증과 관련되는 것으로 밝혀졌다(Gotlib, Ranganath, & Rosenfeld, 1998). 몇 가지 불일치하는 결과들로 인해, 두 번째 모델은 동기부여 방향에 초점을 맞춰 개발되었다. 이 모델에서는 오른쪽에 비해 왼쪽 전두엽 활동이 더 많으면 접근 경향을 나 타내고, 그 반대의 경우는 철회 경향을 나타낸다고 설명한다(Harmon-Jones, 2007).

전두엽 알파파 비대칭을 측정하기 위해 모든 정면 위치를 사용할 수 있지만(FP1/2, FP3/4, 또는 FP7/8), 한 쌍 이상을 측정할 것을 권한다. 연구의 일관성을 유지하기 위해 전두 엽 알파파 비대칭은 오른쪽 알파 절대력(absolute power)의 로그에서 왼쪽 알파 절대력의 로그를 빼서 계산한다(Harmon-Jones & Allen, 1997). 알파는 느린 파동으로 간주되므로, 이 공식의 결과가 양수이면 더 많은 왼쪽 활동을 나타내고, 음수이면 더 많은 오른쪽 활동을 나타낸다.

전두엽 알파파 비대칭은 치료 과정뿐만 아니라(Blackburn et al., 2012) 커플 상호작용 실 험(Kimberly, Werner-Wilson, Parker, & Lianekhammy, 2012; Werner-Wilson et al., 2011)에서도 사용되어 왔다. Parker, Blackburn, Hawks, Werner-Wilson과 Wood(2013)는 내담자와 치

료자로부터 6회기에 걸쳐 EEG 데이터를 수집했다. 각 커플과 치료자가 10-20 전극 배치 시스템에 따라 전극을 그들의 머리에 배치한 후 기준선 측정이 이루어졌다. 이는 커플과 치료자가 눈을 뜨고 조용히 앉게 하고, 다시 눈을 감게 하는 것을 포함했다. 그 후 40분짜리 치료회기가 실시되었다. 전두엽 알파파 비대칭 계산은 기초선과 치료회기 중에 이루어졌다. 그런 다음 이 계산된 값들은 내담자가 치료자를 얼마나 공감적이라 인식했는지, 그리고 치료자가 치료적 관계를 어떻게 인식했는지와 상관(correlated to)이 있는지 분석되었다. 결과에 따르면, 왼쪽 활성화 쪽으로 치료자의 전두엽 알파파 비대칭 변화가 클수록 내담자는 치료자를 더 공감적이라고 인식하는 것으로 나타났다. 또한 치료적 관계에 대한 치료자의 인식 그리고 치료자의 전두엽 알파파 비대칭에서의 변화, 즉 왼쪽에서 더 큰 활성화를 보인 변화 사이에는 정적 상관이 있었다.

교차-주파수 결합

Schutter와 Knyazev(2012)는 서로 다른 파동 간의 동시성(coherence)을 조사하는 것은 인간의 뇌를 이해하는 데 있어 또 다른 중요한 부분이라고 제안한다. 다시 말해, 서로 동기화되는 다양한 뇌파들(〈표 10-1〉 참조)과 관련 현상들을 조사하는 것은 중요하다. 불안이 존재할 경우 델타와 세타 간의 동시성으로 나타난다는 것에 대한 증거들이 나오고 있다(Knyazev, 2007). 코르티솔을 투여하면 이 상관관계가 커진다는 것이 실험적으로 증명되어 왔고(van Peer, Roelofs, & Spinhoven, 2008), 이는 델타와 세타 간의 상관이 커지면 불안의 존재를 시사한다는 발견들에 더욱 힘을 실어 준다. 보다 최근에 Putman(2011)은 델타-베타 동시성 그리고 위협적인 그림자극에 대한 주의 회피 사이에 부적 상관이 있음을 발견하였다. Miskovic, Moscovitch, McCabe, Antony와 Schmidt(2011)는 사회불안장애를 치료하는 동안 EEG에서의 변화가 일어난다는 것을 보여 주기 위해 이 연구영역을 활용하였다. MFT가 뇌 과정과 불안에 미치는 영향을 결정하기 위해 이와 유사한 절차들을 수행할 수 있다. 또한 치료회기, 커플과 가족 상호작용에 있어 불안의 존재를 측정하는 데 중요한 역할을 할 수 있다.

거울 신경세포 시스템

거울 신경세포 시스템(mirror neuron system: MNS; Rizzolatti & Craighero, 2004)은 다른 개인의 행동이나 정서를 관찰할 때 활성화되는 뇌의 시스템이라고 설명된다(Pfeifer & Dapretto, 2009를 보라). 뮤(mu)파(〈표 10-1〉 참조)를 억제하는 것은 MNS의 활동을 측정하는 방법으로 검증되었다(Oberman, Pineda, & Ramachandran, 2007). MNS는 공감에 있어 한 몫을 하고 있다고 제안되었고(Pfeifer, Iacoboni, Mazziotta, & Dapretto, 2008), 이는 커플 또는 가족 상호작용뿐만 아니라 치료적 관계 연구에 있어서도 함의를 갖는다. 우리는 높은 수준의 공감이 있는 커플 상호작용에서 MNS의 활성화가 증가할 것으로 예상한다. 그러나 그것은 대인관계의 경계 또는 분화(Bowen, 1978)라는 개념에 있어서도 흥미로운 함의를 갖는다. MNS 활성화와 분화 수준, 즉 치료적 관계나 커플 및 가족 관계 내에서의 분화 수준 간의 관계를 탐색하는 것은 MFT 관점에 부합하는 기존 문헌들에 중요한 기여를 할 것이다.

뮤파를 측정하는 것은 사회적 상호작용 중에 몇 가지 난점을 제시한다. 뮤파는 짧은 기간(0.5~2초) 동안만 지속되고 움직임이 없을 때 C3, C4, Cz에 걸쳐 기록된다. EEG가 제공하는 시간 해상도로 인해 뮤파를 측정하는 것은 가능하지만, 그 존재는 다른 파에 비해 오래 지속되지 않을 것이다. 또 뮤파(8~13Hz)와 알파가 겹친다는 점을 주목해야 한다. 둘 사이에는 차이점이 있는데, 예를 들어 알파는 후두엽의 시각 처리 영역에 더 많이 위치하는 반면, 뮤는 전두두정 네트워크에 위치한다는 점이다(Pineda, 2005). 이 두 가지 파동을 구분하는 데 주의를 기울여야 한다.

장점과 과제

인공산물(특정 영역에 생성된 흔적이나 디지털 증거)

EEG는 소소한 머리 움직임을 견뎌 낼 수 있고 피험자가 누워 있을 필요 없이 뇌 활동을 측정할 수 있는 유일한 도구이다(Davidson et al., 2000). 그러나 EEG는 생물학적 및 비생물학적 인공산물 원천(artifact sources) 모두에 취약하다. 인공산물은 비대뇌(noncerebral) 기원의 모든 전기 신호이다. 데이터 수집 전에 가능한 모든 인공산물 원천을 제거하려는 시도를 하는 것이 가장 좋겠지만, 인공산물은 분석이 수행되기 전에 제거되어야 할 수도 있다.

생물학적 인공산물의 원천으로는 근육 활동, 눈 깜박임과 움직임, 심장 박동, 땀 등이 포함된다(Pizzagalli, 2007). 근육 인공산물로부터 얻은 신호는 일반적으로 뇌 활동에서 얻은 신호보다 더 높은 주파수에 있다. 그러나 몇몇 인공산물은 뇌 활동 범위 내에서 발생한다. 결과적으로 참여자들에게 최대한 움직이지 말라고 요청하는 게 가장 좋다. 정서를 불러일으키는 연구는 흔히 인공산물에 취약한데, 그 이유는 얼굴 표정과 연결되기 때문이다. 눈 움직임 인공산물도 존재한다. 참여자는 EEG 기록 중에 가능한 머리를 움직이지 않도록 안내하는 것이 좋다. 그러나 어떤 움직임은 사회적 상호작용의 일환으로 일어날 수도 있으므로, 움직임 제한에 대한 요청은 이러한 이해와 균형을 이루어야 한다. EEG를 사용할 때 전극을 사용해서 눈의 움직임을 측정하는 연습이 종종 이루어진다. 눈의 움직임을 기록하려면, 전극들이 얼굴에 부착되고 서로가 서로의 기준이 된다. 수평적인 눈의 움직임을 측정하기 위해 하나의 전극은 오른쪽 관자놀이에, 다른 하나는 왼쪽 관자놀이에 배치한다.

비생물학적 인공산물도 존재한다. 여기에는 엘리베이터, 전등, 컴퓨터, 기타 전자제품들에서 감지되는 외부 전기신호들이 포함된다(Pizzagalli, 2007). 이러한 인공산물 원천들 중 대부분은 데이터 수집 중 신호 필터링을 통해 처리할 수 있다. 전극들 그 자체 또한 비생물학적 인공산물의 원천이 될 수도 있다는 점을 언급할 필요가 있다. 전극은 부식 방지를 위해 사용 후 매번 세척해야 한다.

말한 것과 같이, EEG 데이터는 인공산물을 포함하고 있을 가능성이 매우 높다. 발견된 변수들 간의 관계가 눈과 머리의 움직임 또는 환경적 요인들에 기반한 게 아니라 뇌 활동에 기반한다는 확신을 갖는 것이 중요하기 때문에 내적 타당도가 갖는 의미는 크다. 이는 또한 외적 타당도에 대한 함의도 갖는다. 만약 뇌 활동이 측정되지 않으면, 내려진 결론들은 의문의 여지가 있다. 내적, 외적 타당도에 대한 위협이 있으므로 분석이 수행되기 전에 시각적 그리고 자동적 인공산물을 제거하는 것이 중요하다. 데이터에서 인공산물을 제거하는 것은 불량 데이터의 자동 또는 반자동 거부를 포함하고 있는 사유(私有) 소프트웨어 또는 애프터마켓 소프트웨어에서 발생할 수도 있고, 연구대상을 연령별 표준 데이터와 비교할 수 있는 기회를 제공하는 데이터베이스에서 발생할 수도 있다. 이러한 데이터베이스들은 특히 EEG를 사용하는 치료자들에게 유용할 수 있다.

구인 타당도와 내적 타당도에 대한 또 다른 위협은 EEG 데이터에서 인공산물을 제거하는 것이다. 인공산물이 제거된 후, 실제 EEG 데이터의 백분율만이 남는다. 일부 소프트웨어 패키지는 분석을 수행하기 위해 최소한의 양이 필요하지만, 이 책을 작성하는 현 시점을 기준으로 할 때, 문헌들에는 몇 퍼센트가 남아 있어야 하는지에 대한 규칙이 없다. 어쨌든 남아 있는 EEG 데이터의 비율이 높을수록 연구의 타당도는 좋아진다.

추가 제언

EEG 기법으로 수행된 연구의 장점은 상대적으로 저렴한 비용으로 훌륭한 시간 해상도를 얻을 수 있다는 것이다(Pizzagalli, 2007). EEG가 제공하는 밀리초 단위 시간 해상도는 시간이 흐르며 역동적으로 변하는 행동과 뇌 활성화 또는 비활성화를 연결 지어 살펴보기에 이상적이다. 신경 활성화에서의 어떠한 변화도 EEG 신호 변화로 즉시 감지될 수 있다(Davidson et al., 2000).

그러나 EEG는 대사 또는 혈역학적 영상 기법에 의존하는 다른 기술들에 비해 열악한 공간 해상도를 제공한다(Davidson et al., 2000). EEG의 본질적 특성 때문에 특정 활성화가 특정한 기저의 신경해부학적 국소화를 반영한다고 가정할 수 없다. EEG를 사용하여 전위 변화의 특정 원인을 추론할 수 없다는 점은, 연구자들이 최종 결론에 도달하기 어렵게 만든다는 연구방법상의 함의를 갖는다. 이는 특정 뇌 구조를 연구하고자 할 때 연구의 구인 타당도를 위협할 수 있다. 특정 뇌 구조를 연구한다면, 다른 뇌 영상 기법을 사용하는 것이 더 적절하다.

대부분의 EEG 연구자들은 다른 사람의 장비에 의존하기보다는 자체 장비를 갖고 있다(Harmon-Jones & Beer, 2009). 이는 종종 연구목적을 위해 기술에 더 쉽게 접근할 수 있게 하고 운영비용도 경감시켜 준다. 체계론적 연구를 위해 이 장비를 같은 방에 놓을 수 있고, 앞서 이야기한 것처럼 여러 가족 구성원을 개별 기기들에 연결할 수 있다. 기기가 일부 움직임을 허용하고 참여자가 누워 있지 않아도 되므로, EEG는 체계적 상호작용에 대한 데이터 수집을 가능하게 한다.

EEG를 사용하는 것이 다른 뇌 영상 기법보다 저렴하기는 하나, 여전히 금전적 투자를 필요로 한다. 예를 들어, EEG를 사용하는 사회신경과학 연구에서는 비용 때문에 8명에서 160명 사이의 소규모 표본크기를 갖는 경향이 있다(Werner-Wilson et al., 2011). 표본크기가 작은 경우에 해당되는 연구들은 외적 타당도에서 제약이 있다. 외적 타당도를 위협하는 또 다른 요인은 참여자가 상호작용 중에 두피에 부착하는 여러 전극들이 성가실 수 있다는 점이다. 이는 실험실 외부에서 수행하는 상호작용과는 명백히 다르다.

표본크기가 작기 때문에 사용 가능한 통계 작업들의 수도 한정적인데, 이는 검증력 문제로 인한 것이다. 사회신경과학에서 EEG를 사용하는 연구 대부분은 상관분석에 의존하고 있다. 이를 본질적으로 단점이라 할 수는 없지만, 분명 결론 타당도를 제한한다. 더 크기가 작은 표본으로는 전통적인 수준의 통계적 유의성($p < .05$)을 달성하기 어려울 수 있다. 이러한 경우 연구자들은 경향성과 상관관계 강도 측면에서 결과에 대해 논의할 수 있다.

EEG를 사용하여 연구를 수행할 때, 참여자가 경험했을지 모를 뇌 손상에 대한 인식도 중요한 고려사항이다. 일부 소프트웨어 패키지는 참여자가 뇌 손상을 경험했을 가능성을 보고하는 표준범위(표준 데이터베이스; normative databases)를 갖고 있다. 설문지에서 참여자의 병력을 평가하는 것 또한 연구 프로토콜에 참여하기에 적절한 사람을 결정하는 데 사용될 수 있다. 뇌 손상이 연구문제의 일부가 아니라면, 뇌 손상은 예상했던 것보다 더 많은 예상 밖의 파동들(예: 델타)이 나타나게 할 것이다. 이와 유사하게, 뇌전증(간질)이 있는 참여자는 연구결과에 영향을 미칠 수 있는, 예상 밖의 파동 패턴을 보여 줄 것이다. 표본크기가 상대적으로 작은 경우, 이러한 것들에 대해 더 중요하게 고려해야 한다.

결론

MFT 연구에서 EEG 기법을 사용하는 것은 기대할 만한 의미를 갖는다. EEG는 연구자와 임상가 모두에게 체계 연구에서 관심을 갖는 많은 쟁점과 주제에 대한 독특한 통찰을 제공한다. 그러나 다른 여러 뇌 영상 기법과 마찬가지로, EEG는 데이터 수집 전에 고려해야 할 몇 가지 장점과 단점을 갖고 있다. EEG를 사용하여 수집된 정보는 체계론 또는 신경과학 연구자들의 협업을 가능하게 할 것이다.

참고문헌

Andreasen, N. C., Calage, C. A., & O'Leary, D. S. (2008). Theory of mind and schizophrenia: A positron emission tomography study of medication-free patients. *Schizophrenia Bulletin, 34,* 708-719.

Blackburn, K. M., Parker, T. S., Werner-Wilson, R. J., & Wood, N. D. (2012). Effects of client self-disclosure on frontal alpha asymmetry in therapists. Manuscript submitted for publication.

Bowen, M. (1978). *Family therapy in clinical practice.* New York: Jason Aronson.

Canli, T., Zhao, Z., Desmond, J. E., Kang, E., Gross, J., & Gabrieli, J. D. E. (2001). An fMRI study of personality influences on brain reactivity to emotional stimuli. *Behavioral Neuroscience, 115*, 33–42.

Coan, J. A., & Allen, J. J. B. (2004). Frontal EEG asymmetry as a moderator and mediator of emotion. *Biological Psychology, 67*, 7–49. doi:10.1016/j.biopsycho.2004.03.002

Conway, C. R., Sheline, Y. I., Chibnall, J. T., Bucholz, R. D., Price, J. L., Gangwani, S., & Mintun, M. A. (2012). Brain blood-flow change with acute vagus nerve stimulation in treatment-refractory major depressive disorder. *Brain Stimulation, 5*, 163–171.

Cozolino, L. (2006). *The neuroscience of human relationships: Attachment and the developing brain.* New York: Norton.

Curtin, J. J., Lozano, D. L., & Allen, J. J. B. (2007). The psychophysiology laboratory. In J. A. Coan & J. J. B. Allen (Eds.), *The handbook of emotion elicitation and assessment* (pp. 398–425). New York: Oxford University Press.

Davidson, R. J., Jackson, D. C., & Larson, C. L. (2000). Human electroencephalography. In J. T. Cacioppo, L. G. Tassinary, & G. G. Berntson (Eds.), *Handbook of psychophysiology* (2nd ed., pp. 27–52). New York: Cambridge University Press.

Demos, J. H. (2005). *Getting started with neurofeedback.* New York: W. W. Norton & Co.

Engelmann, J. M., Versace, F., Robinson, J. D., Minnix, J. A., Lam, C. Y., Cui, Y., Brown, V. L., & Cinciripini, P. M. (2012). Neural substrates of smoking cue reactivity: A meta-analysis of fMRI studies. *Neuroimage, 60*, 252–262.

Fishbane, M. (2007). Wired to connect: Neuroscience, relationships, and therapy. *Family Process, 46*, 395–412. doi:10.1111/j.15455300.2007.00219.x

Gotlib, I. H., Ranganath, C., & Rosenfeld, J. P. (1998). Frontal EEG alpha asymmetry, depression, and cognitive functioning. *Cognition and Emotion, 12*, 449–478. doi:10.1080/02699939879673

Harmon-Jones, E. (2007). Asymmetrical frontal cortical activity, affective valence, and motivational direction. In E. Harmon-Jones & P. Winkielman (Eds.), *Social neuroscience: Integrating biological and psychological explanations of social behavior* (pp. 137–156). New York: Guildford Press.

Harmon-Jones, E., & Allen, J. J. B. (1997). Behavioral activation sensitivity and resting frontal EEG asymmetry: Covariation of putative indicators related to risk for mood disorders. *Journal of Abnormal Psychology, 106*, 159–163. doi:10.1037/0021-843X.106.1.159

Harmon-Jones, E., & Beer, J. S. (2009). *Methods in social neuroscience.* New York: Guilford Press.

Harmon-Jones, E., & Peterson, C. K. (2009). Electroencephalographic methods in social and personality psychology. In E. Harmon-Jones & J. S. Beer (Eds.), *Methods in social neuroscience* (pp. 170-197). New York: Guilford Press.

Harmon-Jones, E., & Winkielman, P. (2007). *Social neuroscience: Integrating biological and psychological explanations of social behavior.* New York: Guilford Press.

Jasper, H. H. (1958). The 10-20 system of the international federation. *Electroencephalography and Clinical Neurophysiology, 10,* 371-375.

Kimberly, C., Werner-Wilson, R., Parker, T. S., & Lianekhammy, J. (2012). Alpha to omega: A neurological analysis of marital conflict. Manuscript submitted for publication.

Knyazev, G. G. (2007). Motivation, emotion, and their inhibitory control mirrored in brain oscillations. *Neuroscience & Biobehavioral Reviews, 31,* 377-395. doi:0.1016/ j.neubiorev.2006.10.004

Linden, M. K. (2011, March). *The ADD/Aspergers/autism connection: QEEG subtype based assessment and treatment.* Presented at the annual conference of Applied Psychophysiology and Biofeedback, New Orleans, LA.

Linden, M. K., Habib, T., & Radojevic, V. (1996). A controlled study of the effects of EEG biofeedback on cognition and behavior of children with attention deficit disorder and learning disabilities. *Biofeedback and Self-Regulation, 21,* 35-49. doi:10.1007/BF02214148

Lubar, J. F. (1995). Neurofeedback for the management of attention deficit hyperactivity disorders. In M. S. Schwartz (Ed.), *Biofeedback: A practitioner's guide* (pp. 493-522). New York: Guilford Press.

Lutz, A., Dunne, J. D., & Davidson, R. J. (2007). Meditation and the neuroscience of consciousness: An introduction. In P. Zelazo, M. Moscovitch, & E. Thompson (Eds.), *The Cambridge handbook of consciousness* (pp. 499-551). New York: Cambridge University Press.

Mendes, W. B. (2009). Assessing autonomic nervous system activity. In E. Harmon-Jones & J. S. Beer (Eds.), *Methods in social neuroscience* (pp. 118-147). New York: Guilford.

Miskovic, V., Moscovitch, D. A., McCabe, R. E., Antony, M. M., & Schmidt, L. A. (2011). Changes in EEG cross-frequency coupling during cognitive behavioral therapy for social anxiety disorder. *Psychological Science, 22,* 507-516. doi:10.1177/0956797611400914

Monastra, V. J., Lubar, J. F., & Linden, M. (2001). The development of a quantitative electroencephalographic scanning process for attention deficit-hyperactivity disorder: Reliability and validity studies. *Neuropsychology, 15,* 136-144. doi:10.1037/0894-4105.15.1.136

Northey, W. F., Wells, K. C., Silverman, W. K., & Bailey, C. E. (2003). Childhood behavioral and emotional disorders. *Journal of Marital and Family Therapy, 29*, 523-545. doi:10.1111/j.1752-0606.2003.tb01693.x

Oberman, L. M., Pineda, J. A., & Ramachandran, V. S. (2007). The human mirror neuron system: A link between action observation and social skills. *Social Cognitive and Affective Neuroscience, 2*, 62-66. doi:10.1093/scan/nsl022

Ochsner, K. N., Bunge, S. A., Gross, J. J., & Gabrieli, J. D. E. (2002). Rethinking feelings: An fMRI study of the cognitive regulation of emotion. *Journal of Cognitive Neuroscience, 14*, 1215-1229.

Pagani, M., Manouilenko, I., Stone-Elander, S., Odh, R., Salmaso, D., Hatherly, R., Brolin, F., Jacobsson, H., Larsson, St., & Bejerot, S. (2012). Brief report: Alterations in cerebral blood flow as assessed by PET/CT in adults with autism spectrum disorder with normal IQ. *Journal of Autism and Developmental Disorders, 42*, 313-318.

Parker, T. S., Blackburn, K. M., Hawks, J., Werner-Wilson, R. J., & Wood, N. D. (2013). Frontal alpha asymmetry, empathy and the therapeutic relationship in MFT. Manuscript submitted for publication.

Pfeifer, J. H., & Dapretto, M. (2009). "Mirror, mirror, in my mind": Empathy, interpersonal competence, and the mirror neuron system. In J. Decety & W. Ickes (Eds.), *The social neuroscience of empathy* (pp. 183-197). Cambridge, MA: MIT Press.

Pfeifer, J. H., Iacoboni, M., Mazziotta, J. C., & Dapretto, M. (2008). Mirroring others' emotions relates to empathy and interpersonal competence in children. *Neuroimage, 39*, 2076-2085.

Pineda, J. A. (2005). The functional significance of mu rhythms: Translating "seeing" and "hearing" into "doing". *Brain Research Reviews, 50*, 57-68. doi:10.1016/j. brainresrev.2005.04.005

Pizzagalli, D. A. (2007). Electroencephalography and high-density electrophysiological source localization. In J. T. Cacioppo, L. G. Tassinary, & G. G. Berntson (Eds.), *Handbook of psychophysiology* (3rd ed., pp. 56-84). New York: Cambridge University Press.

Putman, P. (2011). Resting state EEG delta-beta coherence in relation to anxiety, behavioral inhibition, and selective attentional processing of threatening stimuli. *International Journal of Psychophysiology, 80*, 63-68.

Rizzolatti, G., & Craighero, L. (2004). The mirror-neuron system. *Annual Review of Neuroscience, 27*, 169-192. doi:10.1146/annurev.neuro.27.070203.144230

Rowan, J. A., & Tolunsky, E. (2003). *Primer of EEG*. Philadelphia: Elsevier.

Ryan, L., & Alexander, G. E. (2008). Neuroimaging: Overview of methods and applications. In L. J. Luecken & L. C. Gallo (Eds.), *Handbook of physiological research methods in health psychology* (pp. 371-394). Thousand Oaks, CA: Sage.

Schutter, D. J. L. G., & Knyazev, G. G. (2012). Cross-frequency coupling of brain oscillations in studying motivation and emotion. *Motivation and Emotion, 36*, 46-54. doi:10.1007/s11031-011-9327-6

van Peer, J. M., Roelofs, K., & Spinhoven, P. (2008). Cortisol administration enhances the coupling of midfrontal delta and beta oscillations. *International Journal of Psychophysiology, 67*, 144-150. doi:10.1016/j.ijpsycho.2007.11.001

Wager, T. D., Hernandez, L., Jonides, J., & Lindquist, M. (2007). Elements of functional neuroimaging. In J. T. Cacioppo, L. G. Tassinary, & G. G. Berntson (Eds.), *Handbook of psychophysiology* (3rd ed., pp. 19-55). New York: Cambridge University Press.

Weerts, E. M., Wand, G. S., Kuwabara, H., Munro, C. A., Dannals, R. F., Hilton, J., Frost, J. J., & McCaul, M. E. (2011). Positron emission tomography imaging of mu-and delta-opioid receptor binding in alcohol-dependent and healthy control subjects. *Alcoholism: Clinical and Experimental Research, 35*, 2162-2173.

Werner-Wilson, R. J., Lianekhammy, J., Frey, L. M., Parker, T. S., Wood, N. D., Kimberly, C., ⋯⋯ Dalton, M. (2011). Alpha asymmetry in female military spouses following deployment. *Journal of Feminist Family Therapy, 23*, 202-217. doi:10.1080/08952833.2011.604534

제3부

방법론

11 문화변용 연구:
커플가족치료 분야의 정신건강 격차를 다룰 중요한 기회

José Rubén Parra-Cardona, Michael R. Whitehead,
Ana Rocio Escobar-Chew, Kendal Holtrop,
Sara N. Lappan, Sheena R. Horsford,
Melanie M. Domenech Rodriguez, & Guillermo Bernal

미국과 다른 나라의 정신건강 격차

근거기반치료(evidence-based treatments: EBTs)는 커플과 가족 관계의 만족도뿐만 아니라 정신건강을 향상시킴으로써 상당히 많은 미국인에게 도움을 주었다(Kazdin, 2008a). 그러나 안타깝게도 EBT는 가장 취약한 개인과 가족에게까지는 여전히 전달되지 못하고 있다. 예를 들어, 적어도 전 세계 인구의 3분의 2는 정신건강 치료가 필요하나 이러한 서비스를 받지 못하고 있다. 미국만 하더라도 심각한 정신질환의 영향을 받는 사람들의 67%가 적절한 정신건강 치료를 받지 못하고 있다(Chisholm et al., 2007). 정신건강 질환의 비율에 비해 응용연구, 치료 및 예방에 대한 투자는 국가 전반에 걸쳐 여전히 불균형적이며 저조하다(Collins et al., 2011). 예를 들어, 아동 및 청소년을 대상으로 하는 정신건강 서비스 중 가장 빈번한 것이 비순응, 반항, 공격성 및 약물 남용과 같은 행동 문제인데, 문제가 가장 심각한 20~23%의 아동들만이 적절한 정신건강 서비스를 받고 있다(Kazdin, 2008a). 미국의 경우 소수민족들은 라틴계가 아닌 백인보다 낮은 품질의 건강과 정신건강 돌봄을 받는 경향이 있다. 라틴계 아동은 보험에 들지 않을 가능성이 가장 높은 집단이다. 그리고 아프리카계 미국인인 아동은 여러 민족 집단의 아동 중에서 가장 열악한 건강 상태를 보고하는 경향이 있다(Flores, Olson, & Tomany-Korman, 2005). 소수민족 아동이 수적으로 주류를 이루는 시대에 이러한 결과는 놀랍기만 하다.

학자들은 사회역사적 개념틀을 고려하여 정신건강 격차를 해소할 필요성을 강조해 왔다. 이러한 전제에 따르면, 정서적 문제는 만성적 빈곤, 인종차별, 성차별, 동성애 공포증으로 인한 스트레스 요인들에 의해 악화된다. 예를 들어, 인지된 차별이 다양한 건강 및 정신건강 결과와 관련되어 있음을 보여 주는 상당한 양의 증거가 있다(Flores et al., 2005). 따라서 연구자들과 정신건강 전문가들은 '맥락적 요인뿐만 아니라 정서적, 신체적 외상의 직접적이고 구체적인 원인'을 확인할 필요가 있다(Smith, Chambers, & Bratini, 2009, p. 160).

이 딜레마에 대한 해결책은 다양한 정신건강 결과를 개선할 수 있는 효과적인 개입을 확산시키고 가장 도움이 필요한 대상에게 다가가 서비스를 제공하는 것이다(Kazdin, 2008b). 이 장에서는 문화변용 연구가 어떻게 다양하고 소외된 사람들의 정신건강 격차를 줄이기 위한 핵심적인 기회를 만들어 내는지에 대해 자세히 설명할 것이다. 이를 위해 먼저, 커플가족치료(couple and family therapy: CFT) 분야의 연구와 서비스 격차를 살펴볼 것이다. 다음으로, 문화변용 연구를 정의하고 이 학문 분야와 가장 관련성 있는 문헌을 요약할 것이다. 문화변용 연구의 영향력을 설명하기 위해 잘 정의된 두 가지 문화변용 모델에 기반을 둔 라틴계 이민자를 대상으로 한 예방 연구 프로그램을 소개하고, 마지막으로 이 분야에 대한 연구 시사점을 논의하고자 한다.

CFT 분야의 연구 및 서비스 격차

CFT 훈련 프로그램에서 문화적 역량이 강조되고 있으나, 임상가의 문화적 역량과 소수민족, 장애인, 레즈비언-게이-바이섹슈얼-트랜스젠더(LGBT)와 같은 다양한 소외된 인구를 대상으로 하는 포괄적인 개입 연구 프로그램 간의 격차는 지속되고 있다(Sprenkle, 2012). 이러한 단절은 이 분야의 서비스 및 연구 격차를 해결해야 할 필요성으로 이어졌으며, 다행스럽게도 다양한 소외 집단을 대표하는 CFT 학자들 덕분에 관련 작업이 이루어지고 있다. 예를 들어, Turner, Wieling과 Allen(2004)은 해당 분야에서 문화적으로 적절한 연구를 증진하기 위한 세부 지침을 제시하기도 하였다.

그럼에도 불구하고 관련 CFT 저널(예: 『Journal of Marital and Family Therapy』, 『Family

Process』,『American Journal of Family Therapy』)에 게재된 논문에 대한 최근 리뷰에 따르면, 소외된 이들을 대상으로 하는 응용연구의 포괄적 프로그램 수행은 여전히 매우 제한적이다(Seedall, Holtrop, & Parra-Cardona, 보도 자료). 연구자들은 게재된 논문 중 개인, 커플 및 가족과 관련된 특정 다양성 문제(예: 낮은 사회경제적 지위, 인종 및 민족, 성적 취향)에 초점을 맞춘 논문을 조사하기 위해 내용 분석 접근 방식을 활용했는데, 조사에 포함된 저널 중 8년 (2004~2011)여의 기간 동안 단 27.3%의 논문만이 적어도 한 가지의 다양성 문제를 다룬 것으로 나타났다.

문화적 변용이 미국과 해외의 소외된 인구에 미칠 수 있는 잠재적 영향과 관련하여, 학자들은 이러한 응용연구는 '역량강화, 탈식민화 및 해방의 서비스'에서 활용될 수 있다고 말한다(Bernal & Domenech Rodriguez, 2012, p. 10). 예를 들어, 응용과학을 위한 자원이 부족한 멕시코에서는 EBT 보급에 있어 학자 및 서비스 제공자가 협력하여 미국 기반 연구로부터 얻은 정보를 활용하고 있다. 미국에서 개발된 개입방법이 가족의 월 평균 수입이 미화 300~400달러 정도인 멕시코 저소득 가족에게도 유효하고 긍정적인 영향을 미칠 수 있다는 것을 확인함으로써, 미국-멕시코 협력은 훌륭한 학습경험이 되고 있다. 더욱이, 가장 효과적인 문화변용 모델은 본질적으로 협력적이라는 점에서 문화 및 과학적 제국주의로 이어질 수도 있는 미국 주도의 개입만을 강제하는 것과 대조적으로, 국제 문화변용 연구는 상호 학습의 과정을 특징으로 해야 한다(Bernal & Domenech Rodriguez, 2012).

문화변용

문화변용 연구는 '내담자의 문화적 패턴, 의미 및 가치와 양립할 수 있는 방식으로 언어, 문화 및 맥락을 고려하기 위한 개입 프로토콜 또는 EBT의 체계적인 수정'을 말한다(Bernal, Jiménez-Chafey, & Domenech Rodriguez, 2009, p. 362). 문화변용 연구는 종종 소수민족 또는 인종적 소수 집단을 대상으로 하는데, 문화의 다차원뿐만 아니라 문화적 요소들이 어떻게 상호교차 하는지를 고려하는 것이 중요하다(Castro, Barrera, & Holleran Steiker, 2010). 따라서 인종, 민족, 사회경제적 지위, 성별, 종교적 배경, 성적 정체성, 장애 여부, 이민 이력과 같은 문화적 특성은 문화변용 연구와 높은 관련성이 있다.

문화변용을 연구하는 학자들은 주어진 연구에서 수행될 문화변용의 유형을 명확히 할 필요성을 강조한다. 특히 **표면수준변용**(surface level adaptations)은 변용은 하되 그 범위가 제한적인 변용을 말한다. 이러한 예로는, 단순히 내담자-치료자의 인종이나 민족을 매칭

한다든가 참여자에게 번역된 개입 자료를 제공하는 것이 있다(Borrego, 2010). 이와 대조적으로, **심층구조변용**(deep structure adaptations)은 사람들의 삶에서 문화의 역할에 대한 보다 상세한 분석을 수반한다(Borrego, 2010; Zayas, 2010). 이러한 변용의 예로는 어떻게 문화적 가치나 전통, 문화적 유산이 참여자들의 참여 및 유지 전략, 측정 프로토콜, 매뉴얼 개발 및 개입 전달 활동에 영향을 미치는지 신중하게 검토하는 것이 포함된다. 실제로 문화변용은 이것의 연속선상에서 이루어지며 이들이 기존 개입을 변경하는 정도에 따라 달라진다(Castro et al., 2010).

문화변용 연구의 필요성

포괄적인 문화변용 연구를 촉진해야 할 필요는 상당하다. Bernal과 동료들(2009)에 따르면, "변용이 얼마나 필요한지, 그리고 언제 변용이 일어나야 하는지 등과 관련된 기본적 질문에 대한 답은 다양한 임상 발표를 포함한 매우 독특한 민족-문화 집단의 문화변용 노력을 수반하는 연구 프로젝트에서 얻을 수 있다"(p. 366). Griner와 Smith(2006)는 76개의 문화변용 연구에 대한 초기 메타 분석 연구를 바탕으로 리뷰에 포함된 여러 연구는 단일 개입 집단의 사용, 준실험설계, 또는 추후 측정이 없는 사전사후설계 같은 중요한 방법론적 한계가 있기 때문에 보다 엄격한 문화변용 연구가 필요하다고 결론지었다. 문화적 변용에 초점을 맞춘 보다 최근의 메타 분석에서 Smith, Domenech Rodriguez와 Bernal(2011)은 "문화적으로 변용된 정신건강치료가 문화적 고려 사항을 명시적으로 통합하지 않은 치료보다 우수하다"는 것을 발견했다(p. 172). 또한 저자들은 "더 많은 문화적 변용을 더 많이 기술하는 연구가 문화적 변용을 더 적게 기술하는 연구보다 더 효과적인 경향이 있었다."고 서술한다(p. 171). 효과크기와 가장 관련이 높은 변용 유형은 내담자의 목표와 치료에서 은유/상징을 내담자의 문화적 세계관과 일치시키는 유형이었다(Smith et al., 2011).

라틴계 이민자 대상 문화변용 개입 연구의 통합적 모델

이 장에서 소개하는 연구는 문화변용과정(Cultural Adaptation Process: CAP) 모델(Domenech Rodriguez & Wieling, 2005)과 생태학적 타당도 개념틀(ecological validity framework; Bernal, Bonilla, & Bellido, 1995)이라는 두 가지 상호 관련된 모델에 기반한 것이

다. 이 모델을 선택한 이유는, 이 두 모델이 연구자로 하여금 두 가지의 관련 목표를 달성하는 데 도움을 주기 때문이다. 그것은 대상 지역사회와 긴밀히 협력하여 지역사회 기반 문화변용 연구 프로그램을 개발하기와, 연구 관심 대상의 가장 두드러진 삶의 경험을 대상으로 관련 정신건강 개입을 문화적으로 조정하기이다.

문화변용과정 모델

Domenech Rodriguez와 Wieling(2005)은 대상 지역사회와의 긴밀한 협력을 강조하는 문화변용 연구 모델을 제안해 왔다. 모델의 첫 번째 단계에는 세 명의 이해당사자(players)가 있다. 변화개입자(change agent), 오피니언 리더, 초점 지역사회의 구성원이 그들이다. 변화개입자는 혁신을 촉진하고, 오피니언 리더는 일반적으로 지역과 영구적 변화를 촉진할 수 있는 능력을 가진 지역사회의 리더이며, 초점 지역사회의 구성원은 제안된 변용 개입의 궁극적인 수혜자이다. 이러한 이해당사자의 참여와 상호작용은 문화적 변용과정이 식민 경험이 되는 것을 방지한다(Domenech Rodriguez, Baumann, & Schwartz, 2011; Domenech Rodriguez & Wieling, 2005).

모델의 두 번째 단계에서는 측정도구의 선택과 평가, 개입의 조정, 그리고 개입의 조정과 이를 평가하기 위한 측정도구에 대한 파일럿 작업의 세 가지 중요한 목표를 달성해야 한다. 적절한 측정도구를 선택하는 것은 대상에 대해 신뢰도와 타당도를 담보해야 하므로 시간이 많이 소요되는 과정이다. 개입의 조정은 높은 문화적 관련성을 특정으로 하면서도 효용성을 확립한 핵심 개념을 유지함으로써 효과적이어야 한다.

마지막으로, 세 번째 단계는 개입 자료와 측정 프로토콜을 지속적으로 개선하기 위한 반복적인 과정과 더 광범위한 보급 및 지속가능성에 대한 계획으로 구성된다. CAP 모델에 대한 전체 설명은 원본 자료를 참조하면 된다(Domenech Rodriguez & Wieling, 2005).

1단계

2005년에 우리(문화변용 변화개입자)는 미국 중서부에 거주하는 저소득 라틴계에게 근거 기반 자녀양육 개입을 문화적으로 조정하고 보급하는 것을 목표로 하는 연구 프로그램을 시작했다. 우리 조사의 초점인 근거 기반 개입은 부모 관리 훈련-오리건 모델(Parent Management Training-the Oregon Model: PMTO™; EBT 변화개입자)으로 알려져 있다. 종단연구는 처치 후 9년에 걸친 개입의 장기적인 긍정적 효과를 확인했으며(Forgatch, Patterson, DeGarmo, & Beldavs, 2009), PMTO는 라틴계 양육의 전통이나 실제와 상당히 일치한다(Domenech Rodriguez et al., 2011). 대상 인구(초점 지역사회의 구성원)와 관련하여 우리는 디트로이트의 저소득 라틴계 이민자에 초점을 맞추기로 결정했는데, 그 이유는 이들이 힘든 노동 조건, 차별, 반이민 분위기, 빈곤과 지역사회 폭력과 같은 높은 맥락적 도전에 노출되어 있기 때문이다. 마지막으로, 우리는 종교 지도자 및 해당 지역에서 가장 중요한 건강 및 정신건강 기관의 CEO(오피니언 리더)와 같은 주요 지역사회 지도자와 협력을 시작했다.

모든 핵심 주체를 확인한 후, 우리는 지역사회의 필요와 경험에 대해 배우기 위해 질적 연구를 수행했다. 또한 이러한 경험에 대한 적절한 이해를 위해 오피니언 리더와 긴밀한 의사소통을 유지했으며, 이는 우리의 문화적 변용 프로그램이 식민 경험이 되는 것을 방지하기 위한 중요한 단계였다. 이 조사 단계의 결과는 「공통의 조상, 진화하는 이야기: 해외와 미국 태생 라틴계 부모가 말하는 비슷하고도 대조적인 삶의 경험」이라는 제목의 논문에 미시간에 거주하는 라틴계 이민자 부모의 삶의 경험에 대한 자세한 설명이 기술되어 있다(Parra-Cardona, Córdova, Holtrop, Villarruel, & Wieling, 2008). 이 연구의 결과를 바탕으로 참여자와 밀접하게 관련된 삶과 문화적 경험에 따라 개입 자료와 연구 절차를 조정했다.

우리는 지역사회에서 제공될 양육 프로그램에 대한 참여에 대해 라틴계 이민자 부모가 갖고 있는 기대치를 조사했다. 연구결과에 따르면, 라틴계 이민자 부모는 문화적으로 조정된 자녀양육 개입에 참여하는 데 높은 관심을 보였고, 자신의 삶의 경험과 관련되고, 그것을 존중하며, 반응적인 개입의 방법을 강조했다(Parra-Cardona et al., 2009).

최적의 연구설계 선택: 합의 도출

1단계의 최종 목표는 일반적인 연구설계 및 연구 프로토콜 특성에 대한 합의에 도달하는 것으로 구성되었다. 이 과정에서 관련된 모든 이해당사자와 우선순위에 대해 정직한 대화로 임하는 것이 중요했다. 이 때문에 지역사회 구성원의 문화 및 삶의 경험뿐만 아니라 오피니언 리더 및 변화개입자의 전문성은 문화변용과정의 첫 단계 전반에 걸쳐 모두 관련이 있었다. 예를 들어, 지역사회 구성원과 오피니언 리더의 비판적 참여는 지역 교회를 우리 연구의 주요 수행 장소로 선택하도록 이끌었고, 이는 그곳이 지역사회 구성원에게 가장 신뢰할 수 있는 장소라는 점 때문이었다. 이 연구는 지역사회의 높은 기대치를 이끌어 내었고, 이에 기반해 대기자 명단 통제 조건 대 서비스(실험군) 혹은 무처치(통제군) 집단을 선택하였다. 또한 대학의 대학원생은 지역사회의 구성원으로 인식되지 않는다는 점에서 모든 자료 수집과 개입의 전달 과정은 대학원들보다 지역사회로부터의 신뢰가 높은 지역사회 구성원에 의해 수행되었다.

이 과정에서 변화개입자로서 우리의 목소리는 문화변용 연구를 발전시킬 필요성을 말한다는 점에서 매우 중요했다. 특히 학자들은 변용이 고려되었는지 묻는 것에서 한발 더 나아가 다양한 문화 집단 사이에서 긍정적인 성과를 산출하기 위해 **얼마나 많은** 변용이 필요한지에 관한 더 복잡한 연구문제를 살펴보도록 문화변용 연구자들을 독려했다(Bernal et al., 2009). 이에 우리는 문화적으로 다른 두 가지 버전의 PMTO 개입을 비교하고 대조할 수 있는 무선통제실험(randomized controlled trial: RCT)을 오피니언 리더에게 제안했다. 이 설계에 따라 참여자를 CAPAS-초판, CAPAS-개정판 또는 대기자 명단 통제집단의 세 가지 조건 중 하나로 무선 배정하기로 하는데 동의했다. 부모/자녀 상호작용, 양육 기술, 아동의 내면화 및 외현화 행동의 측정은 개입 전 초기값, 개입 완료 시 및 6개월 후에 이루어졌다. 이 설계의 과학적 가치와 엄격한 평가의 필요성을 명확하게 의사소통하는 것은 오피니언 리더와 지역사회 기반 연구원들의 신뢰와 완전한 지원을 얻는 데 필수적이었다.

2단계

2단계에서는 측정의 선택 및 평가, 개입의 적용, 파일럿 작업이라는 세 가지 중요한 목표를 달성해야 한다. 측정의 선택과 평가는 Domenech Rodriguez와 동료들이 남서부의 라틴계 이민자에 대한 연구에서 수행하였다(Domenech Rodriguez et al., 2011를 보라).

검증 중인 변용된 개입

연구에서 우리는 지역사회 협력자들에게 문화적으로 서로 다른 두 가지 버전의 PMTO 개입 실행을 제안했다. 첫 번째 버전인 CAPAS-초판은 Domenech Rodriguez와 동료들이 국립 정신건강 연구소(NIMH)의 지원금 지원으로 이루어진 것이며, 번역본의 제목은 "Criando con Amor, Promoviendo Armoniay Superacion(CAPAS)"로 "사랑으로 자녀를 양육하고 화합을 도모하며 자기계발하기"라는 뜻이다.

문화변용과정은 다음과 같은 순차적 단계를 따랐다. ① Domenech Rodriguez 박사의 매뉴얼 번역, ② 생태학적 타당도 개념틀(ecological validity framework: EVF)의 8가지 차원에 따른 개입의 스페인어 버전 가다듬기(Bernal et al., 1995), ③ 스페인어 버전 개입의 적절성과 관련성을 확인하기 위해 미국에 거주하는 41명의 라틴계 이민자 부모를 대상으로 한 초점 집단 면접 실행, ④ 연구에서 1세대 라틴계 이민자 부모에게 개입의 교과과정 실행, ⑤ 참여자와 개입을 수행한 사람들이 제공한 피드백을 기반으로 개입 수정하기. 매뉴얼의 역번역은 비용이 많이 들기 때문에 미국과 멕시코의 스페인어를 사용하는 학자들에게 번역된 매뉴얼의 언어적, 문화적 적절성의 검토와 평가를 요청했다. 이러한 단계를 수행하는 것은 CAPAS가 표면 수준의 변용 이상이 되도록 하는 데 필요했다. CAPAS-초판 개입에 포함된 모든 회기는 PMTO의 핵심 구성요소와 부합했다. CAPAS-초판 개입의 조정 과정에 대한 추가 세부 사항은 원자료에서 찾아볼 수 있다(Domenech Rodriguez et al., 2011).

연구에 사용된 두 번째 개입인 CAPAS-개정판은 CAPAS-초판 개입의 모든 구성요소에 더하여 문화적으로 관련된 문제에 초점을 맞춘 회기들로 구성된다. 선정된 주제는 탐색적, 질적 연구의 결과에 따라 선택되었으며 이민자 부모로서의 삶, 라틴계 문화적 가치와 전통, 이중문화, 가족 내 문화적 갈등 관리, 문화적 정체성 형성과 같은 주제를 포함한다. 또한 개입을 수행하는 사람들은 개입 전반에 걸쳐 양육 상황에 대한 토론에 있어 이러한 문화적 주제를 다룬다. 예를 들어, 부모와 자녀가 새로운 행동을 익히도록 돕는 전략(예: 스스로 양치질하기)에 대해 대화를 나눌 때 개입의 수행자들은 자녀의 독립심을 증진하는 것이 다양한 미국의 맥락(예: 학교)에서 살아갈 자녀를 도울 수 있는 기술임을 강조한다. 유사하게, 개입 수행자들은 어떻게 효과적인 훈육이 가족에 대한 의식(예: **가족주의**) 및 부모와 자녀 간의 존중처럼 라틴계 공동체에서 중요한 문화적 가치를 촉진하는지에 대해 부모와 이야기를 나눈다. 개입의 마지막 회기는 가족 내 이중문화 갈등관리 및 문화적 정체성 형성과 같은 이중문화주의 문제에 오롯이 초점을 맞춘다.

제안된 개입을 변용하기 위해 활용되는 문화변용 개념틀

CAPAS-초판 및 CAPAS-개정판 개입은 Bernal과 동료들(1995)이 개발한 생태학적 타당도 개념틀(EVF)의 이론적 원칙에 따라 개발되었다. 이 모델은 개입의 문화적 조정에 있어 필요한 언어, 사람, 은유, 내용, 개념, 목표, 방법, 맥락이라는 8가지 차원에 중점을 둔다. 이 모델은 라틴계 청소년과 그 가족의 우울증 치료를 포함하여 라티노를 위한 문화적으로 조정된 심리사회적 개입에 있어 사용되어 왔다(Domenech Rodriguez et al., 2011).

생태학적 타당도 개념틀에 따르면 언어는 대상이 되는 사람들의 모국어로 개입을 제공하는 것의 중요성을 말한다. 또한 언어는 언어적 및 비언어적 표현의 문화적 규범을 고려한다. **사람**은 개입을 제공받는 사람과 개입을 제공하는 전문가 간의 관계의 유형과 질을 말한다. 은유는 특정 문화 집단이 공유하는 상징과 개념을 나타낸다. 예를 들어, 라틴계 문화에는 자녀의 삶에서 부모의 중요성에 관한 몇 가지 은유가 있다. **내용**의 차원은 본래의 개입에 포함되어 소통되는 문화적 지식을 말하는데, 특히 이것은 대상이 되는 사람들의 문화적 가치, 관습 및 전통을 나타낸다. 구성 **개념**은 문화적으로 변용된 개입에 활용되는 이론적 모델을 참조하는 것인데, 대상이 되는 사람들에게 문화적으로 관련이 있어야 한다는 것이다. 예를 들어, PMTO 개입은 사회학습이론의 원칙에 따라 개발되었다. 이 이론적인 틀은 부모는 자녀에 대해 영향력과 권위가 높은 위치에 있다는 점에서 라틴계 인구와 관련이 있다. **목표** 차원은 문화적으로 변용된 개입에서 추구하는 목표를 나타낸다. 작업을 할 때 우리는 이민, 문화적 정체성 형성 및 이중문화주의와 같이 참여자에게 매우 관련성이 높은 문화적 문제에 초점을 맞추는 효과를 검증하고 있다. **방법**은 문화적으로 관련

표 11-1 CAPAS-초판 및 CAPAS-개정판 개입의 비교

CAPAS-초판	CAPAS-개정판
1. 언어. 개입 자료가 언어적으로 적절하다. 2. 사람. 개입 수행자는 라틴계/이중 언어 전문가로 디트로이트 지역사회 구성원이다. 3. 은유. 라틴계 고유의 문구(예: dichos)와 문화적으로 관련된 은유가 개입 전반에 걸쳐 활용된다. 4. 내용. 소개 회기에서 PMTO 개입에 대한 개요를 제공한다. 자료는 기존 PMTO 양육 내용에 중점을 둔다. 문화적 이슈는 참여자에 의해 이러한 논의가 제기될 때마다 강조된다. 5. 개념. PMTO 핵심 개념은 기존 PMTO 매뉴얼에 명시된 대로 개입 전반에 걸쳐 강조된다. 6. **목표.** PMTO 개입의 핵심 구성요소에 초점을 맞춘다(예: 좋은 지침 제공, 격려를 통한 아동 교육, 한계 설정, 가족 문제 해결 및 관리). 7. **방법.** 교육 자료 이외에도 개입의 수행은 양육 상황의 역할극에 크게 의존한다. 가정에서의 양육 기술 문제를 해결하기 위해 주중 전화를 돌린다. 8. 맥락. 사례 관리(예: 건강 또는 정신건강 서비스, 지원 프로그램, 직업 훈련)를 통해 반영된다. 참여자에게는 저녁 정찬 식사가 제공되며 모든 회기에서 아동 돌봄이 제공된다. 개입은 참여자를 위한 안전한 환경에서 제공된다.	CAPAS-초판 개입의 8가지 항목 이외에도 CAPAS-개정판 개입은 다음에 중점을 둔다. 내용. 소개 회기에서는 PMTO 개입 및 지침 원칙에 대한 개요를 제공한다. 또한 이 회기는 이민, 라틴계/문화적 가치, 가치와 관련된 문제에 중점을 둔다. 마지막 회기는 이중문화주의, 가족 내 문화적 갈등, 문화적 정체성 형성 문제를 다룬다. 개념. PMTO 개입의 각 핵심 구성요소는 이민과 이중문화와 관련된 문화적으로 관련된 개념틀 내에서 참여자에게 소개된다. 　문화적 정체성과 가족 내 문화적 갈등의 개념은 개입 전반에 걸쳐 다루어진다. 모든 회기에 걸쳐 이중문화와 관련된 장점이 지속적으로 강조된다. 목표. 개입은 이민과 이중문화 개념틀 내에서 PMTO 목표를 통합하고자 한다. **방법.** PMTO 양육 기술이 어떻게 라틴계 문화적 가치와 이중문화주의를 강화하는지에 대한 논의가 개입 수행자들에 의해 적극적으로 촉진된다.

* CAPAS 개입에 대한 기존 설명에서 확장됨(Domenech Rodríguez, Baumann, & Schwartz, 2011).

된 연구 절차의 특성과 관련이 있다. 예를 들어, 라틴계 부모는 종종 차별, 노동 착취를 경험했기 때문에 문화적 감수성은 대상자들의 참여 및 유지 전략 전반에서 중요하게 고려되어야 한다. 마지막으로 맥락은 개입 대상의 더 큰 경제적, 사회적, 정치적 환경에 대한 고려를 의미한다. 〈표 11-1〉은 생태적 타당도 개념틀의 8가지 차원에 따른 CAPAS-초판과 CAPAS-개정판 개입을 비교한 것이다.

변용된 개입의 파일럿 연구

CAP 모델의 2단계에서 중요한 단계는 개입의 파일럿 테스트로 구성된다. 이에 우리는 모집, 측정 프로토콜 및 개입의 수행과 같은 모든 연구 절차의 문화적 적절성뿐만 아니라 조정된 개입의 문화적 수용도를 평가하기 위해 소수의 라틴계 이민자 부모들(*n*=24)을 대상으로 비무선 파일럿 연구를 수행했다. 개입 가능성 및 문화적 수용성과 관련된 파일럿 연구의 예비조사 결과는 긍정적이었으며, 관련 논문에 자세히 설명되어 있다(Parra-Cardona et al., 2012를 보라). 이러한 결과는 조정된 개입이 참여자와 관련되었으며 연구 절차가 문화적으로 적절하다는 것을 보여 준다. 이 소규모 파일럿 연구에 이어 우리는 CAPAS-초판과 CAPAS-개정판을 비교하고 대조하는 RCT 수행에 참여했다. 대기자 명단 대조군의 부모는 개입 조건에 대한 모든 6개월 추적 측정이 완료된 후 개입을 받았다.

참여자 모집과 참여자 특성

이 연구에서는 지역사회 협력자 및 종교 단체의 추천, 교회 및 정신건강 센터와 같은 곳에 전단지 게시를 포함하여 여러 모집 전략이 사용되었다. 이전 참여자들의 입소문은 가장 효과적인 모집 전략이었다.

프로젝트의 최종 목표는 RCT에서 88가족을 모집하는 것이다. 현재까지 총 26가족이 프로젝트의 무선 단계의 처음 두 회차에 참여했다. 24양부모 가족과 2한부모 가족이 포함되어 총 49명의 부모(26명의 어머니, 23명의 아버지)가 참여했다. 13가족(25명의 부모)이 CAPAS-초판 개입에, 13가족(25명의 부모)이 CAPAS-개정판 개입에 참여했다. 가족의 평균 연간 소득은 22,933달러였으며, 가구당 평균 2.77명의 자녀가 있었다. CAPAS-초판의 부모 평균 연령(*M*=34.16, *SD*=4.54)은 CAPAS-개정판의 부모(*M*=36.73, *SD*=9.71)보다 약간 낮았다. CAPAS-초판의 부모(*M*=14.33, *SD*=5.18)는 CAPAS-개정판의 부모(*M*=13.75년, *SD*=6.71)보다 미국에서의 거주기간이 조금 더 길었다. 그러나 두 차이 모두 통계적으로 유의하지 않았다. 모든 부모의 출신 국가는 멕시코였다.

예비조사 결과

예비조사 결과, 문화적으로 조정된 개입의 두 가지 버전 모두 높은 참여자 만족도를 보였다. 회기 만족도에 대한 양적 자료는 두 개입 모두에 대해 높은 수준의 만족도를 보여 주었으며, 주간 회기 만족도 평가에서 CAPAS-초판 및 CAPAS-개정판 간에 통계적 차이는 없었다.

질적 자료는 학부모가 PMTO 회기의 공유 핵심 내용을 높이 평가하는 이유에 대한 자세한 정보를 제공한다. 이를 요약하면, 참여자들은 PMTO의 핵심 구성요소, 구체적으로 체벌 없이 효과적인 규율을 시행하고 관리하며 감독하는 것처럼 자녀가 독립적인 행동에 참여하도록 동기를 부여하는 방법(예: 과제 완료 및 집안일)에 있어 높은 만족도를 나타냈다. 또한 CAPAS-개정판 개입 참여자들은 이민, 가족 간의 이민 차이, 이중문화주의에 대해 문화적으로 초점을 맞춘 회기에 대해 높은 만족도를 나타냈다. 더욱이 양쪽 집단 참여자들 모두 문화와 양육 문제를 다루기 위해 충분한 시간을 할애하고, 자녀에게 PMTO를 접하게 하는 방법을 배우는 동시에 미래에 겪을 수 있는 편견과 차별, 문화적 관습과 전통을 유지하는 데 있어서의 도전, 문화적으로 관련된 정신건강 서비스에 접근하는 데 있어 장애물 등에 대비하기 위해 문화적으로 초점을 맞춘 주제를 확장할 필요가 있다고 말했다. 이와 관련한 더 상세한 설명은 원자료를 보기 바란다(Parra-Cardona et al., 2012).

3단계

CAP 모델의 마지막 단계는 더 넓은 보급 및 지속가능성에 대한 계획뿐만 아니라 개입 및 측정 프로토콜의 개선을 유지하기 위한 반복적인 과정으로 이루어진다. 아직 RCT를 수행 중에 있기 때문에 현재로서는 연구의 확실한 결론에 이르지 못했으나, 우리는 RCT의 최종 결과를 기반으로 향후 개입 및 연구 절차를 개선할 예정이다.

또한 우리는 이미 연구 범위를 확대하기 위한 노력을 시작했다. 더 큰 지역사회에 혜택을 주기 위해 응용연구 프로그램을 확장하기를 원하는 학교 및 기타 지역사회 이해 관계자들의 접촉이 계속되고 있다. 이에 우리는 프로젝트의 공동 작업자인 지역사회 리더와 새로운 구성원(예: 학교 대표, 비즈니스 리더) 집단을 통합하고 있다. 다양한 이해관계자 집단을 통합하는 목표는 개선을 최종적으로 가다듬고 장기적인 지속가능성을 달성하는 것을 주요 목적으로 민간 재단 및 연방 지원금을 신청하는 것이다. 우리는 일시적인 변화의 주체이며 지역사회 구성원과 지도자만이 영구적인 주체가 될 수 있기 때문에 문화변용 연구

과정에서 지역사회가 개입을 '자신의 것으로 소화시키고 유지'할 수 있는 위치에 도달하는 것이 중요하다.

연구 함의

CFT 분야에서 다양한 인구 집단 간의 정신건강 격차를 줄이기 위한 포괄적인 응용연구 프로그램의 실행은 여전히 부족하다. 특히 "많은 연구자가 소수민족 내담자들이 정신건강 서비스를 제대로 활용하지 못하고 있고 높은 중도 탈락률을 보이는 가장 중요한 이유 중 하나는 심리치료자와 상담사가 문화가 반영된 반응적인 치료를 제공하지 못한다는 것이라는 데 동의한다."(Gelso & Fretz, 2001, p. 153)는 점에서 이러한 이슈를 다루는 것은 시의성이 높다. 이러한 도전에 직면하여, 문화변용 연구는 다양하고 소외된 인구 사이에 문화적으로 적절한 방식으로 효과적인 실천을 확산시킬 수 있는 핵심 기회를 제공한다.

문화변용 연구를 위한 안내 개념틀

문화변용 연구를 잘 확립된 문화변용 개념틀에 기반하여 알리는 것은 중요하다. 연구에서 우리는 CAP(Domenech Rodriguez & Wieling, 2005)와 생태학적 타당도(Bernal et al., 1995)라는 두 가지 상호 관련된 모델에 따라 연구를 진행해 왔다. 포괄적인 문화변용 개념틀을 가지고 연구를 하는 것은 문화적 변용과정(즉, 표면적 변용 대 심층구조적 변용)에 직접적인 영향을 미치는 중요한 연구 고려사항을 간과하는 연구설계를 방지하는 데 필수적이다. 문화변용 분야에서 다양한 모델과 적용 사례가 많이 나오는 가운데, 우리는 독자에게 문화변용과 관련해서 참고할 만한 자료를 추천한다. 이 편저는 문화변용 연구 분야의 그간의 발전에 대한 개요를 제공하고 다양한 인구의 문화변용의 예를 제공한다. 소외된 인구를 대상으로 하는 문화변용 연구를 국가 및 국제 수준으로 확장하기 위한 중요한 고려사항도 포함되어 있다(Bernal & Domenech Rodriguez, 2012를 보라).

문화변용 연구에서 사회 정의 문제에 대해 관심을 가지는 것 역시 중요한데, 특히 이러한 작업은 서비스 전달과 연구에서 그간 소외되어 온 인구를 포함할 가능성이 높기 때문이다. CAP 모델의 핵심은 대상 지역사회를 옹호하는 오피니언 리더와 정직하고 투명한 대화를 나누는 것이다. 예를 들어, 이러한 상호작용을 기반으로 우리는 무처치 통제조건보다는 대기자 명단 통제집단을 활용하기로 결정했다. 이러한 접근 방식은 치료에 대한 기대로 인해 방법론적인 어려움을 수반하지만, 대상 지역사회의 부모들은 개입에 참여하고자 하는 강한 열망을 나타냈다. 사회 정의적 측면에서 우리는 참여를 위해 등록한 모든 가족이 개입을 받을 권리가 있다고 굳게 믿었다. 그렇지 않았다면 우리는 대상 인구의 필요와 그들이 오랫동안 견뎌 온 억압의 역사를 무시하게 되었을 것이다.

경험에 입각한 문화변용 지식

진행되고 있는 연구에서 가족들은 PMTO 양육 기술은 양육 노력과 매우 관련이 있는 것을 경험했다. 이 발견은 매우 중요한데, 왜냐하면 이는 각기 다른 집단은 매우 독특하거나 혹은 '다른' 양육 경험을 가지고 있다는 우리의 선입견에 도전하는 것이기 때문이다. 예를 들어, 우리는 전문 포럼에서 타임아웃(time-out)이나 권한 제한하기(privilege removal)와 같은 제한 설정 기술이 주로 유럽계 미국인 가정에서 개발되었기 때문에 소수 집단과 관련이 없다고 주장하는 피드백을 받았다. 그러나 이 연구의 참여자들은 PMTO 제한 설정 기술이 양육 노력과 매우 관련이 있음을 확인함으로써 이러한 개념에 지속적으로 도전하고 있다.

동시에, 부모는 이민과 관련된 문제, 이민 경험이 가족 간에 크게 다른 방식, 문화적 관습과 전통을 유지하는 데 있어서의 어려움, 문화적으로 적절한 정신건강 서비스에 접근하는 데 장애가 되는 문제에 대한 의미 있는 고려를 할 필요가 크다고 보고했다. 따라서 문화변용 연구의 가치는 기존 개입의 어떤 요소가, 그리고 문화적으로 조정된 구성요소 중 무엇이 대상 인구에게 가장 관련성이 높은 것으로 생각되는지를 알아내고 찾아내는 데 도움을 준다는 잠재력에 있다.

최적의 연구설계 선택

문화변용 연구의 설계는 명확하게 정의된 목표와 문화변용 문헌에 대한 충분한 지식에 근거해 결정되어야 한다. 개입 연구 프로그램이 단계적으로 진행되는 것도 적절하지만 조건에 무선으로 할당하는 엄격한 실험설계는 문화변용 연구 분야를 발전시키는 데 중요하다. 단일 집단 실험, 준실험설계나 비무선 실험과 같은 덜 엄격한 설계는 내적 타당도를 제한하고 연구자가 문화적 변용과정과 기존의 효과적인 개입에 대한 변용의 영향에 대한 확실한 결론에 도달하는 것을 방해한다(Smith et al., 2011). 하나의 개입 조건에 하나의 비교

대조군을 사용한 무선 실험조차도 연구자가 문화적 변용의 서로 다른 수준의 영향을 분석하는 것을 어렵게 한다(Martinez & Eddy, 2005). 이러한 고려사항을 기반으로 하여 현재 진행 중인 우리의 연구에 기술된 연구설계는 서로 다르게 문화적으로 조정된 두 가지 개입(CAPAS-초판 대 CAPAS-개정판)의 영향을 비교하고 대조할 수 있다. 따라서 문화변용 연구에서 연구설계를 선택할 때 연구자는 관심 분야의 기존 문화변용 문헌을 주의 깊게 검토하고 사용된 연구의 유용성과 한계를 결정해야 한다.

충실도 이슈

엄격한 문화변용 과학을 촉진하려면 연구자가 조사 과정 전반에 걸쳐 자신의 편견을 주의 깊게 모니터링하고 통제할 수 있도록 보호 장치를 갖추는 것이 중요하다(Bernal & Domenech Rodriguez, 2012). 이 목표를 달성하기 위해 문화변용 연구 프로젝트에서 개입 충실도를 모니터링하는 기제를 갖추기를 적극 권장한다. 충실도를 평가하면 내적 타당도나 결론 타당도의 위협은 줄이면서 기존의 효과적인 개입의 핵심 구성요소가 적절하게 구현되고 있는지 확인하는 데 도움이 된다(Forgatch, Patterson, & DeGarmo, 2005). 예를 들어, 우리 연구의 주된 개입인 PMTO는 기존 PMTO 핵심 구성요소에 대한 충실도 분석을 할 수 있도록 관찰 기반 평가 시스템을 가지고 있다(Knutson, Forgatch, & Rains, 2003을 보라). 우리 프로젝트의 연구책임자는 PMTO 실행을 모니터링하기 위해 이 충실도 평가 시스템에 대해 교육을 받았다. 동시에, 연구책임자는 개입 및 개입 전달 절차에서 문화적 감수성과 관련성을 담보하기 위해 만족도 결과에 관해 개입 수행자 및 공동 연구자들과 지속적으로 긴밀히 협의하였다.

생태학적 타당도의 결정적 중요성

엄격한 예방 및 임상 시험을 개발하는 것은 내적, 외적, 구인 및 통계적 결론 타당도와 같은 주요 연구설계 문제에 대한 포괄적 지식이 필요한 어려운 과정이다. 이러한 구성을 자세히 다루는 것은 이 장의 범위를 벗어나지만 대신 독자에게 참고할 만한 좋은 자료의 출처를 제공하였다(Shadish, Cook, & Campbell, 2002). 따라서 이러한 문제에 대한 고려는 문화변용 연구에서 중요한데, 전문가들은 문화변용 연구에서 **생태학적 타당도** 문제를 특별히 강조해야 하는 필요성에 동의한다(Wallis, Amaro, & Cortés, 2012). 본질적으로 생태학적 타당도는 '참여자가 경험한 환경이 연구자가 가정하는 환경과 동일한 정도'를 의미한다.

따라서 '개입이 현실 세계에서 작동하는가'(생태학적 타당도)라는 질문은 '개입이 실제 세계에서 다른 문화적 맥락을 가진 사람들에게도 작동하는가?'로 확장된다(Domenech Rodriguez & Wieling, 2005, p. 324). 이를 위해 우리는 여러 수준에서 중요한 생태학적 질문에 응답할 수 있는 두 가지 개념틀을 활용했다. CAP 모델은 특히 거시적 수준의 생태학적 타당도 문제를 살펴보는 것을 용이하게 한다. 즉, 개입이 지역사회와 잠재적 수혜자의 필요와 삶의 경험을 반영하는가? 연구 절차는 지역사회의 역사와 가장 시급한 과제에 부합하는가? 지역사회 구성원과 주요 지도자는 제안된 문화변용 연구 프로그램의 이점을 확신하며 장기적인 지속가능성을 달성하기 위한 대안을 찾아내는 데 투자하고 있는가?

우리는 CAP 모델에서 연구자들이 문화변용의 잘 정의된 8가지 차원에 자세히 설명된 중요한 목표를 달성하도록 안내하는 생태학적 타당도 개념틀을 채택했다. 이 지침은 연구자가 개입에서 언어적 적절성, 개입 수행자의 문화적 적합성, 개입 자료 및 절차의 문화적 관련성, 조정된 개입의 목표와 개입 전달 맥락 간의 문화적 일치성을 달성하는 데 도움이 된다. 앞서 언급한 모델을 따름으로써 우리는 생태학적 타당도를 특징으로 하는 문화변용 연구 프로그램을 실행하고 있으며, 이를 통해 RCT의 맥락에서 외적 타당도를 극대화할 수 있다.

또한 미국에서 개입 적용의 생태학적 타당도를 살펴보는 것 이외에도 국제적 맥락에서 생태학적 타당도 도달의 가능성을 보이는 기초 자료를 수집하고 있다. 예를 들어, 미국 기반 경험에서 얻은 교훈을 바탕으로 멕시코의 공동 연구에서 이와 비슷한 가이드라인을 따르고 있다. 지금까지 우리는 지역사회 파트너가 CAP 모델과 생태학적 타당도 개념틀의 협력적 특성의 가치를 높이 평가하고, 이에 모든 변화 이해 당사자의 공유된 전문성을 보장한다는 것을 발견하였다. 우리가 문화변용 연구를 통해 미국을 기반으로 생성된 과학을 국제적 맥락에서 보급하기 위한 노력에 참여하고, 이러한 과정에 국제 사회 구성원과 오피니언 리더가 적극적으로 참여하는 것은 시계적 과학 식민주의 경험이 아닌 문화변용의 생태학적 과정을 보장하는 데 도움이 될 것이다.

결론

21세기에 들어서면서 CFT 분야는 그간 큰 성과를 거두었다. 그러나 우리는 다양한 인구를 대상으로 한 연구와 근거 기반 서비스 제공과 관련하여 명확한 한계에 계속 직면하고 있다. 문화변용 연구는 문화적으로 관련된 개념틀 내에서 과학을 발전시킴으로써 소외 계층의 삶을 향상시킬 수 있는 중요한 기회를 제공한다. 우리는 문화변용과정에 대한 현재의 지식을 확장시키기 위해 CFT 실무자들이 응용 학문 분야에 참여할 것을 지지한다. 가장 중요한 것은 문화변용 연구의 응용 프로그램을 개발함으로써 우리는 그간 간과해 온 인구의 건강 격차를 줄이고 사회 정의를 증진할 수 있는 잠재력을 가지고 있다는 것이다.

　　미주: 이 연구는 국립 정신건강 연구소(NIMH)의 지원을 받았다(no. R34MH087678). 이 글의 내용은 전적으로 저자의 책임이며, 국립 정신건강 연구소 또는 국립보건원의 공식 견해를 반드시 대변하는 것은 아니다. 미시간 주립대학교(MSU) 연구 및 대학원 연구 부총장실(OVPRGS), MSU 사회과학 대학, MSU 인간발달 · 가족학과(HDFS)에서 추가 연구비를 제공했다.

　　연구진은 Marion Forgatch와 Gerald Patternson 박사에게 진심으로 감사를 표한다. 두 분의 무조건적인 지원과 관대함은 우리의 응용연구 프로그램의 성공적인 수행에 필수적이었다.

참고문헌

Bernal, G., Bonilla, J., & Bellido, C. (1995). Ecological validity and cultural sensitivity for outcome research: Issues for the cultural adaptation and development of pyschosocial treatments with Hispanics. *Journal of Abnormal Child Psychology, 23,* 67-82.

Bernal, G., & Domenech Rodríguez, M. M. (2012). Cultural adaptation in context: Psychotherapy as a historical account of adaptations. In G. Bernal & M. M. Domenech Rodríguez (Eds.), *Cultural adaptations: Tools for evidence-based practice with diverse populations* (pp. 3-22). Washington, DC: American Psychological Association.

Bernal, G., Jiménez-Chafey, M. I., & Domenech Rodríguez, M. M. (2009). Cultural adaptation of treatments: A resource for considering culture in evidence-based practice. *Professional Psychology: Research and Practice, 40,* 361-368.

Borrego, J., Jr. (2010). Special series: Culturally responsive cognitive and behavioral practice with Latino families. *Cognitive and Behavioral Practice, 17,* 154-156.

Castro, F. G., Barrera, M., & Holleran Steiker, L. K. (2010). Issues and challenges in the design of culturally adapted evidence-based interventions. *Annual Review of Clinical Psychology, 6,* 213-239.

Chisholm, D., Flisher, A. J., Lund, C., Patel, V., Saxena, S., Thornicroft, G., & Tomlinson, M. (2007). Scale up services for mental disorders: A call for action. *Lancet, 370*, 1241-1252.

Collins, P. Y., Patel, V., Joestl, S. S., March, D., Insel, T. R., & Daar, A. S. (2011). Commentary: Grand challenges in mental health. *Nature, 475*, 27-30.

Domenech Rodríguez, M. M., Baumann, A. A., & Schwartz, A. L. (2011). Cultural adaptation of an evidence-based intervention: From theory to practice in a Latino/a community context. *American Journal of Community Psychology, 47*, 170-186.

Domenech Rodríguez, M. M., & Wieling, E. (2005). Developing culturally appropriate, evidence-based treatments for interventions with ethnic minority populations. In M. Rastogi & E. Wieling (Eds.), *Voices of color: First-person accounts of ethnic minority therapists* (pp. 313-334). Thousand Oaks, CA: Sage.

Flores, G., Olson, L., & Tomany-Korman, S. C. (2005). Racial and ethnic disparities in early childhood health and health care. *Pediatrics, 115*, 183-193.

Forgatch, M. S., Patterson, G. R., & DeGarmo, D. S. (2005). Evaluating fidelity: Predictive fidelity for a measure of competent adherence to the Oregon model of Parent Management Training. *Behavior Therapy, 36*, 3-13.

Forgatch, M. S., Patterson, G. R., DeGarmo, D. S., & Beldavs, Z. G. (2009). Testing the Oregon delinquency model with 9-year follow-up of the Oregon Divorce Study. *Development and Psychopathology, 21*, 637-660.

Gelso, C. J., & Fretz, B. R. (2001). *Counseling psychology* (2nd ed.). Fort Worth, TX: Harcourt.

Griner, D., & Smith, T. B. (2006). Culturally adapted mental health interventions: A meta-analytic review. *Psychotherapy: Theory, Research, Practice, Training, 43*, 531-548.

Kazdin, A. E. (2008a). Evidence-based treatments and delivery of psychological services: Shifting our emphases to increase impact. *Psychological Services, 5*, 201-215.

Kazdin, A. E. (2008b). Evidence-based treatment and practice. New opportunities to bridge clinical research and practice, enhance the knowledge base, and improve patient care. *American Psychologist, 63*, 146-159.

Knutson, N., Forgatch, M. S., & Rains, L. A. (2003). *Fidelity of implementation rating system (FIMP): The training manual for PMTO.* Eugene: Oregon Social Learning Center.

Martinez, C. R., & Eddy, J. M. (2005). Effects of culturally adapted parent management training on Latino youth behavioral health outcomes. *Journal of Consulting and Clinical Psychology, 73*, 841-851.

Parra-Cardona, J. R., Córdova, D., Holtrop, K., Villarruel, F. A., & Wieling, E. (2008). Shared ancestry, evolving stories: Similar and contrasting life experiences described by foreign born and U.S. born Latino parents. *Family Process, 47*, 157–172.

Parra-Cardona, J. R., Domenech Rodríguez, M., Forgatch, M. S., Sullivan, C., Bybee, D., Tams, L., ⋯⋯ Dates, B. (2012). Culturally adapting an evidence-based parenting intervention for Latino immigrants: The need to integrate fidelity and cultural relevance. *Family Process, 51*, 56–72.

Parra-Cardona, J. R., Holtrop, K., Córdova, D., Escobar-Chew, A. R., Tams, L., ⋯⋯ Horsford, S., ⋯⋯ Fitzgerald, H. E. (2009). "Queremos aprender": Latino immigrants call to integrate cultural adaptation with best practice knowledge in a parenting intervention. *Family Process, 48*, 211–231.

Seedall, R. B., Holtrop, K., & Parra-Cardona, J. R. (in press). Diversity, social justice, and intersectionality trends in C/MFT: A content analysis of three family therapy journals, 2004–2011. *Journal of Marital and Family Therapy.*

Shadish, W. R., Cook, T. D., & Campbell, D. T. (2002). *Experimental and quasi-experimental designs for generalized causal inference.* New York: Houghton Mifflin.

Smith, L., Chambers, D. A., & Bratini, L. (2009). When oppression is the pathogen: The participatory development of socially just mental health practice. *American Journal of Orthopsychiatry, 79*, 159–168.

Smith, T. B., Domenech Rodríguez, M., & Bernal, G. (2011). Culture. *Journal of Clinical Psychology, 67*, 166–175.

Sprenkle, D. H. (2012). Intervention research in couple and family therapy: A methodological and substantive review and an introduction to the special issue. *Journal of Marital and Family Therapy, 38*, 3–29.

Turner, W. L., Wieling, E., & Allen, W. D. (2004). Developing culturally effective family-based research programs: Implications for family therapists. *Journal of Marital and Family Therapy, 30*, 257–270.

Wallis, F., Amaro, H., & Cortés, D. E. (2012). Saber es poder: The cultural adaptation of a trauma intervention for Latina women. In G. Bernal & M. M. Domenech Rodríguez (Eds.), *Cultural adaptations: Tools for evidence-based practice with diverse populations* (pp. 157–178). Washington, DC: American Psychological Association.

Zayas, L. H. (2010). Seeking models and methods for cultural adaptation of interventions: Commentary on the special section. *Cognitive and Behavioral Practice, 17*, 198–202.

12 무선임상실험:
부부가족치료 개입을 검증하기

Wayne H. Denton

"제 배우자가 결혼생활이 불행하다며 치료를 받으려고 합니다. 어떤 치료를 받아야 할까요?"

"우리 집 아이가 학교를 결석하고 마리화나를 피우고 있음을 알게 되었습니다. 가족치료 중 어떤 치료를 받아야 하나요?"

"제 배우자가 매우 우울해하는데, 의사는 커플치료를 받으라고 권합니다. 그게 좋은 생각일까요?"

　가족치료자로서 친척이나 친구로부터 이런 질문을 받는 것은 충분히 상상할 수 있는 일이다. 아니면 당신은 이런저런 상황에서 어떻게 부부와 가족을 가장 잘 도울 수 있을지 자문해 봤을지도 모른다. 만약 사랑하는 사람이 의학적으로 심각하다는 진단을 받는다면, '무엇이 가장 좋은 치료법인가'를 알고 싶어지는 것이 당연하다. 그런데 '의료적'인 문제가 아니라 '관계적'인 문제일 때에는 가장 좋은 치료법을 알고자 하는 기대를 줄여야 하는가? 당신은 부부가족치료의 효과를 발견하는 데 기여하고 싶을 것이다. 하지만 치료로 인한 결과를 어떻게 정직하게 평가할 수 있는가? 가족치료를 포함하여 어떠한 개입의 효능과 효과성을 평가할 때, 현재로서는 무선임상실험이 '최고의 기준'이다. 그러나 무선임상실험은 고려할 측면이 많다. 무선임상실험을 계획하고 수행하는 사람이라면 누구나 이러한 연구의 설계에서 내려야 할 결정이 수십 개라는 것을 알고 있다. 각 결정은 완벽한 답이 존재

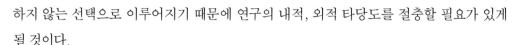

하지 않는 선택으로 이루어지기 때문에 연구의 내적, 외적 타당도를 절충할 필요가 있게 될 것이다.

이 장에서는 무선임상실험의 '최첨단' 요소에 대한 생각, 이러한 요소들에 관한 논쟁, 무선임상실험의 내적, 외적 타당도 및 결론의 타당도를 개선하기 위한 제안을 제시할 것이다. 치료 연구를 하는 학생이라면 임상실험에 대한 최신 정보를 갖춰야 하는데, 이 장은 여러분에게 그 출발점이 될 것이다.

무선임상실험의 개요

무선임상실험(randomized clinical trial)은 적어도 하나의 임상적 개입의 가능성을 검증하는 것이며, 두 개 이상의 연구 참여자 집단을 포함한다. 여기서 '무선'이란 참여자들이 각 연구 집단에 배정될 동등한 기회를 얻는 것을 의미한다. '임상'은 (다른 동물이나 식물 등이 아니라) 인간에게 치료가 적용됨을 의미한다. '실험'은 해당 치료가 평가 또는 검증 중임을 나타낸다.

심리치료 모델 개발의 단계 모델

Onken, Blaine과 Battjes(1997)는 심리치료 연구의 진전이 "행동치료의 개발과 테스트에 대한 목표지향적이고 체계적인 접근으로 가속화될 것"(p. 479)이라고 주장했다. 그들은 행동치료 연구가 제약(pharmaceutical) 연구 모델처럼 단계적으로 진행되는 것으로 개념화했다.

1단계 연구

1단계 연구는 치료법 개발이다. 이 단계는 유망한 치료법을 식별하고 개발하는 것이 포함된다. 1단계에서는 치료 매뉴얼을 개발하고, 치료자가 개입을 충실히 실행하는지 평가하는 방법을 개발하는 것도 진행된다(Onken et al., 1997; Rounsaville, Carroll, & Onken, 2001). 새로운 치료법의 효능에 대한 예비적 증거가 되는 데이터는 1단계에서 소규모 무선임상실험을 통해 수집된다. 미국의 연구비 제공 기관에서는 보통 '소규모' 무선임상실험이 집단당 약 15~30명의 참여자/부부/가족이 포함되는 것을 기준으로 한다(Rounsaville et al., 2001). Rounsaville과 동료들은 이러한 1단계 심리치료 개발 연구 매뉴얼을 만들었는데, 이 연구를 하는 사람들이라면 반드시 읽어 볼 필요가 있다.

2단계 연구

2단계의 주요 과제는 더 큰 규모의 무선임상실험을 통해 새로운 치료법의 효능을 확립하는 것이다(Onken et al., 1997). 임상실험 연구에서는 '효능(efficacy)'과 '효과성 (effectiveness)'을 구별한다. '효능' 검증은 개입이 이상적인 환경에서 달성되는 것을 의미한다(Friedman, Furberg, & DeMets, 2010, p. 3). 그리고 내적 타당도를 최대화하고자 한다. 예를 들어, 대학 클리닉에서 신중하게 선별된 연구참여자와 고도로 훈련된 치료자가 개입 개발자의 감독을 받으며 효능 검증을 수행할 수 있다. '효과성' 검증은 "개입이 실제 치료에 가까운 환경에서 달성되는 것을 말한다"(Friedman et al., 2010, p. 3). 그리고 외적 타당도와 더 관련이 있다. 예를 들어, 모델에 대한 교육을 적게 받은 지역사회 기관 치료자와 기관의 평소 내담자를 활용하여 효과성 검증을 할 수 있다. 2단계 연구는 이상적인 조건에서 개입이 의도한 바를 달성한다는 것을 증명하는 효능 검증이 포함된다.

3단계 연구

개입의 효능이 입증되면, 다음 단계는 개입이 '실제 세계에서 작동함'을 입증하는 것이다. 세심하게 통제된 조건에서 효능이 높은 개입이 지역사회 치료 환경에서 반드시 동일 수준의 효과를 달성하는 것은 아니다. 예를 들어, 가장 많이 연구된 가족치료 모델 중 하나인 다중체계치료(multisystemic therapy; Henggeler, Schoenwald, Borduin, Rowland, & Cunningham, 2009)는 효능 연구보다 효과성 연구에서 치료 정도가 낮은 것으로 밝혀졌다 (Curtis, Ronan, & Borduin, 2004). 3단계 연구에는 지역사회로의 적용을 높이기 위한 개입법의 수정이나 훈련 및 감독 방법의 변경 등이 포함되기도 한다(예: Henggeler, Schoenwald, Liao, Letourneau, & Edwards, 2002).

무선임상실험의 공통 설계요소

가족치료의 무선임상실험 설계의 일부 요소는 행동치료, 약물, 의료 기기 등 모든 무선임상실험에 공통으로 적용된다. 이러한 설계요소들을 심리치료 연구설계의 독특한 요소로 넘어가기 전에 여기서 간단히 다루려고 한다. 무선임상실험에 대한 더 자세히 알고자 하는 독자는 다른 교재를 참조하기 바란다(예: Friedman et al., 2010).

무작위화

임상실험에서 무작위화에 대한 대안은 두 개 집단의 참여자를 일치시켜 똑같게 하는 것이다. 하지만 이 방법은 사람들을 알고 있는 모든 변수에 대해 정확히 일치시키는 것이 불가능하다는 것이 문제이다. 또한 우리가 평가하거나 인지하지 못하는 중요한 변수들이 있을 수도 있다. 이러한 문제는 이론적으로 무작위화 과정을 통해 해결된다. 무작위화는 '모든 참여자에게 실험집단이나 통제집단에 배정될 동일한 기회를 주는 것'이다(Friedman et al., 2010, p. 97). 이렇게 하면 알려진 변수와 알려지지 않은 변수가 모두 각 집단에 동일하게 나타날 수 있다. 무작위화는 연구의 내적 타당도를 증가시키며 치료 비교 연구에서 '최고의 기준'으로 간주된다. 그렇지만 무선임상실험에는 자원하지 않는 사람이 많고, 이로 인해 외적 및 내적 타당도가 낮아지는 문제가 발생한다(Corrigan & Salzer, 2003).

무작위화에 대해 가족치료 연구자들이 종종 통계적 문제에 직면하게 되는데, 표본크기가 100 미만일 때는 공변량이 불균형한 집단을 연구 시작점에서부터 만들 가능성이 크고, 이는 치료 결과에 영향을 주게 된다(Matthews, Cook, Terada, & Aloia, 2010). 즉, 무작위화가 '실패'할 수 있는 것이다. 이러한 이유로, 집단의 기준 특성은 비교를 통해 통계적으로 통제해야 한다. 이러한 문제를 피하기 위해서는 (참여자 모집은 더 어려워지겠지만) 표본크기가 200보다 큰 것이 바람직하다(Lachin, 1988).

모집

모집에 대해서는 이 책 6장에서 더 자세히 다루고 있다. 무선임상실험의 모집에서는 예비 참여자가 대기자 집단이나 원치 않는 치료집단으로 분류될까 봐 걱정한다는 것이 독특한 장벽이라 할 수 있다(Thomson, Morley, Teesson, Sannibale, & Haber, 2008). 참여자들이 원하는 집단으로 할당되지 않으면 중도 탈락할 수 있으며(Bale et al., 1980), 이는 연구의 내적 타당도를 낮춘다. 따라서 무작위화 전에 참여자들과 어떤 집단으로 무작위할당이 되면 그들이 어떻게 될지 이야기하는 것이 도움이 될 것이다. 참여자가 둘 중 어느 한쪽 집단에는 참여할 의사가 없는 경우 무작위화 전에 중단하는 것이 바람직하다.

심리치료 무선임상실험 고유의 설계요소

치료 매뉴얼

왜 치료 매뉴얼이 필요한가　과학적 연구 보고서의 중요한 목적은 다른 연구자들이 연구를 복제할 수 있도록 하는 것이다. 가족치료의 무선임상실험에서 독립변수는 가족치료 개입이다(Carroll & Nuro, 1997). 따라서 치료를 조작화하는 것은 누가 뭐래도 보고서의 가장 중요한 측면이다. 일관되고 반복적으로 개입의 효과가 전달되지 않는다면 연구 결과는 무의미하다. 치료 매뉴얼이 있으면 연구의 투명성이 높아지고 복제가 쉬워진다 (Schoenwald et al., 2011). 어떤 연구자가 가족치료 기법을 검증한다고 하면서 실제로는 원래 개발자의 의도와 상당한 차이가 나게 수행한다면 연구 결론의 타당도가 낮아진다.

학술지 논문에는 치료와 관련된 모든 세부사항을 실을 공간이 없지만, 이러한 세부사항은 별도의 치료 매뉴얼에 포함시킬 수 있다. 치료를 잘 정의하는 것은 단일 연구결과의 해석뿐만 아니라 연구 간의 결과 비교도 가능하게 해 준다. (똑같은 치료법을 사용하거나 치료법의 수정을 명시하면서) 이전의 연구를 기반으로 다음 연구를 진행하는 것이 가족치료 과학이 발전하는 방법이다. 마지막으로 임상연구자로서 우리는 우리의 연구가 가족치료 임상가들에게 의미가 있게 노력한다. 치료법의 효과성과 효능이 입증되더라도 연구된 치료법을 치료자들이 이해하고 따라 할 수 없다면 치료자들에게 이 연구는 아무 소용이 없다. 다음에서 논의되는 바와 같이 성공적인 가족치료 모델의 매뉴얼은 치료자가 쉽게 이용할 수 있는 형태로 제공되어야 한다.

치료 매뉴얼에는 무엇이 포함되는가　치료 매뉴얼의 내용에 대해 간단히 대답하자면, "심리치료 매뉴얼의 근본적인 목적은 치료를 구체적으로 명시하고 그 실행을 위한 지침을 치료자에게 제공하는 것이다"(Carroll & Nuro, 2002, p. 397). 연구 치료 매뉴얼은 상세 정도, 내용, 길이 등에 따라 편차가 있다. 일반적으로 매뉴얼에는 "치료의 이론적 토대, 치료의 목표, 치료자가 그 목표에 도달하기 위해 사용하는 전략, 다른 치료와의 차이" 등이 포함된다(Carroll & Nuro, 2002, p. 50).

심리치료 모델 개발의 단계 모델이 있는 것처럼 치료 매뉴얼 개발에서도 이와 유사한 단계 모델이 있다(Carroll & Nuro, 2002). 간단히 말해, 1단계 매뉴얼은 "가능성과 효능의 예비적 평가를 위해 치료법을 대략적으로 정의"한다(Carroll & Nuro, 2002, p. 397). 2단계 매뉴얼은 1단계 매뉴얼에 제시된 자료를 상세히 설명하고, 치료 및 초기 매뉴얼에 대한 경험을 바탕으로 새로운 자료가 더해진다. 3단계 매뉴얼은 단순히 이상적인 상황이 아닌 '실제' 상황에서의 개입을 전달하기 위한 지침을 제공한다(Carroll & Nuro, 2002). Carroll과 Nuro(2002)는 실제로는 세 가지 버전의 치료 매뉴얼이 없을 가능성이 크며, 치료 모델에 대한 경험이 늘면서 매뉴얼이 연속적으로 진화한다고 설명했다. 각 단계에서 치료 매뉴얼에 포함하는 세부 지침에 대해서는 Carroll과 Nuro(2002)의 논문을 참고하라.

치료 매뉴얼은 어떻게 생겼는가   아마도 치료 매뉴얼의 구성에 대한 감을 잡는 가장 좋은 방법은 몇 가지 예를 실제로 보는 것이다. 다행히 좋은 가족치료 모델의 치료 매뉴얼 몇 개가 공개되어 있다. 이러한 예는 적어도 2단계 매뉴얼에 해당하며, Caroll과 Nuro(2002)의 기준에 따르면 3단계 매뉴얼이라고 볼 수도 있다. 일부 치료 매뉴얼은 인터넷에서 무료로 내려받을 수 있다. **약물 남용에 대한 단기전략적 치료**(Szapocznik, Hervis, & Schwartz, 2003; http://archives.drugabuse.gov/pdf/Manual5.pdf)와 **청소년 대마초 흡연자를 위한 다차원적 가족치료**(Liddle, 2002; http://www.chestnut.org/LI/cyt/products/MDFT_CYT_v5.pdf)가 두 예시라고 할 수 있다. 가족치료 모델의 좋은 매뉴얼이 책으로 출판되기도 했는데, 예를 들어『양극성장애: 가족중심치료 접근법』(Miklowitz, 2010)과『정서중심 커플치료의 실천: 연결짓기』(Johnson, 2004)가 있다. 따라서 Johnson의 책과 같은 일부 가족치료 서적은 임상가에게 모델에 따라 치료하는 방법을 제공하고 연구자에게는 치료 연구의 매뉴얼 역할도 하는 두 가지 목적으로 사용된다.

치료 매뉴얼을 작성하는 법   잘 정립된 부부가족치료 모델에 따라 연구(또는 치료)를 하려는 경우 이미 치료 매뉴얼이 있어서 사용할 수 있을 것이다. 그러나 인기 있는 가족치료 모델 중 다수는 경험적 평가가 거의 또는 전혀 없었다(Lebow et al., 2012). 이러한 모델에 대해 무선임상실험을 수행하는 첫 단계는 치료 매뉴얼을 개발하는 것이다. 의심할 여지 없이, 많은 (어쩌면 모든) 가족치료 모델은 효능과 효과성이 입증되겠지만, 다만 이를 과학적으로 증명할 '옹호자'들이 부족하다. 어떤 사람들은 이러한 치료법을 모두 매뉴얼화할 수는 없다고 주장할 수도 있다. 그러나 훈련을 통해 치료자들이 이러한 치료를 할 수 있고, 치료가 잘 시행되고 있는지 슈퍼바이저가 알 수 있으며, 다른 치료 모델과의 차이를 인지할 수 있다면, 치료의 매뉴얼을 작성하는 것이 가능하다고 나는 주장하는 바이다. 개발된 치료법의 매뉴얼을 작성하는 과정은 다음과 같다.

대부분의 MFT 전공 대학원생들은 '변화 분석' 논문을 쓰는 데 익숙하다. 치료 매뉴얼은 해당 모델의 관점에서 작성된 이론 영역으로 시작할 수 있다. 포함될 질문의 목록은 다음과 같다. 치료에 대한 가치/신념/가정이란 무엇인가? 그 모델은 문제 발생에 대해 뭐라고 하는가? 이 모델에서는 변화가 어떤 단계를 거친다고 보는가? 치료의 목표는 무엇인가? 모델의 중요한 요소는 무엇인가? 치료자의 역할은 무엇인가?

치료 모델의 녹화영상을 보고 치료자가 하는 모든 것을 적어서 모델에 사용되는 개입과 기술의 목록을 만드는 것은 좋은 전략일 것이다. Waltz, Addis, Koerner와 Jacobson(1993)이 제안한 네 가지 종류의 치료 행위, 즉 모델에 고유하고 필수적인 행동, 모델에 필수적이지만 고유하지 않은 행동, 모델과 함께 쓸 수 있으므로 금지되지는 않지만 필수적이지도 않고 고유하지도 않은 행동, 금지되는 행동으로 유형화할 수 있다. 이는 모델의 고유한 측면을 구별하는 데 도움이 될 것이며, 향후 설명서의 사용자가 모델에서 공통요인(common factor)의 위치를 보는 데 도움이 될 것이다(Blow & Sprenkle, 2001).

영상 녹화에서 또 주목할 측면은 개입이 잘못된 것, 적절한 것, 모범적인 것의 예를 드는 것이다. 이것은 나중에 치료자충실도척도를 개발하는 데 도움이 될 것이다. 특수한 상황(예: 내담자 행동)과 이러한 상황이 모델 내에서 어떻게 처리되는지 주목하기 시작할 수 있다.

이 시점에서 당신이 이 모델의 전문가 동료들을 이미 만났기를 바란다. 특히 당신이 모델의 원래 개발자가 아니라면, 모델 개발자나 인정받는 전문가들에게 예비 치료 매뉴얼에 대한 평가를 받아보는 것이 좋다. 이렇게 하는 목적은 매뉴얼을 개선하고 모델과 관련된 권위자들로부터 연구를 위한 인정을 받는 것이다. 이 과정을 마치면 1단계(혹은 더 높은 단계의) 치료 매뉴얼이 완성된다(Carroll & Nuro, 2002).

치료자의 치료 충실도 모니터링

치료 매뉴얼을 작성한 이후 무선임상실험의 결과를 평가할 때 다음 문제는 치료자들이 실제로 의도한 대로 치료법을 구현했는가 하는 것이다. 이를 치료 매뉴얼 이행의 '충실도(fidelity)'라고 한다. 충실도는 모델을 준수하는 정도와 실행해 내는 역량에 의해 결정된다(Schoenwald et al., 2011; Waltz et al., 1993). '준수(adherence)'는 "치료자가 치료 매뉴얼에 규정된 개입과 접근법을 사용하거나 개입 절차를 벗어나는 정도"로 정의된다(Waltz et al., 1993, p. 620). 훈련된 관찰자 또는 평정자가 모델에서 하도록 규정되거나 하지 못하도록 금지된 행동을 체크리스트에 표시하면서 준수를 사정할 수 있다(Waltz et al., 1993). 준수 측정은 두 가지 치료법이 구별되는지 평가하는 데 유용하다(Hogue et al., 1998). '역량(competence)'은 "치료자가 해당 치료법을 수행하는 데 보여 준 기술의 수준"으로 정의된다(Waltz et al., 1993, p. 620).

역량은 개입이 숙련되게 또는 서투르게 수행되었는가로 판단되므로 평정자는 치료 모델의 전문가여야 한다(Waltz et al., 1993). 무선임상실험 결과를 완전히 해석하려면 치료 모델이 얼마나 능숙하게 구현되었는지 알아야 한다. 따라서 역량은 준수보다 평가하기는 더 어렵지만 더 중요하다. '충실도'라는 용어는 준수와 역량의 개념을 모두 포함하기 위해 사용된다(Forgatch, Patterson, & DeGarmo, 2005).

매뉴얼 실행의 충실도를 측정하는 것은 어렵고 자원도 많이 든다(Schoenwald et al., 2011). 심리치료 모델을 검증한 147개 무선임상실험 결과, 3.5%만이 충실하게 진행되었다고 평가되었다(Perepletchikova, Treat, & Kazdin, 2007). 충실도를 확인하는 것은 가족치료와 다른 심리치료의 무선임상실험에서 증가하는 추세이며 표준이라고 할 수 있다.

치료자 충실도 평가 척도를 개발하는 일반적 원칙

역량을 측정하는 치료자 충실도 평가 척도를 개발하는 첫 단계는 모델에 포함된 핵심 기술/개입이 무엇인지 식별하는 것이다. 그 이후 보통 리커트 척도를 사용하는데, 가장 낮은 점수는 '부족함', 중간 점수는 '만족함', 가장 높은 점수는 '훌륭함'을 나타낸다. 그런 다음 약 반 정도의 리커트 척도에 대해 정박점(anchor point) 묘사, 즉 모든 다른 점수에 대한 정박점의 묘사가 작성된다. '정박점 묘사'는 일반적으로 한두 문장 정도의 간략한 서술로, 개입이 그 역량 수준에서 어떨지를 설명한다. 이 설명은 평정에 대한 기준을 제공하여 신뢰도를 높이기 위한 것이다. 그러나 정박점이 있더라도, 평가자는 각 기술/개입에 대한 역량을 구별할 수 있는 그 치료 모델의 전문가여야 한다.

일부 평가 척도에는 함께 제공되는 설명서가 있다. 매뉴얼은 평가 과정, 척도 사용 방법, 평가자 교육의 개요가 제시된다. 그런 다음 기술/개입 항목에 대한 각각의 논의를 확대한다. 일반적으로 치료자 평가 척도는 '마이크로(micro)' 코딩이 아닌 '매크로(macro)' 평가이다. 즉, 평가자는 보통 녹화영상 회기 전체를 시청한 후 회기에서 관찰한 것들에 기초하여 전체적 등급을 매긴다. 치료 매뉴얼의 내용은 Carroll과 Nuro(1997)가 이전에 설명한 바 있다.

치료자 충실도 평가 척도의 예

치료 매뉴얼과 마찬가지로 치료자 충실도 평가 척도를 학습하는 가장 좋은 방법은 발표된 예시를 살피는 것이다. 정서중심치료자의 치료자충실도척도(EFT-TFS; Denton, Johnson, & Burleson, 2009)는 인지치료척도(Vallis, Shaw, & Dobson, 1986)를 따라 구성되었다. EFT-TFS는 커플을 위한 정서중심치료의 핵심 기술을 나타내는 13개의 항목으로 구성되어 있는데, '동맹 만들기, 동맹 유지, 회기에서의 안전감 만들기' 및 '문제를 지속적으로 재구성하기' 등이 있으며(Johnson, 2004), EFT-TFS의 항목은 '1 = 부적절', '3 = 만족', '5 = 모범적'을 나타내는 5점 리커트 유형의 척도로 평가된다. EFT-TFS는 평가 척도 및 이와 함께 제공되는 매뉴얼로 구성된다. 매뉴얼의 13개 항목과 정박점 및 함께 제공되는 설명은 Denton과 동료들의 작업(2009)에 제시되어 있다.

예를 들어, EFT-TFS의 7번 기술은 '부각되는 감정을 순환고리에 집어넣는 것'이다. 치료자가 '부각되는 감정을 순환고리에 전혀 넣지 않거나 부적절하게 할 때' 1점('부적절'), '감정을 새로운 순환고리에 적절하게 배치할 때' 3점('만족'), '주기적으로 그리고 능숙하게 감정을 부각되는 순환고리에 배치할 때' 5점('모범적')이 부여되었다. 2점과 4점은 치료자의 기술이 정박점들 사이에 있을 때를 나타낸다.

충실도 측정의 다른 예로는 오리건 부모훈련(Forgatch, Bullock, & Patterson, 2004)에 기반한 수행 평가 시스템 충실도(Forgatch et al., 2005)가 있다. BFM 치료자 역량/준수 척도(Weisman et al., 1998)는 양극성장애 환자와 그 가족을 치료하기 위한 행동 가족 관리 모델을 기반으로 한다(Miklowitz, 2010). 준수 척도의 예로는 MST 준수 척도(Schoenwald, Henggeler, Brondino, & Rowland, 2000)가 있다.

충실도가 중요한가

높은 수준의 충실도로 심리치료 모델을 수행하면 결과가 더 나은지 묻는 것은 타당한 질문이다. 심리치료 연구의 광범위한 분야에서 이에 대한 답은 엇갈렸다(Perepletchikova & Kazdin, 2005). 구체적으로 가족치료의 무선임상실험 연구를 살펴보면 충실도는 일반적으로 결과의 우수성과 관련이 있다. 오리건 부모훈련 모델(PMTO)에 대한 높은 충실도는 관찰된 양육수행의 변화를 예측했고(Forgatch et al., 2005), 이 결과는 노르웨이에서 수행된 연구에서 반복되었다(Forgatch & DeGarmo, 2011). 충실도의 결과는 MST로 치료된 소년범과 그들의 주양육자에 대한 연구에서 평가된 바 있다(Henggeler et al., 2009). 이들을 1.7년 동안 추적 관찰한 결과, 치료 준수도가 낮은 경우 소년범들의 재범률과 구속률이 상당히 높았다(Henggeler, Melton, Brondino, Scherer, & Hanley, 1997). 118명의 청소년 범죄자를 대상으로 한 또 다른 연구에서는 지역 치료자를 사용한 결과가 전반적으로 이전의 MST 효능 연구(Henggeler, Pickrel, & Brondino, 1999)만큼 좋지 않았다. 또한 이 치료자들은 MST 준수도가 낮다는 것이 밝혀졌고, 이는 높은 수준의 치료 준수가 좋은 치료 결과와 연관되어 있음을 뒷받침한다. 그리고 MST 준수가 더 높은 사례에서 더 나은 결과를 보인다는 것도 발견되었다(Henggeler et al., 1999). 다른 2차 분석에서는 MST에 대한 준수가 가족관계의 개선과 불량한 친구 관계의 감소와 관련이 있는 것으로 밝혀졌다(Huey, Henggeler, Brondino, & Pickrel, 2000). 그러나 양극성장애에 대한 가족중심치료 모델에 대한 치료자의 충실도는 입원까지의 시간이 늘어나는 것과는 관련이 있지만, 치료 결과와는 전반적으로 관련이 없었다(Weisman et al., 2002). 그러나 이러한 결과는 고도로 감독된 효능 연구에서 나왔기 때문에 치료 성과의 차이를 살피기에는 치료자 충실도의 범위가 충분치 않았을 수 있다고 논문의 저자들은 지적했다.

무선임상실험의 윤리적 이슈

무작위화

당신이 자신이 진행한 치료의 효과를 믿는다면, 연구참여자를 통제집단에 할당하는 것은 윤리적인가? 비록 과학자로서 우리는 무선임상실험의 결과에 대해 중립적이 되려고 노력하지만, 임상가로서 우리는 대부분 선호하는 결과가 있다. 과학계에서 이 갈등을 해결하는 개념은 '임상적 평형(clinical equipoise)'이다(Freedman, 1987). '평형'은 균형 상태를 일컫고, '임상적 평형'은 해당 치료법의 장점에 대한 학계의 의견이 균형을 이룬다는 것을 의미한다(Friedman et al., 2010). '임상가들 사이에 A를 선호하는 집단과 B를 선호하는 집단이 나뉠 때' 임상적 평형이 존재한다(Freedman, 1987, p. 144). 따라서 임상적 평형의 존재는 특정 개입에 대한 과학계 내 합의의 존재 여부에 기초한다. 일반적으로 과학계에서는 어떤 치료가 경험적으로 밝혀지지 않았다면, 연구참여자를 치료집단이나 통제집단에 무작위로 할당하는 것은 윤리적인 것으로 간주한다.

통제집단

통제집단에 대한 계획은 무선임상실험을 설계할 때 매우 중요한 문제이다(Friedman et al., 2010). 실험집단의 결과는 통제집단과 비교될 것이기 때문에 통제 조건을 어떻게 구성하는가는 결과 해석에 영향을 주게 된다. 검증력(statistical power) 측면에서 보자면 치료를 제공하지 않는 '비치료'에서부터 '적극적인 대체 치료'에 이르기까지 통제집단에는 계층이 존재한다(Freedland, Mohr, Davidson, & Schwartz, 2011). 두 집단의 결과를 비교할 때 일반적으로 실험집단과 치료를 제공하지 않는 집단을 비교하는 것이 큰 효과크기를 얻을 수 있으므로 검증력이 가장 크다. 비치료집단의 변형은 대기자 통제집단이다. 참여자는 무작위로 적극적 치료집단과 대기자 집단으로 나뉜다. 대기 기간이 지나면, 참여자들은 무선임상실험의 상황을 벗어나 적극적인 치료를 받게 된다.

문제는 참여자들을 치료하지 않는 것이 윤리적이냐는 것이다. 이 질문에 답하기 위한 지침은 실험 치료가 "참여자가 실험에 참여하지 않았더라면 다른 곳에서 더 나은 치료를 받을 수 있었나"를 판단하는 것이다(Friedman et al., 2010, p. 22). 예를 들어, 관계적 고통의 치료와 관련하여, 경험적으로 지지받는 치료가 존재하기 때문에 내담자를 대기자 명단에 두는 것이 더는 윤리적이지 않다는 주장이 있다(Baucom, Hahlweg, & Kuschel, 2003).

더 엄격한 통제집단에는 '관심 통제(attention control)'가 있다(Freedland et al., 2011). 이것은 가족치료 연구에서 위약효과 실험과 가장 비슷하게 할 수 있는 실험이다. 목표는 참여자들에게 '비치료적 관심'을 주는 것이다. 물론 어떤 '관심'도 치료 효과가 있을 수 있으므로 관심 통제집단의 설계는 세심한 고려가 필요하다. 종종 이러한 것으로는 교육과 비특정적 지원이 있다(예: Kendall, Hudson, Gosch, Flannery-Schroeder, & Suveg, 2008). 적극적 치료의 구성요소를 사용하는 것도 통제집단에 사용하는 또 다른 방법이다. 예를 들어, Jacobson과 동료들은 참여자들을 인지치료(Beck, Rush, Shaw, & Emery, 1979)의 풀 패키지를 받는 집단, 인지치료 중에서 행동 활성화 요소만을 다룬 집단, 핵심 스키마(Jacobson et al., 1996)에는 초점을 두지 않되 행동 활성화 요소와 자동사고에 대응하는 기술을 가르쳐 준 집단으로 무작위할당을 한 바 있다. 그들은 그 행동 활성화 요소들이 풀 패키지만큼 효과적이라는 것을 발견했다.

이보다 더 엄격한 통제집단은 적극적인 치료를 포함하는 집단이 될 것이다. 이러한 집단은 차이를 탐지하기 위해 더 큰 표본이 필요하지만, 윤리적 정당성을 확보하기는 더 쉽다. 비교 치료는 매뉴얼화된 치료로 알려져 있다. 예를 들어, 통합적 행동커플치료(Jacobson, Christensen, Prince, Cordova, & Eldridge, 2000)의 평가에서는 전통적 행동커플치료(Jacobson & Margolin, 1979)가 통제집단 역할을 했다(Christensen et al., 2004). 그 결과, 두 개입의 효능이 동등하다는 것을 보여 주었다.

또 다른 선택지는 기관에서 제공하는 '기존 치료(treatment-as-usual: TAU)'를 통제집단으로 사용하는 것이다(예: Henggeler et al., 1986). TAU의 장점은 조사원이 대체 치료의 전문지식을 갖거나 모니터링을 할 필요가 없어 구현이 쉽다는 것이다. 단점은 TAU에서 어떤 치료를 했는지 알 수 없다는 점이다. 예를 들어, 청소년 기분 전환 프로그램에서 의뢰된 청소년과 가족들이 다체계적 치료(MST)를 받는 집단과 사회 서비스 기관이나 지역 정신건강센터에서 치료를 받는 집단으로 무작위로 할당되었다(Henggeler et al., 1986). 그 결과, 다체계적 치료를 받은 청소년이 지역사회에서 치료를 받은 청소년보다 더 나은 결과를 보였다. 이 논문의 저자들(Henggeler et al., 1986)은 지역의 기관과 센터의 치료기록에 접근할 수 없어 커뮤니티 치료로 무작위 할당된 청소년들이 어떤 치료를 받았는지 모른다고 언급했다.

또 다른 엄격한 설계는 '추가(add-on)' 설계이다. 여기서 모든 참여자는 검증된 치료만을 받거나 추가적 개입까지 더해 강화된 치료를 받게 무작위로 할당된다(예: Denton, Wittenborn, & Golden, 2012). 이 설계는 치료 중인 상황이 심각하고(예: 주요우울장애), 실험하고자 하는 개입만으로 참여자를 치료하는 것이 비윤리적일 경우 바람직하다. 단점은 모든 참여자가 검증된 개입을 똑같이 받기 때문에 집단 간에 통계적으로 유의한 차이를 감지하기가 더 어렵다는 것이다.

과학계 및 공공의 이익과 관련된 윤리적 책임

임상실험 등록

　무선임상실험에서 투명성이 점점 더 강조되고 있다. 특히 부정적인 결과를 발표하지 않는 것과 결과를 선택적으로 보고하는 것에 관심이 집중되었다(Tse, Williams, & Zarin, 2009). 2007년부터 미국 식품의약국은 특정 의약품, 생물학적 제품 및 의료장치에 대해 임상실험 시작 전에 무선임상실험 등록을 요구하고 있다(Tse et al., 2009). 등록은 ClinicalTrials.gov 웹사이트에서 이루어지며, 미국 국립보건원에서 이를 관리한다. 등록한 각 연구에 대해 조사자는 연구 중인 조건, 개입, 자격 기준, 주요 결과 및 기타 정보를 입력한다. 이를 통해 연구자들은 연구 시작에 앞서 공개적으로 '카드를 테이블 위에 올려놓아' 데이터를 바탕으로 한 보고서의 미래 독자들에게 연구자가 가장 유리한 결과를 찾으려는 '데이터 마이닝'을 하지 않았다는 확신이 들도록 한다.

　MFT 임상실험의 경우 ClinicalTrials.gov에 등록해야 하는 법은 없지만, 가족치료 연구자가 자발적으로 임상실험을 등록할 수는 있다. 그러나 일부 과학학술지는 ClinicalTrials.gov과 같은 공인된 등록부에 등록되지 않은 임상실험 결과(행동치료 포함)는 발표하지 않는 정책을 따른다(International Committee of Medical Journal Editors, 2004).

보고의 투명성

　무선임상실험의 보고서를 적절하게 평가하기 위해서는 독자가 시험 방법과 결과에 대한 충분한 정보를 가지고 있어야 한다. 이를 위해서 저자에게 투명성이 요구된다(Schulz, Altman, & Moher for the CONSORT Group, 2010). 무선임상실험 보고의 투명성을 위한 표준 개발을 선도하는 그룹에는 학술지 편집자와 과학자로 구성된 국제적 그룹인 CONSORT(Consolidated Standards of Reporting Trials) 그룹이 있다. CONSORT 그룹의 주요 산물은 "CONSORT 성명"으로, 정기적으로 개정되어 여러 저널에 동시 게재되며, 무료로 다운로드할 수 있다(예: Schulz et al., 2010). 이 보고서에는 무선임상실험을 보고할 때 포함해야 할 정보에 대한 점검목록(CONSORT 점검목록)과 초기 사정에서 최종 데이터 분석까지의 참여자가 어떤 과정을 거쳤는지를 나타내는 흐름도가 들어간다(Schulz et al., 2010). 일부 개입에 대한 무선임상실험에서는 심리치료에서의 실험(trials)처럼 특정 보고 사항이 있다. 이를 인식한 CONSORT 그룹은 CONSORT 성명서에 이러한 특정한 요구사항을 반영한 일련의 '확장판'을 작성했다. 가족치료 개입은 '비약물적 치료 개입'의 확장판에 해당한다(Boutron, Moher, Altman, Schulz, & Ravaud, for the CONSORT Group, 2008).

『가족심리학회지(Journal of Family Psychology)』와 같은 많은 학회지는 무선임상실험 논문의 투고 시 CONSORT 스타일의 참여자 흐름도, 원고에서 항목을 찾을 수 있도록 표기된 CONSORT 점검목록을 제출하라고 요구한다. MS-Word 형식의 점검목록 양식은 CONSORT 그룹 웹사이트(www.consort-statement.org)에서 확인할 수 있다. 점검목록의 일부 항목이 연구에 포함되지 않는 경우, 이는 연구의 제한 사항으로 원고에 언급되어야 한다. 한 리뷰 연구에 따르면 CONSORT 점검목록을 사용해야 하는 학술지가 점검목록을 요구하지 않는 학술지보다 무선임상실험을 더 잘 보고하는 것으로 나타났다(Plint et al., 2006).

임상실험의 새로운 발전

기존의 무선임상실험 설계의 외적 타당도와 관련해서 임상 수행을 반영하지 못한다는 비판이 제기되었다. 많은 만성 임상 상황에서는 한 가지 이상의 치료를 필요로 하며, 집단별로 한 가지의 개입만을 테스트하고 정해진 '용량(does)'으로 실험하는 전통적인 무선임상실험은 치료의 연속적 순서에 대한 지침을 제공하지 못한다(Collins, Murphy, & Bierman, 2004). 이러한 비판에 맞춰 적응적 치료 연구설계(adaptive treatment research designs)가 개발되었다. '적응적' 치료 연구설계에는 두 가지 이상의 치료 과정이 있으며, 이전 치료에 대한 반응(예: Brooner et al., 2007)과 기초선에서의 참여자 특성(Marlowe, Festinger, Dugosh, Lee, & Benasutti, 2007)과 같은 요인을 기반으로 후속 치료법을 선택한다.

적응형 치료는 임상 수행과 더욱 밀접하게 나란히 진행되므로 더 큰 외적 타당도를 확보할 수 있다. 그러나 임상 수행과는 달리 치료 과제와 관련하여 내려야 할 의사결정 규칙이 있다. 앞으로는 다를 수 있지만, 가족치료 무선임상실험에서는 지금까지 적응형 설계를 활용하지 않았다. 부부가족치료는 다른 치료와 함께 단계적 치료 설계의 요소가 될 수도 있고, 적응형 설계는 가족치료적 개입만 활용할 수도 있다. 예를 들어, 일정 회기 후에 가족치료 개입에 반응하지 않는 참여자는 더 집중적인 대안적 치료에 무작위화될 수 있는 반면, 반응이 좋은 참여자는 부스터 회기를 받거나 추가 치료를 받지 않게 무작위화될 수 있다.

　　적응형 설계의 변형이 주요우울장애 연구의 STAR*D 치료에 활용된 바 있다(Gaynes et al., 2009). 앞에서 언급한 바와 같이 많은 연구 예비 참여자들은 무선임상실험에 참여하기를 꺼리고 있다. STAR*D 연구는 참여자의 선호도를 일부 반영한 '균형층화 무작위할당(equipoise stratified randomization)'이라고 불리는 설계를 했다(Lavori et al., 2001). 주요우울장애를 가진 환자들은 그들이 무작위로 선택하고자 하는 리스트에서 치료법을 선택할 수 있었다. 시탈로프람을 처음 투여한 후 우울증 증상이 완화되지 않은 참여자는 그들이 동의한 치료법 중 하나를 무작위로 선택했고 최대 세 가지의 추가 치료 과정을 밟을 수 있었다(Rush, Trivedi, & Fava, 2003). 지금까지 시행되었던 우울증 치료를 위한 가장 큰 무선임상실험(4,000명 이상의 참여자로 시작)인 STAR*D 데이터로부터 100개 이상의 과학논문이 발표되었으며, 그 결과는 다른 문헌에 요약된 바 있다(예: Gaynes et al., 2009; Rush, 2011).

　　적응형 설계를 하기 위해서는 여러 단계를 서로 비교하기 위해, 그리고 연구가 진행됨에 따라 나타나는 참여자 탈락을 고려하기 위해 큰 표본크기가 필요한 것이 난관이다. 대규모 연구에서는 가족치료적 개입이 비가족치료적 개입과 함께 하나의 치료 선택지로 포함되는 것이 가장 타당할 수 있다. 예를 들어, STAR*D 연구에서 인지치료는 참여자들이 무작위화 목록에서 선택할 수 있는 치료 선택지 중 하나였다(Thase et al., 2007). 양극성장애에 대한 체계적 치료 강화 프로그램 연구(Sachs et al., 2003)는 표준화된 치료와 무작위 치료를 혼합한 대규모 효과 연구로, 그중 한 가지 치료법이 양극성장애에 대한 가족중심치료(Miklowitz, 2010)였다.

연구자 자신

　　무선임상실험은 난이도는 높지만 보상이 따른다. 임상에도 열정이 있는 연구자들에게는 무선임상실험이 연구와 실습을 결합시킨다. 임상 작업의 효율성에 대한 아주 근본적인 질문에 대한 답을 찾는 것은 만족이 크고, 연구 팀에서 동료들과 긴밀하게 일하는 것도 즐겁다. 무선임상실험이 완료되면 연구자, 정책입안자, 치료자들 모두가 관심을 두는 '영향력이 큰' 연구가 되고, 학계에서 성공하는 길을 열어 줄 수도 있다.

　　앞으로 설계의 개선은 반드시 있겠지만, 무선임상실험은 현재 임상치료를 평가하는 '최고의 기준'이다. 이 장이 무선임상실험에 대한 학술지 논문의 '소비자'가 되는 데 도움이 되었기를 바란다. 임상실험 연구자로의 여정을 떠나고 싶은 영감을 받았다면 더욱 좋고!

참고문헌

Bale, R. N., Van Stone, W. W., Kuldau, J. M., Engelsing, T. M., Elashoff, R. M., & Zarcone, V. P., Jr. (1980). Therapeutic communities vs methadone maintenance. A prospective controlled study of narcotic addiction treatment: Design and one-year follow-up. *Archives of General Psychiatry, 37,* 179-193.

Baucom, D. H., Hahlweg, K., & Kuschel, A. (2003). Are waiting-list control groups needed in future marital therapy outcome research? *Behavior Therapy, 34,* 179-188.

Beck, A. T., Rush, A. J., Shaw, B. F., & Emery, G. (1979). *Cognitive therapy of depression.* New York: Guilford.

Blow, A. J., & Sprenkle, D. H. (2001). Common factors across theories of marriage and family therapy: A modified Delphi study. *Journal of Marital and Family Therapy, 27,* 385-401.

Boutron, I., Moher, D., Altman, D. G., Schulz, K. F., & Ravaud, P., for the CONSORT Group. (2008). Extending the CONSORT statement to randomized trials of nonpharmacologic treatment: Explanation and elaboration. *Annals of Internal Medicine, 148,* 295-309.

Brooner, R. K., Kidorf, M. S., King, V. L., Stoller, K. B., Neufeld, K. J., & Kolodner, K. (2007). Comparing adaptive stepped care and monetary-based voucher interventions for opioid dependence. *Drug and Alcohol Dependence, 88,* S14-S23.

Carroll, K. M., & Nuro, K. F. (1997). The use and development of treatment manuals. In K. Carroll (Ed.), *Improving compliance with alcoholism treatment* (pp. 50-68). Bethesda, MD: National Institute on Alcohol Abuse and Alcoholism.

Carroll, K. M., & Nuro, K. F. (2002). One size cannot fit all: A stage model for psychotherapy manual development. *Clinical Psychology: Science and Practice, 9,* 396-406.

Christensen, A., Atkins, D. C., Berns, S., Wheeler, J., Baucom, D. H., & Simpson, L. E. (2004). Traditional versus integrative behavioral couple therapy for significantly and chronically distressed married couples. *Journal of Consulting and Clinical Psychology, 72,* 176-191.

Collins, L. M., Murphy, S. A., & Bierman, K. L. (2004). A conceptual framework for adaptive preventive interventions. *Prevention Science, 5,* 185-196.

Corrigan, P. W., & Salzer, M. S. (2003). The conflict between random assignment and treatment preference: Implications for internal validity. *Evaluation and Program Planning, 26,* 109-121.

Curtis, N. M., Ronan, K. R., & Borduin, C. M. (2004). Multisystemic treatment: A meta-analysis of outcome studies. *Journal of Family Psychology, 18,* 411-419.

Denton, W. H., Johnson, S. M., & Burleson, B. R. (2009). Emotion-focused therapy-therapist fidelity scale (EFT-TFS): Conceptual development and content validity. *Journal of Couple and Relationship Therapy, 8,* 226-246.

Denton, W. H., Wittenborn, A. K., & Golden, R. N. (2012). Augmenting antide-pressant medication treatment of depressed women with emotionally focused therapy for couples: A randomized pilot study. *Journal of Marital and Family Therapy, 38* (Supplement 1), 23-38.

Forgatch, M. S., Bullock, B. M., & Patterson, G. R. (2004). From theory to practice: Increasing effective parenting through role-play: The Oregon model of Parent Management Training (PMTO). In H. Steiner (Ed.), *Handbook of mental health interventions in children and adolescents: An integrated developmental approach* (pp. 782-813). San Francisco: Jossey-Bass.

Forgatch, M. S., & DeGarmo, D. S. (2011). Sustaining fidelity following the nation-wide PMTO (TM) implementation in Norway. *Prevention Science, 12,* 235-246.

Forgatch, M. S., Patterson, G. R., & DeGarmo, D. S. (2005). Evaluating fidelity: Predictive validity for a measure of competent adherence to the Oregon model of Parent Management Training. *Behavior Therapy, 36,* 3-13.

Freedland, K. E., Mohr, D. C., Davidson, K. W., & Schwartz, J. E. (2011). Usual and unusual care: Existing practice control groups in randomized controlled trials of behavioral interventions. *Psychosomatic Medicine, 73,* 323-335.

Freedman, B. (1987). Equipoise and the ethics of clinical research. *New England Journal of Medicine, 317,* 141-145.

Friedman, L. M., Furberg, C. D., & DeMets, D. L. (2010). *Fundamentals of clinical trials* (4th ed.). New York: Springer.

Gaynes, B. N., Warden, D., Trivedi, M. H., Wisniewski, S. R., Fava, M., & Rush, A. J. (2009). What did STAR*D teach us? Results from a large-scale, practical, clinical trial for patients with depression. *Psychiatric Services, 60,* 1439-1445.

Henggeler, S. W., Melton, G. B., Brondino, M. J., Scherer, D. G., & Hanley, J. H. (1997). Multisystemic therapy with violent and chronic juvenile offenders and their families: The role of treatment fidelity in successful dissemination. *Journal of Consulting and Clinical Psychology, 65,* 821-833.

Henggeler, S. W., Pickrel, S. G., & Brondino, M. J. (1999). Multisystemic treatment of substance-abusing and dependent delinquents: Outcomes, treatment fidelity, and transportability. *Mental Health Services Research, 1,* 171-184.

Henggeler, S. W., Rodick, J. D., Borduin, C. M., Hanson, C. L., Watson, S. M., & Urey, J. R. (1986). Multisystemic treatment of juvenile offenders: Effects on adolescent behavior and family interaction. *Developmental Psychology, 22,* 132-141.

Henggeler, S. W., Schoenwald, S. K., Borduin, C. M., Rowland, M. D., & Cunningham, P. B.

(2009). *Multisystemic therapy for antisocial behavior in children and adolescents.* New York: Guilford Press.

Henggeler, S. W., Schoenwald, S. K., Liao, J. G., Letourneau, E. J., & Edwards, D. L. (2002). Transporting efficacious treatments to field settings: The link between supervisory practices and therapist fidelity in MST programs. *Journal of Clinical Child and Adolescent Psychology, 31,* 155-167.

Hogue, A., Liddle, H. A., Rowe, C., Turner, R. M., Dakof, G. A., & LaPann, K. (1998). Treatment adherence and differentiation in individual versus family therapy for adolescent substance abuse. *Journal of Counseling Psychology, 45,* 104-114.

Huey, S. J., Henggeler, S. W., Brondino, M. J., & Pickrel, S. G. (2000). Mechanisms of change in multisystemic therapy: Reducing delinquent behavior through therapist adherence and improved family and peer functioning. *Journal of Consulting and Clinical Psychology, 68,* 451-467.

International Committee of Medical Journal Editors. (2004). Clinical trial registration: A statement from the International Committee of Medical Journal Editors. *Lancet, 364,* 911-912.

Jacobson, N. S., Christensen, A., Prince, S. E., Cordova, J., & Eldridge, K. (2000). Integrative behavioral couple therapy: An acceptance-based, promising new treatment for couple discord. *Journal of Consulting and Clinical Psychology, 68,* 351-355.

Jacobson, N. S., Dobson, K. S., Truax, P. A., Addis, M. E., Koerner, K., Gollan, J. K., Gortner, E., & Prince, S. E. (1996). A component analysis of cognitive-behavioral treatment for depression. *Journal of Consulting and Clinical Psychology, 64,* 295-304.

Jacobson, N. S., & Margolin, G. (1979). *Marital therapy: Strategies based on social learning and behavior exchange processes.* New York: Brunner/Mazel.

Johnson, S. M. (2004). *The practice of emotionally focused couple therapy: Creating connection* (2nd ed.). New York: Brunner-Routledge.

Kendall, P. C., Hudson, J. L., Gosch, E., Flannery-Schroeder, E., & Suveg, C. (2008). Cognitive-behavioral therapy for anxiety disordered youth: A randomized clinical trial evaluating child and family modalities. *Journal of Consulting and Clinical Psychology, 76,* 282-297.

Lachin, J. M. (1988). Properties of simple randomization in clinical trials. *Controlled Clinical Trials, 9,* 312-326.

Lavori, P. W., Rush, A. J., Wisniewski, S. R., Alpert, J., Fava, M., Kupfer, D. J., ⋯⋯ Trivedi, M. (2001). Strengthening clinical effectiveness trials: Equipoise-stratified randomization. *Biological Psychiatry, 50,* 792-801.

Lebow, J. L., Chambers, A. L., Christensen, A., & Johnson, S. M. (2012). Research on the treatment of couple distress. *Journal of Marital and Family Therapy, 38,* 145–168.

Liddle, H. A. (2002). *Multidimensional family therapy for adolescent cannabis users. Cannabis Youth Treatment Series, Volume 5. DHHS Pub. No. 02-3660.* Rockville, MD: Center for Substance Abuse Treatment, Substance Abuse and Mental Health Services Administration.

Marlowe, D. B., Festinger, D. S., Dugosh, K. L., Lee, P. A., & Benasutti, K. M. (2007). Adapting judicial supervision to the risk level of drug offenders: Discharge and 6-month outcomes from a prospective matching study. *Drug and Alcohol Dependence, 88, Supplement 2,* S4–S13.

Matthews, E. E., Cook, P. F., Terada, M., & Aloia, M. S. (2010). Randomizing research participants: Promoting balance and concealment in small samples. *Research in Nursing & Health, 33,* 243–253.

Miklowitz, D. J. (2010). *Bipolar disorder: A family-focused treatment approach* (2nd ed.). New York: Guilford Press.

Onken, L. S., Blaine, J. D., & Battjes, R. J. (1997). Behavioral therapy research: A conceptualization of a process. In S. W. Henggeler & A. B. Santos (Eds.), *Innovative approaches for difficult-to-treat populations.* Washington, DC: American Psychiatric Press.

Perepletchikova, F., & Kazdin, A. E. (2005). Treatment integrity and therapeutic change: Issues and research recommendations. *Clinical Psychology-Science and Practice, 12,* 365–383.

Perepletchikova, F., Treat, T. A., & Kazdin, A. E. (2007). Treatment integrity in psychotherapy research: Analysis of the studies and examination of the associated factors. *Journal of Consulting and Clinical Psychology, 75,* 829–841.

Plint, A. C., Moher, D., Morrison, A., Schulz, K., Altman, D. G., Hill, C., & Gaboury, I. (2006). Does the CONSORT checklist improve the quality of reports of randomised controlled trials? A systematic review. *Medical Journal of Australia, 185,* 263–267.

Rounsaville, B. J., Carroll, K. M., & Onken, L. S. (2001). A stage model of behavioral therapies research: Getting started and moving on from stage I. *Clinical Psychology-Science and Practice, 8,* 133–142.

Rush, A. J. (2011). Star-D: Lessons learned and future implications. *Depression and Anxiety, 28,* 521–524.

Rush, A. J., Trivedi, M., & Fava, M. (2003). Depression, IV: STAR*D treatment trial for depression. *American Journal of Psychiatry, 160,* 237.

Sachs, G. S., Thase, M. E., Otto, M. W., Bauer, M., Miklowitz, D., Wisniewski, S. R., ······ Rosenbaum, J. F. (2003). Rationale, design, and methods of the systematic treatment enhancement program for bipolar disorder. *Biological Psychiatry, 53,* 1028–1042.

Schoenwald, S. K., Garland, A. F., Chapman, J. E., Frazier, S. L., Sheidow, A. J., & Southam-Gerow, M. A. (2011). Toward the effective and efficient measurement of implementation fidelity. *Administration and Policy in Mental Health and Mental Health Services Research, 38,* 32-43.

Schoenwald, S. K., Henggeler, S. W., Brondino, M. J., & Rowland, M. D. (2000). Multisystemic therapy: Monitoring treatment fidelity. *Family Process, 39,* 83-103.

Schulz, K. F., Altman, D. G., & Moher, D., for the CONSORT Group. (2010). Consort 2010 statement: Updated guidelines for reporting parallel group randomized trials. *Annals of Internal Medicine, 152,* 726-733.

Szapocznik, J., Hervis, O. E., & Schwartz, S. J. (2003). *Brief strategic family therapy for adolescent drug abuse.* Rockville, MD: National Institute on Drug Abuse.

Thase, M. E., Friedman, E. S., Biggs, M. M., Wisniewski, S. R., Trivedi, M. H., Luther, J. F., ⋯⋯ Rush, A. J. (2007). Cognitive therapy versus medication in augmentation and switch strategies as second-step treatments: A STAR*D report. *American Journal of Psychiatry, 164,* 739-752.

Thomson, C. L., Morley, K. C., Teesson, M., Sannibale, C., & Haber, P. S. (2008). Issues with recruitment to randomised controlled trials in the drug and alcohol field: A literature review and Australian case study. *Drug and Alcohol Review, 27,* 115-122.

Tse, T., Williams, R. J., & Zarin, D. A. (2009). Reporting "basic results" in ClinicalTrials.gov. *Chest, 136,* 295-303.

Vallis, T. M., Shaw, B. F., & Dobson, K. S. (1986). The cognitive therapy scale: Psychometric properties. *Journal of Consulting and Clinical Psychology, 54,* 381-385.

Waltz, J., Addis, M. E., Koerner, K., & Jacobson, N. S. (1993). Testing the integrity of a psychotherapy protocol: Assessment of adherence and competence. *Journal of Consulting and Clinical Psychology, 61,* 620-630.

Weisman, A., Tompson, M. C., Okazaki, S., Gregory, J., Goldstein, M. J., Rea, M., & Miklowitz, D. J. (2002). Clinicians' fidelity to a manual-based family treatment as a predictor of the one-year course of bipolar disorder. *Family Process, 41,* 123-131.

Weisman, A. G., Okazaki, S., Gregory, J., Tompson, M. C., Goldstein, M. J., Rea, M., & Miklowitz, D. J. (1998). Evaluating therapist competency and adherence to behavioral family management with bipolar patients. *Family Process, 37,* 107-121.

13 커플 및 가족을 대상으로 한
단일사례 연구

Kayla D. Mennenga & Lee N. Johnson

이 장에서는 단일사례 설계와 이 설계의 다양한 변형 및 장점에 대해 다룬다. 단일사례 설계는 실시가 간단하며, 하나 또는 여러 개입의 효과성을 연구할 때 가장 적절히 사용되지만, 치료 과정에 대한 연구는 아니다(예: 8회기 구성의 인지행동치료). 단일사례 설계의 특이점은 연구참여자를 무작위로 할당하는 것과 관련된 윤리적 문제를 방지하면서, 한 명 혹은 소수의 참여자를 대상으로 높은 수준의 내적 타당도로 엄격한 연구를 수행할 수 있다는 점이다(Kazdin, 2011). 단일사례 연구방법은 심리학에서 유래되었으며, 개입에 따른 변화 증명에 관심 있는 분야에 매우 적합하다. 이 방법은 사회 및 생명과학 분야에서는 사용될 가능성이 적다(Kazdin, 2011).

역사적으로 단일사례 설계는 "단일사례로 실험을 수행하기 위해(즉, 단일 대상)" 사용되었으며(Kazdin, 1982, p. 3), 이러한 실험을 포함한 연구는 단일 대상 연구설계(single-subject research design)라고 명명되었다. 단일사례 설계의 현대적 용도는 단일 대상을 연구하거나 개입 효과를 여러 명에게서 반복적으로 검증하는 것이다. 단일사례 설계는 하나의 커플, 가족을 반복 측정 과정을 통해 연구하거나 여러 커플, 가족에게 해당 개입을 반복적으로 실시하여 개입 효과를 검증한다. 예를 들어, 치료에서 특정 커플이나 가족은 특정한 하나의 치료 모델을 경험할 수 있는데, 각기 다른 시점에 개입함으로써 그 특정 모델의 효과를 관찰할 수 있다. 게다가 이 모델은 유사한 호소문제(예: 우울증, 불안, 커플 만족)를 가진 커플, 가족을 대상으로 다시 사용되어 그 효과성을 더 자세히 살펴볼 수 있다. 또한 커플, 가족을 바로 자신의 통제집단으로 활용함으로써 각기 다른 단계에 개입하는 것은 치료자들이 시간에 흐름에 따른 변화를 볼 수 있게 하고, 그 종속변수의 변화가 바로 그 개입 때문에 발생했다는 것을 알게 해 준다.

단일사례 설계는 종종 사례 연구(case studies)와 혼동되지만, 단일사례 설계는 사례 연구와 확연히 다르다. 주요 차이점은 사례 연구는 일반적으로 실험적 조작을 결여하여 인과관계가 검증되거나 관찰되지 못한다는 것이다(Rizvi & Nock, 2008; Tate et al., 2008). 또한 사례 연구는 종종 기술적(descriptive)이고 상세하고 질적이며, 일화 또는 이야기(narrative) 방법을 통해 여러 변수를 설명하는 데 사용된다. 반면에, 단일사례 연구는 양적으로 측정되고 실험 형태를 띠며, 개입의 반복(replication)을 개입 효과를 알기 위한 도구로 사용한다(Kazdin, 2011; Nock, Michel, & Photos, 2008).

성공적 수행을 위해 단일사례 설계는 다음 두 가지 핵심적인 요구사항을 갖는다. 첫째, 시간에 따른 종속변수의 지속적 평가이며, 둘째, 독립변수를 조작할 수 있는 능력인데, 이는 개입을 제거하고 재도입하거나 변형하는 것을 통해 이루어진다(Crane, 1985). 개입을 제거하거나 변형함으로써 참여자들은 그들 자신에 대해 통제집단 역할을 한다. 이는 여러 다른 조건으로부터 다양한 시점의 데이터를 제공하여 연구자가 개입 효과를 평가하고 변화가 개입에 의해 설명되는지를 알 수 있게 한다.

단일사례 연구의 주된 단점은 이 방법이 많이 사용되지 않았고 학생들에게 교육될 가능성이 적다는 것이다. 우리는 이러한 과거 경향에는 몇 가지 이유가 있다고 생각한다. 첫째, 무선임상실험(randomized clinical trials)에 대한 연구비 지원이 증가함에 따라 연구비 지원이 없는 연구를 진행하는 연구자가 줄어들고 있다(Rizvi & Nock, 2008). 그러나 많은 연구비 지원 기관은 연구비를 받기 전에 이론의 증명을 위해 파일럿 연구를 요구한다. 단일사례 설계는 타당성 있는 파일럿 데이터를 수집하기 위한 훌륭한 자원이 될 수 있다. 둘째, 많은 양의 데이터의 수집, 분석에 사용되는 더 정교한 통계와 연구방법이 개발되고 있는데, 단일사례 연구는 피험자 수가 적기 때문에 잘 인지되지 않고 이에 대한 교육도 이루어지지 않고 있다(Nock et al., 2008). 셋째, 단일사례 설계가 처음 도입되었을 때 변수들의 지속 측정이 문제가 되었다. 기술이 발전하면서 종속변수를 지속 측정할 수 있는 기술이 발전하였다(8장을 보라). 마지막으로, 많은 연구자는 개입 후 이를 제거하는 방법을 고심하고 있다. 그러나 단일사례 설계에서 이를 해결할 수 있는 방법이 있다.

이 장에서는 단일사례 설계와 이를 커플가족치료 분야에서 사용하는 방법에 대해 설명한다. 이러한 설계는 시행이 간단하고, 인과관계의 증거를 제공하며, 무선통제실험보다 비용이 저렴하다. 또한 이러한 설계는 부부가족치료에 사용되는 개입들에 대한 우리의 지식체계를 발전시킬 수 있는 큰 잠재력을 가지고 있다.

분석단위

이전의 단일사례 연구방법은 개인을 연구하였다. 단일사례 실험설계에서 분석단위는 개인 또는 그 개인들로 구성된 집단이었고, 개인에 대한 정보를 중심으로 하기에 참여자 수(n)는 작은 경향이 있었다(Barlow & Hersen, 1984; Lundervold & Belwood, 2000; Robinson & Foster, 1979). Bloom, Fischer와 Orme(1995)에 따르면 이는 체계를 단일 단위로 사용하고 해당 단위에 대한 가능한 모든 정보를 수집하는 과정이다. 단일사례 설계는 각 관찰 시간에 대한 처치 점수를 제공하며(Gorman & Allison, 1996), 이것이 분석단위로 간주된다. 단일사례 설계의 분석단위는 다양한 관찰 단위이다. 분석단위는 개인, 커플 또는 가족이 될 수 있다. 이 경우, 예를 들어 여러 단계에서 개인, 커플 또는 가족을 관찰하고 개입이 효과적인지 평가할 수 있다. 또한 연구자는 특정 회기를 관찰하여 개입 실행의 성과를 확인할 수 있다. 예를 들어, 연구자가 한 회기에서 특정 개입을 실행하였으나 두 번째 회기에서는 이를 철회한다면, 회기를 분석단위로 사용하는 것이 그 특정한 개입의 효과를 파악하는 데 좋을 것이다. 이는 회기의 일부를 분석단위로 사용할 때도 동일하다. 이러한 경우에 연구자는 정보가 수집되는 단위뿐만 아니라 관찰 횟수를 고려한다. 이전의 예시에서 n은 회기가 될 수도 있고 회기에 참여하는 커플이 될 수도 있다. 또한 분석단위는 그 커플 또는 가족 내의 개인이 될 수도 있다. 심지어 회기에서 커플을 만나면서도 연구자는 개인을 분석단위로 활용할 수 있다. 따라서 커플의 변화와 커플 내 개인의 변화를 동시에 추적할 수 있다. 결론적으로 연구목표에 따라 단일사례 설계의 분석단위는 달라진다.

단일사례 설계의 사용

단일사례 설계의 목표와 목적은 "성과에 대한 예측을 생성하고 이를 검증하는 것"이지만(Kazdin, 2011, p. 142), 소수의 *n* 또는 단일사례 설계를 언제 사용해야 하는지를 아는 것이 중요하다. 임상연구에서 무선통제실험은 인과관계를 보여 주는 '최고의 기준(gold standard)'으로 간주되어 왔다. 그러나 무작위할당이 윤리적이지 않거나 가능하지 않을 경우, 단일사례 연구를 사용하는 것도 동일한 수준의 엄격한 선택이 될 수 있다. 연구문제에 답하기 위해 기본적인 무선통제실험을 다른 방식으로 확장하는 것과 유사하게 단일사례 연구도 다양한 설계가 가능하다. 각 설계는 시간 경과에 따라 종속변수를 지속 측정하고 개입을 사용하지 않을 때 발생하는 현상을 보여 준다(Kazdin, 2011). 개입이 이루어지는 시기와 방법은 연구문제에 따라 다르다. 우리는 단일사례 설계의 가장 기본적 요소를 살펴본 다음 이러한 설계가 MFT와 관련된 구체적인 임상 환경에 맞게 변형될 수 있는지를 논의할 것이다.

　단일사례 연구에서 가장 기본적인 설계는 AB 방법이다. 이 방법은 개인, 커플 또는 가족 단위에 대한 개입 효과를 보여 주기 위해 설계되었다(Dugard, File, & Todman, 2012). 문자 'A'는 독립변수가 도입되기 전의 기준 단계(baseline phase) 또는 행동 측정을 나타내며(Crane, 1985), 문자 'B'는 개입 단계 또는 개입이 실행되는 시기를 나타낸다. 이러한 기본 설계에서 일련의 측정이 수행된다. 기준선을 설정한 후 개입이 실행되며, 기준선(baseline) 혹은 'A' 단계와 비교하면서 개입 효과가 관찰된다. 커플 또는 가족에 대한 연구를 진행하는 경우, 커플 또는 가족뿐만 아니라 각 개인에 대해서도 기준선을 설정할 것을 권고한다. 추가적인 기준선 또는 개입 단계는 시간 경과에 따라 효과를 반복 검증하는 확장된 설계를 가능하게 한다. 예를 들어, 연구자가 ABAB 설계를 사용하는 경우 기준선 혹은 개입 없는 조건(A단계)과 개입(B단계)을 번갈아 배치하여 해당 개입을 검증하는 것을 연구목적으로 한다. 개입이 제거된 이후 수행(performance)이 기준선에 근접한 상태로 돌아왔다가 개입이 실행되면서 다시 증가한다면 개입의 효과가 있는 것으로 판단된다. AB 설계는 가장 기본적인 설계이지만, "최소한 세 단계가 포함될 것"이 권장되며(Kazdin, 2011, p. 136), 이 세 단계는 2개의 기준선과 1개의 개입 또는 2개의 개입과 1개의 기준선으로 구성될 수 있다. 예를 들어, 치료자는 첫 번째 회기에서 커플에게 과제를 내주는 것으로 치료를 시작하며, 다음 회기에서는 과제를 내주지 않고, 세 번째 회기에서 다시 과제를 내줄 수 있다. 그러나 4단계 설계를 통해 연구자는 개인, 커플, 가족 내에서 개입 효과를 반복 검증할 수 있다. 예를 들어, 커플치료에서 연구자는 치료회기 전 일주일 간 운동하는 것과 회기 전 운동하지 않는 것을 비교하는 것을 통해 회기 전 운동이 치료회기에 미치는 영향을 조사할 수 있다. 이 경우 연구자는 회기 전 운동을 하지 않으면 치료가 어떻게 진행되는지 보기 위해 설계에서 운동 개입을 제거한다. 연구자는 이러한 과정을 반복한 후에 어떤 양상이 나타나는지를 볼 수 있을 것이다.

기준선은 무슨 일이 일어나고 있는지와 개입이 진행되지 않을 때의 미래 행동을 묘사하기 때문에 중요하다(Kazdin, 1978, 2011). 변화의 판단 기준을 만들기 위해 개입이 실행되기 전에 기준 단계가 설정되며, 기준선은 변화하는 대상 혹은 변수에 대한 정보를 연구자에게 제공한다(Lundervold & Belwood, 2000). 개입 단계에서 연구자는 기준선에서의 이탈이 발생하는지를 확인할 수 있다. 예를 들어, 한 커플이 그들의 결혼생활 문제에 대한 치료에 참석한다. 각자는 자신의 커플만족도와 불안 수준을 평가하는 척도를 작성한다. 치료자는 커플의 행동이 미래에 어떻게 될 것인지와 관련한 두 변수를 이해하는 기준선을 가지고 커플과의 회기를 시작한다. 커플과 함께하는 일정한 시간이 지나면 치료자는 커플에게 정서중심치료(emotionally focused therapy: EFT)를 시작한다. 회기 동안 치료자는 정서중심치료를 실시한다. 커플은 이에 잘 반응하는 것처럼 보이고 다음 회기에 참여하여 그들의 관계 만족도를 평가하는 동일한 척도를 작성한다. 아내의 만족도는 높아지고 불안감은 줄어든 반면, 남편의 만족도는 높아졌지만 불안감은 여전하였다. 이는 개입이 커플의 만족도에 성공적이고 효과적이었지만 남편의 불안감에는 영향을 미치지 않았음을 나타낸다.

개입 의도, 기준선, 미래에 보일 수 있는 행동을 이해하는 것은 치료자가 호소문제에 필요한 맞춤식 개입을 설계하는 데 도움이 된다. [그림 13-1]은 예측이 개입 효과에 미치는 영향과 기준선을 가지고 있는 것이 중요한 이유를 이해하도록 돕는 시각적 예시를 제공한다.

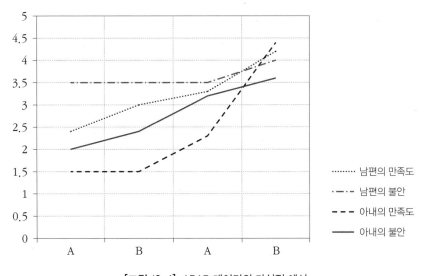

[그림 13-1] ABAB 데이터의 가설적 예시

또한 단일사례 설계를 사용하여 예측 정확성을 확인할 수 있으며, 다양한 개입 효과를 비교할 수 있다. 이전 예시에서 치료자는 남편의 불안감을 목표로 하는 추가적인 혹은 다른 개입을 시도할 수 있다. 현재의 행동 궤적을 이해하는 것은 치료자가 어떠한 개입을 사용할지에 대한 통찰을 제공할 뿐 아니라 측정을 통해 개입 효과를 관찰할 수 있게 해 준다. Kazdin(2011)은 개입 효과는 현재의 기준선에 해당하는 행동의 지속성을 예상함으로써 얻어질 수 있다고 하였다. 예를 들어, 커플이 의사소통에 어려움을 경험하고 있으며 남편의 주요 불만 사항이 아내가 대화 중에 자신을 방해한다는 것이라면, 치료자는 아내가 일주일 동안 불평하는 횟수에 대한 기준선을 얻을 수 있다. 치료자가 일단 현재 행동을 파악할 수 있게 되면 아내의 미래 행동이 무엇일지 예측하거나 예상할 수 있을 것이다.

개입을 완전히 제거할 수 없는 임상연구나 여타 연구의 경우, ABCBC 방법이 더욱 유용한 설계가 될 수 있다. 이 방법은 치료 전 측정할 수 있는 기준 단계(A)와 개입 단계(B와 C)가 포함된다. 이 유형의 설계는 연구자가 여러 혹은 별도의 개입들의 효과성을 연구하려 할 때 도움이 될 것이다. 개입 효과를 확인한 후 성과 향상을 위해 개입을 변경하거나 새로운 개입을 추가할 수 있는 것은 ABCBC 단일사례 설계의 장점이다(Kazdin, 1982, 2003, 2011).

예를 들어, Anderson, Templeton, Johnson, Childs와 Peterson(2006)은 ABCBC 설계를 사용하여 치료 구조의 차이점을 확인하였다. 내담자가 홀로 앉아 치료자를 기다리는 기준선(A단계)을 설정한 후, 두 가지 다른 치료 구조를 진행하였다. B단계에서 치료자는 내담자들이 서로가 아닌 치료자와 대화하도록 회기를 구성하였다. 치료자는 내담자들이 서로 대화하려고 시도할 때 차단하였다. 6분 후, 일방경 뒤에 있던 연구자는 회기를 진행하

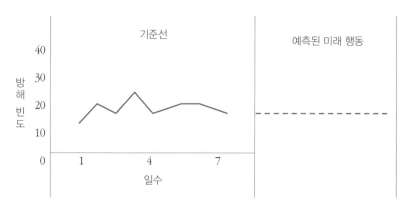

[그림 13-2] 방해 빈도의 기준선 관찰에 대한 가설적 예시. 기준선 데이터는 미래 행동의 잠재적 비율을 예측하는 데 사용된다.

는 치료자에게 전화를 걸어 내담자들이 치료자가 아닌 서로 대화하도록 구조를 변경하여 C단계를 시작하라고 지시하였다. 내담자가 치료자와의 대화를 시도할 때 치료자는 내담자들이 서로 대화할 수 있도록 적극적으로 지시하였다. 이후 B와 C단계를 각각 6분간 추가적으로 반복하였다. 회기가 끝난 직후 커플은 그들의 녹화본을 보며 회기 동안의 정서적 친밀도를 평가하기 위해 인식분석장치(Perception Analyzer)를 사용하였다. 커플은 일반적으로 치료자와의 대화보다 서로 대화할 때 감정적 친밀감이 더 높다고 보고하였다.

단일사례 설계의 분석

단일사례 설계를 사용하는 연구자는 내담자에게 적용된 다양한 개입의 효능성(efficacy)을 측정하는 데 관심을 가진다. Kazdin(1978, 1982)에 따르면, 개입 효과의 평가를 위해 사용되는 두 가지 기준은 실험적 기준과 치료적 기준이다. 실험적 기준은 개입이 이루어지기 전의 행동과 개입이 이루어질 때의 행동을 비교하는 것이다. 시간이 경과함에 따라 치료 효과를 반복적으로 보이고 행동 변화를 보이는 것은 실험적 기준을 충족한다. 실험적 기준은 시각적 조사(visual inspection)를 사용하는데, 이는 "그래프화된 데이터를 시각적으로 확인하여 개입 효과의 신뢰성 혹은 일관성을 판단하는" 과정이다(Kazdin, 1982, p. 232). 개입 효과가 일관되고 신뢰할 수 있는지에 대한 여부는 평균 변화, 수준 변화, 경향성 변화, 변화 발생 소요 시간(변화의 지연 발생)과 질적 측정과 같은 여러 특징을 가지고 판단한다.

데이터의 시각적 조사를 위한 한 가지 전략은 각 단계의 데이터가 겹치지 않는 정도를 보는 것이다(즉, 기준선 단계의 관찰값들이 개입 단계의 관찰값과 근접하지 않음). 개입 효과는 개입 단계의 반응들이 기준선 단계의 반응들과 겹치지 않을 때 타당한 것으로 간주한다(Kazdin, 1978). Scruggs와 Mastropieri(1998)는 비(非)중복 데이터 비율(percentage of nonoverlapping data: PND)의 중요성에 대해 논의하고 유용한 몇 가지 범위를 제공한다. 일반적으로 90% 이상의 PND 점수는 '매우 효과적인', 70%에서 90%의 점수는 '효과적인', 50%에서 70%의 점수는 '중간 수준으로 효과적인', 50% 미만은 '효과적이지 않은' 치료로 간주된다. 대체로 중복 비율이 낮을수록 개입 효과는 커진다. PND 사용의 중요한 이점은 개입 효과에 대한 의미 있는 정보를 제공한다는 것이다. Kazdin(1978)은 "서로 다른 처치 단계에서 중복되지 않는 데이터 분포가 반복적으로 나타나는 것은 처치 효과를 강하게 보여 준다."라고 말한다(p. 637). PND를 찾아서 가장 높은 기준선 데이터 점수와 다음 처치 단계를 잇는 선을 그린다(Scruggs & Mastropieri, 1998). 시각적 조사는 데이터에 명백하게 나타나는 패턴에 대한 연구자의 판단을 요구한다. 개입 효과가 매우 클 경우 시각적 조사를 사용하는 것만으로 충분할 수 있다. 결과의 치료적 가치나 중요성은 행동 변화가 실제로 내담자의 기능 향상에 미치는 영향에 의해 결정된다(Kazdin, 1978, 1982, 2011).

연구 프로젝트와 연구가 수행되는 상황의 복잡성으로 인해 개입 효과의 관찰은 더욱 어려워질 수 있다(Kazdin, 1982, 2011). 일부 복잡한 상황에서는 시각적 조사의 기준이 충족되지 않을 수 있으므로 추가적인 통계분석이 필요하다. 통계분석은 데이터의 경향성, 피험자 내 변산성(variability) 증가, 새로운 연구영역 탐색, 작지만 중요할 수 있는 변화, 그리고 데이터 평가의 반복 가능성(replicability)과 같은 여러 이유로 사용될 수 있다. 추가로 Kazdin(1982)은 기준선이 안정적이지 않을 때, 새로운 처치가 아직 평가 단계에 있을 때, 처치 효과가 불분명할 때, 혹은 외부요인을 통제할 때 통계적 분석이 유용하다고 제안한다. 단일사례 연구에서 사용되는 모든 통계분석을 다루는 것은 이 장의 범위를 벗어나지만, 기본 개념을 이해하는 것은 도움이 된다.

연구자들은 여러 단계와 시간 경과에 따른 관찰데이터 비교를 위해 시계열 분석(time series analysis) 사용을 제안한다(Kazdin, 1982). 시계열 분석은 데이터의 비독립성을 고려하면서 수준 및 경향성의 변화를 평가하기 위해 t검정을 사용한다. 시계열 분석은 한 단계에서 다른 단계로의 수준 및 경향성 변화에 대한 통계적 유의성에 대해 통찰을 제공하며, 여러 단계에 걸쳐 변화가 일어나는 모든 연구설계에 사용할 수 있다. 시계열 분석은 단일 또는 다수의 사례에 사용할 수 있고, 연구문제가 상정하는 분석단위에 따라 달라진다. 예를 들어, 단일사례 연구에서 ABAB 설계를 사용하면 인접 단계의 쌍에 대한 별도 비교를 수행할 수 있다(예: A_1B_1, A_2B_2, B_1A_2). 시계열은 수준이나 경향성에 변화가 있는지 조사하기 위해 각 기준선을 측정할 수 있다(Kazdin, 1982).

단일사례 설계에서 유용할 수 있는 또 다른 통계분석은 반복측정 분산분석(ANOVA)으로, 두 개 이상의 다른 조건(처치 단계)에서 단일표본의 종속변수를 비교하는 것이다. 이 분석은 경향성의 이해에 유용하며 참여자(혹은 단위)가 각각 자신에 대한 통제 역할을 할 수 있기 때문에 개인(단위) 차이로 인한 변산성을 제거한다는 점에서도 유용하다. 시각적 조사나 통계분석 또는 둘 다의 사용 여부는 많은 요인에 따라 달라지며 실험설계와 연구목적 및 가설을 기반으로 결정해야 한다.

타당도 문제

내적 타당도는 독립변수가 종속변수에 미치는 영향의 수준을 나타낸다. 또한 내적 타당도가 높으면 결과에 대한 대안적인 설명들을 배제할 수 있다(Kazdin, 2011; Monette, Sullivan, & DeJong, 2005). 잘 실행된 단일사례 설계는 개인, 커플 또는 가족이 각각 자신에 대해 통제 역할을 하기 때문에 높은 내적 타당도를 보이며, 이는 독립변수와 종속변수 간의 관계를 입증할 수 있게 한다(Kazdin, 2011). Dugard, File과 Todman(2012)은 내적 타당도에 무선할당(randomization)이 핵심이 된다고 말한다. 무선할당 과정은 우연성(chance)을 통해 집단 간의 차이를 줄이는데 다양한 과정을 통해 이루어질 수 있다. 단일사례 설계와 관련하여 무선할당은 개입이나 개입 제거가 가능할 때 그것들이 무작위로 선택된 경우에만 발생한다(Dugard et al., 2012). 참여자들을 각기 다른 집단에 무선할당을 할 수도 있는데, 예를 들어 한 집단은 ABCBD에, 다른 집단은 ACBCB에 무작위할당을 할 수 있다. 따라서 단일사례 설계에서는 동일한 사람을 대조군으로 사용할 때에도 처치를 무선할당을 하는 것을 통해 무선할당을 이룰 수 있다. 무선할당 가능성을 높이면 연구의 내적 타당도가 증가한다.

또한 설계상 단일사례 설계는 반복성이 포함된다. 설계에 반복성을 포함함으로써 외부 영향보다는 독립변수가 종속변수에 영향을 미친다는 것을 반복적으로 보여 주어 내적 타당도가 증가할 수 있다(Kazdin, 2003). 연구 전반에 걸쳐 모니터링의 가치를 고려하는 것이 중요하다. 독립변수가 여러 단계에 걸쳐 일관적이도록 확실히 하는 것은 시각적 조사로 개입 효과를 포착할 가능성을 증가시키기 때문이다. 이는 서로 다른 사람이 내담자들에 개입할 때, 특히 중요하다. 예를 들어, 특정 모형을 사용하는 치료자와 다른 모형을 사용하는 다른 치료자가 있다면 이는 내담자에 대한 개입에 영향을 줄 것이다. 모니터링을 통해 개입의 일관성이 제공되므로 내적 타당도와 결론 타당도가 높아진다. 일반적으로 단일사례 설계는 내적 타당도가 높은 반면, 외적 타당도는 낮다.

연구의 한 가지 목표는 결과를 더 많은 사람에게 일반화하는 것이다. 높은 외적 타당도는 "연구에 참여한 사람들보다 더 넓은 인구에 적용할 수 있다."는 것을 의미한다(Dugard et al., 2012, p. 40). 단일사례 설계는 참여자 수가 적고 구조를 엄격하게 통제하여 외적 타당도가 낮다. 이는 연구자가 모집단으로부터 무선표집을 사용하는 상황에서도 동일하다. 그러나 단일사례 설계는 실험을 반복할 수 있을 뿐만 아니라 다른 상황에서도 반복 재연할 수 있을 만큼 단순하다. 다른 참여자와 상황에서의 반복 재연은 외적 타당도를 향상시킬 수 있다.

구인 타당도(construct validity)는 변화, 변수 간 관계(Kazdin, 2011), 그리고 기준선 확립 및 변화 측정 시 측정도구의 질에 대해 책임이 있는 개입의 조작을 의미한다. 연구의 한 가지 목표는 개입의 어떤 부분이 변화를 설명하는지 파악하는 것이다. 개입과 행동 변화 간의 관계가 연구자의 해석에 의한 것인지 파악하는 것이 중요하다. 또한 연구에 존재하는 변수 간 관계에 영향을 미칠 수 있는 교란변수들(confounds)에 대해 고려하는 것이 중요하다. 단일사례 설계는 기준선의 개인 데이터를 일종의 통제집단으로 사용하기 때문에 인과관계에 대한 연구자의 해석이 보다 명료해진다(Kazdin, 2011). 앞서 언급한 바와 같이 단일사례 설계는 두 번 이상의 개입이라는 반복 방법을 사용한다. 개입을 반복 실행하면 원인이나 관계가 어디에서 발생하는지 이해하게 하여 구인 타당도를 높일 수 있다. 반복을 통해 연구자는 개입의 효과성과 어떻게 변화가 일어났는지에 대한 이해를 높임으로써 구인 타당도를 높인다.

단일사례 설계를 사용할 때 또 다른 중요한 고려사항은 결과가 질적으로 구성되는 방식과 결과에서 추론을 끌어내는 방식이다. 이는 일반적으로 결론 타당도(conclusion validity)라고 하지만, 단일사례 연구의 맥락에서 데이터 평가 타당도(data evaluation validity)라고 한다. Kazdin(2003)은 결론 타당도가 "양적 평가에 대한 우려와 연구의 아킬레스건"을 반영한다고 말한다(p. 67). 결론 타당도는 연구 초기에 잘 고려되지 않기 때문에 연구자는 1종 오류와 2종 오류를 범할 위험이 있다. 1종 오류는 효과가 실제로는 우연히 발생한 것인데, 이를 개입 때문에 발생한 것이라고 결론 내릴 때 발생한다. 2종 오류는 개입이 실제로는 효과가 있었는데, 연구자가 효과가 없었다고 결론 내릴 때 발생한다(Kazdin, 1978, 1982).

연구의 결론 타당도가 훼손될 수 있는 방법에는 여러 가지가 있다. 그중 몇 가지에 대해 논의할 것이다. 첫째, 데이터의 큰 변산성은 개입 효과를 식별하는 능력을 약하게 할 수 있다. 단일사례 설계는 각기 다른 단계에서의 데이터 경향이나 패턴을 포착하는 능력에 의존한다. 큰 변산성은 이러한 능력을 저하시키며 결과에 대해 적절한 결론을 도출하는 것을 더욱 어렵게 하여 잠재적으로 연구자가 1종 오류를 범하게 할 수 있다. 이러한 경우 시각적 조사가 보여 주는 효과가 개입 때문에 발생한 것인지를 판단하기 어렵다(Kazdin, 2011). 둘째, 측정도구의 신뢰도가 떨어지면 개입 효과에 대한 적절한 결론을 도출하기 어려울 수 있으며, 잠재적으로 연구자가 2종 오류를 범하게 할 수 있다. 측정은 실험과 단일사례 설계에서 중요한 역할을 한다. 신뢰도는 "관심 있는 특성을 일관된 방식으로 측정하는 정도"를 나타낸다(Kazdin, 2011, p. 42). 신뢰도는 코더(coder)나 참여자의 점수 산출에 있어서의 변산성의 정도를 나타낸다. 채점 및 해석 중 신뢰성이 떨어지면 연구의 결론 타당도에 큰 위협이 될 수 있다. 셋째, 검증력이 낮거나 표본크기가 작은 연구는 연구의 결론 타당도를 잠재적으로 위협할 수 있다. 작거나 중간 정도 효과를 관찰하기 위해 큰 표본이 필요하다. 단일사례 설계는 대부분의 경우 더 작은 n을 사용하며, n이 작을수록 결론 타당도에 대한 위협이 증가한다.

단일사례 설계의 장점과 한계

단일사례 설계의 중요한 장점은 단시간에 이루어지는 데이터 수집과 연구 시행에 소요되는 저렴한 비용이다. 단일사례 설계는 무선임상실험에 대한 신속하고 저렴한 대안이다(Rizvi & Nock, 2008). 단일사례 설계는 엄격한 실험연구를 수행할 수 있기 때문에 대규모 무선통제실험에서 참여자를 모집할 때 발생하는 시간과 비용이 필요하지 않다. 이를 통해 참여자 모집 시간, 측정도구나 프로토콜 제공 비용, 참여자 지급 참여비를 절약할 수 있다. 또한 개입 효과를 확인하고, 성과 향상을 위해 개입을 수정하거나 새로운 개입을 추가할 수 있는 것도 단일사례 설계의 강점이다(Kazdin, 2011). 일상 삶의 개선을 위해 내담자와 일하면서 개입하는 동안 지속적인 피드백을 얻을 수 있다는 점도 임상가에게 큰 이점이 된다. 연구자는 ABCBC 설계에서 보듯 다양한 개입을 사용하여 한 번에 여러 다른 개입의 효과를 평가할 수 있다.

결론

단일사례 설계는 양적 연구설계이고 독립변수를 조작한다는 점에서 일화 연구나 사례 연구와 다르다. 단일사례 설계는 시간 경과에 따라 관찰과 개입이 일어나는 개인, 커플, 가족에 대한 강도 높은 연구를 제공한다(Tate et al., 2008). 단일사례 설계는 치료 효과를 보여 주기 위한 강력한 도구를 제공한다. 단일사례 설계에서는 독립변수나 치료 실행 전의 기능 수준에 대한 정보를 제공하는 기준선 단계가 관찰된다. 기준선이 관찰되면 개입 단계가 시행된다. 시행 단계 후 성과 변화가 나타나면 치료가 성공적이었다는 증거가 된다

(Kazdin, 1982, 2003). 단일사례 설계의 강력한 장점 중 하나는 "시간 경과에 따른 반복 관찰에 의존"하는 것이다(Kazdin, 2003, p. 274). 또한 단일사례 설계는 연구자에게 치료 효과뿐만 아니라, 적절한 임상실천을 위해 커플, 가족에 맞춤식으로 치료를 수정하는 독특한 기회를 제공한다.

참고문헌

Anderson, S. R., Templeton, G. B., Johnson, L. N., Childs, N. M., & Peterson, F. R. (2006, October). *Enactments and connection in couple therapy: A process research study.* Poster presented at the meeting of the American Association for Marriage and Family Therapy, Austin, Texas.

Barlow, D. H., & Hersen, M. (1984). *Single-case experimental designs: Strategies for studying behavior change.* Elmsford, NY: Pergamon.

Bloom, M., Fischer, I., & Orme, J. G. (1995). *Evaluating practice: Guidelines for the accountable professional* (2nd ed.). Upper Saddle River, NJ: Prentice-Hall.

Crane, E. R. (1985). Single-case experimental designs in family therapy research: Limitations and considerations. *Family Process, 24,* 69-77.

Dugard, P., File, P., & Todman, J. (2012). *Single-case and small-n experimental designs: A practical guide to randomization tests* (2nd ed.). New York: Routledge.

Gorman, B. S., & Allison, D. B. (1996). Statistical alternatives for single-case designs. In R. D. Franklin, D. B. Allison, & B. S. Gorman (Eds.), *Design and analysis of single-case research* (pp. 159-214). Mahwah, NJ: Lawrence Erlbaum.

Kazdin, A. E. (1978). Methodological and interpretive problems of single-case experimental designs. *Journal of Consulting and Clinical Psychology, 46,* 629-642.

Kazdin, A. E. (1982). *Single-case research designs: Methods for clinical and applied settings.* New York: Oxford University Press.

Kazdin, A. E. (2003). *Research design in clinical psychology* (4th ed.). Boston: Allyn and Bacon.

Kazdin, A. E. (2011). *Single-case research designs: Methods for clinical and applied settings* (2nd ed.). New York: Oxford University Press.

Lundervold, D. A., & Belwood, M. F. (2000). The best kept secret in counseling: Single-case (N=1) experimental designs. *Journal of Counseling and Development, 78,* 92-102. doi:10.1002/j.1556-6676.2000.tb02565.x

Monette, D. R., Sullivan, T. J., & DeJong, C. R. (2005). *Applied social research: A tool for the human services* (6th ed.). Belmont, CA: Brooks/Cole/Thomson Learning.

Nock, M. K., Michel, B. D., & Photos, V. (2008). Single-case research designs. In D. McKay (Ed.), *Handbook of research methods in abnormal and clinical psychology* (pp. 337-350). Thousand Oaks, CA: Sage Publications.

Rizvi, S. L., & Nock, M. K. (2008). Single-case experimental designs for the evaluation of treatment for self-injurious and suicidal behaviors. *Suicide and Life-Threatening Behavior, 38*, 498-510.

Robinson, P. W., & Foster, D. F. (1979). *Experimental psychology: A small-n approach*. New York: Harper & Row.

Scruggs, T. E., & Mastropieri, M. A. (1998). Summarizing single-subject research: Issues and applications. *Behavior Modification, 22*, 221-242.

Tate, R. L., McDonald, S., Perdices, M., Togher, L., Schultz, R., & Savage, S. (2008). Rating the methodological quality of single-subject designs and *n*-of-1 trials: Introducing the single-case experimental design (SCED) scale. *Neuropsychological Rehabilitation, 18*, 385-401. doi:10.1080/09602010802009201

14 일상다이어리 접근을 사용한 임상 집단에서의 미시적 변화 살펴보기

Jeremy B. Yorgason, Lee N. Johnson, & Nathan R. Hardy

도입

일상다이어리 연구는 일반적으로 여러 날에 걸쳐 행동, 인식 및 경험의 일일 측정을 통하여 "삶을 살아지는 그대로 포착한다"(Bolger, Davis, & Rafaeli, 2003). 일상다이어리 연구는 삶의 '미시적' 관점을 측정하는데, 이는 예를 들어 측정이 몇 년에 걸쳐 이루어져 각각의 측정 시점 사이의 간격이 1년 또는 그 이상인 패널조사와 비교해 볼 수 있다. 정신건강 임상연구는 종종 내담자들의 매주 또는 매월 경험을 측정한다. 다시 말하지만, 이는 일상적 접근보다는 덜 자주 측정하는 것이다. 일상다이어리 접근은 어떠한 현상을 시간에 걸쳐 살펴보는 다른 연구방법론과 크게 다르지 않다. 주요 차이점은 이러한 방법론이 변수를 매일 또는 더 자주 측정한다는 점이다. 측정이 더 자주 이루어지기 때문에 자료 수집, 참여자 모집 및 유지 과정과 자료 분석 기술 등에 있어 추가적인 주의를 기울일 필요가 있다.

일상다이어리 기법은 커플 및 가족의 임상적 연구에 상당히 중요한 역할을 할 것으로 보이는데, 이러한 연구에서 치료회기 사이에 일어나는 커플의 변화에 대한 이해는 변화 과정과 치료가 내담자의 일상 경험에 주는 영향에 대한 중요한 정보를 제공할 수 있다. 내담자들이 어떻게 변화하는지에 대한 이해를 더 심화하기 위해 연구자들은 내담자들의 일상생활에서 무슨 일이 일어나는지, 그리고 치료 과정이 어떻게 일상생활에 적용되는지에 대한 자료가 필요하다. 일상다이어리 접근은 사람들의 경험에 대한 체계적인 평가가 매일 발생하는 발달심리학과 가족학 분야에서 떠오르는 연구방법론이다.

일상다이어리 연구를 지칭하는 다른 이름들에는 생태 순간 평가(ecological momentary assessment), 경험표집법(experience sampling methods), 실시간 자료 포착(real-time data capturing)이 있다. 일부는 비슷한 방법에 대한 포괄적인 묘사로 '집약적 종단 방법론(intensive longitudinal methods)'을 사용하기도 한다(Bolger & Laurenceau, 2013). 이러한 접근 방식은 상대적으로 짧은 기간 내에 여러 날에 걸쳐 여러 번 측정하거나, 며칠에 걸친 기간 동안 하루에 한 번씩 측정하는 것, 또는 같은 날 하루 중 여러 번 측정하는 것을 포함할 수 있다(Laurenceau & Bolger, 2005). 이러한 접근법들 사이에 큰 다양성이 있기는 하지만 이 장에서는 이러한 방법론들을 모두 일상다이어리 연구라고 부를 것이다.

일상다이어리 접근의 장점과 도전

연구 문헌은 일상다이어리 기법의 다양한 장점과 단점을 확인하였다(Bolger et al., 2003; Gunthert & Wenze, 2012; Laurenceau & Bolger, 2005 참고). 이를 요약하자면, 일상다이어리 기법은 연구자들로 하여금 미시적 가족 과정이 발생한 후 얼마 되지 않았을 때 자연스러운 맥락에서 이를 포착할 수 있도록 한다. 자연스러운 환경에서 발생했을 때, 결과는 생태학적 타당성을 얻는다. 더 나아가, 발생 직후 측정이 이루어지면 회상 편향(recall bias)이나 회고 영향(effects of retrospection)이 감소된다. 일상다이어리 기법은 연구자들이 짧은 기간(예를 들어, 어느 하루에서 다음 날까지)에 걸쳐 변화를 추적할 수 있도록 한다. 일반적으로, 일상다이어리 참여자들에게 측정을 상기시키는 알림을 받도록 하는 절차가 있는데, 이는 종종 연구의 결측 자료를 크게 감소시킨다(예: Yorgason, Almeida, Neupert, Spiro, & Hoffman, 2006). 알림은 전화 통화, 전자 알림(예: 개인적 디지털 기기, 휴대전화, 컴퓨터) 또는 대면 평가의 형태로 이루어질 수 있다.

직업으로서 부부가족치료자는 가족이 서로 어떻게 다른지, 가족 내 개인들 사이에서 어떤 일들이 일어나는지, 그리고 개인이 시간에 따라 어떻게 변화하는지에 관심을 가지고 있다. 기존 대부분의 임상연구는 개인 간 차이에 초점을 두고 있다. 예를 들어, 어떤 개인 간 접근은 치료 서비스를 마무리하면서 덜 행복한 기혼 커플과 더 행복한 기혼 커플을 구분하는 일반적인 특성을 다룰 수 있다. 이러한 특성에는 변화를 위한 열망과 의지, 치료 중 가족의 지지, 직접적 개입의 수준과 같은 치료자의 특성 또는 치료자-내담자 관계를 포함할 수 있다. 다른 연구들은 가족 구성원 사이의 상호작용 패턴에 초점을 두고 있다. 예를 들어, 의사소통 패턴, 문제해결 및 스트레스 대처가 발견되거나 개입을 위한 목표가 될 수 있다. 마지막으로, 일부 연구는 개인이 여러 날에 걸쳐 변동하는 방식을 탐색하거나, 변동성 (fluctuations)과 상관관계가 있는 요소들을 탐구한다. 예를 들어, 일상다이어리 측정은 내담자들이 자신의 개인 및 관계 경험에 대한 정보를 회기 사이에 일상적으로 제공할 수 있도록 한다. 일부 일상다이어리 연구는 며칠에 걸친 개인 내 변화에만 초점을 두지만, 다른 연구들은 개인 간, 그리고 가족 구성원 간에 대한 질문도 고려한다. 다시 말해, 일상다이어리 연구는 개인 내 변화에만 전적으로 집중된 것이 아닌, 오히려 개인 간, 그리고 가족 구성원 간의 관계도 추가적으로 탐색할 수 있다는 것이다.

개인 간 차이 또는 개인 내 변화를 서로 배타적으로 살펴볼 때, 중요한 정보가 손실될 수 있다. 예를 들어, 치료 초기의 정서적 안녕감과 치료의 상대적 이점의 연관성을 고려해 보겠다. 개인 간 경향성만 고려되었을 때, 더 높은 수준의 정서적 안녕감에서 시작한 내담자에게 치료의 이익이 더 적다고 결론지을 수 있다(패널 A, [그림 14-1] 참조). 대조적으로, 며칠에 걸쳐 개인의 개인 내 변화가 추적될 때(패널 B, [그림 14-1] 참조), 많은 이가 상승선 추세를 보일 수 있는데, 이는 높은 수준에서도 안녕감이 증가함에 따라 증가한 치료에서의 이득이 있음을 암시한다. 이 두 가지 경향성을 함께 고려할 때 더 나은 통찰이 가능하다.

일상다이어리 기법과 관련된 어려움은 반복적인 측정이 응답하기에 번거로울 수 있다는 점, 가끔 응답자들(또는 잠재적 응답자들)이 일상적 정보를 공유하는 것이 너무 개인적이라고 느낄 수 있다는 점, 그리고 일상다이어리 자료의 분석이 다소 복잡할 수 있다는 점이다. 일상다이어리는 종종 완료하는데 상당한 시간과 노력이 요구되기 때문에 응답자들이 참여의 이익에 대하여 아는 것이 중요하다. 임상적 환경에서 연구자들은 내담자들에게 일상적 과정을 추적하는 것에 대한 이점과 이러한 정보가 제공하는 이익에 대하여 나눌 수 있다. 예를 들어, 내담자 중심 경과 모니터링(client-centered progress monitoring) 연구는 자신의 진행 과정이 정기적으로 모니터링된 내담자들이 치료적 결과에 더 큰 향상이 있었다는 것을 보여 준다(Anker, Duncan, & Sparks, 2009). 이는 부분적으로 치료자들이 자신들의 접근 방식을 향상할 유용한 정보를 가지고 있기 때문일 수도 있고, 자기 모니터링 행위가 개인의 변화를 위한 동기부여를 향상하기 때문일 수도 있다. 가족생활에 대한 의미 있는 정보를 제공할 탄탄한 이론적 기반을 가진 연구 또한 잠재적 응답자들에게 동기부여가 될

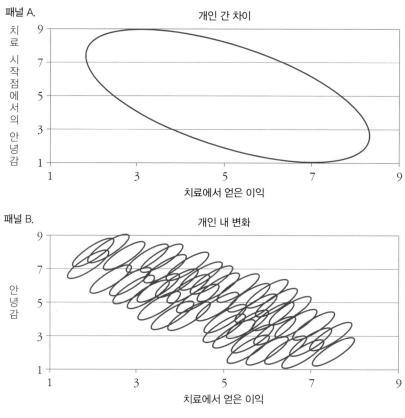

[그림 14-1] 전반적 개인 간 차이 vs. 개인 내 변화의 비교

수 있다. 금전적 또는 다른 종류의 연구 인센티브도 종종 도움이 된다(6장을 보라). 많은 가족 관련 연구와 마찬가지로 일상다이어리 조사는 종종 개인과 관계에 대한 정보를 요청하기 때문에 불편할 수 있다. 그렇기 때문에 내담자 또는 참여자들은 그들의 응답이 가치 있고, 보호받을 것이며, 비밀 유지가 될 것이라고 느끼는 것이 중요하다. 일반적으로 조사에서 이름은 생략될 수 있으며, 연구의 응답자들은 다른 이들이 그들의 응답을 전체적으로 합쳐진 형태로만 볼 수 있다고 보장받을 수 있다.

관련 일상다이어리 연구의 간략한 리뷰

일반적으로, 일상다이어리 연구는 임상가들에게 증상 변동성의 패턴, 증상 변동성의 예측요인들, 그리고 가끔은 가족 구성원들 간 증상의 상관관계에 대한 정보 제공의 잠재력을 가지고 있다. 게다가 일상다이어리 연구의 결과는 개인 간과 커플 내 정보를 모두 제공한다. 결과적으로, 커플들이 어떻게 변하고 개인이 관계 내에서 어떻게 변하는지에 대한 정보를 얻을 수 있다. 일상다이어리 기법은 이 장과 관련된 세 그룹의 연구에서 사용되었다. 첫째, 비임상적 표본의 개인과 커플을 대상으로 증상과 안녕감의 일일 변동성을 살펴보았다. 둘째, 증상과 안녕감의 일일 변동성을 임상적 표본을 대상으로 살펴보았다. 셋째, 임상적 표본을 대상으로 일상다이어리 맥락에서 치료의 효과성을 살펴보았다.

비임상적 표본의 일상 스트레스 및 일상 기분의 패턴, 이들과 상관관계가 있는 요인들을 다루는 문헌이 증가하고 있다. 결과는 일반적으로 일상 스트레스, 건강, 기분 그리고 관계적 상호작용의 유의미한 연관성을 나타낸다. Almeida와 Kessler(1998)는 남성과 여성을 대상으로 42일에 걸쳐 일상의 스트레스 요인들을 살펴보았다. 이들의 연구결과는 여성이 남성에 비하여 스트레스를 받는 날이 더 많았고, 스트레스가 없는 날이 더 적었음을 시사하였다. 169명의 이스라엘 맞벌이 부부 연구에서 Lavee와 Ben-Ari(2007)는 업무 관련 스트레스와 이자 간(dyadic) 친밀감의 관계가 파트너의 기분에 의해 매개됨을 연구했다. 이 연구의 저자들은 일상 업무 스트레스, 이자 간 친밀감, 파트너 기분의 평균을 설명했고, 업무 스트레스 수준을 이자 간 친밀감과 기분의 예측변수로 사용했다. Shahar와 Herr(2011)는 178명의 대학생을 대상으로 우울과 '경험적 회피'의 관계를 살펴보았다. 그들에 따르면 평균적으로 더 높은 우울 증상을 가진 학생들이 '일상의 부정적 정서에 대해 융통성 없이 높은 수준의 경험적 회피'를 보였다(p. 676). 추가적인 예시를 제공하자면, 지각된 수면의 질은 일상의 기분과 연관이 있었고(McCrae et al., 2008), 일상의 건강 증상은 배우자의 기분과 연관이 있었으며(Yorgason et al., 2006), 일상적 사건은 개인의 우울 증상과 관련이 있었고(Zautra, Schultz, & Reich, 2000), 긍정적 기분은 일상의 고통과 부정적 기분의 관계를 보호하는 것으로 나타났다(Zautra, Johnson, & Davis, 2005). 비임상적 표본에서 살펴본 패턴은 치료자와 내담자에게 도움이 되는 정보를 제공하는데, 이는 일상적 스트레스가 종종 일상적 기분과 관계의 상호작용과 상관이 있다는 것을 나타낸다.

임상 표본 중 일상다이어리 연구는 섭식장애 에피소드(Munsch et al., 2009; Smyth et al., 2009) 및 약물 남용 행위(Shiffman, Kirchner, Ferguson, & Scharf, 2009)와 같은 중요한 임상적 증상을 추적하는 데 유용했다. Cohen과 동료들(2008)이 이끈 한 연구 분야는 인지적 치료 맥락에서 임상적 증상을 살펴보았다(Gunthert, Cohen, Butler, & Beck, 2005; Parrish et al., 2009). 예를 들어, 우울증 치료를 받고 있는 54명의 내담자들에게 매일 긍정적 및 부정적 사건, 긍정적 및 부정적 기분, 그리고 부정적 생각들에 대한 설문조사(1회기 치료 이후 시작된 7일간의 다이어리 조사와 6회기 치료 이후 시작된 7일간의 다이어리 조사)를 실시하였다. 이 연구의 결과에 따르면 치료는 감소된 우울 증상과 일상적 부정적 기분, 일상적 부정적 생각, 그리고 부정적 사건에 대한 부정적 반응과 관련이 있었고, 일상적 긍정적 기분의 증가와 관련이 있었다. 또 하나의 임상 표본을 포함한 일상다이어리 연구에서 Starr와 Davila(2011)는 일상적 불안 증상이 일시적으로 일상적 우울 증상을 선행하는지 여부를 범불안장애를 가진 55명의 내담자를 대상으로 살펴보았다. 이 연구자들은 불안과 우울 증상의 연관성을 같은 날에 살펴보는 것은 물론, 하루, 이틀, 사흘, 나흘의 지연(즉, 어느 하루의 불안이 다음 날, 그리고 이틀 후, 3일 후, 4일 후의 우울 증상을 예측하는지)을 탐색하였다. 그들은 결과에서 불안과 우울 증상의 동시적 연관성과 각각의 시차에 걸친 연관성을 발견하였는데, 그중 가장 강력한 연관성은 2일 후의 지연이었다.

일상다이어리 기법을 사용한 현재까지의 임상연구는 일상적 스트레스, 일상적 증상, 일상적 결과 및 일상적 과정에 따라 예측되는 장기적 치료 결과에 대한 귀중한 정보를 제공했다. 일상다이어리 기법을 활용하여 치료 접근 방식을 살펴보는 연구는 약물 치료에 주로 초점을 두었다. 예를 들어, 약물 효과의 일상 연구는 우울증(Barge-Schaapveld & Nicolson, 2002) 및 주의력결핍 과잉행동장애(ADHD; Whalen et al., 2010)를 가진 이들의 표본을 포함하였다. 치료 후 몇 주 또는 몇 달이 지나고 받게 되는 후속 진료(follow-up doctor visits)와 비교하여, 증상의 일상적 측정은 치료 효과성의 현 상태를 보여 줄 수 있다. 또한 이 접근 방식은 증상 관리와 개입 효과성의 미시적 또는 소규모의 짧막한 묘사(스냅 숏)를 제공한다.

안타깝게도, 우리가 찾을 수 있었던 각 임상적 일상다이어리 연구는 개인만을 포함했다. 일상적 관계의 과정을 이해하기 위하여 커플 및 가족을 포함한 임상적 표본에 대한 연구가 더욱 필요하다. 긍적적 의사소통, 어려움을 해결해 나가는 것, 그리고 친밀감을 얻으려는 시도의 실패를 포함한 일상적인 상호작용은 일상다이어리 기법을 통해 다루어질 수 있다.

일상다이어리 연구 진행을 위한 팁

일상다이어리 연구와 일상다이어리 기법에 대하여 출판된 구체적인 자료는 관심 있는 이들에게 훌륭한 가이드를 제공한다. 예를 들어, 최근에 출판된 『일상생활 연구를 위한 연구방법론 핸드북(Handbook of Research Methods for Studying Daily Life)』에서 Mehl과 Conner(2012)는 일상다이어리 연구의 이론적 근거, 연구설계 고려사항, 자료 분석 방법, 그리고 몇 가지 적용 예시의 자세한 내용을 제공한다. 다음 단락에서 우리는 자신의 일상 다이어리 자료를 수집하는 데에 관심이 있는 연구자들에게 도움이 되는 아이디어들을 공 유한다. 여기에는 참여자 모집 및 유지, 자료 수집 방식, 그리고 연구설계와 다수의 가족 구성원이 일상다이어리 연구에 참여할 때 고려사항에 대한 팁들을 포함한다.

일상다이어리 연구를 위한 참여자 모집은 어려울 수 있다. 참여자의 참여는 집약적이 고(intensive) 종종 개인적이며 사적인 정보의 공개가 필수적이다. 연구과정에의 참여에 서 연구의 중요성과 참여자의 참여가 얼마나 중요한지 세심하게 알려 주는 것이 도움이 된 다. 치료 환경에서 내담자들이 자신의 일상 경험에 대한 통찰을 얻게 된다는 점과 같이 개 인적인 이익에 대해 이해한다면 자신들의 시간을 집약적인 연구에 할애해야 할 더 큰 이유 를 찾게 될 수 있다. 참여자들에게는 금전적인 인센티브가 자신의 시간에 대한 충분한 보 상으로 느껴지지 않을 수 있지만, 이는 참여자들의 노력에 대한 감사의 표시가 될 수 있으 며, 응답 및 유지율을 높인다. 한 연구에 따르면 연구에 일반적으로 모집하기 어려운 집단 일수록 금전적 인센티브가 있을 때 더 잘 참여하였다(Guyll, Spoth, & Redmond, 2003). 어머 니와 ADHD 진단을 받은 자녀 연구에서도 어머니와 자녀 모두 100달러의 인센티브를 받 았고, 자녀는 다이어리에 응답한 횟수에 따라 10달러까지의 보너스 인센티브가 주어졌다 (Whalen, Odgers, Reed, & Henker, 2011).

일상다이어리 연구 참여자 유지는 연구 참여 기간 동안 매일 연구에 참여하라는 알림을 통해 도움을 받을 수 있다. 연구를 시작하고 처음 며칠 동안 참여자들에게 개인적으로 연 락을 취하는 것은 참여자들이 연구 프로토콜에 따라 참여에 익숙해지는 과정에서 궁금한 점을 물을 수 있도록 한다. 연구 기간 동안 주어지는 일상적인 알림은 전화 통화(메시지 남 기기)부터 이메일과 문자 메시지까지 다양하다. 번거로울 수 있지만 일상적 알림은 모든 날의 자료 수집 가능성을 높이고 자료 누락 가능성을 줄인다. 예를 들어, 휴대전화 알림은 정해진 수집 시간 전 미리 보내졌을 때 응답률을 높이는 것으로 나타났다(Rönkä, Malinen, Kinnunen, Tolvanen, & Lämsä, 2010).

일상다이어리 자료 수집은 다양한 형태를 취할 수 있다. 일부 연구자들은 종이/연필 접 근 방식을 택하거나 일일 전화 인터뷰를 하기도 한다. 종이/연필 설문지는 인터넷 접속이 어려운 집단에게 유용하다. 그렇지만 이때 자료가 입력되어야 하고 수많은 설문지에 대 한 우편 발송비가 쌓일 수 있다. 일부 연구자들은 온라인 태블릿, 노트북 또는 스마트폰 설문을 사용하는 기술을 활용하거나 연구참여자들에게 응답을 문자 메시지로 보내도록 하여 자료를 수집한다. 예를 들어, 제2형 당뇨병 환자 연구에 스마트폰이 사용되었는데 이를 통하여 다이어리 자료가 수집되었고, 이에 대한 응답으로 자기돌봄 관리를 할 수 있는 개입적 피드백이 제공되었다(Nes et al., 2012). 이와 같이 많은 전자식 접근 방식에서 자료는 자동으로 자료 분석 소프트웨어 패키지에 사용될 수 있는 형식으로 입력된다. 전통적인 연구방법은 일상다이어리 접근 방식과 잘 통합될 수 있다. 예를 들어, 질적, 실험적, 그리고 혼합 설계는 일상적 반복 측정을 포함할 수 있다. 연구자들은 일상적 질문에 개방형 또는 폐쇄형 응답이 그들의 연구문제를 가장 잘 다룰 것인지 여부를 고려할 수 있다. 질적 연구자는 연구문제에 답하기 위한 텍스트의 질적 분석과 함께 저널링 접근 방식(journaling approach)의 사용을 고려해 볼 수 있다.

연구자들은 며칠에 걸쳐 어느 날 자료를 수집할 계획인지에 대한 결정을 할 때 연구목적을 신중히 고려해야 한다. 몇 가지 고려사항은, ① 며칠 동안 응답자들에게 자료를 제공해야 하는가? ② 자료 수집 기간에 휴일을 포함할 것인가? ③ 자료는 주중과 주말에 수집될 것인가? ④ 치료 서비스를 시작하거나 끝낼 때 내담자의 참여가 줄어들 것인가? 드문 사건을 연구하는 연구자들은 더 여러 날에 걸쳐 자료 수집을 하는 것이 좋으며, 일상적인 경험에 관심이 있는 연구자들은 더 적은 날에 걸친 자료가 필요할 수도 있다.

여러 가족 구성원이 일상다이어리를 동시에 작성하는 경우, 예를 들어, 결혼한 두 배우자가 그들의 결혼 관계에 대한 평가를 작성할 때 주의사항이 있다. 두 배우자가 같은 날에 평가를 작성하도록 권장하는 지침을 제공하여(예: 남편과 아내의 같은 날의 경험이 비교될 수 있도록) 부부간 자료 오염을 방지할 수 있다. 결혼생활의 친밀감에 대한 한 연구에서 연구자들은 접착 가능한 라벨을 제공하여 각 배우자에게 각각의 종이로 된 다이어리를 작성한 후에 닫아 봉인하도록 요청했다(Laurenceau, Barrett, & Rovine, 2005). 특히 커플들이 연구가 끝날 때까지 자신의 응답을 서로 의논하지 않도록 요청할 수 있다. 또한 연구자들은 자료가 수집되는 자연스러운 환경을 지원하기 위해 다이어리 설문지에 포함된 주제들에 대한 자연스러운 대화를 방해하지 않도록 조심해야 할 것이다.

자료 분석

우리는 일상다이어리 자료의 분석을 위한 기본적인 단계들을 다층모형을 위한 자료 설정(즉, 자료의 재구성)부터 시작할 것이다. 그리고 나서 자료를 설명하는 방법(예: 자료를 그래프에 표시하기, 시간에 따른 경향성 모델링하기)과 몇 가지 분석의 기술적인 측면[예: 집단 내 상관계수(intraclass correlation coefficients), 예측변수의 개인 내 및 개인 간 변동의 모델링, pseudo-R^2 계산에 대하여 소개할 것이다.

패널 A: 넓은 또는 쌓지 않은(wide or unstacked) 자료

ID 번호	지지 1일차	지지 2일차	…	지지 14일차	삶의 만족 1일차	삶의 만족 2일차	…	삶의 만족 14일차
104	1	2	…	3	2	2	…	4
106	1	4	…	1	4	4	…	4

패널 B: 긴 또는 쌓은(long or stacked) 자료

ID	일	지지	삶의 만족
104	1	1	2
104	2	2	2
104	3	1	3
104	4	4	3
104	5	5	3
104	6	4	2
104	7	2	2
104	…	…	…
104	14	3	4
106	1	1	4
106	2	4	4
106	3	3	4
106	4	5	3
106	5	2	3
106	6	1	2
106	7	3	3
106	…	…	…
106	14	1	4

[그림 14-2] 넓은(쌓지 않은) 및 긴(쌓은) 14일 자료 형식

많은 통계분석 프로그램에서 추가적인 분석을 진행하기에 앞서 자료를 재구성해야 한다. 이 단계는 자료를 그래프에 표시할 때와 자료 내 비독립성을 고려하는 다층모형을 분석할 때 종종 필요하다. 이러한 자료의 재구성을 종종 자료의 '쌓기(스태킹, stacking)'라고 하며, 이는 한 개인으로부터 반복 측정된 같은 행의 자료([그림 14-2]의 패널 A 참조)를 각 시점별로 다른 행으로([그림 14-2]의 패널 B 참조) 옮기는 것을 포함한다.

이러한 재구성은 각 관측치가 데이터 세트에서 자신의 고유한 행을 갖도록 한다. 예를 들어, 14일에 걸친 일상다이어리에서 표본의 각 개인은 14행의 자료를 가지게 되는 것이다. 자료의 각 행은 참여자의 ID와 '시간' 또는 '요일' 등을 포함한 몇 가지 중요한 변수들을 유지하게 된다. 이러한 자료 구조는 개인 데이터(아래와 같이)를 사용할 때나 한 가족 구성원(예: 남편)의 예측변수가 다른 가족 구성원(예: 아내)의 결과와 연결되어 있는 경우에 적절하다. 이때 모든 가족 구성원의 같은 날의 케이스 자료가 데이터 세트의 같은 행에 위치하게 된다. 여러 가족 구성원의 결과가 동시에 고려될 때(예: 행위자/파트너 유형의 모형), 자료는 이중적으로 쌓여야(double stacked) 한다(다변량 다층모형에 대한 더 자세한 정보는 이 장 끝에 제공된 자료를 참고하기 바란다).

자료가 쌓이면, 적절한 다음 단계는 개별 및 합산 추세를 그래프에 표시하는 것이다. 자료의 경향성을 살펴보면 시간에 따라 선형 경향성이 있는지, 결과에 큰 변동성이 있는지, 자료가 개인 내 변화와 개인 간 변화를 나타내는지 알 수 있을 것이다. 스파게티 플롯(Spaghetti Plots)은 SPSS, SAS, Stata 등 모든 주요 통계 패키지에서 생성할 수 있다. 때로는 부분적으로, 때로는 전체 표본을 대상으로 표본 내 개인별 그래프를 그리는 것 또한 도움이 된다(이러한 예시를 위하여 [그림 14-3]을 참조). 그래프는 자료의 통계적 분석을 제공하지는 않지만 여러 날에 걸친 자료의 시각적 표현을 제공하며, 구체적 분석을 어떻게 설정할지에 대한 방향을 제공한다.

여러 날에 걸친 자료에 대한 그래프를 보면서 가장 먼저 알 수 있는 것 중 하나는 자료가 시간에 따른 추세를 보이는지 여부인데, 예를 들어 며칠 또는 몇 주에 걸쳐 우울증 수준이 감소를 나타낸다거나 더욱 변동성 있는 패턴을 나타내는지 등을 보일 수 있다. [그림 14-1]의 패널 B에서 볼 수 있듯이 체계적으로 증가하거나 감소하는 시간에 따른 추세는 선형 변화를 나타낼 가능성이 높지만 시간에 따라 체계적인 변화를 포함하지 않는 패턴은 일상적 변동성을 나타낸다([그림 14-3]의 모든 패널 참조). 이 두 패턴은 다르게 모델링되는데, 체계적 트렌드는 선형, 또는 성장곡선(growth curve)으로 모델링되는 고차원적 변화와, 예측 가능한 결과 변수의 '변동성(variability)'으로 모델링되는, 시간에 따른 무작위 변동성

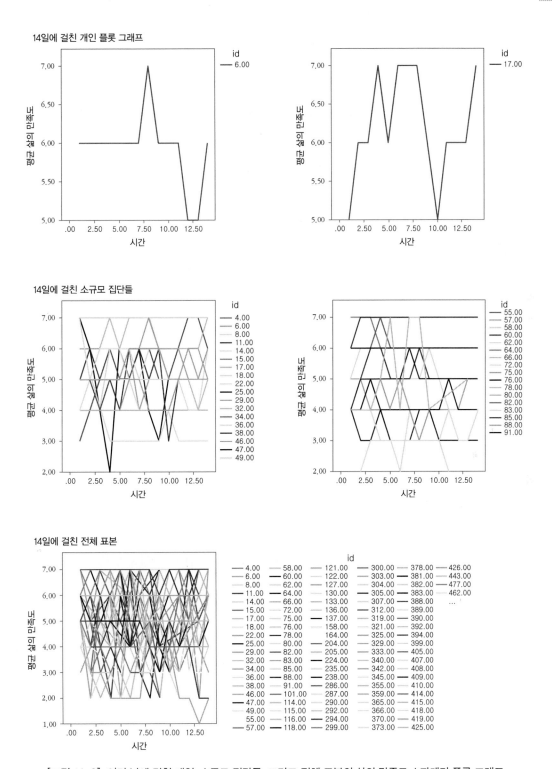

[그림 14-3] 여러 날에 걸친 개인, 소규모 집단들, 그리고 전체 표본의 삶의 만족도 스파게티 플롯 그래프

을 말한다. 이 두 모형은 통계 소프트웨어 프로그램에서 다르게 설정되는데, 체계적 경향성 모형은 시간을 예측변수로 포함한다. 이러한 모형의 결과에서 시간 변수와 연관된 기울기는 여러 날에 걸친 결과 변수의 기울기를 나타낸다. 무작위적 변동성 또는 가변성 모델에서 시간 기울기는 포함되지 않는다(일부는 선형 추세가 없음을 나타내기 위해 시간을 통제하도록 제안하기는 하지만 말이다).

자료가 성장 또는 변동성 패턴을 따르는지 여부와는 관계없이, 연구자들은 종종 성과변수의 변동성 중 어느 정도가 개인 간 차이로 인한 것이고, 어느 정도가 개인 내 차이로 인한 것인지에 관심이 있다. 이는 성과변수만 모형에 포함하는 다층모형을 추정하여(예측변수 없이, 이는 종종 '빈' 또는 '무조건' 모형이라고 불린다.) 집단 내 상관계수(intraclass correlation coefficient: ICC)를 산출하여 알 수 있다. 무조건모형에서 산출된 결과는 잔차 분산 성분(residual variance component)과 절편 성분(variance component)을 포함한 공분산 모수(parameters)를 제공한다. 이 숫자들은 다음과 같이 개인 간 대 개인 내 변량의 비율을 산출하는데 사용된다.

$$개인\ 간\ 변량/(개인\ 간\ 변량 + 잔차\ 변량)$$

예를 들어(이 장 끝에 제공된 자료의 '무조건, 성장곡선과 조건 모형의 선별된 결과'를 사용하여), 만약 잔차 변량이 0.31이고 절편 변량이 0.89일 경우 수식은 $0.89/(0.89+0.31)=0.74$, 또는 변수의 74%의 변량이 개인 간 차이로 인한 것이라고 할 수 있다. 반대로, 같은 자료를 사용하여 변수의 26%의 변량은 여러 날에 걸친 개인 내 변화로 인한 것이라고 할 수 있다. 이 경우, 결과변수 변량의 거의 3배(즉, 74%와 26%)가 개인 간 차이로 인한 것임에 따라 개인 간 예측변수가 더 관련성이 높다고 볼 수 있다.

각 수준에서 예측변수들에 의해 설명된 변량을 산출하기 위해 집단 내 상관계수(ICC)를 구성하는 동일한 분산 성분(variance component)을 예측변수들과 통제변수들이 포함된 최종 모형('조건모형'이라고 함)의 ICC와 함께 비교할 수 있다(Singer & Willet, 2003 참고). 이러한 통계치는 pseudo-R^2이라고 하며, 조건모형의 변량을 무조건 또는 빈 모형의 변량에서 뺀 후, 무조건모형 또는 빈 모형의 변량으로 나누어 다음과 같이 계산한다.

$$변량의\ 감소\ 비율\ 또는\ pseudo-R^2=(변량(무조건)-변량(조건))/변량(무조건)$$

예를 들어, 무조건모형의 잔차 변량이 0.31이고, 예측변수를 포함한 조건모형의 잔차 변량이 0.27이라면, pseudo-R^2는 (0.31−0.27)/0.31=0.13, 또는 이 변수의 잔차 변량은 13% 감소했다고 볼 수 있다. 대신, 이 장 끝에 제공된 자료의 '무조건, 성장곡선과 조건 모형의 선별된 결과'에서 볼 수 있듯이 절편 변량의 pseudo-R^2는 같은 접근 방식을 통해 산출될 수 있다.

일상다이어리 연구의 예측변수들은 개인 간 및 개인 내 변량을 모두 포함한다. 개인 내 변화 대 개인 간 차이로 인한 변화를 더 잘 포착하기 위해 연구자들은 이를 분리하는 것이 좋다(Bolger & Laurenceau, 2013 참고). 이를 위하여 일반적으로 개인 내 변수를 다음과 같이 산출할 수 있다(관련 명령어를 위해 이 장 끝에 제공된 자료의 '일상다이어리 자료 분석을 위한 SPSS 명령문' 참조). 여러 날에 걸친 개인의 평균을 산출(개인의 평균 변수)한 후, 그 평균 점수로부터 원래 변수의 값을 빼서 특정한 날 개인의 점수가 본인의 여러 날에 걸친 평균 점수로부터 얼마나 다른지를 나타내는 변수를 만든다. 이러한 새로운 개인 내 변수는 일상다이어리 문헌에서 개인−평균 중심화된 예측변수(person-a mean centered predictor)라고 한다. Bolger와 Laurenceau(2013)는 개인 내 변수를 만들기 전에 예측변수를 전체 평균 중심화하기를 제안한다. 이 접근 방식을 취했을 때 계수가 변하지 않고 절편이 다른 의미를 가지기는 하지만 말이다. 특히, 모든 예측변수가 0일 때 절편은 성과변수의 표본 평균을 의미한다. 한 변수가 개인−평균 중심화가 되기 전에 전체 평균 중심화가 되면, 0의 의미는 전체 표본에 비교될 수 있는데(표본의 전체 평균에 중심화된 평균값 0), 이는 개인의 일상적 보고의 평균만이 아니다(이 또한 평균을 0에 두게 되는데 이는 개인의 여러 날에 걸친 평균의 맥락에서만 해당됨). 다음으로, 이전에 산출된 개인−평균 변수를 전체 평균 중심화하여 개인 간 변수 또한 산출한다. 즉, 예측변수의 표본 평균은 새로 생성된 개인−평균 변수로부터 빼서 산출된다. 이 변수는 연구자로 하여금 여러 날에 걸쳐 다른 평균값을 나타내는 연구참여자들의 보고가, 고려하고 있는 성과변수에 대한 보고와 어떻게 연관되어 있는지 고려할 수 있도록 돕는다. 다층모형은 개인 간 및 개인 내 예측변수들을 모두 포함하는데, 이는 서로를 고려하면서 각각의 영향을 보여 주기 위함이다.

이 외에 일상다이어리 자료를 분석하는 것과 관련하여 다른 여러 복잡성을 탐색할 수 있지만 이 장에 모두 설명되어 있지는 않다. 이 장에서는 그중에서도 분석하는 자료에 가장 적절하게 맞는 다른 오류 구조를 고려하는 것, 집약된 여러 번의 일상다이어리('bursts' of daily diaries) 자료를 포함한 연구, 여러 가족 구성원으로부터 수집된 성과변수들을 동시적으로 고려한 다변량 다층모형을 소개한다.

일상다이어리 연구는 '비독립성' 또는 같은 변수의 반복측정에 대한 응답 내 상관관계를 고려하는 고유한 분석 접근 방식을 요구한다. 예를 들어, 내담자가 연속적인 여러 날에 걸쳐 자신의 기분에 대한 평가를 작성한다고 할 때, 그 응답들은 같은 측정도구로 측정한 다른 내담자의 응답보다 서로 상관관계가 있을 가능성이 높다. 일반적으로 다층모형은 반복측정 간 상관관계를 고려하기 위해 사용된다. 일상다이어리 자료의 분석 방법은 대다수의 사회과학 연구자들이 사용 가능한 통계 소프트웨어로 인해 점점 더 접근이 쉬워지고 있다(예: SPSS, SAS, Stata, Mplus). 자료 분석의 구체적인 내용에 있어 연구자들을 안내할 수 있는 자료에는 Singer와 Willett(2003)의 '응용 종단 자료 분석(Applied Longitudinal Data Analysis)', Bolger와 Laurenceau(2013)의 '집약적 종단 방법론(Intensive Longitudinal Methods)', 그리고 Mehl과 Conner(2012)의 '일상생활 연구의 연구방법론 핸드북(Handbook of Research Methods for Studying Daily Life)'이 있다. 다른 자료들은 인터넷에서 접근이 가능한데, 예를 들어 UCLA 통계 웹사이트(https://idre.ucla.edu/stats)가 있다. 일상다이어리 자료를 분석하는 다층분석을 어떻게 구사하는지에 대한 자세한 정보를 더 제공하는 것은 이 장의 범위를 벗어나기에 포함되지 않았다.

자료 사례 예시

몇 년 전 필자(L. J.)는 몇몇 동료와 이야기를 나누며 현재 임상연구의 문제점들과 가족치료 연구자들이 우리 분야가 앞으로 나아가기 위해 해야 할 일들이 무엇이라고 생각하는지에 대한 논의를 했다. 이 대화의 일부로 우리는 일상다이어리 연구법을 논의하기 시작했다. 필자는 이전에 연구방법론 수업 시간에 일상다이어리 연구법에 대해 가르친 적이 있었고, 다른 이들도 이러한 방법론이 중요한 연구문제들에 대한 답을 제공할 새로운 자료들을 제공할 수 있을 것이라는 사실에 대하여 쉽게 받아들였다. 우리의 이 논의에 대한 결과는 커플치료에서의 일상다이어리 연구였다. 이 연구의 네 가지 주요 연구문제는 다음과 같다. 첫째, 내담자의 삶에 일어나는 주요 관계적 사건(긍정적 및 부정적)은 무엇인가? 둘째, 내담자들은 치료에서 배운 정보를 매일 사용하는가? 셋째, 치료는 매일 스트레스를 감소시키고 관계를 향상시키는 데 효과가 있는가? 넷째, 일상의 관계적 사건들은 개인의 치료에 대한 참여 의지와 치료동맹에 영향을 주는가? 이러한 질문들에 답을 하기 위하여 커플치료 사건 일상다이어리(Daily Diary of Events in Couple Therapy)를 개발하였다(Johnson,

Tambling, Anderson, Oka, & Mennenga, 2010). 커플치료 사건 일상다이어리의 개발은 일상 스트레스 사건 목록(Daily inventory of Stressful Events; Almeida, McGonagle, Rodney, Kessler, & Wethington, 2002)을 모방하여 이루어졌다. 좋은 평가도구를 개발하는 것에 대한 중요성은 일상다이어리 연구에서도 간과될 수 없다. 우리는 문항에 포함된 단어와 문항의 흐름에 대한 작업을 위해 여러 번 반복하여 평가를 수행하였다. 마침내 우리는 다음의 질문들을 결정했다.

- 마지막 보고 이후, 치료에서 배운 것을 구현했습니까?
- 어제 보고한 이후, 귀하는 귀하의 파트너와 논쟁이나 의견 충돌이 있었습니까?
- 어제 보고한 이후, 논쟁을 할 수도 있었지만 그냥 지나친 일이 있었습니까?
- 어제 보고한 이후, 귀하의 관계에 긍정적인 사건이 있었습니까?
- 어제 마지막으로 보고한 이후, 귀하의 관계에 영향을 줄 만한(긍정적이든 부정적이든) 사건이 학교 또는 직장에서 있었습니까?
- 마지막으로 보고한 이후, 운동을 했습니까?

이러한 각 질문은 내담자들이 '예' 또는 '아니요'로 대답하는 줄기가 되는 질문이다. 이들의 응답을 바탕으로, 줄기 질문과 연관된 후속 및 명료화하는 일련의 질문들로 넘어가게 된다. 또한 참여자들은 오늘의 사건이 치료에 참석하고 치료에서 얻은 아이디어들을 시도해 볼 만한 의지, 변화에 대한 희망, 그리고 치료자에 대한 그들의 의견에 얼마나 영향을 미쳤는지에 대한 질문을 받는다.

평가도구를 개발한 후, 피드백을 받고 작성하는 데 얼마의 시간이 걸리는지 알아보기 위해 다이어리로 예비조사를 하였다. 우리는 학생, 친구, 가족들을 모집하여 7일 동안 설문조사를 작성하도록 하고 흐름, 문항의 단어선택, 그리고 전체적인 생각에 대한 피드백을 제공하도록 했다. 또한 우리는 사람들이 '예'라고 답했을 때만 후속 문항들이 있다는 것을 알아차리게 될 가능성도 발견했다. 그래서 만약 그들이 서둘러 문항을 작성하게 되는 날이 있다면, 각 문항에 간단히 '아니요'라고 답하고 1분도 채 안 되어 설문을 완료할 수도 있었다. 이러한 상황을 해결하기 위하여 내담자들이 각각의 줄기 문항에 대해 '아니요'라고 대답했을 때 설문에 병렬적 후속 문항이 추가되었다.

절차에 따라, 우리는 퀄트릭스(Qualtrics, http://www.qualtrics.com)라는 웹 기반 프로그램을 통해 내담자들에게 설문을 전달하기로 했다. 이렇게 한 이유는 많은 내담자가 이메일 및 컴퓨터 또는 스마트폰에 접근이 가능했기 때문이다(우리는 원하는 사람들을 위하여 종이 사본도 가지고 있다). 우리는 퀼트릭스를 설정하여 그들에게 매일 이메일로 링크를 보내도록 하였고, 관계 내 각 내담자가 설문을 작성할 수 있도록 하였다. 이는 내담자들이 이메일을 받은 날 설문을 작성했는지 또는 나중에 했는지 추적할 수 있도록 하였다. 또한 이는 설문의 '건너뛰기 논리(skip logic)'에도 도움이 되었다. 퀼트릭스는 대부분의 통계 패키지들에 전송하기 쉬운 형식으로 자료를 저장하여 자료 입력 과정을 간소화한다. 우리의 설문은 내담자들이 그날 보고하는 사건에 따라 최대 20분이 소요된다. 커플의 각 구성원은 치료 시작 후 첫 28일 간 매일 설문을 작성한다. 보상으로, 내담자들은 28일 간 모든 회기에 무료 치료를 받았다. 또한 우리는 누락된 다이어리를 감소시키기 위한 절차를 구축했다. 매일 설문조사 링크가 포함된 이메일을 받는 것 이외에 다이어리를 작성하지 않은 후 2일이 지나면 내담자들은 추가적으로 개인적인 이메일 또는 전화를 받게 된다.

이러한 절차는 양질의 자료 수집을 하는 데 성공적이었다. 이상적으로 사람들은 매일 다이어리를 작성해야 하는데, 이는 보다 높은 수준의 스트레스를 경험하고 있는 임상적 커플들에게는 비현실적인 기대가 될 수 있다. 우리의 자료 수집 경험에 따르면, 설문조사 작성 지연 기간은 평균적으로 0.85일이었는데, 이는 대부분의 날에 내담자들이 사건이 일어난 당일 설문지를 작성했다는 것을 의미한다.

확장

일상다이어리 연구가 대부분 비임상적 표본을 대상으로 이루어졌지만, 치료를 받고 있는 임상적 집단에까지 이러한 방법론을 확장하는 것에는 다양한 이점이 있다. 첫째, 일상다이어리 연구는 일상적 과정에서 치료의 독특한 영향을 살펴볼 수 있다. 둘째, 이 방법은 커플 또는 가족치료를 받고 있는 여러 가족 구성원의 미시적 수준의 변화를 함께 탐색할 능력을 제공한다. 셋째, 일상다이어리 연구는 일상적 과정의 맥락적 요인들 또는 조절변수들을 고려하는 독창성 있는 방법을 제공한다. 마지막으로, 일상다이어리 연구는 생리학적 자료 측정 등을 포함한 최첨단식 확장을 포함한다.

치료와 일상적 과정

치료의 결과를 살펴보는 대부분의 연구는 치료가 사전검사와 사후검사 사이에 종속변수에서의 평균적인 차이와 유의미하게 연관이 있는지 알아보기 위해 치료의 시작과 끝에 제공되는 자기보고를 포함한다. 치료를 받고 있는 내담자 표본을 대상으로 일상다이어리 기법을 사용하는 주요 이점 중 하나는 치료가 일상적 행동, 정서 및 대인관계에 미치는 영향을 알아볼 수 있게 한다는 것이다. 예를 들어, Forbes와 동료들(2012)은 우울 및 불안장애를 가진 청소년들을 대상으로 인지행동치료와 약물요법 또는 두 치료법을 모두 혼합적으로 사용한 8주간의 임상적 시험의 치료 효과를 연구하였다. 연구결과에 따르면 더 높은 긍정적 정서, 더 낮은 부정적 정서, 더 높은 긍정 대 부정 정서의 비율, 그리고 아버지와 보낸 시간의 일일 측정치가 더 높을수록 치료 후에 더 낮은 우울 및 불안 증상을 예측하는 것으로 나타났다. Forbes와 동료들은 우울 및 불안 증상의 '회고적' 자기보고보다 일일 측정치가 치료 결과를 예측하는데 타당도가 더 높음을 발견했다. 일상다이어리 임상연구는 임상가들에게 특정 일상적 행동을 장려하는 치료를 위한 권장사항을 제공할 수 있다.

일상다이어리를 사용한 임상연구는 치료가 증상을 완화하는 데 작용하는지에 대한 정보를 제공할 뿐만 아니라 이러한 일상적 변화가 어떻게 발생하는지에 대한 것도 알 수 있도록 돕는다. 여러 날에 걸친 변화와 연결하여 치료 요인, 치료자 요인, 그리고 내담자 특성이 발견될 수 있다. 예를 들어, 일상적 변화 과정을 예측하는 치료자의 특성을 고려하는 것은 치료자들이 짧은 기간 동안 어떻게 내담자의 변화에 직접적으로 영향을 미치는지에 대한 정보를 제공할 수 있다.

여러 가족 구성원

출판되고 알려진 임상연구 중 치료 중인 커플 또는 여러 가족 구성원을 대상으로 다이어리 기법을 사용한 연구는 없었다. 그러나 이러한 종류의 연구에서 발견된 결과는 부부가족치료자들이 사용하는 체계기반 치료 뒤에 있는 이론들을 검증 또는 미세하게 조정하는 데 도움이 될 수 있다. 체계이론에서 한 개인의 변화는 같은 체계 내에 있는 다른 개인의 변화로 이어질 수 있다고 가정한다. 다이어리 자료를 분석할 때 체계적 과정을 포착하는 부부가족치료자들이 관심을 갖는 한 가지 방법은 한 배우자/가족 구성원의 일상적 변화를 다른 배우자/가족 구성원의 변화에 대한 예측변수(독립변수)로 설정하는 것이다. 예를 들어, 다이어리를 사용한 커플치료 연구는 어떻게 한 배우자의 일상적 의사소통에서의 변화가 다른 배우자의 일상적 삶의 만족도의 변화를 예측하는지 살펴볼 수 있다. 또는 부모의 스트레스의 변화가 자녀의 우울 증상과 어떻게 연관이 있는지 살펴볼 수 있다. 이뿐만 아니라, 두 배우자의 임상적 결과는 다변량적인 틀 안에서 동시적으로 모형에 포함될 수 있다(이러한 모델링의 절차가 어떻게 작동하는지에 대한 추가적 정보를 위해 23장 참조).

조절변수

　조절변수들은 한 변수의 변화가 두 개의 다른 변수들 사이의 관계를 어떻게 변화시키는지 살펴본다. 즉, 조절변수는 '독립 또는 예측 변수와 종속 또는 기준 변수 사이의 관계의 방향 또는 강도에 영향을 주는 변수'라고 할 수 있다(Baron & Kenny, 1986, p. 1174). 조절변수들은 어떤 조건하에 독립/예측 변수가 임상적 결과에 영향을 미치는지 알아보는 데 강력한 도구가 될 수 있다. 한 조절변수는 일상적 예측변수들과 성과변수들 사이의 관계, 치료 전 예측요인과 일상적 결과, 또는 일상적 예측변수와 치료 후 측정된 성과변수에 적용될 수 있다. 예를 들어, 치료는 그 자체로 한 배우자의 스트레스와 다른 배우자의 기분의 관계에서의 조절변수로 고려될 수 있다. 치료를 받고 있는 이들(대기자 명단에 있는 통제집단과 비교하여)은 보다 연결되어 있을 수 있으며, 한 사람의 스트레스는 다른 사람의 기분과 더욱 강력하게 연결되어 있을 수 있다. 치료를 받고 있는 커플들은(대기자 명단에 있는 통제집단과 비교하여) 스트레스를 관리하는 법을 배워서 그들의 결혼생활에 미치는 확산현상(spillover)을 덜 경험할 수 있다.

생리학적 자료

　대부분의 부부가족치료자는 치료를 받는 개인과 가족의 생물심리사회적 특성에 주의를 기울인다. 그러나 대부분의 연구는 주관적 경험과 행동만 살펴보며, 생리학적 자료는 종종 무시된다(Wilhelm & Roth, 1998). 특히 임상적 연구와 관련된 이러한 자료는 내담자의 변화 과정에 대한 더욱 포괄적인 정보를 제공할 수 있다. 종종 이러한 종류의 자료 수집은 심리학과 임상심리학 분야에서 사용되는 **이동평가**(ambulatory assessment)/**모니터링**의 포괄적 용어 아래에 포함된다(Fahrenberg, Myrtek, Pawlik, & Perrez, 2007 참고). 이 용어는 기술적으로 전반적인 다이어리 기법을 참조하지만, 종종 다이어리 연구에 포착된 생리학적 변화의 평가와 관련이 있다. 여러 연구에서 개인치료에서의 임상적 집단을 대상으로 한 생리학적 변화에 대하여 살펴보았다. 예를 들어, Meuret과 동료들(2012)은 공황장애 내담자들의 공황발작의 생리학적 선행요인을 살펴보았다. 공황발작이 일어나기 1시간 전 심박수와 호흡의 불안정성이 공황발작 도중 또는 이후에 비하여 더욱 불안정하다는 것을 발견했다. 이러한 발견은 공황발작의 특성과 시작에 대한 전통적인 신념에 모순되는 것이었다.

생리학적 자료는 개인치료 및 가족치료에 모두 유용할 수 있다. 예를 들어, 커플들은 스트레스를 받는 상호작용 후에 자신들의 심박수를 측정할 수 있다. 이러한 자료 수집 방법은 임상심리학 분야에서 대중화되었는데, 여러 가족 구성원의 생리학적 자료는 가족 내 각 개인이 어떻게 특정 사건에 의해 영향을 받았는지에 대한 귀중한 정보를 제공할 수 있다. 어떻게 이동평가가 임상심리학에 사용되는지에 대한 추가 정보를 위하여 Trull과 Ebner-Priemer(2012)의 연구를 참조하기 바란다.

결론

일상다이어리 기법은 독특하고 정교한 연구도구로 정신건강 분야에서 임상 과정 연구를 확장할 수 있는 커다란 잠재력을 가졌다. 이 접근 방식을 이용하여 부부가족치료 연구자들은 내담자의 자연스러운 환경의 맥락에서 변화를 포착하는 중요한 임상적 미시 과정을 탐색할 수 있다. 자료 수집은 매주 또는 그보다 덜 빈번하게 측정되는 평가보다 덜 회고적이다. 이 장에서는 부부가족치료 연구자들이 부부가족치료의 맥락에서 일상다이어리 자료를 수집하는 것에 대해 이해하고 준비하기 위한 기본 지침을 제공하였다.

참고문헌

Almeida, D. M., & Kessler, R. C. (1998). Everyday stressors and gender differences in daily distress. *Journal of Personality and Social Psychology, 75*, 670-680.

Almeida, D. M., McGonagle, K. A., Rodney, C. C., Kessler, R. C., & Wethington, E. (2002). Psychosocial moderators of emotional reactivity to marital arguments. *Marriage and Family Review, 34*, 89-113.

Anker, M. G., Duncan, B. L., & Sparks, J. A. (2009). Using client feedback to improve couple therapy outcomes: A randomized clinical trial in a naturalistic setting. *Journal of Consulting and Clinical Psychology, 77,* 693-704.

Barge-Schaapveld, D. Q., & Nicolson, N. A. (2002). Effects of antidepressant treatment on the quality of daily life: An experience sampling. *Journal of Clinical Psychiatry, 63,* 477-485.

Baron, R. M., & Kenny, D. A. (1986). The moderator-mediator variable distinction in social psychological research: Conceptual, strategic, and statistical considerations. *Journal of Personality and Social Psychology, 51,* 1173-1182.

Bolger, N., Davis, A., & Rafaeli, E. (2003). Diary methods: Capturing life as it is lived. *Annual Review of Psychology, 54,* 579-616.

Bolger, N., & Laurenceau, J-P. (2013). *Intensive longitudinal methods: An introduction to diary and experience sampling research.* New York: Guilford.

Cohen, L. H., Gunthert, K. C., Butler, A. C., Parrish, B. P., Wenze, S. J., & Beck, J. S. (2008). Negative affective spillover from daily events predicts early response to cognitive therapy for depression. *Journal of Consulting and Clinical Psychology, 76,* 955-965.

Fahrenberg, J., Myrtek, M., Pawlik, K., & Perrez, M. (2007). Ambulatory assessment-monitoring behavior in daily life settings: A behavioral-scientific challenge for psychology. *European Journal of Psychological Assessment, 23,* 206-213.

Forbes, L. J. L., Forster, A. S., Dodd, R. H., Tucker, L., Laming, R., Sellars, S.,······ Ramirez, A. J. (2012). Promoting early presentation of breast cancer in older women: Implementing an evidence-based intervention in routine clinical practice. *Journal of Cancer Epidemiology.* Retrieved from http://www.hindawi.com/journals/jce/2012/835167

Gunthert, K. C., Cohen, L. H., Butler, A. C., & Beck, J. S. (2005). Predictive role of daily coping and affective reactivity in cognitive therapy outcome: Application of a daily process design to psychotherapy research. *Behavior Therapy, 36,* 77-88.

Gunthert, K. C., & Wenze, S. J. (2012). Daily diary methods. In M. R. Mehl & T. S. Conner (Eds.), *Handbook of research methods for studying daily life* (pp. 144-159). New York: Guilford Press.

Guyll, M., Spoth, R., & Redmond, C. (2003). The effects of incentives and research requirements on participation rates for a community-based preventive intervention research study. *Journal of Primary Prevention, 24,* 25-41.

Johnson, L. N., Tambling, R. B., Anderson, S. R., Oka, M., & Mennenga, K. D. (2010). *Daily diary of events in couple therapy.* Available from Lee Johnson, School of Family Life, Brigham Young University, Provo, UT.

Laurenceau, J., Barrett, L. F., & Rovine, M. J. (2005). The interpersonal process model of intimacy in marriage: A daily-diary and multilevel modeling approach. *Journal of Family Psychology*, *19*, 314.

Laurenceau, J., & Bolger, N. (2005). Using diary methods to study marital and family processes. *Journal of Family Psychology*, *19*, 86-97.

Lavee, Y., & Ben-Ari, A. (2007). Relationship of dyadic closeness with work-related stress: A daily diary study. *Journal of Marriage and Family*, *69*, 1021-1035.

McCrae, C. S., McNamara, J. P. H., Rowe, M. A., Dzierzeqski, J. M., Dirk, J., Marsiske, M., & Craggs, J. G. (2008). Sleep and affect in older adults: Using multilevel modeling to examine daily associations. *Journal of Sleep Research*, *17*, 42-53.

Mehl, M. R., & Conner, T. S. (2012). *Handbook of research methods for studying daily life*. New York: Guilford.

Meuret, A. E., Rosenfield, D., Wilhelm, F. H., Zhou, E., Conrad, A., Ritz, T., & Roth, W. T. (2012). Do unexpected panic attacks occur spontaneously? *Biological Psychiatry, 70*, 985-991.

Munsch, S., Meyer, A. H., Milenkovic, N., Schlup, B., Margraf, J., & Wilhelm, F. H. (2009). Ecological momentary assessment to evaluate cognitive-behavioral treatment for binge eating disorder. *International Journal of Eating Disorders, 42*, 648-657. doi:10.1002/eat.20657

Nes, A. A., van Dulmen, S., Eide, E., Finset, A., Kristjánsdóttir, Ó. B., Steen, I. S., & Eide, H. (2012). The development and feasibility of a Web-based intervention with diaries and situational feedback via smartphone to support self-management in patients with diabetes type 2. *Diabetes Research and Clinical Practice*, *97*, 385-393.

Parrish, B. P., Cohen, L. H., Gunthert, K. C., Butler, A. C., Learuenceau, J.-P., & Beck, J. S. (2009). Effects of cognitive therapy for depression on daily stress-related variables. *Behaviour Research and Therapy, 47*, 444-448.

Rönkä, A., Malinen, K., Kinnunen, U., Tolvanen, A., & Lämsä, T. (2010). Capturing daily family dynamics via text messages: Development of the mobile diary. *Community, Work & Family*, *13*, 5-21.

Shahar, B., & Herr, N. R. (2011). Depressive symptoms predict inflexibly high levels of experiential avoidance in response to daily negative affect: A daily diary study. *Behaviour Research and Therapy, 49*, 676-681.

Shiffman, S., Kirchner, T. R., Ferguson, S. G., & Scharf, D. N. (2009). Patterns of intermittent smoking: An analysis using ecological momentary assessment. *Addictive Behaviors, 34*, 514-519.

Singer, J. D., & Willett, J. B. (2003). *Applied longitudinal data analysis: Modeling change and event occurrence*. New York: Oxford University Press.

Smyth, J. M., Wonderlich, S. A., Sliwinski, M. J., Crosby, R. D., Engel, S. G., Mitchell, J. E., & Calogero, R. M. (2009). Ecological momentary assessment of affect, stress, and binge-purge behaviors: Day of week and time of day effects in the natural environment. *International Journal of Eating Disorders, 42*, 429-436.

Starr, L. R., & Davila, J. (2011). Temporal patterns of anxious and depressed mood in generalized anxiety disorder: A daily diary study. *Behaviour Research and Therapy, 50*, 131-141.

Trull, T. J., & Ebner-Priemer, U. W. (2012). Using experience sampling methods/ecological momentary assessment (ESM/EMA) in clinical assessment and clinical research: Introduction to the special section. *Psychological Assessment, 21*, 457-462. doi:10.1037/a0017653

Whalen, C. K., Henker, B., Ishikawa, S. S., Emmerson, N. A., Swindle, R., & Johnston, J. A. (2010). Atomoxetine versus stimulants in the community treatment of children with ADHD: An electronic diary study. *Journal of Attention Disorders, 13*, 391-400.

Whalen, C. K., Odgers, C. L., Reed, P. L., & Henker, B. (2011). Dissecting daily distress in mothers of children with ADHD: An electronic diary study. *Journal of Family Psychology, 25*, 402-411.

Wilhelm, F. H., & Roth, W. T. (1998). Trusting computerized data reduction too much: A critique of Anderson's ambulatory respiratory monitor. *Biological Psychology, 49*, 215-219.

Yorgason, J. B., Almeida, D., Neupert, S., Spiro, A., & Hoffman, L. (2006). A dyadic examination of daily health symptoms and emotional well-being in later life couples. *Family Relations, 55*, 613-624.

Zautra, A. J., Johnson, L. M., & Davis, M. C. (2005). Positive affect as a source of resilience for women in chronic pain. *Journal of Consulting and Clinical Psychology, 73*, 212-220.

Zautra, A. J., Schultz, A. S., & Reich, J. W. (2000). The role of everyday events in depressive symptoms for older adults. In G. M. Williamson, P. A. Parmelee, & D. R. Shaffer (Eds.), *Physical illness and depression: A handbook of theory, research, and practice* (pp. 65-92). New York: Plenum.

일상다이어리 자료 분석을 위한 SPSS 명령문

1. 자료의 재구조화 또는 쌓기(스태킹)를 위한 명령문

VARSTOCASES

/ID = id

/Make Support FROM supportDay1 SupportDay2 SupportDay3

　　　　SupportDay4 SupportDay5 SupportDay6 SupportDay7 SupportDay8

　　　　SupportDay9 SupportDay10 SupportDay11 SupportDay12 SupportDay13

　　　　SupportDay14

/Make Lifesat FROM LifeSatDay1 LifeSatDay2 LifeSatDay3 LifeSatDay4

　　　　LifeSatDay5 LifeSatDay6 LifeSatDay7 LifeSatDay8 LifeSatDay9

　　　　LifeSatDay10 LifeSatDay11 LifeSatDay12 LifeSatDay13 LifeSatDay14

/INDEX = Time(14)

/KEEP = all

/NULL = KEEP.

Save Outfile = 'C:\MLM\SupLifesatstacked.sav'.

*(이곳에는 연구자의 파일이 저장된 주소와 이름을 입력하도록 한다.)

Execute.

2. 자료를 그래프에 나타내기 위한 명령문

* 'Temporary select(임시선택)' 명령은 특정 몇몇 케이스 또는 특정 집단의 케이스를 그래프
　로 나타낼 수 있도록 한다.

* Ggraph 명령에서 'lifesat'을 연구자가 여러 날에 걸친 그래프를 그리기 원하는 변수로 대
　체하도록 한다.

* 'time'은 연구자의 데이터 세트에서 시간, 차수(wave), 날짜 등을 나타내는 변수로 대체될
　수 있다.

Temporary.

Select if ID = 8.

GGRAPH

/GRAPHDATASET NAME = "graphdataset" VARIABLES = time

　　　　MEAN(LifeSat)[name = "MEAN_LifeSat"] id

MISSING = LISTWISE REPORTMISSING = NO

```
/GRAPHSPEC SOURCE = INLINE.
BEGIN GPL
  SOURCE: s = userSource(id("graphdataset"))
  DATA: time = col(source(s), name("time"))
  DATA: MEAN_LifeSat = col(source(s), name("MEAN_LifeSat"))
  DATA: id = col(source(s), name("id"), unit.category())
  GUIDE: axis(dim(1), label("Time"))
  GUIDE: axis(dim(2), label("Mean LifeSat"))
  GUIDE: legend(aesthetic(aesthetic.color.interior), label("id"))
  ELEMENT: line(position(time*MEAN_LifeSat), color.interior(id),
  missing.wings())
END GPL.
```

3. 일상다이어리 자료를 활용한 무조건(unconditional) 다층모형을 위한 명령문

* 'Lifesat'을 연구자의 종속변수로 대체한다.
* 'id'는 연구자의 데이터 세트에서 id를 나타내는 변수명으로 대체되어야 한다.
* 'Time'은 연구자의 데이터 세트에서 시간을 나타내는 변수명으로 대체되어야 한다.

```
Mixed LifeSat with time
/fixed = | SSTYPE(3)
/random = intercept |subject (id) covtype(un)
/Print = solution testcov.
Execute.
```

4. 일상다이어리 자료를 활용한 성장곡선(시간이 포함된 모형) 다층모형을 위한 명령문

```
Mixed LifeSat with time
/fixed = | SSTYPE(3)
/random = intercept time |subject (id) covtype(un)
/Print = solution testcov.
```

5. 일상다이어리 자료를 활용한 조건(conditional) 다층모형을 위한 명령문

```
Mixed LifeSat with time support
/fixed = time support| SSTYPE(3)
/random = intercept time |subject (id) covtype(un)
/Print = solution testcov.
```

무조건, 성장곡선(시간이 포함된 모형)과 조건 모형의 선별된 결과

1. 무조건모형

고정효과의 추정치[a]

모수	추정치	표준오차	자유도	t	유의수준	95% 신뢰구간	
						하한	상한
절편	5.400327	.069684	187.020	77.498	.000	5.262859	5.537794

[a] 종속변수: Lifesat.

공분산 모수의 추정치[a]

모수	추정치	표준오차	왈드Z	유의수준	95% 신뢰구간	
					하한	상한
잔차 절편	.309668	.009096	34.044	.000	.292344	.328019
[참여자 = id] 변량	.889133	.094404	9.418	.000	.722087	1.094822

[a] 종속변수: Lifesat.

2. 성장곡선모형, 또는 시간을 고정효과의 예측 추정치로 설정한 모형

고정효과의 추정치[a]

모수	추정치	표준오차	자유도	t	유의수준	95% 신뢰구간	
						하한	상한
Intercept	5.391353	.072901	188.658	73.955	.000	5.247548	5.535159
time	.001343	.003954	181.421	.340	.734	−.006458	.009145

[a] 종속변수: Lifesat.

미시적 변화의 검증

공분산 모수의 추정치[a]

모수		추정치	표준오차	왈드Z	유의수준	95% 신뢰구간	
						하한	상한
잔차		.281957	.008593	32.811	.000	.265607	.299312
절편+시간	UN (1,1)	.912872	.103971	8.780	.000	.730234	1.141188
[참여자 = id]	UN (2,1)	−.008005	.004180	−1.915	.055	−.016197	.000187
	UN (2,2)	.001604	.000309	5.181	.000	.001098	.002341

[a] 종속변수: Lifesat.

3. 조건모형

고정효과의 추정치[a]

모수	추정치	표준오차	자유도	t	유의수준	95% 신뢰구간	
						하한	상한
절편	5.733641	.104683	199.441	54.771	.000	5.527213	5.940069
시간	.000958	.003935	177.385	.243	.808	−.006808	.008725
W_support	.090906	.016467	2302.195	5.520	.000	.058614	.123198
b_support	.338290	.076453	185.859	4.425	.000	.187462	.489118

[a] 종속변수: Lifesat.

공분산 모수의 추정치[a]

모수		추정치	표준오차	왈드Z	유의수준	95% 신뢰구간	
						하한	상한
잔차		.275355	.008474	32.494	.000	.259237	.292475
절편+시간	UN (1,1)	.864614	.099605	8.680	.000	.689863	1.083633
[참여자 = id]	UN (2,1)	−.009675	.004118	−2.350	.019	−.017746	−.001604
	UN (2,2)	.001569	.000307	5.113	.000	.001070	.002302

[a] 종속변수: Lifesat.

15 관찰연구

Karen S. Wampler & James M. Harper

　이 장은 가족치료 연구에서 관찰 데이터 수집이 주는 기회와 난제에 초점을 맞춘다. 훈련된 관찰자가 정량적 데이터를 수집하는 것은 임상실천, 가족치료이론 검증, 처치 효과성 확립을 위해 중요하다. 자기보고식 도구 사용은 익숙하지만, 관찰도구의 사용에 대한 방법론적 이슈와 관련된 타당성 문제는 가족치료 연구자들에게 익숙하지 않다. 관찰연구의 일반적인 방법론적 이슈에 대해서는 다음의 좋은 자료들을 참고하기를 바란다(Aspland & Gardner, 2003; Bakeman & Gottman, 1997; Furr & Funder, 2007; Furr, Wagerman, & Funder, 2010; Hill & Lambert, 2004; Snyder, Heyman, & Haynes, 2005 참고). 그러나 가족치료 연구에서 관찰방법에 대한 풍부한 관점을 제공하는 자료는 많지 않다. 예를 들어, 『가족치료의 연구방법(Research Methods in Family Therapy)』(Sprenkle & Piercy, 2005)에는 과제 분석에 초점을 둔 관찰연구에 대한 한 장을 포함하고 있을 뿐이다(Bradley & Johnson, 2005).

　관찰방법론은 치료 과정을 연구하고 치료 충실도(fidelity)를 평가하며 가족치료이론의 기본 가정을 검증하고 가족치료 모델들의 효과성을 조사하고 가족치료 훈련을 연구하는 데 사용된다. 가족치료의 성과로 행동 변화를 증명하는 것은 내담자, 제3자 지불인[1] 내담

---

[1] 역자 주: 제3자 지불인(third party payers)의 예를 들면, 보험회사이다.

자를 가족치료자에게 소개하는 다른 전문가들, 그리고 가족치료 분야 모두에 매우 중요하다. 변화 증거를 제공하기 위해 내담자나 치료자의 보고에만 의존하는 것은 충분하지 않다. 마약 사용, 가족 재결합, 재범, 학교출석 자료 같은 '강력한(hard)' 성과지표도 충분하지 않다. 이를 신뢰할 수 있으려면 장기적 성과들과 직접적으로 연관된 행동들(예: 문제해결, 긍정적 상호작용, 갈등 감소, 긍정적 양육행동)에 관한 데이터가 정기적으로 수집되고 이용 가능해야 한다.

이 장은 가족치료 연구와 임상측정에 대한 다중방법접근(multimethod approaches)의 중요성의 관점, 특히 자기보고식 이외의 다른 측정 방법이 필요하다는 관점에서 기술된다. 다중방법측정(multimethod assessment)의 중요성은 많은 사람에 의해 강조되어 왔으며(Eid & Diener, 2005; Snyder et al., 2005), 맥락 안에서 인간 존재를 연구하는 데 핵심이 되는 상호작용 행동에 대한 기본적 묘사 결여는 지속적으로 사람들을 좌절시켰다(Agnew, Carlston, Graziano, & Kelly, 2010). 관찰도구는 다중방법접근에서 필수적 구성요소이지만 놀랍게도 가족치료의 연구 및 임상실천 모두에서 충분히 활용되지 않았다. 이는 가족치료가 가족, 커플, 부모, 자녀의 관찰된 상호작용에 초점을 맞추며, 심지어 개인에 초점을 둘 때조차 상호적이고 체계론적 맥락 안에서 개인을 바라본다는 것을 고려하면 '놀라운' 것이다.

임상가는 측정을 위해 관찰방법론을 사용할 수 있다. 공식적 코딩(formal coding)은 가족치료이론[예: 보웬(Bowen) 이론의 '자기 입장(I-position)', 비난자의 연성화(blamer softening)] 또는 연구[예: '혐오(disgust)', Gottman, 1979]에서 중요하게 여겨지는 행동을 식별하는 치료자 능력을 향상시킬 수 있다(Carpenter, Escudero, & Rivett, 2008; Ray & Ray, 2008). 관찰도구들은 다음 단계로 이동하거나 치료를 종결할 시기를 결정하는 데 도움이 될 수 있다.

목적에 상관없이, 관찰도구들을 개발, 사용, 평가하는 것과 관련된 일반적인 방법론적 이슈들이 있다. 불행히도 이러한 방법론은 치료자-내담자 및 가족체계의 모든 측면을 고려하는 가족치료 연구자들을 위한 포괄적인 인식틀로 제공되기보다, 특정 맥락(예: 치료 과정, 커플 상호작용, 부모-자녀 상호작용, 치료 충실도) 안에서 제시된다. 이 장에서는 관찰도구 사용이 필요한 상황, 측정도구 유형 선택, 적절한 측정도구 탐색, 새로운 측정도구 개발, 코더(coders) 훈련에 대한 지침을 제공한다.

관찰방법 사용의 고려사항

관찰연구 설계는 일련의 단계를 포함한다. [그림 15-1]은 관찰연구에 대한 모든 결정이 첫 단계인 연구문제의 성격에서 비롯한다는 것을 보여 준다. 이러한 결정들은 실제로는 서로 연결되어 있어 다른 결정들을 고려하지 않고는 어떤 결정을 고려하는 것이 불가능하기 때문에 그림이 나타내는 것처럼 선형적(linear)이지는 않다. 기본적인 이슈는 구인(construct)이 관찰을 통해 가장 유용하게 측정되는지 여부이다. 두 번째 이슈는 기존 코딩 시스템을 사용할지 혹은 새로운 코딩 시스템을 개발할지 여부이다.

구인이 관찰될 수 있는가

관심 구인이 관찰을 통해 가장 잘 포착되는지 여부는 측정의 타당도를 확립하는 데 필수적이다. 연구자들이 다양한 환경에서 비공식적으로 해당 행동에 대한 광범위한 관찰을 진행해 왔다면 이 결정이 쉬워질 것이다.

관찰 혹은 다른 접근　많은 구인은 자기보고식 질문지나 인터뷰에 적합하지 않다. 예를 들어, 가족 구성원은 종종 관찰자가 볼 수 있는 행동인 요구-철수 패턴, 의사소통 시퀀스, 특정 언어 사용 빈도 등을 인식하지 못한다. 반면에 만족도, 행복, 의도와 같은 가족치료 연구의 중요 구인들은 시간을 내다보거나 되돌아보는 것이 필요하기 때문에 관찰이라는 '시간의 조각'에 의해 포착되지 않는다.

신체적 접촉 같은 일부 행동은 치료회기 동안 관찰하기에 너무 드물게 발생할 수 있다. 저자 중 한 명은 커플회기 치료 기록들을 사용하여 커플 상호작용에 대한 연구를 계획했지만, 치료회기는 주로 치료자의 말들로 채워져 있어 충분한 길이의 커플 상호작용은 너무 드물게 나타났다. 또 다른 타당도 문제는, 연구자는 독특하게 구별되는 구인들로 인식하지만 신뢰롭게 코딩할 수 없는 구인들을 식별하는 것이다. 예를 들어, 연구자들은 따뜻함과 접근 가능성에 관심 있지만 두 구인을 확실하게 구별하지 못할 수 있다.

관찰의 윤리와 수용 가능성　연구자는 행동이 참여자에게 허용되는 윤리적 방식으로 관찰될 수 있는지 여부를 결정해야 한다. 녹화된 상호작용에서 참여자는 일반적으로 신원

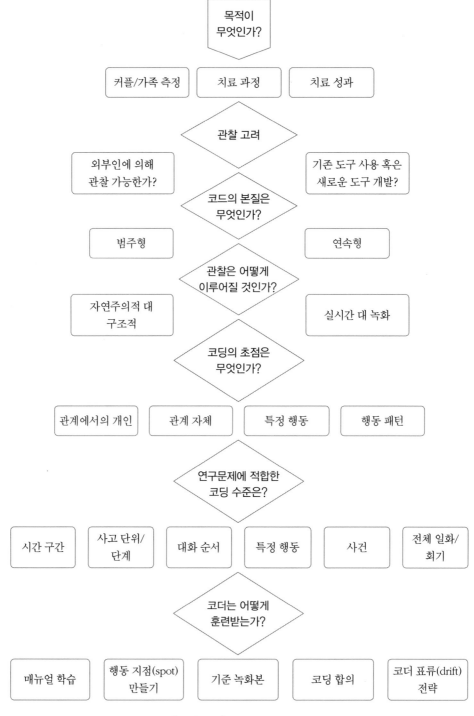

[그림 15-1] 관찰연구의 단계

확인이 가능한 상태이므로 가족 구성원의 익명성을 보장할 수 없다. 참여자들은 설문지를 작성할 때 자기통제를 할 수 있지만, 상호작용 과제 중에는 어떤 일이 일어날지, 특히 다른 가족 구성원의 말과 행동을 통제할 수 없다. 관찰 후 사후보고(debriefing)의 일환으로, 연구자는 연구 절차의 전체 혹은 일부에 대해 내담자가 과거에 표현한 참여동의를 철회할 수 있는 기회를 다시 제공해야 한다.

참여자들은 녹화된 상호작용의 관찰자가 누구인지와 비밀보장 방도는 무엇인지를 알아야 한다. 코더(coders)는 비밀 유지에 대한 광범위한 교육을 받아야 한다. 기술발전으로 코더는 실험실 외부인 가정용 컴퓨터 등에서 코딩을 할 수 있다. 연구자는 코딩의 비밀보장과 모든 기록의 최종 폐기를 보장해야 한다. 점점 더 많은 녹화본이 외부 코딩 센터(centralized coding centers)로 전송되어 연구자의 즉각적 통제를 벗어나게 되는데, 이때에는 추가적인 보호책이 요구된다.

참여자들이 식별 가능하다는 것은 관찰 연구자가 직면하는 유일한 윤리적 이슈가 아니다. 갈등 대화 과제에서 참여자는 여러 주제로 구성된 목록을 받고 가족 구성원 간 의견이 불일치하는 주제를 선정한다. '약물 사용'과 '성'이 일반적으로 이러한 목록에 포함되지만, 이는 가족 구성원이 얼마나 정직할 수 있는지와 관련한, 타당도에 위협이 될 수 있는 딜레마를 만들 수 있다. Snyder 등(2005)은 커플 상호작용, 특히 갈등적 상호작용에 있을 수 있는 권력과 통제 이슈를 논하면서, 참여자들이 심각한 주제를 논의하다 나중에[2] 위험에 처하지 않도록 초기 선별을 치밀하게 할 것을 권유한다.

기존 관찰도구 사용 vs. 새로운 코딩체계 개발

대부분의 가족치료 연구자와 임상가는 관찰도구들이 가치 있다는 것에 동의하겠지만, 이를 사용하는 데에는 많은 어려움이 있다. 코딩체계는 개발하는 데 오랜 시간이 걸린다. 신뢰할 수 있고 타당도가 높은 코딩체계들이 있지만, 그것들은 연구자가 관찰하고자 하는 현상이나 임상가가 측정하고자 하는 것을 포착하지 못할 수 있다. 관찰 코딩의 기본 요건인 평정자 간 일치도를 적절한 수준으로 달성하고 유지하기 위해서는 광범위한 훈련이 필요하다. 많은 코딩체계는 복잡하며, 유의미한 측정도구를 만들어 내기 위해서는 광범위한

---

2) 역자 주: 가정폭력 등으로

데이터 관리와 그 데이터에서 의미 있는 정보들을 추출해 가는 과정이 필요하다. 다행히도 복잡성과 사용 편의성 측면에서 다양한 측정도구가 있으며 더 많은 측정도구가 이용 가능해지고 있다.

연구자들이 연구문제에 적합한 기존 코딩체계를 찾는다면, 먼저 비공식적으로 그 코딩체계를 시범 적용해 보고 연구문제를 다루는 데에서의 장단점을 평가해야 한다. 연구자는 이 단계에서 광범위한 기록을 하여, 관찰되는 것에 대한 내러티브를 구축해야 한다 (Bakeman & Gottman, 1997). 유용한 접근으로, 다른 사람들을 참여시켜 더 강도 높은 관찰을 하고 함께 관찰결과를 토론할 수도 있다. 시간이 경과함에 따라 기존 코딩체계가 연구문제를 해결하기에 충분한지(있는 그대로 또는 일부 수정된 형태로)가 명확해진다. 새로운 코딩체계가 필요한 경우, 비공식적 기록과 토론을 통해 점차 코딩 될 행동 목록과 그 행동들에 대한 정의를 만들어 낼 수 있다. 이 단계는 근본적으로 질적(데이터에 대한 깊은 천착, 집중적 관찰) 접근으로 간주될 수 있지만, 공식적인 질적 연구는 아니다. 공식적인 질적 연구는 종종 상호작용의 관찰을 포함하며, 연구자가 연구문제를 다루기 위해 양적 방법과 질적 방법을 오가는 것은 드문 일이 아니다(Gnisci, Bakeman, & Quera, 2008).

신뢰도와 타당도   다른 측정도구와 마찬가지로 관찰 코딩체계의 신뢰도와 타당도를 확립하는 것은 주요 고려사항이며, 이는 기존 코딩체계를 사용할지 아니면 새로운 코딩체계를 개발할지 결정하는 것과 특히 관련이 있다. 도구에 대한 심리 측정적 증거는 시간이 경과함에 따라 여러 연구를 통해 축적된다. 새로운 도구를 개발할 때, 연구자들은 새로운 코딩체계의 신뢰도와 타당도에 대한 증거를 확립해야 한다. 최소한, 신뢰도는 평정자 간 일치도가 어느 정도 수준 이상 나타날 때 확립되며, 이는 코드들이 분명하게 정의되었다는 내용 타당도와도 연결된다. 다른 유형의 신뢰도는 거의 보고되지 않는데, 이는 참여자의 행동이 시간에 따라 달라진다는 가정에 의해 검사-재검사 신뢰도 또는 반분 신뢰도의 사용이 적절치 않게 되기 때문일 수 있다. 구인 타당도는 새로운 코딩체계에 매우 중요하다. Gottman(1979)의 연구는 높은 커플관계 만족과 낮은 커플관계 만족을 구별하는 코드들에 기반을 둔 코딩체계 개발을 위해 판별 타당도(discriminant validity)를 사용한 예이다. 예측 타당도(predictive validity)는 관찰코드들이 이혼과 같은 결과를 예측할 때 입증될 수 있다(Gottman & Levenson, 2002). 성인애착행동 Q-sort(Adult Attachment Behavior Q-sort: AABQ)에 대한 수렴 타당도(convergent validity)를 확립하기 위해 Wampler, Riggs와 Kimball(2004)은 파트너와 상호작용을 하는 개인의 애착 안정성의 관찰 평정 AABQ 점수가 성인애착면접(Adult Attachment Interview; George, Kaplan, & Main, 2002)으로 측정된 애착 안정성과 상관관계가 나오는지를 분석하였다. 애착안정성에 대한 AABQ 점수가 커플 만족도와 그렇게 높은 관련을 보이는 것은 아니라는 사실은 확산 타당도(divergent validity)의 증거로 간주된다.

코딩체계의 심리측정적 특성을 결정하는 예를 들어 보자. 우리는 Gottman(1979)의 커플 코딩체계나 Ainsworth, Blehar, Waters와 Wall(1978)의 낯선 상황에서의 아동 행동코드 같은 고전 사례들, McLeod와 Weisz(2010)의 청소년 심리치료를 위한 과정 도구의 개발 같은 최근 사례를 추천한다. Furr와 동료들(2010)의 Revised Riverside Behavior Q-Sort(RBQ) 개발도 신뢰도와 타당도를 확립하는 과정의 좋은 예이다.

도구 출처 적절한 관찰도구의 사용 가능성은 또 다른 고려사항이다. 자기보고식 도구들과 비교할 때, 관찰도구들은 특정 연구문제와 관련하여 한 연구자에 의해 개발되고 사용되는 경향이 있다. 그러나 점점 더 신뢰할 수 있고 양호한 타당성을 가진 관찰도구들이 그 코딩 매뉴얼과 함께 사용 가능해지고 있다. 심지어 일부 코딩체계는 훈련 워크숍이 제공된다. Snyder와 동료들(2005)은 관찰도구들의 유용성을 평가하는 데 적절한 기준을 개발하였다.

커플 코딩체계 도구들의 좋은 출처는 Kerig와 Baucom(2004) 및 Snyder와 동료들(2005)의 문헌이다. Aspland와 Gardner(2003)는 부모-자녀의 관찰도구들을 설명한다. McCrae와 Weiss(2007)는 개인에 초점을 둔 체계들을 소개한다. 가족 측정도구들에 대한 고찰도 있다(Alderfer et al., 2008; Kerig & Lindahl, 2001). Manuosov(2005)의 비언어적 도구들에 대한 책은 몇 가지 유용한 코딩체계들의 사본을 포함하고 있다.

코드의 본질

관찰해야 할 행동의 측면

가족치료 연구자가 관심 갖는 구인은 '물리적 기반(physically based)' 코딩보다 '사회적 기반(socially based)' 코딩에 의해 가장 잘 포착된다(Bakeman & Gottman, 1997). '사회적 기반' 체계에서 코더는 언어적, 비언어적 단서(cue)를 추적하고 행동의 의미를 풀어낼 능력이 요구된다(Gottman, 1979; Waldinger, Hauser, Schulz, Allen, & Crowell, 2004). 언어적 내용만 추적되는 경우 인간 상호작용의 많은 의미가 손실된다(예: 대화의 전사자료만 보고 코딩하거나, 어떤 한 개인에게만 집중하기 위해 다른 상대는 시각적으로 지워 버리는 것). 이상적으로 보면, 코더는 내용과 비언어적 단서(예: 얼굴 표정, 신체 움직임, 목소리 톤) 모두에 접근할 수 있어야 한다. Ray와 Ray(2008)는 '기능적 행동' 코딩(행동 완료 후 코딩)과 '물리적/구조적 행동' 코딩(행동이 나타나자마자 코딩)을 구분한다. 추론이 거의 개입되지 않는 물리적 코드(예: '누가 누구와 대화하는지', 의자 사이 거리, 고개 끄덕임 횟수)의 경우 신뢰도 확보가 더 쉽지만 이러한 행동들은 의미 있는 구인과 연결시키기 어려울 수 있다.

범주형 vs. 연속형

[그림 15-1]에 묘사된 것과 같이 코딩체계는 범주형 코드나 연속형 코드, 혹은 둘 다를 포함할 수 있다. 범주형 코드에서는 관찰자가 어떤 행동의 발생 여부를 결정한다. 예를 들어, Gottman의 특정 정서 코딩체계(Specific Affect Coding System; Coan & Gottman, 2007)에서는 코더들이 혐오, 철수 등의 발생 여부를 판단한다. 또 다른 예는 코더가 서술어를 인지적인지 또는 정서적인지를 분류하는 인지—정서평가척도(Cognitive-Affective Rating Scale; Harper & Hoopes, 1987)이다. 빈도 또는 지속 시간을 측정하는 도구들은 범주형 코드에서 도출될 수 있다. 코드는 강도 또는 부정성(negativity)에 대한 평정 같이 연속적일 수도 있다. 예를 들어, Ainsworth 등(1978)은 낯선상황실험에서 아동 행동을 1에서 9점 사이에서 평정하는 지침을 제시하였다. Q-sorts는 어떤 상호작용을 '전혀 그렇지 않다(least like)'에서 '매우 그렇다(most like)'의 연속선상에서 코딩한다. 대부분의 구인은 연속 또는 범주 코드로 측정될 수 있다. 예를 들어, '긍정적 상호작용'은 범주형 코드(예-아니요)일 수도 있고, 긍정성의 정도에 대한 평정이 될 수도 있다. 결정은 연구문제와 연구자가 계획하는 분석 방법에 따라 달라진다.

관찰은 어떻게 일어날까

구조화된 vs. 자연적

　행동관찰의 상황(context)은 중요한 고려사항이다. 상황은 자연적 상황에서 고도로 구조화된 상황까지 다양할 수 있다. 허락을 받을 필요 없는 공공연한 대중들의 행동에 대한 관찰이 아니라면, 완전하게 자연적인 상황이란 있을 수 없다. 특별한 지시나 과제가 없는 치료회기를 관찰하는 것은 '자연적'이라고 간주될 수 있다. 보다 구조화된 상황의 예는 치료회기에서 가족조각을 포함하도록 요구하는 것이다. 외적 타당도의 핵심 이슈는 관찰된 행동이 관찰 상황 밖에서의 가족체계 행동의 전형적이고 일반적인 모습을 반영하는지의 여부이다. 가족치료 회기 내 행동을 포함하여 일반적으로 관찰과 관련하여 많이 가지는 우려는 참여자가 녹화나 관찰을 의식함으로써 자신들의 전형적인 행동을 수정한다는 것이다. 이와 관련한 이슈로, 행동은 '시간의 한 조각'(특정한 날, 특정한 환경, 특정한 시간)에서만 관찰되기 때문에 다른 날이나 더 긴 기간으로는 일반화되지 않을 수 있다는 것이다. Gottman(1979)은 다양한 상황에서 행동을 관찰하는 광범위한 연구를 통해 일반화 가능성에 대한 이슈를 체계적으로 다룬 최초의 사람이다. 그와 다른 연구자들(Gardner, 2000; Jacob, Tennenbaum, Seilhamer, Bargiel, & Shron, 1994; Lorenz, Melby, Conger, & Surjadi, 2012)은 다른 상황들에서 코딩된 행동이 일반화될 수 있고 성과지표(outcomes)를 예측할 수도 있다는 것을 일관되게 발견하였다.

　연구자들은 구조화된 과제를 통해 관찰하고자 하는 행동을 이끌어 내고 이후의 코딩을 위해 상호작용을 기록할 수 있다. 과제는 연구문제와 관련된 상호작용을 이끌어 내기 위해 고안된다. 과제 유형은 일반적으로 '긍정적(함께 휴가 계획하기, 게임하기, 서로에게 끌린 점에 대해 이야기하기, 최근 함께 즐겼던 시간에 대해 이야기하기)' 또는 '부정적(최근 문제나 고민에 대해 의논하기, 상대에게 상처받은 경험 이야기하기, 장난감 고르기)'으로 분류될 수 있다. 어떤 문제를 해결하라는 지시와 함께 주어지는 갈등 과제(conflict task)는 가장 보편적으로 사용된다(Snyder et al., 2005). 또한 과제는 '과정 실험(process experiments)'으로 구조화될 수도 있다. 예를 들어, Seedall과 Wampler(2012)는 개입은 하지 않고 바라보기만 하는 촉진자(facilitator) 앞에서 커플이 상호작용을 하도록 요청하였다. 그다음, 같은 촉진자가 커플 사이에서 부드럽고 연민 어린 상호작용을 만들어 내려고 적극 노력하는 가운데, 커플이

다시 대화하도록 하였다. '낯선상황실험'도 부모와 걸음마기 영아 사이에 일련의 분리나 재회를 코딩하는 일종의 과정 '실험'이다(Ainsworth et al., 1978).

상호작용 과제를 구조화하는 것은 일반적으로 대부분의 연구문제에서 중요하다. 강도를 높이는 구조화는 가족치료 연구자가 관심 갖는 구인과 관련된 행동을 이끌어 낼 가능성을 높인다. 예를 들어, 저자 중 한 명은 첫 자녀를 바라는 커플이 아이가 태어나면 예상되는 변화에 대해 대화한 녹화본을 코딩할지 여부를 평가 중이었다. 파트너는 나란히 앉았고, 과제는 대체로 긍정적인 행동(많은 경우, 임산부의 배 토닥이기)을 이끌어 냈다. 이러한 편안한 사회적 상황은 커플 상호작용의 질적 차이를 포착하기에는 충분한 범위와 가변성을 제공하지 않았으며 동질화된 반응을 이끌어 냈다.

또한 모든 참여자가 참여하도록 하는 과제를 구조화하는 것도 필요하다. 저자 중 한 명은 부모 모두와 자녀가 함께 참여하도록 하기 위한 가족 상호작용의 녹화본을 시청하였는데, 거의 예외 없이 아버지는 떨어져 앉아서 어머니와 자녀가 게임하는 것을 지켜보았다. 또 다른 연구에서는 '링컨 통나무(Lincoln Logs)'에서 점차 더 복잡한 구조물을 세우는 가족 과제가 일반적 성 역할(어머니가 상자에서 조각들을 꺼내 구조물을 세우는 아버지와 자녀에게 건넴)을 촉발하여 의도했던 가족 상호작용을 이끌어 내지 못했다. 창의성은 과제를 설계하는 데 사용될 수 있다. 한 연구에서는 가족 구성원들이 포스터 판과 커다란 재료 상자를 받고 "꿈의 집을 지어 달라."는 요청을 받았다. 강도를 높이기 위해, 한 자녀만 가위를 사용할 수 있었고 다른 자녀는 접착제만을 사용할 수 있었다. 가족 상호작용 코딩 외에도, 결과물도 코딩이 가능했는데, 어떤 가족은 정교하고 복잡한 '집'을 지은 반면, 어떤 가족은 엉성한 집 그림만 보여 주었다.

상호작용은 고장 난 장비, 개, 휴대전화, 우는 영아, 음주 또는 식사, 혹은 화장실 가기 등으로 방해받아서는 안 된다. 일어날 수 있는 대부분의 문제 요소를 사전 제거하기 위해서는 상당한 탐색적 시도(pilot test)가 필요하다. 만약에 있을 장비 고장에 대한 대비책을 마련하는 것 이외에도, 카메라 프레임이 작게 설정되어 측정하고자 하는 가족 행동들이 녹화 화면 밖으로 벗어나면 안 된다는 점도 유의해야 한다.

실시간 대 녹화 관심 있는 행동과 코딩체계의 특성에 따라 과제가 실시간으로 코딩되는지 또는 나중에 코딩할 수 있도록 녹화되는지가 결정된다. 수많은 복잡한 코드가 있는 체계는 과제 기록이 필요한데, 이를 통해 코더는 되감기를 통해 행동을 반복 관찰할 수 있다. 실시간 상호작용 코딩은 코드가 단순할 때만 가능하다(특정 행동이 일정 시간 안에 몇 번 발생하는지 횟수를 계산하는 것이나 정서의 긍정성, 중립성, 부정성을 판단하는 것). 코딩체계가 단순하더라도 과제에 참여하는 가족 구성원 수는 '실시간' 코딩에 대한 어려움을 야기할 수 있다. 녹화 작업에는 장비 고장, 작은 소리, 선명하지 않은 화면, 디지털 녹화를 위한 비디오테이프, DVD, 컴퓨터 저장 공간 정리 및 관리 문제가 발생할 수 있다.

코딩의 초점이 무엇인가

관찰방법은 개인, 2인 집단(커플, 부모-자녀, 치료자-내담자 또는 형제), 3인 집단(두 명의 부모와 자녀, 형제 집단, 치료자와 커플), 또는 집단이나 가족에 대한 연구를 위해 개발되었다. 연구자들은 먼저 코드가 어떤 상황 내 개인에 초점이 맞추어져 있는지, 관계 패턴에 맞추어져 있는지 결정해야 한다. 각각 장점이 있지만, 대부분의 체계는 개별 행동을 코딩한 후 이를 연결하여 종국에는 관계를 측정하게 한다. 애초에 코드가 관계를 측정하게 되어 있다면, 그 코드를 쪼개서 개인에 대한 코드로 전환하는 것은 불가능하다.

개인

때때로 코더는 사람들 수와 관계없이 특정 개인에 초점을 둔다. 초점이 되는 개인이 전경에 있고 다른 개인은 배경으로 빠지지만, 항상 그들의 상호작용 맥락하에서 코딩된다. 예를 들어, 부모(코딩되는 '대상자')의 민감성 있는 반응을 코딩할 때 자녀의 행동은 해당 맥락의 핵심이 된다. 내담자경험척도(Client Experiencing Scale; Klein, Mathieu-Coughlan, & Kiesler, 1986)는 정서중심치료(Zuccarini, Johnson, Dalgleish, & Makinen, 2012 참고)의 과정 및 성과 연구에서 한 개인 내담자의 정서적 경험의 깊이를 측정하는 관찰도구의 예이다.

때때로 연구자들은 개인의 개별 행동에만 관심을 갖는다. 대부분의 가족치료 연구자는 개인을 평정한 코드들을 결합하여 관계 수준의 구인을 구성한다. 코딩은 각 개인별 코드가 연결될 수 있는 방식으로 이루어진다. 이를 위해 관찰자는 동일한 상호작용에 대해 동일한 코드를 부여할 수 있어야 한다. 게다가 둘 이상의 개인 데이터가 관계 변수로 전환될 때 데이터 파일은 가족 수준으로 입력되어야 한다(데이터 관리에 대한 자세한 내용은 24장을 보라).

누구를 코딩하고 개인 코드를 언제 어떻게 관계 구인으로 변환할지에 대한 결정은 참여자 표집과 관련이 있다. 세 가지 유형의 참여자 표집에는 초점(focal) 표집, 다중패스(multiple pass) 표집, 명확한(conspicuous) 표집이 있다(Yoder & Symons, 2010). 초점 표집은 일정 시간 간격 안에서 한 참여자의 행동을 코딩하고, 그다음 같은 방식으로 다른 참여자들을 코딩한다. 다중패스 표집은 한 명의 참여자를 먼저 선정하고 그/그녀의 전체 회기의 행동을 코딩한다. 이러한 표집 과정을 지원하는 소프트웨어를 사용할 수 있다(Noldus에서 판매하는 'Observer XT', Intranel에서 판매되는 'VideoScribe' 및 Mangold에서 판매되는 'Interact' 참고). 명확한 표집은 가족 전체를 관찰하고 누가 사전 정의된 행동을 보이는지를 코딩한다.

관계를 직접 코딩하기

관계를 직접 코딩하는 것이 일부 연구문제에 더 적합할 수 있다. 하나의 전체로서 관계를 코딩하는 것의 장점은 참여한 개인의 수에 의존하지 않는다는 것이다. 예를 들어, 치료적 관계의 질에 대한 코드는 치료자(한 명 혹은 두 명)와 내담자 체계(개인, 커플, 가족) 모두를 포괄할 수 있다. 가족의 즐거움을 코딩하는 과정은 4명의 가족 구성원이 참석한 이번 주나 3명만 참석했던 지난주와 상관없이 동일하게 이루어진다.

관계 수준 코딩의 예는 가족의 관계적 대화 통제 코딩체계(Family Relational Communication Control Coding System; Friedlander et al., 2006)로, 코더는 두 사람 간의 모든 언어적 상호작용을 원업(one-up), 원다운(one-down), 혹은 원어크로스(one-across)의 카테고리로 코딩해야 한다. 가족 구성원 수에 관계없이 가족 전체에 초점을 맞춘 코딩체계의 예로는 Georgia Family Q-sort(Wampler, Halverson, Moore, & Walters, 1990)와 Iowa Family Interaction Rating Scales(IFIRS; Melby et al., 1998)가 있다.

연구문제에 적합한 코딩 수준은 무엇인가

[그림 15-1]과 같이 행동은 시간에 따라 발생하며, 코딩을 하기 위해서는 연구자가 어떤 시간대를 코딩할지 결정해야 한다. 마찬가지로 관찰자가 코드를 입력하게 하는 '행동(trigger)'을 연구자가 결정하는 것도 중요하다. 선택할 접근법은 개념틀, 수집되었거나 수집될 데이터 유형, 그리고 참고문헌에 따라 달라진다.

시간 길이

연구자는 전체 시간 내 구간별로 별도 코딩을 수행할 것인지 여부와 전체 시간 길이를 결정해야 한다. 재차 강조하면, 다루고자 하는 연구문제의 성격과 시간 길이가 해당 현상을 신뢰도 높게 코딩하기에 충분한지의 여부는 연구 타당성 확보를 위해 필수적으로 고려해야 할 사항이다. 코더 인건비는 비싸기 때문에 전체 치료회기를 코딩하는 것은 거의 이루어지지 않으며, 일반적으로 치료회기의 일부 구간들만 코딩된다. 예를 들어, 저자 중 한 명은 커플치료의 시작, 중간, 종결 시기의 회기를 코딩했는데, 회기 시작 30분 후의 10분 구간을 코딩하였다.

총 상호작용 시간 내에서 코딩할 구간을 결정하는 유용한 접근은 연성화(softening), 높은 갈등 구간, 가족조각, 또는 실연(Woolley, Wampler, & Davis, 2012)과 같은 어떤 중요 사건을 활용하는 것이다. 과제분석(task analysis; Bradley & Johnson, 2005)은 경험 많은 임상가가 변화가 발생한 회기의 특정 부분을 식별하는 것으로 시작하는 사건코딩의 고전적인 예이다. 어떤 사건이 특정 상호작용 구간을 코딩하도록 촉발할 때, 관찰자는 사건 발생 여부와 사건과 연관된 코드에 동의해야 한다. 코딩할 사건을 포함하는 상호작용 구간도 정의된다. 예를 들어, 사건 발생 3분 전부터 발생 후 10분까지를 코딩한다. 상호작용 구간의 표집에 대한 자세한 내용은 Yoder와 Symons(2010)의 연구를 참고하기 바란다.

보다 구조화된 관찰 데이터를 수집하는 것은 종종 다양한 구간이나 과제들을 포함한다. 예를 들어, Wampler와 동료들(1990)은 각각 약 5~7분의 일련의 가족 상호작용 과제들을 포함하였다. 그러나 관찰자들은 그중 두 개의 중간 과제만 보고 그 과제들을 마치 연속적인 쌍인 것처럼 묶어 함께 코딩하였다. 첫 번째 과제와 마지막 과제는 '예열(warm up)' 및 '냉각(cool down)'용으로만 사용되었다. 대조적으로 구간의 유형 간 상호작용 차이가 중요한 경우[예: Seedall & Wampler, 2012; 반(半) 자연적 대 치료 같은(semi-natural vs. therapy-like)], 각 구간은 별도로 코딩되어야 한다.

시퀀스 보존

연구자는 구간 내에서 코드를 '촉발'하는 요소를 명확히 해야 한다. 일반적으로 시퀀스(일련의 상호작용)는 행동의 작은 '조각들'에 대한 코드들을 포함하고 있다. 일반적 접근은 시간에 따라 이러한 행동 조각들을 찾아내는 것이다(예: '매 30초마다' 같이 설정된 시간 간격으로 대상 행동 코딩). 소리 형태 신호는 코더에게 행동의 총계를 기록하도록 신호를 보낸다. 저자 중 한 명은 노트북을 사용하여 관찰 구간 시작에서 13개의 비언어적 행동에 코드를 할당한 다음 코더는 비언어적 범주들에서 변화가 나타날 때마다 그 변화들을 코딩하였다. 소프트웨어 프로그램은 코더의 반응 지연 시간을 보정하였다. 다른 작은 '조각들'은 '생각 단위'(Gottman, 1979) 또는 '대화 순서'일 수 있다. 이 작은 '조각들'은 의미 있는 방식으로 시퀀스를 보존한다.

이러한 '세밀한' 코드들은 상호작용의 패턴과 시퀀스, 특정 행동의 빈도에 대한 질문에 가장 적합하다. 범주형 또는 연속형 코드들은 심지어 작은 행동 조각들에도 적용될 수 있지만, 코딩의 초점이 섬세해질수록 코드들은 더 단순해야 한다. 예를 들어, 부정성의 수준은 30초 단위로 평가될 수 있다. 이러한 코딩체계의 단점은 과제를 코딩하는 시간 비용, 추가적인 훈련시간, 그리고 관리할 데이터가 많다는 것이다.

구간 전체 코딩하기

일부 코딩체계는 관찰자가 전체 구간을 시청 후 코딩할 것을 요구한다. 구간 전체를 코딩하는 것은 평정 또는 Q-sort 방식에 적합하지만, 더 세분화된 코드들도 구간 전체에 적용될 수 있다. 예를 들어, 코더는 구간 중 언제 발생하는지에 관계없이 '혐오'가 발생하는 횟수를 셀 수 있다. 구간 전체를 코딩하려면 코드를 할당하기 전 더 긴 시간의 상호작용을 보게 되기 때문에 코더는 더 많은 판단을 필요로 한다. '전체 구간' 코딩의 예로는 성인애착 행동 Q-sort(Wampler et al., 2004)와 IFIRS(Melby et al., 1998)가 있다. AABQ는 배우자와 상호작용을 할 때 개인의 애착 안정성을 측정하도록 고안되었다. IFIRS는 개인, 쌍 및 집단 특성에 대한 평정을 포함하는 포괄적 체계이다. 코더는 55개의 행동 코드와 관련된 빈도, 강도, 정서 및 맥락을 고려한다. 일반적으로 이러한 유형의 코드는 보다 포괄적인 가족기능과 관련된 구인들[예: 동맹, 역할, 구조, 경계, 이야기 주제(narrative themes)]을 연구할 수 있기 때문에 임상 측정에 사용하기에 더 적합하다(Snyder et al., 2005).

코더 훈련

코더 훈련방법은 코딩체계의 유형에 따라 다르다. 복잡한 코딩체계는 더 많은 훈련 시간을 필요로 한다. 인지−정서평가척도(CARS; Harper & Hoopes, 1987)는 코더가 스크립트를 읽고 각 사람이 정서적 동사 및 형용사와 인지적 동사 및 형용사를 사용한 횟수를 기록하게 한다. 범주가 적기 때문에 코더들은 훈련을 받고 4시간 이내에 평정자 간 일치도의 최소 기준점에 이르렀다. 반면에, IFIRS(Melby et al., 1998)와 같은 복잡한 코딩체계는 평균 90시간의 훈련이 필요하다. 연구자는 과제의 어느 정도 비율에 한해 신뢰도 점검을 해야 하는지, 연구 진행 중 어느 시점에 코딩 일치도를 점검해야 하는지, 신뢰도 점검이 '깜깜이(blind)'로 진행될 수 있는지 여부를 결정해야 한다.

적절한 평정자 간 일치도는 코더에 대한 강도 높은 훈련을 진행하고 복수의 코더들이 합의된 평정을 하도록 만드는 것을 통해 성취된다(평정자 간 일치도 계산 방법에 대해서는 24장을 보라). 그러나 신뢰할 수 있는 코딩을 얻는 다른 방법은 각 상호작용을 코딩하는 많은 수의 코더를 확보하는 것이다. 만약 많은 사람이 동일한 방식으로 현상을 본다면 연구자는 그 현상이 '존재'한다고 확신할 수 있다. Waldinger 등(2004)은 정서 기술어(emotion descriptors)에 대한 합의된 평정을 얻기 위해 '문외한(naive)' 코더를 사용한 고무적인 연구 결과를 소개한다. Baker와 Messinger, Ekas, Lindahl, Brewster(2010)는 10명의 비전문가 코더를 활용한 이러한 접근 방식의 또 다른 예를 제공한다.

일반적인 훈련 과정

복잡한 코딩체계에 대한 훈련을 위해서는 각 코드에 대한 명확한 정의, 의사결정 규칙, 대상 행동의 예시와 비예시를 제공하는 광범위한 코딩 매뉴얼의 개발이 필요하다. IFIRS 체계에서 코더 훈련에 사용된 방법은 Sharpe와 Koperwas(2003)가 권장한 훈련 과정을 잘 보여 준다. 훈련 중인 코더에게는 먼저 329쪽 분량의 코딩 매뉴얼이 제공되고, 며칠 후 코더들은 이에 대한 퀴즈를 통과해야 한다.

그런 다음 매뉴얼에서 '깊이 파야' 하는 몇 가지 과제를 코딩하도록 요청하고, 여러 코드들에 해당하는 행동들의 예시가 담긴 '행동 지점들(behavioral spots)'을 시청하게 한다. 또한 그들이 코딩한 과제는 인증된 숙련된 코더에 의해서도 코딩되어 훈련생들의 정확성에 대한 즉각적인 피드백이 제공된다. 그들은 지속적으로 매주 1~3개의 과제를 코딩하고 피드백을 받는다. 또한 자주 범하는 실수와 자주 잘못 이해되는 코드를 다루는 워크북이 소개된다. 훈련생들이 인증된 숙련 코더들과 80% 수준의 일치성을 지속적으로 보이면 다른 대학의 IFIRS 코딩 연구소의 코더들에 의해 코딩된 기준 녹화본을 코딩한다. 이러한 과정을 거친 후에야 비로소 그들의 코딩이 연구 데이터베이스의 일부로 포함되기 시작한다. 과제의 25%는 이중 코딩되도록 무작위로 선택되며, 두 코더는 과제가 이중 코딩되고 있다는 사실을 알지 못한다. 이러한 이중 코딩된 과제에 대해 코더 간의 불일치가 있을 경우, 두 코더는 첫 평정 점수를 고지받지 못한 채 합의 회의를 열고 과제를 함께 관찰하며 동의하지 않은 코드에 한해 합의에 이르도록 한다. 각 코더에 대한 평가자 간 신뢰도는 매주 검사되며, 지속적으로 신뢰도가 낮은 코더에게는 시정 주의가 이루어진다.

높은 코더 일치도 유지

훈련상의 이슈 중 하나는 코더의 표류(drift)이다(Hill & Lambert, 2004). 코더 정확도는 코딩에 충분한 시간을 쓰지 않음, 코더의 일상 경험, 기분, 코딩 대상자에 대한 친밀감, 문화 관련 특정 편견, 과도한 노동에 따른 피로, 장기간 격리된 코딩 등을 포함한 많은 요인에 의해 영향을 받는다. 이러한 각각의 문제에는 재훈련이 필요하다. 유지 전략 중 하나는 모든 코더가 녹화된 과제를 함께 보고 보이는 행동들과 행동 수준을 말하는 회의에 '참여하도록' 하는 것이다. 추가적인 방식은 모든 코더가 녹화본을 평정한 다음 모든 평정이 비교되고 평정 불일치에 대해 검토하는 집단 합의 회의를 가지는 것이다. 개인과 집단에 대한 지침은 코딩 매뉴얼의 일부 또는 '행동 지점'에 초점을 맞출 수 있다. 평가자 간 신뢰도를 정기적으로 점검하면, 전체 집단 안의 어떠한 표류도 그러하듯, 고군분투하고 있는 코더들을 쉽게 찾아낼 수 있다.

코더의 기분과 일상 경험은 코더에게 코딩 회기 시작과 끝의 기분과 코딩 대상자에게 느끼는 친밀감 및 공감을 리커트 척도 질문에서 응답하도록 요청하는 것을 통해 다룰 수 있다. IFIRS(Melby et al., 1998)는 코딩 대상자의 신체적 매력과 코딩 대상자에 대한 평정자의 반응성에 대한 코드들을 포함한다. 그런 다음 이러한 코드를 통계분석에 사용하여 관찰자 편향을 통제할 수 있다. 물론 코더에게 과제를 무작위로 할당하고, 한 코더가 모든 치료회기 또는 가족이 참여하는 모든 과제를 코딩하지 않도록 하는 것도 편견이 결과에 체계적으로 영향을 미치는 것을 막는 데 도움이 된다.

문화적 편견

발생할 수 있는 관찰자 편견에 대한 한 가지 중요 고려사항은 코더와 그들이 코딩하는 개인 또는 가족의 문화/민족성이다. Melby, Hoyt와 Bryant(2003)는 코딩 시 편견의 원천으로 코더와 가족의 인종을 조사하였다. 코더들은 같은 인종의 가족을 덜 호의적으로 평가하는 경향이 있었으며, 특히 유럽계 미국인 코더들은 가족의 인종에 관계없이 가족들을 더욱 호의적으로 평가하였다. 훈련이 이러한 이슈를 다루면서 대부분의 편견은 시간이 지남에 따라 사라졌다. 또 다른 접근 방식은 여러 인종/민족성의 코더를 훈련하여 이러한 비교를 수행하거나, 최소한 편견이 코딩 시 무작위로 분포되도록 하는 것이다.

결론

신뢰할 수 있고 타당한 관찰도구들과 이를 개발하고 활용하는 방법에 대한 지식이 점차 쉽게 이용 가능해지고 있는 것은 희망적인 신호이다. 효과성 연구와 실제 임상실천 적용 가능성에 대한 연구비 지원의 최근 흐름은 임상가가 접근할 수 있는 보다 현실적인 관찰도구들의 개발을 장려해 왔다(McLeod & Islam, 2011을 보라). 예를 들어, McLeod와 Weisz(2010)는 지역사회에서 실천되고 있는 아동 · 청소년 치료에서의 '일반적 돌봄(usual care)'에 대한 관찰 코딩체계를 설명한다. 다른 유망한 새로운 개발은 여러 명의 훈련되지 않은 코더들을 활용하는 것이다(Baker et al., 2010; Waldinger et al., 2004).

이 장을 기술하면서 우리는 특히 두 가지 이슈에 놀랐다. 첫 번째 이슈는 커플가족치료에 특화된 더 많은 과정 연구의 필요성과 관련 있다. 기존 가족치료 과정의 측정도구들은 특정 증거 기반 모델들에 특화되어 있기 때문에 보다 일반적인 가족치료 측정도구들이 필요하다. 예를 들어, 내담자들이 중요하다고 생각하는 요인에 대한 연구(Chenail et al., 2012)는 '그들이 방해받지 않고 질문에 답할 수 있게 함', '배우자들에게 동등한 시간을 부여함', '아이와도 교감함', '목표에 대해 피드백을 제공함' 같은 항목들을 포함하였다. 이것은 가족치료 과정에 대한 일반적 측정도구를 개발할 때 포함할 코드의 중요한 원천이 될 수 있다.

두 번째 이슈는 가족치료 훈련과 관련이 있다. 광범위하게 연구되기는 했으나 가족치료 훈련에 대한 평가는 거의 전적으로 질문지나 면접에 의존해 왔다. 이는 가족치료 회기가 일상적으로 기록되기 때문에 전체 훈련 기간 동안의 치료자의 행동 변화를 코딩하고 점검할 수 있는 여러 기회가 있다는 것을 고려하면 특히 놀랍다. 관찰 데이터는 수련 학생들의 학습목표가 충족되는지 여부를 파악하고 훈련의 개선 방향을 제공하는 데 도움이 될 것이다.

관찰 가능한 성과를 증빙할 때 관찰도구들을 사용하지 않음으로 인해 발생하는 손실과 관찰도구들을 사용함으로써 얻는 이익을 고려할 때 관찰연구는 가족치료 연구와 실천에서 더 보편화될 것이다. 마찬가지로 중요하게, 대규모 데이터를 전송, 저장 및 관리할 수 있는 능력과 함께, 신뢰할 수 있고 휴대 가능하며 상대적으로 저렴한 장비의 가용성의 급격한 증가는 가족치료 연구와 임상실천 모두에서 관찰도구의 사용을 확장시킬 것이다.

참고문헌

Agnew, C. R., Carlston, D. E., Graziano, W. G., & Kelly, J. R. (Eds.). (2010). *Then a miracle occurs: Focusing on behavior in social psychological theory and research*. New York: Oxford.

Ainsworth, M. D. S., Blehar, M. C., Waters, E., & Wall, S. (1978). *Patterns of attachment: A psychological study of the Strange Situation*. Hillsdale, NJ: Erlbaum.

Alderfer, M. A., Fiese, B. H., Gold, J. I., Cutuli, J. J., Holmbeck, G. N., Goldbeck, L., ······ Patterson, J. (2008). Evidence-based assessment in pediatric psychology: Family measures. *Journal of Pediatric Psychology, 33*, 1046-1061. doi:10:1037/a0021275

Aspland, H., & Gardner, F. (2003). Observational measures of parent-child interaction: An introductory review. *Child and Adolescent Mental Health, 8*, 136-143.

Bakeman, R., & Gottman, J. M. (1997). *Observing interaction: An introduction to sequential analysis* (2nd ed.). Cambridge, UK: Cambridge University Press.

Baker, J. K., Messinger, D. S., Ekas, N. V., Lindahl, K. M., & Brewster, R. (2010). Non-expert ratings of family and parent-child interaction. *Journal of Family Psychology, 24*, 775-778. doi:10.1037/a0021275

Bradley, B., & Johnson, S. M. (2005). Task analysis of couple and family change events. In D. H. Sprenkle & F. P. Piercy (Eds.), *Research methods in family therapy* (2nd ed., pp. 254-271). New York: Guilford.

Carpenter, J., Escudero, V., & Rivett, M. (2008). Training family therapy students in conceptual and observation skills relating to the therapeutic alliance: An evaluation. *Journal of Family Therapy, 30*, 411-424.

Chenail, R. J., St. George, S., Wulff, D., Duffy, M., Scott, K. W., & Tomm, K. (2012). Clients' relational conceptions of conjoint couple and family therapy quality: A grounded formal theory. *Journal of Marital and Family Therapy, 38*, 241-264. doi:10.111/j.1752-0606.2011. 00246x

Coan, J. A., & Gottman, J. M. (2007). The Specific Affect Coding System (SPAFF). In J. A. Coan & J. B. Allen (Eds.), *Handbook of emotion elicitation and assessment* (pp. 267-285). New York: Oxford University Press.

Eid, M., & Diener, E. (Eds.). (2005). *Handbook of multimethod measurement in psychology*. Washington, DC: American Psychological Association.

Friedlander, M. L., Escudero, V., Horvath, S., Heatherington, L., Cabero, A., & Martens, M. P. (2006). System for Observing Family Therapy Alliances: A tool for research and practice. *Journal of Counseling Psychology, 53*, 214-225.

Furr, R. M., & Funder, D. C. (2007). Behavioral observation. In R. W. Robins, R. C. Fraley, & R. F. Krueger (Eds.), *Handbook of research methods in personality psychology* (pp. 273-291). New York: Guilford.

Furr, R. M., Wagerman, S. A., & Funder, D. C. (2010). Personality as manifest in behavior: Direct behavioral observation using the Revised Riverside Behavioral Q-sort (RBQ-3.0). In C. R. Agnew, D. E. Carlston, W. G. Graziano, & J. R. Kelly (Eds.), *Then a miracle occurs: Focusing on behavior in social psychological theory and research* (pp. 186-204). New York: Oxford.

Gardner, F. (2000). Methodological issues in the direct observation of parent-child interaction: Do observational findings reflect the natural behavior of participants? *Clinical Child and Family Psychology Review, 3*, 185-198. doi:1096-4037/00/ 0900-0185

George, C., Kaplan, N., & Main, M. (2002). *The Adult Attachment Interview* (3rd ed.). Unpublished manuscript, University of California, Berkeley.

Gnisci, A., Bakeman, R., & Quera, V. (2008). Blending qualitative and quantitative analyses in observing interaction: Misunderstandings, applications and proposals. *International Journal of Multiple Research Approaches, 2*, 15-30.

Gottman, J. M. (1979). *Marital interaction: Experimental investigations*. New York: Academic Press.

Gottman, J. M., & Levenson, R. W. (2002). A two-factor model for predicting when a couple will divorce: Exploratory analysis using 14-year longitudinal data. *Family Process, 41*, 83-96.

Harper, J. M., & Hoopes, M. H. (1987). *The Cognitive-Affective Rating Scale*. Provo, UT: Family Studies Center, Brigham Young University.

Hill, C. E., & Lambert, M. J. (2004). Methodological issues in studying psychotherapy processes and outcomes. In M. J. Lambert (Ed.), *Bergin and Garfield's hand-book of psychotherapy* and behavior change (pp. 84-135). New York: Wiley.

Jacob, T., Tennenbaum, D., Seilhamer, R. A., Bargiel, K., & Shron, T. (1994). Reactivity effects during naturalistic observation of distressed and nondistressed families. *Journal of Family Psychology, 8*, 354-363. doi:10.1037/0893-3200.8.3.354

Kerig, P. K., & Baucom, D. H. (2004). *Couple observational coding systems*. Mahwah, NJ: Erlbaum.

Kerig, P. K., & Lindahl, K. M. (Eds.). (2001). *Family observational coding systems: Resources for systemic research*. New York: Psychology Press.

Klein, M. H., Mathieu-Coughlan, P., & Kiesler, D. J. (1986). The Experiencing Scales. In W. M. Pinsof & L. S. Greenberg (Eds.), *Guilford clinical psychology and psychotherapy series* (pp. 21-71). New York: Guilford.

Lorenz, F. O., Melby, J. N., Conger, R. D., & Surjadi, F. F. (2012). Linking questionnaire reports and observer ratings of young couples' hostility and support. *Journal of Family Psychology, 26*, 316-327. doi:10.1037/a0028319

Manusov, V. (Ed.). (2005). *The sourcebook of nonverbal measures*. Mahwah, NJ: Erlbaum.

McCrae, R. R., & Weiss, A. (2007). Observer ratings of personality. In R. W. Robins, R. C. Fraley, & R. F. Krueger (Eds.), *Handbook of research methods in personality psychology* (pp. 259-272). New York: Guilford.

McLeod, B. D., & Islam, N. Y. (2011). Using treatment integrity methods to study the implementation process. *Clinical Psychology: Science and Practice, 18*, 36-40.

McLeod, B. D., & Weisz, J. R. (2010). The Therapy Process Observational Coding System for Child Psychotherapy Strategies scale. *Journal of Clinical Child & Adolescent Psychology, 39*, 436-443. doi:10.1080/15374411003691750

Melby, J. N., Conger, R., Book, R., Reuter, M., Lucy, L., Repinski, D., ⋯⋯ Scara-mella, L. (1998). *The Iowa Family Interaction Rating Scales*. Ames: Institute for Social and Behavioral Research, Iowa State University.

Melby, J. N., Hoyt, W. T., & Bryant, C. M. (2003). A generalizability approach to assessing the effects of ethnicity and training on observer ratings of family interactions. *Journal of Social and Personal Relationships, 20*, 171-191. doi:10.1177/02654075030202003

Ray, J. M., & Ray, R. D. (2008). Train-to-Code: An adaptive expert system for training systematic observation and coding skills. *Behavior Research Methods, 40*, 673-693. doi:10.3758/BRM.40.3.673

Seedall, R. B., & Wampler, K. S. (2012). Emotional congruence within couple interaction: The role of attachment avoidance. *Journal of Family Psychology, 26*, 948-958. doi: 10.1037/a0030479

Sharpe, T., & Koperwas, K. (2003). *Behavior and sequential analyses: Principles and practice*. Thousand Oaks, CA: Sage.

Snyder, D. K., Heyman, R. E., & Haynes, S. N. (2005). Evidence-based approaches to assessing couple distress. *Psychological Assessment, 17*, 288-307.

Sprenkle, D. H., & Piercy, F. P. (2005). *Research methods in family therapy* (2nd ed.). New York: Guilford.

Waldinger, R. J., Hauser, S. T., Schulz, M. S., Allen, J. P., & Crowell, J. A. (2004). Reading others' emotions: The role of intuitive judgments in predicting marital satisfaction, quality, and stability. *Journal of Family Psychology, 18*, 58-71. doi:10.1037/0893-3200.18.1.58

Wampler, K. S., Halverson, C. F., Moore, J. J., & Walters, L. H. (1990). The Georgia Family Q-sort: An observational measure of family functioning. *Family Process, 28*, 223-238.

Wampler, K. S., Riggs, B., & Kimball, T. G. (2004). Observing attachment behavior in couples: The Adult Attachment Behavior Q-set (AABQ). *Family Process, 43*, 315-335.

Woolley, S. R., Wampler, K. S., & Davis, S. D. (2012). Enactments in couple therapy: Identifying therapist interventions associated with positive change. *Journal of Family Therapy, 34*, 284-305. doi:10.1111/j.1467-6427

Yoder, P., & Symons, F. (2010). *Observational measurement of behavior*. New York: Springer.

Zuccarini, D., Johnson, S. M., Dalgleish, T. L., & Makinen, J. A. (2012). Forgiveness and reconciliation in emotionally focused therapy for couples: The client change process and therapist interventions. *Journal of Marital and Family Therapy*. doi:10.1111/j.1752-0606.2012.00287

16 가족치료를 위한 질적 연구[1)]

Jerry E. Gale & Megan L. Dolbin-MacNab

"각자의 위치로 돌아가!" 여왕이 우레와 같은 목소리로 소리쳤고, 사람들은 서로 부딪히고 넘어지면서 사방으로 뛰기 시작했다. 하지만 바로 이들은 각자의 위치로 돌아갔고, 게임이 시작되었다. 앨리스는 자신의 삶에서 이렇게 이상한 크로켓 경기장을 본 적이 없다고 생각했다. 경기장은 이랑과 고랑이 나 있었고, 공은 살아 있는 고슴도치였고, 타구봉은 살아 있는 플라밍고였다. 군인들은 아치를 만들기 위해서 자신들의 손과 발을 겹쳤다.

처음에 앨리스에게 가장 힘들었던 것은 플라밍고를 다루는 것이었다. 앨리스는 플라밍고의 몸을 아주 편하게 그녀의 팔 아래 끼우고 다리를 밑으로 빠지게 하는 것에 성공했으나 플라밍고의 목을

---

1) 질적 연구에서는 연구도구인 연구자가 연구에 영향을 미치는 맥락적 요소인 연구자의 정체성에 관해 독자에게 알리는 것이 일반적이다. 이런 관점에서 우리는 이 장에서 주관성(subjectivity)에 관해 진술한다. Jerry Gale: 나는 약 4~8세에 언어장애를 겪었고, 그 당시 내 말을 알아듣는 사람은 거의 없었다. 나는 수업 중과 방과 후에 언어 치료를 받았고, 나는 혼자 지내는 아이였다. 돌이켜 보면, 이러한 배경이 나로 하여금 언어, 인간관계에서의 의미 생성, 그리고 관찰에 대해 흥미를 가지게 만든 것 같다. 또한 이런 경험은 가족치료자와 질적 연구자 직업을 갖는데 결정적이었다. 에릭슨 최면 치료에 대해 훈련받았던 수년의 기간은 내가 언어의 뉘앙스를 다루는 데 영향을 미쳤고, 명상 실천을 했던 기간은 내가 현상학에 관심을 두도록 하였다. Megan Dolbin-MacNab: 나는 이야기를 좋아하는 가족에서 성장했고 이는 내가 질적 연구나 치료자로서 타인의 이야기를 듣는 것에 흥미를 갖게 하였다. 또한 내가 조부모의 농장에서 지냈던 시기는 연구방법을 선택하고 연구문제에 답하는 데 있어 다양한 방법론적 접근을 기꺼이 고려하는 실용주의적 감각을 발달시켰다.

쭉 뻗게 해서 머리로 고슴도치를 맞추려고 할 때 플라밍고는 목을 구부려서 앨리스를 쳐다보며 혼
란스러운 표정을 했고 앨리스는 웃음을 터트렸다. 앨리스가 플라밍고 머리를 내려서 다시 시작하
려고 했을 때 고슴도치는 몸을 말아서 기어갔다. 고슴도치는 이랑과 고랑이 난 경기장으로 데굴거
리며 도망을 쳤고, 몸으로 아치를 만들었던 군인들은 일어서서 경기장의 다른 쪽으로 가 버리자 앨
리스는 이 게임이 정말 어렵다는 결론을 내렸다.

루이스 캐럴의 『이상한 나라의 앨리스(Alice's Adventure in Wonderland)』

질적 연구는 연구자를 의미 만들기의 세계로 초청한다. 질적 탐구는 모든 맥락에서 일
반화될 수 있는 패턴이 아닌 맥락과 얽힌 패턴을 탐색하는데, 이는 패턴과 의미가 사회적,
정치적, 역사적, 문화적 맥락과 관련해서 더 잘 이해될 수 있기 때문이다. 루이스 캐럴의
크로켓 게임에서처럼 각 행동은 각각의 인물의 의미-동기 관점, 인물 간의 체계적인 상호
작용 및 사회정치적 맥락에서 해석될 수 있다.[2] 앨리스의 경험과 앨리스가 당연시했던 원
인과 결과, 통제, 예측에 관한 가정은 그녀가 가변적인 플라밍고로 항상 움직이는 고슴도
치를 치려고 했을 때 도전받았다. 가족치료에서도 어떻게 내담자 체계와 치료자 체계의
구성원이 의미를 부여하고 도덕적으로 묘사하고 서로의 말에 반응하는지는 상당히 다양
할 수 있다. 이 장의 목적은 독자들에게 질적 연구를 하는 방법을 가르치려는 것이 아니라
[이는 이 장의 범위를 넘어가는 것이고, Creswell(2013), Glesne(2011), Silverman & Marvasti(2008)
의 저서를 포함해 이에 관한 탁월한 교재가 있다.], 인간행동을 이해하고, 연구하고, 잠재적으
로 변화시키고자 하는 다른 일련의 규칙과 새로운 방식에 관한 논의로 독자들을 초대하는
것으로, 이는 질적 탐구의 구조, 엄격성과 관련된다.

질적 탐구는 가족치료 연구에 유익할 수 있는 많은 강점이 있다. 질적 탐구는 인간 경험
에 관해 이해하려 하고, 이성적이고 비이성적인 결정, 정서적 반응성, 귀인과 개인적 의미
등을 탐색한다. 또한 질적 접근은 어떻게 행동 변화가 가족치료 중이나 밖에서 일어나는
지에 관한 통찰을 갖게 해 준다. 그리고 질적 접근은 치료 성과에 영향을 미치는 요소에 관
한 유용한 정보를 치료자에게 제공할 수 있다.

질적 연구자를 교육하는 사람으로서 우리는 질 높은 엄격한 질적 연구를 수행하는 것
과 관련해서 오해를 받고 곤경에 처하기도 하였다. "왜 같은 방식으로 단어를 사용하면

---

2) 연구의 인식론과 방법론에 따라 맥락이 고려되는 정도가 다르므로 우리는 '해석될 수 있다'라는 표현을 사용한다.

안 되고, 단어의 의미도 같다고 하면 안 되나요?", "근거이론과 현상학은 방법인가요, 방
법론인가요 아니면 이론인가요?", "근거이론(예: Glaser and Strauss, Strauss, Charmaz), 현
상학(Husserl, Heidegger, Gadamer, Moustakas, Ricoeur, Levinas, Schütz 등), 내러티브 분석
(Riesman, Labov, Mishler 등), 담론 분석(Edwards and Potter, Fiarclough 등) 및 다른 질적 방
법론을 사용할 때 누구의 아이디어를 사용하는 것이 왜 중요한가요?", "왜 인식론은 질적
연구를 하는 데 중요한가요?", "그냥 질적 연구를 어떻게 하는지만 알려 주고 '~에 따라 다
르다.'라는 말은 하지 마세요!" 우리는 초보 연구자들로부터 "질적 연구는 양적 연구보다
쉽고, 박사학위 논문의 연구문제를 결정하기도 전에 이런저런 방법론을 사용하고자 합니
다."라는 말을 듣기도 하였다. 이런(그리고 다른 많은) 이유로 우리는 가족치료 연구자와 교
육자가 서로 다른 질적 연구의 틀과 '규칙'[3]에 대해 이해하고 특정 질적 연구 방법론에서
요구되는 엄격성을 알기 원한다.

　질적 연구에서는 엄격성과 상상력 및 내러티브 일관성[4]이 요구되는데, 이를 위해 연구
자는 연구 절차를 면밀하게 검토하는 등 탐구 과정에서 반복적으로 성찰해야 한다. 예를
들어, 분석적 귀납으로 일컬어지는 질적 연구과정의 반복적 특징은 연구 전 과정에서 탐구
를 새로운 방향으로 이끌 수 있다(Atkinson & Delamont, 2005). 연구과정 자체는 어떻게 면
접 질문이 응답을 이끄는지를 검토하면 분석될 수 있다(Roulston, 2010). 하지만 가족치료
질적 연구자들은 여타의 질적 연구의 복잡성을 수용하고, 가족치료 과정과 가족 과정에 대
한 통찰을 얻기 위해서 질적 연구의 강점과 복잡성을 활용할 수 있다.

질적 탐구로 지향하기

　'질적 연구'는 매우 넓고 다양하고 정의하기 어려운 개념이다. Denzin과 Lincoln(2005)은
"질적 연구는 세계 안에 관찰자를 위치시키는 활동이라는 포괄적 정의를 내렸다. 이는 세
계를 볼 수 있게 하는 일련의 해석적이고 구체적인 실천으로 구성된다. 이러한 실천은 세
계를 변형시킨다"(p. 3). 독자들이 질적 연구의 다양한 접근과 서로 다른 질적 연구 방법론

---

3) 여기서 의미하는 규칙은 서로 다른 인식론적 틀에 기초한 방법론적, 과정적 및 실용적 차이를 의미한다.
4) 내러티브 일관성은 연구의 다양한 부분이 설득력 있는 하나의 이야기로 표현되기 위해서 논리적으로 잘 연결되어야
　함을 의미한다.

의 엄격성을 판단하는 기준을 더 잘 이해하기 위해서 질적 연구에서 인식론의 역할을 고려하는 것이 선행되어야 한다.

인식론

Crotty(1998)는 연구자의 인식론적 관점 혹은 우리가 아는 것을 어떻게 아는가를 이해하고 설명하기 위한 패러다임은 연구의 전 과정에 영향을 미치고 연구자가 어떻게 '과학'과 '연구'를 정의하는지까지도 결정한다는 중대한 저서를 출간하였다. Crotty는 어떻게 다양한 인식론이 연구 수행에 관한 서로 다른 논리의 틀 및 기준과 관련이 있는지에 대해 광범위하게 논의하였고, 이에는 무엇을 연구라고 할 수 있는지, 어떻게 연구자가 연구참여자와 관련되고(예: 공동연구자, 협력자, 참여자), 무엇이 자료로 여겨지는지, 어떻게 연구가 수행되는지, 어떻게 연구결과가 분석되고 확산되는지 등이 포함된다. Crotty는 질적 연구를 포함하여 모든 연구의 기저를 이루는 4가지 주요 개념적 요소를 제시하였다. 이는 인식론, 이론적 관점, 방법론 및 방법이다. 연구틀과 관계없이, 각각의 요소는 서로 논리적으로 일관적이어야 한다. 이러한 논리적 일관성은 만약 연구과정이 엄격하고 연구결과가 타당하다고 여겨지기를 원한다면 필수적이다.

Crotty는 그의 저서(1998)에서 가족치료 분야에서 엄격한 질적 연구와 관련된 세 가지 주된 인식론적 접근인 객관주의, 구성주의 및 주관주의에 대해 논의하였다.[5] Crotty의 논점을 요약하자면, 객관주의는 연구자는 의미 부여와 별개로 가설적 연역적 방법(1959년에 Popper에 의해 제안된)을 통해 세계를 알 수 있고, 과학적 이론은 객관적(종종 실험이나 준실험 방법의 사용)으로 검증될 수 있는 가설을 도출하며, 대규모 표본을 통해 통계적 결정을 내릴 수 있고, 연구결과를 일반화할 수 있다는 실증주의(혹은 후기 실증주의[6]) 가정에 기초한다. 객관주의에 기초한 연구에 있어 방법론적 이슈와 통계적 타당도와 신뢰도는 핵심적이다.

---

5) 질적 연구를 시작하는 학생들을 더욱더 당혹스럽게 할 수 있다는 것을 알지만, 서로 다른 학자들이 인식론에 대해 서로 다른 분류를 하고 있다는 사실을 언급하는 것이 적절하다고 판단된다. 예를 들어, Glesne(2011)은 (인식론이 아닌) 패러다임이라고 명명하였고, 실증주의, 해석주의, 비판적 이론, 후기구조주의의 네 가지로 분류하였다.

6) 후기 실증주의는 실증주의의 확장으로 인간의 의식과는 독립적으로 존재하는 세계가 있다고 믿지만, 세계를 객관적으로 100% 정확하게 알 수 없고, 모든 진술은 영원히 잠정적임을 믿는다(Crotty, 1998).

Crotty(1998)는 세계에 대한 지식은 객관적으로 성취될 수 없고, 항상 사회적/역사적/정치적인 의미 만들기 과정으로부터 창출된다는 객관주의와 대조되는 구성주의 인식론을 제시하였다. 이러한 인식론적 지향은 종종 상징적 상호작용, 해석주의, 현상학, 해석학과 같은 이론과 연결된다. 구성주의와 관련해서 대부분 질적 접근이 사용되고 근거이론, 내러티브 분석, 현상학, 문화기술지, 담론 분석, 체험적 탐구 등이 이에 포함된다. 분석은 지속적 비교, 주제 분류, 예시 사용과 같은 비통계적 귀납적 방법을 통해 수행된다. 질적 연구 맥락에서 타당도와 신뢰도는 신실성(trustworthiness), 진정성(authenticity), 내러티브 일관성(narrative coherence) 등으로 더 잘 설명될 수 있다(Glesne, 2011).

마지막으로 인간의 경험은 고정된 실재와 무관하다고 보는 주관주의에 관해서 Crotty(1998)는 Paulo Freire의 예를 들었다. Freire에게 의식은 "실재에 대해 이미 이루어지고 있는 능동적 개입"이고, 실천은 "세계를 탈바꿈시키기 위해 세계에 대해 반성하고 행동하는 것"이라고 하였다(p. 151). 그러므로 주관주의 인식론은 연구, 분석, 결과의 목적이 지역사회를 연구에 포함하고 해방적 변화를 성취하는 것인 참여적 행동 연구(participatory action research: PAR)로 향하는 경향이 있다. 이러한 탐구에서 연구의 강점은 타당도, 신뢰도와 같은 기준보다 사회적 의제가 어느 정도로 진보하는가에 더 기초한다.

가족치료 분야에서 서로 다른 인식론적 틀이 임상적 질적 연구에 시사하는 바는 각각의 인식론이 서로 다른 연구의 정의, 다양한 연구 의제, 다양한 이론 활용 방식 및 연구 절차, 방법, 분석 및 발표에 관한 서로 다른 규칙과 이어진다는 것이다. 이는 자료의 정의, 자료 수집과 자료 분석, 결과 해석의 다양성을 포함한다. 예로, 근거이론은 후기 실증주의 인식론적 틀에서 사용될 수 있고, Glaser와 Strauss(1967)의 접근과 일치한다. 또한 근거이론은 구성주의 관점에서도 수행될 수 있고, Charmaz(2006)의 접근과 일치한다. 연구자가 취하는 인식론적 지향에 따라 근거이론은 매우 다르게 보여질 수 있다.[7]

Patti Lather와 Bettie St. Pierre(Lather, 2007에서 인용)는 연구자의 인식론적 패러다임에 따라 연구는 예측, 이해, 해방 혹은 해체의 목적을 갖는다고 하였다. 서로 다른 인식론적 관점은 서로 다른 유형의 연구문제와 자료 수집 방식과 이어진다. 예를 들어, 예측을 목적으로 하는 연구는 가족치료의 효과나 효과성을 탐구하는 데 유용할 수 있고, 객관주의적,

---

7) Bronfenbrenner의 이론에 대한 최근 논문(Tudge, Mokrova, Hatfield, & Karnik, 2009)이 이에 해당하는데, 이 논문에서 저자들은 연구자들이 어떤 '생태체계'이론을 사용하는지를 명확히 해야 한다고 하였다. 시간이 지나면서 생태체계 이론은 다르게 표현되었다.

양적 방법을 취한다. 이해를 목적으로 한 연구는 치료의 임상적 과정과 참여자의 경험을 탐색할 수 있게 하고 질적 혹은 양적 연구로 가능하다. 해방을 목적으로 하는 연구는 혼합 방법론을 사용할 수 있고, 참여적 행동 연구 운동의 부분이다(Reason & Bradbury, 2008). 이러한 연구는 권력 이슈, 사회적 위계 및 규범에 민감하면서 사회적 정의를 다룬다. 마지막으로, 해체를 목적으로 하는 연구는 어떻게 임상과 연구가 연구자의 사회적 환경과 별개가 아닌지를 검토하고, 어떻게 권력의 실천, 정체성 및 의미가 문화적으로 강요되는지를 검토한다. 해체를 목적으로 하는 연구는 대부분 질적 연구로 암시적인 문화적/사회적 편견과 편견의 작동 과정을 비판적으로 검토한다(Guilfoyle, 2003).

가족치료 연구자가 인식론적 틀의 논리와 조응하지 않는 연구목표를 성취하려고 할 때 문제가 많을 수 있다. 과학적 엄격성과 통제를 위해 객관주의 인식론을 적용하지만, 개인적 특성, 맥락, 권력관계, 사회적 변형에 관심을 두고 비판적, 성찰적으로 탐구하는 연구가 그 일례다. 이는 실천과 연구의 격차를 만들어 온 임상연구의 혼재 이슈의 하나로, 마치 포스트모던 임상가가 객관주의 연구는 문화적 규범과 관계적 권력 차이를 무비판적으로 본다는 이유로 이를 거부하는 것과 같다(Strong & Gale, 인쇄 중). 이러한 복잡성을 푸는 것은 단순하지 않지만, 질적 가족치료 연구자는 반드시 질적 연구문제와 설계와 과정이 모두 연결되고 구체적인 방법론적 전통과 일치시키고, 인식론적 관점과 맞춰지도록 해야만 한다.

방법론적 접근

많은 질적 탐구 방법론이 있지만, 가족치료 연구자가 빈번히 사용하는 방법론으로 현상학, 문화기술지, 근거이론, 내러티브 분석 및 담론 분석이 있다(Creswell, 2013; Silverman & Marvasti, 2008).

방법론으로서 현상학[8]은 일반적으로 인간의 체험에 대해 알아가는 접근을 뜻한다. 현상학 연구에서는 매우 풍부하고 세밀한 묘사를 위해 소수의 연구참여자를 집중적으로 면접한다. Moustakas, van Maanen과 같은 서로 다른 학자들은 현상학 연구를 위해 서로 다른 전략을 제시한다(더 많은 정보가 필요할 경우 Creswell, 2013을 보라).

문화기술지 연구는 문화적 신념, 가치, 언어 및 지역사회의 실천을 탐색하는 것으로 전

---

8) 현상학은 Husserl, Schutz, Heidegger, Merleau-Ponty의 현상학 철학에 기초한 이론을 묘사하는 데 사용되기도 한다(Lock & Strong, 2010을 보라).

체 문화(예: 사모아) 혹은 소규모 집단(예: 교실 혹은 진료소)을 연구할 수 있다. 연구자는 종종 참여 관찰자로 현장 연구를 하는 지역사회에서 상당한 시간을 보낸다. 문화기술지는 "문화 공유집단에 대한 복합적이고 완전한 기술"을 목표로 주로 면접, 관찰, 문서 분석을 통해 자료를 수집한다(Creswell, 2013, p. 91). 문화기술지 연구는 이론에 기초하여 내부자 관점(참여자 관점)과 외부자 관점(연구자 관점)에 주목하면서 수행되어야 한다. 문화기술지에는 현실주의 문화기술지(van Maanen, 1995)에서부터 Denzin(2003)의 행위 문화기술지와 같은 비판적 문화기술지까지 서로 다른 접근이 있다.

근거이론은 1960년대 후반에 Barney Glaser와 Anselm Strauss에 의해 이론 발견과 창출의 목적으로 개발되었다. Glaser와 Strauss는 과학적 이론이 연구참여자의 삶과 단절되어 있다고 느꼈다. 이들은 연구참여자로부터 수집된 자료에 기초해서 이론을 발전시키는 것이 필요하다고 하였다. 초기 근거이론은 실증주의 패러다임에 기초하였지만, 최근에 Charmaz(2006)는 구성주의적 관점에 기초한 근거이론을, Clarke(2005)는 포스트모던 관점에 기초한 근거이론을 발전시켰다. 근거이론 연구자는 종종 이론적 포화, 개방코딩, 축코딩, 선택코딩, 지속적 비교와 같은 단어를 사용한다(Creswell, 2013). 하지만 연구자가 사용하는 근거이론의 철학적 접근에 따라서 연구방법은 다양하다. 그러므로 근거이론을 사용하는 질적 연구자는 자신의 인식론적 접근을 반드시 고려해야 한다.

내러티브 접근은 다양한 방법론을 포함한다. 내러티브 이론가(Brunner, 1986와 Sarbin, 1986)의 저작물을 기반으로 연구자는 현상 자체(이야기가 보여 주는 무엇: 줄거리, 인물 묘사 등)로서 내러티브를 연구하거나 내러티브가 구성되는 방식(어떻게 내러티브가 말하는 과정에서 공동으로 구성되는가; Creswell, 2013)으로서 내러티브를 연구할 수 있다. 내러티브 접근은 다양한 인식론적 틀을 포괄하는데, 내러티브는 삶의 역사를 나타내는 것으로, 정체성의 지속적 수행과 획득(Van Langenhove & Harré, 1993)으로 혹은 의미의 내러티브 구성으로 접근될 수 있다(Sluzki, 1992). 내러티브 접근과 관련해서 다양한 접근과 철학이 존재하기 때문에 연구자는 특정 인식론적, 이론적 틀 내에서 연구를 수행하는 것이 중요하다.

마지막으로 담론 분석은 텍스트와 대화를 분석하기 위한 다양한 방법론적 접근을 일컫는다. 예를 들어, 사회언어학(Labov, 2001)은 어떻게 언어에 문화적 규범과 권력관계가 반영되는가를 이해하려 하고, 담화심리학(Discursive Psychology; Edwards & Potter, 1992; Gale, 2010)은 인지와 정서를 심리 내적 상태가 아닌 담론적 사회적 사건으로 본다. 대화 분석(conversation analysis; Gale, 1991; Gale & Newfield, 1992)은 어떻게 연구참여자가 서로의 의사소통을 이해하는지를 탐색한다. 비평적 담론 분석(critical discourse analysis: CDA;

Fairclough, 1995)은 어떻게 텍스트와 대화가 권력 불평등을 생산하는지를 탐색한다.

질적 자료의 유형

다양한 인식론적 틀과 방법론적 접근이 질적 가족치료 연구에 사용되는 것처럼, 질적 탐구에서는 면접이나 회기를 녹화한 동영상/녹음한 오디오(Gale, 1993), 녹화한 동영상/녹음한 오디오의 전사지(Charlés, 2012), 사진, 물리적 구조와 공간, 현장 노트, 생애사(Brimhall & Engblom-Deglmann, 2011), 현재와 역사적 문서, 예술작품과 행위예술(Piercy & Benson, 2005) 등과 같은 다양한 유형의 자료가 사용된다. 참여자로부터 수집되는 자료로 자기보고(Hunter, 2012), 관찰묘사, 자신과 타인에 대한 특징(Falicov, 2010), 이인 정보(예: 부부를 함께 면접 혹은 각각 면접; Beitin, 2008), 집단 정보(예: 가족 면접), 자기성찰적 기억과 감정(Yap & Tan, 2011) 및 참여자(Knoble & Linville, 2012)나 연구자(Allen & Piercy, 2005)의 자기반성 자료 등이 있다. 연구자는 대화 자체(예: 회기 대화에 대한 담론 분석[9]; Gale, 1991; Gale & Newfield, 1992; Singh, 2009), 회기 대화에 관한 대화(회기를 녹화한 동영상을 참여자에게 보여 주고 그에 대해 면접함; Gale, Odell, & Nagireddy, 1995) 혹은 내러티브 구성(Fiese & Wamboldt, 2003)에 관해 연구할 수 있다. 연구문제와 연구의 인식론 및 질적 접근에 따라서 참여자 수는 1명에서 4명(예: 사례 연구나 현상학), 수십 명(예: 근거이론), 지역사회(예: 문화기술지), 특정 유형의 대화의 다양한 전형(예: 대화 분석)까지 될 수 있다.

시각, 관점 및 관계

질적 가족치료 연구자는 누구의 관점을 연구할 것인지를 고려해야 한다. 체계적 관점에서 연구자는 개인(내담자), 내담자 체계, 확대가족이나 사회적 관계망, 임상가, 임상 팀, 연구자, 지역사회, 문화적 담론을 연구할 수 있다. 그리고 연구자는 각각의 관점에서 순간의 사건들(예: 회기 대화를 녹화/녹음)에 대한 자료를 수집하거나 회고적(예: 회기 대화에 관한 대화) 혹은 종단적[예: 시간의 여러 시점에서 회기 대화와 (혹은) 회기 대화에 관한 대화를 수집, 예: Gale et al., 1995]으로 자료를 수집할 수 있다. 그러므로 가족치료 질적 연구를 설계할 때 연

---

9) 이는 참여자들에게 회기에서 말하고자 했던 것이 무엇이었는지를 질문하는 것과 다르다. 여기서 대화는 개인 및 제도의 심리, 도덕적 묘사를 달성하는 것으로 이해된다(Gale, 1991, 2010).

구자는 자신에게 "어떤 시간의 시점에서 누구의 관점을 연구하기를 원하는지"에 대해 질문하고 참여자가 누구인지를 결정해야 한다.

다수의 개인으로부터 자료 수집을 하고자 한다면 질적 가족치료 연구자는 부부나 가족을 따로, 함께 혹은 두 방법을 조합해서 면접할지를 결정해야 한다(Ashbourne & Daly, 2010; Beitin, 2008; Gale, n. d.). 만약 임상적 치료 과정에서 자료를 수집하고자 한다면 연구자는 자료 수집 시기 및 연구가 내담자와 치료자 관계나 치료에 미치는 영향에 대해서 생각해야만 한다. 또한 치료자가 연구자가 될 때 그 시사점을 생각해야만 한다. 역시 연구자 자신이 자료 제공자가 될 수도 있는데, 자문화 기술지(Allen & Piercy, 2005)와 체험적 탐구(Moustakas, 1990)가 이에 해당한다. 마지막으로 연구자는 연구설계에 영향을 미칠 수 있는 임상실천에 관한 거시적인 문화적 시각을 고려할 수 있다. 예를 들어, 사회의 지배적인 담론은 건강, 역기능, 병리학, 진단, 실천가, 치료자 혹은 책임 있는 치료의 정의에 영향을 미칠 수 있다.

이러한 이슈에 주의를 기울이면서 질적 가족치료 연구자는 연구자와 참여자 관계에 대해 성찰하고 결정해야 한다. 지금까지 우리는 연구되는 사람이나 사람들을 기술하기 위해서 '참여자'라는 단어를 사용하였는데, 이 단어는 항상 최고의 선택은 아니다. 연구자가 어떻게 연구에 함께하는 사람들을 개념화하고 연구를 수행하는가는 다양할 수 있다. 예를 들어, 연구자가 참여자를 '공동연구자'로 여긴다면 그들은 연구의 모든 측면(설계, 수행, 분석 및 발표)에 관여할 것이고, 연구 결정을 내리고 결정을 개시할 것이다. 반대로 참여자를 '협력자'로 여기면 연구가 투명해지고, 여러 연구 단계에 그들의 활발한 참여를 초대할 수 있지만, 연구의 최종 결정에서 이들은 목소리를 낼 권력을 갖게 되지 않는다. 참여자를 '참여자'로 여기게 되면 연구자는 연구의 전 과정에 대해 책임지는 권력관계를 유지하고, 참여자는 연구 참여에 대한 결정권을 갖는다. 이러한 연구자/참여자 관계에는 관계 권력에 관한 이슈가 내재되어 있다. 권력이 연구자와 연구에 참여하는 사람들 간에 어떻게 분배되는지는 연구의 전 과정에 시사점을 갖고, 연구자 투명성과 자기반성의 정도에 영향을 미친다. 또한 이러한 연구 관계의 특성은 어떻게 연구결과가 발표되고(누구의 목소리가 연구결과를 만드는지), 어떻게 서로 수렴되고 갈리는 관점이 발표되는지에 대한 시사점을 갖는다. 질적 가족치료 연구자는 자신이 선택하는 접근에 대해 명확해야 하고, 연구설계와 접근에 있어 일관성이 있어야 한다.

신실성

Lincoln과 Guba(1985)는 질적 연구 맥락에서 신뢰도와 타당도를 개념화하기 위해 새로운 용어를 만들었다. 이 용어는 종종 연구의 신실성 혹은 과정과 결론의 엄격성의 지표로 사용된다. 신실성과 관련된 구체적인 용어는 신뢰성(credibility)으로 연구결과가 신뢰할 만한가에 관한 것이다. 전이성(transferability)은 어느 정도로 연구결과가 다른 연구나 맥락에 적용될 수 있는지를 의미한다. 의존성(dependability)은 일관성 있게 자료 수집과 분석 및 이론 생성을 수행하였는가에 관한 것이다. 질적 가족치료 연구자는 가능한 한 많은 신실성 지표를 획득해야 한다. 다음에서 설명될 내용은 Creswell(2013)의 저서 확인과 평가 기준에 대한 장에서 다루고 있다.

연구의 신실성을 보여 주기 위해 질적 탐구에서 사용되는 다양한 실천이 있다. 참여자에 대한 상세한 표현을 위해 풍부하고 심층적 기술을 사용하는 것이 일례이다. 이는 독자 스스로가 연구결과의 전이성을 결정할 수 있게 한다. 신실성을 높이는 또 다른 실천으로 외부 감사가 있는데, 이 경우 외부 연구 자문위원이 신뢰성, 의존성, 확증성을 평가하기 위해 연구과정, 자료 및 예비 분석을 검토한다. 세 번째 방법은 연구자의 주관성 진술을 사용하는 것인데, 이는 신뢰성과 확증성을 높일 수 있다. 이 진술에서 연구자는 연구의 접근과 자료 해석을 이끈 가치와 과거 경험을 기술한다. 삼각화(triangulation, 객관주의 인식론) 혹은 수정화(crystrallization, 구성주의 인식론)는 신실성 향상을 위한 또 다른 접근으로 다양한 자료 수집 방법, 다양한 자료 출처, 1인 이상에 의한 자료 분석과 분석 결과 비교 등을 사용하는 것이다. 많은 질적 연구자는 연구의 신실성을 보여 주기 위한 수단으로 연구참여자 검토를 사용할 수 있다. 이는 참여자가 자신이 말했던 내용의 정확성을 평가하기 위해 면접 전사 자료를 검토하거나 연구결과에서 제시된 그들의 관점을 표현하는 내용을 검토하는 것이다. 현장 노트에는 녹음된 면접에 없을 것 같은 연구에 대한 상세사항이 기록되어 있고, 연구자가 연구의 과정마다 했었던 분석에 관한 생각이 기술되어 있다는 점에서 현장 노트는 신실성 측면에서 매우 중요하다. 면접과 관련해서 연구자는 면접 질문을 미리 연습해 봄으로써 폐쇄형 질문이나 모호한 면접 질문을 하지 않게 되고 질적 연구의 엄격성을 높일 수 있다. Law와 동료들(1998)의 연구에 신실성과 엄격성 측면에서 질적 연구를 점검할 수 있는 목록이 제시되어 있다.

부부가족 질적 임상연구

이 장의 전반부에서 모든 유형의 질적 연구에 적용될 수 있는 개념적, 설계적 고려할 점을 제시하였다. 하지만 가족치료 연구자들에게 가족의 임상 과정을 연구하는 것과 관련해서 부가적으로 고려되어야 하는 구체적인 사항들이 있다. 이 절에서 우리는 이에 대한 개요를 서술하고, 부부가족치료 연구자들이 연구에 포함해야 하는 전략을 강조할 것이다.

면접 구성

부부와 가족을 면접하고자 하는 질적 연구자는 면접 구성에 주의를 기울여야 한다. 가족 구성원을 면접할 때 개별적으로 할 것인가? 함께할 것인가? 혹은 병행할 것인가? 만약 개인과 가족을 면접한다면, 순서는 중요한가? 이러한 질문은 자료의 질과 해석에 영향을 미치므로 주의를 기울여야 한다. 인식론적 요소, 연구목적, 연구문제에는 이러한 이슈들이 포함되어 있다. 예를 들어, 연구목표가 부부와 관계에 대한 사실을 밝히는 것이라면(객관주의 인식론), 부부를 함께 혹은 따로 면접할 때 자료가 어떤 것인가에 관해 특별한 시사점이 있다. 즉, 연구자가 부부의 기저를 이루는 사실을 발견하고자 한다면, 연구자는 무슨 일이 정말 일어났고, 어떻게 부부가 서로 다른 설명을 식별하는지를 밝혀야 하고, 삼각화를 통해 진실에 도달해야 한다. 모순적인 내러티브를 표현하는 개인과 서로 다른 내용은 이러한 접근에서 문제가 될 수 있다. 이와는 대조적으로, 연구자가 진리는 항상 협상 중이라는 시각을 가졌다면(구성주의) 개인의 내러티브와 부부가 함께 구성한 내러티브에 관한 연구자의 분석에 대해 다른 시사점이 있고, 모순과 불일치는 전혀 문제가 되지 않는다.

면접 구성에 관한 결정은 연구문제가 개인적인지 관계적인지에 달려 있고, 관계적 연구문제는 가족이나 이인 면접을 통해 가장 잘 답해질 수 있다. 또한 면접 구성에 관한 결정은 연구대상과 면접 주제에 따라 달라진다. 예를 들어, 제2저자의 손자녀를 양육하는 조부모에 관한 연구(Dolbin-MacNab & Keiley, 2006, 2009)에서 조부모 면접을 통해 돌봄 상황에 영향을 미치는 환경에 대한 중요한 정보를 수집할 수 있었다. 이러한 정보는 만약 조부모가 손자녀와 함께 있었다면 손자녀를 속상하게 할 수도 있다는 두려움으로 인해 수집될 수 없었을 것이다. 자료 수집이나 면접 구성이 연구문제와 연구 모집단에 따라 고려되어야 하고, 부부가족 질적 연구자는 누구를 어떤 짜임새로 면접할 것인가에 대해 신중해야 한다.

면접자

부부가족 임상 질적 연구자는 참여자를 면접할 수 있는 가장 최고의 사람은 누구인지도 생각해야 한다. 이 질문에 관한 답은 여러 요소에 달려 있다.

첫째, 연구 팀원이 면접하는 것이 필요한가? 연구자가 면접할 때의 장점은 면접과 분석이 함께 진행될 수 있고, 그 결과 연구자는 필요할 때 연구 질문을 변경해 나갈 수 있다. 연구자가 면접을 하면(전사도 하면) 현상에 대한 풍부한 이해와 기술이 가능하다. 하지만 만약 면접을 많이 해야 할 때 이 방법은 문제가 될 수 있다. 시간과 자원과 같은 실용적인 이유로 면접을 수행할 사람을 훈련하는 것도 가치가 있다. 이 경우 면접 수행에 대한 명확한 지침이 있어야 하고, 면접자는 좋은 현장 노트를 기록해야 하며, 연구자는 면접자로부터 신속하게 간결한 자료 수집 보고를 받아야만 한다.

둘째, 연구자는 참여자와 면접자를 적절하게 매칭해야 한다. 제1저자(J.G.)는 수행했던 최근 연구(Aholou, Gale, & Slater, 2011)에서 흑인 목회자를 대상으로 혼전 상담과 HIV-AIDS에 대해 면접하였다. 두 명의 기독교를 믿는 아프리카계 미국인 학생들이 참여자들과 연결되고 상세한 개인정보를 수집하는 데 더 나은 면접자일 것이라는 결정을 내렸다(對 나이가 있는 백인 유대인 불교신자). 이 예시에서처럼 참여자(개인, 부부나 가족, 혹은 집단)에 따라 훈련된 면접자를 쓰는 것이 유익할 수 있고, 이들은 여러 이유로 면접 대상자들에게 더 잘 접근하고 개방할 수 있다.

현장 들어가기와 신뢰 쌓기

질적 가족치료 연구자는 연구의 특성상 주로 취약하거나 주변화되거나 고통받는 사람들을 연구한다. 이러한 이유로 연구자는 질적 연구를 수행할 임상 인구집단에 어떻게 접근할지를 고려하는 것이 중요하다. 구체적으로 연구자는 현장에 들어가기 위한 여러 전략을 사용해야만 하고 신뢰를 쌓아야 한다. 연구하는 인구집단에 따라서, 연구자는 존경받는 지역사회 지도자나 전문가와 함께 현장 들어가기를 하거나 연구집단의 문지기와 연결되는 것이 필요하다. 연구자가 연구참여자의 지역사회에 존재하고 가시적으로 되는 것은 (가능하면 특히 오랫동안) 질적 연구에서 참여자로부터 신뢰와 참여를 얻어 낼 수 있는 또 다른 전략이다.

문화적 영향과 뉘앙스를 고려하는 것은 효과적인 질적 연구 수행에 있어 핵심적이다.

이에 대해 제대로 인식하기 위해서 "당신이 대우받기를 원하는 것처럼 타인을 대우하라."라는 황금률에서 "그들이 대우받기를 원하는 것처럼 타인을 대우하라."라는 황금률로 이동하는 것이 유용하다(Adams et al., 2010). 문화적 자문위원을 활용하는 것은 연구 팀에 연구지역사회의 문화적 배경이 있는 팀원이 있는 것처럼 귀중할 것이다(Fine et al., 2000). 질적 가족치료 연구자는 어떻게 문화가 연구참여자의 연구동의, 보상, 면접 구성, 적합한 자료유형, 연구자와 참여자의 관계와 교차하고, 이에 관한 사고에 영향을 미치는지를 이해해야만 한다. 연구자가 이에 대해 철저하고 신중하게 고려하지 않으면 참여자는 연구자를 신뢰하지 않아 연구에 참여하지 않거나 참여하더라도 피상적으로만 참여할 것이다.

연구 혹은 치료

임상 가족치료 연구에서 질적 임상 면접과 치료 면접의 차이를 구분하는 것이 중요하다. 질적 면접을 하는 동안, 참여자는 가족치료자가 문제로 인지하는 정보나 상호작용 패턴을 보여 줄 것이다. 또한 참여자는 감정적으로 되는데, 이는 참여자의 전반적인 복지감과 대처 능력에 관해 관심을 갖도록 한다. (가족치료자이기도 한) 초보 질적 연구자는 이러한 상황에서 어떻게 반응해야 하는지 잘 모르고 연구참여자에게 '돕는 전문가' 역할을 하려고 할 것이다. 질적 면접자는 치료자와 같은 유사한 자질, 즉 공감적 자세, 탁월한 청취, 관찰 기술 등이 있어야 하지만, 면접과 치료의 과정은 다르고 서로 다른 목표를 가지고 있기에 혼동하지 말아야 한다(Rosenblatt, 1995). 그렇기는 하지만 질적 면접은 잠재적으로 치료적이거나 변화를 일으킬 수 있다(예: 새로운 방식으로 상황을 바라보기; Gale et al., 1995; Laslett & Rapoport, 1975; Rosenblatt, 1995).

Rosenblatt(1995)이 제시한 것처럼 질적 가족치료 연구자는 참여자에게 기꺼이 공감하고 지지적 자세를 취하지만 변화를 유도하는 치료적 개입을 하지 않으면서 연구와 치료 사이의 경계를 관리할 수 있다. 치료자/면접자가 참여자에게 "저는 지금은 임상 면접을 하지 않고 치료자 역할을 하지 않습니다. 저는 연구자 역할을 하고 있고, 선생님은 당신의 생각에 있어서 전문가이십니다. 만약 임상적 이슈가 마음에서 떠오르면 선생님의 치료자에게 가시기를 바랍니다."와 같이 말하면서 입장을 설명하는 것도 유용할 것이다(Gale et al., 1995를 보라). 하지만 모든 면접은 근본적으로 면접자의 질문에 의해서 만들어진다는 것을 가정하는 포스트모던 질적 연구자는 여전히 연구자의 질문과 반응을 통해 임파워먼트와 변화의 담론을 추구하는 능동적인 면접을 촉구한다(Gubrium & Holstein, 2001).

윤리적 고려사항

전술한 질적 가족치료 연구의 인식론과 설계에 관한 결정 이외에도 질적 임상연구를 수행하는 가족치료 연구자는 다양한 윤리적 이슈에 주의를 기울여야 한다. 5장에서 논의된 윤리적 고려사항(예: 자율성, 해악 금지, 선행, 정의)은 모든 연구방법론적 접근에 적용되지만, 어떤 윤리적 이슈는 임상 가족치료 연구에 적용될 때 더욱더 중요하고 복잡하다. 이는 상당 부분 질적 연구에의 참여가 비밀이지만 익명이 아니고, 내담자와 치료자/연구자의 관계와 경계 이슈 때문인데 참여자는 연구 참여로 인한 혜택과 위험에 대해 잘못 생각할 수 있다. 이러한 이슈들을 다루기 위해 연구자는 자료 수집 과정에서 정기적으로 동의를 평가하는 '과정' 동의를 적용할 수 있다(Rosenblatt, 1995). 부부나 가족을 면접하는 경우 한 가족 구성원이 다른 가족 구성원에 대해 잠재적으로 강요를 할 수 있는데, 이는 개인화된 동의 과정과 다른 여타의 전략을 통해 다뤄질 수 있다(Wittenborn, Dolbin-MacNab, & Keiley, 2013). 또한 타 문화나 타 국가에서 온 참여자와 연구를 할 때 개인의 연구 참여 동의가 어떻게 문제가 될 수 있는지도 고려해야 한다. 예를 들어, 집단주의 사회에서 온 내담자가 다른 가족원이나 지역사회 노인들로부터 먼저 승인을 받지 않고 연구 참여 동의서에 사인하는 것은 적합하지 않을 수 있다.

질적 가족치료 연구에서 특별히 고려되어야 하는 마지막 윤리적 이슈는 치료(혹은 슈퍼비전)에서 치료자의 경험에 관한 연구를 할 때 나타날 수 있다. 연구자와 치료자 사이에서 이중 역할이 있을 것이고, 연구에 참여함으로써 정확하지 않지만 인지되거나 은연중에 나타나는 혜택이 있을 수 있다.

많은 질적 연구자는 기관생명윤리위원회(institutional review board: IRB)로부터 연구 승인을 받는 데 어려움을 보고해 왔다(Cheek, 2005; Lincoln, 2005). 예를 들어, 질적 연구자들은 질적 연구 계획서를 양적 연구 용어를 사용하여 작성하거나, 질적 접근의 과학적 엄격성을 방어하거나, 일반화할 수 없는 연구에 대해 해명하거나, 면접을 진행하면서 수정되는 면접 질문과 실행 연구와 같은 '드문' 방법론적 접근과 과정에 관해 설명하기도 한다(Cheek, 2005; Lincoln, 2005). Cheek은 이러한 어려움은 IRB 구성원 대부분이 전통적인 실증주의 의학과 과학 분야에서 일해 왔고, 엄격한 질적 연구를 이해하지 못하기 때문이라고 하였다.

이러한 장애를 극복하기 위해서 질적 가족치료 연구자는 여러 전략을 쓸 수 있다. 연구자는 질적 연구에 대해 IRB 구성원을 교육하는 것이 필요할 것이다. 이를 위해 연구자는 IRB에게 연구계획서 중 문제가 되는 내용을 토론할 것을 요청하거나, 연구설계에 관한 질문에 대응할 목적으로 IRB 회의에 참석하거나, IRB를 위해 봉사하기 등을 할 수 있다 (Cheek, 2005; Lincoln, 2005). 또한 성공적인 연구계획서 예시를 입수하고 성공적인 질적 연구자로부터 피드백을 받는 전략도 사용할 수 있다. 어떤 접근을 취하건, 연구자는 IRB와 상호작용할 때, 질적 연구 설계의 온전함을 유지하는 것이 중요하다. 조정을 통해 IRB를 만족시키고 연구가 진전되는 때가 있다. 하지만 IRB는 연구의 인식론이나 방법에 반하는 조정을 하라고 하거나 연구하고자 하는 집단이 적절하지 않다고도 할 수도 있다. Cheek이 제시한 것처럼 이러한 상황에서 질적 연구자는 연구의 온전함에 대해 방어해야만 한다.

질적 연구 사례 예시

이 연구는 질적 연구의 반복적 과정, 구성주의 인식론에 기초한 담론 분석의 사용, 연구 면접의 치료적 측면 및 부부치료에서 질적 접근의 적절성을 보여 주므로 선택되었다 (이 연구는 다른 연구로부터 뜻밖에 시작되었다). Gale, Odell과 Nagireddy(1995)는 치료 과정에서 부부 경험에 관한 담론 분석을 하였다. 이 연구는 여러 부부를 대상으로 한 탐색적 연구로 시작하였지만, 참여 부부들이 연구 면접이 치료회기보다 더욱더 치료적이라는 것을 보고했을 때 한 부부를 여러 번 면접하고 자료를 분석하는 연구로 전환되었다. 이 연구는 Kagen(1980)과 Elliott(1986)의 개인 간 과정 회상 접근(Interpersonal Process Recall: IPR)을 사용하였다. 첫 번째 치료 이틀 후에 부부는 상담을 녹화한 동영상을 시청하였고, 회기에서 의미 있는 순간(긍정적 및 부정적)을 평가지에 개별적으로 확인하라고 요청받았다. 의미 있는 순간을 확인한 후 부부는 함께 면접받으면서 왜 그 순간이 의미가 있었는지 각각 설명하였고, 상대방도 그 순간에 대해 어떤 생각을 하였는지를 설명할 것을 요청받았다. 치료자도 따로 면접받았고, 의미 있는 순간이 어떤 순간인지 확인하고 왜 그렇게 여기는지 설명할 것을 요청받았다.

부부는 마지막 회기 4달 후에 다시 면접을 받았다. 그때 첫 회기의 전사 자료와 두 개의 개인 간 과정 상담 면접(부부 면접과 치료자 면접)에 대한 분석이 부부에게 공유되었다. 그러고 나서 부부는 부부치료와 1회기 이후에 했던 연구 면접 경험을 함께 반성하라는 요청을 받았다. 이 면접은 녹화되었고 전사되었다. 부부가 함께한 참여했던 면접은 약 2시간이 소요되었다.

네 개의 전사 자료(예: 회기, 2회의 부부 면접, 치료자 면접)에 대한 분석은 담론 분석(Potter & Wetherall, 1987), 서로 다른 면접에 나타나는 주제를 찾는 지속적 비교, 현장 노트 검토, 세 저자의 주제에 대한 그룹 토의를 통해 이루어졌다. 서로 다른 전사 자료를 분석하는 것은 부부가 특정 이슈에 대해 임상과 연구 맥락에서 서로 다르게 이야기하는 방식을 비교할 수 있게 하는 장점이 있다.

부부 두 사람에 의해 보고되고, 전사 자료에도 드러난 이 연구의 결과 중의 하나는 남편과 아내가 연구 면접과 치료에서 그들의 이슈에 관해 서로 다르게 소통한다는 것이다. 그들은 치료에서는 자기의 생각이나 관점을 옹호하였고, 치료자가 그들의 차이에 대한 심판관이 되도록 하였다. 연구 면접에서는 남편과 아내는 각각 자기의 생각이나 관점을 말했지만, 상대방의 관점을 변화시키거나 자신의 관점을 설득하려고 하지 않았다. 이러한 차이는 연구 면접에서 부부는 자신의 의견의 전문가이고 자신의 고유한 관점을 갖는 것이 수용된다는 것을 들었던 것 때문이라고 부분적으로 설명될 수 있다. 또한 부부는 연구 면접에서 만약 이슈가 마음에서 올라오면 치료자에게 그 이슈를 가지고 가야만 하고, (치료자인) 연구자는 치료자가 아니라 서로의 경험을 이해하기 위해서 거기에 있는 것이라고 들었다. 부부는 연구자가 그들을 향해 긍정적 관심을 보이고 부부를 판단하거나 변화시키려 하지 않고 말했던 것이 매우 '치료적'이라고 하였고, 그들이 했던 대화는 문제해결에 초점을 둔 치료회기에서의 대화와 매우 다르다고 하였다. 부부는 연구 면접에서 서로에 대해 더 이해하고 감사할 수 있었다고 하였다.

이 연구는 내담자가 말하고 표현하는 것은 맥락과 무관하지 않고(절대적으로 정신 내면적이지 않고), 상호작용이 일어나는 틀 내에서(연구로서 혹은 치료로서) 형성되고, 대화의 명시적 목표(의도)가 부부가 말하는 것과 의미 있게 여기는 것에 영향을 미친다는 것을 시사한다.

요약 및 결론

질적 연구는 가족치료 연구자에게 임상 과정은 물론 내담자와 치료자 및 수련감독자가 어떻게 치료를 경험하는지에 관한 귀중한 정보를 줄 수 있다. 우리는 가족치료 연구자가 엄격한 질적 가족치료 연구를 설계하고 개념화하려 할 때 고려해야 하는 요소들을 강조하였다. 특히 질적 가족치료 연구는 연구자의 인식론적 관점의 표현을 강조하고, 인식론적 관점은 연구의 다른 측면들과 일관적이어야 한다. 또한 질적 가족치료 연구자는 연구의 초점과 연구문제를 답하기 위해 어떤 종류의 자료가 필요한지를 결정해야 한다. 부부와 가족을 연구하는 임상연구의 맥락에서는 면접 구성, 치료와 연구의 구별, 여러 가지 고유한 윤리적 고려사항에 주의를 기울이는 것이 요구된다. 모든 연구 탐구에서처럼 질적 가족치료 연구와 관련된 결정은 엄격성에 초점을 두어야 하고 연구는 높은 수준의 신실성을 확증해야 한다. 이렇게 될 때, 질적 가족치료 연구는 내담자와 치료자의 치료 경험에 대해 깊이 있는 이해를 할 수 있고, 성공적인 개입과 변화의 기저에 있는 과정에 대한 통찰을 제공하면서 가족치료 분야를 발전시킬 수 있을 것이다.

참고문헌

Adams, M., Blumenfeld, W. J., Castaneda, C., Hackman, H. W., Peters, M. L., & Zuniga, X. (Eds.). (2010). *Readings for diversity and social justice* (2nd ed.). New York: Routledge/Taylor & Francis.

Aholou, T. M. C., Gale, J. E., & Slater, L. M. (2011). African American clergies perspectives on addressing sexual health and HIV prevention in premarital counseling settings: A pilot study. *Journal of Religion and Health, 50*, 330–347. doi:10.1007/s10943-009-9257-7. http://www.springerlink.com/content/y124739374v7k536/fulltext.pdf

Allen, K. A., & Piercy, F. P. (2005). Feminist autoethnography. In D. H. Sprenkle & F. P. Piercy (Eds.), *Research methods in family therapy* (2nd ed., pp. 155–169). New York: Guilford.

Ashbourne, L. M., & Daly, K. J. (2010). Parents and adolescents making time choices: Choosing a relationship. *Journal of Family Issues, 31*, 1419–1441. doi:10.1177/0192513 X10365303

Atkinson, P., & Delamont, S. (2005). Analytic perspectives. In N. K. Denzin & Y. S. Lincoln (Eds.), *The Sage handbook of qualitative research* (3rd ed., pp. 821–840). Thousand Oaks, CA: Sage.

Beitin, B. (2008). Qualitative research in marriage and family therapy: Who is in the interview? *Contemporary Family Therapy: An International Journal, 30*, 48–58. doi:10.1007/s10591-007-9054-y

Brimhall, A. S., & Engblom-Deglmann, M. L. (2011). Starting over: A tentative theory exploring the effects of past relationships on postbereavement remarried couples. *Family Process, 50*, 47–62. doi:10.1111/j.1545-5300.2010.01345.x.

Brunner, J. (1986). *Actual mind, possible worlds*. Boston: Harvard University Press.

Charlés, L. L. (2012). Producing evidence of a miracle: Exemplars of therapy conversation with a survivor of torture. *Family Process, 51*, 25-42. doi:10.1111/j.1545-5300.2012.01381.x

Charmaz, K. (2006). *Constructing grounded theory: A practical guide to qualitative analysis.* New York: Sage.

Cheek, J. (2005). The practice and politics of funded qualitative research. In N. K. Denzin & Y. S. Lincoln (Eds.), *Handbook of qualitative research* (3rd ed., pp. 387-410). Thousand Oaks, CA: Sage.

Clarke, A. E. (2005). *Situational analysis: Grounded theory after the postmodern turn.* London: Sage.

Creswell, J. W. (2013). *Qualitative inquiry and research design: Choosing among five approaches.* Thousand Oaks, CA: Sage.

Crotty, M. (1998). *The foundations of social research: Meaning and perspective in the research process.* London: Sage.

Denzin, N. K. (2003). *Performance ethnography: Critical pedagogy and the politics of culture.* London: Sage.

Denzin, N. K., & Lincoln, Y. S. (2005). Introduction: The discipline and practice of qualitative research. In N. K. Denzin & Y. S. Lincoln (Eds.), *The handbook of qualitative research* (3rd ed., pp. 1-32). Thousand Oaks, CA: Sage.

Dolbin-MacNab, M. L. (2006). Just like raising your own? Grandmothers' perceptions of parenting a second time around. *Family Relations, 55*, 564-575. doi:10.1111/j.1741-3729.2006.00426.x

Dolbin-MacNab, M. L., & Keiley, M. K. (2006). A systemic examination of grandparents' emotional closeness with their custodial grandchildren. *Research in Human Development, 3*, 59-71. doi:10.1207/s15427617rhd0301_6

Dolbin-MacNab, M. L., & Keiley, M. K. (2009). Navigating interdependence: How adolescents raised solely by grandparents experience their family relationships. *Family Relations, 58*, 162-175. doi:10.1111/j.1741-3729.2008.00544.x

Edwards, D., & Potter, J. (1992). *Discursive psychology.* London: Sage.

Elliott, R. (1986). Interpersonal process recall (IPR) as a psychotherapy process research method. In L. Greenberg & W. Pinsoff (Eds.), *The psychotherapy process: A research handbook* (pp. 503-527). New York: Guilford.

Fairclough, N. (1995). *Critical discourse analysis.* Boston: Addison Wesley.

Falicov, C. J. (2010). Changing constructions of machismo for Latino men in therapy: "The devil never sleeps." *Family Process, 49*, 309-329. doi:10.1111/j.1545-5300.2010.01325.x

Fiese, B. H., & Wamboldt, F. S. (2003). Coherent accounts of coping with chronic illness:

Convergences and divergences in family measurement using a narrative analysis. *Family Process, 42*, 439-451. doi:10.1111/j.1545-5300.2003.00439.x

Fine, M., Wis, L., Wessen, S., & Wong, L. (2000). For whom? Qualitative research, representations and social responsibilities. In N. K. Denzin & Y. S. Lincoln (Eds.), *The handbook of qualitative research* (2nd ed., pp. 107-131). Thousand Oaks, CA: Sage.

Gale, J. (1993). A field guide to qualitative research and its clinical relevance. *Contemporary Family Therapy: An International Journal, 15*, 73-91.

Gale, J. (2010). Discursive analysis: A research approach for studying the moment-to-moment construction of meaning in systemic practice. *Human Systems: The Journal of Systemic Consultation and Management, 21*, 27-37.

Gale, J. (n.d., unpublished paper). Dyadic interviews: A review of literature and methodological considerations.

Gale, J., & Newfield, N. (1992). A conversation analysis of a solution-focused marital therapy session. *Journal of Marital and Family Therapy, 18*, 153-165. doi:10.1111/j.1752-0606.1992.tb00926.x

Gale, J., Odell, M., & Nagireddy, C. (1995). Marital therapy and self-reflexive research: Research and/as intervention. In G. H. Morris & R. Chenail (Eds.), *The talk of the clinic* (pp. 105-130). Hillsdale, NJ: Lawrence Erlbaum.

Gale, J. E. (1991). *Conversation analysis of therapeutic discourse: Pursuit of a therapeutic agenda*. Norwood, NJ: Ablex Publishing.

Glaser, B. G., & Strauss, A. L. (1967). *The discovery of grounded theory: Strategies for qualitative research*. Chicago: Aldine.

Glesne, C. (2011). *Becoming qualitative researchers: An introduction* (4th ed.). Boston: Pearson. doi:0-13-704797-5

Gubrium, J. E., & Holstein, J. A. (2001). From the individual interview to the interview society. In J. E. Gubrium & J. A. Holstein (Eds.), *Handbook of interview research: Context and method* (pp. 3-32). Thousand Oaks, CA: Sage.

Guilfoyle, M. (2003). Dialogue and power: A critical analysis of power in dialogical therapy. *Family Process, 42*, 331-343. doi:10.1111/j.1545-5300.2003.00331.x

Hunter, S. V. (2012). Walking in sacred spaces in the therapeutic bond: Therapists' experiences of compassion satisfaction coupled with the potential for vicarious traumatization. *Family Process, 51*, 179-192. doi:10.1111/j.1545-5300.2012.01393.x

Kagen, N. I. (1980). Influencing human interaction: Eighteen years with IPR. In A. K. Hess (Ed.), *Psychotherapy supervision: Theory, research and practice* (pp. 262-283). New York: Wiley.

Knoble, N. B., & Linville, D. (2012). Outness and relationship satisfaction in same-gender couples. *Journal of Marital and Family Therapy, 38*, 330-339. doi:10.1111/j.1752-0606.2010.00206.x

Labov, W. (2001). *Principles of linguistic change: Social factors.* New York: Wiley.

Laslett, B., & Rapoport, R. (1975). Collaborative interviewing and interactive research. *Journal of Marriage and Family, 37*, 968-977.

Lather, P. (2007). *Getting lost: Feminist efforts toward a double(d) science.* Albany, NY: SUNY Press.

Law, M., Stewart, D., Letts, L., Pollock, N., Bosch, J., & Westmorland, M. (1998). *Guidelines for critical review of qualitative studies.* Retrieved from http://www.usc.edu/hsc/ebnet/res/Guidelines.pdf

Lincoln, Y. S. (2005). Institutional review boards and methodological conservatism: The challenge to and from phenomenological paradigms. In N. K. Denzin & Y. S. Lincoln (Eds.), *The Sage handbook for qualitative research* (3rd ed., pp. 165-181). Thousand Oaks, CA: Sage.

Lincoln, Y. S., & Guba, E. (1985). *Naturalistic inquiry.* Beverly Hills, CA: Sage Publications.

Lock, A., & Strong, T. (2010). *Social constructionism: Sources and stirrings in theory and practice.* Cambridge, UK: Cambridge University Press.

Moustakas, C. (1990). *Heuristic research: Design, methodology and applications.* London: Sage.

Piercy, F. P., & Benson, K. (2005). Aesthetic forms of data representation in qualitative family therapy research. *Journal of Marital and Family Therapy, 31*, 107-119. doi:10.1111/j.1752-0606.2005.tb01547.x

Potter, J., & Wetherall, M. (1987). *Discourse and social psychology: Beyond attitudes and behaviors.* London: Sage.

Reason, P., & Bradbury, H. (Eds.). (2008). *Sage handbook of action research: Participative inquiry and practice* (2nd ed.). London: Sage.

Rosenblatt, P. C. (1995). Ethics of qualitative interviewing with grieving families. *Death Studies, 19*, 139-155.

Roulston, K. (2010). *Reflective interviewing: A guide to theory and practice.* Los Angeles: Sage.

Sarbin, T. R. (Ed.). (1986). *Narrative psychology: The storied nature of human conduct.* New York: Praeger.

Silverman, D., & Marvasti, A. (2008). *Doing qualitative research: A comprehensive guide.* Thousand Oaks, CA: Sage.

Singh, R. (2009). Constructing 'the family' across culture. *Journal of Family Therapy, 31*, 359-383. doi:10.1111/j.1467-6427.2009.00473.x

Sluzki, C. E. (1992). Transformations: A blueprint for narrative changes in therapy. *Family Process,*

31, 217-230. doi:10.1111/j.1545-5300.1992.00217.x

Strong, T., & Gale, J. (in press). Postmodern clinical research: In and out of the margins. *Journal of Systemic Therapies*.

Tudge, J. R. H., Mokrova, I., Hatfield, B. E., & Karnik, R. B. (2009). Uses and misuses of Bronfenbrenner's bioecological theory of human development. *Journal of Family Theory & Review, 1*, 198-210. doi:10.1111/j.1756-2589.2009.00026.x

Van Langenhove, L., & Harré, R. (1993). Positioning and autobiography: Telling your life. In N. Coupland & J. F. Nussbaum (Eds.), *Discourse and lifespan identity* (pp. 81-99). London: Sage.

van Maanen, J. (1995). *Representation in ethnography*. Thousand Oaks, CA: Sage.

Wittenborn, A. K., Dolbin-MacNab, M. L., & Keiley, M. K. (2013). Dyadic research in marriage and family therapy: Methodological considerations. *Journal of Marital and Family Therapy*. doi:10.1111/j.1752-0606.2012.00306.x

Yap, P. M. E. H., & Tan, B. H. (2011). Families' experience of harmony and disharmony in systemic psychotherapy and its effects on family life. *Journal of Family Therapy, 33*, 302-331. doi:10.1111/j.1467-6427.2011.00543.x

17 커플 및 가족 대상의 혼합방법 임상연구

Megan L. Dolbin-MacNab, José Rubén Parra-Cardona, & Jerry E. Gale

가족치료 연구자가 어려움을 겪고 있는 부부의 갈등과 관계만족도에 미치는 가족치료 모델의 영향을 조사하기 위해 무선임상실험을 실시하고 있다. 조사 자료의 분석 결과, 개입을 받은 커플은 실험 말미에 갈등이 현저하게 감소했다고 보고되었지만 그들의 관계만족도에 큰 변화는 없었고, 그들의 관계만족도는 대조군 커플과 크게 다르지 않았다. 12개월간의 추적 조사 결과, 연구자는 개입을 받은 커플들은 통제집단에 속한 커플들에 비해서 줄어든 갈등 수준을 그대로 유지하는 것을 알게 되었다. 하지만 두 집단의 커플들은 계속해서 문제 있는 수준의 관계만족도를 보고했다. 가족치료 연구자는 혼란스럽다. 왜 갈등의 감소는 그에 상응하는 관계만족도의 증가로 이어지지 않았을까? 왜 두 집단의 커플들 사이에 차이가 나타나지 않았을까?

가족치료 연구자들이 부부가족 임상연구에서 예상치 못한, 특이한, 또는 이상적인 결과에 못 미치는 결과를 얻는 것은 드문 일이 아니다. 심지어 연구결과가 긍정적이거나 예상대로라 할지라도 평가 결과에 기여한 과정이 어떠했으며, 참여 치료자 및/또는 내담자가 받은 개입이 어떠했는지에 대한 의문이 여전히 있을 수 있다. 또한 효과성 연구에서 연구자들은 실제 생활환경이나 다양한 모집단에 대한 개입 구현에 관련된 문제를 이해하고 싶어 할 수 있다. 가족치료 연구자들은 임상 과정과 성과에 대한 이러한 기타 복잡한 질문들을 다루기 위해, 그들의 연구문제에 답을 얻기 위한 가장 적절한 접근 방식은 양적 자료와 질적 자료를 모두 필요로 한다는 점을 알게 된다. 혼합방법 연구는 "양적 자료와 질적 자료 모두를 수집ㆍ분석 및 혼합하여 하나의 연구 또는 일련의 연구를 수행하는 일련의 설계와 절차"(Creswell & Plano Clark, 2010; Plano Clark, Huddleston-Casas, Churchill, Green, & Garrett, 2008, p. 1546)라고 정의되며, 이 방법은 가족치료 연구자들의 임상연구를 증진시키는 데 대단한 잠재력을 가지고 있다.

이 방법이 부부가족 임상연구에 잠재적으로 유용함에도 불구하고 가족치료 연구자는 혼합방법 연구에 그리 적극적이지 않았다(Gambrel & Butler, 2013). 어떤 연구자들은 커플 관계와 수련생 훈련 문제를 연구하기 위해 이러한 방법을 사용했지만(예: Blow et al, 2009; Olson & Russell, 2004; Russell, DuPree, Beggs, Peterson, & Anderson, 2007; Ward, 2007), 8개의 부부가족치료 학술지를 대상으로 한 10년간의 경험적 연구 논문에 대한 내용 분석에서 Gambrel과 Butler(2013)는 오직 1.3%만이 양적 및 질적 방법을 모두 사용한 연구였고, 0.6%만이 진정한 혼합방법 연구였다는 것을 발견했다. 혼합방법 연구 중 훨씬 적은 수가 임상연구에 초점을 맞췄다. 일반적으로 혼합방법 연구는 두 가지 유형의 자료를 결합하는 데 있어 명시적 이론이나 근거가 부족한 경향이 있었다. 또한 연구결과는 방법론적 다양성을 거의 보여 주지 못했는데, 양적 방법으로는 조사 방법이, 질적 방법으로는 면접법이 가장 많이 사용되었다(Gambrel & Butler, 2013). 가족학 분야(Plano Clark et al., 2008)와 상담심리학 연구(Hanson, Creswell, Plano Clark, Petska, & Creswell, 2005)에서의 혼합방법에 대한 내용분석을 통해서도 이와 유사한 비판이 지적되었으며, 더불어 분석적 정교함의 결여도 지적되었다.

혼합방법이 충분히 활용되고 있는 것은 아니지만 이 장에서 우리는 엄격한 혼합방법 연구가 부부가족 임상연구에 큰 잠재력을 가지고 있다고 주장한다. 우리는 이러한 유형의 연구가 가족치료 연구를 증진시킬 수 있는 방법을 개략적으로 설명하고, 엄격하고 타당한 혼합방법 연구를 설계하기 위한 지침과 고려사항을 제공하며, 몇 가지 실질적인 고려사항을 제공할 것이다. 혼합방법 연구는 많은 우수한 자료들을 가진 학문적으로 잘 발달된 영역(예: Creswell & Plano Clark, 2010; Tashakkori & Teddlie, 2010)이기 때문에 이 장에서 혼합방법 연구의 복잡성 모두를 충분히 상세하게 다룰 수는 없다. 따라서 관심 있는 독자들은 이 접근법에 대한 이해와 지식을 넓히기 위해 추가적 정보를 찾고 싶어 할 것이다.

혼합방법 연구의 정의

사회과학 분야에서는 연구방법의 다양성을 확장시켜야 한다는 권고가 많았다(Hanson et al., 2005; Plano Clark et al., 2008; Sprenkle & Piercy, 2005). Plano Clark과 동료들(2008)에 따르면, 이는 많은 연구자의 이론과 방법의 불일치(O'Brien, 2005), 질문보다 방법을 우선시 하는 경향(Handel, 1996), 방법론적 위계(Hendrickson Christensen & Dahl, 1997)에 대한 비판 때문이다. 주어진 연구문제에 대한 답변을 목적으로 양적 연구방법과 질적 연구방법을 결합하는 것은 방법론적 다양성을 증가시키는 한 가지 수단이다.

"합법적이고 독립적인(legitimate stand-alone) 연구설계"(Hanson et al., 2005, p. 224)로 묘사되고 있는 혼합방법 연구는 "동시에 또는 순차적으로 자료가 수집되는 단일 연구에서 양적·질적 자료를 수집·분석하는 것이며, 자료가 하나 혹은 그 이상의 연구 단계에서 통합되며 그 통합을 중요시한다"(Creswell, Plano Clark, Gutmann, & Hanson, 2003, p. 212). 혼합방법 연구는 방법론이자 방법(Creswell & Plano Clark, 2010; Plano Clark et al., 2008)으로 볼 수 있다. 방법론으로서 혼합방법 연구는 연구 개념화에서 자료 수집·분석 및 해석에 이르기까지 연구의 전체 설계와 실행을 안내하는 이론적 또는 인식론적 기초를 가지고 있다(Creswell & Plano Clark, 2010). 방법으로 볼 때 혼합방법 연구는 "단일 연구 또는 일련의 연구에서 양적 및 질적 자료를 수집·분석 및 혼합하는 방법"과 관련된 절차를 말한다(Plano Clark et al., 2008, p. 1546).

이 접근 방식은 동일한 연구 또는 일련의 관련 연구에서 단순히 양적 자료와 질적 자료를 모두 수집하는 것을 말하는 것이 아니다. 연구의 양적 및 질적 구성요소가 상호작용을 하지 않거나 이론적 또는 인식론적 근거 없이 결합되는 경우, 연구는 단순히 다중 방법을 사용한 것으로 간주될 것이다. 연구가 진정으로 혼합방법으로 간주되려면, 연구자는 질적 자료와 양적 자료를 의도적으로 결합하거나 혼합해야 한다(Creswell & Plano Cark, 2010). 그러나 엄격한 혼합방법 연구는 의도성 이상을 수반한다. 즉, 두 가지 접근법의 혼합을 안내하는 이론 또는 인식론적 틀(Crotty, 1998; Flyvbjerg, 2001; Hanson et al., 2005)이 있어야 하며, 이는 연구의 모든 측면에 스며들어야 한다. 여기에는 연구설계·자료 수집·자료 분석 및/또는 자료 해석(Creswell & Plano Clark, 2010)이 포함된다.

혼합방법 연구의 철학적 관점

혼합방법 연구의 역사적 · 철학적 기초에 대한 제대로 된 논의는 이 장의 범위를 벗어
나지만, 이 주제에 관한 많은 자료(예: Greene, 2007 및 Tashakkori & Teddlie, 2010 등)가 있
다. 대체로 이러한 논의는 이 접근법의 오랜 역사와 혼합방법 연구 분야의 최근 성장을 강
조한다(Hanson et al., 2005). 또한 혼합방법 연구와 관련된 현재 진행 중인 논란과 논점에
대해 말하고 있다. 이들 논점 중 일부에는 혼합방법 연구에서의 질적 구성요소의 주변화
(marginalization), 연구비 지원처와 기타 이해관계자에게 이 방법이 매력적으로 보인다는
이유로 혼합방법 접근 방식을 무비판적으로 채택하는 것, 양적 및 질적 자료를 모두 수집
하는 것이 가지는 부가적 가치에 대한 의문 등이 있다(Creswell, 2011).

혼합방법 연구와 관련된 논의에서 늘 나오는 이야기는 이러한 연구에서 발생하는 패러
다임 또는 철학적 혼합의 문제이다(Greene & Hall, 2010). 일부 학자들은 양적 연구와 관련
된 실증주의적 가정과 질적 연구와 관련된 후기 실증주의, 구성주의, 포스트모던 가정 사
이의 내재적 충돌로 인하여 혼합방법 연구는 불가능하다고 주장해 왔다(Howe, 1988; Sale,
Lohfeld, & Brazil, 2002). 이 '비양립설'보다는 덜 극단적이지만 이와 관련된 입장에는 질적
접근과 양적 접근이 "분리되어 있어야만 패러다임과 방법론적 일체성이 유지될 수 있다."
는 견해가 있다(Greene & Hall, 2010, p. 123).

이에 대해 학자들은 혼합방법 연구에 대한 두 가지 주요 패러다임인 변증법과 실용주의
를 제안함으로써 이러한 우려를 해결하고 있다. 변증법적 입장은 모든 접근에 가치를 두
고 하나 이상의 패러다임과 방법론이 같은 연구에서 의미 있게 결합될 수 있다(Greene &
Hall, 2010)고 본다. 패러다임적 가정이 연구를 이끄는 데 중요하고 중심인 반면, 변증법
적인 입장을 취하는 혼합방법 연구자들은 두 가지 다른 접근법에서 발생하는 대화가 접
근법에서의 차이, 불일치 및 분리화에 대한 귀중한 정보를 가져온다고 본다(Greene, 2007;
Greene & Hall, 2010). 이와는 대조적으로, 실용주의는 주어진 연구문제에 가장 적합한 방
법을 선택하는 데 초점을 맞추고, 이를 통해 다양한 방법과 양적 및 질적 접근법을 혼합할
수 있다고 본다(Biesta, 2010; Greene & Hall, 2010; Johnson & Onwuegbuzie, 2004). 이 입장
은 패러다임 가정의 중요성을 부정하는 것이 아니라 연구문제를 해결해 나감에 있어서 서
로 다른 유형의 자료가 가지는 실질적 가치에 초점을 맞춘다(Greene & Hall, 2010). 실제 문
제에 대한 해결책을 찾고 '실행 가능한 지식'을 창출하는 데 중점을 둔 실용적인 입장은 가

족치료 연구자와 실천가들에게 특히 유용할 수 있다(Gambrel & Butler, 2013; Greene & Hall, 2010, p. 140; Morgan, 2007). 이러한 입장이 가장 일반적일 수 있지만, 다른 혼합방법 학자들은 혼합방법 연구를 사실주의, 페미니즘, 개혁적 또는 사회운동적 관점과 연결짓는다(이 주제에 대한 훌륭한 설명은 Tashakkori & Teddlie, 2010을 보라).

커플가족 임상연구에서의 혼합방법

연구자가 채택한 패러다임적 입장이 무엇이든 간에, 혼합방법 연구는 여러 가지 이유로 가족치료 임상연구에 유용할 수 있다. 첫째, 양적 자료와 질적 자료를 결합함으로써 연구자는 치료자-내담자 관계, 변화 과정 및 가족체계 상호작용과 같은 복잡한 현상에 대해 보다 완전하고 타당한 이해를 할 수 있을 것이다(Gambrel & Butler, 2013). 마찬가지로, 연구자는 양적 자료와 질적 자료를 비교함으로써 자신의 연구결과를 재확인하고 이론의 타당성에 대한 근거를 구축할 수 있다(Hanson et al., 2005; Plano Clark et al., 2008). 이와 관련하여, 연구자는 척도를 개발하고 검증하기 위해서도 혼합방법을 사용할 수 있다. 혼합방법을 사용하여 연구결과나 척도 등을 검증하는 것이 유익하지만, 한편으로는 혼합방법을 사용하여 상호 모순되거나 차이가 벌어지는 자료를 검토하게 될 수도 있는데(Greene, 2005; Perlesz & Lindsay, 2003; Plano Clark et al., 2008), 이는 임상 과정을 이해하는 새로운 방법을 찾아내고 치료에서 '무엇이 효과가 있는지'에 대한 새로운 아이디어를 탐색하는 데 유용할 수 있다.

무선임상실험을 포함한 커플가족 임상연구에 특화된 혼합방법 연구는 개입과 개입의 전달을 평가하고, 다양한 연구결과를 설명하며, 특정 결과에 대한 개입의 영향을 확인하기 위해 사용될 수 있다(Sandelowski, 1996). 예를 들어, 혼합방법 접근법에서 도출된 자료는 개입이 얼마나 원래 의도대로 전달되었는지, 연구참여자(예: 내담자, 임상가, 슈퍼바이저)가 개입을 어떤 식으로 경험했는지에 대한 귀중한 정보를 제공할 수 있다(Sandelowski, 1996). 또한 혼합방법 임상연구에서 얻은 자료는 가족치료 연구자들에게 통계적으로 유의한 특정 결과가 임상적 또는 실제적 유의성이 어떠한지에 대한 통찰력을 제공할 수 있다(LeFort, 1993; Sandelowski, 1996). 질적 자료는 다른 곳에서는 평가되지 않을 수 있는 추가적인 관련 상황 정보를 제공할 수도 있다. 예를 들어, 개입이 청소년 행동 문제의 감소와 같은 일부 결과에 통계적으로 유의한 변화를 가져오는 것으로 입증되지만, 부모들은 여전히 그들의 청소년기 자녀가 반항적이고 다루기 힘들다고 보고하고 있는 경우를 볼 수 있다. 질적 요소가 없으면 이런 정보를 포착하기가 어려울 수 있으며, 따라서 연구진은 개입이 내담자의 삶에 의미 있는 변화를 가져오는 능력이 있다고 잘못된 결론을 도출할 위험이 있다. 마찬가지로, 양적 척도가 성과변수의 변화와 같은 미묘한 뉘앙스를 포착하지 못하거나 변화를 전혀 포착하지 못할 수도 있다(Sandelowski, 1996; Stewart & Archbold, 1992, 1993). 마지막으로, 주안점을 둔 성과에 유의한 변화가 없더라도, 참여자들은 실질적으로 의미 있는 변화를 경험했을 수 있다(Sandelowski, 1996). 가족치료 임상 연구자는 혼합방법 연구를 사용함으로써 이 가치 있고 미묘한 정보를 얻을 수 있을 것이다.

가족치료 임상 연구자는 혼합방법 연구를 연구자와 실무자의 간격을 메꾸는 데 도움이 되는(Sandelowski, 1996) 유연하고 실용적인 접근법으로 평가하고 있다(Greene & Caracelli, 2003). 그러나 혼합방법 연구가 가족치료 임상 연구자들에게 매력적으로 다가오는 데에는 인식론적·철학적인 이유도 있다. 혼합방법은 양적 접근법과 질적 접근법의 장점을 활용하여 과정과 내용 모두를 포착하거나 기술할 수 있는데(Mangen, 1995; Plano Clark et al., 2008), 이는 체계이론이라는 가족치료의 역사적 기반과 일맥상통한다. 또한 가족치료 임상 연구자들이 다양성에 관심을 갖고, 문화와 맥락이 커플 및 가족의 삶과 치료 경험을 어떻게 형성하는지 이해하는 것에 관심을 갖는 것을 고려할 때, 혼합방법 연구는 이러한 정보를 보고하고 해당 분야의 기본 가정과 일관성을 유지하는 데 이상적일 수 있다.

혼합방법에서의 연구문제

Creswell과 Plano Clark(2010)은 혼합방법 연구가 어떤 연구주제에도 적용 가능하지만 모든 연구가 혼합방법을 쓸 필요는 없음을 강조한다. 혼합방법 연구는 한 가지 유형의 자료가 연구문제를 해결하는 데 충분치 못할 때, 최초의 연구로부터 나온 결과가 추가적인 설명이 필요할 때, 연구자가 자신의 연구결과나 만들어진 이론을 더 큰 모집단에 일반화시키고 싶을 때 더 적절하다(Creswell & Plano Clark, 2010). 또한 연구 프로젝트가 대규모이고 전체 연구 목표를 달성하기 위해 여러 개의 연구가 필요할 경우에도 해당된다(Creswell & Plano Clark, 2010).

구체적인 연구문제가 무엇이든지 간에 혼합방법 연구의 타당도를 높이기 위해서는 양적 접근법과 질적 접근법을 결합하기 위한 명시적이고 분명한 정당화가 있어야 한다

(Creswell & Plano Clark, 2010). 자료를 혼합하는 데에는 많은 중요한 이유가 있을 수 있는데, 연구결과의 삼각검증에서부터, 연구결과의 실용성을 높이기 위해, 그리고 예상치 못한 결과를 검토해 보기 위해서 등까지 다양하다(Creswell & Plano Clark, 2010; 혼합방법 접근법을 선택하는 여러 근거 논리에 대한 보다 상세한 논의는 Bryman, 2006과 Greene, Caracelli, & Graham, 1989를 보라). 가족치료 임상 연구자는 혼합방법 접근법을 명확하게 정당화하는 맥락에서 연구의 이론적 필요와 경험적 필요를 명시적으로 연결 지음으로써 연구의 엄격성과 타당도를 확립할 수 있다(Creswell & Plano Clark, 2010). 또한 연구에서 자신들이 취하는 인식론과 패러다임적 입장에 대해서도 명확해야 하는데, 왜냐하면 그것이 자료 수집과 연구설계의 모든 요소에 영향을 주기 때문이다(Hanson et al., 2005).

혼합방법 연구를 위한 연구문제를 준비할 때는 질적 연구문제와 양적 연구문제 및 관련 가설, 그리고 혼합방법 연구문제 등이 있어야 한다(Creswell & Plano Clark, 2010). 혼합방법 연구문제는 양적 자료와 질적 자료가 어떻게 결합되고 분석되는지를 설명한다(Creswell & Plano Clark, 2010). 또한 일부 연구자들은 연구의 더 큰 목적을 포착하는 보다 광범위하고 방법론적으로 비특정적인 연구문제를 가진다(Plano Clark & Badiee, 2010). 연구설계에 따라 혼합방법 연구의 연구문제가 미리 준비되어 있거나 혹은 자료 수집 및 분석 시점에 개발될 수 있다. 마찬가지로 연구의 초점과 양적 자료와 질적 자료를 혼합하는 접근법에 따라 하나의 연구문제가 다른 것보다 더 우선적일 수 있다(Creswell & Plano Clark, 2010; Plano Clark & Badiee, 2010).

혼합방법 연구의 양적 및 질적 연구문제는 기존 연구의 연구문제와 유사하지만, 혼합방법 연구문제는 자료가 어떻게 혼합 또는 통합되는지와 관련이 있다(Creswell & Plano Clark, 2010; Plano Clark & Badiee, 2010). Creswell과 Plano Clark(2010)은 내용 중심, 방법 중심 및 이 둘의 조합 등 세 가지 혼합방법 연구문제를 개략적으로 설명한다. 내용에 초점을 맞춘 연구문제는, 연구는 혼합적 방법 접근을 취하지만 연구의 내용을 강조한다는 점이 분명하다(예: "남성 우울증은 커플 간의 문제라는 인식을 감안할 때 커플치료 개입에 참여하는 것은 남성 우울증에 어떻게 영향을 미치는가?"). 방법 중심의 혼합방법 연구문제는 연구의 방법론적인 측면을 다룬다(예: "양적 연구의 결과가 질적 연구에서 묘사된 이론적 모델을 어느 정도나 입증하는가?"). 조합형 혼합방법 질문은 방법 중심 질문과 내용 중심 질문을 하나의 연구문제로 결합한다. Creswell과 Plano Clark(2010)은 질적 자료와 양적 자료가 통합되는 방법에 대한 완결적이고 명확한 설명 때문에 이러한 유형의 연구문제를 사용할 것을 권장한다. 이런 유형의 연구문제의 예는 다음과 같다. "커플치료 개입을 받은 후의 남성 우울증에 대한 양적 조사 결과들은 남성 우울증 치료의 질적 모델과 어떤 점에서 비교되는가?"

혼합방법 임상연구 설계하기

혼합방법 연구가 필요하고 정당성도 있다고 가정할 때 가족치료 연구자는 그 연구를 수행하는 방법에 대해 많은 의사결정을 해야 한다(Creswell & Plano Clark, 2010; Teddlie & Tashakkori, 2009). 전체 연구의 타당도를 높이기 위해 각각의 결정은 연구의 다른 모든 측면과 논리적이고 일관성 있게 맞아야 한다. 즉, 지침이 되는 패러다임, 이론적 지향, 연구문제, 연구에서의 질문 및 연구에 대한 접근 방식이 모두 일관성이 있어야 한다. 또한 연구자들은 각각의 선택에 무엇이 영향을 미쳤는지에 대해 분명히 밝힐 수 있어야 한다(Gale & Bermudez, 2008).

타당도에 있어서, 특히 혼합방법 연구자는 연구설계에서 자료 해석까지 연구의 모든 단계에서 타당도를 높이기 위한 전략을 채택해야 한다(Creswell & Plano Clark, 2010; Onwuegbuzie & Johnson, 2006; Teddlie & Tashakkori, 2009). 이러한 전략은 전통적인 양적 및 질적 연구방법에 관련된 것이기도 하지만 혼합방법 연구자는 두 가지 유형의 자료를 혼합하는 것과 관련된 타당도 문제도 고려해야 한다(Creswell & Plano Clark, 2010). Creswell과 Plano Clark(2010)은 혼합방법 연구에서 나타나는 여러 타당도의 위협요인에 대해, 그리고 그 잠재적 해법에 대해 소개하였다. 예를 들어, 그들은 연구결과들의 불일치가 해결되지 않거나, 자료의 가닥(strand)이 서로 연관성이 없을 경우 발생할 수 있는 타당도 문제를 강조하였다(Creswell & Plano Clark, 2010).

이러한 타당도 문제를 염두에 두고 Creswell과 Plano Clark(2010)은 연구자들이 질적 및 양적 가닥 사이에 발생할 상호작용의 정도와, 각 가닥의 자료 수집 시기를 결정할 것을 먼저 제안한다. 또한 질적 및 양적 가닥 중 어떤 것이 우선시될지에 대한 방법을 결정하고, 가닥이 혼합되거나 통합되는 방법에 대해서도 명확히 해야 한다. 이러한 각 의사결정의 조합은 주어진 혼합방법 연구에 대해 다수의 가능한 설계를 도출한다.

연구설계에서의 이러한 여러 결정 중에서 질적 가닥과 양적 가닥 간의 상호작용 정도를 정하는 것이 가장 중요하다(Creswell & Plano Clark, 2010; Greene, 2007). 혼합방법 연구에서 가닥은 독립적일 수도 있고 상호작용적일 수도 있다. 상호작용 수준이 독립적일 경우 질적 및 양적 가닥의 모든 단계가 별도로 실행되고, 연구 말미에 자료 해석 부분에서만 혼합이 일어난다. 상호작용형 혼합방법 연구는 연구 과정의 일정 시점에서 양적 및 질적 가닥의 혼합이 이루어진다(Creswell & Plano Clark, 2010).

시기와 관련하여 혼합방법 연구자는 양적 및 질적 가닥의 시간적 순서를 결정해야 한다(Plano Clark et al., 2008). 시기에는 연구의 양적 및 질적 부분이 동시에 진행되는 동시적인 것과 순차적인 것이 있다. 순차적 연구에서는 한 가닥의 자료 수집과 분석이 다른 가닥을 시작하기 전에 완료된다(Creswell & Plano Clark, 2010; Plano Clark et al., 2008). 다국면 프로젝트(multiphasic projects)에서는 동시접근법과 순차접근법을 모두 사용할 수 있다.

또 다른 중요한 결정은 질적 및 양적 자료에 어떻게 가중치나 우선순위를 부여하는가 하는 것이다(Plano Clark et al., 2008). 궁극적으로 이 결정은 연구의 전체적인 목적과 이론적 및 인식론적 근거에 따라 달라진다(Morgan, 1998; Plano Clark et al., 2008). 경우에 따라서는 연구의 목적에 따라 두 접근법에 동일한 가중치를 부여해야 할 수 있다. 다른 경우에는 가중치가 동일하지 않을 수 있다. 연구자들은 우선순위를 매기거나 자료의 한 가닥을 강조하고 다른 가닥을 지지적 또는 보조적 역할로 사용하기 위해 균등하지 않은 가중치를 사용한다(Creswell & Plano Clark, 2010; Hanson et al., 2005; Morgan, 1998).

마지막으로, 혼합방법 연구를 개념화할 때 연구자들은 양적 및 질적 자료가 언제 어떻게 혼합되거나 통합될 것인지를 결정해야 한다. 이론적 · 패러다임적 방향 및 연구의 목적에 따라 이 혼합은 연구설계, 자료 수집, 자료 분석 또는 자료 해석 중에 발생할 수 있다(Creswell & Plano Clark, 2010). 예를 들어, 두 가닥은 다음과 같은 방법으로 결합될 수 있는데, ① 자료 분석 또는 자료 해석 중에 두 세트의 발견을 병합하기, ② 한 가닥에서의 발견을 통해 다른 가닥의 설계와 실행에 영향을 미침으로써 자료 수집 과정에서 두 가닥을 연결하기, ③ 연구설계 수준에서 한 가닥을 다른 가닥 안에 삽입하기 등이다(Creswell & Plano Clark, 2010; Plano Clark et al., 2008). 자료 분석의 경우 두 가닥의 자료를 독립적으로 분석한 후 결과를 비교 · 대조함으로써 혼합이 발생할 수 있다. 다른 선택지는 혼합을 쉽게 하기 위한 자료 변환(예: 질적 자료를 빈도가 있는 범주로 변환), 또는 분석 도중 자료 간 연결을 하는 것(예: 양적 척도 선택을 위해 질적 자료에서 나온 결과를 활용하는 것)이다(Hanson et al., 2005; Onwuegbuzie & Teddlie, 2003; Plano Clark et al., 2008). 많은 혼합방법 연구가 혼합의 정도가 불충분하다는 비판(O'Cathain, Murphy, & Nicoll, 2007; Plano Clark et al., 2008)을 받고 있다는 점을 고려할 때, 혼합방법 연구자는 연구 및 결론의 타당도를 높이기 위해 자신의 설계가 질적 및 양적 자료의 충분한 통합을 포함하는지 확인하게 된다.

결국 혼합방법 구성에 대한 모든 결정은 여러 설계의 조합으로 귀결된다. 예를 들어, 연구는 양적 가닥에 가중치를 더 부여하고, 상호작용적이면서 동시적일 수 있다. 이러한 유형의 연구에는 치료자로부터 특정 치료 모델에 대한 준수도를 조사하는 동시에 이 조사 결과를 뒷받침하기 위해 슈퍼바이저와 짧은 면담을 동시에 수행하는 것이 포함될 수 있다. 또는 혼합방법 연구는 상호작용적이고 순차적일 수 있으며 양적 및 질적 가닥에 동등하게 우선순위를 부여할 수 있다. 이런 유형의 연구에는 자녀양육 개입에 참여한 가족 구성원에 대한 관찰 결과를 이용하여, 참여한 가족 구성원들이 개입의 결과로 어떤 변화가 일어났는지를 파악하는 추후 초점집단에 사용할 개방형 질문을 개발하는 것이 있다.

혼합방법 설계의 유형

혼합방법 연구를 설계하기 위한 다수의 선택지를 조직화하기 위해 많은 학자가 혼합방법 연구설계의 유형을 개발했다(이에 대한 훌륭한 요약은 Nastasi, Hitchcock, & Brown, 2010을 보라). 유형론(typology)은 의사소통을 촉진하고 혼합방법 연구의 조직화와 정당성을 촉진하는 데 유용한 것으로 생각된다(Nastasi et al., 2010; Teddlie & Tashakkori, 2003). 그러나 일부에서는 혼합방법 유형론이 더 혁신적으로 나아가야 한다고 촉구하고 있는데, 그 주장을 하는 사람들은 이를 통해 혼합방법 연구의 반복상승적(iterative) 성격이 더 잘 드러나게 하며, 이 방법이 가진 실용적인 연구문제 및 지역사회 협력자와의 더 많은 연관성과 적용 가능성을 보여 주고자 한다(Nastasi et al., 2010).

혼합방법 설계를 처음 접하는 연구자를 위한 유형론의 유용성을 고려하여, 이 장에서는 Creswell 등(2003)이 설명한 유형론의 개요를 제공한다. 이 특정 유형론을 선택한 이유는 이것이 가족학 연구자들 사이에서 사용되고 있기 때문이다. 이 유형론의 최신판에서는 6가지 설계가 포함되어 있다(Creswell & Plano Clark, 2010). 지면의 제한으로 인해 각 설계 유형에 대한 자세한 설명은 제공되지 않지만, 독자들은 이러한 혼합방법 설계와 관련된 다른 많은 귀중한 자료들을 참조할 수 있다(예: Creswell & Plano Clark, 2010; Hanson et al., 2005; Plano Clark et al., 2008).

- **수렴적 병렬 설계**(Convergent parallel design). 이 설계는 연구의 질적 요소와 양적 요소를 동일하게 우선시하며, 두 가닥의 자료를 동시에 수집한다(Creswell & Plano Clark, 2010). 두 가닥의 자료는 일반적으로 독립적이며, 따라서 일반적으로 각 가닥의 발견이 연구의 마지막에 혼합된다. 연구자들은 이 설계를 사용하여 주제 또는 검증 결과

에 대한 이해를 더 깊이 할 수 있다(Hanson et al., 2005; Plano Clark et al., 2008). 이러한 유형의 연구의 예로는, 치료자와 내담자의 상호작용을 관찰하고, 그 결과를 치료자와 내담자의 질적 면접으로부터 도출된 결론과 비교하는 것이 있다.

- **탐색적 순차 설계**(Exploratory sequential design). 질적 자료를 수집한 후 양적 자료를 수집하는 이 설계는 상호작용적이고 순차적이다(Creswell & Plano Clark, 2010). 질적 연구의 결과가 우선시되고, 이것이 양적 연구를 개발하는 데 사용되며, 일반적으로 이론 검증, 변수 간 관계 탐색, 척도 개발 또는 결과의 일반화 목적으로 활용된다(Hanson et al., 2005). 이 설계는, 특히 경험적 탐구가 제한되었던 주제를 다룰 때 유용하다(Creswell et al., 2003). 예를 들어, 이 설계를 사용한 연구는 법원 처분으로 가족치료에 온 가족과의 관계 형성에 대한 근거이론이 대규모 조사 연구에서도 확증되는지를 검토하는 연구에 활용될 수 있다.

- **설명적 순차 설계**(Explanatory sequential design). 이 상호작용적 순차 설계에서는 먼저 양적 가닥을 수집한다(Creswell & Plano Clark, 2010). 양적 자료에 우선순위를 두게 되고 여기서의 발견이 질적 연구의 설계 및 실행의 기초를 형성한다. 질적 연구 결과는 일반적으로 양적 조사 결과에 대한 상세한 설명에 활용된다(Plano Clark et al., 2008). 항상 그런 것은 아니지만 질적 가닥의 표본은 양적 가닥에서 파생되는 경우가 많다. 이러한 경우 연구자들은 참여자를 어떻게 선택할지에 대해 신중하게 고려하고자 할 것이다(예: 부정적인 사례를 선택할 것인지, 무작위로 선택할 것인지, 성공적인 사례를 선택할 것인지). 이러한 유형의 연구의 예로는 치료에 대한 내담자의 만족도를 예측한 지표를 평가하는 설문조사의 결과에 따라 설문 참여자를 선별하여 면접함으로써 만족도를 형성한 요인을 조사하는 것이 있다.

- **내포된 설계**(Embedded design). 내포된 설계는 이것을 무선임상실험에서 사용할 경우, 특히 가족치료 연구자에게 적절하다. 내포된 설계는 순차적 또는 동시적일 수 있다. 이 설계의 특징은 한 가닥이 우선시되고 연구의 주요 설계로 간주되며, 다른 가닥/자료는 보충적인 역할을 수행한다는 것이다(Plano Clark et al., 2008). 내포된 설계는 연구자가 개입 전에 예비 자료를 수집하거나, 개입의 성과에 대해 설명이 필요하거나, 개입 과정을 이해하고자 할 때 유용하다(Creswell et al., 2003; Creswell & Plano Clark, 2010). 이 장의 첫머리에 제시된 사례의 후속 평가에서 개방형 면접이 추가된 경우가 이 설계의 예시가 된다.

- **다국면 설계**(Multiphase design). 이 설계는 일반적으로 대규모 연구 목적 또는 연구 의

제를 가진 장기 또는 다국면 연구를 통해 구현된다(Creswell & Plano Clark, 2010). 이 접근 방식을 사용하면 양적 및 질적 자료의 수집이 여러 단계에 걸쳐 반복적으로 발생할 수 있다. 각 단계에서 접근 방식은 동시적 또는 순차적일 수 있으며, 앞에서 다루어진 설계 중 하나를 사용할 수 있다. 가족치료 연구에서 다국면 설계는 무선임상실험의 다양한 단계에서, 또는 개입의 효과성(effectiveness)과 효능(efficacy)을 검사하는 대규모의 연구 프로그램에서 볼 수 있다.

- 개혁적 설계(Transformative design). 다른 설계와 달리, 개혁적 설계는 페미니즘 또는 비판 이론과 같은 '명시적 옹호 렌즈(explicit advocacy lens)'를 사용한다(Hanson et al., 2005, p. 229). 이 렌즈는 모든 설계 결정의 기초가 된다. 개혁적 설계를 사용한 연구들은 외견상 앞에서 나온 다른 설계 유형처럼 보일 수 있다. 그러나 개혁적 연구는 "다양하거나 대안적인 관점에 목소리를 내고, 연구참여자를 옹호하고, 연구의 결과로 인해 변화할 수 있는 대상 현상을 더 잘 이해하는 것"에 초점을 맞춘다(Hanson et al., 2005, p. 229). 이 설계의 예로는, 노숙자 가족에 대한 가족치료 개입을 옹호하는 더 큰 목적을 위한 순차적 설계를 들 수 있다.

혼합방법 임상연구 사례

Parra-Cardona와 동료들은 라틴계 이민자 부모들에 대한 프로그램의 문화변용 연구에서 혼합방법 및 장기 프로그램을 실시했다. 이 연구[1]에는 근거기반 양육개입 프로그램의 영향을 경험적으로 검증하는 것이 포함되어 있는데, 이 프로그램은 처음에는 주류 유럽계 미국인 참여자들 위주로 개발된 후 문화적 변용이 된 것이었다. 이 연구에 대한 자세한 설명은 이 책의 다른 곳에 제시되어 있다(11장을 보라). 이 장에서는 엄격한 사정과 개입 서비스 전달이 특징인 혼합방법 접근 방식을 서비스 소외 인구에 어떻게 적용할 수 있는지를 설명하기 위해 이 조사를 예로 활용하고자 한다.

Parra-Cardona와 동료들은 보다 큰 프로젝트 목표를 달성하기 위해 개혁적 초점을 맞춘 순차적이며 내포된 혼합방법 설계를 선택했다. 이 연구를 문화적으로 알리기 위한 노

---

1) 이 연구는 미국 국립정신건강연구소(NIMH)의 연구비 #5R34MH087678-02, 미시간 주립대학교(MSU) 연구 및 대학원 관장 부총장실, MSU 사회과학 대학, MSU 인간발달·가족학과로부터 연구비를 지원받았다.

력의 일환으로, 연구자들은 라틴계 지역사회 구성원을 대상으로 초점집단을 실시하는 것으로 연구를 시작했다(Parra-Cardona et al., 2009). 연구자들은 이렇게 질적 가닥으로 시작함으로써 다음과 같은 유익한 결과를 얻게 되었다. ① 잠재적 참여자로부터 자녀양육 개입에 참여할 때 느끼는 장벽에 대한 피드백을 얻었고, ② 개입 및 연구 절차의 문화적 적절성을 탐색하게 되었으며, ③ 문화적으로 적절한 개입 전달 방법에 대한 세부사항을 검토하고, ④ 참가 부모가 개입에서 다루기 원하는 문화적으로 초점을 맞춘 주제에 대한 구체성을 얻게 되었다(자세한 내용은 Parra-Cardona et al., 2009를 보라). 이러한 정보 이외에도, 초점집단은 지역사회기반 참여 연구(community-based participatory research: CBPR) 접근 방식을 시행할 수 있게 했다. 연구자는 이런 접근을 수용함으로써 참여자의 인생 경험으로부터 배울 수 있었고, 지역사회의 역사를 이해하고, 지역사회 지도자와의 강력한 제휴를 확립했는데, 이 모든 것이 프로젝트 후반기의 성공에 필수적이었다.

질적 연구 단계에 이어 부모가 문화적으로 변용된 두 가지 자녀양육 개입 중 하나에 참여하는 혼합방법 시범연구(12개의 양부모 가정, n=24명의 부모)가 실시되었다(Parra-Cardona et al., 2012). 시범연구의 주요 목표는 이를 통해 연구 절차를 개선하고 실행 가능성을 높이는 것이었다. 모든 참여자는 자기보고와 관찰기반 측정으로 구성된 엄격한 양적 평가 절차를 거쳤다. 부모가 개입 조건에 무선할당되지 않았기 때문에 이 자료는 통계적 결과 분석에 사용되지 않았다. 그러나 개입 완료 시 수집된 질적 자료는 연구 절차와 개입방식의 개선에 매우 중요했다. 예를 들어, 부모들은 연구진의 활동적인 참여가 대학원생이 제공할 수 없는 수준의 신뢰를 제공하기 때문에 필수적이라고 말했다(Parra-Cardona et al., 2012를 보라).

현재 연구진은 혼합방법(양적 자료를 보완하는 질적 자료), 무선통제실험(randomized controlled trial: RCT)을 시행하고 있다. 연구 표본크기(n=90가족, 160명의 개별 부모)는 부모들이 자녀양육 집단을 완료한 후 참여자의 개입에 대한 만족도를 질적 방법으로 검사하기에 적당하다. 양적 가닥과 관련된 핵심 분석 절차는 가족 내에 포함된 개별 부모 수준에서 측정한 후 다단계 분석으로 실시한다. 이러한 분석은 개입의 초기 효능(efficacy)을 철저히 평가하는 데 매우 중요하다.

RCT 설계에는 엄격한 평가 프로토콜과 연장된 개입 전달 기간(12주간의 부모교육 회기)이 포함됨에도 불구하고, 연구자들은 질적 초점집단과 엄격한 혼합방법 시범연구가 대규모 RCT의 성공에 필요한 핵심 정보를 제공했다고 보고 있다. 이 연구 프로그램 전체에 걸쳐 혼합방법을 사용하고 CBPR에 초점을 맞춤으로써 필수적인 문화적 정보가 RCT에 통합되었다. 이는 라틴계 참여자들의 지역사회기반 실험과 관련하여 나타났던 통상적 장벽을 극복하는 데 도움이 되었고, 참여자의 만족도와 참가 유지율을 높이고 있다(현재 94%).

커플가족 임상연구를 위한 고려사항

커플 및 가족과 혼합방법 임상연구를 실시하려면 여러 가지 특별한 고려사항이 필요하다. 먼저, 혼합방법 연구는 시간이 많이 걸릴 수 있다. 참여자와 신뢰를 쌓고 연구 협력을 만들어 내고, 개입을 실시하고, 양적 및 질적 자료를 수집하고 분석하는 데 시간이 걸린다 (Creswell & Plano Clark, 2010). 또한 혼합방법 연구는 인력, 훈련, 자료 수집 및 분석 등에 소요되는 비용으로 인해 자원 집중소요 연구가 될 수 있다. 인력과 관련하여, 연구진은 양적 방법과 질적 방법 양쪽 모두에 정통할 필요가 있기 때문에 훈련에 비용과 시간이 소요될 가능성이 있다(Creswell & Plano Clark, 2010; Miall & March, 2005; Plano Clark et al., 2008). 연구책임자는 반드시 양적·질적·혼합적 방법에 대한 전문지식을 갖추거나 협력적 팀으로 작업해야 한다(Creswell & Plano Clark, 2010; Hanson et al., 2005).

커플 및 가족과의 혼합방법 임상연구를 고려할 때, 가족치료 연구자는 연구의 설계와 연구 활동이 연구 중인 개입과 어떻게 서로 교차할 수 있는지에 대해 신중하게 생각해야 한다. 이것은 Sandelowski(1996)가 지적한 바와 같이, 연구 활동이 개입으로 작용하거나 치료 효과가 있을 수 있기 때문이다. 예를 들어, 연구참여자가 면접자에게 치료가 어떻게 도움이 되었는지에 대해 말하는 것 자체가, 부모로서 자녀의 행동에 대해 더 희망을 갖게 할 수 있고, 그 성과는 실제 개입보다 면접 과정에 더 관련이 있을 수 있다. 또한 혼합방법 연구를 고려하는 가족치료 연구자는 연구설계가 참여자에 미치는 부담에 대해서도 고려해야 한다. 설계 및 실행 방법에 따라 혼합방법 연구는 연구가 완료되기 전에 개입 또는 내담자의 성과에 대해 부정적인 피드백을 제공할 수 있다(Sandelowski, 1996). 따라서 혼합방법 설계를 계획하는 가족치료 연구자는 이러한 유형의 정보에 대응하기 위한 프로토콜을 고려하고 참여자(치료자 및/또는 내담자)의 요구와 과학적 엄격함의 균형을 어떻게 맞출 것인지 결정해야 한다. 마지막으로, 연구자들은 새로운 윤리적 문제의 가능성에 항상 주의를 기울여야 한다.

혼합방법 연구를 수행하는 데 관심이 있는 가족치료 연구자들을 위한 마지막 고려사항은 혼합방법 연구를 다른 사람들에게 발표하는 것과 관련된 것이다. 혼합방법 연구를 출판하고 연구 지원금을 받는 것과 관련하여 여러 가지 도전이 남아 있다(Committee on Facilitating Interdisciplinary Research, 2004; Creswell & Plano Clark, 2010; Dahlberg, Wittink, & Gallo, 2010). 예를 들어, Plano Clark과 동료들(2008)은 혼합방법 연구의 결과를 하나 또는 여러 논문으로 제시할 것인지 여부, 연구결과를 보고하는 방법, 혼합에 대해 보고하는 방법, 지면의 제한 내에서 연구결과를 제시하는 방법을 포함한 출판 지침이 분명하지 않은 부분에 대해 논의한다. 특히 연구비 제공자들은 시간과 자원에 대한 요구 증가 추세에 비추어 볼 때, 특정 연구문제에 대한 혼합방법 연구의 과학적이고 실용적인 가치를 깨닫지 못할 수도 있다. 그러나 이러한 도전들을 극복하는 것은 불가능한 것이 아니다. Dahlberg와 동료들(2010)이 쓴 매우 유용한 장에서 저자들은 출판을 위한 혼합방법 원고를 준비하기 위한 방법과 연구비를 쉽게 받을 수 있는 제안서 작성에 대한 상세하고 실용적인 지침을 제공하고 있다.

요약과 결론

혼합방법 연구는 커플가족 임상연구에 큰 잠재력을 가지고 있다. 이 방법은 연구의 타당도를 높이고 가족치료 연구자들에게 임상 문제와 그 치료에 대한 귀중한 연역적·귀납적 관점을 제공할 수 있다(Dahlberg et al., 2010). 또한 엄격하고 유효한 혼합방법 연구는 실제 환경에서 효과적인 개입을 개발하고 제공하기 위한 중요한 지침을 제공할 수 있다(Sandelowski, 1996). 이러한 이점에도 불구하고 혼합방법 접근법에 남은 과제가 없는 것은 아니며, 이 방법이 모든 연구문제에 적합하지는 않을 수 있다. 그럼에도 불구하고 혼합방법 프로토콜은 가족치료 개입에 대한 이해를 넓히고 가족치료의 혜택을 커플이나 가족에게까지 확대하는 것에 있어 핵심 대안이 되고 있다.

참고문헌

Biesta, G. (2010). Pragmatism and the philosophical foundations of mixed methods research. In A. Tashakkori & C. Teddlie (Eds.), *Mixed methods in social and behavioral research* (2nd ed., pp. 95-118). Thousand Oaks, CA: Sage.

Blow, A. J., Morrison, N. C., Tamaren, L., Wright, K., Schaafsma, M., & Nadaud, A. (2009). Change processes in couple therapy: An intensive case analysis of one couple using a common factors lens. *Journal of Marital and Family Therapy, 35*, 350-368. doi:10.1111/j.1752-0606.2009.00122.x

Bryman, A. (2006). Integrating quantitative and qualitative research: How is it done? *Qualitative Research, 6*, 119-136. doi:10.1177/1468794106058877

Committee on Facilitating Interdisciplinary Research. (2004). *Facilitating interdisciplinary research.* Washington DC: National Academic Press.

Creswell, J. W. (2011). Controversies in mixed methods research. In N. K. Denzin & Y. S. Lincoln (Eds.), *The handbook of qualitative research* (4th ed., pp. 269-284). Thousand Oaks, CA: Sage.

Creswell, J. W., & Plano Clark, V. L. (2010). *Designing and conducting mixed method research* (2nd ed.). Thousand Oaks, CA: Sage.

Creswell, J. W., Plano Clark, V. L., Gutmann, M. L., & Hanson, W. E. (2003). Advanced mixed methods research designs. In A. Tashakkori & C. Teddlie (Eds.), *Handbook of mixed methods in social and behavioral research* (pp. 209-240). Thou-sand Oaks, CA: Sage.

Crotty, M. (1998). *The foundations of social research: Meaning and perspective in the research process.* London: Sage.

Dahlberg, B., Wittink, M. N., & Gallo, J. J. (2010). Funding and publishing integrated studies: Writing effective mixed methods manuscripts and grant proposals. In A. Tashakkori & C. Teddlie (Eds.), *Mixed methods in social and behavioral research* (2nd ed., pp. 775-802). Thousand Oaks, CA: Sage.

Flyvbjerg, B. (2001). *Making social science matter: Why social inquiry fails and how it can succeed again.* Cambridge, UK: Cambridge University Press.

Gale, J., & Bermudez, J. M. (2008). Clinical research. In L. M. Given (Ed.), *The Sage encyclopedia of qualitative research methods* (pp. 79-84). Thousand Oaks, CA: Sage.

Gambrel, L. E., & Butler, J. L. (2013). Mixed methods in research in marriage and family therapy: A content analysis. *Journal of Marital and Family Therapy, 39*, 163-181. doi:10.1111/j.1752-0606.2011.00260.x

Greene, J. C. (2005). Synthesis: A reprise on mixing methods. In T. S. Weisner (Ed.), *Discovering successful pathways in children's development: Mixed methods in the study of childhood and family life* (pp. 405-419). Chicago: Chicago University Press.

Greene, J. C. (2007). *Mixed methods in social inquiry.* San Francisco: Jossey-Bass.

Greene, J. C., & Caracelli, V. J. (2003). Making paradigmatic sense of mixed methods practice. In A. Tashakkori & C. Teddlie (Eds.), *Handbook of mixed methods in social and behavioral research* (pp. 91-110). Thousand Oaks, CA: Sage.

Greene, J. C., Caracelli, V. J., & Graham, W. F. (1989). Toward a conceptual frame-work for mixed-method evaluation designs. *Educational Evaluation and Policy Analysis, 11,* 255-274.

Greene, J. C., & Hall, J. N. (2010). Dialectics and pragmatism: Being of consequence. In A. Tashakkori & C. Teddlie (Eds.), *Mixed methods in social and behavioral research* (2nd ed., pp. 119-144). Thousand Oaks, CA: Sage.

Handel, G. (1996). Family worlds and qualitative family research: Emergence and prospects of whole-family methodology. In M. S. Sussman & J. E. Gilgun (Eds.), *The methods and methodologies of qualitative family research* (pp. 335-348). Bing-hamton, NY: Haworth.

Hanson, W. E., Creswell, J. W., Plano Clark, V. L., Petska, K. S., & Creswell, J. D. (2005). Mixed methods research designs in counseling psychology. *Journal of Counseling Psychology, 52,* 224-235. doi:10.1037/0022-0167.52.2.224

Hendrickson Christensen, D., & Dahl, C. M. (1997). Rethinking research dichotomies. *Family and Consumer Sciences Research Journal, 25,* 269-285. doi:10.1177/ 1077727X9702530 02

Howe, K. R. (1988). Against the quantitative-qualitative incompatibility thesis (or dogmas die hard). *Educational Researcher, 18,* 10-16.

Johnson, R. B., & Onwuegbuzie, A. J. (2004). Mixed methods research: A research paradigm whose time has come. *Educational Researcher, 33,* 14-26.

LeFort, S. M. (1993). The statistical versus clinical significance debate. *Image: Journal of Nursing Scholarship, 25,* 57-62.

Mangen, D. J. (1995). Methods and analysis of family data. In R. Blieszner & V. Hilkevitch Bedford (Eds.), *Handbook of aging and the family* (pp. 148-178). Westport, CT: Greenwood.

Miall, C. E., & March, K. (2005). Community attitudes toward birth fathers' motives for adoption placement and single parenting. *Family Relations, 54,* 535-546. doi:10.1111/j.1741-3729.2005.00341.x

Morgan, D. L. (1998). Practical strategies for combining qualitative and quantitative methods: Applications to health research. *Qualitative Health Research, 8,* 362-376. doi:10.1177/104973239800800307

Morgan, D. L. (2007). Paradigms lost and pragmatism regained: Methodological implications of combining qualitative and quantitative methods. *Journal of Mixed Methods Research, 1,* 48-76.

Nastasi, B. K., Hitchcock, J. H., & Brown, L. M. (2010). An inclusive framework for conceptualizing mixed methods design typologies: Moving toward fully integrated synergistic research models. In A. Tashakkori & C. Teddlie (Eds.), *Mixed methods in social and behavioral research* (2nd ed., pp. 305-338). Thousand Oaks, CA: Sage.

O'Brien, M. (2005). Studying individual and family development: Linking theory and research. *Journal of Marriage and Family, 67,* 880-890. doi:10.1111/j.1741-3737.2005.00181.x

O'Cathain, A., Murphy, E., & Nicoll, J. (2007). Integration and publications as indicators of "yield" from mixed methods studies. *Journal of Mixed Methods Research, 1,* 147-163.

Olson, M. M., & Russell, C. S. (2004). Understanding change in conjoint psychotherapy: Inviting clients to comment upon the validity of standardized change scores. *Contemporary Family Therapy, 26,* 261-278. doi:10.1023/B:COFT.0000037914.58558.58

Onwuegbuzie, A. J., & Johnson, R. B. (2006). The validity issue in mixed research. *Research in the Schools 12,* 48-63.

Onwuegbuzie, A. J., & Teddlie, C. (2003). A framework for analyzing data in mixed methods research. In A. Tashakkori & C. Teddlie (Eds.), *Handbook of mixed methods in social and behavioral research* (pp. 351-383). Thousand Oaks, CA: Sage.

Parra-Cardona, J. R., Domenech Rodríguez, M., Forgatch, M. S., Sullivan, C., Bybee, D., Tams, L., ⋯⋯ Dates, B. (2012). Culturally adapting an evidence-based parenting intervention for Latino immigrants: The need to integrate fidelity and cultural relevance. *Family Process, 51,* 56-72. doi:10.1111/j.1545-5300.2012.01386.x

Parra-Cardona, J. R., Holtrop, K., Córdova, D., Escobar-Chew, A. R., Tams, L., Horsford, S., ⋯⋯ Fitzgerald, H. E. (2009). "Queremos aprender": Latino immigrants call to integrate cultural adaptation with best practice knowledge in a parenting intervention. *Family Process, 48,* 211-231. doi:10.1111/j.1545-5300.2009.01278.x

Perlesz, A. L., & Lindsay, J. (2003). Methodological triangulation in researching families: Making sense of dissonant data. *International Journal of Social Research Methodology, 6,* 25-40. doi:10.1080/13645570305056

Plano Clark, V. L., & Badiee, M. (2010). Research questions in mixed methods research. In A. Tashakkori & C. Teddlie (Eds.), *Mixed methods in social and behavioral research* (2nd ed., pp. 275-304). Thousand Oaks, CA: Sage.

Plano Clark, V. L., Huddleston-Casas, C. A., Churchill, S. L., Green, D. O., & Garrett, A. L. (2008). Mixed methods approaches in family science research. *Journal of Family Issues, 29,* 1543-1566. doi:10.1177/0192513X08318251

Russell, C. S., DuPree, W. J., Beggs, M. A., Peterson, C. M., & Anderson, M. P. (2007). Responding to remediation and gatekeeping challenges in supervision. *Journal of Marital and Family Therapy, 33*, 227-244. doi:10.1111/j.1752-0606.2007.00018.x

Sale, J. E., Lohfeld, L. H., & Brazil, K. (2002). Revisiting the quantitative-qualitative debate: Implications for mixed methods research. *Quality and Quantity, 36*, 43-53.

Sandelowski, M. (1996). Using qualitative methods in intervention studies. *Research in Nursing and Health, 19*, 359-364.

Sprenkle, D. H., & Piercy, F. P. (2005). Pluralism, diversity, and sophistication in family therapy research. In D. H. Sprenkle & F. P. Piercy (Eds.), *Research methods in family therapy* (2nd ed., pp. 3-18). New York: Guilford.

Stewart, B. J., & Archbold, P. G. (1992). Nursing intervention studies require out-come measures that are sensitive to change: Part one. *Research in Nursing and Health, 15*, 477-481.

Stewart, B. J., & Archbold, P. G. (1993). Nursing intervention studies require out-come measures that are sensitive to change: Part two. *Research in Nursing and Health, 16*, 77-81. doi:10.1002/nur.4770160110

Tashakkori, A., & Teddlie, C. (2010). *Mixed methods in social and behavioral research* (2nd ed.). Thousand Oaks, CA: Sage.

Teddlie, C., & Tashakkori, A. (2003). Major issues and controversies in the use of mixed methods in the social and behavioral sciences. In A. Tashakkori & C. Teddlie (Eds.), *Handbook of mixed methods in social and behavioral research* (pp. 3-50). Thousand Oaks, CA: Sage.

Teddlie, C., & Tashakkori, A. (2009). *Foundations of mixed methods research: Integrating quantitative and qualitative approaches in the social and behavioral sciences.* Thousand Oaks, CA: Sage.

Ward, M. R. (2007). Clients' perceptions of the therapeutic process: A common factors approach. *Journal of Couple and Relationship Therapy, 6*, 25-43.

18 가족치료자가 변화를 일으킬 수 있는 지역사회기반 참여 연구

Dave Robinson, Michael M. Olson, Richard Bischoff, Paul Springer, & Jenenne Geske

지역사회기반 참여 연구(community-based participatory research: CBPR)는 연구과정에서 연구참여자를 협력자로서 참여할 수 있게 하는 연구 패러다임이자 연구 접근이다. 지역사회기반 참여 연구는 연구참여자가 연구 참여에 대한 보답으로 얻는 게 별로 없어 연구자에게 이용당했다는 느낌이 들게 하는 전통적 연구에 대한 비판을 해결하기 위해 개발되었다. 이 접근은 지역사회가 문제를 정식화하고, 수집될 자료를 정하고, 결과를 어떻게 사용할지 등을 포함한 연구의 전 과정에 참여함으로써 지역사회의 혜택을 최대화한다(O'Fallon & Dearry, 2002). 결과적으로, 지역사회기반 참여 연구는 연구자가 전문지식에 대한 자신의 인식을 재평가하고 넓히며 연구과정에 대한 소유권을 유예하게 한다. 연구자는 연구 활동에서 참여자와 파트너가 된다. 이 장에서 우리는 지역사회기반 참여 연구의 핵심적 요소, 과제 및 과정을 설명하고, 어떻게 지역사회기반 참여 연구가 개인, 부부, 가족과 지역사회에의 영향을 최대화하기 위해 사용될 수 있는지를 기술할 것이다. 마지막으로 우리는 지역사회기반 참여 연구와 관련된 윤리적 이슈 및 이를 극복하는 전략에 대해 논의할 것이다.

난제: 정신건강의 격차

2,290명이 거주하는 클리어워터(허구적 이름)라는 농촌지역에는 난제가 있다. 지역사회의 다수가 정신건강 문제를 겪고 있으나, 지역사회 자원으로 이 문제가 제대로 해결되고 있지 않다. 환자와 가족은 지역사회의 제한된 자원으로 인해 필요할 때 도움을 받을 수 없어 불만스럽다. 또한 지역사회의 의료 제공자들도 환자들이 원하는 수준으로 케어를 제공할 수 있는 정신건강 의료 제공자를 찾을 수 없어 불만스럽다. 이 지역은 인근 지역에도 서비스를 제공하는 여섯 명의 의료 제공자와 최신식의 취약 농촌지역의 병원(critical access hospital)과 일반 병원이 있다. 이 중 다수의 의료 제공자는 정신건강 돌봄 영역에서 훈련을 받았고, 신규 채용자들은 특히 환자와 가족의 정신건강 문제에 적절히 대응하였다. 세 명의 정신건강 돌봄 치료자도 클리어워터 지역사회에서 일하고 있다. 또한 25~30마일 떨어진 곳에 48,000명이 거주하는 다른 마을이 있다. 하지만 지역사회 구성원들의 정신건강 욕구는 채워지지 않았다. 그 결과, 환자와 의료 제공자는 고립되고, 소외되며 혼자라고 느끼고 있고, 이들이 직면한 정신건강 욕구를 해결하는 데 압도당하고 있다.

지역사회기반 참여 연구의 기원

지역사회기반 참여 연구는 **참여적 실행 연구**(participatory action research: PAR)의 일 유형이다. 참여적 실행 연구는 시간에 따른 집단 성과에서의 향상을 이해하는 데 초점을 둔 실험연구의 일 형태이다. 참여적 실행 연구는 다른 유형의 연구와 비교했을 때 특별한데, 이는 과정의 개별 주기마다 사정과 중재에서의 변화가 반복해서 일어나기 때문이다(Reason & Bradbury, 2008).

미국 심리학자 Kurt Lewin(1948, 1997)은 참여적 실행 연구 방법론의 개발자로 여겨진다. 그는 계획, 실행, 관찰 및 반성의 4단계로 이 접근이 구성된다고 하였다. Wallerstein과 Duran(2008)은 Lewin이 참여적 실행 연구를 개발한 것은 참여자들이 세계에서 행동하면서 형성하는 의미와 분리된 객관적 세계를 연구자들이 연구하였기 때문이라고 하였다(p. 27). 지역사회기반 참여 연구와 참여적 실행 연구는 유사한 철학적 토대가 있으나, 지역사회기반 참여 연구를 참여적 실행 연구와 구분 짓는 것은 연구과정에서 지역사회 수준의 영향력과 지역사회 참여에의 초점이다.

지역사회기반 참여 연구는 메타 연구 전략이다

Cornwall과 Jewkes(1995)는 지역사회기반 참여 연구는 연구방법론이기보다는 연구의 지향이라고 하였다. 지역사회기반 참여 연구는 연구자와 지역사회 구성원이 지역사회 내의 변화를 목표로 다양한 연구방법론을 대조하고 조합하기 때문에 메타 연구 전략으로 여겨질 수 있다. 연구자는 지역사회기반 참여 연구 틀 내에서 종종 초점집단면접(focus group interviewing: FGI), 지역사회 욕구 분석, 조사, 사전−사후 프로그램 평가 및 여타의 다른 방법론을 사용한다.

초점집단을 조직하고 가능하게 하는 것은 이 연구 전략의 핵심이다. 다양한 수준에 여러 정보 제공자가 있으므로, 지역사회기반 참여 연구자는 자료를 체계화하기 위한 명확한 자료 관리 전략과 구체적 방식이 있어야 한다. 현장 노트 작성은 자료를 좀 더 쉽게 관리할 수 있게 하는 방법이다. 지역사회의 관심사에 관한 큰 욕구로 인해, 연구자는 양적 연구 자료를 다루는 데 노련해야 하고 집단의 효과성을 보여 줄 수 있는 자료(예: 위기 상황에서 응급실 방문, 법이 집행된 정신건강 위기 사건, 비응급상황에서 정신건강 서비스 이용의 변화)를 찾을 수 있어야 한다. 이미 있는 자료가 가용하지 않을 때, 연구자는 지역사회 문제의 특성과 범위를 포착할 수 있는 욕구 평가를 수행하기 위해서 지역사회를 분석단위로 사용하는 것에 노련해야 한다(Center for Urban Research and Learning, 2012; McAllister, Green, Terry, Herman, & Mulvey, 2003). 이러한 결과는 지역사회기반 참여 연구자 그룹이 중재를 개발하고 효과성을 측정하는 데 사용될 수 있다.

지역사회기반 참여 연구를 사용하기 위해서 연구자는 지역사회의 욕구를 지원할 팀과 다양한 자료 제공자들을 화합하는 능숙함이 있어야 한다. 지역사회기반 참여 연구의 성공을 위해 질적 방법에 대한 지식(FGI, 현장 메모 수집, 주제 분석과 코딩 전략, 욕구와 자원 분석 등)과 양적 방법에 대한 지식(데이터베이스 확인하기, 조사지 구성, 프로그램 개입의 영향과 결과를 측정하는 평가적 도구)이 요구된다.

난제를 해결하기 위해 지역사회기반 참여 연구를 활용하기

지역사회기반 참여 연구는 클리어워터와 같은 지역사회의 문제를 해결할 수 있다. 구체적으로 클리어워터에는 각계각층의 사람들(정신건강 문제가 있는 사람들, 가족 구성원과 양육자, 선생님, 법 집행자, 의료 제공자, 정신건강 치료자 등)에게 직간접적으로 영향을 미치는 정신건강의 격차라는 문제가 있다. 또한 문제를 해결하기 위한 지역사회의 한 부분에서의 노력은 부분적인 성공만을 낳았고, 이런 시도는 좌절과 불만족만 더했다. 이에 대해 무언가를 하고자 했던 여러 직업 영역의 지도자가 있었다. 지역사회기반 참여 연구를 수행하는 연구 팀은 지역사회 구성원들과 이해관계자들과 함께 동반관계를 만들어 이러한 문제들을 다루기 시작하였다. 이러한 협력적 과정과 관계를 통해 팀은 그들의 욕구에 대한 해결방안을 마련하기 위해서 어떤 집합적인 전략과 노력이 필요한지 알아갔다.

이 접근의 핵심적 차이는 선행연구와 과학적 지식을 지역사회 맥락에 놓고 고려하여 개인에게 특유한 욕구와 도전 및 해결책이 성과에 영향을 미칠 수 있게 하는 것이다. 이 차이점은 중요한데, 전통적 과학 연구를 통한 결과로 서비스를 충분히 받지 못하는 농촌 인구에 적용하는 데 심각한 문제가 있음을 인정하여 '다학제 연구(multidisciplinary research)'와 '중개연구(translational research)'를 증진해 온 미국 국립보건원(NIH)의 최근의 노력에서도 입증되었다. 즉, 지역사회기반 참여 연구는 사회과학 연구의 지역사회에의 영향을 극대화하기 때문에 미국 국립보건원이 인정한 연구방법이다. 지역사회기반 참여 연구를 통해서 연구 활동은 지역사회 사람들의 삶에 변화를 일으킬 수 있는 즉각적인 해결책이 될 수 있다. 미국 국립보건원에 의하면 지역사회기반 참여 연구는, ① 연구의 모든 단계에 지역사회 구성원의 참여와 훈련된 연구자 사이의 능동적인 협력을 증진하고, ② (연구자와 지역사회 구성원들 간의) 공동학습을 도모하며, ③ 프로젝트가 지역사회의 욕구를 충족시키고, ④ 연구참여자에게 유용한 결과를 확산하고, ⑤ 연구와 개입 전략이 문화적으로 적합하게 하고, ⑥ 지역사회를 분석단위로 정의한다(O'Fallon & Dearry, 2002).

- **지역사회기반 참여 연구는 능동적 참여를 증진한다.** 지역사회기반 참여 연구는 연구자와 지역사회 구성원 간의 파트너십을 조성한다. 연구에서 보통 수동적 참여자인 지역사회 구성원은 공동조사자와 팀의 일원으로 함께 참여한다. 이들은 연구될 문제를 정의하고 자료 수집과 연결되는 방법론을 정하는 데 있어 공동지도자이다. 연구과정에서 이들의 능동적 참여는 연구결과가 적절하고 지역사회에 영향을 미칠 수 있게 한다.
- **지역사회기반 참여 연구는 공동학습을 조성한다.** 학술 연구 팀에서 하는 것처럼 지역사회 구성원은 공동조사자로서 연구에 참여함으로써 학습한다. 지역사회 구성원은 연구문제와 가설을 설정하고, 자료는 무엇이고 어떤 자료가 수집되어야 하는지를 결정

하고, 자료 수집과 분석 과정에 관여한다. 지역사회 참여자가 습득한 지식과 이들이 배운 것을 어떻게 지역사회의 변화를 일으키기 위해 사용되는지는 성공적인 지역사회기반 참여 연구 방법의 핵심적 지표 중의 하나이다(Bradbury & Reason, 2008).

• 지역사회기반 참여 연구는 프로젝트가 지역사회 주도가 되게 한다. 핵심적인 이해관계자와 지역 구성원이 연구에 투자하면서 지역사회기반 참여 연구과정은 점점 더 효과적으로 되고 지역사회의 주요 욕구와 주변 욕구를 충족시킬 것이다. 지역사회 구성원들이 머리를 모을 때, 이들은 지역사회 문제의 해결책 개발과 지역사회의 주도성 향상 등을 포함해 지역사회에 어떤 연구가 적합한지를 규명할 수 있을 것이다.

• 지역사회기반 참여 연구는 참여자들에게 유용한 결과를 확산한다. 지역사회기반 참여 연구는 지식 자체를 위한 지식 생성을 목적으로 수행되지 않고, 연구결과가 지역사회의 변화에 영향을 미치도록 사용되게 하는 데 목적을 두고 수행된다. 지역사회기반 참여 연구과정의 결과는 연구자와 지역사회 참여자가 공동으로 소유한다. 그 결과, 연구자와 지역사회 구성원은 전문적인 문헌과 지역사회에 이바지하는 결과를 확산하기 위해서 함께 노력한다.

• 지역사회기반 참여 연구는 연구와 중재 전략을 문화적으로 적합하게 한다. 연구과정의 각 단계에 지역사회의 이해관계자들이 공생적으로 참여하기 때문에 성과는 적절하고 지역사회의 문화와 맥락에 근거한다.

• 지역사회기반 참여 연구는 지역이 분석단위이다. 지역사회기반 참여 연구의 분석단위는 개인이 아닌 지역사회이다. 전체로서 지역사회를 이해하기 위해서 다양한 자료 제공자들(예: 개인, 부부, 가족, 단체, 전문가, 지도자 등)로부터 자료가 수집된다. 다음에서 제시한 것 같은 다양한 자료 수집 방법이 사용되지만(다음을 보라), 초점은 항상 지역사회 수준에 있다.

지역사회기반 참여 연구의 과정

　지역사회기반 참여 연구는 참여, 문제 확인, 해결책 생성, 계획, 수행 및 피드백의 반복적인 과정을 거친다([그림 18-1]; Robinson, Carroll, & Watson, 2005). 각각의 반복 과정은 이전의 과정에 기초해 발달적으로 진행되는 것으로 변화에 대한 동기와 변화에의 투자는 참여자가 해결책을 기꺼이 실행하고자 하는 시점에서 만들어진다. 그러므로 참여자는 자료

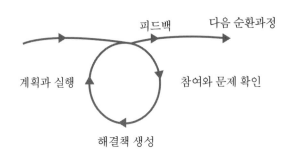

[**그림 18-1**] 지역사회기반 참여 연구의 순환과정

에 대한 수동적인 기여자(예: 연구자가 개발한 질문지에 응답)가 아닌 자료 수집, 자료 분석, 해결책 수립과 실행 전략을 완수하는 데 있어 능동적인 협력자이다.

연구과정에의 참여가 참여자를 변화시키는지에 대해서는 논쟁이 있을 수 있으나, 대부분의 연구방법은 이 영향을 중요하게 여기지 않거나 최소화한다. 지역사회기반 참여 연구를 사용하는 연구자는 이를 인정하고 수용한다. 사실 참여자의 변화는 지역사회기반 참여 연구과정의 기대된 결과이자 지속가능한 지역사회의 변화를 창출하는 수단으로 적극적으로 장려된다(Israel, Schulz, Parker, & Becker, 1998). 그 결과, 개인과 지역사회 수준에서의 변화가 권장되고 기대된다. 그러므로 지역사회기반 참여 연구는 일종의 잘 훈련된 탐구의 한 형태이자 개입이다.

지역사회기반 참여 연구의 핵심 과제와 예시

다음은 연구자가 이 연구방법을 채택할 때 반드시 성취해야 하는 지역사회기반 참여 연구의 핵심적 과제이다. 다음의 예시는 각각의 과제가 클리어워터 지역사회 내에서 어떻게 수행되었는지를 보여 준다.

과제 1: 지역사회 참여와 문제 확인. 지역사회기반 참여 연구에 적합한 지역사회를 확인하기 위해서 우리는 지역사회의 정신건강 격차에 대해 몹시 애석해하는 한 농촌의 의사와 이야기하였다. 그녀는 돌봄 전문 인력이 최선을 다하고 있지만, 인력이 충분하지 않다고 하였다. 이 문제를 해결하는 것이 그녀의 관심사이기 때문에 그녀는 지역사회기반 참여 연구에 대해 교육받은 후 지역사회 구성원 25명을 초대해서 이 연구방법을 배우게 하고 지역사회의 정신건강 돌봄에서의 도전에 대한 FGI에 참여하게 하였다. 이 회의를 준비하기 위해서 우리는 정신건강 문제로 도전받는 환자와 돌봄자를 대상으로 FGI를 실시하여 지역사회 평가 자료를 수집하였다. 환자와 돌봄자는 지역사회의 정신건강 돌봄 상태에 대해서 유용한 사정을 할 것 같은 지역의 내과 의사가 실행할 FGI에 참여하도록 초대되었다. FGI에 참여했던 몇 명은 FGI 결과를 발표하는 첫 번째 지역사회기반 참여 연구 회의에 참여했고, 정신건강 성과를 향상하기 위한 시민들의 자생적 노력에도 참여하였다. 이런 방식으로 지역사회에서 수행된 연구의 결과는 지역사회에 피드백을 제공하였다. 전문가와 환자/돌봄자는 어떻게 연구가 문제와 해결책을 만드는 데 도움이 되는지 즉각적으로 볼 수 있었다.

지역사회기반 참여 연구 그룹이 사용하는 지역사회의 욕구 사정은 크게 두 가지 유형으로 분류된다. 하나는, 지역사회의 강점과 약점을 발견하는 것을 목적으로 하는 사정이고, 다른 하나는, 지역사회의 잠재적인 문제나 이미 존재하는 문제를 중심으로 한 사정이다(Center for Urban Research and Learning, 2012). 두 유형의 사정은 지역사회에 기여할 수 있는 핵심적인 이해관계자와 지역사회로부터 어떻게 하면 정보와 의견과 인풋을 가장 잘 얻을 수 있는지를 고려하여 구조화되었다.

욕구 사정을 할 때 사용되어야 하는 몇 가지 전략이 있다. 첫째, 욕구를 확인하고 그 후에 해결책을 제시하는 것에 초점을 두는 것이 유용한 욕구 사정이다(Watkins, Meiers, & Visser, 2012). 강점과 약점 및 욕구에 초점을 맞추는 것은 지역사회에 적절하고 목적이 명확한 개입을 보장한다. 이는 지역사회 구성원이 추측이나 일화 자료에 기초한 '본말이 전도된' 결정을 하지 않도록 해 준다. 둘째, 욕구 확인을 위해 어떤 자료가 요구되고 자료의 원천이 누구인지(예: 지역사회 구성원, 집단 등)를 결정하는 것이 필요하다. 셋째, 자료 수집에 있어 다양한 관점이 드러날 수 있는 다양한 도구와 기술이 사용될 수 있다(Watkins et al., 2012). FGI, 면접, 조사 등이 포함될 수 있다. 마지막으로, 지역사회의 욕구는 분석된 자료에 기초해서 확인된다.

첫 번째 과제의 성과는 초기 문제 확인 및 학술적으로 훈련된 연구자, 지역사회에 서비스를 제공하는 의료, 정신건강 및 여타의 전문가 및 환자와 돌봄자로 구성된 연구 팀의 구성이다.

과제 2: 지역사회기반 참여 연구의 목적과 정체성 수립. 지역사회에서 수행된 FGI의 결과를 확인한 후 연구 팀은 만나서 그 지역의 정신건강 욕구에 대해 논의할 수 있었다. 이 집단의 다학제적 특성(정신건강 전문가, 법 집행자, 정신건강 문제로 어려움을 겪고 있는 개인과 가족)으로 인해 논의가 풍부했다. 이 집단은 지역사회 교육, 전문적 자원 목록 개발, 지역사회 기금 조성 기회의 세 가지 영역에서 해결책을 세우기로 했다. 지역사회기반 참여 연구 그룹은 각각의 주제에 대한 대책위원회를 구성하였다. 이 대책위원회에서 회의 수행, 기록, 지역사회 참여자 모집에 함께 힘을 합칠 추가적 지도자가 세워졌다. 각 그룹 내에서 지도자가 강화되고 공유된 목표가 정해지면서 지역사회기반 참여 연구 팀은 모두가 연관된 팀 이름을 만들 수 있었다.

과제 3: 업무 그룹 설정 및 팀 목표를 향한 작업. 클리어워터에서 지역사회기반 참여 연구 팀은 학술 연구 팀과 별도로 대책위원회를 만나기 시작하였다. 이는 업무 그룹이 연구 팀 전체에 보고하기 전에 계획을 유동적으로 추진하고 요구되는 과제를 완수할 수 있는 시간을 주었다. 회의에서 연구 팀은 과제를 성취하는 데 경험했던 성공을 보고할 뿐만 아니라 그룹에 초대하거나 그룹과 접촉이 필요한 지역사회 구성원을 추천하였다.

과제 4: 팀의 목표 점검 및 성취. 지역사회기반 참여 연구 팀은 각각의 과제 영역에서의 성취를 점검하고, 수정하고, 조직하고, 축하하는 반복적인 과정을 밟았다. 지역사회기반 참여 연구의 챔피언(지역사회 구성원과 옹호자)과 학술 연구 팀은 각 대책위원회가 성취할 수 있는 목표를 설정하고, 핵심 지역사회 이해관계자가 소진을 방지하고 낙담을 줄이면서 그들의 전문영역을 활용하는 데 핵심적 역할을 하였다. 각 대책위원회가 성공을 보여 주기 시작하면서 지역사회기반 참여 연구 그룹은 성취할 수 있는 것에 관해 전망할 수 있었다. 이들은 서로 좀 더 유동적으로 일을 하였고, 지역사회의 정신건강 문제의 모든 측면을 비판적으로 볼 수 있었다. 이러한 성공의 결과로 지역사회 구성원은 고립되고 홀로라는 느낌을 덜 받게 되었고, 지역사회를 변화시킬 수 있었다.

과제 5와 6: 팀 목표 수정, 성공 축하 및 독립적인 지역사회기반 참여 연구 팀 설립. 클리어워터에서 지역사회기반 참여 연구 팀은 학술 연구 팀과 독립적으로 기능하기 시작하였고, 그룹을 관리하는 데 있어 지도자 역할을 좀 더 하게 되었다. 학술 연구 팀은 조사, 질문지, 평가 도구가 개발되고 수행되는 것을 확실히 하면서 각 대책위원회에 자원으로 좀 더 기능할 수 있었다. 표준화된 도구가 성과와 성공을 결정하기 위해 사용되는 전통적 연구와 달리 지역사회기반 참여 연구의 평가 도구는 보통 지역사회의 욕구와 욕구를 해결하기 위해 수행되는 개입에 기초해서 개발된다. 이러한 도구는 지역사회 구성원과 함께 개발되고 개입의 효과성 및 어떻게 지식이 변화되고 자원이 활용되는지를 결정하기 위해서 이용된다. 일반적으로 지역사회기반 참여 연구 팀은 측정 가능한 성과를 낳는 명확하고, 작고 성취할 수 있는 목표에 초점을 둔다. 클리어워터에서 기대되는 성과는 지역사회와 전문가들을 위한 자원 목록을 출판하는 것과 지역사회 교육을 촉진하고 그룹 이벤트를 알리기 위한 (지역사회 고등학교 수업에서 만든) 웹사이트를 구축하는 것이었다. 자원의 활용이 추적되었고, 지역사회에의 영향을 보여 주는 양적 자료가 생성되었다. 마지막으로, 그룹은 지역사회의 욕구를 충족하는 수단으로 교육 세미나를 지역사회에 조직하기 시작했다. 제공된 정보의 효과성을 평가하는 사전, 사후 조사가 시행되었고, 추가적인 인구학적 정보와 미래의 욕구 영역에 대한 자료도 수집되었다.

여러 수준에서 이슈를 제기하기: 큰 그림 보기

지역사회기반 참여 연구의 전 과정의 주요 목적은 '큰 그림을 보는 것'이다. 부부가족치료(marriage and family therapy: MFT) 연구자는 큰 그림을 보도록 훈련되었다. MFT가 지역사회기반 참여 연구를 수행할 수 있게 하는 근본적인 특징은 MFT의 체계이론과 임상실천 모델에의 광범위한 훈련이다. 체계적 시각은 MFT 연구자가 지역사회를 하나의 단위/부분들과 별개로서의 개인이 아닌 연구와 행동의 주요 단위로 '보게' 한다. 또한 전체는 부분의 합보다 크고 상위에 존재한다는 기본적인 원리(Aristotle, 350 B.C.E./1966)는 연구자가 지역사회, 가족, 환자와 주요 이해관계자와 협력하면서 나타나는 상승적이고 누적된 영향을 인지하는 접근 정신을 구현한다. MFT 전문가는 복잡한 체계에 참여하고 관계의 여러 수준을 관리할 수 있는 독특한 기술을 보유하고 있다. 지역사회기반 참여 연구자는 집합적인 목표를 충족시키기 위해 중요한 관계와 역동/과정을 촉진하고 지역사회에 민주적인 파트너로 협력하는 데 능숙해야 한다. 병리는 개인 내에 존재하는 것이 아니라 일차적으로 부분 간 관계의 함수로 존재한다는 가정은 자원, 강점, 해결책이 체계의 여러 수준과 관계 내에 존재한다는 지역사회기반 참여 연구의 원리와 일치한다.

당신이 지역사회기반 참여 프로젝트를 하려고 할 때 고려해야 하는 질문
- 당신이 관심이 있는 지역사회는 어디인가?
- 지역사회의 이슈와 관심은 무엇인가?

- 당신의 목표와 목적은 무엇인가? 지역사회의 목표와 목적은 당신이 세운 목표와 목적과 어떻게 다른가? 이러한 차이를 어떻게 해결할 것인가?
- 당신은 어떻게 지역사회에 들어가고 참여자를 모집할 것인가?
- 지역사회기반 참여 연구 그룹 회의를 위해서 당신은 어떤 형식과 절차를 사용할 것인가?
- 어떤 자료를 수집할 것인가?
- 자료는 어떻게 수집될 것인가?
- 성과/성공을 어떻게 측정할 것인가?
- 지역사회 기반 리더십을 세우기 위해서 당신은 어떻게 그룹과 일할 것인가?
- 만약 장기간 프로젝트에 참여할 수 없다면, 지역사회가 당신의 떠남을 준비하게 하려면 당신은 무엇을 할 것인가?

지역사회기반 참여 연구 팀의 역할

연구자.   지역사회기반 참여 연구 팀의 구성원은 다양한 역할을 할 것으로 기대된다. 연구자는 일반적으로 대학원 수준의 연구방법 훈련을 받고 구체적으로 지역사회기반 참여 연구에 훈련받은 사람이다. 지역사회기반 참여 연구의 복잡성과 시간 집약적 특성 때문에 연구자는 거의 혼자 일하지 않고, 훈련된 학술 연구 팀 일부로 일한다. 연구 팀은 다음과 같은 구성원을 포함한다.

- **연구 책임자와 프로젝트 감독.** 프로젝트 감독은 팀이 하는 여러 일을 편성하고, 모든 활동이 지역사회기반 참여 연구가 따라야 하는 원칙과 계획에 따라 수행되는지를 확인한다. 그/그녀는 일반적으로 지원금 지원 기관에 연구결과를 보고하는 책임이 있다.
- **공동연구자/FGI 조력자/면접자.** 이러한 개인이나 집단은 자료 수집을 책임지는데, 이 책임에는 지역사회 구성원을 공동연구자로 끌어올리는 노력도 포함된다.
- **방법론자.** 연구 팀에 조사지 개발, 표본추출, 조사 시행 및 자료 분석 전문가가 있는 것이 매우 중요하다. 조사는 (지역사회 구성원을 포함하여) 모든 지역사회기반 참여 연구 팀이 협력해서 진행해야 하므로 도구를 개발하고 유용한 자료를 수집하는 최고의 방식을 심사숙고할 사람이 있는 것이 중요하다. 이 사람은 FGI와 다른 면접에서 수집된 자료를 분석하는 것을 돕는다.

지역사회 구성원.　　　지역사회 구성원은 지역사회 내에 거주하는 개인, 부부, 가족과 주요 이해관계자나 지역사회에 기득권이 있는 사람들(주 건강국, 주 법 집행자) 및 지역사회에서 중요한 사안의 질을 향상하고자 하는 사람들이다. 이러한 지역사회 구성원은 다양한 계층에 있는 사람들이고, 제공자, 정부, 시민 지도자는 물론 규명된 문제에 의해 직접적으로 영향을 받는 지역사회 구성원과 소비자가 포함된다. 프로젝트에 참여하는 지역사회 구성원 집단 내에서 다음이 확인될 것이다.

- **주요 정보 제공자.** 이들은 지역사회가 직면한 문제에 직접적으로 영향을 받는 사람들이지만 지역사회기반 참여 연구에 참여하지는 않는다. 클리어워터에서 주요 정보 제공자는 정신건강 돌봄의 소비자이다.

- **참여자.** 이들은 지역사회 사정 조사에 응답하고 다른 자료에도 이바지하는 지역사회의 구성원들이다. 클리어워터에서 이 집단은 지역사회의 정신건강 문제에 대한 인식 개선을 위해 개발된 교육 프로그램에 참여하는 사람들을 포함한다. 이들은 지역사회 이벤트와 이후 만족도 조사에 참여한 지역사회 구성원들이다.

- **지역사회 챔피언.** 이들은 확인된 문제에 대해 지역사회에 변화를 일으키려는 동기가 있는 개인이다. 이들은 일반적으로 지역사회에서 명성이나 지위가 있는 사람들이다. 예를 들어, 클리어워터에서 세 명의 지역사회 챔피언이 있었다. 가정의학 전문의, 전문의의 보조원, 정신건강 제공자이다. 지역사회 챔피언이 없이 지역사회기반 참여 연구과정은 연구결과를 견인할 수 없었다. 이들은 지역사회기반 참여 연구 그룹에서 지역사회 지도자 역할을 수행하였다.

- **지역사회기반 참여 그룹의 지역사회 구성원.** 이들은 지역사회에 변화를 일으키는 것에 관심이 있는 지역사회 구성원들이다. 지역사회기반 참여 연구 그룹의 지역사회 구성원은 챔피언 역할을 하지 않지만, 성공적인 성과를 얻는 데 중요한 사람들이다. 이들은 다양한 직업과 영역에 있는 사람들이다. 지역사회기반 참여 연구 그룹은 문제에 직접적으로 영향을 받은 사람들을 포함해야만 한다. 예를 들어, 클리어워터에서 정신건강 서비스의 소비자였던 지역사회기반 참여 연구 그룹 구성원은 귀중한 관점을 제시하였고, 우리가 거기서 관찰해 온 성과에서의 변화에 기여하였다.

- **조용한 파트너.** 이들은 지역사회에서 영향력 있는 지위의 지역사회 구성원으로 지역사회기반 참여 연구 그룹에 직접적으로 참여하지는 않지만, 이 그룹이 무엇을 하는지 알고 있고, 이 그룹을 지원하는(재정적이거나 다른 방식으로) 사람들이다. 클리어워터

에는 많은 조용한 파트너가 있다. 예를 들어, 병원 최고경영자는 그룹 회의에 참석한 적이 없지만, 그룹이 성취하려는 것에 지지적이고, 때때로 월례 회의에 음식을 제공하거나 지역사회 교육 프로그램과 같은 그룹 활동을 지원하기 위해 재정적 협력을 한다. 고등학교 교장 선생님도 조용한 파트너이다. 그는 지역사회 교육 이벤트를 고등학교에서 하도록 승인하고 그룹을 위한 웹사이트를 만들기 위해서 학생들을 활용하는 것을 승인하였다.

자료 수집

지역사회기반 연구의 수행에 있어 도전 중의 하나는 지역사회기반 참여 연구과정이 방향을 잃지 않도록 자료를 수집하는 것이다. 지역사회 파트너는 문제를 규명하고, 해결책을 개발하고, 자료 수집 과정을 조정하고, 문제가 생겼을 때 조언을 하고, 지역사회에서 연구를 촉진하고, 지역사회의 반응에 대한 자료를 수집하는 데 도움을 줄 수 있다. 이러한 반복 과정은 향후 연구를 안내하고 수집되는 자료의 질과 양을 향상하는 문화적으로 적합한 도구를 개발하게 하는 풍부한 자료를 생성한다(Schultz et al., 1997; Cousins & Earl, 1995). 지역사회기반 참여 연구자에게 유용한 자료 수집 전략이 있다.

면접. 지역사회기반 참여 연구자들은 여러 종류의 연구 면접을 설계하고 수행하는 데 전문지식이 있어야 한다. 면접은 자료 수집과 참여자 승인의 두 가지 목적이 있다. 우리는 우편이나 전화 조사가 종종 자료 수집을 위한 좋은 수단이지만 연구참여자와 협력적 관계를 발전시키는 데 면접을 대체하기는 어렵다는 것을 안다. 면접은 다양한 형태로 행해질 수 있고, 질적 연구 영역에서 잘 자리 잡은 문헌에 따라서 진행될 수 있다(Creswell, 2007; Strauss & Corbin, 1998). 이 방법은 자료 수집 과정이나 욕구 사정과 관련된 심층적 맥락, 이야기 및 논의를 제공한다(Watkins, Meiers, & Visser, 2012). 이 방법의 장점으로 좀 더 집중된 논의, 후속 질문 및 그룹 맥락에서 제공될 수 없는 정보가 제공되는 맥락이 있다(Watkins et al., 2012).

FGI는 지역사회기반 참여 연구에서 특히 유용하다. FGI를 통해서 지역사회 수준의 사정을 할 수 있다. 사실 FGI는 욕구를 확인하고 기대하는 결과와 관련된 유용한 정보를 수집할 수 있게 한다. 이 방법은 집단 역동을 통해 개인의 인식을 끌어내고, 자기성찰을 촉진하고, 새로운 아이디어를 생성하며 합의에 다다르게 한다(Breen, 2007, Creswell, 2007; Robinson, Springer, Bischoff, Geske, & Olson, 2012). FGI를 하는 동안 현재와 기대하는 결과 사이의 격차, 욕구를 지지하는 증거, 해결책이나 행동을 선택하기 전에 욕구를 알게 하는 정보를 확인하게 하는 정보 수집에 초점을 두는 것이 매우 중요하다(Watkins et al., 2012).

지역사회기반 참여 연구에서 FGI 방법은 조력자(facilitator)가 각 그룹을 이끈다는 Creswell(2007), Watkins, Meiers와 Visser(2012)의 제안을 따른다. 입증된 FGI 방식과 일관적으로(Breen, 2007) 조정자(moderator)는 참여자들이 타인의 경험에 비추어 자신의 경험을 탐색할 수 있도록 하는 적극적 경청 기술과 사려 깊은 질문을 사용해서 집중된 토론을 이끌 수 있어야 한다. 이 방법의 강점 중의 하나는 토론을 통해 새로운 아이디어가 생성되고 참여자들이 협의에 도달하게 된다는 점이다(Steward, Shamdasani, & Rook, 2007).

다양한 영역에 속한 지역사회 구성원들이 지역사회에 적절한 이슈를 논의하기 위해 모였을 때 이들의 관점은 타인에게 영향을 미쳐 당면한 문제의 다차원적 사정을 가능하게 한다. 또한 이는 참여자들이 다양한 관점을 알고 서로에게 배우게 함으로써 이들의 학습에 기여한다. 그리고 경험상 FGI 참여자들이 이전에 보지 못했던 해결 가능성을 보기 시작하면서 FGI는 문제 해결과 이어지기도 한다.

비디오 녹화와 음성 녹음.   비디오 녹화나 음성 녹음의 사용도 장려된다(Piercy & Hertlein, 2005). 이 방법은 어떤 것도 상실하지 않고 집단 토론을 정확하게 포착할 수 있게 하고, 연구자와 지역사회 파트너가 언제든 자료로 돌아갈 수 있게 한다. 우리는 집단 토론을 전사하고 다음 회의에서 이 토론의 결과를 검토하는 것이, 특히 도움이 된다는 것을 알게 되었다. 또한 이 방법은 연구자가 연구의 대상으로서 지역사회 참여자를 대하지 않도록 조력자와 파트너로서의 연구자의 역할을 평가할 수 있게 한다(Walsh, Hewson, Shier, & Morales, 2008).

현장 노트와 저널.   지역사회기반 참여 연구자 그룹의 조력자는 회의 중 혹은 직후에 사례 노트와 저널을 쓰는 것이 권장된다. 현장 노트와 저널의 목적은 연구 팀의 구성원들이 지역사회기반 참여 연구과정에 대한 그들의 인상, 아이디어, 관심을 평가할 수 있게 하고, 다른 연구 팀 구성원들과 함께 이슈에 대해 논의할 수 있는 수단을 갖게 하는 것이다. 현장 노트와 저널은 연구 팀이 지역사회기반 참여 연구과정에서 객관성을 유지하게 하고, 목표를 향해서 더 협력하고 소통하게 하는 방안을 찾게 한다.

조사.   지역사회 사정 조사(지역사회기반 참여 연구 그룹을 통해 확인된 욕구로 결정된)는 종종 지역사회의 강점과 약점을 사정하는 데 중요하고 지역사회기반 참여 연구 작업의 중심이다(Watkins et al., 2012). 이러한 사정은 매우 중요하고 지역사회의 강점과 약점을 확인하고 결정하기 위한 체계적 과정을 제시한다. 이러한 사정은 지역사회기반 참여 연구과정의 초기 단계에 수행되어야 하고, 지역사회기반 참여 연구 팀의 협력적 작업을 통해서 이루어져야 한다(Watkins et al., 2012). 공동작업은 가장 시급한 이슈를 확인해 주고, 개별 문항과 전반적 조사를 문화적으로 적합하게 하며, 연구 목적에 유용한 자료를 얻을 수 있는 최고의 위치에 있는 사람들에게 조사가 행해질 수 있게 한다.

윤리와 지역사회기반 참여 연구과정

지역사회기반 참여 연구는 전통적인 지역사회 연구에서 경험된 많은 문제를 다루기 위해 시도된 방법론이지만(Flicker, Travers, Guta, McDonal, & Meagher, 2007; Israel et al., 1998), 연구자는 이 연구를 수행하는 동안 일어날 수 있는 고유한 윤리적 사안에 대해 인식하는 것이 필요하다.

기관생명윤리위원회 모순.   지역사회기반 참여 연구과정/방법론의 고유한 특징은 연구자와 지역사회 참여자가 함께 확인된 지역사회 문제를 해결할 계획들을 세운다는 것이다. 문제와 차후의 해결책은 반복적 과정을 통해 발전하기 때문에 연구자가 기관생명윤리위원회와 작업할 때 제반의 도전을 경험한다. 예를 들어, 연구참여자 모집, 자료 수집 계획, 문화적으로 적합한 도구의 개발은 지역사회 구성원이 지역사회의 변화무쌍한 욕구를 충족시키기 위해 초점과 개입을 바꿀 때 변화할 수 있다. 많은 기관생명윤리위원회가 이 방법론에 대해 잘 알게 되었을 때, 이에 대해 민감하고 이 과정을 신속하게 처리하도록 연구자와 함께 작업할 수 있다.

고지된 동의.   연구 참여 동의서를 받는 과정이 간단한 임상연구와 달리 지역사회기반 참여 연구에서 연구 참여 동의서를 받는 과정은 다소 복잡하다(Buchanan, Miller, & Wallerstein, 2006). 첫째, 연구 참여 동의서를 받는 문제는 항상 새로운 참여자와 이해관계자가 모집되는 지역사회기반 연구의 개방된 역동적 체계로 인해 도전적일 수 있다. 그 결과, 참여자에게 동의서를 받는 것은 모든 회의 동안에 일어나는 상시적 과정이다. 둘째, 연구 참여 동의서는 지역사회의 자율성에 대한 존중을 보여 주어야 한다. 연구방법과 위험과 혜택이 설명되는 개인 연구와 달리 지역사회기반 참여 연구는 어떻게 지역사회의 자율성에 대한 존중이 충족될 것인지를 구체적으로 명시해야 한다(Buchanan et al., 2006).

역할 결정.   지역사회기반 참여 연구방법론은 의사결정 과정에서 지역사회 구성원을 동등한 파트너로서 승격시키는 것에 높은 가치를 둔다. 이는 지역사회기반 참여 연구의 강점이지만, 연구자와 지역사회 참여자 간의 역할에 있어 혼동을 불러일으킬 위험이 있다.

비밀보장의 이슈.   비밀보장, 익명성, 사생활 보호는 모든 사회과학 연구에서 공통적이다. 비밀보장의 예시로 어떻게 자료가 유지되고 보관되는지, 누가 정보에 접근하는지, 어떻게 정보가 공개될 것인지, 연구결과를 발표하는 데 오디오가 사용될 것인지 등이 있다. 이러한 내용이 연구 참여 동의서에 포함되지만, 이 원칙과 관련해서 지역사회기반 참여 연구과정에만 나타나는 도전이 있다. 예를 들어, 연구참여자의 익명성과 사생활을 보호하는 것은 지역사회 구성원이 공동연구원으로 승격될 때 도전이 된다.

존재하는 자료에 관한 윤리.   지역사회기반 참여 연구과정에서 연구자의 역할 중의 하나는 지역사회 전문가가 지역사회의 이슈와 관심을 확인하기 위해서 존재하는 자료를 윤리적으로 접근하도록 조력하는 것이다. 이는 지역사회기반 참여 연구과정의 중요한 구성요소이다. 지역사회의 연구참여자들이 이 자료를 지역사회기반 참여 연구 그룹에 보급하는 데 있어 윤리적 원리를 따르고 적합하게 자료가 활용될 수 있도록 하는 것이 중요하다. 자료나 연구결과를 확산할 때 지역사회 참여자들의 사생활을 보호하고 비밀을 보장하는 것은 절대 타협되지 말아야 한다.

지원금을 지원받은 연구와 지역사회기반 참여 연구.   연구자가 지역사회기반 참여 연구를 위해 지원금을 받는다는 것은 지원금 제공자의 요구를 충족시켜야 하는 윤리적 도전을 경험할 수 있게 한다. 종종 지원금을 제공하는 기관은 지역사회기반 참여 연구과정의 특성과 모순되는 성과를 기대한다. 사실 연구자는 구체적인 성과(예: 정신건강의 향상)를 요구하는 주 정부와 연방정부의 지원금 제공자와 관련된 스트레스와 과학적으로 훈련되지는 않았으나 지역사회에서 해결하고자 하는 구체적 욕구가 있는 지역사회의 목소리를 듣고 이들과 협력하는 것 사이에서 균형을 유지하는 데 고전한다.

연구결과의 확산.   지역사회기반 참여 연구를 수행할 때 등장하는 또 다른 윤리적 사안은 연구가 종료될 때 어떻게 정보가 확산되는지와 관련된다. 이는 연구결과가 지역사회에 대해서 잠재적으로 호의적이지 않을 때 특히 문제시될 수 있다(Grossman, Agarwal, Biggs, & Brenneman, 2004). 연구자와 지역사회 구성원은 연구 초기 단계에서부터 어떻게 연구결과가 발표되고, 누구의 목소리가 이 과정에서 발표될 것인가에 대해 투명하게 할 필요가 있다. 궁극적으로 지역사회 파트너는 이 과정에서 목소리를 낼 수 있어야 하고, 연구자는 참여자들이 연구결과와 연구논문을 볼 수 있도록 해야만 한다.

결론

지역사회기반 참여 연구는 연구자와 지역사회가 의미 있는 변화를 만들어 내기 위해 함께 작업할 수 있게 하는 연구 전략이다. 체계적으로 훈련된 연구자와 임상가는, 특히 이러한 유형의 연구를 수행하는 데 잘 준비되어 있고, 이들은 지역사회 체계를 평가하고 체계에 관여하고 체계와 함께 일할 능력이 있다. 지역사회의 참여 및 연구와 지역사회의 핵심적 참여자에 대한 주의 깊은 선택은 지역사회기반 참여 연구과정이 가장 효과적일 수 있는 역동적인 환경을 창출한다. 이 장에서 논의된 전략을 사용하여 연구자와 지역사회는 지역사회 내에서 자신들의 지역사회기반 참여 연구 그룹을 만들 수 있을 것이다.

참고문헌

Aristotle. (1966). *Aristotle's metaphysics* (H. G. Apostle, Trans.). Bloomington: Indiana University Press. (Original work published 350 B.C.E.)

Bradbury, H., & Reason, P. (2008). Issues and choice points for improving the quality of action research. In M. Minkler & N. Wallerstein (Eds.), *Community-based participatory research for health from process to outcomes* (2nd ed., pp. 225-242). San Francisco: Jossey-Bass.

Breen, R. (2007). A practical guide to focus-group research. *Journal of Geography in Higher Education, 30*(3), 463-475.

Buchanan, D. R., Miller, F. G., & Wallerstein, N. (2006). Ethical issues in community-based participatory research: Balancing rigorous research with community participation in community intervention studies. *Progress in Community Health Partnerships: Research, Education and Action, 1.2,* 153-160.

Center for Urban Research and Learning. A Community Needs Assessment Guide. Retrieved from http://loyolacurl.squarespace.com/storage/pdf/square-space-projects/community-needs-assessment-guide-a-brief-guide-on-how-to-con/A_ Community_Needs_Assessment_Guide_.pdf

Cornwall, A., & Jewkes, R. (1995). What is participatory research? *Social Science and Medicine, 41,* 1667-1676.

Cousins, J. B., & Earl, L. M. (1995). *Partcipatory evaluation: Studies in evaluation use and organization learning.* London: Falmer.

Creswell, J. W. (2007). *Qualitative inquiry and research design: Choosing among five approaches* (2nd ed.). Thousand Oaks, CA: Sage.

Flicker, S., Travers, R., Guta, A., McDonal, S., & Meagher. (2007). Ethical dilemmas in community-based participatory research: Recommendations for institutional review boards. *Journal of Urban Health: Bulletin of the New York Academy of Medicine, 84,* 478-493.

Grossman, D., Agarwal, I., Biggs, V., & Brenneman, G. (2004). Ethical considerations in research with socially identifiable population. *Pediatrics, 113,* 148-151.

Israel, B., Schulz, A., Parker, E., & Becker, A. (1998). Review of community-based research: Assessing partnership approaches to improve public health. *Annual Review of Public Health, 19,* 173-194.

Lewin, K. (1948). Action research and minority problems. In G. W. Lewin (Ed.), *Resolving social conflicts* (pp. 143-152). New York: Harper.

Lewin, K. (1997). *Resolving social conflicts and field theory in social science.* Washington, DC: American Psychological Association. (Original work published in 1948.)

McAllister, C. L., Green, B. L., Terry, M., Herman, V., & Mulvey, L. (2003). Parents, practitioners, and researchers: Community-based participatory research with Early Head Start. *American Journal Of Public Health, 93,* 1672-1679.

O'Fallon, L. R., & Dearry, A. (2002). Community-based participatory research as a tool to advance environmental health sciences. *Environmental Health Perspectives, 110* (suppl 2), 155-159.

Piercy, F. P., & Hertlein, K. M. (2005). Focus groups in family therapy research. In D. H. Sprenkle & F. P. Piercy (Ed.), *Research methods in family therapy* (pp. 85-99). New York: Guilford Press.

Reason, P., & Bradbury, H. (2008). *The Sage handbook of action research* (2nd ed.). Los Angeles: Sage.

Robinson, W. D., Carroll, J., & Watson, W. (2005). Shared experience building around the family crucible of cancer. *Families, Systems, and Health, 23,* 131-147.

Robinson, W. D., Springer, P. R., Bischoff, R. J., Geske, J., & Olson, M. M. (2012). Rural experiences with mental illness: Through the eyes of patients and their families. *Families, Systems, and Health, 30,* 308-321.

Schultz, A. J., Parker, E. A., Israel, B. A., Becker, A. B., Maciak, B. J., & Hollis, R. (1997). Conducting a participatory community-based survey: Collecting and interpreting data from a community health intervention on Detroit's East Side. *Journal of Public Health Management Practice, 4,* 10-24.

Steward, D. W., Shamdasani, P. N., & Rook, D. W. (2007). *Focus Groups: Theory and Practice* (2nd ed.). Thousand Oaks, CA: Sage.

Strauss, A., & Corbin, J. (1998). *Basics of qualitative research: Techniques and procedures for developing grounded theory* (2nd ed.). Thousand Oaks, CA: Sage.

Wallerstein, N., & Duran, B. (2008). The theoretical, historical, and practical roots of CBPR. In M. Minkler & N. Wallerstein (Eds.), *Community-based participatory research for health: From process to outcomes* (2nd ed., pp. 25-46). San Francisco: Jossey-Bass.

Walsh, C. A., Hewson, J., Shier, M., & Morales, E. (2008). Unraveling ethics: Reflections from a community-based participatory research project with youth. *The Qualitative Report, 13*(3), 379-393.

Watkins, R., Meiers, M. W., & Visser, Y. L. (2012). *A guide to assessing needs: Essential tools for collecting information, making decisions and achieving developmental results.* Washington DC: The World Bank.

19 치료 전달 최적화를 위한 보건 서비스 연구

Adrian Blow & Chris Marchiondo

당신이 지역사회의 가족에게 치료 서비스를 제공하는 소규모 비영리 기관의 임상 관리자라고 상상해 보자. 당신은 방금 전무이사 사무실로부터 연락을 받았다. 흔히 그러하듯이, 당신의 기관은 제공되는 서비스의 효율성을 향상시키는 동시에 비용은 절감해야 하는 상당한 압박을 받고 있다. 전무이사는 가족치료자들이 기관에서 사용하고 있는 개입들, 치료자들이 그것을 사용하고 있음을 뒷받침하는 증거, 직원들이 효과적으로 이를 전달하고 있다는 증거, 그것들이 현재의 재정적인 제약하에서 최상의 개입인지 여부, 그리고 어떠한 변화를 제안하고자 하는지에 대해 구체적으로 설명하는 이사회 보고서를 작성하라고 요청한다. 이러한 요청에는 기관의 사명, 치료자들, 치료자들이 서비스를 제공하는 가족들, 예산, 시간 제약, 효과 측정 방법, 그리고 사용 가능한 대안적인 치료에 대한 수십 가지 다른 질문들이 내포되어 있다. 이사는 임상 효과에 대한 향후 모니터링 프로토콜(규약; protocol)을 개발해야 한다고 하는 결정을 내린다. 당신은 어디에서부터 시작해야 할지 알 수 없다. 당신은 머리가 여전히 빙글빙글 도는 채로 이사의 사무실을 나서고, 당신 앞에 매우 도전적이고 복잡한 과업이 놓여 있음을 깨닫는다. 당신은 한 친구와의 대화를 어렴풋이 떠올리는데, 그녀는 현재 보건 서비스 연구라고 하는 분야에서 일하고 있다고 했다. 당신은 그녀가 어떤 일을 하는지 모르지만, 그녀가 하는 연구에 대해 배우면 무척 도움이 될 것임을 깨닫는다.

보건 서비스 연구(health services research: HSR)는 당신 기관의 이사가 제시한 것과 같은 복잡한 건강 관리(health care) 질문에 답하기 위해 특별히 만들어진, 현재 성장 중인 분야라 할 수 있다. 예를 들어, 환자, 가족 구성원, 보건 서비스 제공자 사이의 의사소통을 강화시키는 데 가장 효과적인 도구는 무엇인가? 교통수단이 없는 시골 환자에게 서비스를 제공하기 위해 가장 효율적으로 접근할 방법은? 군인과 그 가족들을 유능한 정신건강 및 가족 서비스 제공자에게 연결해 주기 위해 보건 시스템(health care system)에서는 어떠한 변화가 필요한가? 외도로 고생하는 커플에게 몇 회기를 상담하는 것이 최적인가? 프로그램에서 가족치료의 역할을 증가시키고자 하는 기관에서는 이를 실행하는 데 있어 어떠한 장벽이 있는가? 이러한 것들은 HSR 분야를 대표하는 질문의 일부에 불과한데, HSR은 흔히 소규모 진료시설에서부터 전국적인 보건 시스템을 아우르는 환경에서 환자와 가족들, 그리고 그들에게 서비스를 제공하는 공급자들과 함께 수행되는 연구 영역이다. 요컨대, 보건 서비스 연구자들은 다음과 같은 질문들에 답하고자 한다. 어떤 것이 효과적인가? 누구를 위해? 비용은 얼마인가? 어떤 상황에서 제공되는가? (Academy Health, n.d.)

이 중요한 연구를 수행하는 많은 집단은 광범위한 전문분야의 과학자들로 구성되어 있는데, 가족치료자들은 관계 문제와 개입에 대한 전문성을 갖고 있기에 사람들이 점점 더 많이 찾고 있다. 이 장에서 우리는 HSR 팀이 수행하는 연구의 본질, 그리고 그 안에서 가족 연구자들이 채워 주는 역할들에 대해 간략히 살펴보고자 한다. 보건 산업의 규모와 범위, HSR에서 연구 중인 문제들로 인해 이 연구의 각 측면에 대한 포괄적인 검토는 어렵다. 그러나 우리는 독자들이 이 성장 분야, 즉 MFT 임상가들과 과학자들이 독특하고 가치 있는 방식으로 기여할 수 있는 기회가 풍부한 분야에 대해 알게 되기를 바란다. HSR에서 흔히 사용되는 방법들에 대해 개괄적으로 살펴볼 것인데, 특히 이 연구에서 사용되는 중요한 접근 방식들에 초점을 둘 것이다. 먼저, 포괄적인 연구 틀인 RE-AIM(Reach Effectiveness Adoption Implementation Maintenance; 도달 범위, 효과성, 채택, 실행, 유지 관리)에 대해 논의할 것인데, 이는 HSR에 있어 수혜자들에게 해당 개입들이 적합한지 확인하는 데 도움을 주고, 또 개입의 전달과 효과성 향상을 위해 어떤 변화가 필요한지를 평가하는 데 도움이 되므로 점점 더 많이 사용되고 있다. 다음으로, 우리는 질적 연구방법에 대한 간단한 논의와 더불어, HSR에서 흔히 사용되는 조사방법에 대해 간략한 개요를 제시하고자 한다. 우리는 이 연구 고유의 몇 가지 독특한 도전들과 더불어, 특히 MFT 학자들이 가장 효과적으로 기여할 수 있는 방법들에 대해 이야기할 것이다. 마지막으로, MFT 연구자들이 HSR 연

구를 어떻게 수행할 수 있을 것인가에 대한 예시를 보여 줄 것이다.

보건 서비스 연구에 대한 요구

HSR의 목표는 도전적이다. 공공 및 민간 부문의 보건 서비스 연구자는 질, 효율성, 안전, 그리고 효과성을 향상시키고자 적극적으로 노력한다("AHRQ at a Glance: Mission, Focus, and Goals", n.d.). HSR의 핵심 조직인 Academy Health의 웹사이트는 HSR에 대해 다음과 같이 추가로 정의하고 있다.

사회적 요인, 재정 시스템, 조직 구조 및 절차들, 의료 기술, 개인의 행동들이 보건에 대한 접근, 보건의 질과 비용, 궁극적으로는 우리의 건강과 안녕에 어떻게 영향을 미치는지 연구하는 과학적 조사의 다학제 분야. 그 연구 영역들은 개인, 가족, 조직, 기관, 지역사회 그리고 대상 모집단(populations)이다(Academy Health, n.d.).

미국에서 보건 지출이 연간 3조 달러 또는 국민 총생산의 거의 1/5에 달함에 따라(National Health Statistics Group, n.d.), 책무성(accountability)에 대한 요구가 증가하고, 이는 보건 제공에 있어서의 품질, 안전, 효율성 및 효과성을 조사하는 연구방법 개발에 박차를 가했다(U.S. GAO, 2011). 또한 전국의 약 7,600만 명의 '베이비붐 세대'가 은퇴하고 고령에 접어들고 있으므로, 65세 이상의 성인과 관련된 고가의 보건 비용(1인당 어린이보다 5.6배, 젊은 성인에 비해 3.3배 더 높음; Centers for Medicare & Medicaid Services, 2013)을 고려할 때 이러한 비용이 계속해서 증가세를 보일 것임을 알 수 있다. 경제적 제약이 커짐에 따라 비용과 효율성과 같은 문제가 크게 대두되고 있다. 반면, 보건 서비스 연구의 가장 중요한 목표는, 간단히 말해서, 보건 개선을 통해 환자의 삶의 질과 생존기간을 증가시키는 것이다.

연방정부가 HSR의 핵심 지지자이기는 하나, 이 연구의 원칙, 방법, 목표는 유용할 뿐 아니라, 소규모 기관과 진료소를 포함하여 보건 전반에 걸쳐 수요가 높다. 따라서 MFT 임상가들과 연구자들은 그들의 경력 전반에 걸쳐 수차례 HSR을 접하고 HSR에 기여할 가능성이 있다.

HSR에서 가족치료자의 역할: 복잡성에 대한 편안함

현대 보건의 복잡성으로 인해, 여러 중복 시스템 간의 상호작용을 이해하기 위한, 혁신적이고 복잡한 연구설계를 할 수 있는 연구자들이 필요하다. 가족치료 연구자들은 체계적으로 사고하고 다중적으로 연동된 체계 고유의 모호함을 안고 살아가는 능력을 갖추고 있으므로, 특히 이러한 유형의 연구를 위해 잘 훈련되어 있다. 그러나 역사적으로 부부가족치료 분야는 HSR에서 강한 존재감을 갖지 못했었는데, 그 이유는 부분적으로, 의학, 사회사업, 심리학, 다른 분야에 비해 부부가족치료 분야의 규모가 작았기 때문일 것이고, 또 이 분야 연구자들이 보건 전달 시스템에 잘 융합되어 있지 않았기 때문일 것이다. 보건 서비스를 받는 환자 대부분이 치료 중, 치료 이후의 시기 모두에 있어 가족 구성원들의 지원을 받는다는 점을 감안할 때, 보건 서비스 연구에서 MFT 훈련을 받은 연구자와 임상가들이 부족한 것은 불행한 일이다. 예를 들어, 어떤 보건 환경에서 환자들은 도움이 되고 지지적인 가족 구성원의 존재로부터 좋은 영향을 받을 수 있다. 또는 반대로 환자는 가족 불화로 인한 스트레스와 긴장을 경험할 때 그만큼 빨리 쇠약해질 수 있다. 보건 환경에서 가족 구성원의 존재를 연구하는 것은, 특히 환자가 건강과 관련한 어려운 결정을 내리거나 결과에 직면할 경우, MFT 연구자들이 향후 HSR 연구에 기여할 수 있는 틈새시장이 될 수 있다.

HSR이 연구하는 시스템은 소규모 기관 수준에서도 복잡하지만, 그러한 시스템을 연구하기 위해 사용되는 기본적인 방법들의 대다수는 가족치료 연구자들에게 친숙할 것이다. 관찰 설계, 질적 면접조사, 2차 자료 분석, 설문조사, 종단 분석, 건강 기록 검토, 그리고 시장분석은 데이터를 생성하고 환자 결과를 개선하는 데 사용되는 많은 방법 중 일부일 뿐이다. 모든 경우에 전통적인 연구방법과 타당성 접근 방식이 사용되지만, HSR 연구자들은 광범위한 방법론들에 익숙하거나 또는 특정 연구방법론적 접근에 유능한 팀원을 갖고 있어야 한다.

많은 연구자는 하나의 방법론을 전문적으로 하고자 하지만(예: 2차 자료 분석), 보건 시스템이 매우 복잡해져서 연구들은 다양한 방법들을 통합해야 하며, HSR에 있어 효과적인 연구는 유능한 연구자들, 즉 다양한 관점으로부터 도출해 내고 다른 협력자 및 이해관계자들과 효과적으로 작업할 수 있는 연구자들에 달려 있다는 것을 깨달아야 한다.

HSR 연구를 위한 RE-AIM 접근의 틀: 복잡성 길들이기

HSR에서 사용되는 다양한 연구방법들은 HSR 연구가 얼마나 복잡한지를 암시한다. 너무 복잡한 질문 유형들로 인해 어리둥절해질 수도 있다. 그러나 그 연구결과들은 흔히 타당하고 중요한 발견들이고, 환자 집단에 직접적인 영향을 미치므로 중요하다. 중개연구 (임상이행연구; translational research), 프로그램 평가, 그리고 실행연구를 실시하는 연구자들을 지원하기 위한 노력의 일환으로, RE-AIM 틀(framework)은 HSR을 계획하고 실행할 때 사용하도록 개발되었고(http://www.re-aim.org), 이는 대중적이고 유용한 시스템이다. RE-AIM은 프로그램/개입의 예상 방향과 결과, 그리고 실제로 발생한 것 사이의 간극을 지속적으로 평가하는 데 특히 적합한, 변화지향적인 평가 접근 방식이다. 이것은 평가 팀이 프로그램 실행을 향상시킬 수 있는 방법을 이해할 수 있도록 피드백을 생성한다. RE-AIM 접근 방식을 논의할 때, 우리는 아프가니스탄 파병 후 돌아온 군인들과 그 부모들을 대상으로 수행된 10주짜리 다가족 집단(multifamily group: MFG) 사례를 사용할 것이다(참고로 이 사례는 우리가 수행했던 작업들을 합친 것이다). MFG는 주로 퇴역 군인들을 대상으로 하는 서비스 기관에서 수행되지만, 이렇게 가족치료를 집단으로 접근하는 방식이 기관에서 실시된 것은 처음이다. 이 기관은 2명의 관리자(사장과 부사장), 16명의 치료자, 접수원, 치료 활동을 돕는 4명의 지원 직원들로 구성되어 있다. RE-AIM 접근 방식은 MFG가 군인들의 재통합을 돕고 있는지, 치료자들이 이 접근 방식을 신뢰하는지, 이 접근 방식이 비용 효율적인지, 그리고 이 가족들의 요구에 더 잘 부합하는 다른 집단 형식이 있는지를 설정하는 데 사용된다.

RE-AIM 틀은 특히 중개연구에 적합하고, 일련의 5단계를 거쳐 연구를 실행으로 옮기려는 노력의 품질, 속도, 공중보건 영향을 강화시키기 위해 설계되었다. 이 5단계는 도달 범위, 효과성, 채택, 실행 및 유지 관리를 포함한다(Glasgow, Nelson, Strycker, & King, 2006). 이러한 각 영역에 대한 평가는 HSR이 여러 자료(일반적으로 간단한 설문, 실행에 있어 주요 이해관계자들 면접조사 및 프로그램 참석자들 면접조사)를 통해 실시된 프로그램의 핵심 양상들을 철저히 평가하도록 한다. 특히 RE-AIM은 개입이 얼마나 잘 수행되었는지, 그리고 프로그램이 잘 기능하도록 하려면 수행 과정에서 어떤 변화들이 필요한지를 평가하는 데 널리 사용되어 왔다. RE-AIM을 사용함으로써 연구자들은 단순히 해당 개입이 효과적인지(예: 내담자 결과)에 대한 판단 그 이상의 것을 볼 수 있다. 수행 과정을 측정하고, 이 정보를 개인 수준에서 효과적인 개입을 개발하는 데 사용하고(예: 프로그램들은 의의가 있는지?), 또 조직 홍보, 지원 및 유지를 평가함으로써 HSR은 특정 프로그램들에 대하여 기관의 서비스 전달을 극대화할 수 있다.

　RE-AIM은 형성 평가(formative evaluation)를 포함하는데, 이는 프로그램 활동이 발전함에 따라 프로그램의 가치를 판단하고 그 과정 동안 얻은 피드백을 토대로 수정·변경하는 방법이다. 이러한 방식으로 중요한 중간 과정의 방향 전환이 일어날 수 있고, 이는 프로그램을 개선하고 프로그램의 지속가능성을 높인다. 무엇보다도, 형성 평가는 프로그램의 전달, 수행의 품질, 그리고 조직 특징, 인력, 프로그램 문제나 절차를 포함하여 프로그램에 영향을 미칠 수 있는 관련 상황 요인들을 평가한다. 형성 평가를 실시하는 평가자들은 일반적으로 개방질문의 형태이면서 탐색적인 다양한 종류의 질문들을 던진다. 이 질문들은 프로그램 개발 과정을 밝히고, 최초의 활동 계획으로부터 변경된 사항들과 이유를 입증하고, 그리고 프로그램의 여러 측면, 예를 들어 참여자와 조직 직원에 의한 동의('buy-in')를 평가하는 것을 목표로 한다. 일반적으로 프로그램 참여자들은 평가 과정의 일부이고, 무엇이 효과적이었고 무엇이 아니었는지 피드백을 제공한다. 그런 이후에 이 피드백을 토대로 수정이 이루어진다. 그 과정을 거치면서 프로그램 수정을 허용하는 의사결정 지점과 과정들을 통합하는 것이 중요하다.

도달 범위

　복잡한 보건 계획을 검토할 때, 중요하게 고려할 사항은 그 프로그램이 의도한 모집단에 도달하는 정도이다. RE-AIM 구조에서 프로그램의 **도달 범위**(reach)를 평가하려면, 치료를 받는 개인의 수, 치료받는 사람들 중 프로그램을 필요로 하는 사람의 비율, 환자들이 실제로 그 프로그램에 참여하고 그로부터 혜택을 받는 집단을 대표하는 정도, 그리고 프로그램에서 이러한 개인들의 참여를 결정해야 한다.

　MFG 치료 프로그램에 대한 RE-AIM 평가에 있어 연구 팀은 집단들에 참석한 모든 참여자의 기록을 신중히 보관했다. 이러한 기록들은 연구 팀이 다음과 같은 질문들에 답하는 데 도움이 되었다. 몇 명의 군인들이, 얼마나 자주 집단에 참석했는지, 군인들의 부모가 집단에 참석했는지, 그리고 참석한 사람들이 이 서비스를 필요로 하는 사람들을 대표하는지. 이러한 질문들에 대한 답은, 그 집단을 알리기 위한 지원활동(outreach) 노력을 조정할 수 있는 HSR 팀뿐만 아니라, 군인들이 참석하기 더 편리한 도시의 다른 곳들에서 새로이 집단을 시작하는 데 피드백을 주었다.

효과성

효과성(effectiveness)은 프로그램이나 개입이 통제된 환경(예: 위약-대조, 이중 맹검 연구) 외부, 다시 말해 프로그램이나 개입이, 특히 목표한 결과 그리고 참여자 삶의 질과 관련하여 전달되게 될, 지역사회(communities)에서 의도한 대로의 긍정적 효과를 보이는 정도를 말한다. 예를 들어, 프로그램은 주어진 개입에 참여하지 않은 환자들과 비교하여 처방된 약물을 준수하는 환자들의 비율로 평가할 수 있다. HSR 팀은 연구를 지역사회나 병원 환경에서 자주 수행하는데, 이는 자연스러운 서비스 전달 환경에서 그 개입의 효과성과 탈락률(dropout)을 평가하고, 환자 결과를 보여 주는 질적 및 양적 데이터를 얻기 위해서이다. 이러한 유형의 연구는 건강 기록, 서비스 제공자 피드백, 건강 및 삶의 질에 대한 환자의 보고, 부작용, 그리고 경제적 고려사항을 포함한, 광범위한 측정 기준을 활용한다. 비치료(nontreatment) 집단들과의 비교에는 무선통제실험(randomized controlled trial)이 포함될 수 있다.

평가 중인 MFG에서 주요 관심사는 치료집단 참여자 군인들이 파병 후 집으로 돌아와 경험한 가족과의 재통합(postdeployment reintegration experience) 그리고 삶의 질에 있어 더 낮다고 인식하는지 여부였다. 연구 팀은 참여자들에게 전반적인 재통합 적응 척도, 정신 웰빙(예: 우울, 알코올 남용), 삶의 질 척도, 직업안정성을 포함, 군사 배치 이후 적응(postdeployment adjustment)에 대한 주요 지표들과 관련된 몇 가지 설문조사를 완료하게 했다. 또한 초점집단(focus group)은 참여자들 중 무작위로 선정하여 열렸는데, 참여자들의 적응 과정에 대한 피드백을 구하고 이 서비스들의 유용성에 대한 인식을 살펴보았다. 이러한 항목들은 평가 팀에게 피드백되었다.

대상 직원, 환경, 또는 기관에 의한 채택

채택(adoption)은 연구 환경뿐만 아니라 관련된 직원 모두를 뜻한다. 환경에 대한 고려에는 참여에 동의한 환경들의 비율과 그러한 환경들의 특성을 조사하는 것이 포함된다. 직원에 대한 고려는, 프로그램을 수행할 의사가 있고 수행할 능력이 있는 서비스 제공자들(예: 의사, 심리학자, 가족치료자, 사회복지사)의 수, 그리고 이들이 제공자 집단을 대표하는 정도를 조사하는 것이다. 치료 프로그램을 개발, 수행, 평가하고자 하는 사람들에게 있어 결정적인 관심사는 적절하고 효과적인 프로그램 수행을 보장하기 위해 제공자들 간의 지원과 헌신을 어떻게 이끌어 낼 것인가이다. 이는 상당한 도전이 될 수 있는데, 개입에 대해 연구하고 개발하는 사람들은 일반적으로 그들의 일에 의해 자극되고 들뜨는 반면, 보건 제공자는 서로 다른 관심과 의제를 갖고 있을 수 있기 때문이다. 사실, 새로운 프로그램은 이미 자신들 스스로를 과부하 상태라고 인식하고 있는 서비스 제공자들에게 상당한 부담을 안겨 줄 수 있다. 프로그램을 채택하거나 채택하지 않는 환경 및 제공자들의 특성에 대해 심사숙고하여 조사하는 것은 가치가 있다.

채택에 있어 보다 일반적인 문제들 중에는, 특히 프로그램 결정이 심하게 '상의하달 (top-down)' 방식으로 이루어질 때, 프로그램 수행자들이 접근 방식을 충실히 따르지 않고 충분한 훈련이 이루어지지 않는다는 것들이 있는데, 이는 치료에서 핵심이 되는 수정 · 변경 기제를 부적절하게 사용하는 것으로 이어진다(Klein & Sorra, 1996). 또 프로그램이 그 조직 문화의 가치들과 일치하는지 확인하는 것도 필수적이다(Mancini & Marek, 2004). 조직의 주요 고려사항에는 리더십 유형, 지속가능성에 대한 계획, 자원 배분이 포함된다. Fixen과 동료들(2005)은 조직의 관점에서 볼 때 채택이 성공적이려면, 핵심 절차가 적소에 필요하다고 제안한다. 여기에는 명확한 수정 모델, 적절한 자금 흐름, 그리고 이 접근 방식을 홍보하고 팀에게 동기를 부여해 주는 '치어리더' 역할을 하는 기관의 열정적인 직원 (champion)이 포함된다. 이 열정적인 직원은 새로운 것이 시스템에 도입될 때 거의 필연적으로 발생할 수밖에 없는 저항을 극복하는 데 도움을 줄 수 있는 사람이어야 한다. 조직의 직원은 수행 중 수정이나 변경을 용인할 수 있어야 하고, 의심할 여지없이 발생하게 될 다양한 긴장 상태에 대처할 수 있어야 한다(Mancini & Marek, 2004). 예전의 상태로 되돌아가려는 인력은 프로그램 수행 착수시점에 강할 것이다. 완전하고 지속적인 수행을 위해서는 치료를 제공하는 새로운 방식이 조직의 관행, 정책, 절차에 통합되어야 한다. 이를 보장하기는 어려운데, 왜냐하면 핵심이 되는 사람들이 조직을 떠나고 동일한 훈련이나 시각 (vision)을 갖지 않은 리더와 직원으로 교체될 수 있기 때문이다. 또한 리더는 자금의 변화, 정치적 압력, 또는 조직 위기로 인해 관심을 잃을 수도 있다.

MFG를 평가하는 데 있어, 연구 팀은 프로그램을 전달하는 치료자들로 구성된 두 개의 초점집단을 실시했다. 이 초점집단들은 개입에 대한 치료자들의 인식, 프로토콜(규약)에 대한 만족도 수준, 그리고 권하고 싶은 수정사항에 목표를 두고 이루어졌다. 또, 두 명의 CEO에게는 프로그램 채택에 대해 그들의 견해를 묻는 면접조사를 각각 실시하였다. 이러

한 초점집단과 면접조사들을 실시한 결과, 기관에 대한 권장사항이 만들어졌고 프로그램
도 수정되었다. 이러한 과정은 프로그램이 치료자의 요구에 맞게 개량되게 하고, 특정 환
경에 맞춰 재단되게 하며, 프로그램 자체가 더 정밀해지고 이 과정을 통해 다른 환경에서
더 쉽게 사용될 수 있도록 한다.

실행

마찬가지로, 실행(implementation)의 문제는 HSR 연구에서 결정적이다. 핵심 프로그램
요소들이 전달되는 일관성과 기술 또는 충실도는 그 프로그램을 의도된 대로 전달되게 하
는 데 중요하다. 간단히 말해, 훌륭한 개입도 만약 실제 환자들에게 형편없이 또는 부적절
하게 수행된다면 무가치하거나 심지어 해로울 수 있다. 이러한 잠재적 위협들로부터 내적
그리고 결론 타당도를 보호하기 위해, 연구자들은 일관되게 그리고 능숙하게 그 프로그램
이나 개입을 수행할 방법을 기술하는 철저하고 상세한 프로토콜(규약)을 개발한다. 임상
가와 직원들은 서비스 제공자들을 지도·감독하고 그 모델의 충실도를 유지할 수 있도록
훈련받는다.

기존 시스템에서 프로그램을 실행하는 것은 쉽지 않다. 즉, 실행 과정의 모든 단계에는
어려움이 많은데, 시스템 변환에서부터 평소와 같이 조직 환경을 재구조화하도록 사업을
변경하는 것에 이르기까지 다양하다(Fixen, 2005). Lipsey(2003)는 프로그램들이 조직 환경
에서 실행될 때, 실행 과정이 실행된 접근 방식의 효능성(efficacy) 데이터만큼 **중요하다**고
제안한다. 개인, 커플, 가족에게 혜택이 되는 치료적 접근 방식의 핵심 기능들을 손상시키
지 않으면서도 지역사회/조직과 잘 맞는지를 확인하는 것이 핵심적이다. 새로운 치료를
실시하는 것은 기관 내에서 일회성, 단기 과정으로 볼 수 없다. 그 대신, 연구자들, 관리자,
임상가들은 실행을 다양한 결정과 선택사항이 있는 장기 과정으로 보는 것이 가장 좋다.
만약 기관이 훌륭하게 변화하기를 바란다면, 모든 이해관계자가 성공적인 프로그램 수행
을 위해 이러한 선택사항들에 대해 협상해야 한다.

MFG를 평가할 때, 선정된 몇 개의 치료집단을 영상 녹화하였다. 이 영상들은 개입을 실
행한 팀들이 시청했다. 대규모 임상실험과 같은 규모는 아니지만, 검토자들은 충실도 채
점지를 사용하여 핵심 프로그램 요소들이 포함되어 있는지, 그리고 그 요소들이 효과적으
로 수행되었는지를 평가한다. 연구 팀은 치료에 대한 평정에 대해 이야기하기 위해 만났
고, 제공된 프로그램이 치료 전달의 충실도에 있어 기대에 미치지 못했음을 인식한 후, 치

료자들이 프로그램을 기대한 대로 잘 수행할 수 있도록 추가로 지도·감독을 제공하도록 결정하였다.

유지 관리

마지막으로, RE-AIM 틀은 연구자들에게 프로그램 유지 관리(maintenance) 또는 해당 프로그램이 실행되는 조직에서 어느 정도로 표준 운영 절차의 일부로 자리 잡았는지 조사하도록 권장한다. RE-AIM 틀에서 이 부분은 개인과 환경 수준 모두에 대해 고려하도록 한다. RE-AIM 틀에 따르면, 개발자와 마지막으로 접촉한 이후 6개월 동안 계속 실행되면 해당 프로그램이 적절하게 유지 관리되는 것으로 본다. 이러한 시간 범위를 통해 연구 팀은 그 프로그램의 장기 효과에 대해 타당하고 정보에 입각한 결론을 내릴 수 있다.

MFG에 대해, 연구 팀은 프로그램 현황에 대해 6개월간 평가를 하였다. 이 평가에는 해당 프로그램에 관계된 치료자들뿐만 아니라 기관 수준에서의 핵심 관리자들(전무이사와 임상 코디네이터)에 대한 면접조사가 포함되었다. 게다가 이러한 개인들, 신규 내담자들의 무작위 표본은 해당 프로그램에서의 경험에 대하여 간단한 만족도조사를 완료했다. 전무이사가 계속해서 자금을 투입하고 있었기 때문에 해당 프로그램의 상태가 양호하다는 결론이 내려졌다. 또한 임상 코디네이터와 치료자들은 해당 프로그램에 대한 수요가 여전히 높으며, 치료 프로토콜(규약)에 따라 서비스를 계속 제공하고 있다고 보고하였다.

RE-AIM 요약

RE-AIM 틀은 프로그램과 그 프로그램의 실행 과정을 조사하는 일관된 방법을 제공하고자 개발되었다. 이뿐만 아니라 그러한 프로그램들에 대해 빠르고 효율적으로 결과를 보고하는 방법을 제공하고, 프로그램 효과성을 향상시키기 위해 신속한 수정, 변경을 이루어 낼 수 있도록 개발되었다. 중요한 것은, RE-AIM이 개인과 조직, 두 가지 수준에서 프로그램 영향을 평가한다는 점이다. 개인 수준에서 초점은 도달 범위와 효율성 차원에 있지만, 조직 수준에서는 채택과 실행이 가장 관련성 깊다. 개인과 기관 수준 모두를 평가하는 것은 매우 중요하다. 왜냐하면 각각은 개입 영향에 대해 중요한 독립적인 정보를 제공하고, 또 두 수준 모두에서 동의(buy-in)를 받는 것은 프로그램 지속가능성에 결정적이기 때문이다(Glasgow, McKay, Piette, & Reynolds, 2001; Glasgow, Vogt, & Boles, 1999).

상기한 RE-AIM 틀은 내담자를 치료할 때 상호작용을 하게 되는, 복잡하고 역동적인 보건 프로그램, 환경, 그리고 제공자들을 평가하기 위한 포괄적 형식의 일례이다. HSR 팀들은 그들이 사용하는 특정 방법론을 고려하여 결정을 내려야 한다.

HSR에서의 데이터 수집 방법론

설문조사는 HSR에서 매우 중요한 연구도구이다. 조사 설계, 전달, 추적, 분석에 있어서의 발전은 기술 발달과 함께 상당한 변화를 보였다. 예를 들어, 전산화된 설문조사, 스마트폰과 태블릿, 데이터 수집과 입력(entry)은 그 어느 때보다 쉬워졌다.

잘 설계된 설문조사는 그 명확하고 간결한 문항들이 응답자들(또는 연구자들)로 하여금 신뢰하게 만드는 것보다 훨씬 더 복잡하고 세련된 경우가 많다. HSR에서 연구 팀이 학제간 구성이라는 점 그리고 그들이 다루는 문제들이 복잡하다는 점으로 인해 설문조사 개발은 상당히 긴 과정이 될 수 있다. HSR 팀원들은 다양한 관점들을 갖고 있으므로 조사에 포함시킬 최상의 측정도구들, 그것들을 제시할 순서, 한정된 인쇄 공간에서의 배분, 그리고 설문조사 완료 시간과 같은 쟁점들에 대해 대립하는 의견을 내놓는 경우가 많다. 이러한 결정을 위해 팀원들 간의 긴밀한 협업이 필요하다. 팀은 다음과 같은 것들에 집중해야 한다. 즉, 개별 도구 요인들, 다시 말해 연구와의 관련성, 분석 제약, 문항 길이나 명확성, 인지적 요구, 선행문헌에서의 인정과 사용 여부, 아마도 가장 중요하게는 타당성과 같은 것들에 집중해야 한다는 것이다. 신중한 개선과 타협의 과정을 통해 HSR 팀은 구인 타당도와 유용성이 높은 설문조사를 만들 수 있다. 이러한 측정도구들은 일반적으로 본조사에 사용되기 전에 예비조사를 거쳐 개선된다. 팀은 흔히 대규모 학제간 팀원들로 구성되는데, 이때 팀원들 사이에 합의적이고 협력적인 업무 관계가 얼마나 중요한가에 대해서는 아무리 강조해도 지나치지 않다.

설문조사가 효과적이려면, HSR 팀들은 응답률을 최대화하여 외적 타당도를 높이기 위해 모집단에서 표본을 식별하는 데 집중해야 한다. 어떤 경우에는 조사 대상 집단들이 명확하다. 예를 들어, 일정 기간 동안 해당 클리닉에 다닌 모든 내담자를 대상으로 하는 경우를 들 수 있다. 다른 연구들에서는 모집단을 대표하는 표본들을 찾아야 한다. 이러한 도전에 추가하여, HSR 팀들이 연구하는 인구집단은 일시적인 집단들(예: 노숙자, 배치된 부대)이어서 도달하기 매우 어려울 수 있으므로, 종종 혁신적인 표집 방법을 사용해야만 한다. 일반적으로 연구 중인 집단의 구성원들과 의미 있는 관계를 구축하고 이러한 도전들을 극복하기 위한 방법에 대해 그들의 의견을 구하는 것이 중요하다.

기타 데이터 수집 방법

HSR 연구자들은 보건 서비스 수행과 환자 결과를 연구할 때 다양한 방법들에 의존한다. 기술은 보건 서비스 관련 대규모 데이터를 수집할 기회를 제공했고, 전자 보건 기록 사용이 증가함에 따라 이러한 기회들은 더욱 증가할 것이다. 이러한 방법들을 사용할 때 연구자들은 흔히 팀이 고려 중인 질문들과 특히 관련 깊다고 결정한 요소들이나 사건 리스트를 개발한다. 예를 들어, 재향 군인 관리국(Veterans Administration: VA)은 연구자들이 매일 채굴하는(mining) 전자 건강 기록을 광범위하게 이용할 수 있다(아래 참조).

연구자들은 이해관계자들, 조직 리더들, 환자들, 또는 근로자들로부터 정보를 수집하기 위해 질적 면접조사를 사용할 수도 있다. 이러한 면접조사를 통해 향후 연구들을 수행할 것인지, 그리고 어떤 개인들을 대상으로 양적 방법을 사용할 것인지에 대한 결정이 가능해진다. 그러한 면접조사를 수행하기 전에, 팀들은 프로그램, 치료, 또는 문제에 대해 유용한 정보를 제공해 줄 수 있는 최적의 위치에 있는 사람이 누구인가를 고려한다. 이를 위해 종종 각 참여자에게 특별히 맞춰진 면접조사 지침을 사용하여 다양한 조직 수준에서 여러 참여자들을 면접조사할 필요가 있다. 초점집단 또한 질적 데이터 수집에 널리 사용된다. 초점집단들은 흔히 6~12명의 개인들로 구성되며, 이들은 평가 중인 보건 서비스와 관련된 특정 관심 주제로 연결되어 있다. 프로그램을 평가할 때 초점집단은 프로젝트가 시작되기 **前**에 그 프로그램이 다루어야 할 요구(needs)에 대해 충분히 이해하는 데 유용하다. 초점집단은 프로그램 전달(delivery) **중**에도 사용될 수 있는데, 이는 그 프로그램이 달성하고자 했던 목표를 달성하고 있는지를 평가하는 데 도움을 주기 위함이다. 마지막으로, 초점집단은 프로그램 강점과 한계점을 평가하기 위해 해당 프로그램이 수행된 이후에도 사용될 수 있다(Piercy & Hertlein, 2005).

HSR 연구에서는 종종 연구참여자들에 대한 추가 데이터를 얻기 위해 환자 보건 기록에 의존한다. 환자들은 자신의 건강 기록 공개에 동의해야 하고 언제든지 그 동의를 철회할 수 있다. 어떤 경우에는 건강 기록 데이터가 재향 군인 관리국(VA)에서와 같이 식별되지 않는 대규모 데이터 세트(data sets)로 존재하지만, 이런 데이터에 접근하는 것은 재향 군인 관리국에 의해 통제·관리된다. 보건 기록의 개인정보보호 및 보안을 위한 예방책으로,

추가적인 훈련과 인증이 요구되는 것이 일반적이다. 규제 감독 및 연구 조사에 대한 감사로 인해 이러한 유형의 연구에서는 상당한 추가 비용이 발생할 수 있다. 그러나 보건 정보가 갖는 가치는 이러한 도전들을 상쇄하고도 남는다. 예를 들어, 연구자는 특정 개입을 받은 환자 집단과 받지 않은 환자 집단 간의 결과를 비교할 수 있으므로, 사실상 비교집단을 만든 것과 같다. 보건 기록을 갖고 있는 기관들은 동의한 환자들로 내부 연구를 수행할 수 있고 그 과정에서 매우 풍부한 보건 데이터를 얻을 수 있다.

이러한 다양한 데이터 수집 방법들은 설문조사나 질적 방법을 사용하는 다른 연구들에 영향을 미치는 위험요소들과 유사한, 연구의 타당도에 대한 위험요소들을 갖고 있다. 그러나 HSR이 다른 점은 여러 가지 방법들을 사용하고 다양한 표본들을 평가한다는 것이다. 또한 보건 기술, 치료 제공, 재정, 그리고 모범적인 실천 사례들에 대한 지식이 지속적으로 발전하면서, 보건에서의 연구 기반 지침들은 재평가가 필요하기 전까지 단 몇 년이라는 짧은 기간 동안만 타당할 수 있다(Shekelle et al., 2001). 따라서 HSR 연구자들은 연구를 수행하는 동안뿐만 아니라 그 결과를 토대로 제안을 하는 데 있어서도 타당성에 대한 끊임없는 위협에 직면한다. 이것은 이 연구를 수행하는 데 있어 복잡한 환경(contexts)들이 관련되어 있고 보건 전달을 하는 조직에도 변수가 많기 때문이다. HSR 연구는 일반적으로 실제 상황에서 수행되고, 이는 모든 성가신 요인들을 통제하기란 불가능함을 뜻한다. 그럼에도 불구하고 HSR의 복잡성이 갖는 장점은 내적 그리고 결론 타당도를 향상시키기 위해 데이터를 삼각검증할(triangulate) 기회가 있다는 것이다. 예를 들어, 환자, 서비스 제공자, 관리자에 대한 질적 면접조사 결과를 삼각검증하면 연구자가 발견한 내용에 대한 확신을 높일 수 있다.

HSR에서 수행된 연구들의 내적, 외적 타당도에 심각한 위협이 되는 많은 것이 있다. 타당하고 유효한 표본(valid sample)을 개발하는 것은 표집에서 편향을 최소화해야 한다는 조건부터 시작하여 HSR에 다양한 도전을 제시한다. HSR 연구들에서의 편향은 일반적으로 연구 설계, 실행, 또는 분석에서의 오류가, 고려 중인 보건 관련 문제들에 대한 치료, 개입, 정책의 효과를 체계적으로 잘못 나타낼 때 분명히 드러난다. 예를 들어, 인터넷 조사를 통해서만 데이터를 확보하는 치료 중도 탈락자 연구는 컴퓨터와 인터넷에 접근 가능한 응답자들로 데이터가 편향될 가능성이 꽤 높다. 그렇게 함으로써 저소득층의 치료 중도 탈락자들은 피드백을 제공할 기회, 또는 그들이 치료를 중단하기로 결정하게 된 독특한 상황에 대해 설명할 기회를 결코 얻지 못할 수도 있다. 비슷하게, 대부분이 노인, 그리고 주로 남성인 환자들로 구성된 편의 표본에 의존하는 당뇨병 외래 환자 치료에 대한 연구는 결과의 타당도를 실질적으로 제한하는 명백한 편향을 갖고 있다. 표집에서 어느 정도의 선택 편향은 종종 피할 수 없다. 그러나 신중하고 협력적으로 연구 대상 집단을 고려함으로써 그 효과를 최소화시킬 수는 있다.

종단 설계를 사용하여 연구된 환자들이 시간에 따라 보이는 변화들(temporal changes)은 타당도에 대한 또 다른 심각한 위협을 나타낸다. 많은 보건 치료들이 종결되기까지 수년 또는 평생에 걸친 치료가 필요할 수도 있다는 점을 감안할 때, 연구기간 동안 피험자에게 발생하는 발달적 변화들을 고려하는 것은 중요하다. 유사하게, 전쟁과 같이 중대하고 삶을 변화시키는 사건을 경험한 피험자들은, 그러한 사건을 경험하지 않은 유사한 표본들에 비해, 다소 체계적인 방식으로 변화할 것이라 기대하는 것이 합리적이다. 예를 들어, 군인 집단에서의 자살을 더 잘 이해하고자 한다면, 시간적 요인들(temporal factors)에 대해 신중히 고려해야 한다. 시간적 요인들은 개입이나 정책의 효과를 성장과 경험으로 인한 효과로부터 구별하는 것을 불가능하게 만들기 때문이다. 마찬가지로, HSR 연구자들은 환자들을 각기 다른 시점에서 측정하는 종단연구를 수행할 때, 주어진 구성개념을 측정하기 위해 동일한 측정도구를 사용해야 한다. 이는 연장된 연구기간 동안 팀 구성이 변경되거나 새롭고 향상된 측정도구가 문헌에 출현했을 때, 특히 어려운 과제가 될 수 있다.

측정 오류는 HSR 과학자들이 직면하게 되는 또 다른 과제라 할 것이다. 진단 범주, 인구통계학적 변수, 받은 치료들, 또는 연구에서 설명되지 않는 광범위한 교란 변수들(confounding variables)에 따라 환자를 분류하는 오류는 구인 및 내적 타당도에 심각한 위협이 된다. 복잡한 치료 프로토콜(규약)을 준수하지 않는 의사는 수집된 데이터에 체계적 오류들을 끼워 넣게 될 가능성이 있다. 이는 결과적으로 치료 프로토콜(규약)과 환자 결과 사이의 연결을 더 강하게 또는 더 약하게 만들 수 있다. 환자의 의학적 기록 검토에 의존하는 연구는, 다른 보건 시스템에서 유사한 치료를 받고 있는 피험자들이 해당 의료 기록을 제공하라는 요청을 받지 않은 경우, 유사한 결함을 갖게 될 수 있다. 장애의 한 하위유형에는 반응하지만 다른 유형에는 반응하지 않는 것으로 알려진 단일 측정도구에만 전적으로 의존하는 연구는, 그로 인해 왜곡된 데이터로 귀결될 가능성이 높다.

많은 경우에 있어, 해당 집단이 경험하는 보건 요구(필요성)나 문제에서 비롯된 연구문제에 대한 답을 구하기 위해 전체 인구를 대상으로 연구하기란 불가능하다. 따라서 HSR 과학자들은 연구 중인 모집단에 대한 대표 표본을 신중하게 구성하기 위해 다양한 연구방법들에 의존한다. 앞서 언급했듯이, 연구의 결과가 더 광범위한 집단에게 일반화될 수 있으려면 이러한 도전적인 작업이 중요하다. 외적 타당도는 HSR에서 분명 매우 중요하다.

나중에 전체 인구를 제대로 대표하지 못하는 것으로 밝혀진 표본으로부터 도출된 연구결과는 보건 실천(practices), 정책, 지침을 변경하는 데 사용되어서는 안 된다. 더 심각하게는, 부적절한 외적 타당도를 가진 연구에 근거하여 치료를 바꾸는 것은 환자들에게 더 나쁜 결과를 초래할 가능성이 있다. 분명히 이것은 HSR에서 중요한 문제이며, 표본과 조건이 대표성을 갖고 결과물이 일반화될 수 있도록 방대한 노력이 이루어지고 있다. 연구자들은 내적 타당도와 외적 타당도 사이를 계속해서 걸어야 한다. 내적 타당도를 높이는 것은, 예를 들어 환자로 포함시키는 기준을 더 엄격하게 높이는 것은, 모집단을 대표하지 않는 표본을 만들 수 있다는 부작용을 수반하고, 데이터는 일반화될 수 없다.

부부가족치료 학자들의 기여

부부가족치료자로도 훈련받은 연구 과학자들은 HSR 팀에 고유한 지식, 기술, 능력을 제공한다. 도전적이고 복잡한 문제들을 해결하는 팀들의 능력은 대부분, 팀들이 학제간 구성이고 개별 구성원들이 연구 전문분야에서 잘 숙련된 결과라 할 수 있다. 연구에 있어 엄격한 훈련과 경험을 습득한 MFT 학자들은 이러한 점에서 다르지 않다. 연구 기술 이외에도, MFT 학자들은 가족체계와 조직체계 모두의 측면에서 체계적으로 사고하는 능력을 도입한다.

많은 HSR 연구에서 치료를 받는 환자들은 개인 수준에서 연구되며, 가족 구성원들, 가까운 친구들, 그리고 광범위한 사회적 지지망의 영향에는 관심을 갖지 않거나 고려하지 않는다. 이러한 경향은 연구자들이 그들의 연구에 배우자, 부모, 자녀, 환자의 삶에서 중요한 다른 사람들을 포함시킴에 따라 바뀔 것이다.

연구방법론과 데이터 분석이 향상되면서 가족의 역할에 대해 보다 광범위하고 엄격하게 고려할 수 있게 되었다. 예를 들어, 이인 자료(dyadic data) 분석은 연구에서 배우자나 중요한 타인들이 환자에게 미치는 영향을 살펴볼 수 있는 강력한 도구를 제공한다(Kenny, Kashy, & Cook, 2006). MFT 학자가 팀에 없다면, 이인 자료 확보와 조사에 필요한 측정도구나 데이터 수집 방법들이 연구에 포함되지 않을 수도 있다. MFT 학자들은, 특히 아프고 치료를 원하는 사람들 사이에서 가까운 관계가 매우 중요함을 알기에, 이런 연구들에서 가족 또는 다른 핵심적인 체계 구성원(players)을 고려해야 한다고 자주 주장한다.

HSR이 훌륭한 사회적 기술을 가진 팀원들로부터 혜택을 받는 것은 독특한 게 아니지만, 이런 연구들의 규모와 범위는 흔히 다양한 개인과 함께 일할 때 경험하게 되는 대인관계 문제를 헤쳐 나가는 것을 뜻한다. 앞서 언급했듯이, 집단들 간에 동의와 열린 의사소통을 유지하는 것은 연구의 성공을 보장하는 데 있어 결정적이다. 빡빡한 일정, 재정적 제약, 인력배치의 어려움, 연구 모집단과 표본 문제, 그리고 연구 요건 달성의 필요성이라는 압박하에, 긍정적인 학제간 전문적인 관계를 구축하고 유지할 수 있는 팀원의 존재는 진실로 값진 것이다.

의료 가족치료는 가족치료자들을 보건 환경에 통합하는 데 점점 더 훌륭한 역할을 하고 있다(McDaniel, Hepworth, & Doherty, 1992). 이러한 상황에서 가족치료자들의 역할은 환자와 환자가 사랑하는 사람들의 삶의 질을 향상시키고, 환자와 의사 간의 의사소통을 개선하며, 질병에서 비롯된 정서적 스트레스 요인을 줄이고, 환자에 대한 가족들의 지지를 증가시키는 것이다. 이 환경에서 일하는 효과적인 가족치료자는, 이상적으로 말하면, 가족의 긍정적 결과를 증대시키고 보건 시스템의 다른 부분이 갖는 부담은 줄여야 한다. 이러한 과정들을 살펴보는 연구들이, 기존의 서비스를 향상시킴으로써 어떻게 의료 가족치료자들이 보건 비용은 줄이고 품질은 높일 것인지, 그리고 이러한 서비스를 통해 어떻게 환자의 삶 전반이 향상되게 할 것인지를 계속해서 규명해 나가는 것은, 의료 환경에서 가족치료자들의 지속가능성을 위해 중요하다. 특히 HSR 관점을 사용하는 가족치료 연구자들은 무엇이 효과가 있는지, 누구를 위해, 어느 정도의 비용으로, 그리고 어떤 상황에서라는 질문들에 답하기에 좋은 위치에 있다.

보건 서비스 연구의 독특한 기회와 과제

HSR은 흔히 빠르게 진행되고 흥미진진한 작업이며, 이 작업은 연구들과 그 연구들이 제공하는 데이터가 보건 정책 및 전달에 직접적인 영향을 미치고 그 과정에서 실제 환자의 결과를 향상시킬 수 있다는 인식을 원동력으로 한다. HSR 연구자들은 종종 학제간 팀들, 대학 간 그리고 기관 간 협력, 여러 기관 심의위원회, 보조금 자금 조달을 위한 치열한 경쟁, 환자 및 민감 보건 정보 보호에 대한 엄격한 요구사항들, 보건 전문가와 환자 모두로부터 동의(buy-in) 획득하기, 제공자와 연구 직원을 적절히 훈련시키기, 환자 중도 탈락 최소화, 그리고 촉박한 기한 내에 결과 발표하기와 같은 과제들과 씨름해야 한다. 게다가 많은 연구는 상이한 프로그램들을 비교하고 대표성 있는 표본을 얻기 위해 여러 주(states)에 걸처 실행된다. 이와 함께 기타 많은 과제가 HSR 팀의 일상적 현실의 일부이고 많은 개인 투자를 필요로 한다. HSR 연구에 대해 더 알고 싶은 독자 여러분이 이용 가능한 몇몇 자료들이 있다. 예를 들어, HSR 연구에만 전념하는 학술지(Health Services Research), HSR 지향 웹사이트(https://www.academyhealth.org/index.cfm), 그리고 앞서 언급했듯이, RE−AIM과 관련된 포괄적 논의와 링크를 제공하는 웹사이트(http://www.re-aim.org)가 있다.

참고문헌

Academy Health. (n.d.) What Is HSR. Retrieved from http://www.academyhealth.org/About/content.cfm?ItemNumber=831&navItemNumber=514

"AHRQ at a Glance: Mission, Focus, and Goals." (n.d.). Retrieved from http://www.ahrq.gov/about/ataglance.htm

Centers for Medicare & Medicaid Services. (2013, January 9). NHE fact sheet. Retrieved from https://www.cms.gov/Research-Statistics-Data-and-Systems/Statistics-Trends-and-Reports/NationalHealthExpendData/NHE-Fact-Sheet.html

Fixen, D. L. (2005). *Implementation research: A synthesis of the literature*. Tampa: University of South Florida.

Glasgow, R. E., McKay, H. G., Piette, J. D., & Reynolds, K. D. (2001). The RE-AIM framework for evaluating interventions: What can it tell us about approaches to chronic illness management? *Patient Education and Counseling, 44*, 119-127.

Glasgow, R. E., Nelson, C. C., Strycker, L. A., & King, D. K. (2006). Using RE-AIM metrics to evaluate diabetes self-management support interventions. *American Journal of Preventive Medicine, 30*, 67-73.

Glasgow, R. E., Vogt, T. M., & Boles, S. M. (1999). Evaluating the public health impact of health promotion interventions: The RE-AIM framework. *American Journal of Public Health, 89*, 1322-1327.

Kenny, D. A., Kashy, D. A., & Cook, W. L. (2006). *Dyadic data analysis*. New York: Guilford Press.

Klein, K. J., & Sorra, J. S. (1996). The challenge of innovation implementation. *Academy of Management Review, 21*, 1055-1080.

Lipsey, M. W. (2003). Those confounded moderators in meta-analysis: Good, bad, and ugly. *Annals of the American Academy of Political and Social Science, 587*, 69-81.

Mancini, J. A., & Marek, L. I. (2004). Feature article: Sustaining community-based programs for families: Conceptualization and measurement. *Family Relations*, *53*(4), 339-347.

McDaniel, S. H., Hepworth, J., & Doherty, W. J. (1992). *Medical family therapy: A biopsychosocial approach to families with health problems*. New York: Basic Books.

National Health Statistics Group. (n.d.). National health expenditures. Retrieved from https://www.cms.gov/Research-Statistics-Data-and-Systems/Statistics-Trends-and-Reports/NationalHealthExpendData/downloads/tables.pdf

Piercy, F. P., & Hertlein, K. (2005). Focus groups. In D. S. Sprenkle & F. P. Piercy (Eds.), *Research methods in family therapy* (pp. 85-99). New York: Guilford.

Shekelle, P. G., Ortiz, E., Rhodes, S., Morton, S. C., Eccles, M. P., Grimshaw, J. M., Woolf, S. H. (2001). Validity of the Agency for Healthcare Research and Quality clinical practice guidelines: How quickly do guidelines become outdated? *JAMA*, *286*(12), 1461-1467.

U.S. GAO. (2011, September 23). Health care price transparency: Meaningful price information is difficult for consumers to obtain prior to receiving care. Retrieved from http://www.gao.gov/products/GAO-11-791

제4부

분석

20 응용 통계 분석과 해석

Lee N. Johnson & Richard B. Miller

　고급연구방법 책에서 기초통계에 대한 장이 필요한 이유는 무엇일까? 대학원 및 학부에서 연구방법론을 가르치고, 임상연구를 수행하고, 논문 심사자로 봉사하면서 우리가 반복적으로 목도한 세 가지의 연구 관련 문제가 있다.

　첫째, 기초통계(t검정, 분산분석, 카이제곱, 회귀분석, 상관관계 등)의 사용법과 해석을 이해하지 못하는 이들이 많다는 사실에 놀랐다. 이것은 주로 통계를 배우는 부부가족치료자(marriage and family therapists: MFTs)들이 구조방정식모형이나 다층모형과 같은 고급통계 전략을 배우는 것을 목표로 한다는 사실에 기인한다. 결과적으로 이들은 보다 기본적인 통계분석을 숙달하는 데 초점을 두지 않는다. 또한 고급통계가 통계분석의 '최고의 기준'이라고 강조되면서, 연구자들은 단순한 통계 검증의 유용성을 과소평가하는 경향이 있고, 이러한 점 때문에 종종 특정 연구문제나 자료의 유형에 적합한 분석보다는 가장 복잡한 분석을 사용하는 것을 통계 학습의 목표로 두게 된다.

　둘째, 통계적 유의도, 임상적 유의도, 결과의 크기 또는 중요성을 혼동하는 경향이 있다(Cohen, 1994; Haase et al., 1989; Murray & Dosser, 1987). 우리의 결과가 단순한 우연에 의해 발견되지 않았을 가능성(예: 통계적 유의도)이 어느 수준인지 아는 것은 중요하지만, 통계적으로 유의한 결과를 중요하거나 의미가 있는 것이라고 해석하는 것을 보고는 한다. 또한 많은 임상연구자가 임상적 중요성의 개념을 들어본 적이 있으나(Jacobson & Truax, 1991; Kazdin, 2003), 이들의 연구에서는 임상적 중요성을 결정하는데 이러한 권고를 활용하지 않는다.

셋째, 우리는 반복적으로 사람들이 상관관계와 인과관계를 혼동하는 것을 듣고는 한다. 물론 실험연구가 부부가족치료(MFT) 성과 연구에서 중요하지만, MFT 연구의 대부분은 상관관계이다. 우리는 대부분의 연구자가 이 둘의 차이점을 알고 있다고 믿지만, 점점 더 복잡한 통계 검증이 연구설계 및 자료가 정당화할 수 있는 것보다도 관계를 더 인과적으로 보여 주는 것으로 혼동한다. 이러한 실수는 상관관계 결과가 변수 간의 연관성보다 훨씬 더 강력한 것으로 해석되는 논의나 결론 부분에서 가장 빈번하게 일어난다.

우리는 연구방법론이나 통계 문헌에서 이 세 가지 이슈가 완전히 새로운 문제가 아니라는 것을 알고 있다. 이 장이 세 가지 문제에 대한 설명뿐만 아니라 숙련된 연구자를 위한 리뷰, 초보 연구자를 위한 기본 토대를 제공하기 바란다.

기초통계 리뷰: 무엇을 언제 사용할 것인가

연구자들의 통계 사용은 지난 수십 년 동안 크게 단순화되었다. 과거에는 통계분석을 수행할 때 가장 어려운 부분은 구체적인 공식을 알고 그것을 적용하는 방법이었다. 그러나 오늘날 SPSS와 같은 통계 소프트웨어는 마우스를 가져가면 하위 메뉴가 펼쳐지는 기능을 사용하여 분석을 수행할 수 있기에 복잡한 공식을 알고 이해해야 하는 연구자의 부담을 덜어 준다. 소프트웨어를 사용하여 각 통계 테스트를 수행하기 위한 단계별 지침이 있는 책을 활용할 수 있으며(Acock, 2012; Field, 2013; Leech, Barrett, & Morgan, 2011를 보라.), YouTube에는 SPSS를 사용하여 통계분석을 수행하는 방법을 보여 주는 영상도 있다.

컴퓨터 소프트웨어가 '열심히' 작업을 수행할 때 연구자의 가장 중요한 책임은 어떤 통계 검증을 사용할지와 결과물을 적절하게 해석하는 방법을 아는 것이다. 실제로 어떤 통계 검증을 사용할지 아는 것은 통계분석을 수행하는 '미스터리' 중 하나처럼 보일 수 있다. 그러나 적절한 통계적 검증 방법을 찾는 과정은 꽤 간단하다. 올바른 통계 검증을 사용하는 데 있어 핵심은 사용하는 변수의 유형을 아는 것이다.

연구방법론 수업이나 기초연구방법 책에서 변수를 범주형(categorical)과 연속형(continuous)의 두 가지 주요 범주로 나눌 수 있다는 것을 기억할 것이다(Babbie, 2008). 범주형 변수의 예로는 인종(백인, 아프리카계 미국인, 라틴계 등), 고용 상태(풀타임, 파트타임, 실업, 은퇴) 또는 성별(여성, 남성)이 있다. 이러한 유형의 변수는 순위를 정할 수 없기 때문에 명목(nominal) 수준 변수라고도 한다(Trochim, 2005).

반면, 연속변수는 순위를 매길 수 있는 변수로, 숫자의 차이는 유의미하다. 대부분의 연구방법 교재는 연속변수를 등간(interval)변수와 비율(ratio)변수로 나눈다. 반면에, 서열(ordinal)변수는 변수에 순위를 지정(학력: 고등학교, 전문학사, 학사 등)할 수 있기 때문에 일정 부분 연속형 변수의 속성을 갖는다. 위에서 예로 든 변수는 순위를 매길 수 있지만 서열변수가 연속형 변수와 다른 점은 두 범주 간의 의미 있는 차이를 말할 수 있는 수학 연산이 존재하지 않는다는 것이다(Frankfort-Nachmias & Leon-Guerrero, 2009). 서열변수가 연속형 변수에 더 가까워지는 경우는 매우 동의함, 동의함, 동의하지 않음, 매우 동의하지 않음 응답 옵션을 포함하는 리커트 유형 척도를 사용하는 경우로 1에서 4까지의 값이 할당된다. 이러한 변수가 연속형으로 처리되는 경우는, (종종 그렇지 않음에도 그렇다고 가정하기는 하지만) 매우 동의함과 동의함 사이의 거리가 동의하지 않음과 매우 동의하지 않음 사이의 거리와 동일하다고 가정하는 것이다. 따라서 대부분의 통계 소프트웨어 프로그램은 서열변수를 등간변수로 처리할 수 있으므로 연속형으로 처리할 수 있기는 하나 연구자는 컴퓨터 소프트웨어가 각 자료점을 같은 거리를 갖는 것으로 '강제'한다는 점을 이해해야 한다.

반면에, 등간변수는 소득(범주가 아닌 실제 달러로 보고된 것), 연령, 혹은 리커트 유형 척도(예: 표준화된 사정 점수)처럼 응답 범주 간 거리가 동일한 거리를 갖는다. 비율변수는 의미 있는 0(예: 켈빈온도는 화씨온도가 없는 절대 0도를 가짐)이 있는 연속형 변수이다.

연구자가 통계분석에 사용하는 변수의 유형을 결정할 수 있게 되면 적절한 통계 검증을 선택할 수 있다. 다양한 통계적 검증과 각각에 사용되는 변수의 종류는 〈표 20-1〉과 같다.

*t*검정

독립표본 *t*검정은, 예를 들어 '박사 수준의 MFT 면허증을 가진 사람이 석사 수준의 MFT 면허증을 가진 사람보다 평균적으로 더 높은 회기당 비용을 청구하는가?'와 같이 두 집단 간의 변수의 평균을 비교하는 데 사용된다(Roberts & Russo, 1999). 독립 범주형 변수는 이분형(석사 수준 MFTs와 박사 수준 MFTs)이고, 종속변수는 연속형(회기당 청구되는 금액)이다. 독립변수의 범주가 2개 이상인 경우에는 독립-검정을 사용하지 않는다[세 개 이상의 집단의 경우 분산분석(ANOVA)이 일반적으로 선택되는 통계이다].

대응표본 *t*검정(paired *t*-test)은 두 평균이 연관되는지, 쌍을 이루는지, 비독립성 문제가 있는지를 검증한다는 점에서 다르다. 예를 들어, 부모와 자녀 관계의 질의 수준이 동일한지 검증하기 위해서는 부모와 자녀가 자료에서 서로 연결되어 있으므로 대응표본 *t*검정을 수행한다. 자료의 두 시점 간의 시간 경과에 따른 변화를 검증하기 위해서라도 대응표본 *t*검정을 사용할 수 있다. 본질적으로 대응표본 *t*검정은 두 점수(부모의 점수에서 자녀의 점수를 뺀 값)의 차이가 0인지 여부를 결정한다. 만약 전체 표본에 대해 평균값이 통계적으로 0과 다르지 않으면 연구자는 부모의 평균 점수와 자녀의 평균 점수가 통계적으로 다르지 않다는 결론을 내린다.

상관분석

이변량 상관분석은 두 개의 연속형 변수(예: 연령과 결혼생활의 질)가 연관되어 있는지 여부(예: 서로 공변함)를 결정할 때 수행한다. 상관분석은 두 명의 다른 사람에 대해 측정된 두 개의 동일한 변수 간의 관계를 확인하는 데 사용할 수도 있다(예: 아내의 결혼만족도 점수와 남편의 결혼만족도 점수 사이의 관계).

표 20-1 변수 유형에 따른 통계적 검증

통계	독립변수(IV)	종속변수(DV)	예
독립표본 *t*검정 (Independent *t*-test)	이분형	연속형	남성과 여성(IV)의 결혼의 질(DV)의 수준은 서로 다른가?
대응표본 *t*검정 (Paired *t*-test)	없음	두 개의 쌍이 되는 연속형 변수	결혼의 질은 사전검사(DV 1)와 사후검사(DV 2)에서 달라지는가?
이변량 상관분석 (Bivariate correlation)	연속형	연속형	치료적 동맹(IV)은 치료 후 결혼의 질(DV)과 관련이 있는가?
카이제곱 (Chi-square)	범주형	범주형	치료자의 성별(IV)은 가족의 치료 탈락 여부(DV)와 관련이 있는가?
중다회귀분석 (Multiple regression)	다수; 범주형 혹은 연속형	연속형	치료적 동맹(IV 1)과 결혼의 디스트레스 수준(IV 2)은 사후검사의 결혼의 질(DV)과 관련이 있는가?
로지스틱 회귀분석 (Logistical regression)	다수; 범주형 혹은 연속형	이분형	치료적 동맹(IV)과 결혼의 디스트레스 수준(IV)은 커플의 치료 탈락을 예측하는가?

일원분산분석 (One-way ANOVA)	1개의 범주형 변수 (1요인)	연속형	치료의 유형(EFT, CBT, 대기자 명단) (IV 혹은 요인)은 사후검사의 결혼의 질(DV)과 관련이 있는가?
이원분산분석 (Two-way ANOVA)	2개의 범주형 변수 (2요인)	연속형	치료의 유형(EFT, CBT, 대기자 명단) (요인 1)과 치료자의 성별(요인 2)(그 리고 이 둘의 상호작용)은 사후검사 의 결혼의 질(DV)과 관련이 있는가?
공분산분석 (ANCOVA)	범주형 IV와 공변량 변수	연속형	치료의 유형(EFT, CBT, 대기자 명단) (IV 혹은 요인)은 결혼연수(공변량) 를 통제하고도 사후검사의 결혼의 질 (DV)과 관련이 있는가?
중다변량분석 (MANOVA)	범주형	다수 연속형 변수	치료의 유형(EFT, CBT, 대기자 명단) (IV 혹은 요인)은 사후검사의 결혼의 질(DV 1), 성적 만족도(DV 2), 갈등 (DV 3)과 관련이 있는가?
반복측정 분산분석 (Repeated measures ANOVA)	없음; 공변량 변수 포함 가능	서로 다른 시점 에서 측정된 동일한 연속형 변수	커플치료의 결혼의 질(DV)은 결혼연 수(공변량)를 통제하고도 사전검사 와 사후검사, 그리고 6개월 후속검사 에서 변화가 있는가?

참고: EFT(emotionally focused therapy) = 정서중심치료; CBT(cognitive behavioral therapy) = 인지행동치료.

카이제곱(χ^2)

카이제곱 검정은 두 범주형 변수 간의 연관성을 확인하는 데 사용된다. 각 변수에는 두 개 이상의 수준이 있어야 하지만 범주가 여러 개인 변수에는 더 많은 수의 참여자가 필요하다. 검증은 확률에 따라 각 셀의 실제 빈도와 각 셀의 기대 빈도를 비교하여 연관 수준을 결정한다. 예를 들어, 남성과 여성의 고용 상태가 다른지 여부를 알고 싶다면 두 변수가 모두 범주형이므로 카이제곱 검정을 사용한다. 마찬가지로, 치료자의 교육 수준(석사 또는 박사)이 가족이 치료 탈락 여부(치료 중도 탈락 혹은 치료 완료)와 관련이 있는지 여부는 카이제곱 통계를 사용하여 결정한다.

회귀분석

다층회귀분석은 상관분석 통계의 확장이다. 두 방법 모두 자료의 가장 적합한 회귀선을 찾는 데 기반한다. 상관분석 통계는 두 개의 연속변수가 통계적으로 유의하게 연관되어 있는지 여부를 결정한다. 예를 들어, 상관분석은 치료자의 회기 중 활동 수준이 긍정적인 치료 성과와 관련되어 있는지를 보여 줄 수 있다. 그러나 이러한 연관성은 '지목된 환자(identified patient)'의 디스트레스 수준과 관계없이 그러한가? 또한 치료자의 성별에 관계없이 그러한가? 방정식 $y = mx + b$를 생각하는 것이 도움이 될 수 있다. 이 방정식을 사용하면 어떤 산이든 그릴 수 있다는 것을 배운 대수학을 생각해 보라. 회귀분석은 서로 다른 순서로 작성된 동일한 방정식이다.

다층회귀분석에서 연구자는 통계분석에 추가 변수를 포함할 수 있다(Lewis-Beck, 1980; Schroeder, Sjoquist, & Stephan, 1986). 따라서 치료자의 회기 활동 정도가 주요 독립변수이지만, 디스트레스 정도와 치료자의 성별은 '통제변수'로 포함되어 디스트레스 수준과 치료자의 성별에 관계없이 치료자의 회기 활동과 치료 성과 사이의 연관성이 유의함(예: '디스트레스 수준과 치료자의 성별을 통제하고도 치료자의 회기 중 활동 수준은 긍정적인 치료 성과와 유의하게 연관된다.')을 보여 줄 수 있다. 치료 성과(예: 관계의 질)는 종속변수이다. 다층회귀분석에서 독립변수는 범주형 또는 연속형일 수 있지만 종속변수는 연속형이어야 한다.

로지스틱 회귀분석은 종속변수가 이분형인 경우 사용된다(Pampel, 2000). 예를 들어, 종속변수는 아버지가 가족치료의 첫 번째 회기에 왔는지 여부일 수 있으며, 연구자는 아버지의 참석 여부를 예측할 수 있는 요인을 알고 싶어 한다. 로지스틱 회귀분석은 하나 이상의 독립변수를 가질 수 있으므로 아버지의 고용 상태, 아버지의 교육 수준, 어머니와 아버지 간의 관계의 질을 독립변수로 포함하여 이러한 변수가 아버지 참석 여부의 '유의한 예측변수'인지 여부를 결정할 수 있다.

분산분석

분산분석(ANOVA)은 두 개 이상 집단의 평균이 동일한지 또는 통계적으로 다른지를 결정하는 데 사용된다(Roberts & Russo, 1999). 분산분석은 실험설계에 사용되는 가장 일반적인 통계이다(Brown & Melamed, 1990). 분산분석의 가장 간단한 유형은 일원분산분석으로, 개인치료, 커플치료, 대기자 명단을 포함하는 처치집단처럼 범주형 변수에 걸쳐 우울증 척도의 점수와 같은 연속형 종속변수의 차이를 비교하는 것이다. 전반적 F-점수가 통계적으로 유의하다면 세 집단의 평균이 같지 않다는 것을 연구자가 알 수 있다. 이 경우 Tukey와 같은 사후 검증을 수행하여 집단(Roberts & Russo, 1999)을 비교하여 어떤 집단의 평균이 유의하게 다른지 확인한다.

기본 분산분석은 다양한 연구문제에 확장하여 적용할 수 있다. 그중 하나는 모형에 둘 이상의 요인을 포함하는 것이다. 모형에 두 개의 요인이 있는 경우 이원분산분석이 된다(Iversen & Norpoth, 1987). 따라서 치료자의 성별을 모형에 추가하여 치료 종료 시 치료자의 성별이 우울증 점수에 어떤 영향을 미치는지 확인할 수 있다. 이 모형에는 두 가지 가능한 '주효과'가 있다. 처치집단 효과와 치료자 성별 효과이다. 두 번의 일원분산분석보다 이원분산분석(하나는 처치집단에 대한 요인, 다른 하나는 치료자의 성별에 대한 요인)을 수행할 때의 이점은 연구자가 우울증 점수에 대한 성별과 처치집단의 영향력을 조사함으로써 '상호작용 효과'를 검증할 수 있다는 것이다.

기본 분산분석 모형에 공변량을 추가하면 공분산분석(ANCOVA; Huitema, 2011)이 된다. 공변량은 다층회귀분석에서의 통제변수와 유사하게 통제변수로 작동한다. 따라서 우울증에 대한 개인치료, 커플치료 및 대기자 명단 집단의 효과를 살펴보는 모형에 공변량으로 접수 시점의 우울증의 중증도를 추가할 수 있다.

분산분석의 개념틀 내에서 중다변량분석(MANOVA; Bray & Maxwell, 1985)을 수행하여 여러 개의 종속변수를 동시에 분석할 수 있다. 따라서 단순히 우울 증상에 대한 처치 효과를 검증하는 대신, 관계만족도와 성적 만족도를 종속변수로 추가할 수 있다. 일련의 분산분석보다 중다변량분석을 수행하는 것의 이점은 1종 오류(실제로 효과가 있는데 없다고 하는 것)의 가능성을 줄일 수 있다는 것이다(Bray & Maxwell, 1985). 중다변량분석은 모형에 공변량을 포함할 수 있다.

마지막으로 반복측정 분산분석은 여러 시점에 걸쳐 수집된 연속적인 종속변수의 변화를 검증하는 데 사용된다(Girden, 1992). 이는 개인 간이 아닌 개인 내 평균을 비교하므로 집단 내 설계라고도 한다(Roberts & Russo, 1999). 연구자가 사전검사, 사후검사, 그리고 6개월 후 속검사에서 수집한 우울증 점수가 있는 경우, 우울증의 평균 수준이 동일한지 또는 데이터 수집의 차수에 걸쳐 변화하는지 확인하기 위해 반복측정 분산분석을 수행한다.

따라서 분석하려는 변수의 유형은 어떤 통계적 검증을 사용해야 하는지에 대한 중요한 단서를 제공한다. 그러나 통계 검증에 사용되는 변수의 유형은 충족되어야 하는 하나의 가정일 뿐이다. 연구자가 어떤 검증을 사용할지 결정하고 나면 각 통계 검증의 가정들을 충족하는지 확인해야 한다(기초통계와 관련된 다른 가정들은 이 장의 범위를 벗어난다.) 기초통계에 대한 통계적 가정에 대한 리뷰는 Frankfort-Nachmias와 Leon-Guerrero(2009), Berry(1993), Roberts와 Russo(1999)의 연구를 보기 바란다.

기초통계 리뷰: 해석

t검정

t검정은 유의도 검증을 사용하여 결과가 우연이 아닐 확률을 결정한다. 결과의 크기는 각 집단의 결과와 평균을 측정 기준에 적용하여 결정할 수 있으며, 이는 이전에 논의한 두 가지 유형의 t검정에 모두 해당된다. 예를 들어, 치료를 중단한 내담자와 치료를 계속 받는 내담자의 부부 만족도 지수(CSI; Funk & Rogge, 2007) 점수의 차이에 대해 결정하려고 한다고 가정해 보자. CSI-16의 점수 범위는 0에서 80까지이며 점수가 낮을수록 더 높은 관계 디스트레스를 나타낸다. t검정 결과에 따르면 처치를 중단한 사람들은 통계적으로 유의하게 낮은 부부 만족도 점수를 보였다(중단, $M=55$; 비중단, $M=45$). 평균 차이는 10점이며, 표본크기에 따라 이 점수 차이는 통계적으로 유의한 것일 수 있다. 하지만 10점의 평균 차이는 가능한 값의 CSI점수 범위를 고려해 보면 그리 큰 점수는 아니다. 그런데 CSI-16의 임상 판별기준 점수가 51.5(Funk & Rogge, 2007)이므로 평균 차이가 임상 판별기준 점수에 걸쳐 있다는 사실에 주목하는 것도 중요하다. 마지막으로, 결과의 크기를 결정하기 위해 다음의 '통계적 유의도, 효과크기와 임상적 유의도' 부분에 설명된 절차를 권장한다.

상관분석

t검정은 유의도 검증을 사용하여 결과가 우연이 아닐 확률을 결정한다. 상관의 크기는 상관의 절댓값을 보면 알 수 있다. 0.54의 상관관계는 0.22의 상관관계보다 강하다. 또한 상관계수를 제곱하여 R^2로 변환하여 상관관계에 의해 설명되는 변산성(variability)을 결정할 수 있다. 예를 들어, 0.54×0.54=0.29이고, 이는 변산성의 29%가 이 두 변수 사이에서 설명된다는 것을 의미한다.

카이제곱

　카이제곱 검정은 유의도 검증을 사용하여 결과가 우연이 아닐 확률을 결정한다. 카이-제곱 검정 결과의 크기는 파이(φ) 계수 계산 또는 셀에서 예상되는 기대 빈도와 관찰 빈도 간의 실제 차이를 조사하는 두 가지 방법 중 하나로 결정할 수 있다. 이를 설명하기 위해 우리는 필자(L.J.)의 연구를 예로 사용하고자 한다. 이 결과는 일상생활 일기연구로부터 가져온 것이며, 여기에서의 검증은 치료에서 배운 것을 시도하기와 해당 일자에 말다툼이 있었는지가 연관성이 있는지 여부를 결정하고자 하는 것이다. 〈표 20-2〉에는 기초적 결과가 나와 있다. 카이제곱의 값은 매우 유의하여 이러한 결과가 우연에 의한 것이 아님을 나타낸다.

　결과의 크기를 살펴보는 첫 번째 방법은 파이 계수를 계산하는 것이다. 파이 값의 범위는 0에서 1.00이며 두 변수 간의 공유 변산성 혹은 설명된 분산의 양을 알려 주며, 회귀분석 방정식의 R^2와 유사하다. 〈표 20-2〉 $\varphi = 0.21$의 예에서 우리는 치료에서 배운 것을 시도하는 것과 해당 일자에 말다툼이 있었는지와의 관련성에 대한 변산성의 21%를 설명한다고 말할 수 있다. 크기를 결정하는 두 번째 방법은 기대 빈도와 관찰 빈도를 비교하는 것이다. 〈표 20-2〉의 사분면에서 31명이 치료에서 배운 걸 시도한 같은 날 말다툼을 할 것으로 기대된다는 것을 알 수 있다. 그러나 실제 집계는 46은 기대한 것보다 15일이 더 많다. 따라서 치료를 통해 무언가를 시도하는 것은 기대보다 15일 더 많이 말다툼을 하는 것과 관련이 있다. 이때 중요하게 기억할 것 중 하나는, 카이제곱은 연관성에 관한 것이며 방향성에 관한 것은 의미하지 않기 때문에 이것의 역방향도 사실일 수 있다는 것으로, 말다툼을 하는 날에는 치료에서 배운 것을 시도하는 것과 관련이 있으며 이것이 기대되는 날

표 20-2 치료에서 배운 것 시도하기와 말다툼 간의 연관성에 대한 카이제곱 결과

시도하기		말다툼 여부	
		아니요	예
아니요	관찰 빈도	168	35
	기대 빈도	153	50
예	관찰 빈도	82	46
	기대 빈도	97	31
$X^2 = 14.85; \varphi = 0.21$		$p < .001$	

수보다 15일 더 많이 발생했다는 것이다. 임상연구자 혹은 연구의 소비자로서 15일이라는 것이 의미 있는 결과인지 여부를 결정해야 하며, 이 검증은 단순히 통계적으로 유의한 결과보다 더 많은 정보를 제공한다.

회귀분석

회귀분석은 결과가 우연이 아닐 확률을 결정하기 위해 두 가지 유의도 검증을 사용한다. 첫 번째 유의도 검증은 F-검증이다. 이 검증은 회귀선의 기울기가 0과 유의하게 다른지 여부를 알려 준다. 이 검증은 각 독립변수를 살펴볼 필요가 있는지 여부를 결정하기 때문에 이 검증을 먼저 살펴보는 것이 중요하다. F-검증이 유의하지 않으면 독립변수 t검정을 살펴볼 필요가 없으며, 이는 기본적으로 회귀선은 기울기 없는 평평한 선과 다르지 않은 것이다. F-검증이 유의하면 독립변수 t검정은 어떤 독립변수가 전체 회귀선의 기울기에 통계적으로 유의한 기여를 하는지 알려 준다.

회귀분석의 크기는 숫자가 높을수록 변산성이 더 많이 설명된다는 것을 보여 주는 회귀모형의 전체 R^2를 살펴보거나 회귀방정식의 기울기 또는 b값을 원래 측정의 점수체계로 가져오는 두 가지 방법으로 검증할 수 있다. Allison(1999)은 주관적 건강 상태를 예측하는 교육에 대한 회귀 계수 $b=0.076$(이 계수는 통계적으로 유의함)을 활용해 이 방법을 잘 보여 주었다. 그는 다음과 같이 말한다.

> 교육에 대한 계수 .076이 의미하는 바를 더 잘 이해하려면 종속변수와 독립변수의 측정 단위를 명확하게 이해하는 것이 중요하다. 주관적 건강 상태는 5점 척도로 측정되며 교육은 교육 연수로 측정되었다는 걸 기억해 보면, 우리는 학교교육이 1년 증가할 때마다 주관적 건강 상태가 0.076 증가하는 것과 관련이 있다고 말할 수 있다. 이것은 주관적 건강 상태가 1점 증가(예: '만족'에서 '좋음'으로 이동)하는 데 13=1/.076년의 학교교육이 추가로 필요함을 의미한다. 이는 나에게 매우 큰 효과처럼 보이지 않는다(p. 28).

우리는 회귀분석이 사용될 때 이러한 과정이 이루어지고 보고되어야 한다는 Allison (1999)의 견해에 동의한다.

분산(variance)의 분석

분산분석(ANOVA)은 유의도 검증을 사용하여 결과가 우연이 아닐 확률을 결정한다. 분산분석에서는 집단 간에 평균의 차이가 있는지 여부를 확인하기 위해 F-검증을 사용한다. 만약 F-검증이 유의하면 집단 중 어딘가에 집단 평균 차이가 있음을 의미한다 (Frankfort-Nachmias & Leon-Guerrero, 2009). 평균 차이의 크기는 두 가지 방법으로 결정할 수 있다. 그중 한 가지 방법은, 변수를 측정하는 데 사용되는 척도의 점수체계에 익숙해야 하는데, t검정과 유사하게 집단 간의 평균을 비교하여 측정 척도의 점수체계와 관련된 차이의 크기를 결정할 수 있다. 두 번째 방법은 $eta^2(\eta^2)$ 계수를 계산하는 것이다. eta^2은 회귀분석의 R^2와 동일하게 해석되며 설명된 분산의 전체 백분율을 알려 준다.

통계적 유의도, 크기, 임상적 유의도

통계적 유의도는 연구의 중요한 부분이다. 우리의 분석 결과 중 하나가 유의하다는 것을 발견했을 때, 우리는 일정 수준의 알파(전통적으로 0.05)를 발견하는 것이고, 이는 이 관련성이 우연이 아니라는 것이다. 예를 들어, t검정을 수행해서 그 결과가 $t = 2.94$이고 $p < .05$이면, 우리는 이러한 차이가 우연에 의한 것이 아니라고 95% 확신할 수 있다. 또한 이는 우리의 결과가 우연일 가능성이 5%라는 것을 의미한다. 유의도 검증은 결과가 얼마나 사실인지, 정확한지, 혹은 중요한지 알려 주지 않는다. 이러한 이유로 많은 사람이 유의도 검증과 관련된 문제에 대해 집필하였다(Cohen, 1994; Haase, Ellis, & Ladany, 1989; Murray & Dosser, 1987).

유의도 검증과 관련된 추가적 문제는 이 과정이 표본크기에 크게 영향을 받는다는 것이다(Kelly & Maxwell, 2003; Wiley, 2009). 실제로, 일찍이 1968년에 Lykken은 다음과 같이 말했다. "통계적 유의도는 아마도 좋은 실험의 가장 덜 중요한 속성일 것이다"(p. 151). 표본크기와 유의도 검증은 상관관계가 있으며 표본크기가 클수록 평균 차이가 작은 경우에도 통계적으로 유의한 결과를 나타낼 가능성이 더 크다. 따라서 연구자로서 통계적 유의도만을 추구하여 분석을 실행하고 .05 수준에 유의도가 간신히 모자라는 결과를 발견하는 경우, 사람들을 추가로 모집해서 자료를 수집하는 것만으로 통계적 유의도에 도달할 수 있다. 요약하면, 통계적 유의도는 결과가 우연일 가능성에 대해서만 알려 주는 것이며 실제적 유의도에 대해서는 알려 주지 않는다(Cooper, 1981; Sun, Pan, & Wang, 2010).

통계적 결과의 크기를 설명하기 위해 문헌에서 광범위하게 논의된 한 가지 방법은 효과 크기이다(Cohen, 1992; Fritz, Morris, & Richler, 2012; Kelley & Preacher, 2012). 효과크기에 대한 조금씩 다른 정의가 많이 있지만 효과크기를 가장 잘 설명하는 정의는 "관심 있는 문제를 해결할 목적으로 사용되는 일부 현상의 크기에 대한 양적 반영"이다(Kelley & Preacher, 2012, p. 2). 여러분이 사용 중인 통계분석을 기반으로 효과크기를 계산하는 방법도 많이 있다. 효과크기의 기본 개념은 두 평균 간의 차이를 표준편차로 나눈 값이다. 이것은 효과의 크기에 대한 표준화된 척도를 제공한다. Cohen(1992)은 사용된 통계를 기반으로 소, 중, 대 효과크기를 해석하기 위한 지침을 제공한다.

임상적 유의도(Jacobson, Roberts, Berns, & McGlinchey, 1999; Jacobson & Truax, 1991)는 임상연구 결과의 중요성을 평가하기 위해 개발된 방법 중 하나이다. 임상적 유의도는 다양한 방식으로 정의되었지만, 주로 참여자가 정상 기능으로 복귀하는 것과 이것이 우연이나 측정 오류로 인한 것이 아닌 실제로 변화가 있는지의 조합에 중점을 둔다(Jacobson et al., 1999). 임상적으로 유의미한 변화가 발생하려면 두 기준을 모두 충족해야 한다. Jacobson과 Truax는 이러한 요인을 고려하여 이를 달성하기 위해 얼마나 많은 변화가 필요한지를 설정하는 신뢰할 수 있는 변화 지수를 개발했다. Jacobson 등은 다음과 같이 말했다. "이것만 사용하는 경우 RCI(reliable change index: 신뢰할 수 있는 변화 지수)는 변화가 실제인지를 알려 줄 뿐 임상적으로 유의한지를 알려 주지는 않는다"(p. 302). Jacobson과 동료들이 커플의 성과 연구를 하는 동안 시작된 임상적 중요성에 대한 아이디어는 주목할 만하나, 이후 커플치료의 성과에 대한 연구 중 소수만이 임상적 유의도와 관련된 결과를 보고했다.

기본적인 설명을 위해 다음 예를 참조할 수 있다. 우울증 커플치료 연구 참여자의 사전검사와 사후검사 우울증 수치를 측정했다. 우리가 사용하고 있는 가상의 우울증 척도는 0에서 30까지의 가능한 점수를 가지며 우울에 대한 판별 기준은 15보다 높은 점수이며 점수가 높을수록 우울증 증상이 더 높음을 나타낸다. Jacobson과 Truax(1991)의 RCI 방법을 사용하여 7.9의 가상 RCI를 계산한다. 우리의 가상 연구의 참여자는 10쌍이며, 각 커플 중 적어도 한 사람은 15점 이상의 우울증 점수를 받았다. 우리는 두 측정 시점 간 평균의 차이를 계산할 수 있다. 예를 들어, $t-1$에서의 평균 우울 수준이 10이고 $t-2$에서의 평균 우울 수준이 15라고 가정해 보자. 〈표 20-3〉에는 가상의 결과와 커플 중 우울한 사람에 대한 임상적으로 유의한 변화의 분류가 나타나 있다. 표를 보면, 7번 커플에 속한 우울한 사람이 신뢰할 수 있는 변화의 기준을 충족했음을 알 수 있다(이 사람은 자신의 우울점수

표 20-3 임상적 유의도를 결정하는 가설적 결과

커플 #	사전검사 점수	사후검사 점수	정상범위로의 변화(점수≤15)	변화>RCI(7.9)	임상적으로 유의한 변화
1	20	15	예	아니요	아니요
2	23	20	아니요	아니요	아니요
3	28	14	예	아니요	아니요
4	18	10	예	예	예
5	17	13	예	아니요	아니요
6	22	20	아니요	아니요	아니요
7	27	16	아니요	예	아니요
8	26	10	예	아니요	아니요
9	17	20	아니요	아니요	아니요
10	19	8	예	예	예

를 11점 감소시켜 7.9보다 높은데, 여전히 우울에 속하는 범위의 점수를 보임). 7번 커플에 속한 우울한 사람은 반대 결과가 나타난다. 이 사람은 더 이상 우울에 해당하는 범위의 점수를 보이지 않고 4점의 변화만 경험했다. 이는 신뢰할 수 있는 것으로 간주될 만큼 크지 않다. 〈표 20-3〉에 제시된 자료에 따르면 우울한 개인의 20%는 임상적으로 유의한 변화를 경험했고, 70%는 개선되었지만 두 기준을 모두 충족하지 못했으며, 60%는 임상적 판별 기준보다 낮은 점수를 보였고, 10%(9번 커플에 속한 사람)는 상태가 더 나빠졌다.

　사전검사의 평균 우울 점수는 $M = 21.7$이고, 사후검사의 평균 우울 점수는 $M = 14.6$이다. 대응표본 t검정을 사용하여 $t(9) = 3.78$, $p = .004$이라는 결과를 얻었다. 통계적 유의도 측면에서 사전검사와 사후검사의 차이는 매우 유의하다. 그러나 20%만이 임상적 유의도에 대한 두 가지 기준을 모두 충족한다.

　우리는 통계적 유의도를 보고하는 것 이외에도 MFT의 임상연구는 RCI 계산이 필요한 다음의 사항도 보고할 것을 제안한다(Jacobson & Truax, 1991).

- 척도에서의 디스트레스 범위에서 디스트레스가 아닌 범위로 이동하는 개인, 커플 또는 가족의 비율을 보고하라.
- RCI값보다 큰 수준에서 변화하는 개인, 커플 또는 가족의 비율을 보고하라.
- 두 기준을 모두 충족하는 개인, 커플 또는 가족의 비율을 보고하라.

연관성과 인과관계

연구의 목표는 가능하다면 일부 독립변수가 종속변수에 영향을 미친다는 것을 보여 주는 것이다. 우리는 우리의 처치, 회기 중 개입 또는 다른 독립변수가 종속변수의 변화를 일으켰다고 말할 수 있기를 원한다. 측정 오류를 고려하고, 교란변수를 통제하고, 비독립성과 같은 문제를 다루면서 동시에 변수 간의 관계를 모델링할 수 있는 강력한 통계의 가용성이 증가하고 있는 가운데, 우리는 인과관계를 결정하는데 통계는 아무 관련이 없으며 모든 것은 연구설계와 관련된다는 기본적인 연구 원칙을 잊기 쉽다. Trochim(2005)은 인과관계를 나타내는 데 필요한 다음의 세 가지 기준을 설명했다. ① 원인(독립변수)은 결과(종속변수)에 선행한다. ② 종속변수가 변할 때 원인(독립변수)이 존재하지만, 독립변수가 존재하지 않을 때 종속변수는 변하지 않는다. ③ 다른 대안 설명은 배제된다. 이러한 기준은 통계적 문제가 아니라 모두 연구설계의 문제이며, 인과관계를 결정하기 위해 무선통제실험 및 단일사례 설계가 권장되는 주된 이유이다(12장 및 13장을 보라).

결론

통계 소프트웨어 프로그램이 기초통계 검증을 계산해 준다는 점에서 연구자는 적절한 통계 검증을 선택하고 검증 결과를 정확하게 해석하는 데 주의를 집중할 수 있다. 적절한 통계적 검증을 선택하는 것은 연구의 기본 설계와 분석과 관련된 변수의 유형을 정확히 식별해 내는 연구자에 의해 크게 좌우된다. 단순히 유의도 검증에 의존하기보다는, 연구자가 결과의 임상적 유의도도 검증하기를 바란다. 마지막으로, 연구자들이 연구결과에 대한 인과관계의 귀인에 신중을 기하기를 바란다.

참고문헌

Acock, A. (2012). *A gentle introduction to Stata* (3rd ed.). College Station, TX: Stata Press.

Allison, P. D. (1999). *Multiple regression: A primer*. Thousand Oaks, CA: Pine Forge Press.

Babbie, E. (2008). *The basics of social research* (4th ed.). Belmont, CA: Thomson.

Berry, W. D. (1993). *Understanding regression assumptions*. Thousand Oaks, CA: Sage.

Bray, J. H., & Maxwell, S. E. (1985). *Multivariate analysis of variance*. Thousand Oaks, CA: Sage.

Brown, S. R., & Melamed, L. E. (1990). *Experimental design and analysis*. Thousand Oaks, CA: Sage.

Cohen, J. (1992). A power primer. *Psychological Bulletin, 112*, 155-159.

Cohen, J. (1994). The earth is round ($p < .05$). *American Psychologist, 49*(12), 997-1003.

Cooper, H. M. (1981). On the significance of effects and the effects of significance. *Journal of Personality and Social Psychology, 41*(5), 1013-1018.

Field, A. (2013). *Discovering statistics using IBM SPSS Statistics*. Thousand Oaks, CA: Sage.

Frankfort-Nachmias, G., & Leon-Guerrero, A. (2009). *Social statistics for a diverse society* (5th ed.). Thousand Oaks, CA: Pine Forge Press.

Fritz, C. O., Morris, P. E., & Richler, J. J. (2012). Effect size estimates: Current use, calculations, and interpretations. *Journal of Experimental Psychology: General, 141*(1), 2-18. doi:10.1037/a0024338

Funk, J. L., & Rogge, R. D. (2007). Testing the ruler with item response theory: Increasing precision of measurement for relationship satisfaction with the Couples Satisfaction Index. *Journal of Family Psychology, 21*(4), 572-583. doi:10.1037/0893-3200.21.4.572

Girden, E. R. (1992). *ANOVA: Repeated measures*. Thousand Oaks, CA: Sage.

Haase, R. F., Ellis, M. V., & Ladany, N. (1989). Multiple criteria for evaluating the magnitude of experimental effects. *Journal of Counseling Psychology, 36*(4), 511-516.

Huitema, B. (2011). *The analysis of covariance and alternatives*. Hoboken, NJ: John Wiley & Sons.

Iversen, G. R., & Norpoth, H. (1987). *Analysis of variance*. Thousand Oaks, CA: Sage.

Jacobson, N. S., Roberts, L. J., Berns, S. B., & McGlinchey, J. B. (1999). Methods for defining and determining the clinical significance of treatment effects: Description, application, and alternatives. *Journal of Consulting and Clinical Psychology, 67*(3), 300-307.

Jacobson, N. S., & Truax, P. (1991). Clinical significance: A statistical approach to defining meaningful change in psychotherapy research. *Journal of Consulting and Clinical Psychology, 59*(1), 12-19.

Kazdin, A. E. (2003). Clinical significance: Measuring whether interventions make a difference. In A. E. Kazdin (Ed.), *Methodological issues and strategies in clinical research* (3rd ed., pp. 691-

710). Washington, DC: American Psychological Association.

Kelley, K., & Maxwell, S. E. (2003). Sample size for multiple regression: Obtaining regression coefficients that are accurate, not simply significant. *Psychological Methods, 8*(3), 305–321. doi:10.1037/1082-989X.8.3.305

Kelley, K., & Preacher, K. J. (2012). On effect size. *Psychological Methods, 17*, 137–152.

Leech, N. L., Barrett, K. C., & Morgan, G. A. (2011). *IBM SPSS for intermediate statistics: Use and interpretation* (4th ed.). New York: Routledge.

Lewis-Beck, M. S. (1980). *Applied regression: An introduction.* Thousand Oaks, CA: Sage Publications.

Lykken, D. T. (1968). Statistical significance in psychological research. *Psychological Bulletin, 70*(3), 151–159.

Murray, L. W., & Dosser, D. A. (1987). How significant is a significant difference? Problems with the measurement of magnitude of effect. *Journal of Counseling Psychology, 34*(1), 68–72.

Pampel, F. C. (2000). *Logistic regression: A primer.* Thousand Oaks, CA: Sage.

Roberts, M. J., & Russo, R. (1999). *A student's guide to analysis of variance.* New York: Routledge.

Schroeder, L. D., Sjoquist, D. L., & Stephan, P. E. (1986). *Understanding regression analysis: An introductory guide.* Thousand Oaks, CA: Sage.

Sun, S., Pan, W., & Wang, L. L. (2010). A comprehensive review of effect size reporting and interpreting practices in academic journals in education and psychology. *Journal of Educational Psychology, 102*(4), 989–1004. doi:10.1037/a001950

Trochim, W. M. K. (2005). *Research methods: The concise knowledge base.* Cincinnati, OH: Atomic Dog Publishing.

Wiley, R. H. (2009). Trade-offs in the design of experiments. *Journal of Comparative Psychology, 123*(4), 447–449. doi:10.1037/a0016094

21 결측치

Colwick M. Wilson, Ruth Houston Barrett, & Sarah C. Stuchell

가족 연구자와 임상가들이 자주 직면하는 문제 중 하나가 결측치(missing data: MD)이다. 경험적 연구에서 변수의 값이 누락되는 것이 드문 일은 아니라서, 정량적 연구를 하는 가족치료자는 참여자가 제공하는 정보의 충실성을 위해 불완전한 데이터로 어떤 노력을 기울였는지 답해야 하는 때가 많다. 결측치에 대한 경험적 연구는 꾸준히 증가하고 있지만, 지금까지 부부가족치료(marriage and family therapy: MFT) 연구 분야에서는 권위 있는 학술지에서조차 결측치에 대해서 강조하지 않았다.

우리는 2003년부터 2012년까지『결혼 및 가족치료학회지(Journal of Marriage and Family Therapy: JMFT)』,『현대가족치료(Contemporary Family Therapy: CFT)』,『미국가족치료학회지(American Journal of Family Therapy: AJFT)』에 게재된 모든 논문을 검토하여 양적 연구에서 결측치를 명시적으로 보고했는지, 보고했다면 어떤 결측치 기법을 사용했는지 조사했다. 이 기간에 303개 논문이 양적 논문이거나 양적인 요소를 포함하는 것(즉, 혼합방법 연구)으로 확인되었다. 이 중 41%가 결측치에 대해 언급했고, 59%는 언급하지 않았다. 연구의 3분의 1 미만이 응답률(31%) 및 탈락률(16%)을 제시했다. 우리는 결측치에 대한 설명 없이 응답률만 언급한 연구(15%)는 결측치를 보고하지 않는 것으로 간주했다(즉, 결측치는 데이터 일부가 존재하는 경우에만 적용됨). 일부 연구(34%)는 결측치에 대한 설명을 제공했지만, 결

表 21–1 『JMFT』, 『CFT』 및 『AJFT』에서 2003~2012년에 발표된 양적/혼합적 방법 연구의 결측치 보고
(#: 연구 수, %: 연구 비율)

	JMFT		CFT		AJFT		전체	
	#	%	#	%	#	%	#	%
결측치 처리법 비적용	98	74.8	73	80.2	66	81.5	237	78.2
결측치 비언급	63	48.1	65	71.4	51	63.0	179	59.1
결측치 언급, 처리법 비적용	35	26.7	8	8.8	15	18.5	58	19.1
전통적 결측기법 전체	31	23.7	18	19.8	15	18.5	64	21.1
사례/목록 삭제	27	20.6	16	17.6	15	18.5	58	19.1
평균값 대체	1	0.8	1	1.1	0	0	2	0.7
논리적 재코딩	3	2.3	1	1.1	0	0	4	1.3
고급 결측기법 전체	2	1.5	0	0	0	0	2	0.7
완전정보최대우도(FIML)	1	0.8	0	0	0	0	1	0.3
기댓값 최대화(EM)	1	0.8	0	0	0	0	1	0.3
다중대체법(MI)	0	0	0	0	0	0	0	0
전체	131	100	91	100	81	100	303	100

측치 처리법은 설명하지 않았다. 전체적으로는 66개 연구(22%)만이 결측치 기법을 설명했으며, 대다수(결측치 기법을 사용한 연구의 88%, 전체의 19%)는 사례(case) 삭제를 사용하여 불완전 사례를 처리했다. 나머지 8개 연구는 수동 재코딩 방식(4개), 평균 대체(2개), 완전정보최대우도(full-information maximum likelihood: FIML)(1개) 및 기댓값 최대화(expectation maximization: EM)(1개)와 같은 전략을 사용했다. 따라서 『JMFT』, 『CFT』 및 『AJFT』에 지난 10년 동안 게재된 303개 연구 중 2개(0.7%)만이 고급 결측치 처리법을 사용한 것이다.

이 장에서는 결측치의 정의, 발생 경로 및 맥락, 그리고 MFT 연구에서 결측치에 대처할 수 있는 분석적 접근법에 대한 정보를 제공한다.

결측치란 무엇인가

결측치가 있다는 것은 연구 중인 특정 현상에 대한 불완전 정보가 있다는 것을 의미한다. 데이터는 응답자의 견해를 정확하게 나타내기 위해 수집되며, 참여자의 특성이 누락된 정보는 연구결과에 상당한 영향을 줄 수 있다(McKnight et al., 2007). 조사연구에서 단위

무응답(unit nonresponse)은 표본 추출된 사람을 찾을 수 없거나 그 사람이 참여를 거부하는 등 특정 사례의 데이터 수집에 실패할 때 발생한다. 전통적으로 이것은 부분적으로라도 데이터를 이용할 수 있는 **항목 무응답**(item nonresponse)과 구별된다(Schafer & Graham, 2002). 종단연구에서 참여자들은 일부 시점(wave)에서는 데이터를 제공하되 다른 시점에는 그렇지 않을 수 있으며, 이 현상은 **시점 무응답**(wave nonresponse)이라고 한다. 탈락(attrition)은 연구참여자들이 참여를 멈추고 다양한 이유로 돌아오지 않을 때 발생하는 누락의 한 예이다(Schafer & Graham, 2002). 임상에서의 결측치 예시로는 가족 구성원이 특정 회기에 불참하는 경우를 들 수 있다. 결측치는 집단화, 절단, 반올림, 집계, 잘라 내거나 스케일링 등으로 숫자들을 처리하면서 생성되기도 하고, 정보를 흐리게 하거나 부분적으로 상실하게 할 수 있다(Schafer & Graham, 2002).

결측치 접근법은 정확하고 적절하게 결측치에 대처하기 위해 사용할 수 있는 통계 전략을 이해하는 것 이상을 의미한다. 연구의 개념화와 실행 과정에서 결측치의 존재를 주의 깊게 고려하면서 결측치 발생을 최소화하려는 노력은 불완전한 데이터의 발생 및 그 영향을 모두 줄일 수 있어 매우 중요하다. 이 장에서는 이미 발생한 양적 연구의 결측치를 다루기 위해 확립된 전략 및 새로이 주목받는 분석 전략들을 소개하지만, 결측을 방지하거나 최소화하기 위한 연구설계 및 실행에 세심한 주의를 기울이는 것이 중요하다(McKnight et al., 2007 참조). 결측치를 **최소화**하기 위해 미리 계획을 세우는 것은 결측치 문제를 해결하는 효과적인 방법이다. 가족치료와 관련된 연구 프로토콜에 가족 구성원 모두가 있을 때만 치료한다고 명시하고, 출석률을 높이는 기술을 활용하거나, 특정 결측치를 채우기 위해 참여자에게 전화를 거는 등의 방법으로 결측치를 줄일 수 있다.

결측치는 종종 연구에 존재하지 않는 변수로 인해 복잡해지므로 연구자는 결측치 발생에 영향을 주는 메커니즘을 알 수 없다고 주장할 수 있다. 예를 들어, 결측치가 참여자들의 우울과 불안으로 인해 발생했다고 주장할 수도 있다. 하지만 연구자가 어떤 항목에 응답하지 않은 참여자의 정신 상태에 대한 정보를 갖고 있지 않으면 대체 전략을 사용하기 어렵다. 질문이나 항목 자체로 인해 데이터가 누락될 수도 있다. 예를 들어, 소득 수준이 높거나 낮은 사람들은 소득 질문에 대답할 가능성이 작다(Pleis, Dahlhamer, & Meyer, 2007).

결측치의 패턴

결측치의 패턴(pattern)은 결측치의 존재와 다른 변수의 체계적 관계처럼 데이터가 누락되는 이유, 과정과 관련이 있다. 무작위로 누락된 데이터(data missing at random)는 일반적으로 가장 문제가 적은 패턴으로 간주한다. 예를 들어, 결혼의 질 테스트에서의 결측치는 결혼의 질 점수 또는 결혼 갈등 점수 등 분석모형의 다른 변수에 따라 변하지 않는다면 덜 문제가 된다. 그러나 한 변수의 결측치가 다른 변수와 관련이 있는 경우, 이 패턴은 잠재적으로 심각한 문제를 제기한다. 예를 들어, 어머니의 취업과 자녀의 상태 사이의 관련성을 연구할 때, 근무시간이 긴 응답자일수록 조사에 빠질 가능성이 더 크다. 조사 참여 여부가 관련 변수인 근무시간의 '검열관'이 된 셈이다. 이 메커니즘은 변량(평균에서 더 먼 값)이 면접 점수에서 손실되어 상관계수가 실제보다 낮게 계산되는 등 모수추정의 편향이 생길 수 있다(Roth, 1994). 따라서 결측치의 패턴이 때로는 결측치의 개수보다 훨씬 더 중요하다.

결측치의 문제

결측치는 여러 가지 의미에서 연구의 전체 타당성에 영향을 미칠 수 있는데(Roth, 1994), 분석, 해석 및 결론에 영향을 미치고 연구결과의 내적, 외적 및 결론의 타당도를 감소시킨다. 수집된 데이터의 충실도는 주로 측정된 변수에 대한 구인 타당도에 영향을 받고, 시간이 지나면서 필연적으로 측정의 신뢰성에 영향을 미친다(McKnight et al., 2007). 구체적으로 결측치는 표본의 크기, 통계적 검증력을 감소시킬 수 있으므로(Ward & Clark, 1991) 내적 및 결론 타당도를 낮출 수 있다. 이것은 표본크기가 작고 데이터의 손실이 연구결과를 심각하게 훼손할 수 있는 임상연구에서 특히 중요한 문제이다. 일반적으로 결측치는 편향된 모수 추정치를 생성하고, 1종 및 2종 오류의 비율을 부풀리며, 신뢰구간의 정확도를 낮출 수 있는 잠재력이 있다(Collins, Schafer, & Kam, 2001). 즉, 결측치가 처리되는 방법에 따라 상관계수가 편향되어 낮아질 수 있을 뿐만 아니라 '데이터 분포의 어디에 결측치가 나타나는가에 따라' 위아래로 동시에 변동할 수 있으므로 중심경향치와 산포도의 측정에 영향을 미칠 수 있다(Roth, 1994, p. 539). 불균형적으로 분포의 상한에서 결측치가 많은 경우 평균과 분산은 낮아진다. 예를 들어, 임상연구의 대기자 통제집단에서 갈등이 큰 커플일

수록 중도 탈락할 가능성이 크다면 갈등의 평균과 분산이 줄어든다. 이는 치료집단과 통제집단의 결과 차이를 인위적으로 줄임으로써 치료의 효과가 거짓으로 모호하게 만드는 것이다. 따라서 연구자들은 모집단 중에서 응답률이 낮거나 연구 중도 탈락의 가능성이 큰 집단, 그리고 과하게 높거나 낮은 값을 제공할 가능성이 크다고 가정하는 집단의 표본을 과대 추출할 수 있다.

분석과 연구에서 결측치로 인한 문제는 데이터가 손실된 이유와 이를 처리하기 위해 어떤 결측치 전략을 쓰느냐에 따라 달라진다. 일반적으로 연구자들은 대규모 데이터 세트에서 무작위 패턴으로 소량의 데이터(5% 이하)가 결측되면 문제가 크지 않고, 결측값을 처리하는 거의 모든 기법이 유사한 결과를 산출한다는 경험적 규칙을 사용하는 경향이 있다 (Graham, 2009; Olinsky, Chen, & Harlow, 2003). 그러나 소규모나 중규모의 데이터 세트에서 상당 부분이 누락된 경우 그 영향은 매우 심각할 수 있다. 10% 미만의 데이터가 결측되었을 때만 모수 추정치와 연구문제에 대한 답이 무시해도 될 정도의 영향을 주며, 결측치가 15~20%일 경우 어떤 결측치 전략을 사용하는가는 더 중요해지고, 결측치가 30%를 넘길 때는 결정적이라는 증거가 제시되고 있다(Malhotra, 1987).

결측치 처리 방법

결측치를 다루기 위한 3가지 주요 전략은 삭제(deletion), 대체(substitution), 대치(imputation)이다. 무엇이 최적의 기법인가는 연구의 목표, 이론과 데이터에 대한 연구자의 해석, 결측치의 성격과 의미 등 여러 요인에 따라 달라진다. 이 절에서는 현재 결측치 처리에 사용되는 전략과 그 사용에 따른 파급 효과를 설명한다. 먼저, 결측치를 다루기 위한 적절하고 실용적인 전략을 결정하는 기준으로 결측치 분석을 수행하는 방법과 이유를 설명한다. 그런 다음, 데이터 특성, 연구 접근 방식 및 연구목표에 따라 어떻게 다양한 기법이 작동하는지 살펴본다.

결측치 분석

'결측'의 성격이나 패턴을 파악하는 것은 적절하면서도 정보를 보존하는 방식의 결측치 처리법을 결정하는 데 필수적인 초기 단계이다. 예를 들어, 종단연구에서는 시간이 지남에 따라 어느 정도 참여자가 탈락하는 것은 거의 불가피하므로, 그 결과로 생긴 결측치의 경향을 검토하는 것이 중요하다(Enders, 2010). 사실, 기혼일수록, 나이가 많을수록, 백인이고 교육 수준이 높을수록, 여성일수록 종단연구에 남아 있을 가능성이 커지는 경향이 있다(Goodman & Blum, 1996). 임상 데이터에서 가족 구성원들은 일부 회기에 결석할 가능성이 매우 크며, 이 결석은 가족 기능에 대한 귀중한 통찰력을 제공한다(즉, 누락된 사실 자체가 자료다). 설문조사에서는 사람들이 매우 감정적 반응을 일으키는 질문에 대한 답변을 거부할 수 있어 결측치가 연구결과의 타당성에 상당한 영향을 미칠 수 있다. 커플에 대한 MFT 연구에서는 이혼, 별거, 배우자 사망의 경우 데이터 결측이 발생할 수 있다. 다른 조건에서는 결측값과 관심변수 사이에 아무런 관계가 없이 데이터가 무작위로 결측될 수 있다. 어떤 형태를 취하든 결측 패턴은 분명 연구와 밀접하게 관련되어 있다. 따라서 결측치 분석을 통해 결측 패턴이 있는지 테스트하여 결측치와 변숫값 및 분산 사이의 관계를 밝히고 분석 과정에서 주목하는 것은 중요하다(Little & Rubin, 1987).

SPSS 등 소프트웨어는 결측치에 유의한 추세가 있는지 확인하는 결측치 분석(missing values analysis: MVA) 도구를 제공한다. **완전 무작위 결측**(missing completely at random: MCAR)의 경우, 결측 분포는 관측된 데이터나 결측치와 관련이 없다(Rubin, 1976). SPSS 결측치 분석은 Little(1988)의 MCAR 테스트를 수행한다. 유의하지 않은 결과는 데이터가 MCAR임을 나타내며, 데이터의 값과 결측치 분포 사이에 유의한 관계가 없음을 나타낸다. 이보다 덜 엄격한 결측 조건은 **무작위 결측**(missing at random: MAR) 또는 **무시 가능한 비응답**(ignorable nonresponse)이라고 하며, 결측의 분포가 관측된 데이터에 따라 달라지지만 결측치에 따라 달라지지는 않는다(Rubin, 1976). MCAR은 특별하고 더 엄격한 유형의 MAR이다.

그러나 결측에 패턴이 있다면 연구자는 적절한 결측치 전략을 선택하기 위해 연구의 실용적이고 이론적인 측면을 잘 알고 패턴을 해석해야 한다. 이러한 종류의 결측을 **비무작위 결측**(missing not at random: MNAR) 또는 **무시할 수 없는 비응답**(non-ignorable nonresponse)이라고 한다. 이 경우 결측 패턴을 설명하기 위해 최신 기법을 이용할 수 있다. 그러나 현실에서는 MAR의 잘못된 가정이 추정치와 표준오차에 미치는 영향은 사소한 정도이며(Collins et al., 2001), 대부분의 심리연구를 MAR에서 시작하는 것은 심각하지 않을 것이다(Schafer & Graham, 2002). 예를 들어, 이는 임상연구가 가족 구성원의 결석 빈도와 결과 사이의 관계(치료 참여에 의한 조절)를 무시할 수 있다는 것을 의미하며(즉, MAR을 가정), 결측과 결과 사이에 실제로 무시할 수 없는 관계(예: MNAR)가 있을 수 있음에도 불구하고 이 결측치가 연구변수 간의 관계에 큰 영향을 미치지 않는다고 가정하는 것은 합리적이다. 그러나 현실의 많은 경우에서 결측이 MCAR에서 MAR, MNAR로 이동할수록 관찰된 데이터가 모집단(Schafer & Graham, 2002)에 비해 선택적이고 외적 타당도에 영향을 미칠 가능성이 점점 커진다.

계획된 결측과 영역 밖의 결측치

어떤 경우에는 처음부터 수집할 의도가 없었기에 데이터가 결측되기도 한다. 사실, 계획적으로 결측을 연구설계에 반영하는 것은 제한된 자원을 최대한 활용할 수 있는 한 방법이다(Enders, 2010). 계획된 결측 시나리오에는 종단연구의 코호트 순차설계가 있으며, 항목의 조합이 다른 여러 버전의 설문지를 사용하는 연구도 있다(Schafer & Graham, 2002). 참여자의 다른 점수에 따라 일부 항목의 결측에 영향을 받는 MAR인 경우도 있지만, 일반적으로 이러한 결측은 MCAR이다. 또한 결측은 설문조사 질문이 응답자에게 적용되지 않는 경우와 같이 값이 범위를 벗어난 경우에도 발생할 수 있다. 이러한 유형의 결측은 분석목적을 위해 안전하게 MAR로 처리할 수 있다(Schafer & Graham, 2002).

결측치가 항상 나쁜 소식은 아니며, 실제로 계획된 결측 전략과 잘 선택된 대치(imputation) 전략은 유한한 자원을 전략적으로 사용하기 위해 잘 활용할 수 있다(Enders, 2010). 예를 들어, 3종 설문 설계는 다양한 응답자들에게 다양한 질문 세트를 질문함으로써 설문조사의 질문 수를 33% 늘릴 수 있다(Graham, Taylor, Olchowski, & Cumsille, 2006). 즉, 각 참여자는 세 가지 버전 중 하나를 완료하며, 각 버전은 전체 설문의 3분의 2를 포함한다. 그러한 계획된 결측 설계는 MCAR 데이터를 생성하고 추가 변수를 포함하게 하는데, 유일한 단점은 통계적 검증력의 감소이다(Enders, 2010). 즉, 주어진 표본의 크기는 한정된 수의 변수를 효과적으로 검사할 수 있는 검증력을 갖는다. 그러나 이 장의 뒷부분에서 설명하는 대치법과 함께 이 3종 설문 설계를 사용함으로써 50% 이상의 변수를 추가할 수 있도록 표본의 활용도를 늘릴 수 있다. 예를 들어, 각 설문조사가 10개의 변수를 다루면 3종 버전은 15개의 변수를 다루게 된다.

또 다른 계획된 결측 설계는 구조방정식모형(structural equation modeling: SEM)의 잠재변수에 대한 두 가지 방법의 측정에서 사용된다. 저렴한 측정으로는 완전한 데이터를 수집하고, 우수하고 더 비싼 측정으로는 불완전한 데이터를 수집하는 방식으로, 모든 예산을 비싼 측정에 사용하는 경우보다 더 높은 통계적 검증력을 얻을 수 있다. 또한 저렴한 측정만 사용한 경우보다 더 큰 구인 타당도를 얻을 수 있다(Graham, 2009). 예를 들어, 애착에 대한 임상연구에서 대부분의 부모에게 현재의 부모−자녀 기능에 대한 비교적 짧은 조사를 요청하고, 과거에 대한 광범위한 질문을 참여자의 하위 집합에 대해 추가할 수 있다.

사용 가능한 문항의 평균으로 결측 없애기

결측치가 거의 보이지 않게 처리하는 방법으로 항목 집합의 평균 변수로 정의하는 것이 있다. 예를 들어, 기쁨이라는 잠재변수를 5개 항목의 평균으로 정의하면 값이 측정된 하나 이상의 문항이 있는 한 기쁨에 대한 점수를 얻을 수 있다. 이 (교묘한) 방법을 사용하면 합성변수의 결측값 수를 크게 줄일 수 있다. 이때, 관련 개념에 대해 연구자가 숙련도를 갖춘 상태에서 실행해야 한다. 하지만 변수가 문항 전체의 평균이 아니라 사용 가능한 문항의 평균으로 정의된다는 점에서 이론적으로 문제가 되며, 그 정의가 참여자마다 다를 수 있어 잘 정의된 모수가 아니라 데이터 세트의 인공적인 산물이 될 수가 있다(Schafer & Graham, 2002). 이론적으로 보면, 변수를 형성하기 전에 개별 항목에 결측치를 위한 다중대체법을 사용하는 것이 선호되는 전략이다. 그러나 연구에 따르면 항목 평균화 접근법은 평균화하는 항목들이 높고 유사한 상관관계가 있고, 신뢰도가 높으며(즉, $\alpha > .70$), 항목들이 단일 구성개념을 나타내는 등 좋은 척도의 조건을 갖출 때 상당히 잘 작동하는 것으로 보인다(Schafer & Graham, 2002). 또한 척도 문항의 절반 이상이 측정값을 갖는 경우 평균 점수 변수를 만드는 것이 가능한 것으로 나타났다(Graham, 2009).

MFT 연구자들이 사용하는 척도들은 이러한 상황이 자주 발생하므로, 척도 내 다른 문항들을 사용하는 것은 결측값을 처리하는 데 유용하고 간단한 기술이 될 수 있다. 예를 들어, 문항 집단을 사용하여 '관계의 질'이라는 개념을 나타낸다고 하자. 만약 이 문항들이 앞서 제시된 좋은 척도의 기준을 충족한다면, 합계보다는 평균 점수가 타당하게 사용될 수 있다. 이렇게 하면 데이터에 실제로 존재하는 정보도 보존하면서 일부 결측치를 가진 사례도 포함해 결측치의 영향을 줄이고 검증력도 보존할 수 있게 된다. 그러나 이후에 언급되겠지만, 결측치를 다루기 위해서는 더 정교하고 엄격한 기술들을 활용할 수 있다.

다음 절에서는 잘 알려진 여러 결측치 처리 전략을 설명한다. 가장 단순하되 편향성을 보이는 기법부터 특정 상황에 맞는 기법, 그리고 정교하고 정보를 보존하며 권장되는 현대적 접근법 순으로 소개한다. 데이터에 존재하는 결측치로 인한 변산성 및 통계적 불확실성을 보완하는 고급 전략에 드는 노력은 매우 가치가 있는데, 고급 기법들이 분산과 상관 같은 데이터의 정보와 검증력을 잘 보존하기 때문이다. 따라서 분석 및 해석의 타당성(결론 타당도)을 극대화하여 풍부하고 현실적이며 의미 있는 함의를 도출할 수 있게 된다.

사례삭제로 결측치 처리하기

결측치 처리를 위해 사례를 삭제하는 전략은 실행하기에 가장 빠르고, 가장 대중적이며, 가장 쉬운 기술 중 하나이다. 삭제하거나 결측치를 논리적으로 편집하는 것은 1970년대까지 결측치를 다루는 주요 방법이었다(Schafer & Graham, 2002). 삭제법에서는 고려 중인 변수 중 하나라도 결측값이 있는 경우 이 사례 전체가 분석에서 제거된다. 이를 사례삭제(case deletion) 또는 목록삭제(listwise deletion)라고 하며, 그 결과로 진행하게 되는 분석을 전체 사례 분석(complete cases analysis)이라고 한다. 이와 유사한 방법인 단일값 삭제(pairwise deletion)는 특정 변수에 대한 결측값이 있는 경우에만 사례를 삭제한다. 이렇게 하면 더 많은 데이터가 보존되지만, 변수들이 서로 다른 사례에 기반하므로 이후 분석에 문제가 될 수 있다(Schafer & Graham, 2002). 이와 관련된 전략으로 전체 표본을 더 잘 나타내기 위해 전체 사례에 가중치를 부여하는데, 이를 가중치 사례삭제(weighted casewise deletion)라고 한다(Brick & Kalton, 1996).

사례삭제의 가장 큰 장점은 간단하다는 것이다. 그러나 이 간단한 초기 접근법에는 많은 단점이 있다. 대부분의 연구에서는 불완전 사례를 제거하면서 잃게 되는 표본크기나 통계적 검증력이 중요하지 않을 정도로 데이터를 과잉 수집하지는 않으므로, 적은 양의 결측치에 대해서도 많은 양의 데이터를 잃을 수 있다(Roth, 1994; Roth, Switzer, & Switzer, 1999). 데이터를 수집하는 시간과 비용을 고려하면 연구자는 마땅히 데이터를 보존하는 방법을 모색해야 한다. 또한 특정 사례의 데이터 공백과 변수 사이에 관계가 있는 경우에는 해당 사례가 삭제되면 의미 있는 정보를 잃게 된다. 이때 사례 제거로 인해 나머지 사례를 갖고 하는 분석에 편향이 생길 수 있으며, 실제 현상의 중요한 측면을 놓친 채 결론 내리거나 잘못 해석할 수 있다. 이러한 이유로, 사례삭제 전략은 결측값의 비율이 낮은 MCAR 데이터에 가장 적합하다. 그리고 MCAR 데이터라 하더라도 결측값이 있는 사례들을 면밀히 조사하여 이들이 중요한 하위집단을 나타내지는 않는가 확인해야 한다.

단일 대체: 평균 대체법

결측치가 있는 사례를 폐기하는 대신 데이터에 존재하는 정보를 사용하여 결측된 내용을 구성할 수 있다. 그러한 대체법 중 가장 간단한 것은 평균 대체(mean substitution)를 사용하는 것이다. 이 단일 대체 방법에서는 특정 변수에 대한 현재의 모든 값으로 평균을 계산한 다음 결측치를 대체하는 데 사용한다. 그 결과로 생긴 데이터 세트의 평균은 바뀌지 않으며, 결측치가 없는 가정적 상황을 합리적으로 나타낸다. 그러나 결측값을 평균으로 대체함으로써 값의 분포는 더 중심에 모이게 되고, 분포가 좁아지고, 변산성이 감소해서 표준편차, 분산, 공분산, 상관이 결측치가 없는 가정적 상황과 실제 모집단의 값보다 작아지게 된다. 이러한 인위적 변산성의 감소 정도는 대체 횟수, 즉 결측치의 수와 관련이 있다. 이 감소는 결측치가 극단적인 값과 관련이 있는 경우(따라서 MNAR), 특히 문제가 된다. 이러한 영향 때문에 이 전략을 선택할 때 결측 유형과 연구자의 지식이 가장 중요한 고려 사항이 된다.

실행이 간단한 이 접근법은 표본의 크기와 통계적 검증력을 보존하게 되는 긍정적 결과를 가져오며, 이는 사례삭제에 비해 중요한 개선 사항이다. 그러나 최상의 시나리오인 MCAR 데이터이고 결측치 비율이 낮더라도 이 기법은 본질적으로 정보의 손실을 초래하므로 결론과 추론의 타당성이 훼손된다(Little, 1992). 게다가 표준오차와 신뢰구간을 과소평가하는 경향이 있어 귀무가설을 지나치게 자주 기각하므로(Paul, Mason, McCaffrey, & Fox, 2008) 1종 오류의 가능성이 증가한다. 이는 임상연구에서 치료 효과를 부정확하게 긍정적으로 보이게 하는 결과를 초래한다. 따라서 역설적이게도, 유의미한 관계를 찾을 수 있는 통계적 검증력은 한편으로는 보존되지만, 다른 한편으로는 관계의 정확성이 인위적으로 감소되면서 데이터에 실재하는 것을 식별하는 능력이 저하된다. 즉, 분산과 공분산의 인위적 손실로 인해 원본 데이터에 존재하는 관계가 불명확해지는 것이다. 실제로 많은 연구에서 평균 대체가 편향된 추정치와 부정확한 표준오차를 산출한다는 결과가 확인되었다(예: Allison, 2001; Raghunathan, 2004). 따라서 우리는 결측치를 처리하기 위해서는 이보다 더 정교하고 정보를 보존하는 접근법을 권장한다.

단일 대체: 핫덱 대체법

핫덱 대체법(hot deck imputation)은 평균 대체법과 달리 데이터 분포의 특성을 보존하고자 하는 또 다른 임시 단일 귀속 방법이다. 이 값은 각 결측치(수혜자)를 유사한 단위(기증자)의 관찰값으로 대체한다. 기증자 선택은 무작위이거나 연구자가 제공한 규칙을 기반으로 할 수도 있으므로 **결정론적**이라 할 수 있다(Brick & Kalton, 1996). 부부가족치료 연구에서 기증자는 연구에서 유사한 부부나 가족일 수 있다. 취급 난이도와 효과의 균형을 맞추기 위해 3~5개의 배치 등급(저, 중, 고와 같은 귀속변수에 대한 범주/값)으로 나누는 것이 좋다(Little & Rubin, 2002). 이 전략은 원래 펀치 카드로 컴퓨터에 코드와 데이터를 입력하던 시절에 고안되었는데, 분실된 카드가 발견되었을 때, 현재 사용 중인 '핫(hot)' 덱의 카드가 대신 사용되었다(Andridge & Little, 2010). 미국 인구센서스 같은 곳에서 핫덱 기법이 계속 사용되고 있지만, 최근 한 연구에서는 핫덱 대체의 기법도, 분석결과의 해석법도 제각각임이 지적되기도 하였다(Andridge & Little, 2010). 이 기법을 개선하려는 노력도 있었는데, 편향을 줄이기 위한 표집 가중치 사용과 연관성을 더 잘 보존하기 위한 핫덱 분할(Andridge & Little, 2010), 계층화된 다단계 조사로 분산 추정을 개선하기 위한 잭나이프 추정(Rao & Shao, 1992), 분산 등의 모수추정 개선을 위한 분수 핫덱 대체의 다중가중치 대체값(Kim & Fuller, 2004) 등이 그 예이다.

핫덱 대체법의 강점은 실제의(그래서 현실적인) 값으로 대체하고, 모수추정의 엄격한 가정을 피하고, 공분산 정보를 통합할 수 있으며, 대체법의 불확실성에 적절한 주의를 기울인다면 선형 및 비선형 통계 모두에 대해 좋은 추론을 제공할 수 있다는 것이다(Andridge & Little, 2010). 그러나 이 기법은 데이터의 변산성은 유지하지만, 항목 간 상관 및 기타 연관성 측정치를 감소시켜(Schafer & Graham, 2002) 2형 오류를 증가시키고, 새로운 관측치가 투입되는 대신 같은 값이 재표집되는 문제를 해결하지는 못한다(Paul et al., 2008). 따라서 실제 분산이 과소평가되는 경향이 발생한다(Rao & Shao, 1992). 또 다른 문제는 기증자와 수혜자를 최대한 일치시킬 필요가 있다는 것이며, 큰 표본에서는 더욱 그러하다(Andridge & Little, 2010). 가족치료 임상연구는 일반적으로 상당히 작은 표본으로 작업하기 때문에 핫덱 대체법은 효과적인 결측치 전략이 될 수 없다. 더욱이 가족치료 연구의 목적은 임상 모집단에서의 차이를 이해하는 것이지, 다른 가족, 부부, 개인의 값으로 대체해서 서로 비슷하게 만드는 것이 아니라는 점에서 철학적인 문제가 있다.

단일 대체: 회귀분석을 사용한 조건적 평균 대체법

더 많은 정보를 보존하는 단일 대체법은 데이터의 비결측치(관측치)에서 각 문항 Y에 대한 회귀방정식을 구해서 해당 문항의 결측치가 있는 각 사례의 값을 대체시키는 데 사용하는 것이다(Schafer & Graham, 2002). 회귀방정식에서 Y의 값은 예측변수(X_1, X_2, ⋯⋯)에 의해 결정되므로 각 사례의 Y의 결측값은 X_1, X_2, ⋯⋯의 관측값으로부터 추정할 수 있다. 대체값은 해당 사례의 관측값에 따라 결정되기 때문에 이를 **조건적 평균** 대체(conditional mean imputation)라고 한다. 분석의 변수 중 결측을 나타내는 가변수는 MCAR의 지표로서 일반화된 회귀분석의 공변량 목록에 포함되기도 한다. 그 계수가 유의하면 데이터는 MCAR이 아니다(Paul et al., 2008).

조건적 평균 대체법은 MAR(결측은 관측치에 따라 달라질 수 있지만, 결측치에 따라 달라질 수 없음)을 가정하는데, 이는 이 방법에서 **결측된** Y 데이터와 관측된 X 데이터와의 관계가 관측된 Y 데이터와 관측된 X 데이터와의 관계와 같은 것으로 묘사되기 때문에 이 가정은 충족되어야 한다(Schafer & Graham, 2002). 이는 합리적인 가정이며, 표준오차를 적절하게 보정한다면 특정 유형의 추정에서 조건적 평균 대체법이 매우 정확함이 증명되었다(Schafer & Schenker, 2000). 그러나 대체된 데이터가 사용된 회귀식(대체값들의 R^2=1.00)과 당연히 100% 일치하기 때문에 대체 데이터 세트에서의 Y와 X_1, X_2, ⋯⋯ 사이의 관계의 강도는 인위적으로 증가해서 공분산분석 및 상관분석에 적합하지 않다(Schafer & Graham, 2002). 이를 고려하면 이 기법은 MFT 연구에 바람직하지 않은 기술이라 할 수 있다.

단일 대체: 회귀분석을 사용한 무조건적 평균 대체법

무조건적 평균 대체법(unconditional mean imputation)도 회귀분석을 사용하여 결측값에 대한 추정 방정식을 만들지만, 대체값은 X값이 주어진 조건의 Y 분포에서 무작위로 선택된다. 선형모형의 경우, 추정된 Y값에 잔차 분포에서 무작위로 선택된 오차를 더해서 생성된다(Schafer & Graham, 2002). 이 전략은 앞에서 설명한 방법으로 생성된 공분산의 왜곡을 줄이며, 모형 지정이 옳고 결측치가 MAR이라면 추정의 편향이 거의 생기지 않는다. 이 대체법은 일변량 결측치 패턴의 경우와 비교적 단순하고 단조로운 패턴(변수가 함께 증가하거나 선형관계를 포함하여 역방향으로 변화함)에서는 해 볼 만하지만, 임의의 패턴일 경우에는 매우 복잡하다(Schafer & Graham, 2002). 후자의 경우, 이 방법의 대체법은 우수한 다중대체법(MI)을 사용할 때만큼이나 많은 노력이 필요할 수 있다(Schafer & Graham, 2002). 지금까지 제시된 간단한 방법 중에서는 이 방법이 MFT 연구자들에게 가장 좋은 결과를 가져다줄 가능성이 크다. 하지만 결측치를 처리하는 데 이보다 더 정확한 방법들이 존재한다.

'전통적' 단순 전략과 '현대적' 고급 전략의 비교

단일 대체법이 정교해질수록 결과의 편향이 줄어드는 경향이 있다. 일부 예외적인 조건을 제외하고, 삭제 및 단일 대체법은 매우 저조한 성능을 발휘하여 편향된 추정치와 부정확한 표준오차를 산출하는 것으로 드러났다(Raghunathan, 2004). 평균 대체 또는 핫덱 대체를 사용하면 모든 종류의 결측에 대해 편향된 대체 데이터 세트가 생성되고, 조건적 평균 대체는 MCAR 또는 MAR에서 약간 덜 편향된 데이터 세트를 생성하며, 무조건적 평균 대체는 MCAR 또는 MAR에서 편향되지 않을 수 있다(Schafer & Graham, 2002). 또한 단일 대체법이 데이터의 통계적 불확실성을 과소측정한다는 점은 매우 중요하다.

이러한 이유로 결측치를 더 잘 처리하기 위해 MI와 FIML을 추천한다. 이 기법들은 좋은 이론에 기초하고, 평균, 분산, 회귀 계수 및 상관관계에 대한 효율적인 추정치를 제공하며, 통계적 불확실성을 정확하게 나타낸다(Johnson & Young, 2010). 데이터 세트를 가득 채우기는 하되 문제의 소지가 있는 앞선 방법들과는 달리, 이 두 방법은 모두 결측치를 평균화할 무작위 변량의 원천으로 간주한다(Collins et al., 2001).

MI와 FIML은 모두 연구자가 설정하는 관측치와 결측치의 결합확률모형(joint probabilistic model)에 의존하는 특성이 있다(Collins et al., 2001). 따라서 모형에 포함할 변수를 분석마다 선택해야 한다. 이러한 전략은 잘 구현하면 우수한 성능을 보이지만, 모형이 제대로 설정되지 않거나 관측치나 비관측치에 대한 기본 가정이 충족되지 않으면 정확하지 않을 수 있다(Collins et al., 2001). 그러나 FIML과 MI의 두 고급 접근법이 우수한 결과를 낸다는 데는 의견이 일치한다(Johnson & Young, 2010). 사실, 최근의 소프트웨어 발전으로 가능해진 이러한 현대적인 접근법은 Graham(2009)이 '결측치 혁명'(p. 552)이라고 부를 정도로 결측치에 대한 새로운 관점을 나타낸다.

MFT 연구자들의 특정 관심사를 연구한 한 연구에서 Johnson과 Young(2010)은 결측치 처리에 대한 다양한 접근법이 어떻게 가능한지 전국 가족·가구 설문조사($N = 2,000$)의 데이터를 가지고 보여 준 바 있다. 종속변수인 결혼 행복도와 13개의 예측변수, 1개의 상호작용항으로, 그들은 세 가지 '전통적' 삭제/대체법과 FIML과 MI의 두 가지 현대적인 접근법을 비교한 후 최신 방법이 표준오차의 정확도 측면에서 우수하며, 변수 간의 유의한 관계와 계수 추정치를 더 정확하게 탐지하는 통계적 검증력을 높임을 발견하였다. 또한 Johnson과 Young은 결측치를 처리하기 위해 오래된 방법을 사용한 실질적인 해석이 현대적 접근법을 통해 얻은 해석과 크게 다르지 않지만, "유의한 효과의 패턴, 계수 크기와 방향의 차이를 고려하면 이러한 구식 접근법을 계속 사용하는 것은 심각할 정도로 우려스럽다."(p. 932)라고 했다.

현대적 결측치 처리법

결측치를 처리하기 위한 현재의 최신기술들은 결측치를 대체하거나 모형에서 변수들의 결합분포를 추정하기 위해 최대우도를 활용하는 방향으로 개발되었다(Johnson & Young, 2010). 이 두 갈래의 길은 가장 널리 사용되는 현대 결측치 방법인 MI와 FIML로 이어졌다. 사실, MI에서 충분히 많은 횟수의 대체를 실행하게 되면 FIML과 동등한 결과를 산출한다(Graham, 2009). 다음 절에서는 이러한 기법에 대한 개요를 제공하는데, 더 자세한 내용은 다른 문헌을 참고하라(예: Graham, 2009; Johnson & Young, 2010).

다중대체법

MI(multiple imputation) 기법은 M회(다수)의 독립적 대체를 수행하여 M개의 꽉 찬 데이터 세트를 생성하며, 이 데이터 세트끼리 관측값은 서로 같고, 대체값은 잠재적으로 다르다(Johnson & Young, 2010). 각 데이터 세트는 대체 모형의 다른 변수가 정확하게 예측할 수 있는 정도에 반비례하는 무작위 오차 성분을 포함함으로써 대체가 갖는 불확실성의 정도를 반영한다. 모형의 다른 변수와 강하게 관련된 변수에 대한 대체는 작은 무작위 오차를 지닌다(Johnson & Young, 2010). 목적은 실질적 모형의 계수와 모수가 대체 과정의 가변성을 얼마나 정확하게 추정하는지 평가하는 동시에 추정 정밀도를 높이는 것이다(Rubin, 1987).

분석가는 각 데이터 세트에 대한 실질적인 모형을 M회 추정한 다음 수동작업 또는 SPSS, SAS 및 Stata의 자동작업을 통해 M개의 회귀식에 대한 평균을 산출하여 통계 모수와 계수에 대한 최종 추정치를 얻는다(Rubin, 1987). 이렇게 하면 한 세트의 통합 추정치(pooled estimation)가 생성된다. 그 결과로 추정된 각 계수의 표준오차는 M회의 회귀에서 나타난 반복 내 불확도(within-replicate uncertainty)와 반복 간 불확도(between-replicate uncertainty)의 평균 조합이거나 M회의 회귀에서 나타난 차이의 평균이다(Paul et al., 2008). M개의 대체 데이터 세트를 평균화하면 추정의 정밀도가 향상되고 변수의 분산, 평균 및 총계의 모수 추정치를 쉽게 구할 수 있다(Andridge & Little, 2010).

MI는 결측치 처리에서 가장 인정받는 전략 중 하나로 여겨진다(Johnson & Young, 2010). 이러한 방식으로 데이터를 대체하면 데이터 세트에 포함된 정보를 충분히 활용하고 보존하여 의미 있는 분석이 가능하다. 예를 들어, SPSS의 MI 방법은 불완전한 데이터 세트에 존재하는 값을 사용하여 여러 단계의 프로세스를 통해 결측치를 예측하는 선형 회귀분석을 사용하여 꽉 찬(즉, 결측치가 없는) 데이터 세트를 구성하면서도 원본 데이터의 의미 있는 측면을 유지한다. 결측치 대체를 위한 이 접근 방식은 결측치의 **변산성**을 유지하고 변수 간의 관계를 유지하며 다중대체 데이터 세트의 가변성을 지켜서 적절한 **불확도**를 만들어 낸다(Tabachnick & Fidell, 2006).

SPSS 프로그램에서 결측치 관련 추가기능을 사용하여 MI를 수행하기 위해서는, ① MI를 실행해 MI 데이터 세트를 생성하고, ② 새로운 변수 대체(Imputation) 분석을 위해 MI 데이터 세트를 분할하여 활성화하고, ③ MI 데이터로 작업하는 SPSS 절차를 통해 분석하고, ④ 최종 분석의 통합된 결괏값(pooled outcome)을 사용한다. 이러한 단계는 다음에서 다소 길게 설명하지만, 자세한 설명은 IBM SPSS Missing Values 20 설명서의 ftp://public.dhe. ibm.com/software/analytics/spss/documentation/statistics/20.0/en/client/Manuals/ IBM_SPSS_Missing_Values.pdf에서 확인할 수 있다.

먼저, 화면 상단의 메뉴에서 '분석(Analyze) > 다중(Multiple) > 대체(Imputation) > 결측 데이터값 대체(Impute Missing Data Values)'를 클릭하여 다중대체를 실행한다. 그런 다음 대체할 변수를 선택하는데, 두 개 이상에서 최대 모든 변수까지 선택할 수 있다. 다음에는 대체의 수, 즉 생성할 대체 데이터 세트의 수를 선택한다(기본값은 5). 그 후에는 '대체한 데이터 위치' 영역에서 출력파일을 지정한다. 이제 '방법(Method)' 탭을 사용하여 데이터 대체 방법을 지정한다. 생성된 데이터 세트는 결측값이 있는 원래 데이터 세트와 선택한 횟수만큼 대체 반복된 데이터 세트로 구성되며, 생성된 각 데이터 세트는 원본 데이터 세트에 정의된 것과 동일한 사례 및 변수와 함께 '대체(Imputation_)'라는 추가 변수로 구성된다.

두 번째로, MI로 생성한 데이터 세트는 분석을 위해 대체(Imputation_) 변수를 사용하여 '분할'해야 한다. '데이터(Data) > 파일 분할(Split File)'을 선택한 다음, '집단들 비교(Compare groups)'를 선택하고, 분할 집단변수로 대체(Imputation_)를 선택하면 된다. 또는 "작성 중(making)"이 켜져 있을 때 파일이 대체(Imputation_)에서 분할된다. 또한 MI 데이터 세트와 함께 작동하고 결괏값의 통합(pooling)을 지원하는 각 절차 유형 옆에 아이콘이 표시된다.

세 번째로, MI 데이터 세트를 갖고 작업하는 SPSS 분석 절차를 사용한다. 이로 인해 대체 데이터 간의 변동을 고려한 통합된 출력값이 생성된다. MI 출력값은 옵션 대화 상자 (Option dialog)의 새 탭을 사용하여 제어된다. 통합된 특정 통계량은 분석 절차에 따라 달라진다. 통합된 출력은 '순수하게'(통합된 모수만 제공하거나) 혹은 '일변량'(통합된 모수와 표준오차, p값, 신뢰구간, 유효 자유도, 통합 진단과 같은 다양한 관련 통계)을 제공한다. 마지막으로, 통합된 출력을 분석결과로 사용한다.

통계소프트웨어의 대체자료 생성에 관련된 수학적 설명은 이 책의 범위를 벗어난다. 그러나 MI는 샘플 크기가 작거나 결측치 비율이 높은 경우에도 적절한 결과를 제공한다 (Schafer & Graham, 2002). 따라서 MI는 MFT 임상연구에 매우 효과적인 전략이다. 좋은 추정을 위해 필요한 대체 횟수는 3~5회라고 제안되었지만(Rubin, 1996), 최근 조사에 따르면 25회 이상이 필요하다고 하고(Johnson & Young, 2010), 결측치의 비율이 높은 경우에는 100회 정도가 필요하다(Graham, Olchowski, & Gilreath, 2007). 따라서 MFT 연구자들은 25회를 전형적이고 효과적인 선택이라고 생각하는 것이 좋다.

추정치가 편향될 수 있으므로 대체 데이터 세트에 범위를 벗어난 값을 재코딩하거나 분수를 정수로 반올림해서 입력해서는 안 된다는 것을 주의하라(Horton, Lipsitz, & Parzen, 2003). 대체 모형은 공분산 행렬에 기반한 값을 할당하며, 이러한 값을 변경하면 대체 데이터는 값은 부정확해져서 관측된 데이터와 다르고 오히려 공분산 기반 분석만 용이하게 하는 값이 된다(Johnson & Young, 2010).

종속변수를 대체 모형에 포함하는 것도 중요한데, 결측된 결과까지 대체법으로 생성하는 것은 일종의 눈속임처럼 보일 수 있지만, 결측치 알고리즘은 종속변수와 독립변수를 구별하지 않는다. 따라서 모형의 모든 변수를 대체 과정에 포함해야 한다(Graham, 2009). 대체법에 포함되지 않은 변수는 모형의 다른 변수들과의 상관관계가 0으로 설정되므로 종속변수를 제외하는 것은 결괏값이 독립변수와 관련이 없다는 가정에 따라 대체법이 실행된다는 의미가 되고(Johnson & Young, 2010), 그 관계를 실제보다 작게 편향시킨다(Graham, 2009). 따라서 대체법을 실행한 후 종속변수에 결측값이 있는 사례를 삭제하는 것(MI then Deletion: MID)이 바람직할 수 있으며, 특히 이러한 사례의 수가 20%에서 50%까지인 경우가 그러하다(von Hippel, 2007). 그러나 연구에 따르면 MI를 25회 정도로 많이 실행하게 되면, 결측치가 많은 상황에서도 MI와 MID는 매우 유사한 결과를 산출하는 것으로 나타났다(Johnson & Young, 2010).

완전정보최대우도

최대우도(maximum likelihood: ML) 접근법은 데이터 세트를 대체시키지 않는다. 대신 완전 및 불완전 응답 사례를 기반으로 모수 추정치와 표준오차를 제공한다(Collins et al., 2001). 최대우도법 추정은 관측된 데이터가 발생할 확률을 최대화하는 모수 값을 선택하며, 이 복잡한 계산은 일반적으로 기댓값 최대화 알고리즘에 의해 이루어진다(Johnson & Young, 2010). FIML은 특정 모형의 가능성을 최대화하기 위해 구조방정식(SEM) 소프트웨어에서 사용하도록 발전했다(Johnson & Young, 2010). MI는 데이터 기반이고 FIML은 모형 기반이기 때문에 모수 추정치가 FIML의 모형마다 다를 수 있고, MI에서는 일관적이기 때문에 연구자들이 사용하기에는 MI가 더 매력적이다(Olinsky et al., 2003).

FIML은 결측치, 모수 추정치 및 표준오차를 한 번에 처리하며, 많은 횟수로 진행한 다중대체법(MI)과 유사한 정확도를 보인다는 장점이 있다(Graham, 2009). 그러나 FIML은 결측치를 처리하기 위해 응답자들이 완전한 데이터를 제공했다는 시나리오를 바탕으로 작성된 현재의 소프트웨어를 완전히 다시 작성해야 한다는 단점이 있다. 그러나 지금은 FIML이 구조방정식 소프트웨어에서 가장 보편적인 방식이다(Graham, 2009). MFT 임상연구는 일반적으로 구조방정식을 효과적으로 사용하기에 충분히 크지 않은 표본이므로 MI가 더 자주 선택되는 방법일 것이다. 다음 절에서 설명하겠지만, FIML은 대체법 모형을 상당히 개선하는 보조(auxiliary)변수를 쉽게 쓸 수 없다(Collins et al., 2001).

대체법 개선을 위한 보조변수 추가

결측값 모델링은 보조변수를 신중하게 추가하면서 상당히 개선될 수 있는데, 보조변수는 분석에 포함되는 주요변수는 아니지만 주요변수와 관련이 있는 변수이다(Collins et al., 2001). 보조변수의 적절한 선택은 주제에 대한 연구자의 지식에 의해 결정된다. 보조변수들이 결측치가 있는 주요변수와 높은 상관관계($r > .50$)가 있으면 대체의 정확성을 크게 높일 수 있다(Graham, 2009). 또한 대체 모형에 포함되지 않은 변수는 포함된 변수와 상관관계가 0이라고 가정한다는 것을 주의하라. 대체 모형에서 생략된 변수가 포함된 변수와 실제로는 높은 상관관계가 있는 경우, 후속 분석에 분명히 영향을 미치게 된다(Graham, 2009). 반면에, 보조변수가 항상 절대적인 것은 아니다(Johnson & Young, 2010). 보조변수들을 대체 모형에 추가하는 것은 해가 되지 않으며 상당한 도움이 될 수 있다(Collins et al.,

2001). 현재의 소프트웨어에서는 모든 것이 단일 단계로 진행되는 FIML보다 분석 전에 대체법에서 보조변수를 추가하는 것이 훨씬 더 간단하다(Graham et al., 2007).

MNAR인 결측에 대한 고려사항

MNAR 결측의 경우, 결측 패턴은 결측치와 관련이 있다. 따라서 이러한 유형의 결측치를 다루는 한 가지 방법은 그 관계에 대한 모형을 통합하는 것이다. 논리적 결정 과정과 수학적 표현과 같은 모형은 결측의 존재를 관측된 다른 변수를 사용하여 결측값일 가능성이 있는 값과 연관시킨다. 많은 모형이 이렇게 할 것을 제안한다(Schafer & Graham, 2002를 보라). 최적의 모형을 구하는 데에는 결측과 결측값이 어떻게 관련되어 있는지에 대한 전문가의 지식이 활용된다. 연구자가 일련의 치료회기들을 마치지 못한 사람들은 치료목표를 아주 잘 달성했거나 전혀 달성하지 못한 두 경우 중 하나에 속한다는 것을 안다고 하자. 데이터에서 '세 번째 회기로 인한 개선'과 같은 변수가 이러한 결과(즉, 결측 발생)의 가능성을 잘 나타내는 경우, 조사자는 결측된 결괏값을 논리적으로 대체하기 위해 모형 설정을 할 수 있으며, 이는 결과와 초기 치료 전략 사이의 관계를 조사할 때, 특히 유용할 수 있다.

결측치와 결측치 처리 전략을 보고하기

가족학 연구에 대한 최신 보고서는 결측치에 대한 정보를 포함했더라도 부족한 경향이 있다. 증거기반 치료에 대한 요구에 대응하여, 연구자들은 연구에서 결측치의 성격과 결측치 처리 단계를 설명해야 한다. 발표된 논문의 연구방법 영역에서는 각 변수에서의 결측치, 사용된 결측치 처리 방법 및 소프트웨어에 대해서, 그리고 (MI를 사용하는 경우에는) 대체 모형 및 대체 횟수를 상세히 기술할 것을 추천한다.

결론

과학자들이 양적 연구에서 결측의 개념적이고 실용적인 함축에 관심을 기울이면서, 부부가족치료자들은 평가 중인 현상에 대한 이해와 해석에 결측치가 미칠 수 있는 영향에 적절하게 대응하는 방법을 계속 고민할 것이다. 내담자 가족이 어려움에 대처하도록 돕는 체계적 치료법을 채택할 때 결측이 미치는 영향을 고려하는 것은 임상가들에게도 유익할 것이다.

참고문헌

Allison, P. D. (2001). *Missing data*. Thousand Oaks, CA: Sage.

Andridge, R. R., & Little, R. J. A. (2010). A review of hot deck imputation for survey non-response. *International Statistical Review, 78*, 40-64.

Brick, J. M., & Kalton, G. (1996). Handling missing data in survey research. *Statistical Methods in Medical Research 5*, 215-238.

Collins, L. M., Schafer, J. L., & Kam, C. M. (2001). A comparison of inclusive and restrictive strategies in modern missing-data procedures. *Psychological Methods, 6*, 330-351.

Enders, C. K. (2010). *Applied missing data analysis*. New York: Guilford Press.

Goodman, J. S., & Blum, T. C. (1996). Assessing the non-random effects of subject attrition in longitudinal research. *Journal of Management-Research Methods & Analysis, 22*, 627-652.

Graham, J. W. (2009). Missing data analysis: Making it work in the real world. *Annual Review of Psychology, 60*, 549-576.

Graham, J. W., Olchowski, A. E., & Gilreath, T. D. (2007). How many imputations are really needed? Some practical clarifications of multiple imputation theory. *Prevention Science, 8*, 206-213.

Graham, J. W., Taylor, B. J., Olchowski, A. E., & Cumsille, P. E. (2006). Planned missing data designs in psychological research. *Psychological Methods, 11*, 323-343.

Horton, N. J., Lipsitz, S. R., & Parzen, M. (2003). A potential for bias when rounding in multiple imputation. *American Statistician, 57*, 229-232.

Johnson, D. R., & Young, R. (2010). Toward best practices in analyzing datasets with missing data: Comparisons and recommendations. *Journal of Marriage and Family, 73*, 926-945.

Kim, J. K., & Fuller, W. (2004). Fractional hot deck imputation. *Biometrika, 91*, 559-578. doi:10.1093/biomet/91.3.559

Little, R. J. A. (1988). A test of missing completely at random for multivariate data with missing values. *Journal of the American Statistical Association, 83*, 1198-1202.

Little, R. J. A. (1992). Regression with missing X's: A review. *Journal of the American Statistical Association, 87*, 1227-1238.

Little, R. J. A., & Rubin, D. B. (1987). *Statistical analysis with missing data.* New York: Wiley.

Little, R. J. A., & Rubin, D. B. (2002). *Statistical analysis with missing data* (2nd ed.). New York: Wiley.

Malhotra, N. K. (1987). Analyzing marketing research data with incomplete information on the dependent variable. *Journal of Marketing Research, 24,* 74–84.

McKnight, P. E., McKnight, K. M., Sidani, S., & Figueredo, A. J. (2007). *Missing data: A gentle introduction.* New York: Guilford Press.

Olinsky, A., Chen, S., & Harlow, L. (2003). The comparative efficacy of imputation methods for missing data in structural equation modeling. *European Journal of Operational Research, 151,* 53–79.

Paul, C., Mason, W., McCaffrey, D., & Fox, S. (2008). A cautionary case study of approaches to the treatment of missing data. *Statistical Methods and Applications, 17,* 351–372.

Pleis, J., R., Dahlhamer, J. M., & Meyer, P. S. (2007, August). Unfolding the answers? Income nonresponse and income brackets in the National Health Interview Survey. Proceedings of the 2006 Joint Statistical Meetings [CD-ROM]. American Statistical Association, Alexandria, Virginia.

Raghunathan, T. E. (2004). What do we do with missing data? Some options for analysis of incomplete data. *Annual Review of Public Health, 25,* 99–117.

Rao, J. N. K., & Shao, J. (1992). Jackknife variance estimation with survey data under hot deck imputation. *Biometrika, 79,* 811–822.

Roth, P. L. (1994). Missing data: A conceptual review for applied psychologists. *Personnel Psychology, 47,* 537–560.

Roth, P. L., Switzer, F. S., & Switzer, D. M. (1999). Missing data in multiple item scales: A Monte Carlo analysis of missing data techniques. *Organizational Research Methods, 2,* 211–232.

Rubin, D. B. (1976). Inference and missing data. *Biometrika, 63,* 581–592.

Rubin, D. B. (1987). *Multiple imputation for nonresponse in surveys.* New York: Wiley.

Rubin, D. B. (1996). Multiple imputation after 18+ years. *Journal of the American Statistical Association, 91,* 473–489.

Schafer, J. L., & Graham, J. W. (2002). Missing data: Our view of the state of the art. *Psychological Methods, 7,* 147–177.

Schafer, J. L., & Schenker, N. (2000). Inference with imputed conditional means. *Journal of the American Statistical Association, 95,* 144–154.

Tabachnick, B. G., & Fidell, L. S. (2006). *Using multivariate statistics* (5th ed.). Boston: Allyn and Bacon.

von Hippel, P. (2007). Regression with missing Ys: An improved strategy for analyzing multiply imputed data. *Sociological Methodology*, *37*, 83-117.

Ward, T. J., & Clark, H. T. (1991). A reexamination of public-versus-private-school achievement: The case for missing data. *Journal for Educational Research*, *84*, 153-163.

22 매개와 조절:
개념적 기초와 분석적 적용

Jared R. Anderson, Jared A. Durtschi, Kristy L. Soloski, & Matthew D. Johnson

동료가 매개변수와 조절변수가 뭐냐고 묻는다고 상상해 보라. 당신은 뭐라고 말할 것 같은가? 자, 그럼 이제는 똑같은 사람이 그 주제에 있어 전문가들이 말하는 가장 최근의 그리고 가장 앞선 권고사항들을 반영해서 매개모형과 조절모형을 검증하는 방법에 대해 자세히 설명해 달라고 요청한다고 상상해 보라. 당신은 그 질문에 답하는 것이 편안한가? 아니면 그걸 어떻게든 미루고 싶은가? 커플과 가족을 공부하는 학생들을 포함해 연구자(Baron & Kenny, 1986; Frazier, Tix, & Barron, 2004; Holmbeck, 1997; Whisman & McClelland, 2005) 사이에서 매개와 조절 검증에 대해 상당히 혼란이 있는 것은 분명하다. 이러한 검증들이 현재의 지식, 이론, 개입과 정책을 발전시키는 데 너무나 많은 것을 제공하기 때문에 매개 및 조절이 계속 그렇게 모호한 상태로 남아 있는 것은 유감스러운 일이다. 따라서 우리가 이 장을 쓰는 목적은 이러한 검증들이 무엇인지 개념적으로 명확히 하고, 그 사용의 예들을 제공하며, 그 검증들을 수행하는 방법에 대한 자세한 정보를 제공하고자 하는 것이다.

커플과 가족에 대한 연구를 더욱 진전시키기 위해서는 과정, 메커니즘과 조건을 이해하는 것이 매우 중요한데, 이것들은 커플과 가족이 관심을 두고 있는 성과(outcomes)에 영향을 미친다. 가족치료 연구자는 더 이상 변수 X(예: 부정적 행동)가 변수 Y(예: 관계 만족)와 관련되어 있다는 사실을 알아내는 것만으로 만족해서는 안 된다. 우리는 어떻게, 어떤 상황에서 이런 일이 일어나는지에 대해 더 알 필요가 있다. 부정적 행동이 관계 만족에 영향을 미치는지에 대해 연구하는 것보다는, 그 행동이 **어떤 조건하에서** 관계 만족에 실제로 도움이 될 수 있는지(즉, 조절) 또는 부정적 행동이 관계 만족에 **어떻게** 영향을 미치는가에 대한 근본적인 과정(즉, 매개)을 이해하는 것이 더 도움이 된다. 매개변수와 조절변수에 대한 이해가 한층 더 발전하면, 우리 분야가 점점 성숙해지고 세련되어지며, 이론적으로 의미 있는 발전을 이룰 수 있을 것이다(Aguinis, Boik, & Pierce, 2001). 매개와 조절에 대한 이러한 검증은 개념적으로나 분석적으로 비교적 간단하며, 관심을 두고 있는 성과를 이해하는 데 더 많은 통찰력과 깊이를 제공한다. 당신의 연구 분야가 무엇이든지 간에, 당신은 성과를 예측하고, 그 성과가 어떻게 일어나는지 과정을 알아내고, 그 성과가 언제 그리고 누구를 대상으로 할 때 가장 강력한 예측력을 보이는가를 이해하는 데 관심이 있을 것이다. 매개와 조절은 꽤 오랫동안 방법론으로 존재해 왔지만, 그것들이 검토되고 이해되고 향후 연구에서 사용되기 위한 검증 방법은 최근에 이르러 중요한 발전이 있었다. 이러한 발전과 더불어 매개와 조절에 대한 정의(definition)와 검증을 가장 잘 수행하는 것이 이 장의 초점이다.

매개를 전체적으로 살펴보기

매개는 독립변수(X)가 종속변수(Y)에 영향을 미치거나 원인이 되는 메커니즘에 대한 통찰력을 제공한다. 이 문장에 내재된 가정은 독립변수와 종속변수 간에 **직접적인 관계**가 있는데, 즉 X가 Y를 예측하거나 유발한다는 것이다. 연구자로서 우리는 이 직접적인 관계(X → Y)에 관심이 있지만, 종종 독립변수(X)가 하나 이상의 매개인자(M)와의 관계를 통해 **간접적으로** 종속변수(Y)에 영향력을 행사하는 메커니즘에 더 관심이 있다. 따라서 매개분석은 이러한 간접효과를 정량화하고 검증하는 데 관심이 있다. 나중에 보게 되겠지만, 결과가 **직접효과**(X → Y)가 유의하지 않은 것으로 나타나더라도 연구자들이 모형에서 **간접효과**(X → M → Y)를 검증하는 것이 가능하고 권장하기까지 한다. 이러한 이유로 매개효과 대 **간접효과**라는 용어 사용이 적절한지에 대한 약간의 논쟁이 있다(Mathieu & Taylor, 2006을 보라). Hayes, Preacher와 Myers(2011)의 연구에 따라 이 장에서는 **매개효과**와 **간접효과**라는 용어를 상호교환적으로 사용할 것이다.

부부가족치료의 과정에 관심이 있는 연구자들은 매개검증에 익숙해지기를 원할 것이다.

주어진 접근이 효과적이라는 사실을 아는 것이 매우 중요하지만, 그 접근이 **어떻게** 또는 **왜** 효과적인지를 아는 것도 중요하다. 매개분석은 주어진 처치 접근이 긍정적인 내담자 성과에 영향을 미치는 메커니즘 또는 과정을 이해하는 데 도움이 된다. 임상연구에서 매개분석의 사용은 필수적이며, 부부가족치료 연구자와 실제 상담자가 관심을 가진 핵심 질문에 답할 수 있다. "우리의 처치가 어떻게 작동하는가?"

각 임상 접근은 내담자의 고통을 완화시키기 위한 특정 프로토콜을 제공한다. 각 접근은 어느 정도 내담자 성과를 향상시키는 데 성공할 수 있지만, 종종 많은 접근에 있어 변화의 핵심 메커니즘을 구성하는 것이 무엇인지는 경험적으로 명확하지 않다. 다시 말해, 구체적으로 무엇이 그 처치가 도움이 되도록 하는가? 다양한 모델의 창시자들은 문제가 되는 상호작용을 재구조화하고 내담자가 이미 보유하고 있는 해결책을 발견하는 것과 같은 치료적 변화를 담당하는 다양한 메커니즘을 제시했다. 매개분석을 통해 이러한 메커니즘을 경험적으로 검증할 수 있다. 증상 완화를 담당하는 핵심 메커니즘이 밝혀지면 처치가 보다 정확하고 효과적이게 되어 내담자와 실제 상담자 모두에게 보다 유용하게 활용될 수 있다. 매개는 임상연구에서 다양한 방식으로 사용될 수 있는 다목적을 가진 수단이다. 예를 들어, 한 연구에서 다체계적 치료(multisystemic therapy)가 청소년의 외현화 행동 감소로 이어질 수 있는 긍정적인 양육 변화를 만들어 내는지 알아보고자 했다(Dekovic, Asscher, Manders, Prins, & van der Laan, 2012). 그 결과, 다체계적 치료에 참여할수록 부모의 역량감이 증가했고, 이것은 긍정적 훈육의 변화를 예측했으며, 또 이것은 청소년의 외현화 행동의 감소를 예측하였다. 이 모델은 개입과 성과 사이에 여러 매개변수를 함께 연결할 수 있었다.

매개분석은 기초 연구의 중요한 부분이다. 예를 들어, Karney와 Bradbury(1995)는 지속적인 취약성(예: 어린 시절의 경험, 정신건강과 성격요인)과 스트레스가 결혼생활의 질과 안정성에 영향을 미치는 메커니즘을 이해하는 하나의 방식으로 취약성–스트레스–변용 모델(vulnerability-stress-adaptation model)을 개발했다. 그들은 변용 과정(예: 의사소통, 문제해결 기술, 그리고 부부가 서로를 지원하는 방식)이 지속적인 취약성, 스트레스와 결혼생활의 질 사이의 관계를 매개한다고 제안했다. 따라서 그들의 개념적 모델은 매개분석을 사용하여 검증할 수 있는 수많은 가설을 제공한다. [그림 22-1]에는 취약성–스트레스–변용 모델을 기반으로 검증할 수 있는 단일매개모형과 다중매개모형의 예들이 모두 포함되어 있다. [그림 22-1] (1)에서 독립변수인 직장 스트레스는 종속변수인 결혼생활의 질에 영향을 미치는 것으로 간주된다. 이것은 단순하고 직접적인 관계이다. [그림 22-1] (2)와 (3)에서는

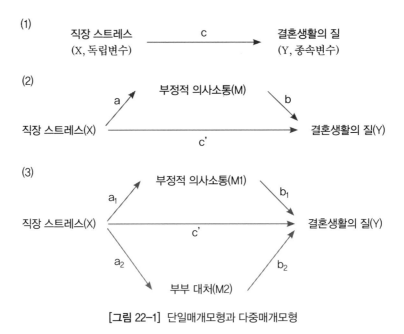

[그림 22-1] 단일매개모형과 다중매개모형

직장 스트레스가 결혼생활의 질에 영향을 미치는 두 가지 메커니즘이 제안되어 있다. [그림 22-1] (2)에서는 직장 스트레스가 부정적인 의사소통을 더 많이 일으키고, 따라서 부정적인 의사소통이 많을수록 결혼생활의 질을 낮출 수 있다고 가설화된다. 매개분석을 통해 직장 스트레스에서 결혼생활의 질로 가는 경로가 부정적 의사소통을 통해 유의미한지(간접경로) 검증할 수 있지만, 또한 직장 스트레스에서 결혼생활의 질로 가는 경로도 유의미한지(직접경로) 검증할 수 있다.

매개연구 설계 시 고려사항

정의에 따르면, 매개는 인과적 과정을 의미한다. 인과관계는 통계분석이 아닌 연구설계의 결과이기 때문에 연구자는 결과를 해석할 때 연구설계를 염두에 둘 필요가 있다. Hayes와 동료들(2011)이 말한 것처럼 "생각에 대한 대체물로서보다는 당신의 생각을 알려주기 위해 분석을 사용하라"(p. 436). 실험설계는 인과관계 추론을 위한 가장 강력한 설계를 제공한다(Shadish, Cook, & Campbell, 2002를 보라). 덧붙이자면, 각 관심변수가 최소 3개의 시점에 걸쳐 측정되어서 단지 시간적 측정만을 하는 것이 아니라 그 변수들의 시간적 관계를 고려하게 되는 종단설계(Mathieu & Taylor, 2006)도 인과적 추론을 강화하는 데 도움이 될 수 있다. 인과관계가 통계분석이 아닌 설계에 의해 결정되는 것처럼 변수의 시간적 순서화는 타당한(sound) 이론과 직접 연결되어야 한다. 그 이유는 시간적 측정만으로는 시간적 순서화에 대한 타당한 근거를 정당화하지 못하기 때문이다. 실험설계와 어느 정도 종단적인 설계가 인과관계 추론을 하게 되는 가장 강력한 방법이지만, 준실험설계, 두 시점 종단설계와 횡단설계를 비롯한 많은 다양한 설계들이 매개를 검증하는 데 사용되었다. 연구설계를 고려해 볼 때, 매개검증에서 비실험설계를 사용하는 연구자들은 인과경로를 검증하기보다 X와 Y 변수 간의 **연관성**(association)을 검증하고 있음을 분명히 해야 한다. 그런 경우에 좋은 이론적 틀은 독립변수, 매개변수와 종속변수의 특정한 순서화를 제안하는 가장 강력한 기초가 된다.

매개를 검증하는 접근

매개분석은 다중회귀, 구조방정식(SEM), 다층모형(MLM)을 포함한 다양한 분석 접근을 사용하여 수행할 수 있다. 다른 많은 매개분석 전략 방법이 있지만(MacKinnon, 2008; Preacher & Hayes, 2008), 우리는 가장 일반적인 세 가지 방법인 인과단계 접근(causal steps approach), 계수 산출 접근(product of coefficients approach), 그리고 부트스트래핑(bootstrapping)에 초점을 둔다. 이것들 중에 현재 매개검증에 압도적으로 선호되는 방법은 부트스트래핑이다(Hayes, 2013; Hayes et al., 2011; MacKinnon, 2008; Shrout & Bolger, 2002; Williams & MacKinnon, 2008). 이 세 가지 방법은 SPSS와 SAS와 같은 기본 통계 프로그램으로 사용될 수 있다.

인과단계 접근.   인과단계 접근(Baron & Kenny, 1986)은 심리학 연구에서 매개를 검증하는 가장 일반적인 방법이다(MacKinnon, Fairchild, & Fritz, 2007; Rucker, Preacher, Tormala, & Petty, 2011). 이 접근에서 매개는 다음 4단계로 설정된다. 첫째, 독립변수(X)와 종속변수(Y) 사이에 통계적으로 유의한 관계가 있어야 한다([그림 22-1]의 경로 c). 둘째, 독립변수는 제안된 매개변수와 유의하게 관련되어야 한다([그림 22-1]의 경로 a). 셋째, 매개변수는 종속변수와 유의하게 관련되어야 한다([그림 22-1]의 경로 b). 넷째, [그림 22-1]에서 경로 a와 경로 b가 통제될 때, 독립변수와 종속변수의 관계인 경로 c'가 유의하지 않거나 적어도 약화되어야 한다. 다중회귀 틀에서 이러한 단계는 별도의 세 회귀분석을 통해 수행된다. 즉, 독립변수가 매개변수를 예측하는 회귀모형, 독립변수가 종속변수를 예측하는 회귀모형, 독립변수와 매개변수 모두가 종속변수를 예측하는 회귀모형의 세 가지이다(Baron & Kenny, 1986).

광범위한 사용에도 불구하고, 인과단계 접근은 더 이상 권장되지 않는다(Hayes, 2009, 2013; Hayes et al., 2011; MacKinnon, 2008; Rucker et al., 2011; Zhao, Lynch, & Chen, 2010). 매개분석을 수행할 때 인과단계 접근의 사용을 반대하는 적어도 세 가지 주장이 제기되었다. 첫째, 인과단계 접근은 연구자가 매개가 지지되는 가정인지 여부를 결정하기 위해 여러 가설에 대한 일련의 분석을 수행할 것을 요구한다. 이러한 별도의 분석을 수행한 후, 연구자는 간접효과(즉, 독립변수가 하나 이상의 매개변수를 통해 종속변수에 영향을 미치는 경로)의 추정치를 보고할 수 있기보다는 매개가 있는지 없는지를 판단해야 한다. 따라서 인과단계 접근은 "연구자들이 효과크기에 대해 생각하지 않도록 장려하고, 추정 과정에서의 불확실성을 인정하는 간접효과에 대한 신뢰구간을 구성하지 못하게 한다"(Hayes et al., 2011, p. 446). 둘째, 시뮬레이션 연구는 인과단계 접근이 매개를 검증하는 방법들 중 검증력이 가장 낮다는 것을 보여 주었다(Fritz & MacKinnon, 2007; MacKinnon, Lockwood, & Williams, 2004). 마지막으로, 매개검증을 하기 전에 중요한 X-Y 관계의 요건이 너무 엄격한 것으로 밝혀졌으며(Kenny, Kashy, & Bolger, 1998; MacKinnon, Lockwood, Hoffman, West, & Sheets, 2002), 유의한 직접효과가 없는 경우 연구자가 매개검증을 배제해서는 안 된다. 예를 들어, 유의하지 않은 직접효과가 있을 때 유의한 간접효과는 표본크기가 작거나 억제효과가 있을 때 발생할 가능성이 더 크다(자세한 내용은 Rucker et al., 2011을 보라). 이것은 연구자들에게 간접효과의 무차별 검증에 대한 자격을 부여하지 않지만, 독립변수와 종속변수 간 관계에 대한 강력한 이론 및/또는 선행연구에서의 경험적 지지가 있는 경우, 특히 검증력이 (더) 낮을 경우, 연구자들은 모형에서 간접적인 관계를 검증하도록 강력히 권장된다. 이러한 이유로 연구자들은 매개분석을 수행할 때, 특히 더 강력한 대안들이 있는 경우, 인과단계 접근을 사용해서는 안 된다.

계수 산출 접근.   계수 산출 접근은 간접효과의 점 추정치(point estimate; [그림 22-1] (2)의 ab 경로)를 제공하여 간접효과가 통계적으로 유의한지 여부를 결정하기 위해 점 추정치의 표준오차(예: ab 표본 분포의 표준편차)를 추정하고 가설검증에 사용할 수 있다. 이러한 절차 중 가장 일반적인 것은 소벨 검증(Sobel test, 1982)이며, 일반적으로 인과단계 접근보다 우수한 매개검증으로 간주된다. ab의 표준오차를 추정하는 데 사용할 수 있는 몇 가지 다른 공식이 있지만, 실제로 이러한 접근들 간의 차이는 작은 편이다(Preacher & Hayes, 2004).

공식은 단순매개모형과 다중매개모형의 표준오차뿐만 아니라 특정 간접효과와 총 간접효과를 추정하는 데 사용할 수 있다. 간접효과와 표준오차의 점 추정치는 손으로 계산할 수 있지만, 온라인 계산기에 입력된 회귀모형의 기본정보(a, b 그리고 a와 b의 표준오차)로 유의한 간접효과가 있는지 여부를 빠르고 쉽게 검증할 수 있는 몇 가지 온라인 계산기(예: www.danielsoper.com/statcalc3/calc.aspx?id=31; http://quantpsy.org/sobel/sobel.htm)가 개발되었다.

이 접근은 인과단계 접근보다 강력하지만, 간접효과가 정규분포 표집을 한다고 가정한다(Hayes, 2009; Preacher & Hayes, 2004). 간접효과의 표집 분포에서 그래프의 모양이 비대칭이 되거나 꼬리 부분과 중앙 부분의 뾰족함에 영향을 미치기 때문에 불행히도 이 가정은 작은 표본에서는 정당화되지 않는다(Bollen & Stine, 1990). 이 분포는 표본크기가 증가함에 따라 정규분포에 근접하지만, 일부에서는 표본크기가 500 미만인 경우 소벨 검증의 사용을 반대한다. 따라서 큰 표본(>500)에서 결과는 부트스트래핑 절차의 결과와 유사하다. 그러나 더 작은 표본에서는 부트스트래핑이 선호된다.

부트스트래핑.   계수 산출 접근과는 달리, 부트스트래핑은 간접효과의 표집분포가 정규분포를 따른다는 제한적인 가정에 의존하지 않기 때문에 현재 매개를 검증할 때 선택하게 되는 방법이다. 부트스트래핑은 '비모수 재표집 절차(nonparametric resampling procedure)'라고 불린다(부트스트래핑 절차의 장점에 대한 더 깊은 논의는 Preacher & Hayes, 2008을 보라). 그렇다면 부트스트래핑은 실제로 어떻게 작동할까? 자료 세트에 200개의 내담자 표본이 있고, 부트스트랩 표본 2,000개를 요청한다고 가정해 보자. 이것은 사실상 소프트웨어 프로그램에서 원래 표본 200개를 기준으로 표본 2,000개를 '만들어 낼' 것을 요청하는 것이다. 이것은 표본에서 무작위로 선택(예: 45번 내담자)한 다음 45번 내담자를 200개의 내담자 풀(pool)로 되돌리고 다른 내담자를 선택한다는 점에서 '복원 추출(sampling with replacement)'을 통해 이루어진다. 다음으로 132번 내담자가 선택되어 표본 200개로 돌아가고 다른 내담자가 선택될 수 있다. 이 전략은 200명의 내담자 표본이 개발될 때까지 반복되며, 그중 45번, 132번 내담자는 한 번만 나올 수도 있겠지만, 두 번, 세 번 또는 그것보다 더 자주 나타날 수도 있다. 이 과정은 2,000번 반복되기 때문에 200명의 내담자로 구성된 하나의 표본 대신 이제 200명의 내담자로 구성된 2,000개의 표본을 갖게 되는 것이다. 그런 다음 이러한 2,000개의 표본은 2,000개 표본의 평균 ab를 취해서 ab(간접효과)의 점 추정치를 생성하는 데 사용된다. 마찬가지로, (간접효과의 유의성을 검증하는 데 사용되는) 추정된 표준오차는 2,000개의 ab 추정치의 평균 표준편차이다. 따라서 간접효과의 표준오차 분포가 정규분포를 따른다고 가정하는 계수 산출 접근과는 달리, 부트스트래핑은 "표집 과정을 모방함으로써 표집분포의 경험적 근사치에 의존하기 때문에 표집분포의 형태에 대한 가정의 필요성을 제거한다"(Hayes et al., 2011, p. 450).

하나 또는 여러 간접효과의 유의성에 대해 추론하기 위해 부트스트랩 신뢰구간 활용이 일반적으로 제안된다. 이것은 방금 생성한 2,000개의 부트스트랩 추정치를 가장 낮은 것부터 가장 높은 것까지 정렬한 다음, 다음 공식을 사용하여 '하한값(lower limit: LL)' 신뢰구간과 '상한값(upper limit: UL)' 신뢰구간을 나타내는 추정치를 구함으로써 달성된다. 즉, LL=(k/100) (50−€/2) 및 UL=(k/100) (50+€/2) + 1, 여기서 k는 부트스트랩 수이고 €는 신뢰구간 수준이다. 이 예에서 2,000개의 부트스트랩에 대한 95% 신뢰구간은 2,000개의 추정치의 정렬된 분포에서 50번째 점수와 1,951번째 점수의 점 추정치가 될 것이다. 이 접근을 백분위수 부트스트랩(percentile bootstrap)이라고 한다. 평균 ab점 추정치가 일반적으로 이 두 백분위 점수에서 등거리가 아니라면, 종종 비대칭 구간 추정(asymmetric interval estimate)이라고 불린다. 편의수정(bias corrected: BC) 혹은 편의수정 및 가속화된(bias corrected and accelerated: BCa) 신뢰구간이 백분위수 부트스트랩보다 더 정확한 결과를 산출한다는 몇 가지 증거가 있으며, 일반적으로 둘 중 하나가 권장된다(Preacher & Hayes, 2008). 95%(또는 선호되는 경우 99%) BC 또는 BCa 부트스트랩 신뢰구간에 0이 포함되지 않으면, 간접효과가 0과 상당히 다르다는 결론을 내릴 수 있다.

매개검증 방법

다행히도, Mplus, Amos, SPSS, SAS, Stata를 포함한 대부분의 소프트웨어 프로그램들은 소프트웨어 패키지의 일부로 부트스트래핑 절차를 포함하고 있다. 또한 무료로 다운로드할 수 있는 SPSS와 SAS 부트스트래핑 매크로가 개발되었다(http://quantpsy.org/sobel/sobel.htm와 www.afhayes.com/spss-sas-and-mplus-macros-and-code.html). 매개에 대한 다중 SEM 접근(Preacher, Zhang, & Zyphur, 2011; Preacher, Zyphur, & Zhang, 2010)과 마찬가지로 MLM 내의 매개분석도 발전하고 있다(Zhang, Zyphur, & Preacher, 2009). 위에 제시된 두 웹사이트는 단일매개모형과 다중매개모형, 공변량을 포함한 모형, 연속형, 이분형 또는 다중범주형 독립변수, 동시적으로 처리하는 여러 독립변수, 비선형 경로가 있는 매개모형, 조절된 매개와 매개된 조절 등을 포함하여 다양한 매개분석을 수행할 수 있는 정보, 사레와 다양한 매크로의 보물창고이다. 여기서 우리는 SPSS 및 *Mplus*에 대한 다중매개모형 ([그림 22-1] (3))과 관련된 명령문으로 예시를 제한한다. 표본크기가 충분히 큰 경우(대부분의 전문가는 최소 100명의 참여자를 제안함), 다중회귀분석보다 SEM이 더 바람직하다(자세한 내용은 Kline, 2011을 보라). 다중매개모형에서 우리는 직장 스트레스가 부정적 의사소통과 부부 대처라는 두 가지 잠재적인 매개변수를 통해 결혼생활의 질에 영향을 미친다는 것을 제안하고 있다. 이론적으로, 우리는 더 높은 수준의 직장 스트레스가 더 높은 수준의 부정적인 의사소통으로 이어져 더 낮은 수준의 결혼생활을 할 것이라고 가정한다. 마찬가지로 높은 수준의 직장 스트레스는 낮은 수준의 부부 대처로 이어져 결혼생활의 질을 낮출 수 있다. 이를 검증하기 위해서는 Hayes 웹사이트에서 'INDIRECT' 매크로를 다운로드하고, IBM SPSS를 위해 다음 명령문을 사용해야 한다(각 매크로는 관련 명령문뿐만 아니라 절차와 관련된 게시 및/또는 게시되지 않은 문서를 포함한 일련의 명령어로 보완됨).

INDIRECT Y=mquality/X=wstress/M=ncomm dycoping /C=0/
CONTRAST=1/CONF=95/PERCENT=1/BC=1/BCA=1/BOOT=5000

　　INDIRECT 명령어는 매개검증을 지정하고, 종속변수(Y), 독립변수(X)와 매개변수(M1, M2)의 변수 이름을 지정한다. C는 공변량이 0이라고 명시하는 것이지만, 원하는 경우 모형에 쉽게 포함될 수 있으며, 매개변수 바로 뒤에 나열된다. 'CONTRAST=1' 명령어는 두 가지 특정한 간접효과 간 대조를 수행하고 싶다는 것을 의미한다(즉, 직장 스트레스에서 부정적 의사소통을 통해 결혼생활의 질로 가는 경로가 직장 스트레스에서 부부 대처를 통해 결혼생활의 질로 가는 경로보다 더 강한지 확인하는 것임). CONF 명령어는 신뢰구간의 수준을 설정하고 PERCENT, BC 및 BCA를 사용하면 백분위수, 편의수정, 편의수정과 가속화된 부트스트랩 신뢰구간을 알 수 있게 해 준다. 마지막으로, BOOT 명령어는 생성하려는 부트스트랩 표본 수를 나타낸다[일반적으로 권장되는 최솟값은 1,000이지만, Hayes(2009) 및 Preacher와 Hayes(2008)는 5,000을 권장함]. 출력 파일은 독립변수(IV)가 종속변수(DV)에 미치는 전체효과(c 경로), IV가 DV에 미치는 직접효과(c' 경로), IV가 매개변수에 미치는 직접효과(a 경로), 매개변수가 DV에 미치는 직접효과(b 경로), 제안된 매개변수를 통해 DV에 대한 IV의 간접효과(ab 경로), 그리고 백분위수, 편의수정 및 편의수정 및 가속화된 신뢰구간과 관련된 정보를 제공한다. 이전에 논의한 바와 같이, 각 ab 경로의 신뢰구간이 0을 포함하지 않을 때 매개가 가정된다.

SEM 틀 내에서 이 동일한 매개모형을 검증할 수 있다. 그러나 결측치가 있을 때 Amos
에서는 부트스트래핑 절차가 수행될 수 없고, M*plus*는 결측치가 있어도 부트스트랩을 할
수 있다. M*plus*의 표본 명령문은 다음과 같다.

```
TITLE: Two-mediator example with contrast
DATA: FILE IS example.dat;
VARIABLE: NAMES ARE wstress ncomm dycoping mqual;
          USEVARIABLES wstress ncomm dycoping mqual;
ANALYSIS: BOOTSTRAP=5000;
MODEL: ncomm ON wstress (a1); dycoping ON wstress (a2); mqual ON
        ncomm (b1); mqual ON dycoping (b2); mqual ON wstress; ncomm
        WITH dycoping;
MODEL INDIRECT: mqual IND ncomm wstress;
                mqual IND dycoping wstress;
MODEL CONSTRAINT: NEW (a1b1 a2b2 con);
        a1b1=a1*b1; a2b2=a2*b2; con=a1b1−a2b2;
OUTPUT: CINTERVAL (BCBOOTSTRAP);
```

이 명령문을 활용하면, 전체경로, 직접경로, 간접경로의 추정을 비롯해 두 간접효과가
동일하다는 대조가설을 검증할 수 있다. 덧붙이자면, 회귀분석이나 SEM에서 모형 검증
과 마찬가지로 계수의 통계적 유의성은 효과크기만큼 유의하지 않다. 최근의 발전은 간
접효과의 효과크기를 계산하는 방법을 제공했으며(Preacher & Kelly, 2011을 보라.), 매개
분석 결과를 보고하는 모범 사례는 효과크기 추정치를 포함하는 방향으로 이동하고 있
다. 연구 커뮤니티는 아이디어와 명령문을 공유하는 것에 대해 매우 관대하다. 따라서 여
러분이 연구하다가 막힐 때 앞의 두 웹사이트는 매우 유용하며, 문자 그대로 튜토리얼
(tutorial)[1]이 포함된 수십 개의 추가 웹페이지가 있는데, 다양한 모형 및 자료 유형에 대한
Amos, M*plus*, 그리고 위계선형모형(HLM)의 매개분석과 관련된 정보를 검색할 수 있다.

---

1) 역자 주: 소프트웨어나 하드웨어를 움직이는 데 필요한 사용 지침 따위의 정보를 알려 주는 시스템.

마지막으로, 이 주제에 대한 보다 자세한 정보와 매개분석의 결과 보고와 관련된 정보는 Hayes(2013)와 MacKinnon(2008)의 연구를 참조하면 된다.

조절을 전체적으로 살펴보기

조절은 모형에 조절변수를 포함시켜서 두 변수 간 관계의 크기가 변화될 수 있을 때 발생한다. 이것은 어떤 상황에서 원하는 효과가 나타날 수 있는지를 알고자 하는 연구자, 임상가, 정책을 만드는 사람들에게 매우 중요하다. Cohen, Cohen, West와 Aiken(2003)은 조절에 대한 연구가 중요하다고 강조했는데, 그들은 "상호작용의 검증은 사회과학에서 이론 검증의 핵심이라고 말할 수 있다."라고 주장했다(p. 255). 예를 들어, 커플과 함께 작업할 때 화자−청자기법(speaker-listener technique)을 가르치는 것이 이미 의사소통이 잘되는 커플에게는 도움이 되지 않을 수 있지만, 의사소통이 잘 이루어지지 않는 커플은 이 개입을 통해 도움을 받을 수 있다고 아는 것이 도움이 된다(Braithwaite & Fincham, 2011). 커플과 커플치료에 대한 이해는 어떤 상황(예: 성별, 연령, 인종, 나타나는 문제)에서 주어진 개입이 도움이 될 수 있는지에 대한 추가 정보를 통해 극적으로 향상될 수 있다.

직접효과가 발견된 다음, 우리가 그 관계에 대한 설명과 이론 검증으로 나아가게 된다면, 그것은 관계에 대한 연구가 진전되고 있다는 분명한 신호가 된다(Frazier et al., 2004; Hoyle & Kenny, 1999). 조절과 커플의 관계 만족과 관련된 최근의 몇몇 연구결과를 살펴보자. 우리 대부분이 직관적인 관점에서는 커플에게 도움이 된다고 생각하지만 실제로는 도움이 되지 않고 사실상 신혼 커플 연구에서 상황을 악화시키는 것으로 드러난 '긍정적인 과정(positive processes)'이 많이 있다. 예를 들어, 더 긍정적인 기대, 더 긍정적인 귀인, 덜 부정적인 행동, 더 많은 용서는 문제가 자주 발생하지 않고 또 발생한 문제도 사소한 커플

[그림 22–2] 문제의 심각성은 긍정적인 기대와 결혼생활의 질 사이의 관계를 조절한다.

들에게만 도움이 되었다. 문제가 더 빈번히 발생하고 또 발생한 문제도 심각한 커플들의 경우, 덜 긍정적인 기대, 덜 긍정적인 귀인, 더 부정적인 행동, 더 적은 용서가 배우자 간 만족도를 가장 효과적으로 유지했다. 이유는 그 과정들이 배우자가 그들의 문제를 인정하고 이야기하고 해결하도록 만들었기 때문이다(McNulty, 2010). 이러한 조절변수가 식별되기 전에는, 선의를 가진 치료자들이 커플로 하여금 특정한 상황에 덜 효과적인 것을 행하도록 할 수 있었다. 이 예시에서 예측변수(기대, 귀인, 부정적 행동, 그리고 용서)는 관계 만족에 영향을 미치지만, 그 영향은 조절변수(신혼 커플이 당면한 문제의 빈도와 심각성)에 따라 달라진다. 이 조절 예시의 시각적 설명은 [그림 22-2]를 보라.

치료 중인 커플과 가족을 대상으로 한 임상연구에서 행해질 수 있는 조절검증은 많다. 예를 들어, 임상적 처치에서의 예측관계는 내담자의 희망, 인종, 성별, 나이, 소득, 문제 심각도, 관계 기간, 부모의 지위, 지리적 위치, 종교 또는 가족구조에 따라 다르게 작용한다. 더 나아가, 임상연구에서 예측된 처치 결과는 임상가의 연령, 성별, 임상 경험, 이론, 임상 훈련, 처치에 대한 기대 또는 치료자의 자기관리에 따라 달라지는가? 조절의 검증은 범주형 또는 연속형 변수의 조합으로 수행될 수 있다.

조절검증 방법

연속형 변수를 사용한 조절의 추정은 다중회귀, SEM 또는 MLM 분석에서 유사한 방식으로 수행할 수 있다. 즉, 조절변수에 예측변수를 곱하여 상호작용 변수를 만든 다음 예측변수, 조절변수 및 상호작용 변수를 결과의 세 가지 예측변수로 포함하기만 하면 된다. SEM에서는 예측변수, 조절변수 및 상호작용 변수가 각각 특정 결과변수의 예측변수로 포함되는 만큼 조절변수가 관심 있는 결과에 대한 모형 내에 포함될 수 있다(Kline, 2011, pp. 327-333을 보라). 조절은 예측변수, 조절변수 그리고 상호작용 변수를 동일한 수준에서 동일한 결과의 예측변수로 추가하여 HLM이라고도 하는 MLM 내에서 검증할 수도 있다. 그러나 이러한 조절검증의 대부분은 현재 SPSS에서 할 수 있기 때문에 SEM과 HLM에서의 조절검증에도 직접적으로 적용되지만 해당 틀에서 이 작업을 하는 방법에 대한 보다 자세한 설명을 제공할 것이다. 조절분석을 수행하는 데는 8가지 단계가 있다.

1단계에서는 모든 연구에서와 마찬가지로 왜 변수 M이 변수 X와 Y를 조절하는가를 설명하는 잘 정의된 이론이 필요하다. 이 조절변수가 X와 Y 간 관계에 대해 갖게 될 것이라고 생각하는 방향을 지정하는 것도 중요하다. 예를 들어, 조절변수는 X와 Y 사이의 관계를 향상하고 강화할 것인가, 아니면 X와 Y 사이의 관계를 약화시키고 완충시킬 것인가?

2단계는 조절효과를 찾아내기에 충분한 통계적 검증력이 있는지 확인하는 것이다. 조절검증에서는 더 작은 표본크기, 조절변수의 다른 수준 사이의 불균등한 크기(예: 남성 10명, 여성 90명), 집단 간 불균등한 오차분산, 모집단에서의 작은 효과크기, 측정오차, 예측변수와 조절변수 사이의 범위 제한(예: 높은 끝과 낮은 끝에서 더 극단적인 값을 갖는 것은 검증력을 증가시킴), 그리고 상호작용 변수의 범위보다 작은 범위를 갖는 결과변수(예: 상호작용항의 범위가 50이고 결과변수의 범위가 5이면 검증력이 감소함; Russell & Bobko, 1992)를 포함한 많은 것에 의해 검증력이 감소된다. 측정오차는 조절검증에서 더 커진다. 예를 들어, 변수 X의 신뢰도가 0.7이고 변수 M의 신뢰도가 0.8인 경우 상호작용항에 대한 신뢰도는 0.56이다(0.7×0.8=0.56). 이것은 세 변수 사이에 상호작용이 있을 때는 더욱 커진다. 상호작용을 사정하는 검증력은 신뢰도가 1.00이 아니라 0.80일 때 절반까지 감소한다(Aiken & West, 1991). 그러나 SEM에서 조절검증을 수행하면 모형에서의 측정오차를 설명하고 이러한 약점을 줄일 수 있는 이점이 있다(예: Aguinis, 1995; Frazier et al., 2004; Holmbeck, 1997).

3단계는 성별과 인종과 같은 모든 범주형 변수를 적절하게 코드화하는 것이다. 예를 들어, 관계 질의 예측변수로 사용되는 세 가지 응답(예: 아시아계 미국인, 아프리카계 미국인, 유럽계 미국인)이 가능한 인종변수를 고려해 보라. Frazier 등(2004)은 통제집단 또는 기본집단과의 비교가 필요할 때(예: 아프리카계 미국인과 다른 두 인종 간 관계 질의 차이 비교), 가변수 코드(0, 1)를 사용할 것을 권장한다. Frazier 등(2004)은 전체 평균과의 비교가 필요할 때(예: 아시아계 미국인의 관계 질이 관계 질의 전체 평균과 유의하게 다른지 여부를 검증), 효과 코드(-1, 1)를 사용할 것을 권장했다. Frazier 등(2004)은 특정 집단 간 비교가 필요할 때(예: 아프리카계 미국인과 아시아계 미국인, 아시아계 미국인과 유럽계 미국인, 유럽계 미국인과 아프리카계 미국인 간의 관계 질 차이 검증), 대조 코드(-1/2, 1/2) 사용을 권장했다. 얼마나 많은 집단이 있느냐에 따라서 전체 집단 수보다 하나 적게 산출된 변수가 있게 된다. 예를 들어, 5개의 인종이 나열된 경우 인종에 대해 4개의 코드화된 변수가 있는 반면, 성별에는 1개의 코드화된 변수가 있게 된다. 이렇게 코딩된 범주형 변수들은 모두 모형의 예측변수로 포함된다. 이러한 변수들을 코딩하는 방법은 결과를 해석하는 데 매우 중요한 의미를 가지며, 가변수 코딩이 가장 자주 사용되기는 하지만, 특정한 연구 질문에 대해서는 최적의 코딩 도식이 아닐 수도 있다(Cohen et al., 2003).

4단계는 연속적인 예측변수와 조절변수를 평균중심화(mean centering)하거나 표준화 (standardizing)함으로써 조절모형에 사용할 변수를 변환하는 것이다. 평균중심화 또는 예측변수 및 조절변수를 표준화시키는 목적은 해당 변수의 평균이 0이 되도록 하는 것이다. 이것은 적어도 두 가지 이유에서 중요하다. 첫째, 상호작용 모형의 결과를 해석할 때, 다른 모든 변수가 0으로 이해되는 것이 중요하다. 둘째, 변수의 평균이 0일 때 유의한 상호작용 베타계수의 결과를 해석하는 것이 훨씬 쉽다. 아래에 더 자세히 설명되어 있다.

평균중심화는 단순하게 변수에서 평균을 빼서 이루어진다. 12.5라는 평균을 가진 희망 이라는 연속변수가 있다고 가정해 보자. SPSS에서 평균중심화된 희망이라는 새로운 변수 (즉, mc_hope)를 만들기 위한 명령문은 다음과 같다. COMPUTE mc_hope=hope−12.5. 그러나 z점수 변환을 사용하여 표준화하면 8단계에서 설명하는 상호작용을 표시하는 그림을 훨씬 간단하게 만들 수 있으므로, 이 방법을 적극 권장한다. SPSS 명령문을 사용하여 새로운 표준화된 변수를 생성하려면, 변수 X에 대해 다음 공식을 사용할 수 있다. [(X−X 의 평균)/X의 표준편차]. 그러나 SPSS에서 이것은 박스 확인만 하면 되는 정도로 쉽다. '분석 (Analyze)'으로 간 다음 '기술통계(Descriptive Statistics)'로 가고, 다시 '기술(Descriptives)'로 간 다음 표준화할 변수를 오른쪽의 변수 열로 선택하고 왼쪽 맨 아래에 있는 '표준화된 값 을 변수로 저장(Save standardized values as variables)'이라는 박스를 확인하라. 코딩된 범주 형 변수를 표준화하거나 평균중심화해서는 안 되며 연속형 변수만을 사용해야 한다.

5단계에서 범주형 변수가 코딩되고 연속형 변수가 중심화되거나 z점수로 변환된 후, 새로 코딩되고 변환된 예측변수와 조절변수는 함께 곱해진다. 이는 SPSS에서 새로운 변수를 계산하고 예측변수에 조절변수를 곱하면서 이루어진다. 4개의 대조 코딩된 인종변수와 같이 여러 개의 코딩된 범주형 변수가 있는 경우, 이러한 코딩된 각 변수에 다른 예측변수를 별도로 곱한 4개의 상호작용 변수가 필요하다.

6단계는 위계적 다중회귀를 실시하는 것으로, 회귀모형을 단계별로 분석하는데, 이를 블록(blocks)이라고 한다. SPSS에서 '분석(Analyze)', '회귀(Regression)', '선형(Linear)'으로 이동한다. 다음으로 '종속(Dependent)'이라는 박스 안에 결과변수를 입력하고, 변환되고 코딩된 예측변수(들)와 조절변수(들)를 '독립[Independent(s)]' 박스에 추가한다. 그 후에는

'다음(Next)'을 클릭하고, 두 번째 블록에 상호작용을 입력하라. 그런 다음 '통계(Statistics)'를 클릭하고 'R 제곱 변경(R squared change)'이라는 박스를 확인한 후, '계속(Continue)'을 클릭하고, '확인(OK)'을 클릭한다. 결과는 다른 구성요소(즉, 예측변수와 조절변수)가 부분적으로 제거된 경우에만 상호작용을 나타내기 때문에 조절을 검증하고 예측변수와 조절변수를 상호작용항이 있는 동일한 모형에 포함시키지 않는 것은 허용되지 않는다(Cohen, 1978). 따라서 예측변수와 조절변수는 항상 상호작용항 이전에 분석에 포함되어야 한다.

　7단계는 결과를 해석하는 것이다. 예측변수와 조절변수를 평가할 때, 상호작용항을 포함하지 않는 일반적인 회귀모형과 해석이 다르다는 것을 아는 것이 중요하다. 이러한 유형의 모형에서 예측변수의 효과는 모형의 다른 모든 변수에 대한 값이 0일 때 '조건부효과(conditional effect)'라고 하며, 흔히 말해지는 '주효과(main effect)'라는 말은 부적절한 것이다(Frazier et al., 2004; Judd, McClelland, & Culhane, 1995). 일반 회귀식에서는 단일 예측변수를 해석할 때 그 계수는 다른 모든 변수를 일정하게 유지하면서 이해된다. 상호작용항이 포함된 회귀모형에서는 이 대신에 단일 예측변수를 해석할 때 해당 계수는 그 모형 안에 있는 다른 예측변수들이 0이라는 것을 이해함으로써 해석된다. 예를 들어, 결과인 비난자 완화시키기(blamer-softening)의 예측변수로서 실연(enactments)의 질을 포함시키고, 이 예측관계가 치료적 동맹에 의해 조절되기를 제안하는 정서중심커플치료(emotionally focused couples therapy)의 과정 검증을 수행하기를 원한다고 상상해 보자. 좀 더 구체적으로, 실연의 비표준화된 회귀계수가 0.35라고 가정해 보자. 우리는 이것을 **"치료적 동맹은 0에 있고**, 실연이 한 단위 증가할 때마다 비난자 완화시키기의 점수는 0.35씩 더 높아질 것으로 예상된다."라고 해석할 것이다. 상호작용항이 없는 일반 회귀분석에서는 이전 문장의 고딕체로 표시된 부분이 "치료적 동맹관계를 일정하게 유지하면서"로 읽힐 것이다. 이것은 우리가 조절 결과를 정확하게 해석할 수 있도록 이해하는 것에 중요하다. 예측변수와 조절변수가 중심화되어 있거나 표준화되어 있는 경우, 다른 공변량을 0으로 이해하는 것은 다음과 같은 의미가 있다. 특히 각 베타계수는 다른 공변량이 평균 수준에 있을 때로 이해되는 것이다. 예측변수가 1에서 7까지로 척도화되어 회귀분석에 입력된 경우, 이 변수의 범위를 벗어나기 때문에 이 변수를 0의 값으로 해석하는 것은 의미가 없다(Frazier et al., 2004). 조절모형에서 공변량을 해석하는 방법의 차이 때문에, 어떤 경우에는 유의하지 않아서 상호작용항을 제거하는 것이 도움이 될 수 있으므로, 다른 공변량은 더 이상 0이 되는 것을 조건으로 하지 않는다.

예측변수 또는 조건부효과는 표준화되지 않은 계수를 평가하여 해석되며, 표준화된 계수는 절대로 해석되지 않는다. 회귀분석 결과에서 표준화된 베타계수는 정확하게 표준화되지 않고 조절모형으로 일반화되지 않기 때문에 해석해서는 안 된다(Aiken & West, 1991; Frazier et al., 2004; Whisman & McClelland, 2005).

일반회귀에 반대되는 위계적 회귀를 수행할 때의 이점은 방정식에 상호작용항을 추가하면 예측변수와 조절변수만 포함된 모형에 의해 설명되는 변동을 넘어서는 더 많은 변동을 유의하게 설명하는지를 검증할 수 있다는 것이다. 이 예시에서 블록 1은 예측변수와 조절변수를 포함했고, 블록 2는 두 변수 사이의 상호작용항을 포함하였다. 상호작용항이 예측변수와 조절변수를 넘어 결과에서의 훨씬 더 많은 분산을 설명하는지 여부를 평가할 수 있다. 이는 R 제곱 변화값을 관찰하여 블록 간 설명 분산의 변화량을 확인하고, F 변화값을 관찰하여 설명 분산의 증가가 이전 블록을 넘어서는 유의한 증가인지 여부를 확인함으로써 평가될 수 있다. 상호작용항이 유의하다면 조절항이 예측변수와 결과변수 간의 관계에 유의한 영향을 미치거나 변화가 있음을 의미한다.

8단계는 이 상호작용을 그림으로 그리는 것이다. 조절의 시각적 표시는 결과변수에 대한 두 변수의 상호작용을 이해하고 효과의 크기를 인식하는 데, 특히 도움이 될 수 있다. 선 또는 막대그래프는 조절변수의 기능에 의해 예측변수 및 결과변수의 다양한 수준에서의 상호작용의 강도와 방향을 나타낼 수 있다. 이 그래프를 만드는 과정에 도움이 되는 다양한 도구를 온라인에서 찾을 수 있다. 부가적으로, 이 장에 관한 슬라이드[2]는 절편과 예측변수, 조절변수와 상호작용항에 대한 표준화되지 않은 베타 정보를 입력해야 하는 엑셀 스프레드시트를 포함하며, 그런 다음에 그림이 작성될 것이다. 예측변수는 x축에 있어야 하고, 결과는 y축에 있어야 하며, 조절변수의 효과는 그래프의 다른 선으로 표시된다. 조절변수의 효과는 예측변수와 결과변수의 다양한 수준에서 선 사이의 거리로 그래프 안에 표시된다.

---

2) 역자 주: 이 책을 출판한 Routledge 출판사의 eResource 웹사이트에서는 이 책에 대한 파워포인트 슬라이드를 제공하고 있다. 주소는 다음과 같다. http://www.routledge.com/books/details/9780415710909

기타 조절검증 유형

조절은 SEM의 유연한 분석을 통해 다양한 방식으로 검증할 수도 있다. SEM의 조절효과는 흔히 모형 간의 불변성을 검증하여 조사된다. 예를 들어, 남성과 여성 모두에 대해 동시에 실행되는 SEM으로 조절변수(예: 성별)를 검증하는 다중표본 SEM을 수행할 수 있다. 이 완전히 제약되지 않은 모형은 경로계수, 요인부하량, 평균 또는 남성과 여성 간에 동일하도록 제한된 변수의 분산에 대해 한 번에 하나씩 제약 조건을 추가할 수 있다(Kline, 2011). 그런 다음 카이제곱 차이 검정(chi-square difference test)을 수행하여 모형이 남성과 여성 간에 동일하도록 만든 후에 모형 적합도(model fit)가 유의하게 악화되었는지 여부를 확인할 수 있다. 그 후에 모형 적합도에 대한 제약 없는 카이제곱이 다음과 같은 제약된 모형과 비교되는데, 예를 들어 경로계수가 남성과 여성에 대해 동등하게 제한된다. 제약 조건을 하나 추가하면 SEM에 1자유도(df)가 추가되고, 1df가 있는 카이제곱 검정의 임계비는 3.84이다. 따라서 제약 조건이 모형에 추가된 후 모형 적합도에 대한 카이제곱이 3.84 이상 증가한 경우, 남성과 여성이 비교된 모수에서 남성과 여성이 유의하게 다르기 때문에 남성과 여성 간에 동동하게 강제된 모수가 자료에 잘 맞지 않는다는 증거가 된다. 외재화 대화의 빈도가 높을수록 관계가 개선될 수 있다는 희망 점수가 높아지는지 여부, 그리고 이 관계가 성별에 의해 조절되는지 여부를 검증하기 위해 커플에 대한 이야기치료로 검증한다고 생각해 보자. 남성과 여성 표본을 사용하는 다중표본 SEM에서 완전히 제약되지 않은 모형을 검증하고, 6df로 카이제곱 10.0에 적합한 모형을 얻었다고 가정해 보겠다. 그런 다음 우리는 외재화에서 희망으로의 경로를 남성과 여성 표본 간에 동등하게 제한하고, 7df로 15의 카이제곱에 대한 모형 적합도 값을 얻었다. 카이제곱 값이 1df(예: 15−10＝5)로 3.84 이상 증가했기 때문에 우리는 이 예측경로가 성별에 따라 다르다는 증거를 갖게 된다. 유의하지 않은 카이제곱 값은 두 경로가 불변임을 나타낸다. 즉, 두 경로는 크게 다르지 않으며, 성별이 예측변수와 결과변수 간의 관계를 조절하지 않는다.

상호작용항을 잠재변수로 사용하여 SEM에서 조절을 검증하는 또 다른 방법이 있다. 이것은 다른 곳(Kline, 2011, pp. 336-340)에서 자세히 설명되어 있다. 요컨대, 이것은 결과변수를 예측하는 3개의 잠재변수(예: 예측변수, 조절변수, 상호작용 변수)를 만들어 내서 수행할 수 있다. 예측변수와 조절변수는 일반적으로 SEM에서 수행되는 것처럼 잠재요인(latent factor)에 대해 그들 각각의 지표변수(indicator)의 부하량을 갖게 된다. 그런 다음 예측변수와 조절변수의 지표변수들 중 상호작용항을 사용하여 상호작용 잠재변수를 지정한다(그림은 Kline, 2011, p. 338을 보라). 예를 들어, 우리의 예측 잠재변수가 지표변수 X_1과 X_2를 가지고 있고, 우리의 조절 잠재변수가 지표변수 W_1과 W_2를 가지고 있다고 가정하자. 그런 다음 상호작용 잠재변수는 X_1*W_1, X_1*W_2, X_2*W_1, X_2*W_2를 포함한 이 잠재변수의 측정변수들로서 요인부하량 간의 가능한 상호작용을 각각 갖게 될 것이다. 이러한 상호작용항은 SPSS에서 이전에 계산될 것이다. 이러한 유형의 모형은 이러한 잠재변수와 지표변수가 있는 모형을 그려서 Amos에서 수행될 수 있다. 또한 결과 Y와 함께 다음 모형 명령문을 지정하여 *Mplus*에서 수행될 수 있다.

MODEL: X by X_1 X_2; W by W_1 W_2; XW by X_1W_1 X_1W_2 X_2W_1 X_2W_2; Y on X W XW;

매개분석과 조절분석의 발전

매개와 조절의 사용을 보다 향상시키는 방법이 개발되고 있다. 매개와 조절은 SEM 내에서 검증할 수 있으며, 종단분석에 사용될 수 있다. 커플과 가족에 대한 연구가 계속 진행되고, 임상 환경에서 MFT 모델의 검증이 점점 더 발전함에 따라 동일한 모형에서 매개변수와 조절변수의 검증을 보는 것이 훨씬 더 일반적일 것이다. 조절된 매개는 X와 Y 사이의 매개된 관계가 조절변수의 수준에 따라 달라지는 모형을 말하며, 매개된 조절은 매개변수가 상호작용항과 결과 간의 관계를 설명하는 모형을 말한다(Edwards & Lambert, 2007; Kline, 2011, pp. 333-335; Muller, Judd, & Yzerbyt, 2005; Preacher, Rucker, & Hayes, 2007을 보라). Hayes와 Preacher(2013)는 이러한 모형을 조건부과정모형(conditional process models)이라고 부르며, Hayes(2012)는 이러한 분석을 수행하기 위한 SPSS 및 SAS 매크로를 전체적으로 살펴보면서 이러한 모형에 대한 심층적인 논의를 제공한다. 또한 조절은 궤적(trajectory)의 예측이 조절변수에 의해 유의하게 변경되는지를 확인하기 위해 성장곡선모형(growth curve models)에서 검증될 수 있다. 이는 SEM 또는 HLM의 이원적(dyadic) 성장곡선모형에서도 수행할 수 있다(23장을 보라). 자기−상대방 상호의존모형(actor-partner interdependence models)과 같은 이원적 모형의 검증에서 조절은 상대방 또는 상대방과 처치 간의 상호작용으로 검증될 수 있다(Cook & Snyder, 2005). 마찬가지로 종단모형에서의 매개분석은 시간의 경과에 따른 과정을 이해하기 위한 일반적이고 중요한 방법이다(Cheong, MacKinnon, & Khoo, 2003; Selig & Preacher, 2009).

결론

매개와 조절의 검증은 이론과 연구를 발전시키는 데 필수적이며, 인간의 번영을 가져오는 관계 과정뿐만 아니라 치료적 접근의 근본적인 메커니즘을 더 잘 이해할 수 있도록 도와준다. 이것은 빠르게 발전하고 있는 분야이지만, 이러한 발전과 함께 연구자들이 매개, 조절 또는 두 가지 모두에 대해 모형을 유능하게 구성하고 검증하도록 하는 셀 수 없이 많은 도구가 있다. 우리는 여러분이 관련 문헌에 접근하고, 출판에 앞서 종종 새로운 매크로(macros)[3]와 백서를 게시하는 매우 가치 있는 웹사이트를 자주 방문하여 진행 중인 개발 상황을 지속적으로 파악했으면 한다.

참고문헌

Aguinis, H. (1995). Statistical power problems with moderated multiple regression in management research. *Journal of Management Research, 21,* 1141-1158.

Aguinis, H., Boik, R. J., & Pierce, C. A. (2001). A generalized solution for approximating the power to detect effects of categorical moderator variables using multiple regression. *Organizational Research Methods, 4,* 291-323.

Aiken, L. S., & West, S. G. (1991). *Multiple regression: Testing and interpreting interactions.* Newbury Park, CA: Sage.

Baron, R. M., & Kenny, D. A. (1986). The moderator-mediator variable distinction in social psychological research: Conceptual, strategic, and statistical considerations. *Journal of Personality and Social Psychology, 51,* 1173-1182.

Bollen, K. A., & Stine, R. (1990). Direct and indirect effects: Classical and bootstrap estimates of variability. *Sociological Methodology, 20,* 115-140.

Braithwaite, S. R., & Fincham, F. D. (2011). Computer-based dissemination: A randomized clinical trial of ePREP using the actor partner interdependence model. *Behaviour Research and Therapy, 49,* 126-131.

Cheong, J., MacKinnon, D. P., & Khoo, S. T. (2003). Investigation of mediational processes using

---

3) 역자 주: 프로그래밍 언어 명령의 일종. 같은 프로그래밍 언어의 복수 명령으로 치환된다.

parallel process latent growth modeling. *Structural Equation Modeling, 10,* 238–262.

Cohen, J. (1978). Partialed products are interactions: Partialed vectors are curve components. *Psychological Bulletin, 85,* 858–866.

Cohen, J., Cohen, P., West, S. G., & Aiken, L. S. (2003). *Applied multiple regression/correlation analysis for the behavioral sciences* (3rd ed.). Mahwah, NJ: Erlbaum.

Cook, W. L., & Snyder, D. K. (2005). Analyzing nonindependent outcomes in couple therapy using the actor–partner interdependence model. *Journal of Family Psychology, 19,* 133–141.

Dekovic, M., Asscher, J. J., Manders, W. A., Prins, P. J. M., & van der Laan, P. (2012). Within-intervention change: Mediators of intervention effects during multisystemic therapy. *Journal of Consulting and Clinical Psychology, 80,* 574–587.

Edwards, J. R., & Lambert, L. S. (2007). Methods of integrating moderation and mediation: A general analytical framework using moderated path analysis. *Psychological Methods, 12,* 1–22.

Frazier, P. A., Tix, A. P., & Barron, K. E. (2004). Testing moderator and mediator effects in counseling psychology research. *Journal of Counseling Psychology, 51,* 115–134.

Fritz, M. S., & MacKinnon, D. P. (2007). Required sample size to detect the mediated effect. *Psychological Science, 47,* 556–572.

Hayes, A. F. (2009). Beyond Baron and Kenny: Statistical mediation analysis in the new millennium. *Communication Monographs, 76,* 408–420.

Hayes, A. F. (2012). PROCESS: A versatile computational tool for observed variable mediation, moderation, and conditional process modeling [White paper]. Retrieved from http://www.afhayes.com/public/process2012.pdf

Hayes, A. F. (2013). *Introduction to mediation, moderation, and conditional process analysis: A regression-based approach.* New York: Guilford.

Hayes, A. F., & Preacher, K. J. (2013). Conditional process modeling: Using structural equation modeling to examine contingent causal processes. In G. R. Hancock & R. O. Mueller (Eds.), *Structural equation modeling: A second course* (2nd ed.). Greenwich, CT: Information Age Publishing.

Hayes, A. F., Preacher, K. J., & Myers, T. A. (2011). Mediation and the estimation of indirect effects in political communication research. In E. P. Bucy & R. Lance Holbert (Eds.), *Sourcebook for political communication research: Methods, measures, and analytical techniques* (pp. 434–465). New York: Routledge.

Holmbeck, G. N. (1997). Toward terminological, conceptual, and statistical clarity in the study of mediators and moderators: Examples from the child–clinical and pediatric psychology literatures. *Journal of Consulting and Clinical Psychology, 65,* 599–610.

Hoyle, R. H., & Kenny, D. A. (1999). Sample size, reliability, and tests of statistical mediation. In R. Hoyle (Ed.), *Statistical strategies for small sample research* (pp. 195–222). Thousand Oaks, CA: Sage.

Judd, C. M., McClelland, G. H., & Culhane, S. E. (1995). Data analysis: Continuing issues in the everyday analysis of psychological data. *Annual Review of Psychology, 46,* 433–465.

Karney, B. R., & Bradbury, T. N. (1995). The longitudinal course of marital quality and stability: A review of research, theory, method, and research. *Psychological Bulletin, 118,* 3–34.

Kenny, D. A., Kashy, D. A., & Bolger, N. (1998). Data analysis in social psychology. In S. F. D. Gilbert & G. Lindzey (Eds)., *Handbook of social psychology* (4th ed., Vol. 1). Boston: McGraw–Hill.

Kline, R. B. (2011). *Principles and practice of structural equation modeling* (3rd ed.). New York: Guilford Press.

MacKinnon, D. P. (2008). *Introduction to statistical mediation analysis.* Mahwah, NJ: Lawrence Erlbaum Associates.

MacKinnon, D. P., Fairchild, A. J., & Fritz, M. S. (2007). Mediation analysis. *Annual Review of Psychology, 58,* 593–614.

MacKinnon, D. P., Lockwood, C. M., Hoffman, J. M., West, S. G., & Sheets, V. (2002). A comparison of methods to test the significance of the mediated effect. *Psychological Methods, 7,* 83–104.

MacKinnon, D. P., Lockwood, C. M., & Williams, J. (2004). Confidence limits for the indirect effect: Distribution of the product and resampling methods. *Multivariate Behavioral Research, 39,* 99–128.

Mathieu, J. E., & Taylor, S. R. (2006). Clarifying conditions and decision points for mediational type inferences in organizational behavior. *Journal of Organizational Behavior, 27,* 1031–1056.

McNulty, J. K. (2010). When positive processes hurt relationships. *Current Directions in Psychological Science, 19,* 167–171.

Muller, D., Judd, C. M., & Yzerbyt, V. Y. (2005). When moderation is mediated and mediation is moderated. *Journal of Personality and Social Psychology, 89,* 852–863.

Preacher, K. J., & Hayes, A. F. (2004). SPSS and SAS procedures for estimating indirect effects in simple mediation models. *Behavior Research Methods, Instruments, and Computers, 36,* 717–731.

Preacher, K. J., & Hayes, A. F. (2008). Asymptotic and resampling strategies for assessing and comparing indirect effects in multiple mediator models. *Behavior Research Methods, 40,* 879-891.

Preacher, K. J., & Kelley, K. (2011). Effect size measures for mediation models: Quantitative strategies for communicating indirect effects. *Psychological Methods, 16,* 93-115.

Preacher, K. J., Rucker, D. D., & Hayes, A. F. (2007). Addressing moderated mediation hypotheses: Theory, methods, and prescriptions. *Multivariate Behavioral Research, 42,* 185-227.

Preacher, K. J., Zhang, Z., & Zyphur, M. J. (2011). Alternative methods for assessing mediation in multilevel data: The advantages of multilevel SEM. *Structural Equation Modeling, 18,* 161-182.

Preacher, K. J., Zyphur, M. J., & Zhang, Z. (2010). A general multilevel SEM framework for assessing multilevel mediation. *Psychological Methods, 15,* 209-233.

Rucker, D. D., Preacher, K. J., Tormala, Z. L., & Petty, R. E. (2011). Mediation analysis in social psychology: Current practices and new recommendations. *Social and Personality Psychology Compass, 5/6,* 359-371.

Russell, C. J., & Bobko, P. (1992). Moderated regression analysis and Likert scales: Too coarse for comfort. *Journal of Applied Psychology, 77,* 336-342.

Selig, J. P., & Preacher, K. J. (2009). Mediation models for longitudinal data in developmental research. *Research in Human Development, 6,* 144-164.

Shadish, W. R., Cook, T. D., & Campbell, D. T. (2002). *Experimental and quasi-experimental designs for generalized causal inference.* Belmont, CA: Wadsworth.

Shrout, P. E., & Bolger, N. (2002). Mediation in experimental and nonexperimental studies: New procedures and recommendations. *Psychological Methods, 7,* 422-445.

Sobel, M. E. (1982). Asymptotic confidence intervals for indirect effects in structural equation models. In S. Leinhardt (Ed.), *Sociological methodology* (pp. 290-312). San Francisco: Jossey-Bass.

Whisman, M. A., & McClelland, G. H. (2005). Designing, testing, and interpreting interactions and moderator effects in family research. *Journal of Family Psychology, 19,* 111-120.

Williams, J., & MacKinnon, D. P. (2008). Resampling and distribution of the product methods for testing indirect effects in complex models. *Structural Equation Modeling, 15,* 23-51.

Zhang, Z., Zyphur, M. J., & Preacher, K. J. (2009). Testing multilevel mediation using hierarchichal linear models: Problems and solutions. *Organizational Research Methods, 12,* 695-719.

Zhao, X., Lynch, J. G., & Chen, Q. (2010). Reconsidering Barron and Kenny: Myths and truths about mediation analysis. *Journal of Consumer Research, 37,* 197-206.

23 이인관계와 체계적 자료 분석

Suzanne Bartle-Haring, Lenore M. McWey, & Jared A. Durtschi

커플가족치료(couple and family therapy: CFT)는 효과가 있다. 그러나 개인치료도 효과가 있다는 근거가 있다. 그렇다면 커플가족치료 접근 방식을 사용하여 얻을 수 있는 추가적인 이점은 무엇인가? 체계적 관점에서 변화하는 것은 체계이며, 이러한 변화는 이어서 증상 행동의 변화에 영향을 준다. 적은 수의 연구에서 체계의 다른 구성원들이 한 명의 개인과 관련하여 어떻게 변화하는지에 대한 정보를 포함한다. 그러나 최근 양적 방법론의 발달은 관계와 변화에 대한 전통적 커플가족치료 이론과 밀접한 관련이 있는, 가족 구성원이 어떻게 서로에게 영향을 미치는지를 살펴볼 수 있도록 한다. 오랜 기간 동안 이론적 방향과 연구 사이에 큰 분리가 존재해 온 데에는 아마도 몇 가지 이유가 있을 테지만, 여기서 우리가 강조하려는 것은 상대적으로 전통적인 형태의 통계적 기법들은 같은 체계 내의 여러 구성원을 같은 분석에 포함시킬 수 없었다는 점이다.

즉, 임상시험 연구에서 종종 사용되는 보다 전통적인 통계분석 방법(반복측정 분산분석, 중다회귀 등)은 자료의 독립성을 가정한다. 이러한 가정이 무너지면 표준오차는 편향되고, 이에 따라 유의도 검증은 문제가 된다(Kenny, Kashy, & Cook, 2006). 이와 같이 보다 전통적인 형태의 자료 분석에서는 오직 하나의 독립변수만 허락되며, 한 번에 오직 하나의 변화 과정만을 분석할 수 있다. 이러한 분석은 명백히 커플가족치료 연구자가 커플가족치료 모델의 효과성을 보이려고 할 때 분석할 수 있는 것들을 제한하게 된다.

그러나 최근에는 짝(dyadic) 자료 분석이라는 새로운 분야가 개발되어 여러 가족 구성원을 통계적으로 포함하는 것이 가능해졌다. 이러한 방법을 이해하기 위하여, 우리는 독자들에게 짝 자료 분석의 과정에 대해 안내할 연구 프로젝트의 예시를 제공하며, 여러 가족 구성원을 포함하여 이 설계를 확장하고자 한다. 한 커플가족치료 연구자가 우울 및 우울이 결혼만족도에 미치는 영향에 대한 문헌을 읽었다고 하자. 커플가족치료 전문가로서, 이 연구자는 체계적 틀에서 문헌에서 발견한 점들을 개념화한다. 그러나 두 파트너의 자료를 모두 포함한 연구는 별로 없다는 것을 알게 된다. 이 연구자는 관계만족도와 우울의 관계, 그리고 한 사람의 변화가 어떻게 다른 한 사람의 변화에 영향을 미치는지를 제대로 이해하기 위해서, 커플 구성원 둘 모두에게 수집된 자료를 포함하여 개입 연구를 설계한다. 연구자가 참여자들을 개입과 대기자 통제집단으로 무작위로 할당한다고 하자. 제공되는 치료는 10회기를 포함하며, 평가에는 5회기, 10회기, 치료 후 6개월 후에 측정된 두 파트너 모두의 우울 증상 수준, 관계만족도, 그리고 치료 전 친밀감을 경험하는 능력(기준선)이 포함된다. 따라서 연구자는 개입집단과 통제집단에 있는 두 파트너 모두로부터 4회의 자료를 갖게 된다.

체계적 관점에서 두 파트너 모두 개입으로 인하여 어떤 종류이든 변화를 보일 것으로 기대되며, 그들의 변화가 서로 어떤 식으로든 연관이 있을 것이라고 기대된다. 우리는 일반적으로, 심리치료의 작업을 하기 때문에 문제행동들이 치료 중 감소하기를 바라며, 우울 증상이 개입집단에서 더 감소할 것이고, 관계만족도가 개입집단에서 더 증가할 것이며, 이러한 이득이 6개월 후 추적 시 유지될 것이라고 가설을 세운다. 이제 우리에게 이론, 가설, 데이터 세트가 있으니, 이 모든 자료를 가지고 무엇을 하면 되는가? 만약 두 파트너 모두 변화하고 있고, 그들의 변화가 어떤 식으로든 연관이 있다면 우리에게는 두 개의 '성과(종속)'변수가 있는 것이다. 그러나 우리에게는 이러한 변화들에 영향을 주었을 가능성이 있는 다른 변수들이 있으며, 이들 또한 치료에 따라 변화하기도 한다. 다시 말해, 커플가족치료자들로서 우리는 그들의 관계만족도를 높이기 위하여 단순히 만족도를 증가시키기보다는, 우울 증상을 감소시키고 파트너 사이의 친밀감 증진을 우리의 목표로 삼을 수 있다. 그렇다면 이 모든 것을 어떻게 하나의 분석 안에 다 포함할 것인가?

답은 매우 간단하지만, 분석은 그것보다 약간 더 복잡하다. 답은 개인을 분석의 단위로 취급하기보다는 커플을 분석의 단위로 취급하는 것이다. 그런 다음 각 개인의 점수를 분석에 포함하도록 할 수 있다. 분석의 복잡성은 두 개인으로부터 수집된 자료는 독립적이지 않다는 사실에 있다. 그러므로 자료의 독립성을 가정하는 전통적인 분석(예: *t*검정, 분산 분석 및 회귀분석)을 사용하는 것은 적절하지 않다. 다른 절에서 우리는 자료의 비독립성이 의미하는 바와 자료의 비독립성이 어떻게 결과적인지를 간략히 설명하며, 짝 자료의 분석 을 위한 몇 가지 통계 기법을 소개한다.

짝 체계: 비독립성과 그 근원

체계 사상가들로서, 우리는 한 체계의 구성원들이 서로에게 영향을 미치고 영향을 받는 다고 믿는다(Von Bertalanffy, 1969). 그러므로 동일한 체계의 구성원들을 연구할 때 같은 체 계 내에 있지 않은 개인들에 비하여 같은 체계 내에 존재하는 구성원들 사이에 더 높은 상 관관계가 있을 것으로 기대할 수 있다. 이 책의 첫 번째 장에서 비독립성이 무엇인지에 대 해 논의하였기 때문에 우리는 이것을 여기서 간략히 다시 반복한다. 비독립성은 한 파트 너의 점수와 다른 파트너의 점수 사이의 상관관계의 정도이다. 통계적 관점에서 보면 비 독립성은 자료의 두 지점이 '독립적'으로 선택되지 않았음을 의미한다.

비독립성에는 다양한 종류가 있는데, 거기에는 자발적, 친족, 실험적, 그리고 얽매인 연 결들이 포함된다(Kenny et al., 2006). 이름이 암시하는 바와 같이 자발적 연결은 예를 들어, 친구들과 연애 파트너들이다. 친족 연결은 가족 구성원들 사이에서 나타난다. 실험적 연결 은 서로 알지 못하던 구성원들이 예를 들어, 연구 참여를 통해 서로 알게 되어 형성되는 것 을 말한다. 얽매인(yoked) 연결은 서로 알지 못하지만 치료자와 같이 동일한 자극을 공유하 는 사람들 사이에서 발생한다. 같은 체계는 여러 연결들을 포함할 수 있다. 우리의 관계 만 족도, 우울 및 친밀감 연구에서 커플들은 자발적, 친족, 실험적(예: 만약 개입이 집단상담일 경 우), 그리고 얽매인(예: 만약 그들이 같은 치료자를 공유할 경우) 연결을 나타낼 수 있다.

비독립성과 연관된 다양한 근원들(sources)이 있을 수 있는데, 거기에는 구성 효과, 파트 너 효과, 상호 영향 및 공통 운명이 포함될 수 있다(Grawitch & Munz, 2004). 예를 들어, 커 플 구성원들은 관계를 시작하기 전에 여러 가지 유사점을 공유할 수 있다. 그들은 관계에 참여하기 전부터 같은 수준의 학력, 사회경제적 수준, 종교 및 정치적 견해를 가지고 있었 을 수 있다. 이러한 비독립성의 근원을 구성 효과(compositional effect)라고 한다(Kenny et al., 2006).

짝 체계(dyads)가 형성된 후 파트너 효과, 상호 영향 및 공통 운명 또한 비독립성에 영향을 미칠 수 있다. 파트너 영향은 한 사람의 행동이 다른 사람에게 영향을 미치게 될 때 발생한다. 예를 들어, 우리는 한 파트너의 임상적으로 유의한 우울이 다른 파트너의 관계 만족도와 상관관계가 있다고 기대할 수 있다. 또한 우리는 두 파트너 모두 서로에게 영향을 줄 것이라고 예상한다. 우리의 예시에서 아내의 우울 증상이 남편의 우울 증상을 예측하고, 이는 다시 남편의 우울 증상이 아내의 우울 증상을 예측하여, 두 사람 사이에 양방향 피드백 고리를 만들게 된다. 이것을 상호 영향이라고 하며, 공통 운명은 참여자들이 같은 환경을 공유할 때 나타난다(Grawitch & Munz, 2004). 우리의 예시에 나온 커플들은 개입집단에 있든 통제집단에 있든 같은 연구 환경을 공유하거나 같은 치료자를 공유하는데, 환경을 공유하는 것 또한 비독립성에 영향을 줄 수 있다.

비독립성을 무시하는 것에 대한 결과

독립성에 대한 통계적 가정이 깨지는 것에는 결과가 따른다. 특히 비독립적 자료에 전통적 통계 검증을 사용하여 비독립성을 무시하는 것은 편향된 분산을 초래한다(Kenny et al., 2006). 편향된 분산은 부정확한 검정 통계량과 자유도 및 편향된 p값을 생성할 수 있다(Cook & Kenny, 2005; Kenny et al., 2006). 비독립성으로 인한 p값의 편향 정도를 계산하는 방법들이 있다(계산 공식은 Kenny, Kashy, & Bolger, 1998 참조). 결국, 비독립성을 무시하는 것은 점수들이 부적 상관관계를 가지는 1종 오류, 또는 양적 상관관계를 가지는 2종 오류의 가능성을 증가시킨다(Laursen, Popp, Burk, Kerr, & Stattin, 2008). 이것은 결론 타당도에 영향을 미칠 것이다. 즉, 만약 표준오차가 편향되었을 경우 p값이 편향될 것이고, 이에 따라 연구자는 무언가가 유의미하지 않을 때 유의미하다고 하거나, 그 반대의 오류적 제안을 할 수 있다. 이러한 이슈들을 감안할 때, 연구자들은 비독립성을 피하기 위하여 분석 시 한 쌍 중 한 명을 무작위로 선택하거나, 가족 구성원 중 한 명만 표집하거나, 커플 구성원들 사이의 점수의 평균을 산출하여 '커플' 변수를 만드는 등의 노력을 해 왔다(Card, Little, & Selig, 2008). 과거에 비독립성은 피해야 할 통계적 골칫거리로 간주되어 왔다. 그럼에도 불구하고, 체계의 상호의존성이야말로 바로 커플가족치료 전문가들로서 우리가 관심을 가지고 있는 것이다! 어떤 체계 사상가가 자료를 분석하기 위해 비독립성의 편향을 피하기 위한 노력을 하였다면, 연구의 내적 타당도는 본질적으로 의심스러울 것이다. 즉, 커플의 일부가 되는 것을 의미 있게 여기는 연구자가 어떻게 커플 구성원들의 자료를 분리하여 분석하겠는가?

구별 가능성

구별 가능성(distinguishability)은 짝 자료 분석에서 중요한 개념이다. 구별 가능성은 짝 체계의 구성원을 의미 있게 차별화하는 방법이 있는지 여부를 말한다. 구별 가능성에는 두 가지 유형이 있는데, 이는 개별적 유형과 경험적 유형이다.

만약 우리의 예시에서 우울과 관계만족도 연구의 파트너들이 이성애자라면 성별이 커플 구성원을 차별화하는 변수로 사용될 수 있으며, 따라서 그들은 개념적으로 구별이 가능한 짝 체계라고 할 수 있다. 그러나 만약 그들이 동성애 커플이었다면 그 짝 체계의 구성원들은 성별로 차별화될 수 없을 것이다. 개념적으로 구별 가능한 짝 체계 구성원들의 다른 예시에는 부모와 자녀, 나이가 많고 적은 형제자매, 치료자와 내담자 등이 포함된다. 개념적으로 구별할 수 없는 짝 체계에는, 예를 들어 동성애 부모나 같은 성별을 가진 쌍둥이들이 포함된다. Kenny와 동료들(2006)은 구별 가능한 짝 체계와 구별 불가능한 짝 체계의 여러 예시를 제공한다. 결국, 짝 체계를 구별하는 데 사용되는 변수는 개념적으로나 경험적으로 모두 의미가 있어야 한다(Kenny et al., 2006).

경험적 구별 가능성은 짝 체계의 구성원들이 통계적으로 동일한 집단으로부터 유래하는지 여부를 말한다. 파트너들이 개념적으로 구별 가능하다고 해서 그들이 꼭 통계적으로 다르다는 것을 의미하는 것은 아니다. 즉, 성별이 이성애 파트너들 사이에 개념적 구분을 제공할 수는 있지만, 그렇다고 관심을 가지고 있는 변수에 있어 남성과 여성이 다른 집단이라고 간주할 만큼 충분히 다를 것인가? 경험적 구별성을 시험해 보는 방법에는 몇 가지가 있다. I-SAT 모형(또는 구별할 수 없는 짝의 포화 모형, saturated model for indistinguishable dyads)이 Kenny와 동료들(2006)에 의해 설명되었고, 평균, 분산 및 공분산을 자유롭게 변하도록 허용하는 모형[1]과 평균, 분산 및 공분산이 변하지 못하도록 동일하게 제약된 모형[2] 사이의 적합도의 차이를 살펴보는 방법도 있다(Ackerman, Donnellan, & Kashy, 2011). 두 모형 사이의 적합도에 유의미한 손실이 없다면 짝 체계는 경험적으로 구분이 불가능한 것이다. 다시 말해, 관심을 가지고 있는 변수의 평균, 분산 및 공분산이 두 파트너 집단 간에 다르지 않다면 그 짝 체계들은 경험적으로 구별 불가능한 것이다. 만약 관심을 가지고 있는

---

1) 역자 주: 비제약모형이다.

2) 역자 주: 제약모형이다.

변수들의 평균, 분산 및 공분산이 두 파트너 집단 간에 다르다면, 짝 체계는 구별 가능한 것이다(즉, 이들은 두 개의 구분된 통계적 집단에서 온 것이라고 할 수 있다). Ackerman과 동료들은 사회과학 연구자들을 향해 항상 성별을 구별하는 변수로 가정하는 것에 대해 경고한다. 따라서 우리의 예시에서 우리는 남성과 여성 파트너 사이에서 우울, 친밀감 그리고 결혼만족도의 평균, 분산 및 공분산을 살펴보아야 한다. 만약 완전한 제약모형과 비제약모형 사이에 적합도의 손실이 없을 경우, 우리는 이 짝 체계를 구별 불가능한 것, 또는 통계적으로 동일한 집단에서 왔다고 여겨야 한다. 이러한 방법으로 소규모의 이성애 관계 연구에서 결혼만족도를 살펴보았더니, 파트너들을 성별에 따라 경험적으로 구별하는 것이 가능하다는 근거가 나타났으며, 이에 따라 우리는 우리의 예시에서 커플 구성원들이 구별 가능한 짝 관계라는 가정을 하겠다. 그렇지 않을 경우, 우리는 모든 후속 분석에서 평균, 분산 및 공분산이 모두 동일하게 제약되거나, 짝 관계가 구별 불가능하다는 사실에 맞춘 방식으로 분석을 할 것이다(Kenny et al., 2006 참조). 이렇게 하지 못한다면 우리 연구의 결론 타당도가 위태로워질 수 있다.

짝 변수의 유형

구인 타당도의 한 측면은 연구에 포함된 변수의 유형을 정확히 식별하는 것과 관련된다. 짝 연구에는 다양한 유형의 변수가 있는데 거기에는 이자관계 간(between-dyads), 이자관계 내(within-dyads), 혼합(mixed) 변수가 있다(Kenny et al., 2006).

이자관계 간 변수에서 짝의 두 구성원은 모두 동일한 점수를 갖지만, 변수의 값은 이자들 사이에 동일하지 않다. 우리의 예시에는 개입집단과 통제집단에 포함된 커플들이 있다. 만약 커플이 개입집단에 있다면 두 파트너 모두 집단 분류(grouping) 변수로 같은 점수를 갖지만, 그들의 점수는 통제집단에 있는 커플의 점수와 다르다. 관계의 지속기간, 가구 내 자녀의 수, 그리고 합산한 연간 소득도 커플의 이자 간 변수의 예시이다.

이자관계 내 변수들은 같은 이자관계 내 두 구성원들 사이에 다른 값을 포함하지만, 두 값들의 평균이 구해지면 표본 내 각 이자관계는 같은 점수를 가진다(Kenny et al., 2006). 이자관계 내 변수를 설명하기 위해 표본에서 이자관계에 포함된 둘 중 한 구성원만 임상적으로 우울한 경우로 제한을 두고, 그 구성원이 누구인지에는 제한을 두지 않았다고 하자(그 구성원은 남편, 아내, 여자 친구, 남자 친구 중 누구나 될 수 있다). 우울증 진단을 받은 사람은 커플마다 다를 것이지만, 모든 커플 내에는 진단을 받은 한 사람이 존재한다. 이것이 이자관계 내 변수의 예시이다.

혼합변수는 이자관계 간 및 이자관계 내에 모두 변동이 있을 때 발생한다(Kenny et al., 2006). 우리의 예시에서 관계만족도 점수는 커플마다 다를 것이다. 그러나 어떤 커플들은 다른 커플들보다 더 높은 점수를 가질 것이고, 커플 내 차이 또한 다를 것이다. Kenny와 동료들은 짝 연구의 대부분의 성과변수는 혼합변수라고 제안한다.

분석

이제 짝(구별 가능하거나, 그렇지 않거나)이 포함된 자료를 가졌다는 사실이 확정되었다면, 이 자료로 무엇을 할 것인가의 질문으로 돌아가게 된다. 짝 자료는 구조방정식모형 또는 다층모형으로 분석이 가능하다. 이 두 방법은 여러 면에서 비슷하지만 다른 자료 구조를 요구한다. 표본크기에 대한 의문도 있다. 우리 예시의 가설을 검증하기 위해서는 얼마나 많은 커플이 있어야 충분한가? 안타깝게도 무엇이 충분한지에 대한 합의는 거의 없다. 우리에게는 이 문제를 도와줄 수 있는, 초창기 표본크기 선구자인 Jacob Cohen이 없다. Kenny와 동료들(2006)은 비독립성을 실증적으로 검증하기 위해서 최소한 25쌍의 짝이 필요하다고 제안한다. 이 외에 검증력(power of a test)은 짝의 비독립성의 정도와 효과크기를 기반으로 한다. Kenny와 동료들은 100명의 개인과 50쌍의 이자관계의 검증력을 비교하는 표를 제공한다. 중간 효과크기(즉, 0.4)에서 개인의 검증력은 0.51이며, 이자관계의 검증력은 0.37부터 0.68까지였고, 집단 내 상관관계(intraclass correlations)는 감소하였다. 따라서 짝 연구의 통계적 검증력은 짝의 수와 이러한 짝들의 비독립성의 정도에 달려 있다. 가장 큰 검증력은 음의 집단 내 상관관계(negative intraclass correlations)인데, 이것은 오직 하나의 이자관계 간 변수의 경우에만 해당된다. 다른 고려사항에는 모형 내 이자관계 간, 이자관계 내, 그리고 혼합변수들의 수를 포함한다. 이자관계 자료 분석에서 주어진 특정 표본의 특정 추정치의 검증력은 Kenny와 동료들에 의해 소개된 복잡한 방정식들에 의해 달라진다. 항상 그렇듯이, 더 많을수록 더 좋다. 그러나 모형의 복잡성에 따라 최소한 25쌍의 짝은 좋은 시작이 된다.

구조방정식모형

구조방정식(SEM)에서 커플에 대한 자료는 같은 줄에 나타나는데(즉, 커플이 분석단위이다.), 남성 파트너의 우울, 관계만족도, 친밀감 점수가 있고, 여성 파트너의 우울, 관계만족도, 친밀감의 점수가 자료의 같은 줄에 놓이게 된다. 이것은 우리로 하여금 개인 내 관계를 이해하도록 할 뿐만 아니라 파트너들 간의 관계도 이해할 수 있도록 한다. 궁극적으로 이 모든 것을 시간의 흐름에 따라 보고 싶지만, 지금은 우리의 기준선 측정치에 집중하도록 하겠다. 자료가 제자리에 위치하게 되면, 나머지는 매우 간단하다. 여기서 우리가 사용할 수 있는 자기−상대방 상호의존모형(actor-partner interdependence model: APIM; Kenny et al., 2006)이라는 구체적인 모형이 있다. 이 경우, 우리는 우울증은 '외인성' 변수(모형 내에 어느 것에 의해서도 예측되지 않는 변수)로 친밀감에 영향을 주며, 이는 다음으로 관계만족도로 이어진다고 추측하겠다. [그림 23−1]에서 남성 또는 여성 파트너로부터 시작되어 자신의 친밀감과 자신의 만족도로 가는 화살표는 자기효과(actor effects)라고 한다. 즉, 남성 파트너가 우울하면 이는 그가 친밀감을 경험할 수 있는 능력에 영향을 줄 것이며, 이는 다시 그의 관계만족도에 영향을 미칠 것이다. 반면에, 커플치료자로서 우리는 한 파트너의 우울은 다른 파트너에게 영향을 미칠 수 있음 또한 알고 있다. 그러므로 [그림 23−1]에서 우리는 다른 파트너에게로 건너가는 화살표(즉, 경로계수)들을 포함하는데, 이는 상대방효과(partner effects)라고 알려져 있다. 이러한 가설 모형에서 여성 파트너의 우울은 남성 파트너가 친밀감을 경험하는 능력에 영향을 미치며, 이는 그 자신의 만족도는 물론 그녀의 만

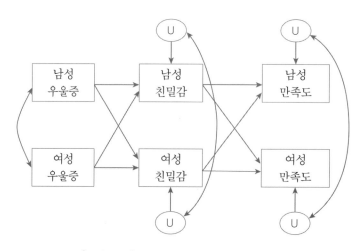

[그림 23−1] 예시 연구의 기준선에서의 APIM

족도에까지 영향을 미치게 된다. 이것이 자기-상대방 상호의존모형(APIM)이다. 이는 자기효과와 상대방효과의 경로계수를 예측하기 위해 Amos나 M*plus*와 같은 일반적인 구조방정식 소프트웨어를 사용하여 검증할 수 있다.

자기효과와 상대방효과는 동질성 검증도 가능하다. 즉, 여성 파트너의 우울이 그녀가 친밀감을 경험하는 능력에 영향을 미치는 정도가 남성 파트너의 우울이 그가 친밀감을 경험하는 능력에 미치는 영향보다 강력한가? 이러한 방법으로 다룰 수 있는 또 다른 질문은 남성에서 여성으로 가는 상대방효과가 여성에서 남성으로 이어지는 상대방효과와 같은지에 대한 것이다. '내인성(endogenous)' 변수 중 '교란(disturbance)' 요인들이 상관되도록 설정된다는 점에 유의해야 한다. 이는 비독립성을 모델링하거나 고려하는 또 다른 방법이다. 이는 친밀성과 만족도에 대한 두 파트너 모두의 나머지 분산이 서로 관련되어 있다는 것을 제안한다.

자기-상대방 상호의존모형(APIM)은 또한 다층모형(MLM)으로 검증될 수 있다. 본질적으로 MLM은 연속적으로 포함된 단위들에서 비독립성을 고려하기 위해 만들어졌다. 즉, 교육 연구에서 MLM은 학생들이 교실에 속해 있으며, 교실들은 학교에 속해 있고, 학교는 교육구에 속해 있다는 등의 개념을 설명하는 데 사용된다. 우리의 목적을 위해 MLM은 커플 내에 속한 두 개인의 비독립성을 고려할 수 있도록 한다. MLM이 APIM에 사용되려면 자료를 앞의 구조방정식 예시와는 다르게 구조화해야 한다. 자료의 구조는 쌍(pairwise) 및 이중 항목(double entry)이라고 알려져 있으며(Kenny et al., 2006), 〈표 23-1〉에서 볼 수 있다. 따라서 짝 내의 각 개인은 한 줄의 자료를 가지고 있으며, 파트너의 자료도 같은 줄에 입력된다. 이것은 위계선형모형의 자료 구조이며, 통계 프로그램마다 자료 구조 요구사항들이 다르다. 각 커플은 두 줄의 자료를 가지고 있으며, 어떤 파트너가 누구인지를 나타내

표 23-1 다층모형에서 자기-상대방 상호의존모형 위한 자료 구조의 예시

짝 ID	만족도	배우자	친밀감	우울	상대방 친밀감	상대방 우울	상대방 만족도
001	5	−1	4	16	5	9	8
001	8	1	5	9	4	16	5
002	10	−1	10	4	4	16	5
002	5	1	4	16	10	4	10
003	7	−1	7	8	2	20	2
003	2	1	2	20	7	8	7

는 변수가 있다. 자료 구조가 설정되었으면, 개인이 1수준에, 커플이 2수준에 있는 다층모형이 추정된다. 우리의 예시에서 1수준에는 만족도가 종속변수로 포함되며, 행위자의 친밀감과 우울, 파트너의 우울과 친밀감, 그리고 만족도(MLM에서는 하나의 종속변수만 설정할 수 있다.), 남성과 여성 파트너를 지정하는 변수가 포함된다. 1수준 방정식은 다음과 같다.

$$만족도 = \beta_0(절편) + \beta_1(배우자) + \beta_2(우울) + \beta_3(친밀감) + \beta_4(파트너 우울증) +$$
$$\beta_5(파트너 친밀감) + \beta_6(파트너 만족도) + r$$

이 방정식에 β_1은 파트너들 사이에 만족도 차이를 나타낸다. 다른 모형들로부터 다층모형을 구별하는 것은 분산을 고정 효과와 무작위 효과로 나누는 것과 같다. 다층모형이 본질적으로 제공하는 것은 (우리가 보통 ANOVA나 회귀모형 또는 위 수식의 β_s에서 볼 수 있는) 예측변수의 평균 영향(고정 효과)과 무작위 영향(무작위 효과) 또는 평균 효과를 둘러싼 변동성이다. 충분한 자료가 있다면 모형의 모든 변수의 무작위 효과 검증이 가능하다. 그러나 이 경우 우리는 각 사례별로 두 개의 자료만 가지고 있기 때문에 모형 내의 모든 고정 효과에 대한 무작위 효과를 알아낼 수 없다. 충분한 자유도가 없어서 절편(β_0)과 오차(r)에 대한 무작위 효과(짝들 사이의 변동)만 구할 수 있다. 따라서 2수준에서 절편에 대한 무작위 효과만 있을 수 있지만, 여전히 우리는 예측변수들을 사용하여 짝 또는 커플 수준 변수들 또는 혼합변수들(즉, 관계의 지속 기간, 과거 치료 이력, 또는 다른 관심변수들)을 포함한 수식의 β_s의 고정 효과를 설명할 수 있다. 이러한 변수들은 본질적으로 조절변수들이 되며, 이는 이러한 2수준 변수들의 차이에 따라 1수준 변수들과 성과변수(즉, 자기효과 또는 상대방효과가 다른 상황에 따라 다를 수 있음)들 사이 관계에 차이가 있을 수 있다는 것을 제안한다. 2수준 수식은 다음과 같을 것이다.

$$\beta_0 = \gamma_{00} + \gamma_{01}(관계의 지속 기간) + u_0$$
$$\beta_1 = \gamma_{10} + \gamma_{11}(관계의 지속 기간) + u_1 (우리는 1수준 방정식 안에$$
$$각 \beta_s에 대해 계속 같은 방정식을 만들 것이다.)$$

APIM은 짝 모형의 특별한 사례이다. 연구자들은 짝 자료를 APIM에서 제안한 자기-상대방 효과를 포함하지 않고도 다양한 방법으로 사용할 수 있다. 이러한 짝 모형에서 가장 중요한 부분은 두 파트너 모두에 대하여 측정된 각각의 결과에 대한 상관된 교란일 것이다.

종단적 접근

그러나 커플가족치료자로서 우리는 우리의 관심변수들 사이 관계에서 기준선(즉, 인테이크)보다는 우리의 관심변수들이 시간에 따라 바뀌는지 여부와 어떻게 한 파트너의 변화가 다른 파트너의 변화에 영향을 미치는지에 더 관심을 가지고 있다. 시간에 따른 짝 자료 분석을 구성하기 위하여 우리는 구조방정식 또는 잠재성장곡선모형을 사용하거나 시간을 1수준 변수로 포함하는 MLM을 사용할 수 있다. 다음 부분에서 우리는 짝 자료에서 어떻게 종단 모형을 구성하는지에 대한 예시를 소개한다.

잠재성장곡선모형

잠재성장곡선(latent growth curve: LGC)모형을 사용한 우리의 예시에서 다룰 수 있는 질문들은 다음과 같다. 치료의 유무에 따라 관계만족도는 종단적으로 어떻게 변화하는가? 변화율은 얼마인가? 변화율은 우울 수준 또는 우울의 변화에 따라 달라지는가? 관계만족도의 변화율은 친밀감의 변화율에 따라 달라지는가? 파트너들의 변화율은 서로 연관이 있는가? 한 변수의 변화율은 그 변수의 초기 수준과 연관이 있는가? LGC 모형에서 변화하도록 모델링된 변수들은 두 개의 잠재변수를 가지는데 이는 절편(또는 대부분의 경우 초기 수준)과 기울기 또는 변화율(Duncan, Duncan, & Strycker, 2006 참조)이다. 우리의 예시에서 절편은 4개의 시점으로 향하는 모든 '적재량(loadings)'을 강제로 1로 설정하여 생성된다. 선형 기울기는 4개의 시점으로 향하는 적재량을 0, 5, 10, 34주로 지정하여 생성되며, 모든 시간은 기준선으로부터 주(weeks)로 코딩된다([그림 23-2] 참조). 만약 변화가 선형이 아니라고 생각하거나 초기 증가 후 감소하여 평준화가 되었다고 생각한다면 이 또한 모델링할 수 있다. 만약 변화가 곡선(U자형)이라고 생각한다면 우리는 4개의 시점으로 향하는 적재량을 선형 기울기 적재량의 제곱값(즉, 0, 25, 100, 1,156)으로 하여 2차항을 더할 수 있다.

성장모형을 추정하기 위한 MLM과 SEM 접근 방식은 기본 통계 모형 측면에서 동일하다(예: Curran, 2003; Kashy & Donnellan, 2008). 그러나 SEM의 성장모형은 모형과 변화율이 얼마나 자료에 잘 맞는지 테스트할 수 있다는 점과 짝(dyadic) 및 삼자(triadic) 성장 모형을 수행하는 데 보다 유연할 수 있으며, 모형에 제약을 적용하기가 수월하다는 독특한 이점이 있다. MLM의 틀에서 성장곡선을 수행하는 방법에 대한 개요는 Karney와 Bradbury(1995)의 연구를 참조하기 바란다.

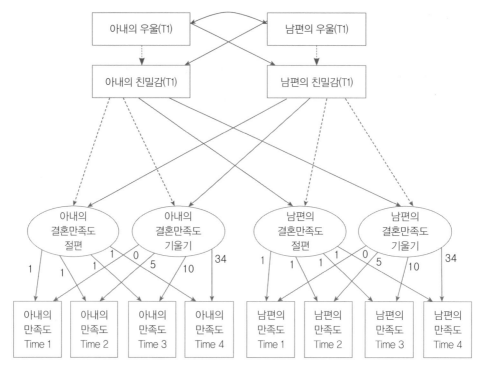

이 모형에서 점선은 자기(actor) 경로를 나타내며, 실선은 상대방(partner) 경로를 나타낸다. T1 = Time 1(시점 1). 이 모형을 더 간략히 나타내기 위해 오차항은 보이지 않게 하였다(이 모형에서 남편과 아내의 우울을 제외한 모든 변수는 오차항을 가지고 있다). 짝 모형(dyadic model)의 같은 변수에서 배우자들 사이의 이러한 오차항들은 상관관계가 있을 것이다. 예를 들어, 두 배우자 모두의 친밀감의 오차항들은 서로 상관관계가 있을 것이며, 관계만족도의 각 시점의 오차항들 또한 그러할 것이다(예: 아내의 만족도 Time 1은 남편의 만족도 Time 1과 상관관계가 있을 것이다).

[그림 23-2] 아내와 남편의 관계 만족도의 예측변수들을 포함한 짝 성장곡선모형

다양한 패턴의 변화. 변화를 연구하는 첫 번째 단계는 어떤 패턴의 변화가 발생하고 있는지를 식별하는 것이다. 예를 들어, 커플치료를 통한 관계의 질 변화는 선형 상승을 보일수 있지만, 관계의 질이 처음에 문제에 대한 대화를 나눌 때 감소했다가 나중에 개선되는 2차항 형식의 상승(U자형)을 보일 수도 있으며, 다양한 치료의 과정에 따라 변화율이 다른계단형 향상을 보일 수도 있고(예: 정서중심치료의 각 단계가 커플들에게 다른 변화율을 나타나게 하는 것), 관계의 질이 처음에는 증가했다가 나중에 감소했다가 다시 증가하는 다항 형식의 더욱 복잡한 변화율을 보일 수 있다. 시간에 따른 패턴의 변화는 다양한 변화의 패턴을 지정하고, 이렇게 지정된 모형 중 어느 것이 실제 자료에 가장 적합한지 평가하여 검증

할 수 있다. 예를 들어, 시간에 따른 실제 변화의 패턴이 2차항 형식이지만, 우리가 변화율을 선형으로 지정한다면 선형 모형은 2차항 모형보다 적합도가 떨어질 것이다. 모형 적합도를 해석하는 것에 대한 더 많은 정보를 위해, 그리고 이러한 결정을 내리는데 도움이 되는 여러 자료들이 존재한다(Hu & Bentler, 1999). 검증한 변화 패턴의 복잡성에 따라 필요한 자료 수집 시점의 수가 다르다. 선형 변화율을 검증하기 위하여 최소한 3개의 자료 측정 시점(또는 자료 수집 횟수)이 필요하며, 2차항 변화율을 위해서는 4개의 시점이, 계단형 변화율을 위해서는 5개의 시점이 필요하고, 다항식 변화율을 위해서는 더 많은 자료 측정 시점(data points)이 필요하다.

시간에 따라 측정된 각 개인 참여자는 하나의 성장곡선을 가진다. 예를 들어, 초기 면접에서 한 파트너는 관계만족도 척도에서 상당히 낮은 점수를 받을 수 있는데, 예를 들어 10점 만점 중 4점을 받았을 수 있고, 다른 파트너는 6점을 받았을 수 있다. 만약 우리가 '0'을 기준선으로 사용하면 이는 개념적으로 의미가 있으며, 그러면 파트너 1의 절편은 4일 것이며, 파트너 2의 절편은 6일 것이다. 치료의 과정 중 만족도의 감소를 보게 되거나, 유지 또는

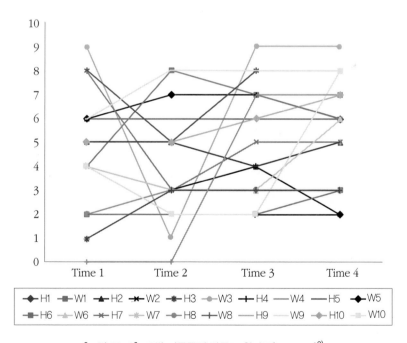

[그림 23-3] 10쌍 커플들의 만족도 원자료(raw data)[3]

---

3) 역자 주: H=남편, W=아내

증가하는 것을 볼 수 있다(그러기를 바란다). 5회기에서 파트너 1은 8점까지 증가했을 수 있고, 10회기에서는 8점을 유지하고 6개월 후 추후 검사에서 7점을 나타낼 수 있다. 5회기에 파트너 2의 점수는 9점, 10회기에서는 10점, 그리고 6개월 후 추후 검사에서는 8점을 나타냈을 수 있다. 이제 대규모 표본에서 이러한 변화들과 변화의 공통된 형태를 '보려는' 적합도 검증 과정을 상상해 보라. 본질적으로 그것이 LGC 모형의 과정이다. [그림 23-3]은 우리의 예시의 일부 원자료를 제공한 것이다.

보다시피, 커플의 모든 구성원이 같은 방식으로 변화하는 것은 아니다. 따라서 변화의 형태에는 변동성이 있고, 커플 구성원들이 언제 시작하고 종료하는지에도 변동성이 있으며, 전반적인 변화율에도 변동성이 있다.

짝 성장곡선

짝 연구자들은 APIM을 성장곡선에 적용할 수 있다. 성장곡선 분석은 동일한 모형으로 동시에 남편과 아내의 관계만족도에서 변화율을 검증하는 데 사용될 수 있다. 짝 성장곡선모형에서 이제 남편과 아내 사이에 절편과 기울기가 서로 상관관계가 있도록 설정하는 것이 가능하다. 이것은 남편의 결혼만족도 초기 수준이 아내의 관계만족도의 변화율과 상관관계가 있는지 여부를 확인하는 데 유용할 수 있다. 또한 배우자들 간 시간에 따른 상호의존성을 검증하기 위해 아내의 결혼만족도의 변화율과 남편의 결혼만족도의 변화율의 상관관계를 살펴볼 수 있다.

이러한 기준 모형이 검증된 후에 배우자의 관계의 질의 절편과 기울기를 예측하기 위해 두 배우자 모두로부터 예측변수들을 추가할 수 있다([그림 23-2] 참조). 예를 들어, 두 배우자 모두의 우울 초기 수준 보고가 두 배우자 모두의 결혼만족도의 변화율을 예측하는 데 사용될 수 있다. 한 시점에 자기효과와 상대방효과를 개념화했던 것과 같은 방식으로 LGC 모형에서의 절편과 기울기를 예측하는 자기효과와 상대방효과를 고려할 수 있다.

연동된 짝 성장곡선

짝 자료를 연구하기 위한 성장곡선 사용의 추가적 확장은 연동된(interlocked) 성장곡선이다. 앞에서 논의한 짝 성장곡선과 비슷하게, 두 개 또는 그 이상의 성장곡선을 동시에 살펴볼 수 있는데, 이는 한 변수의 변화율이 다른 변수의 변화율을 예측하는 데에도 사용될 수 있다. 짝과 가족에 관심이 있는 연구자가 활용할 수 있는 이러한 방법론의 유용한 적용법들이 많이 존재한다. 우리가 이론적으로 체계적 변화를 믿는 것과 같이, 연동된 성장곡선은 변수 X의 궤적 변화의 변동성이 어떻게 변수 Y의 시간에 따른 변화의 변동성을 예측할 수 있는지를 평가할 수 있는 방법이다. 우리의 예시에서 우리는 두 파트너의 우울 기울기가 어떻게 그들의 친밀감 기울기(자기와 상대방 경로)에 영향을 미치는지, 그리고 궁극적으로는 관계만족 기울기(자기와 상대방 경로)에 영향을 미치는지를 추정할 수 있다. 우리는 자기효과와 상대방효과의 동질성을 앞선 방식과 같이 검증해 볼 수 있다. 이는 남성 파트너의 변화가 여성 파트너의 변화보다 더 영향력이 큰지, 또는 반대인지에 대해 알려 줄 것이다. 과거에 한 가족 구성원의 변화가 다른 구성원의 변화와 관련이 있는지 살펴보기 위해 연동된 성장곡선 분석을 사용했던, 짝 자료 분석을 수행한 예시를 위하여 Cui, Conger와 Lorenz(2005)의 연구와 Cui와 Donnellan(2009)의 연구를 참고하기 바란다. 그러나 연동된 성장모형은 계산적으로 복잡하며, 검증을 위해 대규모 표본크기(예: 모형 내 한 모수당 10개의 사례)를 요구할 것이라는 점에 유의해야 한다.

MLM의 종단적 분석

앞서 설명한 바와 같이 MLM의 틀에서 짝 성장곡선을 구성하는 것은 SEM의 틀에서 이러한 검증을 하는 것과 개념적으로는 다르지만 근본적으로는 동일하다. MLM에서 성장모형은 여전히 두 파트너 모두에 대하여 자기와 상대방 경로를 통해 두 파트너 모두에 의해 예측될 수 있는 절편(각 시점에 대해 1로 설정됨)과 기울기(각 측정 시점에 0, 5, 10, 34로 설정됨)를 측정하고 있다. MLM을 사용하여 변화를 추정하기 위하여 우리의 경우에 주(weeks)로 측정된(예: 0, 5, 10, 34) 시간 변수를 자료에 추가할 필요가 있다. 이러한 종단모형의 가정은 각 분석 단위에서 시점 간 간격이 같다는 점에 유의해야 한다. 그렇기 때문에 우리의 예시에서 우리가 주(weeks)를 회기(sessions) 대신 사용한 것이다. 만약 회기가 '시간'을 나타내도록 사용되었다면 우리는 모두가 회기 사이 간격이 같은지 확인해야 한다. 그러나 다양한 시간 간격이 이러한 분석에 미치는 영향에 대한 정보가 거의 없다는 점 또한 유의해야 한다. 예시에서 우리는 4개의 시점이 있다. 따라서 각 파트너는 네 줄의 자료를 갖게 되고, 각 커플은 총 여덟 줄을 갖게 된다. 거기에는 시간과 파트너를 지정하는 변수가 있을 것이다. MLM의 자료 구조를 결정하기 위한 몇 가지 선택지가 있다. 우리가 만약 두 파트너의 기울기와 절편을 모두 살펴보는 데 관심이 있다면 우리는 두 개의 절편, 두 개의 기울기 모형을 생성할 것이다. 이를 위하여 파트너 1과 파트너 2를 지정하는 변수가 있어야 하며, 파트너 1 시간과 파트너 2 시간을 지정하는 변수들이 필요하다. 〈표 23-2〉는 이 모형에서 두 개의 가상의 짝을 보여 준다. 따라서 1수준의 방정식은 다음과 같다.

1수준:
관계만족도 $= \beta_1$(파트너 1 절편)$+ \beta_2$(파트너 1 기울기)$+$
β_3(파트너 2 절편)$+ \beta_4$(파트너 2 기울기)$+ r$

이 방정식에서는 β_0, 또는 '전체(grand)' 절편이 없지만, 모든 파트너의 절편과 모든 파트너의 기울기가 있다. 무조건모형(예측변수가 없는)에서 우리는 파트너 내 및 파트너 간 절편들과 기울기들 사이의 상관관계를 평가할 수 있다. 만약 절편들이 높은 상관이 있거나 기울기들이 높은 상관이 있다고 판단된다면, 우리는 두 개의 절편을 가졌지만 한 개의 기울기를 가진 모형이나 한 개의 절편과 두 개의 기울기를 가진 모형, 또는 한 개의 절편과 한 개의 기울기 그리고 파트너를 지정하는 변수 하나, 시간에 따라 파트너를 지정하는 변수 하나를 포함한 모형을 생성하기로 할 수 있다. 이러한 선택지들은 파트너들 간 절편의 평균 차이와 차이의 분산을 제공하고, 이들의 상호작용은 파트너 간 변화율의 평균 차이와 그 차이의 분산을 제공할 것이다. 우리에게는 더 큰 자유도가 있기 때문에 기울기와 절편의 무작위 효과를 검증할 수 있다.

그러나 MLM은 만족도의 변화만 예측할 수 있으며(이 예시에서와 같이 두 사람이 있음에도 불구하고), 변화의 가능성이 있는 다른 변수들은 시간에 따라 변하는 공변수로만 다룰 수 있다는 점에서 제한적이다. 이는 LGC 모형에서 가능했던 것과 같이 이자관계 내, 이자관계 간에 친밀감의 변화율이 만족도의 변화율과 관련이 있는지 여부를 살펴보는 것과 다르다. 시간에 따라 변하는 공변량이 있는 종단 MLM의 자료는 특정한 시점에 시간에 따라 변하는 공변량의 점수가 성과변수에 차이를 가져왔는지 여부에 대한 내용만 제공할 수 있는데(MLM 예시를 위하여 Karney & Bradbury, 2000 참조), 이는 한 변수의 변화가 어떻게 다른

표 23-2 이인관계 관계만족도의 종단다층모형 자료 구조의 예시

이인관계(Dyad) ID	만족도	파트너 1	파트너 2	파트너 1 시간	파트너 2 시간
001	2	1	0	0	0
001	5	1	0	5	0
001	8	1	0	10	0
001	7	1	0	34	0
001	4	0	1	0	0
001	7	0	1	0	5
001	9	0	1	0	10
001	8	0	1	0	34
002	8	1	0	0	0
002	5	1	0	5	0
002	3	1	0	10	0
002	10	1	0	34	0
002	4	0	1	0	0
002	8	0	1	0	5
002	3	0	1	0	10
002	10	0	1	0	34

변수의 변화에 영향을 미칠 수 있는지에 대한 어느 정도의 단서는 제공하지만, LGC 모형이 제공하는 것처럼 우아하지는 않다. 어떤 모형이 자료에 가장 적합한지 결정한 다음(두 개의 절편, 두 개의 기울기, 또는 기타 변형), 2수준 모형은 앞서 제시된 모형과 같다. 1수준 분산의 예측을 위해서는 다른 관심변수들을 사용한다. Lyons와 Sayer(2005)는 두 개의 절편, 두 개의 기울기 모형을 검증하는 좋은 예시를 제공한다. 이 모형의 변형에 대한 예시는 Bartle-Haring과 Lal(2010) 그리고 Knerr과 Bartle-Haring(2010)을 참조하기 바란다.

타당도에 대한 메모

한 양적 방법론자가 언젠가 말했던 것과 같이, "모든 모형에는 결함이 있다". 더 세련된 통계분석을 사용하는 것은 사용된 척도가 내적으로 일관성이 없거나 타당하지 않다면(즉, 내적 타당도, 결론 타당도) 도움이 되지 않을 것이다. 사용된 개입이 충실하게 적용되지 않는다면 우리가 여기서 제안하는 '실험'은 타당하지 않을 것이며, 우리의 결과는 유용하지 않

을 것이다(즉, 외적 타당도, 내적 타당도, 결론 타당도). 그러나 우리가 여기서 검토한 통계적 방법들은 우리의 체계이론에 있어 우리가 과거에 사용하던 전통적 통계 방법들보다 '더 나은' 근사치를 제공하며, 이는 우리의 연구에 더 높은 내적 타당도를 제공하고 짝 관점에서 결과를 논의할 때 우리의 결론 타당도를 향상시킨다. 짝 자료 분석과 짝을 넘어선 여러 관점이 확장되어, 우리는 과거에 할 수 없었던 방식으로 우리의 체계적 가설을 타당화할 잠재력을 가진 결과를 제공할 수 있다. 체계이론이 순환적 인과성과 비선형을 제안하기 때문에 선형 관계를 가정하는 통계적 절차로는 완전히 이를 검증하기가 어렵다. 따라서 우리의 통계 모형에는 '결함'이 있다. 커플가족치료자들로서 우리는 '현실'을 대표하는 타당한 방식으로 체계이론을 받아들였다. 짝 자료 분석 절차에는 체계이론을 대표하는 데 있어 여러 '결함'이 있지만 이는 ANOVA, 다중 회귀 또는 자료의 비독립성을 가정하는 어떤 다른 분석보다 더 타당한 근사치를 제시한다. 본질적으로 커플가족치료 연구에서 짝 자료 분석을 사용한다는 것은 우리 연구의 타당성을 향상할 잠재력을 가지고 있다.

요약 및 결론

이 장에서 기억해야 할 가장 중요한 점은 자료 내 비독립성의 이슈와 분석의 단위이다. 일반적 또는 전통적 통계 절차가 사용될 수 없다는 점과 커플가족치료자들로서 우리가 가족 내 한 사람의 변화가 다른 사람의 변화에 영향을 미칠 것이라고 믿는다는 점이 이해된다면, 이 장에서 설명된 자료 분석은 개념적으로 수월하게 적용될 수 있다. 이러한 자료를 다루는 데 필요한 통계적 절차와 친숙해지는 것은 독자의 몫이다. 기초와 모형이 최소한 개념적으로 이해가 되었다면 나머지는 다 알아서 제자리를 찾을 것이다.

연구 임상가들은 커플가족치료 분야가 앞으로 나아가고 가족치료가 증상을 완화할 뿐만 아니라 모든 가족 구성원의 변화에 영향을 미친다는 근거를 제공하기 위해 이러한 종류의 양적 방법을 익힐 필요가 있다. 이러한 방법이 없이 우리는 개인치료가 보여 줄 수 있는 것만 보여 줄 수 있을 것이며, 치료를 통해 증상이 완화될 수 있다는 것만 보여 줄 수 있을 것이다. 그러나 커플가족치료 분야가 부가적인 가치를 제공한다는 것을 돋보이려면 우리는 증상 완화 너머를 봐야 하며, 증상 완화는 우리 분야에 두드러지는 변수들(분화, 관계적 윤리, 경계선 등)을 활용하여 다른 가족 구성원들의 변화와 함께 동반된다는 것을 보여 줄 수 있어야 한다.

최근 이러한 양적 방법론의 발전으로 커플가족치료 연구자들은 이제 분석방법을, 우리가 사람, 관계 및 변화에 대해 생각하는 방식을 안내하는 복잡한 체계이론에 더 가깝게 일치시킬 수 있다. 수십 년 동안 우리는 각 사람이 자신과 그들의 체계 안에 있는 타인에게 어떻게 영향을 줄 수 있는지, 어떻게 한 사람의 변화가 다른 사람의 변화와 관련이 있는지, 그리고 이러한 관계들이 문화와 맥락에 의해 어떤 영향을 받는지에 대해 이론화해 왔다. 같은 수십 년 동안 우리의 이론을 검증할 능력은 제한적이었는데 그 이유는 우리의 통계적 절차가 제한적이기 때문이었다. 현재, 가족 구성원이 서로 어떻게 영향을 미치며, 한 사람의 변화가 다른 사람의 변화와 어떻게 연관되어 있는지, 그리고 어떻게 특정 환경이 다른 환경과 다른지 살펴보도록 돕는 짝 분석 검증의 가능성을 여는 양적 통계의 상당한 발전 (SEM과 MLM)이 이루어졌다. 이제는 체계 사상가들이 열정을 가진 질문들을 양적으로 검증할 수 있게 되었으며, 우리가 가진 관계에 대한 생각 및 이론과 연구방법 사이의 격차가 많이 좁혀졌다고 볼 수 있다.

참고문헌

Ackerman, R. A., Donnellan, B., & Kashy, D. (2011). Working with dyadic data in studies of emerging adulthood: Specific recommendations, general advice, and practical tips. In F. D. Fincham & M. Cui (Eds.), *Romantic relationships in emerging adulthood* (pp. 67-97). New York: Cambridge University Press.

Bartle-Haring, S., & Lal, A. (2010). Using Bowen theory to look at progress in couple therapy. *Family Journal, 18*, 106-115.

Card, N. A., Little, T. D., & Selig, J. P. (2008). Modeling dyadic and interdependent data in developmental research: An introduction. In N. A. Card, J. P. Selig, & T. D. Little (Eds.), *Modeling dyadic and interdependent data in the developmental and behavioral sciences* (pp. 1-10). New York: Routledge.

Cook, W. L. (2012). Foundational issues in nonindependent data analysis. In B. P. Laursen, T. D. Little, & N. A. Card (Eds.), *Handbook of developmental research methods* (pp. 521-536). New York: Guilford Press.

Cook, W. L., & Kenny, D. A. (2005). The actor-partner interdependence model: A model of bidirectional effects in developmental studies. *International Journal of Behavioral Development, 29*, 101-109.

Cui, M., Conger, R. D., & Lorenz, F. O. (2005). Predicting change in adolescent adjustment from change in marital problems. *Developmental Psychology, 41*, 812-823.

Cui, M., & Donnellan, M. B. (2009). Trajectories of conflict over raising adolescent children and marital satisfaction. *Journal of Marriage and Family, 71*, 478-494.

Curran, P. J. (2003). Have multilevel models been structural equation models all along? *Multivariate Behavioral Research, 38*, 529-569.

Duncan, T. E., Duncan, S. C., & Strycker, L. A. (2006). *An introduction to latent variable growth curve modeling: Concepts, issues, and applications* (2nd ed.). Mahwah, NJ: Lawrence Erlbaum Associates.

Grawitch, M. J., & Munz, D. A. (2004). Aare you data nonindependent? A practical guide to evaluating nonindependence and within-group agreement. *Understanding Statistics, 3*, 231-257.

Hu, L., & Bentler, P. M. (1999). Cutoff criteria for fit indexes in covariance structure analysis: Conventional criteria versus new alternatives. *Structural Equation Modeling, 6*, 1-55.

Karney, B. R., & Bradbury, T. N. (1995). Assessing longitudinal change in marriage: An introduction to the analysis of growth curves. *Journal of Marriage and Family, 57*, 1091-1108.

Karney, B. R., & Bradbury, T. N. (2000). Attributions in marriage: State or trait? A growth curve analysis. *Journal of Personality and Social Psychology, 78*, 295-309.

Kashy, D. K., & Donnellan, M. B. (2008). Comparing MLM and SEM approaches to analyzing developmental dyadic data: Growth curve modeling of hostility in families. In N. A. Card, J. P. Selig, & T. D. Little (Eds.), *Modeling dyadic and interdependent data in the developmental and behavioral sciences* (pp. 165-190). New York: Routledge.

Kenny, D. A., Kashy, D., & Bolger, N. (1998). Data analysis in social psychology. In D. Gilbert, S. Fiske, & G. Lindzey (Eds.), *Handbook of Social Psychology* (4th ed., pp. 233-265). New York: McGraw-Hill.

Kenny, D. A., Kashy, D. A., & Cook, W. L. (2006). *Dyadic data analysis.* New York: Routledge.

Knerr, M., & Bartle-Haring, S. (2010). Differentiation, perceived stress and therapeutic alliance as key factors in the early stage of couple therapy. *Journal of Family Therapy, 32*, 94-118.

Laursen, B., Popp, D., Burk, W. J., Kerr, M., & Stattin, H. (2008). Incorporating inter-dependence into developmental research: Examples from the study of homophily and homogeneity. In N. A. Card, J. P. Selig, & T. D. Little (Eds.), *Modeling dyadic and interdependent data in the developmental and behavioral sciences* (pp. 11-37). New York: Routledge.

Lyons, K. S., & Sayer, A. (2005). Longitudinal dyad models in family research. *Journal of Marriage and Family, 67*, 1048-1060.

Von Bertalanffy, L. (1969). General System Theory: Foundations, Development, Applications (Revised Edition), NY: George Braziller, Inc.

24 커플 및 가족 관계 관찰:
자료 관리 및 분석

Ryan B. Seedall

도입

Wampler와 Harper(25장)가 강조한 것처럼 관찰연구는 커플 및 가족과의 임상 작업과 관련된 질문을 해결하는 데 특히 유용한 방법이다. 관찰연구는 개입 전략을 알려 주고 성과에 영향을 미치는 커플 및 치료적 관계의 내용과 과정 요소 모두에 초점을 맞추는 것을 포함해 부부가족치료자가 실제로 무엇을 하는지 조작화한다. 관찰연구는 커플 및 가족 임상 작업과의 높은 관련성에도 불구하고 관찰연구의 복잡성과 통상적으로 연구에 필요한 시간, 인력 및 기술 자원으로 인해 부부가족치료(marriage and family therapy: MFT)에서 상대적으로 거의 이루어지지 않았다. MFT 분야에 있지 않은 연구자의 우수한 연구 중 일부가 궁극적으로 커플 및 가족과의 연구에 도움이 되었지만, 관계를 관찰하고 이해하는 데 전문화되고 집중적인 훈련을 받은 우리는 이 분야에서 연구를 수행할 수 있는 고유한 자격을 갖추고 있다.

Wampler와 Harper(15장)는 코딩 과정을 계획하고 실행하는 절차에 대한 훌륭한 개요를 제공한다. 코딩이 수행된 후, 연구자는 관리하고 분석해야 할 많은 양의 자료 앞에 놓이게 된다. 사실, 자료의 관리 및 분석은 관찰연구에서 가장 엄두가 안 나는 것 중 하나일 수 있으며 MFT 분야에서 이러한 관찰연구가 상대적으로 부족한 주요 요인일 수 있다. 이 장의 목표는 의사결정 과정에 대한 개념적 틀을 제공함으로써 관찰 자료의 관리와 분석을 쉽게 이해하도록 하는 것이다. 이러한 유형의 연구와 관련된 수많은 결정과 전반적인 복잡성 때문에 이 장에서는 연구자가 자료 관리 및 분석에 대한 결정을 내리는 데 필요한 핵심 고려사항, 원칙 및 선택지와 관련된 네 가지 질문에 중점을 둘 것이다. 비록 완벽하지는 않지만 이 장을 통해 독자는 관련 문제와 이러한 문제를 해결하는 데 필요한 구체적 분석 기술을 이해하게 될 것이다.

질문 1: 분석의 단위와 표본추출의 전략은 무엇인가

자료 관리 및 분석에 대한 적절한 결정을 내리기 위해 관찰 연구자는 분석단위와 표본 추출(sampling) 전략을 명확하게 이해해야 한다. 분석단위는 표본을 구성하는 것이 누구이며 무엇인지로, 표본추출 전략은 실제로 어떻게 자료를 얻을 수 있는지를 생각하면 도움이 될 것이다. 이러한 질문은 상당히 단순하고 명료한 것처럼 보일 수 있으나, 행동과 상호작용을 관찰하는 데 있어 선택지의 수와 잠재적인 복잡성으로 인해 어려울 수 있다. 이 두 영역에 대한 명확성은 통계분석과 관련하여 내리는 결정에 도움이 된다. 다음 절에서는 분석단위 및 표본추출 전략을 식별하기 위한 몇 가지 핵심 고려사항을 설명한다.

관찰의 초점은 무엇인가

'관찰의 초점은 무엇인가'라는 질문은 분석단위를 이해하는 데 있어 다소 단순하지만 중요한 질문이다. 한 사람의 행동을 코딩할지(개별 코딩), 아니면 여러 사람의 행동을 코딩할지(이인 또는 삼인 코딩) 결정해야 한다. 더 많은 자료를 수집하기 위한 한 많은 사람을 코딩하지 않는 것은 직관과 반대되는 것처럼 보일 수 있다. 나중에 데이터 옵션을 확장하기 위해 더 많은 사람을 더 자세히 코딩하는 것이 때로로 유용할 수 있지만(Bakeman & Quera, 2011), 우선은 사용 가능한 자원과 이론적 개념틀을 기반으로 결정을 내리는 것이 중요하다. 예를 들어, Mary Ainsworth는 영아에게 약간의 고통을 주어 애착 추구 행동을 하도록 설계된 낯선 상황(Strange Situation: SS)으로 알려진 실험실 절차를 개발하여 애착이론에 대한 실증적 연구를 진행했다. 흥미롭게도 Ainsworth와 동료들은 양육자가 돌아왔을 때 분리되었던 아이의 반응이 아동-양육자 관계의 주요 예측변수라는 것을 발견했다. 결과적으로 '낯선상황'은 양육자의 행동에 대한 평가 없이 아동의 행동만을 4가지 수준으로 평가한다(Ainsworth, Blehar, Waters, & Wall, 1978).

코딩의 수준과 코드의 속성은 무엇인가

　연구 개념틀 내에서 연구문제와 가설을 적절하게 풀어내기 위해 어떤 자료가 필요한지 결정해야 한다. 이 질문에 답하려면 코딩 수준과 코드의 속성을 이해하는 것이 중요하다. 코딩 수준은 당신이 종합적인 행동에 주의를 기울이고 있는지 아니면 매우 구체적인 행동 및 보다 세분화된 코딩 단위에 주의를 기울이고 있는지를 나타낸다(Lindahl, 2001; Margolin et al., 1998). 예를 들어, 행동을 전반적인 측면에서 긍정적 혹은 부정적으로 코딩할 수도 있고, 특정의 긍정적 혹은 부정적 행동(예: 유머, 비판)처럼 구체적인 행동을 코딩할 수도 있다. 또한 코딩 수준은 관찰된 행동이 개인 수준인지 관계 수준인지를 의미하기도 한다. 즉, 각 파트너의 행동을 개별적으로 코딩(개인 수준)하거나 전체 커플 또는 가족 행동을 코딩(관계 수준)할 수도 있다. 두 명 이상의 사람들 사이에서 발생하는 개별 행동의 순서를 코딩(예: 한 사람의 행동을 코딩한 다음 다른 사람이 어떻게 반응하는지 코딩)하는 역시 관계 수준 자료이다.

　또 다른 고려 사항은 코드가 시간(time)이나 사건(event)을 기반으로 하는지 여부이다. 시간에 기반한 경우, 코드는 특정 기간에 대해 부여된다. 예를 들어, 전체 10분간 상호작용을 전반적으로 코딩할 수 있지만 상호작용이 일어나는 매 초 단위로 코딩할 수도 있다. 코드는 특정 치료 개입 후 또는 각 대화 후 발생하는 내담자 행동을 코딩하는 것처럼 특정 사건을 기반으로 할 수도 있다. 코드의 속성은 당신이 연속형 평가와 범주형 라벨 중 무엇을 사용하는지를 말한다. 구체적으로 이 이슈는 당신이 일차적으로 특정 행동의 강도, 질, 속성을 코딩하고 평가(연속형 평가)하는데 혹은 행동의 빈도, 기간, 순서를 코딩(범주형 라벨링; Margolin et al., 1998)하는 데 관심 있는지와 관련된다.

　이러한 이슈를 더 잘 이해하기 위해서 〈표 24-1〉과 〈표 24-2〉를 비교해 보라. 〈표 24-1〉은 10분 상호작용의 리커트 등급 척도(1-7, 낮음에서 높음)에서 얻은 가상 데이터를 나타낸다. 긍정적 행동과 부정적 행동은 세 가지 하위 구성요소 행동으로 나뉜다. 연구자가 내릴 수 있는 결정 중 하나는 각 하위 구성요소 행동을 유지할지, 아니면 각 참여자에 대한 긍정적 및 부정적 행동의 전체 점수를 얻기 위해 평균을 낼지 여부이다. 또한 연구자

표 24-1 연속형 평가 사용 시 전반적 코딩의 예

커플 ID	파트너 번호	긍정적 행동			부정적 행동		
		칭찬(Com)	유머(Hum)	미소(Smi)	비판(Crit)	비꼼(Sarc)	화(Ang)
001	−1	3.0	1.0	1.0	4.0	6.0	7.0
001	1	2.0	4.0	1.0	5.0	7.0	6.0
002	−1	5.0	4.0	7.0	2.0	1.0	2.0
002	1	1.0	2.0	4.0	5.0	5.0	3.0
003	−1	6.0	4.0	6.0	3.0	4.0	2.0
003	1	5.0	7.0	5.0	1.0	2.0	4.0

표 24-2 범주형 라벨을 사용한 세분화 코딩의 예

	5	10	15	20	25	30	35	40	45	50	55	60
001												
P1:			Crit	→		Ang				Sarc		
P2:	Hum	→			Sarc		Crit	→	→		Ang	→
002												
P1:	Com	→			Hum	Com				Cr	→	
P2:		Smi	Crit	→			Smi	Sar	→			Ang
003												
P1:	Com	→			Smi	Hum		Crit		Sar	→	
P2:		Smi	Com				Hum		Ang			Ang

는 10분 상호작용 내에서 이러한 행동을 시간별로 나누어 평가한 다음 종합 점수를 계산하거나 시간 경과에 따른 행동을 분석할 수도 있다.

〈표 24-2〉는 〈표 24-1〉에 표시된 동일한 6개 코드를 사용하여 60초 상호작용을 코딩하는 다른 예를 나타낸다. 주요 차이점은 행동이 훨씬 더 규칙적으로 코딩되고, 10분간 상호작용을 평가하는 것이 아닌 5초 단위로 코드를 할당하여 관련된 추론의 양을 줄인다는 것이다. 이러한 자료를 수집하기 위한 방법에는 여러 선택지가 있다. 한 가지 간단한 방법은 각 행동의 빈도에 초점을 맞추는 것이다. 시간당 빈도를 통해 특정 이벤트 또는 행동이 발생할 확률(즉, 조건부 확률)을 분석할 수 있다. 또한 행동에 범주형 라벨을 지정하는 세분화된 접근 방식을 사용하면 특정 행동의 순서와 행동을 한 이후 다른 특정 행동을 할 확률

(즉, 행동 유관성)을 분석할 수 있다.

　요약하면, 모든 형태의 관찰연구는 복잡하고 많은 시간과 자원이 필요하다. 그러나 코딩 수준과 코드의 특성에 대한 문제를 개념적으로 풀어보는 것은, 이러한 사안에 걸쳐 크게 달라지는 자료 관리와 분석을 이해하고 준비하는 데 큰 도움을 준다.

질문 2: 타당도 문제를 어떻게 해결할 것인가

　연구자로서 우리의 과제 중 하나는 우리가 연구하려는 구성개념을 정확하게 조작화하는 것이다. 사실, 구성개념을 조작화하는 문제는 임상 기반 연구가 부족한 이유 중 하나이기도 하다. 예를 들어, 다방향 편파성(multidirected partiality; 맥락적 가족치료) 또는 삼각화(보웬가족체계)와 같은 중요한 이론적 개념을 조작적으로 정의하는 것과 관련된 문제는 관련 영역에 대한 경험적 연구와 이해의 부족으로 이어졌다. 그러나 구성개념을 정확하게 조작화하는 것은 구인 타당도의 핵심 요소이다. 구인 타당도를 입증하는 방법은 여러 가지가 있다. 여기에는 여러분의 이론적 개념틀에 따라 의미 있는 방식으로 구성개념을 예측(예측 타당도)하거나, 구성개념과 비슷하거나(수렴 타당도), 혹은 다르다는(확산 타당도) 것을 보여 주는 것이 포함된다. 또 다른 방법은 우울한 커플과 그렇지 않은 커플을 구별하는 것처럼 조작화가 집단을 적절하게 구별(판별 타당도)한다는 것을 입증하는 것이다 (Sechrest, 1984 참조).

　관찰 코드의 타당도 대한 증거를 제공하는 것은 연구자의 책무이다. 이를 수행하는 가장 쉽고 효율적인 방법은 기존 코딩 체계를 사용하는 것이다. Margolin과 동료들(1998)은 "이미 개발된 체계를 사용한다는 것은 일반적으로 체계의 신뢰도 및 구인 타당도가 확립되었고, 이에 새로운 연구의 자료를 선행연구 결과의 맥락 안에서 보다 쉽게 이해할 수 있음을 의미한다"(p. 201). 그러나 선행연구에서 코딩 체계가 타당하고 신뢰할 수 있는 것으로 나타났다 하더라도, 관찰 코딩과 관련된 높은 수준의 추론으로 인해 코딩 결과가 다른 측정된 구성개념과 예상되는 방식으로 수렴하거나 발산하는지를 보여 줌으로써 연구와 연구자들에 걸쳐 타당도와 신뢰도가 상호 적용 가능하다는 증거를 제시하는 것이 중요하다.

　새로 개발된 코딩 체계의 경우 연구자는 타당도 대한 증거를 반드시 제공해야 한다. 그 예로, 한 연구(Crowell et al., 2002)는 애착 기반 관찰 평가 시스템인 SBSS(Secure Base Scoring System)를 검증하고자 했다. 연구자들은 SBSS 결과를 자기보고한 관계의 기능

(Family Behavior Survey를 사용; Posada & Waters, 1988), 성인 애착에 대한 기존에 확립된 척도(Adult Attachment Interview: AAI, George, Kaplan, & Main, 2002) 및 기존에 확립된 관찰 코딩 체계(Rapid Marital Interaction Coding System: RMICS; Heyman & Vivian, 1993)들과 비교함으로써 타당도에 대한 증거를 제공했다. 이러한 비교는 SBSS, AAI 및 RMICS 간의 유사점과 차이점에 관한 정보를 제공하였고, 이는 새로 개발된 체계의 타당도를 입증하는 유용한 방법임을 보여 준다(또 다른 예는 Wampler, Riggs, & Kimball, 2004를 보라).

요인분석은 관찰연구에서 타당도에 대해 고유한 증거를 제공하는 또 다른 통계적 방법이다. 일부 코딩 체계(특히 보다 세분화된 체계)의 경우 요인분석은 모든 코드의 기초가 되는 구성개념에 대한 경험적 분석을 제공할 수 있다(일례로 Heyman, Eddy, Weiss, & Vivian, 1995를 보라). 또한 선행연구에서 이론화된 범주에 대해 경험적 연구를 통한 확증을 해 주기도 한다(이러한 종류의 예는 Remen, Chambless, Steketee, & Renneberg, 2000를 보라). 전반적으로 다양한 형태의 요인분석(탐색적, 확인적, 그리고 탐색적 구조방정식모형)은 새로운 코딩 체계의 구인 타당도에 대한 이해와 추가적 증거를 제공할 수 있다.

질문 3: 어떤 신뢰도 분석이 가장 적절한가

연구자가 구성개념(construct)과 코드의 신뢰도를 입증하는 것도 중요하다. 신뢰도는 시간에 따른 안정성(시기적 안정성; Heyman, 2001)뿐만 아니라 관찰자 간의 일관성(평정자 간 일치도: interrater agreement)을 포함하는 것으로 일관성과 안정성을 나타낸다. 평정자 간 일치도는 신뢰도를 입증하는 가장 일반적인 방법으로, 이는 결과가 코딩하는 사람들 간에 일관적이라는 것이며, 연구 보고서에 이를 보고하는 것이 표준적 관행이다. 문헌을 검토한 결과 신뢰도를 위해 몇 퍼센트 정도나 복수의 평정자가 코딩을 해야 하는지에 대한 일반적으로 인정되는 기준은 없었다. 결과적으로 복수 코딩된 양이 신뢰도를 확보하기에 충분한지에 대한 정당화 입증의 책임은 연구자에게 있다.

평정자 간 일치도

코헨의 카파(Cohen's kappa). 대부분의 경우 사례별 평정자 간 일치도를 분석하는 데에는 코헨의 카파와 급내 상관(intraclass correlation)이라는 두 가지 접근 방식이 있다. 코딩을 하는 사람들의 일치 비율을 단순히 보고하는 것은 평정자 간 동의의 정도를 정확하게 평가하는 데 문제가 될 수 있는데, 이 두 방법 모두 이에서 한발 더 나아간 잘 활용되는 신뢰도 측정법이다(Bakeman & Quera, 2011). 그러나 이 둘은 일반적으로 다른 용도로 사용된다. 코헨의 카파는 범주형(명목 및 순서) 자료의 포인트별 일치를 측정하므로 "관찰자가 코딩된 연속적 간격(intervals) 또는 사건(events)에 대해 동의하는지 여부에 중점을 둔다"(Bakeman & Quera, 2011, p. 58). 코헨의 카파는 우연 일치를 보정하고 표본크기의 영향도 받지 않는다(Bakeman & Casey, 1995; Bakeman & Quera, 2011). 즉, 코헨의 카파는 코딩을 하는 사람들 간 일치가 단순히 우연에 의하였을 가능성을 고려하기 위해 단순히 동의의 비율을 살펴보는 것에서 한발 더 나아간다. −1에서 +1 사이의 범위를 가지며, 음의 값은 우연한 일치보다 나쁨, 0은 우연의 일치, 양의 값은 우연의 일치보다 낫다는 것을 나타낸다(Fleiss & Cohen, 1973).

그 예로, 〈표 24-3〉은 서로 다른 두 명의 코더(코더 A와 코더 B)로부터 3개의 코드(유머, 칭찬 및 미소)가 일치하는지를 나타낸 빈도표이다. 코딩이 두 사람 간에 정확히 일치하는 것은 대각선에 표시되며, 코더 A와 코더 B는 유머에 대해 25번, 칭찬에 12번, 미소에 17번 일치된 코딩을 보였다. 다른 칸들은 두 사람 간에 불일치 빈도를 나타낸다. 예를 들어, 코더 A는 유머로 코딩하고 코더 B는 미소로 코딩한 횟수는 10번이다. 〈표 24-4〉는 빈도표의 자료를 도출하기 위해 SPSS와 같은 통계 프로그램에 입력되는 방법을 보여 준다. 총 행 수는 각 가능한 코드 조합을 나타낸다. 열은 각 조합이 발생한 횟수를 나타낸다. 〈표 24-3〉에 있는 칸과 〈표 24-4〉의 행의 숫자가 동일한 것을 알 수 있다. 〈표 24-4〉의 열의 개수는 〈표 24-3〉의 셀값과 동일하다. 〈표 24-4〉의 자료에서 카파는 0.44이다 ($p < .001$). Landis와 Koch(1977)에 따르면, 이 결과의 일치도 수준은 중간 정도이다(거의 일치하지 않는=0; 약간=.01−.20; 어느 정도=.21−.40; 중간 정도=.41−.60; 상당한 =.61−.80; 거의 일치= .81−1.0.).

SPSS에서 Analyze 선택 → Descriptive Statistics → Crosstabs. 한 코더는 행, 다른 코더는 열에 입력. Statistics를 누르고 Kappa를 선택

표 24-3 코헨의 카파 신뢰도 분석 빈도표

		코더 B		
		유머(1)	칭찬(2)	미소(3)
	유머(1)	25	2	10
코더 A	칭찬(2)	3	12	4
	미소(3)	7	5	17

표 24-4 통계분석을 위해 〈표 24-3〉으로부터 빈도표를 구성

	코더 A	코더 B	계
1	1	1	25
2	1	2	2
3	1	3	10
4	2	1	3
5	2	2	12
6	2	3	4
7	3	1	7
8	3	2	5
9	3	3	17

급내 상관(Intracalss correlation). 자료가 연속형일 때(일반적으로 등간 혹은 비율이지만 때로는 서열), 급내 상관은 사례별 평정자 간 일치를 추정하는 가장 적절한 방법이다(Margolin et al., 1998). 예를 들어, 〈표 24-5〉에는 10분간의 커플 상호작용에 대해 두 명이 8개 항목에 대해 코딩한 가상 점수(1에서 7 사이)가 나타나 있다. Margolin과 동료들(1998)은 "높은 급내 상관관계는 측정된 행동에 대한 코더 간 분산이 참여자 간의 차이로 인한 분산에 비해 낮다는 것을 나타낸다."(p. 209)고 지적했다. 급내 상관계수의 범위는 0에서 1.0이다.

연속형 자료의 신뢰도를 추정할 때 Pearson의 r보다 급내 상관이 선호된다. Pearson의 r이 상대적 일치를 추정하는 반면, 급내 상관은 '행동의 전체 평균 수준'을 고려하여(Margolin et al., 1998, p. 209) 절대적 일치를 추정한다(Bakeman & Quera, 2011). 다시 말해서, Pearson의 r은 커플의 부정적 정도의 순위(즉, 어떤 커플이 다른 커플보다 더 부정적인지)에 대해 코딩을 하는 사람의 일치 여부를 알려 줄 수 있지만, 코딩을 하는 사람들이 커플의 전반적인 부정적 정도 수준에 동의하는지 여부에 대한 정보는 제공하지 않는다. 신뢰도의 측정 방식인 급내 상관은 코딩하는 사람들이 상대적 순위뿐만 아니라 절댓값에 동의

표 24-5 Pearson의 *r*과 급내 상관계수 비교

	코더 A	코더 B
아이템 1	7	4
아이템 2	6	3
아이템 3	5	2
아이템 4	4	1
아이템 5	7	4
아이템 6	6	3
아이템 7	5	2
아이템 8	4	1

> SPSS에서 Analyze 선택 → Scale → Reliability Analysis. 각 코더로부터 데이터 선택 후 Items로 이동. Statistics를 누르고 Intraclass Correlation Coefficient를 선택. 이후 원하는 Model과 Type을 선택.

하는지 여부를 설명한다. 보다 자세한 설명을 위해 〈표 24-5〉를 제시하였는데, 이 표에는 1-7 리커트 비율 척도에서 두 명의 코딩자의 점수를 보여 준다. 상대적 순위가 일정하게 유지되기 때문에 Pearson의 *r*은 완벽한 1.0과 같다. 그러나 급내 상관으로 볼 수 있는 절대적 일치도는 .23에 불과함을 보여 준다.

급내 상관은 행동을 범주형으로 측정하는 관찰연구에 있어 Cohen의 카파 추정치를 보완할 수도 있다. 포괄적인 동의 추정으로서 합계 점수와 함께 사용될 수 있다(Bakeman & Quera, 2011). 예를 들어, 코딩을 하는 두 사람이 표본 내 모든 커플에 대해 〈표 24-2〉와 같은 자료를 생성했다고 가정해 보자. 〈표 24-3〉과 〈표 24-4〉와 같은 자료를 생성하고, Cohen의 카파를 사용하여 한 번에 한 쌍씩(즉, 사례별로) 평정자 간 신뢰도를 추정할 수 있다. 하지만 신뢰도에 대한 보다 포괄적인 추정치를 제공하기 위해 〈표 24-6〉과 같은 자료를 생성할 수도 있다. 이러한 가설적 자료는 5쌍에 대한 2개 변수의 빈도(파트너의 긍정적 행동과 부정적 행동 이후의 순차적 긍정적 반응)에 대한 코딩을 하는 두 사람(A와 B)의 비교를 보여 준다. Cohen의 카파는 여러 행동이나 변수에 걸쳐 각 커플에 대한 평정자 간 신뢰도를 추정하는 데 사용할 수 있는 반면, 급내 상관은 여러 커플에 걸쳐 한 번에 하나의 변수에 대한 평정자 간 신뢰도를 비교하는 데 사용할 수 있다. 두 방식은 모두 순차 자료를 분석할 때 유용하다.

표 24–6 요약 통계의 급내 상관

쌍 ID	파트너 ID	빈도			
		긍정: 코더 A	긍정: 코더 B	부정–긍정 순차: 코더 A	부정–긍정 순차: 코더 B
1	1	15	12	7	7
1	2	17	18	9	5
2	1	9	7	5	8
2	2	14	7	9	12
3	1	20	21	7	7
3	2	11	8	8	10
4	1	17	15	9	10
4	2	16	16	9	6
5	1	21	23	12	11
5	2	19	18	10	10

Cohen의 카파 및 급내 상관과 관련된 또 다른 점도 주목할 만하다. 범주형 자료의 경우 카파가 적합하고, 연속형 자료의 경우 급내 상관이 가장 적합하다. 하지만 서열형 자료의 경우 가중 카파(weighted kappa)나 급내 상관 둘 다 사용될 수 있고(Fleiss & Cohen, 1973), 그 결과는 동일하다. 가중 카파를 통해 연구자는 다양한 종류의 불일치의 심각한 정도를 구분해 낼 수 있다(Fleiss & Cohen, 1973). 선형 혹은 이차 가중치(linear or quadratic weights)는 불일치의 각 수준에 부여할 가중치를 지정할 때 사용될 수 있으며, 이차 가중치는 불일치가 클수록 심각성이 높은 것으로 처리한다(Bakeman & Quera, 2011). 잠재적으로 유용한 통계이지만 가중 카파는 SPSS에서 계산할 수 없으며, Bakeman과 Quera(2011)는 가중 카파를 사용하는 경우 "다른 가중치와 비교하여 해당 가중치의 설득력 있는 이유를 준비해야 한다."고 지적한다(p. 82).

질문 4: 코딩 전략에 가장 적합한 분석 기법은 무엇인가

관찰 자료를 분석할 때 다양한 선택지가 존재하며, 선택지는 많은 경우 연구 문제/가설과 자료의 특성에 따라 달라진다. 이 절에서는 관찰연구와 매우 관련이 있는 가장 중요한 두 가지 분석 전략, 즉 연속형이면서 개인 수준 자료를 사용한 이인 자료 분석(dyadic analysis)과 범주형이면서 관계 수준 자료를 사용하는 순차 분석(sequential analysis)을 살펴보고자 한다.

이인 자료 분석

관찰 자료(한 번에 한 명 이상의)가 연속적이면서 개인 수준(individual level)에서 수집되는 경우 이인 자료(dyadic data) 분석이 가장 적절한 분석 전략이다. McWey, Bartle-Haring과 Durtschi(23장)는 이 주제에 대해 훨씬 더 포괄적인 설명을 제공한다. 그러나 이 장에서는 관찰 자료를 사용한 이인 자료 분석과 관련하여 가장 중요한 몇 가지 고려사항을 강조하고 싶다. 이인 자료 분석의 중요한 목적은 수집된 자료가 독립적이지 않으므로 분석의 단위를 개인보다는 쌍으로 다루어야 하는 것을 인식하는 것이다(Kenny, Kashy, & Cook, 2006). 예를 들어, 커플을 연구할 때 각각의 파트너가 긍정적이거나 부정적 진술을 한 수를 계산한다고 가정하면, 파트너 1(커플 A)의 결과는 동일한 관계와 커플 상호작용을 공유한다는 점에서 다른 참여자보다는 파트너 2(커플 A)의 결과와 더 유사할 것이다.

이인 자료 분석에서 관찰연구를 위한 잠재적 유용성이 있는 몇 가지 접근 방식으로 사회관계모형(social relations model), 일대다 설계(One-With-Many design), 자기−상대방 상호의존모형(actor-partner interdependence model)이 있다. 자료의 관리가 이인 자료 분석의 매우 중요한 부분이긴 하나, 이와 관련한 이슈에 대한 상세한 설명은 다른 자료에 나와 있다(Kenny et al., 2006을 보라).

- **사회관계모형(SRM)**. SRM은 널리 사용되지만 코딩된 관찰보다는 관계에 대한 자기보고된 인식을 측정하는 데 가장 널리 사용되었다. 가족 상호작용의 맥락에서 SRM을 사용하려면 가족의 각각의 개인으로부터 (즉, 모든 가능한 각 이인관계에 대해) 자료가 도출되어야 한다. 결과적으로 3인 가족은 6개의 점수($n*(n-1)$)를 가지게 되고, 이는 모든 가족 구성원의 평균(가족 평균 효과), 한 사람에 대한 가족 구성원의 평균 행동(상대방효과), 가족 평균과 자기효과 및 상대방효과(통칭 관계 효과)를 제거한 후 개별 이인 관계의 고유한 측면이라는 상기의 네 가지 분석 요인으로 구성된다. 이러한 요인에 대한 자세한 정보와 종단적 개념틀 내에서 관측 자료를 활용하여 SRM을 적용한 좋은 예는 Ackerman, Kashy, Donnellan와 Conger(2011)의 연구를 보라.
- **일대다(OWM) 설계**. OWM 설계는 치료 과정의 관찰에 대해 특히 적절하다. 이 설계에

는 초점인물(예: 치료자)과 각 초점인물 안에 내재되어(nested) 있는 여러 개인(예: 내담자; Kenny et al., 2006)이 있다. 일반적으로 OWM 설계는 초점인물(focal person)의 인식과 파트너들의 인식을 비교한다(Kashy & Donnellan, 2012). 하지만 관찰연구를 통해 초점인물의 인식과 훈련된 코더들의 인식을 비교할 수 있다. 아직 관계 치료 과정에서 사용되지는 않았지만 SRM과 비슷한 방식으로 관계를 살펴보고, 개별적으로 분리 가능한 것으로 치료자−커플 삼인관계(triads)를 처리함으로써 구조방정식의 맥락에서 OWM을 사용할 수 있다(2012년 7월 2일 개인 면담; Kenny et al., 2006를 보라). 이것은 파트너 간 비독립성뿐만 아니라 치료자와 클라이언트 사이의 비독립성을 고려하는 것을 가능하게 할 것이다. 그러나 치료자 효과를 발견해 내기에 충분하려면 대략 30명 정도의 치료자가 필요하다(D. Kashy, 2012년 7월 2일 개인 면담).

• **자기−상대방 상호의존모형(APIM).** APIM(McWey, Bartle-Haring, Durtschi, 23장에서 자세히 논의)은 아마도 가장 잘 알려진 이인 자료 분석 방법일 것이다. APIM 내에서 개별 데이터는 커플 수준 데이터 내에 중첩되고 차이는 쌍 내, 쌍 간 또는 둘 다(즉, 혼합, Kenny et al., 2006)로 추정된다. APIM은 상호 영향에 관한 귀중한 정보를 제공한다. 즉, 개인이 자신의 성과(즉, 자기효과)에 미치는 영향과 상대방의 성과(즉, 상대방효과)에 대한 정보를 제공한다. 관찰연구 내에서 APIM은 특정 개인 행동의 질이 자기 및 상대방 성과에 어떻게 영향을 미치는지 이해하는 데 사용될 수 있다(관찰 데이터와 함께 APIM을 사용하는 한 가지 예는 Humbad, Donnellan, Klump, & Burt, 2011를 보라). 또한 APIM은 '다른 집단(또는 가족) 구성원이 개인의 성과에 미치는 영향'으로 정의된 상대방효과(즉, 교차 로딩)와 함께 가족에 사용될 수 있다(Kashy & Donnellan, 2012, p. 231).

순차 분석

관찰 자료가 범주형이고 관계 수준에서 상호 의존적인 순차(sequence)로 구성되는 경우(즉, 코딩 과정에서 파트너의 행동과 응답이 연결되는 경우) 순차 분석이 가장 적절한 분석 전략이다. 순차 자료 분석은 명목 자료를 생성하면서 순서(order), 시간(time) 및 확률(probability)이 요인이며 보다 세분화된 코딩 체계에서 가장 일반적으로 사용된다. 순차 분석을 통해 연구자는 치료자와 내담자 사이뿐만 아니라 커플과 가족 내에서 나타나는 행동적 호혜성과 일반적인 상호작용 패턴을 조사할 수 있다. Sayers와 McGrath(2004)는 순차 분석의 기본 질문은 다음과 같다고 설명한다. "행동 A가 발생하고 나면, 행동 B가 예상보

다 더 자주 발생하는가?"(pp. 49-50)

　이러한 이유로, 많은 순차 분석은 변수 간의 순차 연관을 설명하고 계산하는 데 사용되는 분할표(contingency table)를 기반으로 한다(Bakeman & Quera, 2011; Yoder & Symons, 2010). 순차적 코딩에서 행동은 주어진 행동(선행 행동이라고도 함)과 대상 행동으로 구분된다(Bakeman & Quera, 2011; Yoder & Symons, 2010). 주어진 행동(given behaviors)은 가정된 자극 행동이고, 대상 행동(target behaviors)은 주어진 행동 뒤에 일어날 것으로 가정된 행동이다. Yoder와 Symons(2010)는 세 가지 유형의 순차적 분석을 강조하며, 각각의 유형은 잠재적인 순차(sequences)를 식별하는 방식이 다르다. 구체적으로, 순차 코드는 대상 행동이 주어진 행동 이후에 일정 횟수가 일어난 뒤에(event-lag) 일어나는지, 특정 시간이 지난 이후에(time-lag) 일어나는지, 또는 주어진 시간 내(time-window)에 대상 행동이 일어나는지를 명시한다. 예를 들어, 커플 실연(enactment)의 맥락에서 치료자가 한쪽 파트너를 대신하여 자신의 애착/애정 필요와 갈망을 나타내는 시범적인 표현(치료자의 대리 목소리)을 제공함으로써 보다 부드러운 커플 상호작용을 촉진하려고 하는 시도가 언제 일어나는지 그 시기에 연구자가 관심이 있다고 가정해 보자(Seedall & Butler, 2006를 보라). 여기서 치료자를 통한 대리 목소리의 사용은 주어진 행동이 되며, 연구자는 두 파트너의 대상 행동(언어적 및 비언어적)과 더불어 코딩이 발생하는 프레임을 확인하게 된다. 대상 행동이 파트너의 부드러운 응답이라면 대리 목소리 개입 직후의 파트너 행동을 코딩할 수 있다(event-lag). 또한 연구자는 행동이 개입 후 30초 시간 내에(time-window) 또는 개입 후 특정 시간 이후(1초 후에, 30초 후에 등; time-lag) 일어났는지 코딩할 수 있다. 궁극적으로 이러한 결정은 이론과 연구자의 구체적인 가설에 따라 결정된다.

　보다 발전된 순차 분석은 상당히 길고 복잡한 행동 순차를 포함할 수도 있는데, 이러한 복잡성을 다루기 위한 다양한 컴퓨터 기반 프로그램도 개발되어 있다. 그러나 이러한 과정과 단계에 대한 개념적 이해를 높이기 위해서는 일단 2개의 사건(two-event) 순차부터 시작해 보는 것이 유용하다. 예를 들어, 여러분의 표본이 최근 일어난 다소 고통스러운 갈등 이슈에 대해 호소하는 이성 커플들로 구성되어 있다고 가정해 보겠다. 여러분의 코딩 체계는 세 가지의 행동(화, 비난, 회피)에 초점을 둔다. 특히 한쪽 파트너가 비난하면 이어서 다른 파트너는 회피함으로써 비난과 회피 사이의 잠재적 우연성을 이해하는 데 관심이 있다. 코딩을 통해 특정 사건 및/또는 시간을 표시하는 명목 범주명과 함께 〈표 24-2〉와 같은 자료가 생성된다.

　다음 단계는 각 파트너에 대한 별도의 자료를 동반하는 요약 통계 자료 세트를 생성하

표 24-7 회피와 비난 빈도의 자료 예시

커플#	빈도					
	총 코드, 남성	총 코드, 여성	비난, 남성	비난, 여성	회피, 남성	회피, 여성
101	49	46	34	34	15	12
102	32	41	12	27	20	14
103	26	20	17	12	9	8
104	27	27	22	20	5	7
105	49	51	37	41	12	10

는 것이다. Bakeman과 Quera(2011)에 따르면 가장 일반적이고 관련성이 높은 여섯 가지의 요약 통계는 빈도(사건이 발생한 횟수), 상대적 빈도(총 코드 수 대비 한 코드의 빈도), 비율(일정 시간 동안 사건이 몇 번이나 발생하였는지), 지속 시간(코드가 지속되는 시간), 상대적 지속 시간(전체 코드 길이 대비 한 코드의 길이), 확률(회기 지속 시간 대비 한 코드의 길이)이다. 여러분의 연구문제에 따라 이 여섯 가지 요약 통계는 중요한 정보를 제공하고 주요 분석의 단계를 설정할 수 있다(각각을 계산하는 방법에 대한 자세한 설명과 개요는 Bakeman & Quera, 2011을 보라). 〈표 24-7〉은 비난 및 회피 코드 빈도의 자료 예시를 보여 준다.

요약 통계를 생성하고 나면, 행동 순차를 포함하는 새 자료 세트를 생성해야 한다. 첫번째 단계는 각 주어진 코드(given code; 즉, 비난)의 빈도를 집계한 다음 대상 코드(target code)의 발생을 찾는 것이다(즉, 회피; Bakeman & Quera, 2011; Sayers & McGrath, 2004). 이때에는 분절된 행동이 아닌 순차성에 대한 설명을 제공하는 자료를 생성해야 하기에 복잡성이 증가한다. 결과적으로, 특히 더 복잡한 코드 순차의 경우 왜 해당하는 집계 과정을 선택했는지 그 기준을 정당화하는 것이 중요하다. 여기서 논의한 많은 중간 단계의 절차를 위한 몇몇 순차 프로그램이 존재한다(그 한 가지 예는 Bakeman & Quera, 2011에 의해 설명된 Generalized Sequential Querier 프로그램이다).

단순화한 예를 보여 주기 위해서, 우리는 주어진 코드나 대상 코드(즉, 주어진 코드는 비난, 대상 코드는 회피)와 관련된 순차를 포함해, 살펴보고자 하는 순차 각각에 대한 빈도 자료 세트를 생성하고자 한다. 〈표 24-8〉은 자료 세트가 어떻게 구성되는지 보여 주는 예이다. 공간의 측면에서 남성과 여성 자료를 합쳐서 제시했지만, 자료 세트는 남녀를 나누어 두는 것이 유용할 수 있다.

다음 단계는 2×2 사건-기반(event-based) 분할표를 생성하는 것이다(〈표 24-9〉 참조).

표 24-8 남성과 여성의 주어진 행동(g)과 대상 행동(t)을 표시한 자료

	빈도			
	a	b	c	d
커플#	비난(g) 회피(t)	비난(g) 화(t)	화(g) 회피(t)	화(g) 비난(t)
101	3	4	2	6
102	5	0	0	2
103	5	1	0	5
104	3	3	2	4
105	4	2	1	3

제시된 표에서 4개의 칸은 비난과 회피의 가능한 조합 관계를 나타낸다(〈표 24-8〉의 열에 해당). a칸은 비난에 이어 회피가 뒤따랐던 횟수를 나타내고, b칸은 비난을 했지만 회피가 뒤따르지 않은 횟수를 나타낸다(예: 비난하고 분노가 뒤따름). c칸은 비난이 아닌 행동에 이어 회피가 뒤따랐던 횟수를 나타낸다(예: 화를 내고 회피가 뒤따름). 마지막으로 d칸은 주어진 코드와 대상 코드 모두에서 (해당 행동이 아닌 경우로) 비난이 아닌 행동이 주어진 코드이고, 회피가 아닌 행동이 대상 코드인 빈도(예: 화를 내고 비난이 뒤따름)를 나타낸다. 조건부 확률은 각 칸의 값을 행의 합계로 나누어 계산한다. 각 칸의 값은 다른 칸의 값과 독립적이어야 하므로 서로 겹치지 않아야 한다(Bakeman & Quera, 2011). 이것은 매우 중요한데 분할표를 구성할 때 발생하는 가장 일반적인 오류 중 하나이다.

분할표를 생성한 후 효과크기를 살펴보는 방법으로는 승산비(odds ratio), Yule의 Q(Yule's Q), 로그 승산(log odds)과 같은 선택지들이 있다. 각각이 제공하는 정보는 유사하므로, 어떤 것을 사용할지는 연구자가 생각하기에 더 직관적인 해석을 제공한다고 생각하는 것을 선택한다(Bakeman & Quera, 2011). 승산비는 a칸과 d칸의 빈도를 곱한 다음 b칸과 c칸의 곱으로 나누어 계산한다(즉, ad/bc). 값의 범위는 0에서 무한대이며, 1은 효과가 없음을 나타낸다. 로그 승산은 승산비에 로그를 취하여 계산한다. 승산비와 달리 값의 범위가 음의 무한대에서 양의 무한대이며 0은 효과가 없음을 나타낸다. Yule의 Q 범위는 −1에서 +1이며 0은 효과가 없음을 나타낸다. 이 값은 a칸과 d칸의 곱에서 b칸과 c칸의 곱을 뺀 다음 각 곱의 합으로 나누어 계산한다(ad−bc/ad+bc). 〈표 24-9〉의 예에서 승산비는 6.8, 로그 승산은 1.92, Yule의 Q는 0.74이다. 2.0과 3.0 사이의 승산비는 보통 정도(부정적 관계의 경우 0.33~0.50)로 간주되며 3.0 이상의 승산비는 강한 정도로 간주된다(부정적 관계의

경우<0.33). Yule의 Q의 경우, 작은 효과크기는 0.20, 보통 효과크기는 0.43, 큰 효과크기는 0.60이다(Rosenthal, 1996). Bakeman과 Quera(2011)는 이러한 통계 검증과 그 지침에 대한 자세한 정보를 제공한다. 제시된 가상적 사례에서는 비난-회피 순차의 효과크기가 큰 것으로 나타나는데, 비난이 발생한 후 회피가 발생할 가능성은 다른 행동에 비해 6.8배 높다.

SPSS에서 승산비를 계산하기 위해서 다음의 방식으로 〈표 24-9〉로부터 분할표를 구성:

빈도	비난(g)	회피(t)
17	네	네
10	네	아니요
5	아니요	네
20	아니요	아니요

1단계: Data 선택 → Weight Cases. 빈도변수에 따라 케이스를 가중
2단계: Descriptive Statistics 선택 → Crosstabs. 주어진 행동은 행 선택, 대상 행동은 열 선택
3단계: Statistics 선택. Chi-square와 Risk에 표시

결과표는 카이제곱 검정의 유의성을 나타내 주고, 승산비를 제공하며, 각 칸 중에 5의 기준보다 낮은 칸이 있는지를 표시(Yoder & Symons, 2010).

참고: SPSS는 Yule의 Q를 계산하지 않음.

표 24-9 순차 분석에서 2×2 분할표의 예

주어진 코드		대상 코드				조건 확률	
		회피	회피하지 않음			회피	회피하지 않음
비난	a	17	b	10	27	.63	.37
비난하지 않음	c	5	d	20	25	.20	.80
		22		30	52	.42	.58

앞서 살펴본 가상의 예는 순차적 행동을 분석하는 개념적 기초를 제공한다. 그러나 실제로 코드와 순차는 이보다 훨씬 더 복잡할 수 있다. 예를 들어, 비난과 회피의 순차적 패턴에 대한 증거를 찾았다고 하더라도, 비난과 회피 이후에 어떤 일이 일어날지를 이해하기 위해서 순차를 더 정교하게 살펴보고 싶을 수 있다. 혹은 남성 파트너가 비난한 뒤 여성 파트너가 회피할 때와 여성 파트너가 비난한 뒤 남성 파트너가 회피할 때는 어떻게 비슷하고 다른지 커플의 비난-회피 순차적 패턴을 비교하는 데 관심이 있을 수 있다.

로그선형 분석(log-linear analysis). 로그선형 분석은 2×2 분할표의 분석을 기반으로 하는 여러 복잡한 순차적 분석을 처리하기 위한 잘 정립된 접근 방식이다(Bakeman & Quera, 2011; Sayers & McGrath, 2004). 자세한 설명은 이 장의 범위를 벗어나지만 로그선형 분석에 대한 보다 심층적인 처리에 대해 정보를 제공하는 몇 가지 훌륭한 자료가 있다(Bakeman & Robinson, 1994; Field, 2009; Kennedy, 1992). 그럼에도 불구하고 기본적으로 로그선형 분석을 위한 개념적 틀은 두 가지 행동 순차를 분석하는 것과 동일하다는 것을 이해하는 것이 중요하다(Field, 2009). 2×2 분할표와 마찬가지로 예상 칸의 수가 분석을 수행하기 위한 적절한 수준에 도달해야 한다. 그러나 로그선형 분석을 사용할 경우, 모든 셀에 대한 기대빈도는 1보다 커야 하고 그중에서 셀에 대한 기대된 빈도가 5 미만인 경우가 전체의 20%를 넘지 않아야 한다(Field, 2009).

로그선형 분석을 사용하면 위계적(hierarchical) 방식과 후진제거(backward elimination) 과정을 사용하여 순차를 분석할 수 있다. 달리 말하면, 만약 세 개의 순차(three-way sequence)로 비난-분노-회피를 가정한다면, 로그선형 분석을 통해 모형 전체적 관점에서 가장 높은 순차(즉, 비난-분노-회피)의 중요도를 검증할 수 있고, 차례로 낮은 순차(즉, 비난-분노, 비난-회피, 분노-회피)의 중요도를 검증할 수 있다. 로그선형 분석으로 연구자가 지정한 비포화모형(nonsaturated model)(즉, 낮은 순차 조합 중 일부만을 검증)을 지정할 수도 있다(Field, 2009).

여러 관찰 에피소드에 걸쳐 순차 자료를 분석하는 것도 가능하다. 이것은 시간과 주제에 걸친 상호작용을 관찰함으로써 관계 기능에 대한 보다 포괄적인 관점을 얻는 데 더 큰 힘을 주기 때문에 특히 가치가 있다(Heyman, 2001). Howe, Dagne과 Brown(2005, p. 72)은 '다층로그선형모형(multilevel log-linear model)'을 소개하는데, 이 방법은 관찰을 여러 에피소드 내에 내재한 다층선형모형을 사용하여 순차적 패턴을 살펴볼 수 있도록 해 준다. 전반적으로 여러 행동의 순차를 분석하는 것은 매우 복잡한 과정일 수 있으나, 2×2 분할표를 사용한 순차적 분석에 대한 이해는 보다 복잡한 순차 분석에 대한 개념적 토대를 제공한다.

결론: 연구를 위한 제언

관찰연구가 임상가와 가장 관련이 있는 많은 이슈나 연구문제에 적합하다는 것은 당연한 일이며, 이에 관찰연구는 개입의 노력에 대한 추가적인 의미와 이해를 제공한다. 이제까지의 관찰연구는 향후 연구를 위한 귀중한 토대를 제공해 왔다. 갈등의 패턴이나 스타일에 대한 연구(Bradbury & Karney, 1993)에 더하여, '싸우지 않을 때 행복한 커플은 무엇을 하는가'나 '다양한 형태의 사랑을 촉진하는 방법'을 조사할 수도 있을 것이다(Heyman, 2001, p. 7). 사회적 지지 분야의 기존 연구(예를 들어, Sullivan, Pasch, Johnson, & Bradbury, 2010을 보라.)는 커플 상호작용의 보다 긍정적인 요소를 살펴보기 시작한 연구 분야 중 하나이다.

특히 부부가족치료(MFT) 과정 연구에서 관찰연구의 활용을 확대할 필요가 있다. 한 분야로서의 MFT가 심리치료의 효과적인 양식이라는 중요한 증거가 있지만, 우리는 여전히 '어떻게', 그리고 '왜' MFT 모델이 작동하는가에 대한 지적에 있어서는 초기 단계에 있다. 임상 장면에서 관찰연구는 치료적이며 성공적인 결과를 도출하는 상호작용을 알아내기 위해 치료자와 그들이 치료하는 커플과 가족의 행동을 살펴볼 기회를 제공한다. 이러한 정보는 MFT 학자들이 치료 과정을 더 잘 이해하는 데 도움이 될 것이며, 치료자가 커플 특성과 상호작용 스타일을 반영해 접근 방식을 수정하고 조정하며, 이를 통해 내담자를 위한 보다 효과적이고 혁신적인 개입을 시행하는 데 도움이 될 것이다.

관찰연구의 분명한 유용성과 필요성에도 불구하고, 이를 위해 필요한 시간과 자원이 상당할 뿐 아니라 분석이 복잡한 경우가 많다. 이 장의 목적은 관찰 자료를 분석하는 과정을 쉽게 설명하는 것이었다. 따라서 대략적인 내용을 다루었다. 사실, 관찰 자료의 관리와 분석에만 초점을 집중함으로써 작업 분석(task analysis)과 같은 보다 귀납적 접근 방식은 상대적으로 덜 강조한 것처럼 보일 수 있다. 실제로 과정, 패턴 및 변화의 기제에 초점을 맞춘 작업 분석(Bradley & Johnson, 2005; Greenberg, 2007; Pascual-Leone, Greenberg, & Pascual-Leone, 2009를 보라.)은 관찰과 분석에 대한 다원적 접근의 중요한 부분을 보여 준다. MFT에서 관찰연구의 질과 양을 높임으로써 연구의 의미를 높이고 임상 과정에 대한 이해를 높이며 궁극적으로 MFT 분야를 발전시킬 수 있을 것이다.

감사의 말: 이 장의 개발에 도움이 되는 아이디어와 자원을 제공해 준 Karen Wampler, Jim Harper와 Megan Oka 박사에게 감사드린다.

참고문헌

Ackerman, R. A., Kashy, D. A., Donnellan, M. B., & Conger, R. D. (2011). Positive-engagement behaviors in observed family interactions: A social relations perspective. *Journal of Family Psychology, 25*, 719-730.

Ainsworth, M. D. S., Blehar, M. C., Waters, E., & Wall, S. (1978). *Patterns of attachment: A psychological study of the Strange Situation*. Hillsdale, NJ: Erlbaum.

Bakeman, R., & Casey, R. L. (1995). Analyzing family interaction: Taking time into account. *Journal of Family Psychology, 9*, 131-143.

Bakeman, R., & Quera, V. (2011). *Sequential analysis and observational methods for the behavioral sciences*. Cambridge, UK: Cambridge University Press.

Bakeman, R., & Robinson, B. F. (1994). *Understanding log-linear analysis with Ilog: An interactive approach*. Hillsdale, NJ: Erlbaum.

Bradbury, T. N., & Karney, B. R. (1993). Longitudinal study of marital interaction and dysfunction: Review and analysis. *Clinical Psychology Review, 13*, 15-27.

Bradley, B., & Johnson, S. (2005). Task analysis in family therapy: Reaching the clinician. In D. Sprenkle and F. Piercy (Eds.), *Research methods in family therapy* (2nd ed.). New York: Guilford Press.

Crowell, J. A., Treboux, D., Gao, Y., Fyffe, C., Pan, H., & Waters, E. (2002). Assessing secure base behavior in adulthood: Development of a measure, links to adult attachment representations, and relations to couples' communication and reports of relationships. *Developmental Psychology, 38*, 679-693.

Field, A. (2009). *Discovering statistics using SPSS* (3rd ed.). Thousand Oaks, CA: Sage.

Fleiss, J. L., & Cohen, J. (1973). The equivalence of weighted kappa and the intraclass correlation coefficient as measures of reliability. *Educational and Psychological Measurement, 33*, 613-619.

George, C., Kaplan, N., & Main, M. (2002). *The Adult Attachment Interview* (3rd ed.). Unpublished manuscript, University of California, Berkeley.

Greenberg, L. S. (2007). A guide to conducting a task analysis of psychotherapeutic change. *Psychotherapy Research, 17,* 15-30.

Heyman, R. E. (2001). Observation of couple conflicts: Clinical assessment applications, stubborn truths, and shaky foundations. *Psychological Assessment, 13,* 5-35.

Heyman, R. E., Eddy, J. M., Weiss, R. L., & Vivian, D. (1995). Factor analysis of the Marital Interaction Coding System (MICS). *Journal of Family Psychology, 9,* 209-215.

Heyman, R. E., & Vivian, D. (1993). *RMICS: Rapid Marital Interaction Coding System—training manual for coders.* Unpublished manuscript, State University of New York at Stony Brook.

Howe, G. W., Dagne, G., & Brown, C. H. (2005). Multilevel methods for modeling observed sequences of family interaction. *Journal of Family Psychology, 19,* 72-85.

Humbad, M. N., Donnellan, M. B., Klump, K. L., & Burt, S. A. (2011). Development of the Brief Romantic Relationship Interaction Coding Scheme (BRRICS). *Journal of Family Psychology, 25,* 759-769.

Kashy, D. A., & Donnellan, M. B. (2012). Conceptual and methodological issues in the analysis of data from dyads and groups. In K. Deaux & M. Snyder (Eds.), *The Oxford handbook of personality and social psychology* (pp. 209-238). New York: Oxford University Press.

Kennedy, J. (1992). *Analyzing qualitative data: Log-linear analysis for behavioral research* (2nd ed.). Westport, CT: Praeger.

Kenny, D. A., Kashy, D. A., & Cook, W. L. (2006). *Dyadic data analysis.* New York: Guilford Press.

Landis, J. R., & Koch, G. G. (1977). The measurement of observer agreement for categorical data. *Biometrics, 33,* 159-174.

Lindahl, K. M. (2001). Methodological issues in family observational research. In P. K. Kerig & K. M. Lindahl (Eds.), *Family observational coding systems: Resources for systemic research* (pp. 23-32). Mahwah, NJ: Lawrence Erlbaum Associates.

Margolin, G., Oliver, P. H., Gordis, E. B., O'Hearn, H. G., Medina, A. M., Ghosh, C. M., & Morland, L. (1998). The nuts and bolts of behavioral observation of marital and family interaction. *Clinical Child and Family Psychology Review, 1,* 195-213.

Pascual-Leone, A., Greenberg, L. S., & Pascual-Leone, J. (2009). Developments in task analysis: New methods to study change. *Psychotherapy Research, 19,* 527-542.

Posada, G., & Waters, E. (1988). *The Family Behavior Survey.* Unpublished manuscript, State University of New York at Stony Brook.

Remen, A. L., Chambless, D. L., Steketee, G., & Renneberg, B. (2000). Factor analysis of the English version of the Kategorien system fur Partnerschaftliche Interaktion [Interaction Coding

System]. *Behaviour Research and Therapy, 38*, 73-81.

Rosenthal, J. A. (1996). Qualitative descriptors of strength association and effect size. *Journal of Social Science Research, 21*, 37-59.

Sayers, S. L., & McGrath, K. (2004). Data analytic strategies for couple observational coding systems. In P. K. Kerig & K. M. Lindahl (Eds.), *Couple observational coding systems* (pp. 43-63). Mahwah, NJ: Lawrence Erlbaum Associates.

Sechrest, L. (1984). Reliability and validity. In A. S. Bellack & M. Hersen (Eds.), *Research methods in clinical psychology* (pp. 24-54). New York: Pergamon Press.

Seedall, R. B., & Butler, M. H. (2006). The effect of proxy-voice intervention on couple softening in the context of enactments. *Journal of Marital and Family Therapy, 32*, 421-437.

Sullivan, K. T., Pasch, L. A., Johnson, M. D., & Bradbury, T. N. (2010). Social support, problem solving, and the longitudinal course of newlywed marriage. *Journal of Personality and Social Psychology, 98*, 631-644.

Wampler, K. S., Riggs, B., & Kimball, T. G. (2004). Observing attachment behavior in couples: The Adult Attachment Behavior Q-set (AABQ). *Family Process, 43*, 315-335.

Yoder, P., & Symons, F. (2010). *Observational measurement of behavior*. New York: Springer.

25 소규모 표본을 사용한 통계분석

Rachel B. Tambling & Shayne R. Anderson

도입

필자(S.R.A)의 박사과정 연구방법 수업에서 필자는 커플치료의 효능(efficacy)을 시험하기 위한 연구설계를 과제로 받았다. 필자는 치료자와 내담자 모두가 두 가지 처치 조건 중 하나 또는 대기자 명단에 무작위 배정되는 무선통제실험(randomized controlled trial)을 설계하였다. 단일방법 편향(mono-method bias)을 방지하기 위해 결과변수는 내담자, 치료자 및 독립적 관찰자가 평가하였다. 모든 참여자는 연구목적을 알지 못하였다. 치료 충실도 (fidelity)와 역량은 연구 전반에 걸쳐 면밀히 관찰되었다. 측정은 치료 전과 치료 후 그리고 6개월 및 12개월 추적 관찰을 통해 이루어졌다. 필자는 내적 타당도를 극대화할 수 있는 연구를 설계하였다. 이 계획에서 누락된 한 가지 요소는? 바로 실현 가능성이었다. 필자가 설계한 연구는 적어도 두 가지 이유로 실용적이지 않았다. 첫 번째 이유는, 임상 표본을 확보하고 유지하기가 어려운 경우가 많다. 임상연구를 수행하는 연구자에게 참여자를 모집하고 유지하기 위한 노력에 대해 물어보면, 훌륭한 연구이지만 낮은 참여도로 인해 좌절된 연구에 대한 이야기를 분명히 들을 수 있을 것이다(6장을 보라). 또한 개인정보보호, 일정 문제 또는 연구에 대한 관심 부족의 이유로 접근이 특히 어려운 내담자들이 많다. 그러나 이러한 참여하기 어려운 집단 중 많은 수가 임상연구자에게는 가장 흥미로운 집단에 속한다. 임상 표본으로 작업할 때는, 내담자가 많은 큰 표본에 접근하기 어려울 수 있다. 상술된 유형의 연구가 실현 가능성이 낮은 두 번째 이유는 그러한 연구가 종종 엄청난 비용이 든다는 것이다. 연구조교, 치료자 및 코더를 훈련시키고 처치 준수(adherence)를 관찰하고, 내담자에게 보상하는 데에는 상당한 비용이 소모된다. 이러한 연구를 수행하는 데 투자된 시간과 비용은 선택된 소수를 제외한 모든 사람에게 감당하지 못할 정도로 막대하다.

강력한 임상연구를 수행하기 위해서는 굉장한 균형이 필요하다. 연구자는 내적 타당도와 외적 타당도, 1종 오류와 2종 오류를 범하는 것 사이의 변증법, 그리고 복잡성과 실현 가능성 사이의 균형을 맞춰야 한다. 이러한 균형을 달성하기 위해 많은 연구자는 표본크기를 늘리는 방법을 선택한다. 큰 표본은 종종 높은 가치를 지니며 가족학처럼 대규모의 국가적 확률표본이 많이 사용되는 여러 분야에서 강력한 연구는 큰 표본과 동의어이다. 예를 들어, 대표적인 가족학 학술지인 『Journal of Marriage and Family』의 2012년 10월호에서는 16개 양적 연구 중 표본크기의 중간값은 1,469(범위＝188~36,889)였다. 강력한 연구는 다양한 표본크기로 이루어질 수 있다는 것이 우리의 주장이다. 연구를 강력하게 만드는 것은 표본크기가 아니라 연구설계와 수행에 있어서의 엄격성이다. 소규모 표본 연구는 대규모 연구보다 실현 가능성이 높을 뿐만 아니라(특히 석·박사학위 논문을 수행하는 학생들에게는 더욱 그러하다.), 연구가 잘 진행되면 해당 분야 지식 체계 발전에 유용한 기여를 할 수 있다.

이 장에서는 소규모 표본 연구에 대한 미신을 없애고 더 작은 표본으로 연구의 전반적인 질과 엄격함을 향상시키기 위해 몇 가지 제안을 하려고 한다. 우리는 표본크기와 상관없이, 질 높은 연구의 지지자로서 소규모 표본 연구가 유용할 수 있으며 대규모 연구보다 열등하거나 대규모 연구 실패 시에나 하는 궁여지책이 아니라는 메시지를 전달하고자 한다. 세부 사항, 적합한 방법론 및 적절한 분석 기법에 대해 주의를 기울여 수행된 소규모 연구는 다양한 임상 현상에 대해 독특하고 타당한 통찰을 제공할 가능성이 있다. 더 작은 표본크기로 질 높은 연구를 촉진하기 위해 먼저 작은 표본에 대한 몇 가지 오해를 불식시키고자 한다. 그런 다음 소규모 표본 연구에서 검증력을 극대화하기 위한 전략에 대해 간략하게 논의하고 검증력 분석에서 자주 발생하는 소규모 표본의 결측치 문제를 다룰 것이다. 마지막으로 소규모 표본에 사용하기에 적합한 다양한 분석 전략에 대해 논의할 것이다.

표본크기와 관련된 일반적 신화

　강력한 연구는 대규모 혹은 대규모 표본 연구와 동의어가 아니다. 탄탄한 방법론, 혁신적 설계 및 적절한 통계분석은 강력한 타당도와 적절한 결론으로 이끄는데, 이는 어떠한 표본크기에서도 가능하다. 이 부분에서는 소규모 표본 연구와 관련된 일반적 미신을 다루고 소규모 표본크기와 관련된 위험을 관리하기 위한 제안을 다룬다.

신화 #1: 기여의 크기는 표본크기와 관련이 있다

　연구의 엄격함 또는 연구가 해당 분야에 미치는 영향과 표본크기 간의 직접적 연관성은 없다. 다시 말해, 대규모 표본이 약한 방법론을 보완하지 않으며, 잘못 고안된 연구문제를 보완하지도 않는다. 더 큰 표본을 사용하면 더 복잡한 현상을 모델링할 수 있지만, 더 복잡하다고 해서 항상 더 나은 타당도가 보장되는 것은 아니다. 예를 들어, 표본크기가 증가할수록 1종 오류를 범할 확률도 높아져 연구의 통계적 결론 타당도가 훼손된다. 표본크기가 매우 큰 경우 두 표본의 평균 차이는 이 차이가 두 모집단 간 실제 차이와 일치하는지와 상관없이 통계적으로 유의할 것이다. 게다가 큰 표본이 반드시 강력한 연구를 의미하는 것은 아니다. 중요한 영향을 미친 일부 소규모 연구를 고려할 필요가 있다. John Watson의 고전적 조건화에 대한 "Little Albert"(Watson & Rayner, 1920) 연구는 가장 잘 알려진 심리학 연구 중 하나이다. Watson이 어린 소년에게 털로 덮인 물체를 두려워하도록 조건화시킨 이 단일사례 연구는 인간의 조건화된 반응을 이해하기 위한 토대를 마련하였고 심리학 분야를 뛰어넘어 지대한 영향을 미쳤다. 이 연구는 이론에 기반하였고, 유용했으며, 해당 분야에 중요한 시사점을 제공하였다. 요컨대, 이 연구는 잘 설계되었고 사려 깊게 수행된 연구였다. 마찬가지로 Bradley와 Furrow(2004)는 비난하는 배우자가 연성화(softening)되는 과정을 포착하기 위해 정서 중심 커플치료 네 회기에 대해 과제분석을 수행하였다. 이 소규모 표본 연구는 적절한 방법론으로 커플 데이터에 내재한 상호의존에 대한 관심을 포함한 중요 질문에 답한다. 좋은 연구는, 연구문제가 중요한 문제이고 연구문제에 의미 있게 답할 수 있도록 설계와 표본이 선택되며 데이터 특성에 맞는 분석이 이루어질 때 가능해진다.

신화 #2: 좋은 연구는 HLM, SEM 또는 APIM(또는 가장 정교한 새로운 방법)을 사용한다

저자들은 우리 분야의 가장 최신 통계분석 발전을 알고 적절히 적용할 수 있는 것을 강력히 지지한다. 사실 최근 연구에서 우리는 각각 정교한 분석 전략을 사용하였지만, 연구는 분석 전략으로 인해 가치가 생기는 것은 아니다. 분석 전략의 선택은 자신의 통계 지식을 입증하려는 욕구가 아니라 문제와 표본에 가장 적합한 전략을 사용하고자 하는 욕구에 의해 이루어져야 한다. 특히 데이터 구조와 연구문제에 적합한 경우 비교적 간단한 분석 전략에서 많은 유용한 정보를 얻을 수 있다. 이것은 커플, 가족 데이터와 같이 근본적으로 데이터가 상호 독립적이지 않은 경우에 더욱 그러하다. 종종 연구자들은 구조방정식모형(SEM) 또는 위계선형모형(HLM)을 통해 데이터의 비독립성을 관리하려 한다. 이는 받아들일 만하지만, 그러한 방법론이 연구문제에 적합하지 않을 수도 있다. 이 장의 뒷부분에서는 소규모 표본의 데이터를 분석할 수 있는 몇 가지 방법을 강조하는데, 그중 많은 방법이 비독립성을 잘 관리한다.

다양한 크기의 표본을 사용하는 연구들에 대한 데이터 분석 전략에서 여러 유용한 발전이 있었다는 점에 주목할 필요가 있다. 이러한 많은 발전은 이 책의 다른 곳에서 설명된다.

신화 #3: 작은 표본은 가설검증을 위한 검증력이 부족하다

소규모 표본 연구에서 중요한 질문은 표본크기가 아니라 기대되는 통계적 검증력이다. 검증력은 귀무가설이 거짓일 때 검증이 귀무가설을 기각할 확률을 나타낸다. 검증력은 2종 오류(귀무가설이 거짓일 때 귀무가설을 기각하지 못할 가능성)와 직접적인 관련이 있다. 2종 오류를 범할 확률이 b이면 검증력은 $1-b$로 표시된다. 통계적 검증력은 표본크기보다 더 중요하다.

한 가지 예를 통해 이것의 근본적 차이를 알 수 있다. 10명의 치료자를 대상으로 한 연구를 상상해 보자. 5명은 초보 치료자이고, 5명은 전문 치료자이다. 연구문제는 초보 치료자와 전문 치료자 간의 임상 성과의 차이를 다룬다. 이 표본이 작은지 여부는 중요하지 않다. 우리가 관심 있는 질문은 "10명의 치료자 표본이 우리가 관심 있는 질문에 답할 수 있는가?"이다. 치료자 모집단에서 초보 치료자와 전문 치료자의 어떤 변숫값에 큰 차이가 있다고 가정해 보자(요점을 명확히 하기 위해, 비록 우리 분야에서 드물지만 효과크기를 $d=2.0$으로 가정하겠다). 유의확률을 .05로 설정하면 단측 독립표본 t검정은 검증력 추정치가 .89[1]가 되어 숙련된 치료자와 초보 치료자 간의 차이가 나타난다. 이러한 조건에서 10명의 치료자 표본은 상당히 크다. 사실 우리는 가설을 검증하기에 충분한 검증력인 .80의 검증력을 얻기 위해 8명의 치료자만이 필요하다(Faul, Erdfelder, Lang, & Buchner, 2007). 그러나 중간 효과크기(d=.50)를 가정하면 10명의 치료자 표본은 매우 작으며 검증력은 .18에 불과하다. 이러한 조건에서 우리는 2종 오류를 범할 가능성이 매우 높다(즉, 실제로 치료자 간 차이가 있는데 차이가 없다고 말함). 동일 수준의 검증력을 얻기 위해서는 134명의 치료자가 필요하며, 이는 비용 및 시간이 막대히 드는 모집 전략을 요구할 것이다. 분석단위가 개인이 아닌 커플이나 가족인 연구에서 검증력은 신중하게 고려되어야 한다. 그룹화 형태로 데이터 측정점을 줄이면 차이를 모호하게 할 수 있으므로 필요한 검증력 수준을 얻기 위해 더 큰 표본이 필요하다. 한마디로 우리가 관심을 갖는 것은 참여자 수가 아니라 통계적 검증력이다. 참여자 수가 통계적 검증력을 산출할 때의 한 요소이지만, 다른 요소들도 고려되어야 한다.

신화 #4: 대규모 표본은 표본에서 변화가 발생했음을 보여 주는 유일한 방법이다

우리 분야의 흔한 오해 중 하나는 변화가 '실제' 변화이기 위해서는 많은 사람에게 입증되어야 한다는 것이다. 이것은 전혀 사실이 아니다. 임상적으로 유의하거나 통계적으로 유의한 변화를 입증하기 위해 대규모 표본이 필요한 것은 아니다. 대부분의 연구문제와 마찬가지로 변화가 발생하였다는 증거는 주로 연구문제와 분석 전략에 따라 달라진다. 예를 들어, 연구자는 도구 점수와 관련하여 변화 발생 여부를 알기 위해 도구의 측정 속성에 대한 정보와 지역사회 표본 및 임상 표본에 대한 사전 지식을 사용할 수 있다. 이를 위한 한 가지 일반적인 방법은 변화 발생을 나타낼 수 있는 확립된 절단 점수(cutoff scores) 또는 지수를 사용하는 것이다. Jacobson과 Truax(1991)는 어떤 도구에 대해 신뢰할 수 있는 변화지수(reliable change index)를 개발하는 한 가지 보편적인 방법을 설명한다. 신뢰할 수 있는 변화지수는, 신뢰할 수 있는 변화 또는 도구의 측정오차를 초과하는 변화가 발생했다고 확실히 말하기 위해 어느 정도로 점수가 변화해야 하는지를 나타낸다. 또한 연구자는 연

---

1) 이 장의 검증력 분석은 Faul, Erdfelder, Lang과 Buchner(2007)의 프로그램 G*Power 3으로 수행되었다. 이것은 연구자의 검증력 분석에 도움을 주기 위해 개발된 훌륭한 도구이며 다음 사이트에서 무료로 제공된다. http://www.psycho.uni-duesseldorf.de/abteilungen/aap/gpower3/

구참여자가 지역사회 표본에 가까운지, 임상 표본에 더 가까운지, 점수 변화를 경험했는지 여부를 결정하기 위해 도구의 절단 점수를 사용할 수 있다. 마지막으로 연구자는 측정된 임상적으로 유의미한 변화(clinically significant change)를 변화 지표로 사용하기를 원할지 모른다. 이러한 방법들은 한 개인, 한 커플, 또는 한 가족처럼 소규모 표본에서 변화가 발생했는지 결정하는 의미 있는 여러 방법을 제공한다.

신화 #5: 표본크기는 연구참여자 수이다

소규모 표본 연구에 대한 마지막 일반적인 오해는 표본크기가 항상 참여자 수라는 것이다. 많은 연구자는 표본크기를 늘리고 결과적으로 검증력을 높이기 위해 연구에 모집된 사람의 수를 늘리기로 선택한다. 일부 연구설계는 이에 해당될 수 있지만, 적절한 접근 방식은 연구문제에 맞게 소규모 참여자로부터 더 많은 관찰을 수집하는 것이다. 연구문제에 따라서 표본은 참여자가 아닌 관찰, 순간, 또는 이와 유사한 어떤 것이 될 수 있다. 많은 데이터 분석 전략은 원하는 경우 가족, 커플 내에서 개인을 중심으로 데이터를 조직하거나, 개인 안에서 여러 관찰값을 생성하는 방식으로, 한 사람 안에서도 여러 데이터를 얻을 수 있다. 표본크기는 연구문제 및 분석 전략과 관련 있으며, 항상 개인 참여자 수로 결정되는 것은 아니다.

John Gottman의 초기 작업에서 나온 다음의 예를 생각해 보자. 한 연구에서 Levenson 과 Gottman(1983)은 15쌍의 스트레스 커플들로부터 수천 개의 생리학적 관찰 결과를 수집하여 그것을 15쌍의 비(非)스트레스 커플들로부터 얻은 결과와 비교하였다. 이 경우 표본은 참여자가 아닌 개별 관찰값으로 구성되었다. 연구문제는 이러한 관찰값들의 특징을 중심으로 한 것이었다. 이 연구는 Gottman의 향후 연구에 대한 토대를 마련하였으며 적절한 연구설계와 실행의 한 예가 되었다. 참여자 수는 비교적 적었지만, 표본(즉, 관측치 수)은 상당히 많았다. 분석단위가 사람이 아닌 관찰값 또는 기타 현상인 연구에서 사용하는 데이터 분석 방법은 여러 가지가 있다.

결론적으로 소규모 표본 연구에 대한 많은 오해가 있는데, 그중 다수는 소규모 표본 연구의 상대적 중요성이나 유용성과 관련 있다. 소규모 표본 연구가 가치 있고 실용적이며 실현 가능하고 유용할 수 있지만, 아직 많은 질문이 남아 있다. 그중에서도 표본크기가 검증력에 영향을 미치는 방식과 결측 데이터가 표본에 영향을 미치는 방식은 반드시 점검되어야 한다.

소규모 표본 연구의 검증력

가장 잘 계획된 연구 전략은 일반적으로 검증력을 극대화하는 전략이다. 첫째, 충분한 통계적 검증력은 가설검증의 필수 전제 조건이다. 검증력이 충분하지 않으면 2종 오류, 또는 거짓 귀무가설이 확인될 때 발생하는 오류의 위험이 증가한다. 둘째, 커플 간 성별 상호작용효과나 매개효과, 조절효과 같은 기타 복잡한 효과를 포착하기 위해서는 충분한 검증력이 필요하다. 셋째, 어떤 분석 전략은 다른 전략보다 더 작은 효과를 감지할 수 있기 때문에 선택한 분석 전략으로 데이터 분석을 진행할 수 있도록 충분한 검증력이 필요하다.

통계적 검증력은 표본크기, p값, 유의수준 및 관심 현상의 효과크기에 따라 결정된다. 이 중에서 연구자들은 종종 표본크기를 실험자가 조작하기 가장 쉬운 것으로 생각한다. 그러나 소규모 표본 연구를 계획하는 경우 검증력의 다른 결정 요인을 변경하여 통계적 검증력을 향상시킬 수 있다. 표본크기를 늘리지 않고 검증력을 높이는 전략에는 큰 효과에 집중하기, 신뢰할 수 있는 측정도구 선택, 균형 집단(balanced groups) 사용, 예측변수 제한, p값 조정 등이 있다.

전략 1: 예상 효과크기가 크고 단방향인 연구문제를 선택한다. 만약 연구자가 자신의 연구비가 소규모 표본만을 허용한다는 것을 알고 있다면 큰 효과크기를 가정하는 연구문제를 선택하여 검증력을 높일 수 있다. 큰 효과크기는 표본크기가 동일한 경우에도 연구 검증력에 직접적으로, 그리고 종종 크게 영향을 미친다. 가정된 효과크기는 이론, 해당 분야의 과거 질적 연구 또는 임상 경험으로부터 도출될 수 있다. 연구자는 과거 연구와 수집된 지혜를 지침으로 하여 해당 연구에서 구인의 잠재적 효과크기를 추정한다. 이 장의 앞부분에 효과크기를 늘리는 것이 검증력에 미치는 차이의 예시를 제시하였다. 다른 것들이 동일할 때, 잠재적 변화(즉, 효과크기)가 클수록, 효과크기는 더욱 커지고 더 적은 참여자가 필요하게 된다.

단측 가설(directional hypotheses)은 연구자가 변수 간 관계 특성을 가설로 지정하는 것으로 많은 분석에서 검증력을 증가시킬 수 있다. 유의확률이 $p=.05$인 t검정을 생각해 보자. t점수는 정규분포에 가까운 t분포를 따른다. 양측 유의도 검증에서 t점수가 유의하려면 분포의 위쪽 또는 아래쪽 꼬리의 각각 2.5% 내에 있어야 한다. 단측 검증은 결과가 분포의 양쪽 어느 쪽에 속해야 하는지를 지정한다. 만약 그 결과가 가설 방향 꼬리의 5% 이내에 들어간다면 유의한 것으로 간주된다. 효과 방향을 지정함으로써 우리는 그러한 효과를 포착할 수 있는 검증력을 얻는다.

전략 2: 신뢰할 수 있는 측정도구를 선택한다. 측정도구 신뢰도는 효과크기의 변화를 통해 검증력에 영향을 미친다. 측정도구에서 '방해 요인(noise)'을 최소화함으로써 측정오차로 인한 표본 내 점수 변동성을 최소화한다. 오류로 인한 점수 변동성을 줄임으로써 점수의 진정한 차이가 나타나고 효과크기가 커진다. 예를 들어, Cohen의 d는 두 집단의 평균 점수 차이를 집단 간 통합된 표준편차(pooled standard deviation)로 나누어 계산한다.

$$d = \frac{\overline{x}_1 - \overline{x}_2}{s_{pooled}} \tag{1}$$

표본 내 변동성을 줄임으로써 분모의 값이 감소하여 효과크기와 검증력이 커진다.

전략 3: 균형설계를 한다. 일반적으로 모든 집단의 참여자 수가 같을 때 검증력은 증가한다(Keppel, 1991).[2] 즉, 여러 집단을 비교할 때 각 그룹에 동일한 수의 참여자가 있으면 검증의 민감도가 증가한다. 예를 들어, 세 집단의 측정값 평균이 6, 7, 8인 고정효과 일원분산분석(one-way fixed effects analysis of variance; ANOVA)을 생각해 보자. 분석을 단순화하기 위해 표준편차가 집단 간에 동일하다고 가정한다(SD=1). 전체 표본은 21명의 참여자로 구성되어 있다. 만약 균형설계라면, 각 집단은 7명의 참여자로 구성되며 이 평균 차이의 효과크기(f)는 0.82가 된다. 각 집단의 n을 각각 4명, 13명, 4명으로 불균형으로 설계하면 평균 차이의 효과크기는 $f = 0.62$로 감소하고 검증력은 .64로 줄어든다. 이것은 블록효과(block effects)가 균형설계에서처럼 손실되지 않기 때문에 발생한다. 블록효과를 설명하기 위해 검증력 손실과 함께 제곱합이 조정된다. 다시 말해, 연구자는 한 명의 참여자를 추가하지 않고도 균형설계를 하는 것만으로 검증력을 최적 수준으로 높일 수 있다. 각 집단, 조건, 범주별로 최적의 참여자 수를 주의 깊게 고려하면 검증력이 증가할 수 있다. 연구자는 연구를 시작하기 전에 G*Power와 같은 검증력 분석도구를 사용하여 이 작업을 수행할 수 있다.

---

2) 이 일반적인 규칙의 예외는 연구집단마다 비용 수준이 다르고 연구 예산이 한정되어 있을 때이다. 이러한 경우 낮은 비용 집단의 참여자 증가로 인한 검증력 증가는 불균형 설계로 인한 검증력 감소를 상쇄한다. Hsu(1994)는 이러한 조건에서 최적의 검증력을 달성하기 위한 구체적인 지침을 제공한다.

전략 4: 유의확률을 조정한다. 이 장의 많은 독자(그리고 아마도 일부 학술지 편집자도 마찬가지일 것이다.)는 이 전략에 대해 '이단(Heresy)'이라고 외칠 것이다. 이 반응은 우리를 혼란스럽게 한다. 유의확률이 .05인 것이 임의적이라는 것과 이에 대한 상당한 비판(Cohen, 1994; Cowles & Davis, 1982)에도 불구하고, 대부분의 연구자는 $p = .05$를 신성불가침한 것으로 본다. 그러나 연구자들은 종종 1종 오류 증가를 다루기 위해 유의수준을 조정한다. 동일 데이터로 여러 가설을 실험할 때 패밀리와이즈(family-wise) 오류 비율을 통제하고자 본페로니(Bonferroni) 조정을 사용하는 것이 일반적이다. 그러나 증가된 2종 오류율에 직면할 때는 유사한 조정이 허용되지 않는 것으로 보인다. 소규모 표본은 2종 오류율을 증가시킨다. 가설검증을 위해 p값을 증가시키는 것은 소규모 표본으로 커진 2종 오류율을 보상하는 논리적 방법이다. p값 조정이 표본크기 요구사항과 관련하여 만들어 내는 차이를 확인하기 위해, 청소년의 부모와의 관계의 성별 평균 차이를 조사하려는 연구를 고려해 보자. 연구자는 참여자들의 참여시간을 보상하는 데 100달러를 사용할 수 있으며, 참여자들을 성공적으로 모집하기 위해 참여자당 최소 2달러의 보상이 필요할 것으로 추정한다. 검증력 분석을 수행할 때 그녀는 중간 정도의 효과크기가 있을 것이라고 믿고 .80의 검증력과 .05의 유의수준을 원한다. 분석을 한 후 그녀는 자신이 감당할 수 있는 50명을 훨씬 넘는 총 102명의 참여자가 필요하다는 사실을 인지하고 슬퍼진다. 표본이 50이고 유의수준이 .05이면 검증력은 해당 분야 연구에서 그녀가 원하는 것보다 훨씬 낮은 .54에 불과하다. 유의수준을 .10으로 높여야 50명 참여자의 표본은 .68의 검증력을 갖게 될 것이다. 유의수준과 검증력 수준 모두 이상적이지 않지만, 더 나은 균형을 나타내므로 그녀는 유의수준을 .10으로 설정한다. 이러한 접근은 거의 사용되지 않을 수 있지만, 방법론적 관점에서 적절할 뿐만 아니라 완전히 수용 가능하다.

　전략 5: 단순하게 유지한다. Jacob Cohen(1990)은 『American Psychologist』에 게재한 훌륭한 논문에서 그의 뛰어난 경력을 통해 얻은 몇 가지 교훈을 요약하였다. 이 논문에서 그는 "적을수록 좋다."(p. 1304)라는 아이디어를 설명하기 위해 논문의 상당 부분을 할애한다. 그는 복잡한 연구를 설계함으로써 검증력을 제한하는 연구자들을 묘사하면서 "아이러니하게도 이와 같은 연구를 하는 사람들도 '몇 가지 변수와 가설을 사용하여 조심스레 접근하면 오히려 유의한 결과를 얻을 수 있을 텐데'라는 생각을 가지는 경우가 많다."(p. 1305)고 말한다. 복잡한 문제에 대해 답이 부실하거나 검증력이 부족해 어떤 문제에도 답을 하지 못하는 연구보다는 한두 개 예측변수와 간단한 문제라도 적절히 답하는 잘 설계된 연구가 더 낫다. 계획된 분석의 복잡성을 줄이는 것은 다양한 이유로 필요한데, 대부분 낮은 등록, 참여자 중도 탈락 또는 연구 중단으로 인해 발생한다. 예를 들어, 예측변수의 수를 제한하거나 더 소규모 표본에 적합한 분석 방법을 선택하여 모형의 복잡성을 줄이면 분석의 검증력을 높이고 데이터의 유용성을 지킬 수 있다. 이에 따라 수정사항이 연구문제를 적합하게 다룰 수 있는지와 관련한 중요한 문제에 답해야 한다. 우리는 덜 정확하고 복잡한 문제보다 간단한 문제에 잘 대답하는 것이 바람직하다고 생각한다. 단순해 보이는 질문에 대한 답은 종종 우리 분야를 의미 있게 진전시킨다.

소규모 표본 연구의 검증력에 대한 논의는 소규모 표본의 결측치에 대한 언급을 비껴갈 수 없다. 대부분의 임상연구에서 결측치는 문제이며, 결측치로 인한 문제는 표본이 작을 때 증폭된다.

소규모 표본 연구의 결측치

결측치는 검증력에 영향을 미치기 때문에 일반적으로 많은 연구자의 좌절감의 원천이 된다(21장을 보라). 연구자들은 결측치가 있는 사례를 삭제할지 모른다. 이는 특히 소규모 표본에 사용하는 많은 방법처럼 결측치에 민감한 통계 방법을 사용할 때 검증력 감소, 부정확한 신뢰구간 및 모수 추정치의 편향 가능성을 초래한다(Collins, Schafer, & Kam, 2001). 표본이 적고 데이터가 결측된 연구는 부담이 배가 된다. 많은 연구자는 완전한 사례 분석 (complete case analysis)이라고 하는 리스트와이즈(listwise) 사례 삭제 방법으로 결측치를 처리한다(Schafer & Graham, 2002). 리스트와이즈 삭제란 결측치가 있는 사례들을 모두 삭제하는 것을 말한다. 이것은 많은 통계 소프트웨어 프로그램에서 결측치를 처리하는 기본 방법이다. 표본이 소규모이고 결측이 체계적으로 발생한 것이 아니라 임의로, 즉 무작위로 발생한 경우, 리스트와이즈 삭제는 많은 삭제를 유발하여, 원하는 분석을 수행하기에 너무 적은 관찰값을 남기거나 결과를 탐지하기에 불충분한 검증력을 낳는다. 나아가 결측값이 우연적, 임의적으로가 아닌 체계적으로 발생하였기 때문에 무시할 수 없는 상황이거나 표본이 작을 때는 리스트와이즈 삭제는 체계적으로 편파된 연구결과를 초래할 가능성이 높다(Malhotra, 1987; Roth, 1994).

결측치를 통계적으로 처리하는 몇 가지 방법이 제안되었다. 가장 널리 사용되는 두 가지 방법은 최대우도법(maximum likelihood; Little & Rubin, 1987)과 다중대체법(multiple imputation; Enders, 2010; Rubin, 1977; Schafer, 1999)이다. 두 방법 모두 정교한 기술을 사용하여 가능한 최상의 방법으로 데이터를 사용한다. 안타깝게도 두 가지 모두 대규모 표본에서 사용하도록 설계되었기 때문에 이 장에서는 설명하지 않을 것이다. 대신 우리는 평균 대체(mean substitution), 기대 최대화(expectation maximization), 회귀 대체(regression imputation)와 같은 소규모 표본에 사용하도록 제안된 몇 가지 새로운 기술에 초점을 맞춘다.

평균 대체는 한 변수의 결측치가 같은 변수의 관측치들의 평균으로 대체되는 단일 대체기법이다. 평균 대체는 변수의 평균을 유지하면서 다른 방식으로 분포에 영향을 미친다. 종종 변산과 중앙값이 영향을 받으며(Little & Rubin, 1989), 변수의 범위가 제한되어 평균을 중심으로 분포가 뾰족하게 된다(Alison, 2002).

회귀(regression)에 기반한 방법들은 단일 및 다중 대체 방법들을 모두 가리키며 회귀 대체 또는 조건적 평균 대체(conditional mean imputation) 방법이라고도 불린다. 회귀 기반 방법에는 데이터의 여러 변수로 회귀방정식을 만들어 결측치를 예측, 대체하는 다중 대체 방법과, 하나의 변수를 활용하여 결측치를 대체하는 단일 대체 방법이 있다(자세한 설명은 Little & Rubin, 1989를 보라). 다중 대체 회귀에는 다양한 방법이 있지만(각각에 대한 설명은 Barnes, Lindbord, & Seaman, 2006을 보라.), 대부분의 방법은 다양한 값의 결측치를 가지고 여러 데이터 세트를 만들고 이 데이터 세트들로부터 얻은 추정치들의 조합에 기초하여 모수를 추정한다. 회귀 기반 방법은 평균 대체보다 더 정교하지만, 이 접근 방식은 결측치의 분산이 관찰된 데이터에 의해 완전히 설명된다고 가정하기 때문에, 결측치의 범위를 제한하고(Enders, 2001) 잠재적으로 예측변수와 성과변수의 관계를 과대추정한다(Schafer & Graham, 2002). 데이터 추정에서 회귀 기반 방법의 정확도는 회귀방정식에 투입된 예측변수들의 질에 따라 달라질 수 있다(Rubin et al., 2007). 따라서 변수 간의 강력한 연관성이 필수적이며, 둘 이상의 예측변수가 사용되는 다중 대체가 단일 대체보다 더 선호된다.

기대 최대화는 다양한 알고리즘에 대한 포괄적 용어인데, 여기에서 최대우도는 두 단계를 거쳐 얻어진다. 먼저, 다른 변수들을 예측변수로 사용하는 회귀 기반 방법을 사용하여 결측치를 추정하고, 다음으로 회귀 단계에서 생성된 통계치를 기반으로 제안된 값을 수정한다(Enders & Peugh, 2004; Little & Rubin, 2002; Schafer, 1999). 이 과정은 사용자가 지정한 반복 횟수 동안, 또는 값 변경이 중지될 때까지 계속된다. 안타깝게도 성공적인 기대 최대화를 위해 필요한 표본크기와 결측치의 양이 확실하지 않다. 이 방법은 복잡한 대체 전략을 사용한다는 점을 감안할 때 더 큰 표본이 적절하다(자세한 내용은 Enders & Peugh, 2004

또는 Choi et al., 2004을 보라). 항상 그렇듯이 관찰자에게는 더 크게 보이기 때문에, 어느 정도가 '큰'지에 대한 확실한 추산을 하기 어렵다. 기대 최대화는 회귀 기반 접근과 마찬가지로 회귀방정식에서 연구자가 선택한 예측변수들을 사용하지만, 이 절차의 반복적 성격은 결측치 추정에서 중요하지 않은 예측변수(marginal predictors)의 영향을 줄여 준다(Rubin et al., 2007).

결측치를 다루는 접근들 간의 비교에서, 결과는 다양하지만 다중 대체 및 기대 최대화와 같은 다중 관련 접근을 선호하는 경향이 있다. Saunders와 동료들(2006)은 중간이나 큰 크기의 표본을 사용한 연구에서 결측치가 적거나 중간 정도일 때(1~10%) 기대 최대화 같은 다중 관련 접근을 제안한다. Graham과 Schafer(2009)는 다중 대체는 50사례만큼 소규모 표본과 종속변수상의 최대 50%의 결측치까지 잘 다룰 수 있다는 것을 발견하였다. 또한 Graham과 Schafer(2009)는 다중 대체가 비정규(nonnormal) 데이터에서 잘 수행될 수 있다고 제안하였다. Barnes, Lindbord와 Seaman(2006)은 다중 대체의 여러 방법을 조사하였으며 임상연구와 생물통계학적 사례에서 좋은 성과를 낸다는 것을 발견하였다. Rubin과 동료들(2007)은 반복측정설계(repeated measures design)를 사용하여 매우 소규모 표본에서 결측치를 조사하였다. 17명의 사례가 있는 표본에서 연구자들은 리스트와이즈 삭제가 최악의 수행 전략이라는 것을 발견하였다(Rubin et al., 2007). 약 1~2%의 낮은 수준의 결측치를 다룰 때, 평균 대체, 회귀 기반 방법 및 기대 최대화가 동등하게 잘 수행되었다. 기대 극대화는 최대 10%의 높은 수준의 결측치에서 가장 선호되는 방법이었다. 기대 최대화 알고리즘은 NORM(Schafer, 1999)이라는 프리웨어를 사용하여 적용할 수 있다. NORM 프로그램은 다중 대체에도 사용될 수 있다.

소규모 표본 연구를 위한 분석 기법

비모수 통계

비모수 통계는 통계학 분야에서 널리 받아들여지고 있음에도 불구하고 사회과학에서 충분한 인정을 받지 못한 통계학의 분야이다(Hollander & Wolfe, 1999). 최근 한 저명한 MFT 연구자는 한 연구 프로젝트와 관련하여 통계학자에게 컨설팅을 받았는데 통계학자는 가설검증을 위해 카이제곱 검정을 사용하라고 했다는 놀라운 사실을 공유하였다. 많은 연구자와 달리 통계학자는 검증 방법이 최신 유행하는 것인지에 대해서는 염려하지 않고, 검증 방법이 데이터에 적합한지에만 초점을 맞추는 것으로 보인다. 비모수 절차는 다른 많은 방법만큼 화려하지 않을 수 있지만, 최소 세 가지 이유로 소규모 표본 연구에서 고려되어야 한다. 첫째, 연구자는 모수 검증을 사용할 때보다 더 강력한(robust) 가설검증을 수행할 수 있다. 둘째, 정규성 가정이 충족되지 않으면 비모수 통계가 모수 통계보다 통계적 검증력이 더 크다. 셋째, 비모수 절차는 작은 표본의 일반적 문제인 이상치에 상대적으로 덜 영향을 받는다(Hollander & Wolfe, 1999).

검증력이 부족하면 통계적 결론 타당도가 감소한다는 점에서 통계적 결론 타당도는 검증력의 영향을 받는 것은 분명하다. 그러나 통계적 결론 타당도는 통계분석의 가정의 충족에 의존한다. 모수 통계분석(예: t검정, 분산분석, 회귀분석)에서는 관측치가 독립적이고 정규분포를 따르는 모집단에서 추출되며 집단 간 분산이 동일하다고 가정한다. 이러한 가정, 특히 정규성과 분산 동일성에 대한 가정은 종종 소규모 표본에서 위반되며, 커플 및 가족을 대상으로 한 연구에서도 동일하게 위반된다. 모든 모수 통계절차에 내재된 독립성 가정은 커플 및 가족 표본에서 일관되게 위반된다. 표본크기가 증가함에 따라 모수 검증은 이러한 가정 위반에 덜 영향을 받지만, 소규모 표본의 경우 가정 위반이 모수에 대한 가설검증에 상당한 영향을 미칠 수 있다. 다양한 모수 검증이 이러한 가정의 위반을 어느 정도 방어할 수 있다는 것은 사실이지만, 특히 표본이 작고 모집단을 대표하지 않는 경우 모집단 모수의 분포에 대해 가정하지 않는 비모수 절차를 사용하는 것이 더 좋다.

모집단 내 모수의 분포 모양과 표본 내 분포의 정규성이 명확하면 모수 절차가 더 강력해지고 1종 오류가 감소한다. 그러나 표본이 소규모이고 정규분포를 따르지 않거나 모집단 내 모수의 분포가 불확실한 경우에는 비모수 절차로 가설검증을 수행하여 검증력을 높일 수 있다.

마지막으로 비모수 절차는 종종 순위 기반(즉, 평균 대신 중위값 사용)이기 때문에 이상치의 영향에 덜 민감하다. 대규모 표본에서 연구자들은 종종 이상치에 '데이터 처치(data treatment)'를 가한다. 즉, 연구자들은 종종 표본 통계에 미치는 영향이 최소일 것이라 믿으면서, 이상치를 삭제해 버리거나 유지한다. 표본이 작으면 이상치가 있을 가능성이 높을 뿐만 아니라 데이터 분석에도 문제를 일으킨다. 이상치를 유지하면 평균에 영향을 미칠 수 있기 때문에, 반대로 이상치를 삭제하면 소중한 데이터를 잃기 때문에, 모수 통계에서 자주 사용되는 이러한 방법들은 적절하지 않다. 비모수 가설검증은 평균보다 순위에 의존하기 때문에 데이터의 이상치에 덜 민감하다.

표 25-1 일반적인 모수 절차와 비모수 절차

모수 절차	비모수 절차
독립집단 간의 차이	
독립표본 t검정	Mann–Whitney U-test
분산분석(ANOVA)	Kruskal-Wallis 분석
종속집단 간의 차이	
대응표본 t검정	Wilcoxon 부호순위 검정
	부호검정(sign test)
반복측정 분산분석	Friedman의 순위별 이원분산분석
	Cochran Q
변수 간의 관계	
Pearson의 적률상관	Spearman R
	Kendall tau
	Gamma
	카이제곱(명목변수)

　　지금까지 우리가 비모수 검증의 장점을 확신시켰기를 바란다. 〈표 25-1〉은 일반적인 모수 검증과 이에 상응하는 비모수 검증을 보여 준다. 이러한 비모수 절차는 SPSS 및 기타 통계 소프트웨어에서 쉽게 사용할 수 있다. 지면상 한계로 모든 적절한 비모수 절차를 완전히 소개할 수는 없다. 비모수 가설검증에 대한 자세한 설명은 Hollander와 Wolfe(1999)의 책을 참고하기 바란다.

　　결론적으로 비모수 절차는 정규성과 분산 동질성에 대한 가정이 자주 위반되는 소규모 표본에 이상적이다. 비정규성 조건에서 모수 절차보다 검증력이 크고 이상치의 영향을 많이 받지 않는다. 요컨대, 비모수 절차는 특히 커플, 가족 데이터에서 작은 표본 데이터를 분석하는 방법을 결정할 때 연구자의 첫 번째 선택 중 하나가 되어야 한다.

부트스트래핑

　　부트스트래핑은 연구자가 표본 통계치를 사용하여 모집단 모수에 대한 보다 정확한 추론을 할 수 있게 하는 반복 표집 기법이다(Efron & Tibshirani, 1993). 부트스트래핑은 연구자들이 모수 검증의 가정들이 충족되는지 확신할 수 없는 경우 소규모 표본에 특히 유용하다. 모수 통계에서 연구자는 표본 통계를 바탕으로 관심 있는 모집단 모수에 대한 가정을 한다. 안타깝게도 표본, 특히 소규모 표본에서 도출된 추정치는, 모집단 표집분포에서 추출할 수 있는 무한한 표본 중 단지 하나의 표본에서 추출한 것이기 때문에 해당 모집단 모수와 다를 수 있다. 부트스트래핑을 사용하면 연구자가 모집단에서 해당 모수의 분포 모양에 대해 전혀 알지 않고도 표본 추정치와 신뢰구간의 정확도를 측정할 수 있다. 이는 소규모 연구의 반복 실행과 유사하게 데이터를 여러 번 다시 재추출하는 과정을 통해 수행된다. 예를 들어, 한 연구자가 미국의 평균 커플만족도 수준을 결정하는 데 관심이 있는 경우, 30명의 무작위 표본을 사용하고 커플만족도를 측정하고 평균을 계산할 수 있다. 이 연구를 1,000번 반복하면 표본 평균들의 변산성(variability)이 있음을 알 수 있다. 이러한 평균들이 표시되면, 연구자는 30명으로 구성된 1,000개의 표본에 걸쳐 미국의 결혼만족도 분포를 더 잘 이해할 수 있다. 연구를 1,000번 반복하는 것은 비현실적이므로, 부트스트래핑은 작은 표본의 데이터를 모집단으로 간주하고 값을 무작위로 재추출하고 기존 데이터 값을 대체하여 대략적 분포를 결정하는 방식으로 이러한 과정을 유사하게 모방한다.

이 개념을 설명하기 위해, 1~10점 범위의 만족도 가상 측정도구에서 7, 7, 3, 2, 10의 점수를 보인 5명의 표본을 다루는 과정을 살펴보자. 부트스트래핑이 이루어지는 동안 이러한 데이터는 무작위로 재추출된다. 각각의 무작위 재추출 과정에서 이 다섯 사례의 데이터는 가능한 새로운 표본을 만들기 위해 사용된다. 예를 들어, 한 표본은 7, 7, 7, 7 및 2 값으로 구성될 수 있고 다른 표본은 3, 2, 10, 3, 2 등으로 구성될 수 있다. 각 표본 추출은 해당 표본 추출에 대한 결혼만족도의 평균을 산출한다. 결과적으로 얻어지는 평균들의 분포는 모집단의 표집분포와 유사하며 우리에게 중요한 모집단 모수에 대한 보다 정확한 추론을 제공할 수 있다. 부트스트래핑은 본래의 표본의 추정치에 의미 있는 영향을 미치지는 않지만, 더 정확한 표준오차와 추정치 신뢰구간을 제공하여 효과크기를 더 정확하게 계산하게 하고 연구의 통계적 결론 타당도를 향상시킨다. 부트스트래핑은 *t*검정에서 시계열 분석에 이르는 모수 통계에 적용될 수 있다. 부트스트래핑 추가 기능을 구매하면 SPSS에서 부트스트래핑 절차를 사용할 수 있다. 부트스트래핑 추가 기능을 구입하면 이를 지원하는 SPSS 절차의 기본 대화상자에 '부트스트랩' 버튼이 나타난다. 부트스트래핑은 SPSS에서 데이터 세트를 반복 추출하는 명령문(syntax) 입력을 통해서도 가능하며 이는 무료이다. 이 장 끝의 자료에 부트스트랩 회귀계수에 대한 예시 명령문을 제공하였다.

연구자들은 부트스트래핑 절차로 *t*검정 및 분산분석 같은 전통적인 소규모 표본 분석을 보완함으로써 추정치의 정확도를 크게 향상시킬 수 있다. 이러한 향상된 정확도는 특히 소규모 표본 연구의 통계적 결론 타당도를 향상시키는 데 중요하다. 부트스트래핑 절차에 대해 더 많이 알고자 하는 사람들은 이 주제에 대한 Efron과 Tibshirani(1993)의 연구를 참조할 것을 권장한다.

상호의존모델링을 위한 통합 회귀분석

자기-상대방 상호의존모형(actor-partner interdependence model: APIM; Cook & Kenny, 2005)은 관찰값 간의 상호의존성을 명시적으로 모델링하기 위해 개발되었다. 이 모형에서는 개인 데이터가 유지되어 데이터의 개인적, 관계적 특징을 모두 추정할 수 있다(Kenny, 1995). APIM은 커플 데이터를 가지고 있고 그 데이터 내 커플 간 의존성에 대해 더 알고자 하는 많은 연구자가 선택하는 모형이다. APIM은 여러 방법으로 추정될 수 있지만, 가장 일반적인 추정 방법 중 대부분(SEM, HLM)은 많은 임상연구자가 사용할 수 있는 것보다 더 큰 표본을 사용해야 한다. 그러나 소규모 표본에 적합한 APIM 추정에 대한 한 가지 방법이 있는데, 이는 일반적인 최소자승 회귀분석(least squares regression analyses)을 기반으로 하는 통합 회귀 접근(pooled regression approach)이며(Kenny, 1995; Tambling, Johnson, & Johnson, 2011) 소규모 커플 연구에 적합하다. 이 방법에서는 두 개의 회귀방정식이 추정되고 관심 모수를 얻기 위해 간단한 수학 절차를 사용하여 결과는 통합된다(Kashy & Kenny, 2000; Kenny et al., 2006; Tambling et al., 2011). 통합 회귀 접근은 측정도구의 신뢰도와 관심 현상의 기대되는 효과크기에 따라, 10~20명 정도의 작은 표본 데이터를 분석하는 데 사용할 수 있기 때문에 매우 매력적이다. 통합 회귀 접근은 일반적인 최소자승 회귀분석을 기반으로 하기 때문에, 단일 예측변수 회귀방정식의 적절한 검증력을 위해 필요한 표본크기가 통합 회귀 분석을 사용하여 APIM을 추정하는 데 필요한 표본크기와 같다.

남녀 커플과 같이 구별 가능한 한 쌍의 경우, APIM의 통계분석은 간단하다. 각각 단일 예측변수를 사용하는 두 개의 회귀방정식이 계산된다. 이인 내(within-dyads) 회귀분석에서 예측변수(X_1-X_2)에 대한 각 파트너의 점수 차이는 성과변수(Y_1-Y_2)에 대한 각 파트너의 점수 차이로 회귀된다. Xs와 Ys의 차이의 방향성은 임의적이다. 이에 따라 절편은 커플 내 회귀분석에서 추정되어서는 안 된다(Kenny et al., 2006). 그 결과, 다음의 방정식 (2)와 같이 커플 내 회귀방정식이 생성된다.

$$Y_{1i} - Y_{2i} = b_w(X_{1i} - X_{2i}) + E_{wi} \qquad (2)$$

이인 간(between-dyads) 회귀 분석에는 예측변수의 커플 간 평균을 단일 예측변수로 사용하여 성과변수의 커플 간 평균을 예측하는 작업이 포함된다. 그 결과, 다음의 방정식 (3)과 같은 커플 간 회귀방정식이 생성된다.

$$\frac{Y_{1i}+Y_{2i}}{2}=b_0+b_b\frac{X_{1i}+X_{2i}}{2}+E_{bi} \tag{3}$$

그런 다음 이 두 방정식의 회귀계수(b_b 및 b_w)를 사용하여 방정식 (4)에 표시된 자기−상대방효과를 추정한다(Kenny et al., 2006).

$$actor=\frac{(b_b+b_w)}{2}partner=\frac{(b_b-b_w)}{2} \tag{4}$$

자기−상대방효과는 표준화되지 않은 회귀계수로 해석될 수 있다. 이러한 효과가 0과 유의하게 다른지를 결정하기 위해 다음의 방정식 (5)에서 추출된 통합된 표준오차를 사용하여 t통계값이 산출된다(Kenny et al., 2006).

$$SE_p=\sqrt{\frac{(s_b^2+s_w^2)}{4}} \tag{5}$$

효과의 추정치를 표준오차로 나누어 t통계값을 구한다. t검정에 대한 자유도는 방정식 (6)과 같이 계산할 수 있다(Kenny et al., 2006).

$$df=\frac{(s_b^2+s_w^2)^2}{\dfrac{s_b^4}{df_b}+\dfrac{s_w^4}{df_w}} \tag{6}$$

t통계값의 통계적 유의성을 검증하려면, t분포표를 조사하고 정확한 자유도로 원하는 유의수준에 대한 절단값을 찾는다. 이 방법에 대해 자세히 알고 싶거나 데이터 사용 과정의 예시를 보고자 하는 독자는 Tambling, Johnson과 Johnson(2011)의 연구를 참조할 것을 권장한다.

결론

　강력한 임상연구를 수행하기 위해서는 훌륭한 균형, 섬세함, 세부사항에 대해 주의를 기울여야 한다는 것은 명백하다. 연구자는 내적 및 외적 타당도, 1종 및 2종 오류, 그리고 실현 가능성과 복잡성 사이의 균형을 이루어야 한다. 적절한 연구는 연구가 설계되고 수행될 때의 엄격성을 극대화해야 한다. 소규모 표본 연구는 일부 사람들이 믿는 것처럼 대규모 연구보다 열등하지 않으며, 잘 설계되고 이론에 기초하고 매우 엄밀할 수 있다. 이 장에서는 소규모 표본 연구에 대한 진실과 신화를 제시하고 연구자를 위한 제언을 제공하였으며 검증력, 결측 데이터 및 통계분석 같은 소규모 표본 연구에서의 일반적인 우려사항을 다루었다. 요약하면, 엄격하게 수행되는 소규모 표본 연구는 우리 분야 지식체계에 가치 있는 기여를 할 수 있을 뿐만 아니라, 관심 있는 연구문제에 답하는 가장 적절한 방법일 수 있다.

참고문헌

Allison, P. D. (2002). *Missing data.* Thousand Oaks, CA: Sage Publication.

Barnes, S. A., Lindbord, S. R., & Seaman, J. W. (2006). Multiple imputation techniques in small sample clinical trials. *Statistics in Medicine, 25,* 233-245.

Bradley, B., & Furrow, J. L. (2004). Toward a Mini-Theory of the Blamer Softening Event: Tracking the Moment-by-Moment Process. *Journal of Marital & Family Therapy, 30*(2), 233-246. doi:10.1111/j.1752-0606.2004.tb01236.x

Choi, Y. J., Nam C. M., & Kwak M. J. (2004). Multiple imputation technique applied to appropriateness ratings in cataract surgery. *Yonsei Med J, 45,* 829-837.

Cohen, J. (1990). Things I have learned (so far). *American Psychologist, 45,* 1304-1312. doi:10.1037/0003-066X.45.12.1304

Cohen, J. (1994). The earth is round ($p < .05$). *American Psychologist, 49,* 997-1003.

Collins, L. M., Schafer, J. L., & Kam, C. M. (2001). A comparison of inclusive and restrictive strategies in modern missing-data procedures. *Psychological Methods, 6,* 330-351.

Cook, William L., & Kenny, David A. (2005). The Actor-Partner Interdependence Model: A model of bidirectional effects in developmental studies. *International Journal of Behavioral Development, 29*(2), 101-109. doi:10.1080/01650250444000405

Cowles, M., & Davis, C. (1982). On the origins of the .05 level of statistical significance. *American Psychologist, 37*, 553–558. doi:10.1037/0003-066X.37.5.553

Efron, B., & Tibshirani, R. J. (1993). *An introduction to the bootstrap*. New York: Chapman & Hall.

Enders, C. K. (2010). *Applied missing data analysis*. New York: Guilford Press.

Enders, C. K. (2001). A primer on maximum likelihood algorithms available for use with missing data. *Structural Equation Modeling: A Multidisciplinary Journal 8*, 128–141.

Enders, C., & Peugh, J. (2004). Using an EM covariance matrix to estimate structural equation models with missing data: Choosing an adjusted sample size to improve the accuracy of inferences. *Structural Equation Modeling: A Multidisciplinary Journal 11*, 1–19.

Faul, F., Erdfelder, E., Lang, A. G., & Buchner, A. (2007). G*Power 3: A flexible statistical power analysis program for the social, behavioral, and biomedical sciences. *Behavior Research Methods, 39*, 175–191.

Graham, J. W., & Schafer, J. L. (2009). On the performance of multiple imputation for multi-variate data with small sample size. In R. H. Hoyle (Ed.), *Statistical Strategies For Small Sample Research*. 1999. Sage Publications: Thousand Oaks: CA.

Hollander, M., & Wolfe, D. A. (1999). *Nonparametric statistical methods*. New York: J. Wiley.

Hsu, L. (1994). Unbalanced designs to maximize statistical power in psychotherapy efficacy studies. *Psychotherapy Research, 4*, 95–106. DOI:10.1080/10503309412331333932

Jacobson, N. S., & P. Truax (1991). Clinical significance: A statistical approach to defining meaningful change in psychotherapy research. *Journal of Consulting and Clinical Psychology 59*, 12–19.

Kashy, D. A., & Kenny, D. A. (2000). The analysis of data from dyads and groups. In H. T. Reis & C. M. Judd (Eds.), *Handbook of research methods in social psychology*. New York: Cambridge University Press.

Kenny, David A. (1995). The effect of nonindependence on significance testing in dyadic research. *Personal Relationships, 2*, 67–75.

Kenny, David A., Kashy, Deborah A., & Cook, William L. (2006). *Dyadic data analysis*. New York: Guilford Press.

Keppel, G. (1991). *Design and analysis: A researcher's handbook* (3rd ed.). Upper Saddle River, NJ: Prentice Hall.

Levenson, R. W., & Gottman, J. M. (1983). Marital interaction: Physiological linkage and affective exchange. *Journal of Personality and Social Psychology, 45*, 587–597. doi:10.1037/0022-3514.45.3.587

Little, R. J. A., & Rubin, D. B. (1987). *Statistical analysis with missing data*. New York: Wiley.

Little, R. J. A., & Rubin, D. B. (1989). The analysis of social science data with missing values. *Sociol Methods Res, 18*, 292-326.

Little, R. J. A., & Rubin, D. B. (2002). *Statistical analysis with missing data* (2nd ed.). New York: Wiley.

Malhotra, N. K. (1987). Analyzing marketing research data with incomplete information on the dependent variable. *Journal of Marketing Research, 24*, 74-84.

Roth, P. L. (1994). Missing data: A conceptual review for applied psychologists. *Personnel Psychology, 47*, 537-560.

Rubin, D. B. (1977). Formalizing subjective notion about the effect of nonrespondents in sample surveys. *J Am Stat Assoc, 72*, 538-543.

Rubin, L. H., Witkiewitz, K., St. Andre, J., & Reilly, S. (2007). Methods for handling missing data in the behavioral neurosciences: Don't throw the baby rat out with the bath water. *The Journal of Undergraduate Neuroscience Education, 5*(2), A71-A77.

Saunders, J. A., Morrow-Howell, N., Spitznagel, E., Dort, P., Proctor, E. K., & Pescarino, R. (2006). Imputing missing data: A comparison of methods for social work researchers. *Social Work Research, 30*(1), 19-31.

Schafer, J. L. (1999). *NORM user's guide: Multiple imputation of incomplete multivariate data under a normal model.* http://methodology.psu.edu/webfm_send/132

Schafer, J. L. (1999). Multiple imputation: A primer. Stat Methods Med Res 8: 3-15.

Schafer, J. L., & Graham, J. W. (2002). Missing data: Our view of the state of the art. *Psychological Methods, 7*, 147-177.

Tambling, R. B., Johnson, S. K., & Johnson, L. N. (2011). Analyzing dyadic data from small samples: A pooled regression actor-partner interdependence model approach. *Counseling Outcome Research and Evaluation, 2*, 101-114. doi:10.1177/ 2150137811422901

Watson, J. B., & Rayner, R. (1920). Conditioned emotional reactions. *Journal of Experimental Psychology, 3*, 1-14.

회귀계수를 위한 부트스트래핑 명령문

　다음 명령문은 저자(Raynald Levesque)의 허락하에 제시된 것으로, 그의 웹사이트 (www.spsstools.net)는 SPSS 상에서 다양한 과업을 수행하는 데 유용한 코드들을 제공하고 있다. 이 명령문은 다음 주소에서 추출되었다(http://www.spsstools.net/Syntax/Bootstrap/oms_bootstrapping.txt).

oms_bootstrapping.sps.
***if c:\temp가 적절한 드라이브/경로가 아니라면, c:\temp라고 적힌 부분을 모두 적절한 드라이브/경로로 변경하시오.

```
PRESERVE.
SET TVARS NAMES.
```

*첫 번째 OMS 명령은 뷰어 출력을 억제합니다.
```
OMS/DESTINATION VIEWER = NO /TAG = 'suppressall'.
```

*회귀계수 표를 선택하고 데이터 파일에 쓰시오.
```
OMS/SELECT TABLES
   /IF COMMANDS = ['Regression'] SUBTYPES = ['Coefficients']
   /DESTINATION FORMAT = SAV OUTFILE ='c:\temp\temp.sav'
   /COLUMNS DIMNAMES = ['Variables''Statistics']
   /TAG ='reg_coeff'.
```

*대체 표본을 가져오기 위해 매크로를 정의하고 회귀명령을 실행하시오.
```
DEFINE regression_bootstrap (samples = !TOKENS(1)
                            /depvar = !TOKENS(1)
                            /indvars = !CMDEND)
COMPUTE dummyvar = 1.
AGGREGATE
   /OUTFILE ='c:\temp\aggrtemp.sav'
   /BREAK = dummyvar
   /filesize = N.
MATCH FILES FILE = * /TABLE ='c:\temp\aggrtemp.sav'
   /BY dummyvar.
```

```
!DO !other = 1 !TO !samples
SET SEED RANDOM.
WEIGHT OFF.
FILTER OFF.
DO IF $casenum = 1.
-COMPUTE #samplesize = filesize.
-COMPUTE #filesize = filesize.
END IF.
DO IF (#samplesize > 0 and #filesize > 0).
-COMPUTE sampleWeight = rv.binom(#samplesize, 1/#filesize).
-COMPUTE #samplesize = #samplesize-sampleWeight.
-COMPUTE #filesize = #filesize-1.
ELSE.
-COMPUTE sampleWeight = 0.
END IF.
WEIGHT BY sampleWeight.
FILTER BY sampleWeight.
REGRESSION
   /STATISTICS COEFF
   /DEPENDENT !depvar
   /METHOD = ENTER !indvars.
!DOEND
!ENDDEFINE.

***적절한 경로/데이터 파일명을 기입하시오***.
GET FILE ='c:\Program Files\SPSS\Employee data.sav'.

***매크로를 호출하고, 표본크기, 종속변수 및 독립변수를 기입하시오.
regression_bootstrap
samples = 100
depvar = salary
indvars = salbegin jobtime.
OMSEND.
GET FILE 'c:\temp\temp.sav'.
```

```
FREQUENCIES
   VARIABLES = salbegin_B salbegin_Beta jobtime_B jobtime_Beta
   /FORMAT NOTABLE
   /PERCENTILES = 2.5 97.5
   /HISTOGRAM NORMAL.
RESTORE.
```

26 부부가족치료 연구에 비용을 통합시키기

Jacob D. Christenson & D. Russell Crane

도입

비용-효과성(cost-effectiveness) 같은 비용평가(cost evaluation)는 새로운 것이 아니다. 일찍이 1971년 E. S. Quade는 "비용-효과성을 따져 보는 것은 인간이 자신의 자원이 제한되어 있음을 처음 깨달았을 때부터 시작되었다. 에덴동산에서조차 사과를 따 먹어야 하나 말아야 하나를 견주어 봐야 했다."(Quade, 1971, p. 1)라고 재치 있게 말했다. 수년 동안, 개인지향 정신건강 서비스의 지지자들은 비용평가 결과를 성공적으로 받아들여 이를 활용해 서비스에 대한 시장 점유율을 높였고, 부부가족치료(marriage and family therapy: MFT) 분야의 일부에서도 이를 따르자는 요청이 있었다(예: Pinsof & Wynne, 1995). MFT 연구에 비용을 포함할 필요가 있음에도 불구하고, MFT 문헌에서는 그동안 비용에 유의미한 관심을 기울이지 않았다(예: Sprenkle, 2012). 임상적 효과성(즉, 증상의 감소)이 정말로 필요하지만, 임상적 처치에 대해서는 이제 더 이상 충분한 증거가 없다고 말할 수 있다. 대신에, 경쟁이 치열한 정신건강 서비스 세계에서 임상적 처치의 비용과 이익을 따져 보는 것이 중요해지고 있다.

MFT의 비용평가 연구에 영향을 미치는 요인들을 살펴보면, 연구자들이 개입을 '돈으로 환산하는 것'에 저항하는 것, 그들이 비용평가 방법에 익숙하지 않은 것, 혹은 그들이 계산이 복잡해 불편해한다는 것들이 있다(예: Yates, 1994). 따라서 이 장의 목적은 보다 간단한 방법인 비용-효과성부터 시작하여 보다 복잡한 방법인 비용-이익 분석(cost-benefit analysis)으로 옮겨 가면서, 연구에 비용을 포함시키는 몇 가지 방법을 논의하고 적용해 봄으로써 비용평가를 분명히 해 보는 것이다. 비용분석의 구인 타당도와 결론 타당도, 더불어 MFT 분야에서 이러한 유형의 연구를 수행하기 위한 특별한 고려사항을 논의하는 데에도 주의를 기울일 것이다. 이 장은 부부가족치료자(MFTs)가 비용평가의 결과를 활용하여 그들의 직업을 효과적으로 판촉할 수 있는 방법에 대한 논의로 마무리될 것이다.

논쟁, 목적 그리고 중요성

비용평가를 수행하는 방법을 설명하고 개요를 설명하기 전에, 먼저 연구자들이 이러한 유형의 조사에 저항할 수 있는 몇 가지 이유를 우선적으로 고려하는 것이 중요하다. Yates(1994)에 따르면, 비용-이익 분석과 비용-효과성 분석에 반대하는 가장 흔한 주장은 비용평가 수행이 돈만을 고려한 단순한 분석에 관심이 있다는 것이다. 이러한 분석들이 임상 개입의 질을 무시하고 정신건강심리 서비스에 대한 부적절한 자금 지원을 정당화하는 데만 사용된다는 주장이다. 이러한 비판에도 불구하고, Yates는 비용-이익 분석은 특정 처치의 전반적인 이익이 처치 제공 비용보다 훨씬 크다는 것을 보여 주기 위해 사용되었다고 계속해서 지적한다.

최근 연구에 따르면, 이것은 평소의 처치보다 운영비용이 많이 드는 프로그램에도 해당된다(예: Klietz, Borduin, & Schaeffer, 2010). 또한 비용평가는 흔히 특정한 처치가 이미 임상적으로 효과가 있다고 밝혀지고, 연구자가 광범위한 보급을 정당화하려고 시도할 때, 가장 유용하다는 점에 주목하는 것이 중요하다(Klarreich, DiGiuseppe, & DiMattia, 1987). 기본적으로, 처치가 효과적이지 않은 경우 비용평가가 계산에서 효과성을 고려하기 때문에 비용이 적게 든다는 것은 중요하지 않다. 더 나아가 비용-효과성 연구는 심리학자들이 다양한 치료실행 환경과 보험 프로그램 안에 그들의 서비스를 포함시키도록 주장하기 위해 효율적이고 성공적으로 사용되어 왔으며(예: Kessler, 2008), 이는 비용평가가 어떤 프로그램에 드는 돈을 절감할지 결정하는 데에만 사용된다는 가정과 직접적으로 대조를 이룬다.

현재의 건강관리 시장에서는 개선된 임상 성과를 보여 주는 것 이외에도 비용을 강조하는 유용성이 특히 분명하게 나타난다. Fals-Stewart, Yates와 Klostermann(2005)은 MFT 연구에서 임상적 성과에 거의 독점적인 초점을 맞추는 것을 논의한 후, 다음과 같이 지적한다. "많은 측면에서 치료 연구 실험에서의 임상적 성과에 대해 이렇게 근시안적으로 초점을 맞추는 것은 정신건강을 포함해 미국의 건강관리가 지니는 경제적 측면에 대한 오랜 국가적 우려를 암묵적으로 무시하는 것이다"(p. 28). 유사하게 Crane과 Christenson(2012)은 다음과 같이 주장한다. "마찬가지로 MFT 서비스가 비용에 비해 효과적이라는 것을 보여 주기 위한 공동의 노력이 없다면, MFT는 기껏해야 건강관리 시장에서 소외되고, 최악의 경우 무의미해질 위험이 있다"(p. 212). 참으로, 경쟁적인 시장에서 비용 대비 효과성을 입증한 다른 제품이 있는데, 어떤 제품이 비용 대비 효과적인 것이 입증되지 않는다면 그 제품은 사라지게 될 것이다. 더 나아가, 하나의 제품이 비용 대비 효과적인 것으로 나타났더라도, 가장 비싼 제품이 곧 사라질 수 있기 때문에 잠재적으로 비교 가능한 다른 제품과 (가격 및 품질 면에서) 잘 경쟁할 수 있어야 한다. 이러한 생각을 따라 Pinsof와 Wynne(1995)은 MFT 문헌을 검토하면서 MFT에서 이 문제를 다루는 연구가 부족하기 때문에 더 많은 비용 연구가 필요하다고 말했다. 17년이 지나서, Pinsof와 Wynne의 연구를 업데이트한 Sprenkle(2012)은 다음과 같이 한탄했다. "애석하게도, 첫 번째 『부부·가족치료 저널(Journal of Marital and Family Therapy)』 리뷰에서 그들은 이런 종류의 연구에 더 많은 관심을 가질 것을 요구했고…… 나는 지금도 그 요청을 반복해야 한다. 비용에 민감한 문화에서 CFT에 대한 비용 연구의 가치를 넘겨 버리기는 어렵다"(p. 9).

　이 장의 나머지 부분에서는 비용을 분석하는 일반적인 방법을 소개하고 강조함으로써 임상적 성과 연구와 비용 연구 사이의 격차를 해소하는 데 중점을 둘 것이다. 이 논의로 넘어가기 전에, 일부 방법은 복잡하고 연구에 적용하기 어려울 수 있으며, 소화 가능한 방식으로 정보를 제공하려는 노력으로 계산의 일부를 단순화시켰다는 것을 밝히고자 한다. 따라서 비용평가를 연구에 통합하고자 하는 연구자들은 이 장에 포함된 것 이외에도 추가적인 자료를 더 살펴보아야 한다.

비용평가의 구성요소

　비용평가는 세 가지 핵심요소인 비용, 효과성, 이익을 고려해야 한다(Fals-Stewart et al., 2005). 비용평가의 구체적인 하위유형은 연구자가 이러한 핵심요소 중 하나 이상을 어떻

방법	설명
비용 할당	프로그램, 처치 또는 특정한 개입을 제공하는 비용을 추적하고 합산함.
비용–효과성	특정한 성과를 달성하는 비용을 결정하는 데 사용됨. 일반적인 방법은 점진적인 비용–효과성 비율을 계산하는 것임.
비용–단위 분석	비용–효과성과 유사하지만, 일반적인 측정기준(예: 질 보정 생존 연수(quality adjusted life years)[1])를 사용하여 프로그램을 비교함.
비용–이익 분석	제공 비용을 초과하는 처치의 재정적 이익을 결정하는 데 사용됨. 일반적으로 처치의 현재가치와 순현재가치의 계산을 포함함.

게 사용하는지에 따라 결정된다. 이 장에서 논의된 일반적인 비용평가 방법의 목록과 해당 설명은 〈표 26-1〉에 제시되어 있다. 당연히 '비용'을 정의하고 결정하는 것이 비용 고려사항을 포함하는 모든 유형의 연구에서 첫 번째로 할 일이다. 이것은 간단한 전제처럼 보일 수 있지만, 포함될 수 있는 최소한 세 가지 유형의 비용이 있다. Lazar(2010)는 이러한 수준들을 설명하기 위해 관리자, 회계사, 경제학자의 관점을 사용했다. 관리자 수준에서는 심리치료자 급여와 관련된 비용, 시설 비용, 행정 비용과 보험 비용이 포함된다. 회계사는 추가 비용(예: 주차, 경비원과 같은 간접 비용)을 보태고, 경제학자는 훨씬 더 추상적인 비용(즉, 사회에 미치는 영향)을 더한다. 이상적으로는 세 가지 수준 모두 돈으로 따져 보고 비용 계산을 할 것이다. 그러나 많은 연구자가 비용평가를 위한 자원이 제한되어 있고(그리고 종종 이 과정은 처음부터 어려운 경우가 많기 때문에), 우리는 모든 연구자가 최소한 관리자 수준에 대한 자료 수집부터 시작하는 것이 좋다고 권고한다. 여기에는 세 가지 범주 내의 비용이 포함된다. ① 시간(예: 치료자 급여, 훈련, 슈퍼비전), ② 재료(예: 사정평가지, 심박수 모니터, 뇌파계), ③ 간접비(예: 사무실 공간 임대료, 공공요금, 관련 사무장비 등).

효과성은 종종 "임상 성과라고 불리며, 내담자의 행동, 사고, 감정, 또는 건강에서의 변화로 간주된다"(Fals-Stewart et al., 2005, p. 30). 비용이나 이익과 달리, 효과성은 돈으로 직접 따져지지 않고, 대신 평가되는 처치들 사이에서 상수(constant) 역할을 한다. 효과성에 대한 일반적 측정이 없다면 성과와 관련하여 두 가지 처치들의 비용과 이익을 비교하는 것

---

1) 역자 주: 질 보정 생존 연수(QALY)는 일반적인 질병 부담의 척도이다. QALY는 삶의 질과 삶의 시간에 대한 양쪽으로 측정하는 것으로, 의학적 개입(medical intervention)에 대한 경제적 평가를 할 때 사용한다. 건강의 가치를 측정하는 데 사용하며, 생존 연수 * 삶의 질로 나타낸다.

은 마치 '사과와 오렌지'를 비교하는 것과 같기 때문에 불가능하다. 어떤 경우에는 임상실험이나 다른 성과 연구에서 비교 가능한 두 가지 처치들의 효과크기를 사용하여 효과성을 간단히 결정할 수 있다. 이는 산출된 효과크기가 매우 근접한 효과크기로 입증되는 바와 같이 두 처치들이 특정 측정치에 있어서 기본적으로 동일한 양의 변화를 가져온다는 것을 보여 줄 때 가장 유용하다(Hunsley, 2003). 효과성의 다른 가능한 지표들로는 1년 동안 술을 마시지 않은 날 수, 심장마비 후 생존한 연수, 재발률, 체중감량 프로그램에서 체중 감소, 우울/불안 측정 점수의 변화 등이 있다.

어떤 기본적인 비용-효과성 분석은 처치 제공 비용에 대한 정보만으로 완성될 수 있지만, 가족 구성원 전반에 걸친 개선의 일반화, 질병 감소, 또는 직원 결근 감소와 같은 이익도 가능한 한 포함되어야 한다. 이것은 한 프로그램이 우수하다고 생각되기는 하지만, 대안적인 처치나 평소에 받던 처치보다 제공 비용이 훨씬 더 많이 든다고 생각될 때 특히 그렇다. 이익은 대개 허용된 기준에 따라 돈으로 따져질 수 있는 유형 및 무형의 성과이다. 예를 들어, 특정한 처치 프로그램은 업무 중 사고나 부상을 줄이는 것과 연관될 수 있다. 그렇게 되면 연구는 인적 자원 부서에 회사가 사고 또는 부상당 얼마나 손해를 보는지 물어보고 해당 정보를 사용하여 처치와 관련된 절감액을 계산할 수 있다.

특정한 개입의 잠재적 이익은 훨씬 광범위하다. Lee와 Aos(2011)는 청소년 사법제도와 관련된 비용을 고려할 때, 구치소/교도소, 법원 비용, 의료비와 법 집행과 관련된 비용 절감뿐만 아니라 임금, 세금 수입 그리고 삶의 질 증가를 개입의 잠재적 '이익'으로 포함시켰다. 처치 프로그램의 잠재적 이익은 연구자의 수완과 허용된 기준에 따라 성과를 돈으로 따질 수 있는 능력에 의해서만 한정되어 있다. 연구자들이 연구 자료에서 달러 금액의 일부를 도출해야 할 수도 있지만, 미리 산출된 일부 수치가 있다. 예를 들어, 미국 국립의학도서관은 비용과 이익을 정량화하는 데 도움이 될 수 있는 보건경제학(health economics)과 관련된 데이터가 있는 수많은 웹사이트에 대한 링크를 제공한다(http://www.nlm.nih.gov/nichsr/edu/healthecon/websites.html).

비용-효과성 분석

비용-효과성은 비용을 평가하기 위한 가장 덜 복잡한 분석 세트일 뿐만 아니라 임상연구자들이 가장 쉽게 접근할 수 있는 분석 세트이다. 일반적인 의미에서 "비용-효과성은 단순히 소비된 달러당 반환된 가치를 나타낸다"(Lazar, 2010, p. 13). (앞에서 정의한 바와 같이) 효과성에 관한 광범위한 자료가 없어도 비용-효과성 계산을 사용할 수 있다. 비용을 평가하는 가장 간단한 방법은 효과크기가 거의 동일한 두 가지 처치들을 가지고 개입 비용을 직접 비교하는 것이다. Gould, Otto와 Pollack(1995)은 공황장애에 대한 처치에서 인지행동치료(CBT)만으로 약물치료보다 더 비용 효과적이라는 것을 보여 주기 위해 이 방법을 사용했다. 그들의 분석에서 그들은 2년 이상의 CBT 처치에 대해 내담자당 평균 직접 비용이 1,650달러인 반면, 약물치료는 같은 기간 동안 평균 직접 비용이 약 3,000달러 발생한다는 것을 발견했다. Gould와 동료들은 유사한 효과크기를 근거로 사용하여, CBT 단독으로 약물치료와 유사한 성과를 보여 주면서도 더 적은 자원을 소비한다는 것을 성공적으로 입증할 수 있었다. 유사한 효과크기를 갖는 MFT에서의 경쟁 처치들(예: 정서중심치료 대 행동부부치료)에 대해 유사한 연구가 이루어질 수 있을 것이다.

성과가 동일하지 않은 비교 가능한 처치들에 대한 비용-효과성을 평가할 때, 가장 일반적으로 사용되는 도구는 증가하는 비용-효과성 비율(incremental cost-effectiveness ratio: ICER)이며, 이는 다음 공식으로 표현된다.

$$ICER = (C_a - C_b) / (E_a - E_b)$$

이 공식에서 C_a는 처치 A(새롭거나 선호되는 처치)의 비용이고 C_b는 처치 B(평소에 받는 치료)의 비용인 반면, E_a는 처치 A의 효과이고 E_b는 처치 B의 효과이다(예: Briggs, O'Brien, & Blackhouse, 2002). '효과'는 연구 전반에 걸쳐 사용되는 성과의 척도가 될 수 있다. 예를 들어, 두 개의 연구에서 동일한 척도[예: 개정 부부적응척도(Revised Dyadic Adjustment Scale)]를 사용한 경우 변화 점수를 사용할 수 있다. 더 나아가, 다른 척도를 사용하는 경우 점수를 효과크기로 변환할 수 있다. ICER은 한 특정한 처치가 비슷하거나 적은 비용으로 더 나은 성과를 만들어 낸다는 것을 연구에서 보여 주고 싶을 때 가장 자주 사용된다(예: Detsky & Naglie, 1990).

앞에서 설명한 것처럼 사과와 오렌지를 비교하는 문제를 피하기 위해 성과 또는 효과성의 측정은 공통의 측정기준으로 표시해야 한다. 예를 들어, 알코올 남용에 대한 두 가지 다른 개입은 12개월 기간 동안 처치가 만들어 낸 금주를 한 날의 수를 기준으로 비교할 수 있다(예: Dennis et al., 2004). 이 예시로 커플치료 과정(처치 A)이 커플당 15,000달러이고 93일간 금주했는데, 반면에 개인치료 과정(처치 B)은 개인당 12,000달러이며 75일간 금주했다고 치자. 처치에 들어가는 금액에는 치료자 비용, 처치 매뉴얼, 소변검사, 펜 및 종이 척도지, 검사 채점, 간접 비용의 일정 비율, 회기를 오가는 교통편 등과 관련된 비용의 합계가 포함될 것으로 예상된다. 이 자료를 ICER 공식에 입력하면 166달러라는 결과가 생성된다.

$$ICER = (15,000달러 - 12,000달러) / (93일 - 75일) = 166달러$$

이것은 (처치 B와 비교하여) 처치 A를 쓸 때 18일 동안 더 금주를 한 것이 하루에 약 166달러의 추가비용을 들여 얻었음을 보여 준다. 이 경우 두 프로그램은 모두 약 160달러로 1일의 금주효과를 거두기 때문에 둘 다 비용효과는 똑같은 것으로 간주된다(처치 B의 금주 일 수당 진료비: 12,000달러/75일=160달러). 비록 이 결과가 처치 A가 비용이 덜 든다는 결론을 뒷받침하지는 않지만, 적어도 투자한 금액에 대하여 동일한 수익을 얻고 있다는 것을 보여 주며, 이는 종종 이해당사자들에게 대안적인 처치를 제공하는 데 재정적 '손해'가 없으며 추가비용이 '잘 쓰이고 있다'는 것을 확신시키기에 충분하다. 예를 더 들면, ICER은 특정한 개입이 더 낮은 비용으로 더 나은 임상적 성과를 가져온다는 것을 증명하는 데 사용될 수 있다. 이 시나리오에서 처치 A의 비용이 10,000달러이고 90일의 금주를 하게 하는 반면, 처치 B의 비용이 12,500달러이고 63일의 금주를 하게 하는 것으로 가정해 보자. ICER 공식을 적용하면 −89달러의 결과가 나오며, 이는 처치 A가 처치 B에 비해 추가적인 금주를 하는 날마다 비용을 절감시켰음을 나타낸다.

비용-효과성 분석과 유사한 관련 방법은 비용-단위 분석(cost-unit analysis)이다. 관심을 두고 있는 성과가 연구자에 의해 결정되는 비용-효과성 분석과 달리, 비용-효용 분석(cost-utility analysis)에서는 일반적인 성과를 계산하여 처치를 비교하는 데 사용한다. 이러한 유형의 분석에서 쓰이는 가장 일반적인 성과는 질 보정 생존 연수(QALY)이다. QALY는 처치, 기대수명과 삶의 질에 영향을 받는 두 가지 건강지표에 관한 자료를 결합하여 도출한다(예: Noyes & Holloway, 2004). 비용-효용 분석과 QALY 계산에 대한 철저한 논의는 이 장의 범위를 벗어나지만, 비용-효용 분석이 정신건강 관심사에 적용될 수 있다는 점에 유의하는 것이 유용하다(예: 우울증 관리). 부가해서, QALY를 성과로 사용하면 두 가지 경쟁하는 처치들 간의 비용을 비교할 수 있을 뿐만 아니라 다른 문제들에 대한 한 특정한 처치의 비용을 비교할 수 있으므로, 일부 정부기관에서는 비용-효용 분석을 프로그램 평가를 위한 '최고의 기준'으로 사용하게 되었다(Pirraglia, Rosen, Hermann, Olchanski, & Neumann, 2004).

MFT 비용-효과성의 예

MFT 비용-효과성 연구의 예로서 Crane과 Payne(2011)은 Cigna(미국의 보험회사)가 다루는 49만 명의 개인으로부터 정신건강관리 청구를 조사하여 가장 비용 대비 효과성 있는 치료양식(예: 개인치료, 가족치료)과 제공자 유형(예: 부부가족치료자)이 무엇인지를 결정했다. 저자들은 다른 처치 양식들 간의 처치비용을 비교하는 방법으로 다음 공식을 개발하고 사용했다.

$$ECE = 첫 번째\ E_0C\ 평균비용 + (첫 번째\ E_0C\ 평균비용 \times 재발률)$$

이 공식에서 ECE는 추정된 비용-효과성인 반면, E_0C(즉, 관리 에피소드)는 특정한 양식을 사용하는 일련의 서비스로 정의되며, 90일 동안 심리치료 청구가 접수되지 않을 때 종료된다. 재발률은 양식을 비교하기 위한 일반적인 기준(metric)으로 사용되었으며, 종료 후 동일한 양식을 사용하여 두 번째 E_0C를 위해 돌아온 내담자의 비율로 정의되었다. 첫 번째 E_0C 평균비용은 첫 번째 관리 에피소드에 대해 Cigna가 지불한 금액이다.

이 공식을 사용하여, Crane과 Payne(2011)은 가족치료가 가장 비용 대비 효과적인 처치 형식임을 보여 줄 수 있었다. 관리양식으로서 가족치료의 경우, 첫 번째 E_0C 평균비용은 216.30달러이고 재발률은 15.4%이므로, 이 경우 $ECE = 216.30$달러 + (216.30달러 × .154) = 249.61달러이었다. 여기서 249.61달러는 가족치료에 대해 추정되는 비용 대비 효과성으로, 각각의 새로운 사례를 가족치료 형식으로만 보았을 때 예상되는 관리 비용으로 해석될 수 있다. 반면에, 개인치료는 첫 번째 E_0C 평균비용은 333.63달러이었고, 재발률은 14.9%였다. 여기서 $ECE = 333.63$달러 + (333.63달러 × .149)이고, 각각의 새로운 사례를 가족치료 형식으로만 보았을 때 예상되는 관리 비용으로 개인치료에서만 볼 수 있는 각각의 새로운 사례에 대한 예상 치료 비용으로 383.34달러가 산출되었다. 또한 Crane과 Payne은 유사한 방법을 사용하여, 직업상담사가 그들의 표본에서 가장 비용 대비 효과적인 제공자 유형이었고, 그다음이 부부가족치료자라는 것을 보여 줄 수 있었다.

비용-이익 분석

비용-효과성 연구는 비용 데이터를 연구에 통합하기 위한 견고한 기반을 제공하지만, 특정한 처치가 다른 처치보다 우수하다고 느껴질 때가 있을 수 있다. 그 특정한 처치가 수행한 데 비용이 더 많이 들고 언뜻 보기에는 크게 다른 성과가 나타나지 않을 것처럼 보이더라도 말이다. 그러한 경우, 연구자는 보다 광범위하게 해석된 처치의 이익을 계산에 통합할 수 있으며, 이는 특정한 개인을 넘어 재정적 영향을 확장하는 효과가 있다. 비용-이익 분석에서, 연구자는 개입의 전반적인 영향을 결정하기 위해 가능한 모든 이익뿐만 아니라 가능한 모든 비용을 정량화하려고 시도한다. Lee와 Aos(2011)는 연구자들이 그들의 분석에서 어느 정도까지 할 수 있는지를 설명하기 위해, 워싱턴주 공공정책연구소(Washington State Institute for Public Policy)를 통해 사회적 개입에 대한 비용-이익 계산에서 수치화한 이익과 비용의 목록을 제공한다. 〈표 26-2〉는 이를 보여 준다.

표 26-2 비용과 이익의 예*

개입의 잠재적 이익	개입의 잠재적 비용
임금 상승	서비스제공비용
세수(tax revenue) 상승	직원 교육
구치소/교도소비용 절감	질 보장
법집행비용 절감	관리 간접비
법정비용 절감	교통
의료비용 절감	사정비용
조사 감축	법정비용
아동배치 감축	사례관리비용

*사회적 개입의 비용-이익 분석에서 Lee와 Aos(2011)가 정량화함.

특정한 처치나 개입의 비용, 이익과 효과 등이 일단 결정되면 비용 대비 이익에서 얼마가 반환되는지 파악할 수 있는 비용 대비 이익 비율(cost-benefit ratio: CBR)을 계산할 수 있다(예: Spoth, Guyll, & Day, 2002). 이 계산 공식은 다음과 같다.

$$CBR = \frac{\text{현재가치}_b}{\text{현재가치}_c}$$

여기서 **현재가치**₍ᵦ₎는 산출된 이익의 전체 현재가치를 나타내며, 현재가치c는 산출된 처치 또는 프로그램과 관련된 비용의 전체 현재가치와 같다. [참고: 예시에는 설명되어 있지 않지만, 총 비용과 이익은 이 공식을 적용하기 전에 각각의 '현재가치'에 도달하기 위해 '할인'되어야 한다(비용 또는 이익/1+할인율). 할인은 다음 논의에서 더 자세히 다루겠지만, 할인율이 현재 달러의 가치에 대한 미래 예측 조정에 사용된다는 점을 이해하는 데 도움이 될 수 있다.] 이 공식을 적용한 결과, 1.0보다 큰 가치가 반환되면 이익이 비용보다 크기 때문에 프로그램이나 치료가 성공할 수 있는 것으로 간주된다. 반대로, 1.0보다 작은 가치는 프로그램이나 처치가 이익보다 더 많은 비용을 만들어 내는 것을 나타낸다. 앞의 예를 계속하여 하루의 금주가 1,250달러의 이익이 있다고 가정하면(결근 감소로 인한 급여 인상,[2] 이혼비용 절감, 소송비 및 징역시간 절감, 부부 모두의 건강 개선 등), 15,000달러의 비용이 들고 93일의 금주가 이루어지는 프로그램은 7.75달러의 비용-이익 비율을 산출할 수 있는데, 이는 프로그램에 지출된 돈이 전체적으로 소비한 1달러당 7.75달러의 절감 효과를 가져온다는 것을 나타낸다.

$$CBR = \frac{1,250달러 \times 93일}{15,000달러} = \frac{116,250달러}{15,000달러} = 7.75달러$$

특정한 처치에 대한 비용-이익 비율만 계산하면 그 시행을 주장하는 데 사용될 수 있다. 예를 들어, Klarreich 등(1987)은 대규모의 북미 석유회사의 직원 295명을 대상으로 합리적 정서치료(rational emotive therapy: RET)를 제공하는 근로자지원프로그램(employee assistance program: EAP) 참여와 관련된 비용을 연구했다. Klarreich와 동료들은 결근 감소와 관리자의 시간 절약 측면에서 이익을 정의했는데, EAP의 총 이익은 처치 제공에 필요한 130,000달러와 비교하여 회사에 356,062달러의 절감 효과가 있는 것으로 나타났다. 이 수치는 2.74달러의 비용-이익 비율을 계산하는 데 사용되었는데, 이는 EAP 이익을 제공하기 위해 지출되는 매 달러당 2.74달러가 절약되었음을 나타낸다. Klarreich 등은 이러한 결과를 사용하여 EAP를 통해 RET를 제공하는 것이 생산성 향상과 건강한 수익 측면에서 모두 회사에 이익이 되었다는 것을 보여 주었다.

---

2) 개입의 이점을 결정하기 위해서는 연구자가 처치의 결과로 절감되거나 생성되는 잠재적 비용을 가능한 한 많이 합산해야 한다. 때로는 기존 연구에서 내용을 얻을 수 있다. 예를 들어, Goetzel과 동료들(2004)은 하루 근무의 가치를 185.20달러로 계산했고, 이를 통해 결근 감소의 가치를 추정할 수 있었다. 마찬가지로 연구자는 표본에서의 평균 급여를 결정하고, 이 금액을 365로 나누어 해당 연구의 특정 금액을 결정할 수도 있다. 물론 이것을 의미 있게 만들기 위해서는 연구자가 연구에서 소득과 결근 모두를 측정해야 한다.

CBR은 때때로 그 자체로 유용할 수 있지만, 대개 전체 비용－이익 분석 결과를 뒷받침하는 데 사용된다. 비용－이익 분석의 핵심적인 요약 측정치는 개입이나 처치의 순현재가치(net present value: NPV)이다. 방정식의 변수를 배열하는 몇 가지 다른 방법이 있지만(예: Lee & Aos, 2011), 설명을 위해 다음 공식을 사용할 것이다.

$$NPV = \sum_{y=0}^{N} \frac{(Q \times B - C)_y}{(1 + Dis)^y}$$

이 공식에서 NPV는 프로그램이나 처치의 순현재가치, Q는 생산되는 특정 이익의 양, B는 처치의 이익이 갖는 금전적 가치, C는 처치의 비용, Dis는 할인율을 나타낸다. 아직 지출되지 않은 돈이 소비될 때까지 이론적으로 가치가 증가하기 때문에 할인율은 예상을 현재 화폐로 되돌리는 데 사용된다. 할인율은 목표활동의 성격에 따라 다를 수 있지만, 대부분의 적용에서 3%가 허용되는 것으로 간주할 수 있다(Gold et al., 1996; Miller & Hendrie, 2008). 합계 부호는 값이 여러 개별 연도(y)에 걸쳐 예측되고 합계(N)될 수 있음을 표시하는 데 사용된다. 앞의 물질남용 예시에서 하루 동안의 금주 이익이 1,250달러(임금 인상, 법적 수수료와 징역형 등 절감 포함)라고 가정하면 15,000달러/93일 프로그램의 NPV는 98,300달러가 된다.

$$처치\ A = \sum_{y=1}^{N} \frac{(93일 \times 1,250달러 - 15,000달러)_y}{(1 + .03)^y} = 98,300달러$$

마찬가지로 12,000달러/75일 프로그램의 NPV는 79,368달러이다. 따라서 두 프로그램이 비용－효과성 측면에서는 본질적으로 동일하더라도 처치 A는 더 많은 날을 금주하게 되기 때문에 전반적으로 긍정적인 경제적 영향을 미친다는 것을 입증할 수 있다. 이러한 예로부터 이익이 지속될 것으로 예상되는 한(예: 2년) 이러한 절감액을 미래에 예측하는 것이 처치와 관련된 절감액을 증가시키는 방법을 알 수 있다.

$$처치\ B = \sum_{y=1}^{N} \frac{(75일 \times 1,250달러 - 12,000달러)_y}{(1 + .03)^y} = 79,368달러$$

Klietz 등(2010)은 '실제 세계'의 사례에서 청소년 범법자를 대상으로 한 다체계적 가족치료(multisystemic family therapy: MST)에 비용－이익 분석을 적용했다. 이 연구에서 Klietz와 동료들은 MST의 비용과 이익을 평소에 받던 처치인 개인치료와 비교했다. 분석에 따르면,

치료 후 재범 감소를 기반으로 MST는 처치를 받는 범법 청소년 한 명당 총 199,374달러를 절감했으며, 비용–이익 비율은 23.59달러이었다. 더욱이 무형의 이익(예: 통증/고통으로 인한 피해자에 대한 배심원 판결)을 고려했을 때, 개인치료와 비교하여 MST의 경우 14,289달러의 비용 상쇄가 발견되었다. 이는 MST 제공비용(참여자 1인당 10,882달러)이 개인치료 제공비용(참여자 1인당 2,055달러)보다 상당히 높다는 점을 고려할 때 특히 중요하다.

이와 같은 MST 연구에서 입증된 절감 효과로 인해 Sprenkle(2012)은 다음과 같은 결론을 내렸다. "이 상당히 비싼 프로그램은 수감과 같은 훨씬 더 비싼 대안에 비해 비용을 절감하는 것으로 입증되었기 때문에 널리 채택되었다고 확신한다"(p. 9). 이러한 방법을 다른 유형의 MFT 처치에 적용하면 유사한 결과를 얻고, 그 전문 분야에서 상당한 성장을 이끌 가능성이 더 높아질 것이다.

처치의 비용과 이익을 정의하기

연구방법에서 일반적으로 이해되는 타당도와 신뢰도는 비용평가에서는 직접 고려되지 않는다[하지만 '민감도 분석(sensitivity analysis)'은 때때로 관련된 이슈를 해결하기 위해 사용되는 경우가 있다. 예: Fals-Stewart et al., 2005]. 대신 이러한 개념들은 효과성이 기반을 두고 있는 연구가 적절한 내적 타당도와 외적 타당도를 가지고 있는지의 맥락에서 간접적으로 더 많이 고려된다. 달리 말하면, 효과성을 결정하기 위해 사용된 연구에 결함이 있다면, 정의상 비용평가에도 결함이 있을 것이다. 그럼에도 불구하고, 더 넓은 의미에서 이해되는 구인 타당도는 비용평가에 쉽게 적용될 수 있다. 비용과 이익이 어떻게 결정되고 정량화되는지 고려할 때 특히 그렇다.

비용에 대한 평가가 완료되었다고 생각하기 전에 직접비용과 간접비용을 모두 결정해야 한다. 직접비용은 서비스 제공과 관련된 지출을 말하며, 간접비용은 결근 및 처치 참여와 관련된 생산성 저하로 인해 발생할 수 있는 '자원 손실의 가치'(Hunsley, 2003, p. 63)를 의미한다. 직접비용과 간접비용을 모두 해결하지 못한 것은 실제로 Gould 등(1995)이 일찍이 언급했던 연구의 약점 중 하나였는데, 이 연구자들은 공황장애에 대한 처치를 제공하는 직접비용만을 확인했기 때문이다. 마찬가지로 비용–이익 분석에 포함될 수 있는 잠재적인 직접이익과 간접이익은 여러 가지가 있다. Fals-Stewart 등(2005)은 소득의 증가(예: 안정적인 고용), 범죄 활동과 관련된 비용의 감소, 정신건강 관리 이용 감소(예: 입원 감소)를 이익 유형의 가장 일반적이고 넓은 범주로 열거한다. 이러한 각 범주에 대한 이익을 결정하는 것은 고유한 도전을 가져오는데, 그것은 결과의 타당도에 상당한 영향을 미칠 수 있다. 특히 실제 처치가 제공된 시점에서부터 이익을 계산할수록 더 그렇다.

계산할 비용과 이익을 선택한 후에도[이는 종종 이미 존재하는 자료에서 이용할 수 있는 것에 의해 제한되기도 하는데(예: Crane & Payne, 2011)], 변수를 돈으로 환산하는 방법을 신중하게 고려해야 한다. 특정 비용이나 이익의 '추정된' 가치와 현실 세계에서의 '실제' 비용이나 이익 사이의 작은 차이일지라도 최종적으로 산출된 비용에 극적인 차이를 초래할 수 있다. 또한 효과성을 결정하는 데 사용되는 변수를 신중하게 고려해야 한다. 우울증에 대한 두 가지 처치들을 비교하는 연구에서 조사하기에 더 적절한 성과는 증상 발현의 감소인가? 아니면 업무기능의 증대인가? 그렇지 않다면, 연구자는 두 성과 모두에 대한 분석을 수행해야 한다. 그러한 결정은 관련되는 비용분석의 결론 타당도에 직접적인 영향을 미친다. 연구자가 분석에 중요한 성과를 포함하지 않거나 제대로 정량화하지 않으면, 실제로는 비용 효과적인데도 처치가 비용 효과적이지 않다고 잘못 결론을 내릴 가능성이 높아진다. 마찬가지로, 연구자가 처치와 관련이 없는 일부를 사용하거나 실제 가치를 과대평가하여 이익을 과대평가하면, 특정한 처치를 비용 효과적이라고 잘못 판단할 가능성도 높아진다. 지금은 연구자가 효과성, 비용과 이익 측면에서 무엇을 포함하고 평가하기로 결정하느냐가 비용평가의 질뿐만 아니라 그 결과가 소비자에게 얼마나 유용한지에 대해 극적인 영향을 미칠 수 있다는 것까지만 말해 두겠다.

비용과 이익에서 가족을 고려하기

지금까지 제시된 사례는 부부가족 연구에서 비용평가의 독특한 측면을 강조한다. 즉, 이 분야의 연구자들을 안내하는 체계론적 관점은 체계에서의 한 부분의 변화가 다른 부분에 영향을 미칠 것이라고 가정한다. 이러한 이해는 MFT의 비용-이익 분석에 체계의 다른 구성원에 대한 처치와 개입의 이익을 포함시켜야 한다는 결론으로 이어진다. 대부분의 비용평가는 MFT 연구자에 의해 수행되지 않기 때문에 가족 구성원과 관련된 비용 및 이익을 포함하는 연구가 거의 없다. Fals-Stewart 등(2005)은 부분적으로는 MFT 개입의 '승수효과(multiplier effect)' 때문에 MFT 연구에서 가족 구성원을 포함하는 것이 비용-이익 문헌에 독특하게 기여하는 것 중의 하나가 된다고 주장했다. 승수효과는 MFT 개입이 단지 처치의 초점이 되는 개인을 넘어 확장된다는 점을 강조한다. 이러한 승수효과는 내담자의 배우자에 의해 생산성이 더 높아지는 것뿐만 아니라 병가가 감소하고 값비싼 정신건강 서비스를 필요로 한다는 사실에서도 관찰될 수 있다(Fals-Stewart et al., 2005).

예를 들어, 부부관계가 불화와 때때로 남편이 저지르는 가정폭력으로 특징지어지고, 부모는 청소년 자녀를 통해 그들의 문제를 우회하여, 그 자녀가 우울증과 자살행동을 보여 입원에 이르게 되는 경우를 생각해 보자. 임상실험에서 아버지가 가정폭력으로 처치를 받게 되었는데, 만약 연구자가 그 아버지에게 한정된 '이익'(예: 범죄 성향 감소)을 근거로 비용-이익 분석을 실시한다면, 그 처치가 청소년 자녀의 입원을 없앨지라도 실제 이익은 현저히 과소평가될 수밖에 없다는 논리다. MFT 연구자들이 비용-이익 분석에 그들의 체계론적인 관점을 적용한다면 처치로 인한 절감 효과는 다른 처치 양식을 장려하는 사람들이 이미 발견한 인상적인 결과보다 더 클 것이다.

이러한 유형의 연구가 어려워지는 경우는 잠재적인 이익에 대해 돈의 액수가 이전에 계산되지 않아서이다. 그런 경우라면, MFT 연구자는 보건경제학을 전문으로 하는 사람과 협력해야 한다. 위의 예를 사용하여, 경찰이 가정폭력에 개입하는 비용에 대한 자료가 없는 경우에도 지역병원에 연락하여 입원 환자의 1일 입원 비용을 결정할 수 있다. 그런 다음 가족 구성원에 대한 의료 이용의 감소를 성과 측정치로 포함시키고, 위에서 대략적으로 제시한 비용-분석 계산의 일부에 사용할 수 있다. 비용 자료에 대한 접근이 제한될 수 있지만, 연구자는 보험 환급률을 사용하고, 주요 고용주에게 연락하고, 사전에 산출된 추정치[예: Aos 등(2001)은 다른 범죄와 관련된 비용에 대한 자료를 제공하는데, 이것은 http://www.wsipp.wa.gov/pub.asp?docid=04-07-3901에서 찾을 수 있다.]를 사용하고, 전국적인 통계를 참조하고, 이익의 금전적 가치를 밝히기 위해 더 많은 노력을 기울일 수 있다.

적용과 옹호

비용분석을 행하는 것 그 자체도 어렵지만, 비용평가가 완료된 후에도 일반적으로 발생하는 또 다른 이슈는 그러한 연구에서 얻은 정보로 실제로 무엇을 할 것인가 하는 것이다. 앞에서 언급한 MST에 대해서 강조한 바와 같이, 비용-이익 분석은 시장 내에 서비스를 포함시키는 것을 주장하는 데 효과적으로 사용될 수 있다. Crane과 Christenson(2012), 그리고 Crane(2008)은 실천가와 연구자가 비용평가 연구의 결과를 보급하는 데 주로 두 가지 소득이 있다고 주장한다.

첫째, 만족한 소비자가 MFT가 제공하는 서비스가 가치 있다는 것을 고용주(직원을 위해 건강관리 계획을 구매하는 사람)와 보험회사에 직접적으로 입증하는 기초 수준(grassroots level)에서 보급될 수 있다. 이러한 유형의 노력은 어떤 서비스가 수요가 있고 궁극적으로 어떤 서비스를 포함시킬지에 대한 결정에 영향을 미칠 수 있는 이해관계자들 사이에서 인식을 제고시킬 가능성이 있다. 또한 가족치료와 같은 서비스나 MFT와 같은 제공자가 건강관리 계획에 대한 참여를 거부당한 경우, 그 계획에 실제로 참여한 사람은 거부된 서비스에 대한 청구를 고려할 수 있는 유일한 사람이다. 다른 말로 하면, 피해를 입은 사람은 제공자가 아니라 내담자이다. 그런 경우 내담자는 이 서비스 또는 제공자 유형의 범위에 대해 이의를 제기할 수 있는 반면, 제공자는 개인 또는 집단에 대한 그러한 결정에 이의를 제기할 수 없다.

둘째, 일반적으로 설명되는 방법은 개인 실천가, 전문가 집단과 전문조직의 편에 서서 옹호하는 것이다. 특정한 서비스가 포괄되지 않을 때, 실천가는 관공서나 민간 보험사의 정책 입안자에게 연락하여 정책의 변경을 주장할 수 있다. Kessler(2008)는 정책 입안자에게 긍정적인 결과로 정책을 수정하도록 권장한 (연구로 무장한) 실천가들의 많은 사례를 설명했다. 이러한 유형의 노력은 실천가가 자신의 서비스가 이미 제공되고 있는 서비스만큼(또는 그 이상) 효과적이며, 그 서비스가 조직에 비용 절감을 가져온다는 증거를 마음대로 사용할 수 있을 때 가장 잘 수행된다. 고품질의 서비스를 제공하면서도 비용을 줄이는 방법에 대해 관심이 없는 정책 입안자는 거의 없을 것이다.

비용-효과성 자료는 서비스와 전문가 집단에 대한 적용 범위를 주장하는 것 이외에도 연구주제의 중요성 확립이 중요한 연구비 신청을 위한 경우에도 매우 도움이 된다. 경쟁이 매우 치열한 연구비 신청 과정에서, 비용-효과성에 대한 정보를 수집하고 보고하는 절차를 포함할 수 있는 신청자는 다른 신청자보다 유리할 수 있다. 물론 잘 설계된 연구는 좋은 연구 제안서에 필수적인 토대이지만, 비용-효과성에 대한 정보를 수집, 분석 그리고 보고할 수 있는 능력을 갖춘 신청자는 잘 설계된 다른 제안서를 뛰어넘는 상당한 이점을 가질 수 있다. 사실상, 비용평가 계획을 신청서에 포함시키는 것이 유익할 뿐만 아니라, 일부 연방 연구비 취득 기회에서는 이제 이것을 요구하기까지 한다.

엄격하게 통제된 처치의 성과 또는 비교 처치 연구에서 일단 임상적으로 효과적인 개입이라는 것이 입증되면 비용-효과성 추정치를 개발할 수 있다는 점을 고려하는 것이 또한 도움이 된다. 실험연구를 실행하는 데 드는 비용을 보고한 다음 개발된 유사한 개입이 실제 환경에서 구현되는 데 드는 비용을 추정하는 것이 합리적일 것이다. 더 나아가 임상적 효과성을 입증하기 위한 측정치를 확립하는 것 외에도, 조사자는 건강관리 이용, 건강 상태의 변화, 개인 및 가족 수준에서의 질병관리 행동의 개선, 그 외에도 고용 가능성, 학교 또는 직장 결근 수준과 관련된 자료와 같은 잠재적으로 유익한 다른 자료에 대한 정보를 수집할 수 있다. 조사자가 임상적 효과성 이외의 문제를 논의하는 데 관심이 없더라도, 다른 조사자는 주어진 처치 개입의 비용과 잠재적 이익을 이해하는 데 기꺼이 협력할 가능성이 높다.

요약과 결론

이 장에서는 비용평가를 수행하기 위한 기본 방법을 대략적으로 제시하고, 이러한 유형의 연구에 사용되는 몇 가지 방법을 어떻게 적용하는지를 보여 주었다. 타당도와 신뢰도에 대한 논의에서 분명히 알 수 있듯이, 비용-효과성 분석과 비용-이익 분석을 수행하려면 수많은 요인과 영향을 고려해야 한다. 따라서 이러한 개념을 연구에 통합하는 데 관심이 있는 연구자는 여기에 제시된 것 이상으로 비용평가에 대한 지식을 계속해서 확장해야 한다. 다행히도 필요한 기술을 습득하는 데 도움이 되는 훌륭한 참고문헌과 서적이 많이 있다(예: Aos, Phipps, Barnoski, & Lieb, 2001; Boardman, Greenberg, Vining, & Weimer, 2010; Drummond, Sculpher, Torrance, O'Brien, & Stoddart, 2005; Hargreaves, Shumway, Hu, & Cuffell, 1996; Levin & McEwan, 2000; Yates, 1996).

여기서 논의된 방법들은 임상적 효과성과 성과에 관한 연구의 연장선상에 있다. 이러한 방법들은 특정한 처치가 임상적으로 효과적일 뿐만 아니라 비용 대비 효과적이라는 것을 보여 줌으로써 연구결과를 보완하고 지원하는 데 사용될 수 있다. 정부가 후원하는 건강관리와 프로그램이 증가함에 따라 비용 대비 효과성을 입증하는 것이 더욱 중요해질 것이다. 따라서 MFT에서 비용평가의 존재를 증가시키기 위한 두 가지 제안을 하고자 한다. 첫째, 모든 연구자는 비용평가 방법에 익숙해져야 한다. 둘째, 비용평가에 관심이 있든 없든, 연구자들은 임상적 성과를 조사할 때 비용 자료를 수집하고 보고함으로써 (또는 적어도 요청에 따라 이용할 수 있다는 것을 명시한다.) 이러한 노력을 뒷받침할 수 있다. 만일 자료를 사용할 수 있다면, 비용평가에 관심이 있는 사람들은 이러한 필요를 충족할 수 있을 것이다.

참고문헌

Aos, S., Phipps, P., Barnoski, R., & Lieb, R. (2001). *The comparative costs of and benefits of programs to reduce crime*. Olympia: Washington State Policy Institute. Retrieved from http://www.wsipp.wa.gov/pub.asp?docid=04-07-3901

Boardman, A., Greenberg, D., Vining, A., & Weimer, D. (2010). *Cost-benefit analysis* (4th ed.) Upper Saddle River, NJ: Prentice Hall.

Briggs, A. H., O'Brien, B. J., & Blackhouse, G. (2002). Thinking outside the box: Recent advances in the analysis and presentation of uncertainty in cost-effectiveness studies. *Annual Review of Public Health, 23*, 377-401. doi:10.1146/annurev.publhealth.23.100901.140534

Crane, D. R. (2008). The cost effectiveness of family therapy: A summary and progress report. *Journal of Family Therapy, 30*, 399-410. doi:10.1111/j.1467-6427.2008.00443.x

Crane, D. R., & Christenson, J. D. (2012). A summary report of the cost-effectiveness of the profession and practice of marriage and family therapy. *Contemporary Family Therapy: An International Journal, 34*, 204-216. doi:10.1007/s10591-012-9187-5

Crane, D. R., & Payne, S. H. (2011). Individual versus family therapy in managed care: Comparing the cost of treatment by the mental health professions. *Journal of Marital and Family Therapy, 37*, 273-289. doi:10.1111/j.1752-0606.2009.00170.x

Dennis, M., Godley, S. H., Diamond, G., Tims, F. M., Babor, T., Donaldson, J., Liddle, H., Titus, J. C., Kaminer, Y., Webb, C., Hamilton, N., Funk, R. (2004). The Cannabis Youth Treatment (CYT) study: Main findings from two randomized trials. *Journal of Substance Abuse Treatment, 27*, 197-213. doi:10.1016/j.jsat.2003.09.005

Detsky, A. S., & Naglie, I. G. (1990). A clinician's guide to cost-effectiveness analysis. *Annals of Internal Medicine, 113*, 147-154.

Drummond, M. F., Sculpher, M. J., Torrance, G. W., O'Brien, B. J., & Stoddart, G. L. (2005). *Methods of economic evaluation of health care programmes* (3rd ed.). New York: Oxford University Press.

Fals-Stewart, W., Yates, B. T., & Klostermann, K. (2005). Assessing the costs, benefits, cost-benefit ratio, and cost-effectiveness of marital and family treatments: Why we should and how we can. *Journal of Family Psychology, 19*, 28-39. doi:10.1037/0893-3200.19.1.28

Goetzel, R. Z., Long, S. R., Ozminkowski, R. J., Hawkins, K., Wang, S., & Lynch, W. (2004). Health, absence, disability, and presenteeism cost estimates of certain physical and mental health conditions affecting US employers. *Journal of Occupational and Environmental Medicine, 46*, 398-412. doi:10.1097/01.jom.0000121151.40413.bd

Gold, M. R., Siegel, J. E., Russell, L. B., & Weinstein, M. C. (1996). *Cost-effectiveness in health and medicine*. New York: Oxford University Press.

Gould, R. A., Otto, M. W., & Pollack, M. H. (1995). A meta-analysis of treatment outcomes for panic disorder. *Clinical Psychology Review, 15*, 819-844. doi:10.1016/0272-7358(95)00048-8

Hargreaves, W. A., Shumway, M., Hu, T., & Cuffell, B. (1996). *Cost-outcomes methods for mental health*. San Diego, CA: Academic Press.

Hunsley, J. (2003). Cost-effectiveness and medical cost-offset considerations in psychological service provision. *Canadian Psychology, 44*, 61-73. doi:10.1037/h0085818

Kessler, R. (2008). Integration of care is about money too: The health and behavior codes as an element of a new financial paradigm. *Families, Systems, and Health, 26*, 207-216. doi:10.1037/a0011918

Klarreich, S. H., DiGiuseppe, R., & DiMattia, D. J. (1987). Cost effectiveness of an employee assistance program with rational-emotive therapy. *Professional Psychology: Research & Practice, 18*, 140-144.

Klietz, S. J., Borduin, C. M., & Schaeffer, C. M. (2010). Cost-benefit analysis of multisystemic therapy with serious and violent juvenile offenders. *Journal of Family Psychology, 24*, 657-666. doi:10.1037/a00208.38

Lazar, S. G. (Ed.). (2010). *Psychotherapy is worth it: A comprehensive review of its cost-effectiveness*. Washington DC: American Psychiatric Association.

Lee, S., & Aos, S. (2011). Using cost-benefit analysis to understand the value of social interventions. *Research on Social Work Practice, 21*, 682-688. doi:10.1177/1049731511410551

Levin, H. M., & McEwan, P. J. (2000). *Cost-effectiveness analysis: Methods and applications*. Thousand Oaks, CA: Sage Publications.

Miller, T., & Hendrie, D. (2008). *Substance abuse prevention dollars and cents: A cost-benefit analysis*. DHHS Pub. No. (SMA) 07-4298. Rockville, MD: Center for Substance Abuse Prevention, Substance Abuse and Mental Health Services Administration.

Noyes, K., & Holloway, R. G. (2004). Evidence from cost-effectiveness research. *NeuroRx, 1*, 348-355.

Pinsof, W. M., & Wynne, L. C. (1995). The efficacy of marital and family therapy: An empirical overview, conclusions, and recommendations. *Journal of Marital and Family Therapy, 21*, 585-613. doi:10.1111/j.1752-0606.1995.tb00169.x

Pirraglia, P. A., Rosen, A. B., Hermann, R. C., Olchanski, N. V., & Neumann, P. (2004). Cost-utility analysis studies of depression management: A systematic review. *American Journal of Psychiatry, 161*, 2155-2162. doi:10.1176/appi. ajp.161.12.2155

Quade, E. S. (1971). *A history of cost-effectiveness*. Unpublished paper presented at the IFORS

International Cost-effectiveness Conference, Washington, DC.

Spoth, R. L., Guyll, M., & Day, S. X. (2002). Universal family-focused interventions in alcohol-use disorder prevention: Cost-effectiveness and cost-benefit analyses of two interventions. *Journal of Studies on Alcohol, 63*, 219-228.

Sprenkle, D. H. (2012). Intervention research in couple and family therapy: A methodological and substantive review and an introduction to the special issue. *Journal of Marital and Family Therapy, 38*, 3-29. doi:10.1111/j.1752-0606.2011.00271.x

Yates, B. T. (1994). Toward the incorporation of costs, cost-effectiveness analysis, and cost-benefit analysis into clinical research. *Journal of Consulting and Clinical Psychology, 62*, 729-736. doi:10.1037/0022-006X.62.4.729

Yates, B. T. (1996). *Analyzing costs, procedures, processes, and outcomes in human services.* New York: Sage Publications.

찾아보기

인명

내용

편저자 소개

Richard B. Miller는 브리검 영 대학교(Brigham Young University) 가족생활대학(School of Family Life)의 교수이다. 그는 BYU의 MFT 프로그램에서 주로 연구방법론과 통계 과목을 가르치고 있으며, 커플치료에서의 변화 과정에 초점을 둔 연구와 아시아 중심의 비교문화연구를 수행하고 있다. 또한 *Journal of Marital and Family Therapy*의 편집위원으로 활동하고 있다.

Lee N. Johnson은 브리검 영 대학교 가족생활대학의 부교수로서 MFT 프로그램에서 연구방법론과 이론 과목을 강의하고 있다. 그는 커플치료에서의 변화 과정과 치료성과 증진의 촉매제로 운동을 활용하는 것의 효과에 초점을 두고 연구하고 있다. 또한 *Journal of Marital and Family Therapy*와 *Contemporary Family Therapy*의 편집위원으로 활동하고 있다.

집필자 소개

Jared R. Anderson(Ph.D.)

캔자스 주립대학교(Kansas State University) 부부가족치료 부교수

*Journal of Marriage and Family*와 *Journal of Marital and Family Therapy* 편집위원

Shayne R. Anderson(Ph.D.)

코네티컷 대학교(University of Connecticut) 인간발달 · 가족학과 조교수

Ruth Houston Barrett(Ph.D.)

결혼과 가족 연구소(Marriage and Family Research Institute) 연구와 프로그램 개발 컨설턴트

Suzanne Bartle-Haring(Ph.D.)

오하이오 주립대학교(Ohio State University) 부부가족치료 박사과정 프로그램 주임 및 교수

Guillermo Bernal(Ph.D.)

푸에르토리코 대학교(University of Puerto Rico) 심리학과 교수 및 심리학 연구소 소장

Richard Bischoff(Ph.D.)

네브래스카 대학교(University of Nebraska) 아동 · 청소년 · 가족학과 학과장 및 교수

Kristyn Blackburn(M.S.)

켄터키 대학교(University of Kentucky) 가족학과 박사과정 학생

Adrian Blow(Ph.D.)

미시간 주립대학교(Michigan State University) 인간발달 · 가족학과 부교수 및 부부가족치료 프로그램 주임

Dean M. Busby(Ph.D.)

브리검 영 대학교 가족생활대학 교수 및 프로그램 주임

Jacob D. Christenson(Ph.D.)

마운트 머시 대학교(Mount Mercy University) 부부가족치료 프로그램 조교수 및 임상 주임

Contemporary Family Therapy: An International Journal 편집위원

D. Russell Crane(Ph.D.)

브리검 영 대학교 가족생활대학 부부가족치료 교수

Contemporary Family Therapy: An International Journal 편집장

AAMFT 부부가족치료 교육과정 인준 위원회(Commission on Accreditation for Marriage and Family Therapy Education) 의장 역임

Maureen Davey(Ph.D.)

드렉셀 대학교(Drexel University) 부부가족치료학과 부교수

Wayne H. Denton(M.D., Ph.D.)

플로리다 주립대학교(Florida State University) 부부가족치료 교수 및 프로그램 주임

Megan L. Dolbin-MacNab(Ph.D.)

버지니아 공과대학교(Virginia Tech.) 인간발달학과 부부가족치료 프로그램 부교수 및 대학
가족치료센터 임상훈련 주임

Melanie M. Domenech Rodriguez(Ph.D.)

유타 주립대학교(Utah State University) 심리학과 교수

Jared A. Durtschi(Ph.D.)

캔자스 주립대학교 부부가족치료 조교수

Ana Rocio Escobar-Chew(M.A.)

미시간 주립대학교 부부가족치료 프로그램 박사과정 학생

Jerry E. Gale(Ph.D.)

조지아 대학교(University of Georgia) 부교수 및 가족치료 박사학위 프로그램 주임

Jenenne Geske(Ph.D.)

네브래스카 의학센터(University of Nebraska Medical Center) 가정의학과 조교수

Kim D. Gregson(M.S.)

오번 대학교(Auburn University) 인간발달 · 가족학과 박사과정 학생

Nathan R. Hardy(M.S.)

캔자스 주립대학교 부부가족치료 박사과정 학생

James M. Harper(Ph.D.)

브리검 영 대학교 가족생활대학 부부가족 프로그램 기금 교수(the Zina Young Williams
Card Professor)

Steven M. Harris(Ph.D.)

미네소타 대학교(University of Minnesota) 부부가족치료 프로그램 교수 및 주임

Kendal Holtrop(Ph.D.)

플로리다 주립대학교 가족아동학과 부부가족치료 프로그램 조교수

Sheena R. Horsford(M.A.)

미시간 주립대학교 인간발달 · 가족학과 박사과정 학생

Matthew D. Johnson(Ph.D.)

알버타 대학교(University of Alberta) 가족생태학과 조교수

Scott A. Ketring(Ph.D.)

오번 대학교 인간발달 · 가족학과 부교수

Sara N. Lappan(M.A.)

미시간 주립대학교 부부가족치료 박사과정 학생

Deanna Linville(Ph.D.)

오리건 대학교(University of Oregon) 부부가족치료 프로그램 부교수 및 프로그램 주임
*Journal of Marital and Family Therapy*와 *Contemporary Family Therapy* 편집위원

Laura Lynch(M.S.)

드렉셀 대학교 부부가족치료 프로그램 박사과정 학생

Chris Marchiondo(M.S.)

미시간 주립대학교 부부가족치료 프로그램 박사과정 학생

Kelly A. Maxwell(M.A.)

세인트루이스 대학교(Saint Louis University) 가정의학과 박사과정 학생

Lenore M. McWey(Ph.D.)

플로리다 주립대학교 부부가족치료 박사 및 프로그램 부교수

Kayla D. Mennenga(M.S.)

브리검 영 대학교 박사과정 학생

Michael M. Olson(Ph.D.)

텍사스 대학교(University of Texas) 의과대학 가정의학과 행동 의학부 주임 겸 부교수

Maya Elin O'Neil(Ph.D.)

포틀랜드 VA 메디컬 센터 심리전문가(Licensed Psychologist)
오리건 건강과학 대학교(Oregon Health and Science University) 정신의학, 의료정보학,
　임상역학 분야 조교수

Trent S. Parker(Ph.D.)

켄터키 대학교 가족학과 조교수

José Rubén Parra-Cardona(Ph.D.)

미시간 주립대학교 인간발달 · 가족학과 부부가족치료 프로그램 부교수
MSU 젠더 기반 폭력 연구 컨소시엄 부소장

Lexie Pfeifer(M.S.)

브리검 영 대학교 부부가족치료 프로그램 박사과정 학생

Franklin O. Poulsen(M.S.)

애리조나 주립대학교(Arizona State University) T. 데니 샌포드 학교(T. Denny Sanford School) 가족 및 사회 역학 박사과정 학생

Dave Robinson(Ph.D.)

유타 주립대학교 부부가족치료 프로그램 주임

Ryan B. Seedall(Ph.D.)

유타 주립대학교 부부가족치료학과 조교수

Craig W. Smith(Ph.D.)

세인트루이스 대학교 의과대학 가정 및 지역사회 의학과 교수 및 의료가족치료 대학원 프로그램 주임

Kristy L. Soloski(M.S.)

캔자스 주립대학교 부부가족치료 프로그램 박사과정 학생

Paul Springer(Ph.D.)

네브래스카 대학교-링컨(University of Nebraska-Lincoln) 부부가족치료 프로그램 부교수

Sarah C. Stuchell(Ph.D.)

엘러먼츠 행동건강 및 프라미스 치료 센터(Elements Behavioral Health and Promise Treatment Centers) 부속 여성용 정신과 입원시설 말리부 비스타(Malibu Vista) 프로그램 주임 겸 선임 임상가

Rachel B. Tambling(Ph.D.)

코네티컷 대학교 인간발달 · 가족학과 조교수

Jeff L. Todahl(Ph.D.)

오리건 대학교 부부가족치료 프로그램 부교수 및 학대 방임 방지 센터 소장

Karen S. Wampler(Ph.D.)

미시간 주립대학교 인간발달 · 가족학과 교수 및 학과장

Journal of Marital and Family Therapy 편집장 역임

Ronald J. Werner-Wilson(Ph.D.)

켄터키 대학교 가족학과 학과장 및 교수

Michael R. Whitehead(M.S.)

미시간 주립대학교 부부가족치료 프로그램 박사과정 학생

Katharine Wickel(M.S.)

미네소타 대학교 부부가족치료 프로그램 박사과정 학생

Colwick M. Wilson(Ph.D.)

미시간 대학교 간호대학 부교수 및 동 대학 사회 연구소(Institute of Social Research) 협력
  연구원

Jeremy B. Yorgason(Ph.D.)

브리검 영 대학교 가족생활대학 부교수

Senem Zeytinoglu(M.A., M.Ed.)

드렉셀 대학교 부부가족치료 프로그램 박사과정 학생

역자 소개

최연실(Choi, Younsil)
상명대학교 가족복지학과 교수
서울대학교 소비자 · 아동학과(학사, 석사 및 박사)
한국가족치료학회, 한국가족관계학회 회장 역임
가족상담 슈퍼바이저(한국가족치료학회, 한국상담학회, 한국가족관계학회)

조은숙(Cho, Eunsuk)
상명대학교 가족상담 · 치료학과 교수
서울대학교 소비자 · 아동학과(학사, 석사 및 박사)
한국가족치료학회 부회장 및 편집위원장, 한국가족관계학회 회장 역임
가족상담 슈퍼바이저(한국상담학회, 한국가족관계학회), 부부가족상담사1급(한국가족치료학회)

기쁘다(Ki, Ppudah)
한국방송통신대학교 생활과학부 교수
University of Toronto(학사), 연세대학교(석사), University of Connecticut 인간발달 · 가족학과(박사)
한국가족관계학회 교육연수위원장, 한국가족치료학회 학술이사 역임
LMFT(미국부부가족치료학회), 가족상담 슈퍼바이저(한국가족관계학회), 1급 전문상담사(한국상담학회)

김성은(Kim, Seongeun)
성균관대학교 사회복지학과 겸임교수, Pennsylvania State University 교수 역임(2002~2012)
서울대학교(학사 및 석사), University of Delaware 인간발달 · 가족학과(박사)
미국가족학회 질적가족연구네트워크 공동회장 역임

김정은(Kim, Jung Eun)
수원대학교 아동가족복지학과 교수
서울대학교 소비자 · 아동학과(학사, 석사 및 박사)
한국가족관계학회 편집위원장, 가정과삶의질학회 학술이사 역임
가족놀이상담사1급(한국가족놀이치료학회), 아동심리상담 교육전문가(한국아동심리치료학회)

민주홍(Min, Joohong)
제주대학교 생활환경복지학부 교수, University of Alberta 교수 역임(2015~2017)
서울대학교(학사 및 석사), University of Southern California 노년학과(박사)
한국가족치료학회 학술이사
가족상담 슈퍼바이저(한국가족관계학회)

박우철(Park, Woochul)
덕성여자대학교 아동 · 가족상담전공 교수
서울대학교(학사), 연세대학교(석사), University of Maryland 가족학과(박사)
한국가족관계학회 교육연수이사, 한국가족치료학회 학술위원장

이규호(Lee, Kyuho)
대구대학교 아동가정복지학과 교수
경희대학교(학사), 서울대학교(석사), Iowa State University 인간발달 · 가족학과(박사)
한국가족관계학회 재무이사, 가정과삶의질학회 사업이사

천연미(Cheon, Yuen Mi)
전남대학교 생활복지학과 조교수
University of Rochester(학사), Harvard University(석사), 서울대학교 아동가족학과(박사)
한국가족관계학회 교육연수이사, 한국생애놀이치료학회 국제교류위원장

가족치료의 최신 임상연구방법

Advanced Methods in Family Therapy Research:
A Focus on Validity and Change

2023년 1월 15일 1판 1쇄 인쇄
2023년 1월 25일 1판 1쇄 발행

엮은이 • Richard B. Miller · Lee N. Johnson
옮긴이 • 최연실 · 조은숙 · 기쁘다 · 김성은 · 김정은
　　　　민주홍 · 박우철 · 이규호 · 천연미
펴낸이 • 김진환
펴낸곳 • (주)**학지사**
　　　　04031 서울특별시 마포구 양화로 15길 20 마인드월드빌딩
대표전화 • 02-330-5114　　팩스 • 02-324-2345
등록번호 • 제313-2006-000265호

홈페이지 • http://www.hakjisa.co.kr
페이스북 • https://www.facebook.com/hakjisabook

ISBN 978-89-997-2814-3　93180

정가 25,000원

역자와의 협약으로 인지는 생략합니다.
파본은 구입처에서 교환해 드립니다.

출판미디어기업 **학지사**

간호보건의학출판 **학지사메디컬** www.hakjisamd.co.kr
심리검사연구소 **인싸이트** www.inpsyt.co.kr
학술논문서비스 **뉴논문** www.newnonmun.com
교육연수원 **카운피아** www.counpia.com